HSK 6급

고수들의
막판 7일!
실전모의고사
505제

SD에듀
(주)시대고시기획

"百发百中"

— 백 번 쏘아 백 번 맞추다 —

PREFACE

HSK 6급은 전공자만? NO! 이제는 필수!

몇 년 전만 해도 HSK 6급 시험은 중국어 전공자 혹은 중국어를 학습한 시간이 2~3년 이상인 학습자들만의 전유물이었다. 하지만 지금은 전공과 직종을 불문하고 취업, 승진은 물론 개인과 기업의 경쟁력을 높이는 데 있어 절대 빠질 수 없는 조건 가운데 하나가 되었다. 더욱이 한국의 경우 응시생이 가장 많은 지역인 서울에서 HSK 6급 응시자가 가장 많다는 통계를 보아도 HSK 6급이 경쟁력 확보를 위한 필수 자격증이 되었음을 알 수 있다.

HSK 6급 3년 연속 마감! 최다 수강생! 증명된 노하우!

필자는 10여 년간 현장에서 학습자들과 동고동락하며 단기간에 목표 급수를 취득하고자 하는 학습자들의 열망을 몸소 느끼며 그들의 바람을 이뤄 주기 위해 끊임없이 노력해왔다. 해마다 변화하는 기출 문제를 분석하고 데이터를 정리하여 공략법을 개발하고 노하우를 쌓아 남김없이 공유한 결과 K학원 6급 3년 연속 방학 특강 조기 마감, P어학원 최다 수강생, 최다 후기, 실수강생 블라인드 설문 최고 평점이라는 타이틀을 갖게 되었다. 모 합격 수강생의 후기가 아직도 기억에 남는다. '공부는 덜 하면서 빠르게 합격하고 싶다면 정소연 선생님의 강의를 추천합니다!' 아마도 시간에 쫓기며 하루하루 열심을 다하는 학습자들에게 필자의 강의가 현실적으로 많은 도움이 되었기에 이러한 평가를 받을 수 있었던 것 같다.

HSK 6급은 전략이다! 학습자의 입장에서 해설하다!

많은 학습자들이 어떤 것을 중점적으로 봐야 하는지, 어떻게 접근해야 하는지 알 수 없어 학습에 어려움을 호소하고 있음을 잘 알고 있다. 필자는 이러한 어려움을 해결하기 위해 최근 출제 경향을 보다 더 철저하게 분석하여 군더더기는 버리고 시험 전 학습자들이 꼭 공부해야 할 것만 최대한 반영할 수 있도록 노력했다. 기출문제를 최대한 반영한 문제, 시험에 가장 빈번하게 출현하는 어휘와 어휘 결합 유형, 스킬이 중요한 문제의 접근법, 시간을 절약하며 효율적으로 문제를 풀이할 수 있는 방법 등 합격을 위한 기본기와 Tip을 제한된 지면에서 최대한 공유하고자 노력하였다. 무엇보다 문제를 보다 더 쉽게 이해하고 풀 수 있도록 학습자의 입장에서 해설하며 HSK에 최적화된 사고력을 키워 주고자 노력하였다. 자신에게 맞는 학습 플랜을 따라 매일 본서를 성실히 학습한다면 단기간에 합격과 고득점이라는 두 마리 토끼를 잡을 수 있으리라 자신한다.

모쪼록 HSK 6급을 준비하는 학습자들에게 본서가 환한 등대가 되어 주길 바라며 응원의 메시지를 전한다.
我相信! 你能行~!

저자 정소연

HSK 소개

HSK란?

HSK(汉语水平考试)는 제1언어가 중국어가 아닌 사람의 중국어 능력을 평가하기 위해 만들어진 중국 정부 유일의 국제 중국어 능력 표준화 시험입니다. 생활 · 학습 · 업무 등 실생활에서의 중국어 운용 능력을 평가하며 현재 세계 112개 국가, 860개 지역에서 시행되고 있습니다.

시험 방식

- **HSK PBT(Paper-Based Test)** : 시험지와 OMR답안지로 진행하는 시험
- **HSK IBT(Internet-Based Test)** : 컴퓨터로 진행하는 시험

HSK의 용도 및 등급별 수준

HSK는 국내외 대학(원) 및 특목고 입학 · 졸업 시 평가 기준, 중국 정부 장학생 선발 시 평가 기준, 각급 업체 및 기관의 채용 · 승진 시 평가 기준이 되는 시험입니다. 총 1급~6급으로 구성되어 있으며, 등급별 수준은 하단의 표와 같습니다.

급수	수준
HSK 6급 (5,000 단어 이상)	중국어로 정보를 듣거나 읽는 데 있어 쉽게 이해할 수 있으며, 구두상 또는 서면상의 형식으로 자신의 견해를 유창하고 적절하게 전달할 수 있다.
HSK 5급 (2,500 단어 이상)	중국어 신문과 잡지를 읽을 수 있고, 중국어 영화 또는 TV프로그램을 감상할 수 있다. 또한 중국어로 비교적 완전한 연설을 할 수 있다.
HSK 4급 (1,200 단어 이상)	여러 분야의 화제에 대해 중국어로 토론을 할 수 있다. 또한 비교적 유창하게 중국인과 대화하고 교류할 수 있다.
HSK 3급 (600 단어 이상)	중국어로 일상생활, 학습, 업무 등 각 분야의 상황에서 기본적인 회화를 할 수 있다. 또한 중국 여행 시 겪게 되는 대부분의 상황에 중국어로 대응할 수 있다.
HSK 2급 (300 단어 이상)	중국어로 간단하게 일상생활에서 일어나는 화제에 대해 이야기할 수 있다.
HSK 1급 (150 단어 이상)	간단한 중국어 단어와 문장을 이해하고 사용할 수 있으며, 기초적인 일상 회화를 할 수 있다.

접수 방법 & 구비 서류

인터넷 접수	HSK한국사무국 홈페이지(www.hsk.or.kr)를 통해 접수
우편 접수	구비 서류를 준비하여 HSK한국사무국에 등기우편으로 발송 ❖ 구비 서류 : 응시원서(홈페이지 다운로드), 사진 2장(1장은 응시원서에 부착), 응시비 입금영수증
방문 접수	서울공자아카데미에 방문하여 접수 ❖ 구비 서류 : 응시원서(홈페이지 다운로드), 사진 3장, 응시료

시험 당일 준비물

- **수험표 :** 인터넷/우편 접수 시 **홈페이지**에서 출력, 방문 접수 시 접수처에서 배부
- **유효신분증 & 필기구 :** '**주민등록증**, 운전면허증, 기간 만료 전의 여권, 주민등록증 발급신청확인서, 청소년증, 청소년증 발급신청확인서' 등의 신분증 & '**2B연필** 및 **지우개**' 등의 필기구

HSK 6급 시험의 구성

시험 내용		문항수		시험 시간	점수
듣기	제1부분	15	50문항	약 35분	100점
	제2부분	15			
	제3부분	20			
듣기 영역에 대한 답안 작성시간				5분	
독해	제1부분	10	50문항	50분	100점
	제2부분	10			
	제3부분	10			
	제4부분	20			
쓰기	작문	1문항		45분	100점
총계		**101문항**		**약 135분**	**300점**

➡ 각 영역별 만점은 100점으로 총점 180점 이상이면 합격
➡ 성적 조회 : HSK IBT는 시험일로부터 2주 후 조회 가능, HSK PBT는 시험일로부터 1개월 후 조회 가능, 수험표 상의 수험번호와 성명을 입력하여 조회할 수 있음(중국고시센터 홈페이지 : www.chinesetest.cn)
➡ 성적표는 시험일로부터 45일 후 수령 가능하며 시험 성적은 시험일로부터 2년간 유효함

HSK 6급 영역별 소개

듣기

듣기 제1부분 짧은 글 듣고 일치하는 내용 고르기(총 15문항 / 1번~15번)

⋯› 듣기 제1부분은 짧은 글을 듣고 녹음과 일치하는 내용의 보기를 고르는 유형입니다.

문제 예시

문제

1. A 哺乳动物寿命较短
   B 哺乳动物体温恒定
   C 哺乳动物繁殖力最强
   D 哺乳动物都栖息于平原

녹음 지문 및 질문

哺乳动物是动物世界中躯体结构、功能行为最为复杂的最高级动物类群。多数哺乳动物是身体被毛、运动快速、体温恒定的脊椎动物。

듣기 제2부분 인터뷰 듣고 질문에 알맞은 답 고르기(총 15문항 / 16번~30번)

⋯› 듣기 제2부분은 전문가와 사회자의 인터뷰를 듣고 질문에 알맞은 답을 고르는 유형입니다. 하나의 지문을 듣고 5개의 문제를 풉니다.

문제 예시

문제

16. A 体能下降
    B 为自己骄傲
    C 精力更充沛
    D 有很大的上升空间

17. A 安慰
    B 引导
    C 激励
    D 引以为戒

18. A 以年轻人为主
    B 不宜经常参加
    C 并非奋斗的重点
    D 跟其他比赛差不多

19. A 家人的关爱
    B 一种成就感
    C 有值得信赖的朋友
    D 一个充满希望的明天

20. A 是篮球新人
    B 现在是教练
    C 从未让父母看比赛
    D 不止一次参加奥运会

녹음 지문 및 질문

第16到20题是根据下面一段采访：

女：此次奥运会你将以卫冕冠军的身份出战，和2004、2008年相比，现在的你有什么不同？
男：我为自己感到骄傲。我在国家队用了12年时间证明：自己依然是男子单打组中教练首选的运动员之一。伦敦是我第三次代表男单参加的奥运会，我要做的是后人难以超越的纪录。(중략)

16. 男的怎么评价自己？

17. 男的认为自己对年轻人有什么作用？

18. 男的对奥运会有什么看法？

19. 男的对幸福的理解怎么样？

20. 关于男的可以知道什么？

듣기 제3부분 긴 글을 듣고 질문에 알맞은 답 고르기(총 20문항 / 31번~50번)

⋯› 듣기 제3부분은 긴 글을 듣고 질문에 알맞은 답을 고르는 유형입니다. 하나의 지문을 듣고 3~4개의 문제를 풉니다.

문제 예시

문제

31. A 大脑分为两部分
B 大脑的认知功能
C 大脑的感知功能
D 大脑左右半球的分工

32. A 充满感情的话
B 来不及说的话
C 话中暗含的意思
D 有讽刺意味的话

33. A 大脑分为两部分
B 大脑的认知功能
C 大脑的感知功能
D 大脑左右半球的分工

녹음 지문 및 질문

第31到33题是根据下面一段话：

人类的大脑分为左右两个半球，我们习惯于称它们为左脑和右脑。但是这两侧半球的功能是不一样的，大脑左半球主要负责语言，而右半球支配着非语言声音、视觉和空间技能。认知功能和感知功能位于大脑的某一半球上被称为侧化。那么，右半球在语言中是否也起着一定作用呢？(중략)

31. 什么是大脑的侧化？

32. 这段话中“言外之意”是什么意思？

33. 这段话主要谈的是什么？

HSK 6급 영역별 소개

독해

독해 제1부분 ▶ 틀린 문장 고르기(총 10문항 / 51번~60번)

⋯› 독해 제1부분은 제시된 4개의 보기 중에서 틀린 문장 하나를 고르는 유형입니다.

문제 예시

문제 51. A 在投掷项目中，两人得分相等，所以并列冠军。
B 财富不是你一生的朋友，朋友却是你一生的财富。
C 尽管我们之间有时也会小矛盾，但相处的还算融洽。
D 越来越多的市民加入了无偿献血的行列，奉献自己的爱心。

독해 제2부분 ▶ 빈칸에 알맞은 어휘 넣기(총 10문항 / 61번~70번)

⋯› 독해 제2부분은 짧은 글 속 3~5개의 빈칸에 알맞은 어휘를 넣는 유형입니다.

문제 예시

문제 61. 普吉岛以其迷人的热带____和丰富的旅游资源，被称为“安达曼海上的一____明珠”。这儿最大的诱惑之一就是温暖湿润的气候，一年____气温为28°C，温差很小。

A 风光　颗　平均　　B 作风　筐　平时
C 风气　罐　平行　　D 风格　条　平衡

독해 제3부분 ▶ 빈칸에 알맞은 문장 넣기(총 10문항 / 71번~80번)

⋯› 독해 제3부분은 긴 글의 빈칸에 알맞은 문장을 넣는 유형으로, 하나의 지문에 5개의 빈칸이 제시되고, 빈칸 하나가 한 문제입니다.

문제 예시

문제 71~75

一对好朋友在旅行中吵了一架，其中一个人打了同伴一个耳光。被打的人愣了半天，最后却没有说话，只是在沙子上写下：(71)________________。

他们到了一条大河边，过河时被打耳光的差点淹死。幸好被朋友救起。被救后，他拿起一把小刀在石头上刻下：今天好朋友救了我一命。朋友问：“为什么我打了你之后，你写在沙子上，(72)________________？”(중략)

A 铭记朋友的关爱吧　　B 今天我的好朋友打了我一巴掌
C 就把他的错误看成不可原谅　　D 当被一个朋友伤害时
E 而现在要刻在石头上呢

독해 제4부분 긴 글을 읽고 질문에 알맞은 답 고르기(총 20문항 / 81번~100번)

⋯→ 독해 제4부분은 한 편의 긴 글을 읽고 제시된 질문에 알맞은 답을 고르는 유형입니다. 하나의 지문에 4개의 문제가 출제됩니다.

문제 예시

문제 81~84

一对 所谓的“一见钟情”是男女之间第一次见面就产生了相互吸引、相互爱慕的感情。每个人都希望拥有这种一见钟情的爱情，我们将心中设想一个完美恋人的标准，然后期待与之相遇，产生电光火石般的感觉。那么，人到底为什么会一见钟情呢？实际上到目前为止，心理学界也没有完全揭开“一见钟情”的奥秘。(중략)

81. 根据第一段，下列哪项正确？
A 每个人都能一见钟情 B 日久生情更可靠
C 还没有找到一见钟情的原因 D 一见钟情不限于男女之间

82. 关于“认知心理学观点”，下列哪项正确？
A 一见钟情不能可靠 B 一见钟情是偶然的现象
C 真正的爱情不是暂时的感情 D 相似的人容易产生好感

83. 根据上文，“适应性无意识”是：
A 根本没有科学依据 B 是年轻人所特有的
C 不能找出问题的答案 D 是种瞬间判断能力

84. 上文主要谈的是：
A 真正的爱情 B 爱情的本质
C 一见钟情产生的原因 D 心理学的新发现

쓰기

쓰기 한 편의 글을 읽고 외워서 요약하기(총 1문항 / 101번)

⋯→ 6급 쓰기는 1,000자 분량의 한 편의 글을 읽고 외워서 400자 내외의 글로 요약하는 문제입니다. 제한된 10분 동안 글을 읽은 뒤 35분 동안 요약해서 써야 합니다.

문제 예시

문제 101. 高考前，当我准备报考电影系时，父亲十分反感，他认为电影界竞争激烈，想要成功很难。当时我一意孤行，父亲和我之间的关系从此恶化，但是，等我几年后从电影学院毕业，我终于明白了父亲的苦心所在。在电影界，一个没有任何背景的人要想混出名堂来，谈何容易。我经过了6年多的漫长而无望的等待。最痛苦的经历是，曾经拿着一个剧本，一个星期跑了二十多家公司，一次次面对别人的白眼和拒绝。(중략)

교재의 구성 & 장점

HANYU SHUIPING KAOSHI

1

최신 1~2년 출제 경향 반영 & 시험 직전 소화 가능한 5회분 모의고사

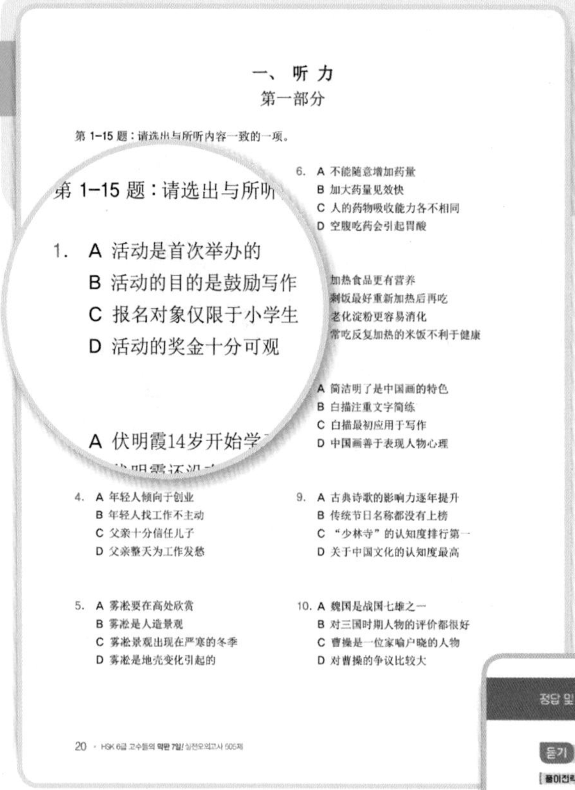
一、听力
第一部分
第 1–15 题：请选出与所听内容一致的一项。

1. A 活动是首次举办的
B 活动的目的是鼓励写作
C 报名对象仅限于小学生
D 活动的奖金十分可观

4. A 年轻人倾向于创业
B 年轻人找工作不主动
C 父亲十分信任儿子
D 父亲整天为工作发愁

5. A 雾凇要在高处欣赏
B 雾凇是人造景观
C 雾凇景观出现在严寒的冬季
D 雾凇是地壳变化引起的

6. A 不能随意增加药量
B 加大药量见效快
C 人的药物吸收能力各不相同
D 空腹吃药会引起胃酸

9. A 古典诗歌的影响力逐年提升
B 传统节日名称都没有上榜
C “少林寺”的认知度排行第一
D 关于中国文化的认知度最高

10. A 魏国是战国七雄之一
B 对三国时期人物的评价都很好
C 曹操是一位家喻户晓的人物
D 对曹操的争议比较大

20 · HSK 6급 고수들의 막판 7일! 실전모의고사 505제

시험 직전에는 방대한 양의 문제보다는 오답을 복습할 수 있을 만큼의 문제를 풀고 핵심만 공부하는 것이 중요합니다. HSK에 자주 출제되는 문제 유형과 어법을 바탕으로, 최근 1~2년간 시험에 새롭게 출제된 어휘와 주제를 반영하여 모의고사 딱 5회분에 담았습니다.

2

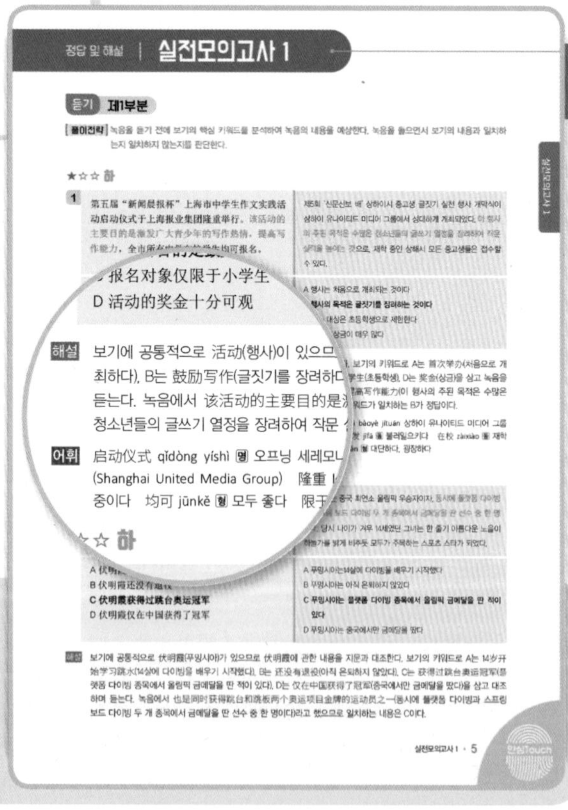
정답 및 해설 | 실전모의고사 1
듣기 제1부분
★☆☆ 하
D 活动的奖金十分可观
해설 보기에 공통적으로 活动(행사)이 있으므로 … B는 鼓励写作(글짓기를 장려하다) … 듣는다. 녹음에서 该活动的主要目的是 … 청소년들의 글쓰기 열정을 장려하여 작문 …
어휘 启动仪式 qǐdòng yíshì 명 오프닝 세레모니 … (Shanghai United Media Group) 隆重 … 중이다 均可 jūnkě 형 모두 좋다 限于 …
실전모의고사 1 · 5

HSK전문강사들의 정답 노하우와 합격 비법을 논리적이고 명료한 해설로 수록하였습니다. HSK를 처음 응시하는 학습자들도 해설을 보고 풀이 방법을 자연스럽게 터득할 수 있습니다. 또한 필수 공략Tip이 있어 중요한 HSK 어법 포인트를 학습할 수 있습니다.

고수들의 정답 노하우가 담긴 명쾌한 해설 & 공략Tip

③ 자가진단

나의 ... 체크하기

문제별 중요도와 난이도를 보고 자신의 학습 ...합니다. 정답을 확인하여 반복적으로 틀리는
문제를 체크하고 어떤 부분(어휘력, 독해력, 청...

틀린문제에 ✓표시

문제 번호 — 00 □ ★ ★

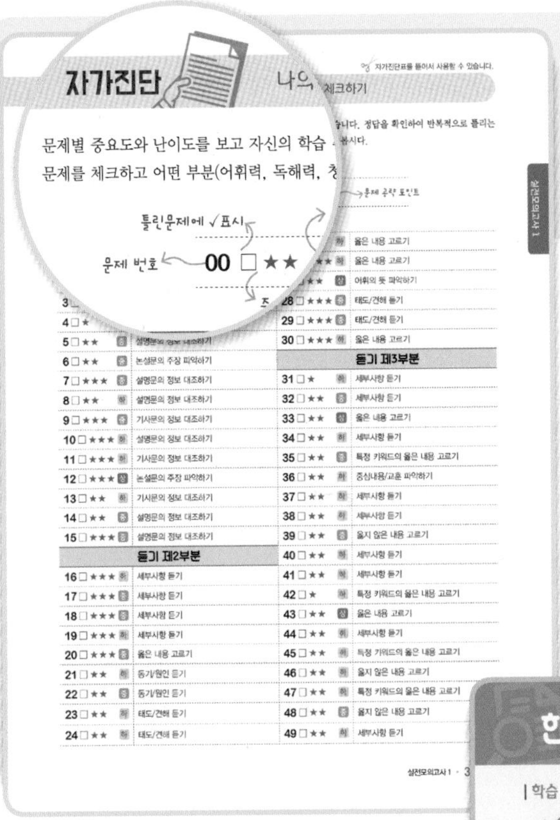

나의 취약점을 분석할 수 있는
문제 유형별 학습 자가진단표

각 문제의 난이도와 중요도, 출제 포인트를 자가진단표에 명시하였습니다. 학습자들은 자가진단표를 작성한 뒤 자신이 어떤 문제 유형과 학습 영역(어휘, 독해, 청취, 쓰기 등)이 취약한지 파악하여 시험 직전에 집중적으로 공부해야 할 부분을 정리할 수 있습니다.

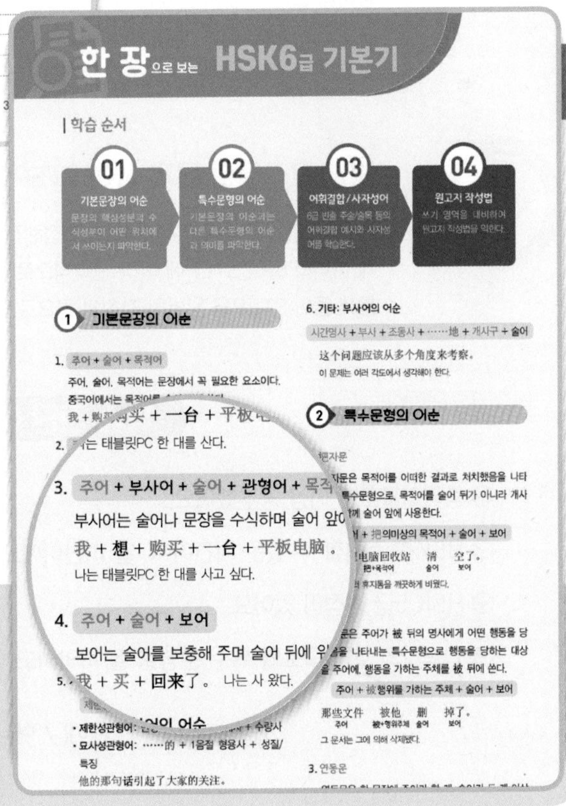

HSK 6급에 자주 출제되는 어휘의 호응 관계, 사자성어를 한 장 분량으로 정리하였습니다. 또한 쓰기 영역을 대비하여 원고지 작성법도 함께 수록하였습니다. 작은 실수로 점수를 놓치는 일이 없도록 시험 직전에 HSK 6급 기본기를 다지며 부족한 어휘 실력과 원고지 작성법 등을 익힙니다.

한 장으로 보는 HSK6급
기본기로 실력 업그레이드

④ 한 장으로 보는 HSK6급 기본기

| 학습 순서

01 기본문장의 어순 → **02** 특수문형의 어순 → **03** 어휘접합/사자성어 → **04** 원고지 작성법

① 기본문장의 어순

1. 주어 + 술어 + 목적어
주어, 술어, 목적어는 문장에서 꼭 필요한 요소이다.
중국어에서는 목적어를 ...
我 + 要/想买 + 一台 + 平板...
나는 태블릿PC 한 대를 산다.

3. 주어 + 부사어 + 술어 + 관형어 + 목적...
부사어는 술어나 문장을 수식하며 술어 앞에...
我 + 想 + 购买 + 一台 + 平板电脑。
나는 태블릿PC 한 대를 사고 싶다.

4. 주어 + 술어 + 보어
보어는 술어를 보충해 주며 술어 뒤에 ...
5. 我 + 买 + 回来了。 나는 사 왔다.

② 특수문형의 어순

6. 기타: 부사어의 어순
시간명사 + 부사 + 조동사 + ...地 + 개사구 + 술어
这个问题应该从多个角度来考察。
이 문제는 이런 각도에서 생각해야 한다.

6급 합격 노하우 & 학습 가이드

HANYU SHUIPING KAOSHI

HSK 6급은 중국어의 고급 수준에 해당하는 급수로, 5급보다 어휘량이 두 배 가량 늘어나는 시험입니다. 또한 400자 이상의 작문 문제가 출제되기 때문에 어법에 맞는 쓰기 능력도 함께 키워야 합니다. 방대한 어휘 실력과 작문 실력을 대비하여 무엇을 준비해야 할지 알아봅시다.

1 문장의 기본 구조를 파악하는 문장 분석력을 기르십시오.

6급 시험은 복문이 주를 이루는 문장과 난이도가 높은 어휘뿐만 아니라 전문 지식을 배경으로 한 지문들이 다수 출제됩니다. 그렇기 때문에 더욱더 문장의 기본 구조를 파악하는 문장 분석력을 갖춰야 합니다. 또한 문장의 기본 뼈대를 이루는 주어/술어/목적어와 함께 문장과 문장이 연결되는 논리 관계를 파악할 줄 알아야 합니다.

2 6급 필수어휘 5,000개를 반드시 암기하십시오.

6급은 고급 수준의 전문 용어 및 문어체가 종종 등장하고 일부 어휘 중에는 일상생활에서 잘 사용하지 않는 어휘도 출제됩니다. 하지만 모든 문제는 6급 필수어휘 5,000개를 알면 풀 수 있는 수준으로 출제되므로 국가한반에서 제공한 HSK 6급 필수어휘를 꼭 암기해야 합니다. 이를 통해 400자 분량으로 작문하는 쓰기 영역도 대비할 수 있습니다.

3 HSK 고수들의 문제 풀이 STEP을 완벽히 마스터하십시오.

HSK는 영역별 문제 유형이 다르고 정해진 시간에 풀어야 하기 때문에, 문제를 고민하면서 푸는 게 아니라 풀이 STEP에 따라 전략적으로 풀어야 합니다. 이를 위해 HSK 전문 강사진이 공개한 문제 풀이 STEP을 완벽히 자신의 것으로 만드십시오.

학습 진단 Q&A

✓ 중국어를 2년 이상 공부했어요.	☐ 예	☐ 아니오
✓ HSK를 준비할 수 있는 기간이 두 달 미만이에요.	☐ 예	☐ 아니오
✓ HSK 5급 성적이 있어요.	☐ 예	☐ 아니오
✓ 접속사의 호응 구조와 특수 문형을 잘 파악하고 있어요.	☐ 예	☐ 아니오

합계: 예 ________ 개 / 아니오 ________ 개

학습 진단 Q&A 결과에 따른 학습 가이드

- '예'가 3개 이상 나오신 분들은 하단 학습 가이드의 2번부터 학습하십시오.
- '아니오'가 2개 이상 나오신 분들은 학습 가이드의 1번부터 학습하시길 권합니다.
- 결과에 상관없이 기초부터 쌓길 원하는 분들은 1번부터 학습하시길 바랍니다.

1 6급 종합서 → 2 6급 실전 모의고사 → 3 유형별 자가진단표 → 4 필수 어법+단어

1	2	3	4
6급 종합서	6급 실전 모의고사	유형별 자가진단표	필수 어법+단어
합격 공략법으로 영역별 학습	5회분으로 실전 감각 UP	체크를 통해 취약점 분석	암기로 막판 핵심 다지기

1 → 6급 종합서의 합격 공략법 80개 및 필수 어휘 5,000개를 영역별로 꼼꼼히 마스터
2 → 6급 실전모의고사 5회분 풀이로 시간 분배 능력 및 실전 감각 업그레이드
3 → 문제 유형별 자가진단표 체크를 통해 나의 취약점 분석 및 막판 정답률 높이기
4 → 한 장으로 보는 6급 필수 어법 및 빈출 단어를 암기하여 막판 핵심 다지기

6급 종합서

HSK 6급 고수들의 합격전략 4주 단기완성

6급 실전모의고사

HSK 6급 고수들의 막판 7일! 실전모의고사 505제

학습 플랜

학습 플래너 활용법

- 자신의 학습 기간에 맞는 플래너를 선택합니다.
- 학습 플래너에서 각 날짜별로 배정된 학습 내용을 그날그날 공부하도록 합니다.
- 학습을 완료하면 체크(V) 표시를 합니다.
- 문제를 풀 때는 OMR 답안지에 정답을 기입하여 실전처럼 풉니다.

막판 7일! 초단기 완성 플랜

❖ 학습 시작일 : ____월 ____일 ❖ 학습 종료일 : ____월 ____일
❖ 하루 평균 학습 시간 : ____시간 ❖ 시험 예정일 : ____월 ____일

DAY 01 (V)	DAY 02 ( )	DAY 03 ( )	DAY 04 ( )
____월 ____일	____월 ____일	____월 ____일	____월 ____일
모의고사 1회, 자가진단표 작성 및 분석	모의고사 2회, 자가진단표 작성 및 분석	모의고사 3회, 자가진단표 작성 및 분석	모의고사 4회, 자가진단표 작성 및 분석
DAY 05 ( )	DAY 06 ( )	DAY 07 ( )	Real Test!
____월 ____일	____월 ____일	____월 ____일	
모의고사 5회, 자가진단표 작성 및 분석	모의고사 1~5회 오답 다시 풀기	한 장으로 보는 6급 기본기	

⋯› 학습 기간이 7일인 플래너로 실제 시험과 동일하게 시간을 정해놓고 매일 1회분의 모의고사를 풉니다. 시험 직전 단 7일간 집중하여 실전 감각을 기를 수 있습니다.

2주! 단기 완성 플랜

❖ 학습 시작일 : ____월 ____일
❖ 학습 종료일 : ____월 ____일
❖ 하루 평균 학습 시간 : ____시간
❖ 시험 예정일 : ____월 ____일

Start!	DAY 01 (V) ____월 ____일 한 장으로 보는 6급 기본기	DAY 02 ( ) ____월 ____일 모의고사 1회 듣기, 독해 영역	DAY 03 ( ) ____월 ____일 모의고사 1회 쓰기 영역, 자가진단표 작성
DAY 04 ( ) ____월 ____일 모의고사 2회 듣기, 독해 영역	DAY 05 ( ) ____월 ____일 모의고사 2회 쓰기 영역, 자가진단표 작성	DAY 06 ( ) ____월 ____일 모의고사 3회 듣기, 독해 영역	DAY 07 ( ) ____월 ____일 모의고사 3회 쓰기 영역, 자가진단표 작성
DAY 08 ( ) ____월 ____일 모의고사 1~3회 자가진단표 분석 및 오답 복습	DAY 09 ( ) ____월 ____일 모의고사 4회 듣기, 독해 영역	DAY 10 ( ) ____월 ____일 모의고사 4회 쓰기 영역, 자가진단표 작성	DAY 11 ( ) ____월 ____일 모의고사 5회 듣기, 독해 영역
DAY 12 ( ) ____월 ____일 모의고사 5회 쓰기 영역, 자가진단표 작성	DAY 13 ( ) ____월 ____일 모의고사 4~5회 자가진단표 분석 및 오답 복습	DAY 14 ( ) ____월 ____일 한 장으로 보는 6급 기본기	**Real Test!**

⋯› 학습 기간이 14일인 플래너로 이틀에 1회분의 모의고사를 풀어 실전 감각을 기름과 동시에 오답을 꼼꼼히 분석하고 취약점을 보완할 수 있습니다.

이 책의 차례

CONTENT

문제편

실전모의고사 1 ······ 019
실전모의고사 2 ······ 045
실전모의고사 3 ······ 069
실전모의고사 4 ······ 093
실전모의고사 5 ······ 117

해설편

실전모의고사 1 정답 및 해설
듣기 ······ 005
독해 ······ 031
쓰기 ······ 063

실전모의고사 2 정답 및 해설
듣기 ······ 073
독해 ······ 098
쓰기 ······ 130

실전모의고사 3 정답 및 해설
듣기 ······ 139
독해 ······ 165
쓰기 ······ 198

실전모의고사 4 정답 및 해설
듣기 ······ 207
독해 ······ 233
쓰기 ······ 265

실전모의고사 5 정답 및 해설
듣기 ······ 273
독해 ······ 298
쓰기 ······ 330

고수들의 **막판 7일!**

HSK 6급

실전모의고사 505제

제 1 회

듣기
독해
쓰기

新汉语水平考试
HSK(六级)

模拟考试一

注 意

一、HSK(六级)分三部分：
    1. 听力(50题，约35分钟)
    2. 阅读(50题，50分钟)
    3. 书写(1题，45分钟)

二、 听力结束后，有5分钟填写答题卡。

三、 全部考试约140分钟(含考生填写个人信息时间5分钟)。

一、听力

第一部分

第 1–15 题：请选出与所听内容一致的一项。

1. A 活动是首次举办的
   B 活动的目的是鼓励写作
   C 报名对象仅限于小学生
   D 活动的奖金十分可观

2. A 伏明霞14岁开始学习跳水
   B 伏明霞还没有退役
   C 伏明霞获得过跳台奥运冠军
   D 伏明霞仅在中国获得了冠军

3. A 财富也会带来灾难
   B 事业与家庭不可兼顾
   C 健康是享受幸福的前提
   D 幸福生活来之不易

4. A 年轻人倾向于创业
   B 年轻人找工作不主动
   C 父亲十分信任儿子
   D 父亲整天为工作发愁

5. A 雾凇要在高处欣赏
   B 雾凇是人造景观
   C 雾凇景观出现在严寒的冬季
   D 雾凇是地壳变化引起的

6. A 不能随意增加药量
   B 加大药量见效快
   C 人的药物吸收能力各不相同
   D 空腹吃药会引起胃酸

7. A 加热食品更有营养
   B 剩饭最好重新加热后再吃
   C 老化淀粉更容易消化
   D 常吃反复加热的米饭不利于健康

8. A 简洁明了是中国画的特色
   B 白描注重文字简练
   C 白描最初应用于写作
   D 中国画善于表现人物心理

9. A 古典诗歌的影响力逐年提升
   B 传统节日名称都没有上榜
   C “少林寺”的认知度排行第一
   D 关于中国文化的认知度最高

10. A 魏国是战国七雄之一
    B 对三国时期人物的评价都很好
    C 曹操是一位家喻户晓的人物
    D 对曹操的争议比较大

11. A 不要对自己的期望值过高
B 要养成良好的健身习惯
C 60%的消费者不能坚持到底
D 夏季是办健身房卡的最佳时期

12. A 塑料垃圾对海洋环境有好处
B 海洋中的塑料垃圾贻害无穷
C 可降解塑料将会普及
D 塑料垃圾也能变废为宝

13. A 马云懂得云技术
B 云计算的研发曾一度被中断过
C 阿里云是由马云自己开发的
D 马云认为云计算是未来方向

14. A 开发矿藏会破坏生态
B 矿藏富集区一般没有植物
C 根系扎进土壤是为了吸收水分
D 有些植物能帮助人们寻找矿藏

15. A 长期面对电子屏幕会影响认知
B 很多父母都热衷于给孩子看手机
C 对这方面的研究逐渐减少
D 电子屏幕对视力影响不大

第二部分

第 16–30 题：请选出正确答案。

16. A 争强好胜
    B 稳定性好
    C 实力好
    D 父亲推荐她去的

17. A 名列前茅
    B 彻底失败了
    C 成绩一般
    D 不如意

18. A 无法沟通
    B 值得尊重
    C 实力太差
    D 漠不关心

19. A 教练
    B 队长
    C 父亲
    D 总导演

20. A 经常分析比赛视频
    B 周末复习功课
    C 太高估了自己
    D 是奥运金牌得主

21. A 可以在线试读
    B 售后服务好
    C 图书种类更多
    D 廉价和便利性

22. A 利润有限
    B 图书更新太慢
    C 装修过时
    D 图书价格不断提高

23. A 能让读者当面交流
    B 有很多打折活动
    C 作者会到现场签名售书
    D 图书质量更好

24. A 服务
    B 书籍
    C 读者
    D 活动

25. A 利用明星做营销
    B 开了一家网络书店
    C 提供休闲空间
    D 销售激增

26. A 格力在空调领域很弱
B 5年之内会完成
C 格力一直研发电容器
D 完成了根本性的改变

27. A 追求不切实际的目标
B 顾虑太多犹豫不决
C 安于现状不思进取
D 是同行业中的佼佼者

28. A 竞争公司
B 群众的需求
C 突破自己
D 舆论的压力

29. A 提供施展才华的平台
B 分享项目的发展成果
C 加强企业文化建设
D 多雇用有经验的员工

30. A 格力最重视创新
B 格力已有20多项国际领先技术
C 很多青年追捧格力
D 不能泄漏产品信息

第三部分

第 31–50 题：请选出正确答案。

31. A 课程任务繁重
B 学术性更强
C 注重培养农事技术
D 全课程都在田间进行

32. A 提供技术指导
B 承包校园土地管理
C 体验校园生活
D 为学校食堂提供食品

33. A 该校建校较晚
B 该校就业率高
C 该校开设了劳动课
D 校内开辟了上万亩农作园

34. A 天气条件恶劣
B 挡风玻璃脱落
C 机翼严重受损
D 两名乘客发生争执

35. A 造成空乘人员伤亡
B 飞行员操作失误
C 自动设备无法使用
D 舱内温度骤然升高

36. A 人生不能只期待奇迹
B 执着才能创造奇迹
C 奇迹常在厄运中产生
D 奇迹的诞生并非偶然

37. A 咖啡杯不环保
B 咖啡厅租金太贵
C 咖啡厅地点偏僻
D 有人投诉咖啡厅

38. A 化肥
B 砂
C 咖啡渣
D 黏土

39. A 收益大幅增加
B 减少环境污染
C 减少咖啡渣垃圾
D 营造咖啡厅浪漫氛围

40. A 倡导植树造林
B 反对古树砍伐
C 发掘古树经济价值
D 加强古树保护与管理

41. A 入选标准降低
B 养护水平提高
C 搜索范围扩大
D 生态环境变化

42. A 与旧版相差无几
B 直接钉在树上
C 需要定期更换
D 增加了年代信息

43. A 古树数量有所增加
B 此次调查持续了10年
C 古树分布十分均衡
D 树木砍伐十分严重

44. A 沿海地区
B 内陆地区
C 沙漠地区
D 四川盆地

45. A 具有平顶
B 有两面是砖墙
C 蚝壳排列无序
D 蚝壳墙体凹凸不平

46. A 防火
B 经济实用
C 冬暖夏凉
D 防水

47. A 不利于环保
B 被推广至其他地区
C 成为特色的旅游景点
D 被列入世界遗产名录

48. A 爆米花销量
B 口红的销量
C 小吃的销量
D 钻石的销量

49. A 失业率高
B 经济形势好转
C 经济在走下坡路
D 人均负债率创新高

50. A 烤豆味道诱人
B 烤豆是一种普通的副食
C 烤豆是一些地区的主食
D 烤豆销量反映不出经济状况

二、阅 读

第一部分

第 51-60 题：请选出有语病的一项。

51. A 诚实是一个人得以保持的最高尚的东西。
    B 苏州赏枫的地方很多，但我最喜欢的是留园。
    C 他从来没做过菜，所以根本就分得清糖和盐。
    D 传统艺术若要实现网络化，必须先抓住年轻人的眼球。

52. A 麻辣烫是起源于四川乐山的传统特色小吃。
    B 将近二十多年过去了，仍有很多观众一直怀念这部剧。
    C 科学研究表明，癌症、白内障等多种疾病都与体内过量的自由基有关。
    D 大多数鸟类仅利用树枝、杂草和泥土等材料，便可以搭建属于自己的温馨小窝。

53. A 人们常说工作没有高低贵贱之分，只有社会分工不同。
    B 自雍正皇帝居住养心殿后，这里就一直作为清代皇帝的寝宫。
    C 《北京味道》是北京电视台生活频道制作的大型美食纪录片一档。
    D 回忆是一种很奇妙的东西，它生活在过去，存在于现在，却能影响未来。

54. A 美国心理学家邓肯提出的人际安全距离是1.2米。
    B 不要失去信心，只要坚持不懈，就终会有成果的。
    C 外部人员未经经理批准禁止不得进入车间。
    D 人们会根据各自的兴趣、需要，选择性地记忆部分信息。

55. A 即使是哪个时代，英雄的事迹和精神都是激励社会前行的强大力量。
    B 分歧指的是两个人或多个人的意见或看法不一致，说明不了谁对谁错。
    C 法律的最终作用就是维护社会秩序，保障社会群众的人身安全与利益。
    D 雾虹是一种类似于彩虹的天气现象，都是由水滴反射和折射太阳光形成的天气现象。

56. A 著名武侠小说作家金庸是“香港四大才子”之一。
B 人生并非游戏，因此我们没有权利随意放弃它。
C 随着人们的审美观，家居装饰逐渐成为了生活的重要组成部分。
D 松花砚是一种起源于明代的手工艺品，为中国四大名砚之一，其存世量十分有限。

57. A 近年来，前往该地区的游客数量增加了大量，已超过80万人次。
B 诚信是为人处世的基本原则，更是一个和谐社会的必要规范。
C 火锅起源于中国，是一种中国独创的美食，它历史悠久，并且老少皆宜。
D 351系列活动，不但保护了环境，而且改变了消费者的想法，办得十分成功！

58. A 京剧是中国五大戏曲剧种的一种，它有着悠久的历史，也被称为中国的国粹。
B “冰心散文奖”是一项具有权威的散文大奖，它代表了中国散文最高、最专业的水准。
C 近年来，网络直播平台被越来越多的年轻人知晓，也有越来越多的人把主播作为自己的主业。
D 一个人的品行不取决于他如何享受胜利，而在于他如何忍受失败。没有什么比信念更能支撑我们欢度艰难时光了。

59. A 百度是全球最大的中文搜索引擎，让网民可以更便捷地获取信息是其服务宗旨。
B 鱼肉中含有丰富的欧米伽3和不饱和脂肪酸，对健脑益智、促进儿童智力发育非常有好处。
C 青少年追星原本是很正常的，但是盲目地追捧以至于抛弃原有的生活就十分不可取了。
D 人与人之间存在着各种差异共存，这些差异造就了每个人不同的特色，各有千秋说的正是这个意思。

60. A 泥石流发生的时间规律是与集中降雨时间规律相一致的，具有明显的季节性。
B 互联网公司的巨头，百度公司的董事长李彦宏也曾经在互联网大会上表示，在未来，所有简单的重复的脑力劳动都将会被人工智能所代替。
C 义工旅行是指在享受免费旅行的同时承担相应的责任，如完成某项活动、帮助某个对象等。因此，它并不是旅行，也是一个公益项目。
D “女儿红”属于发酵酒中的黄酒，含有大量人体所需的氨基酸。江南的冬天空气潮湿寒冷，因此，人们常饮用此酒来增强抵抗力。

第二部分

第 61–70 题：选词填空。

61. 人工智能翻译软件的错翻漏翻情况闹出了不少笑话，但这些应用上的错误却正在令这种技术________完善，甚至有关研究人员认为人工智能翻译软件终将________人力，可以扫清人类语言交流上的许多障碍。然而，人工智能翻译技术真能________到人类语言的微妙之处吗？对此，人们一直争论不休。

A 逐年　补偿　参透　　B 不时　取代　克服
C 日益　代替　体会　　D 时而　超越　突破

62. 成语“滥竽充数”指的是不会吹竽的人混在吹竽的队伍里充数，________没有真才实学的人，混在行家里面充数，次货冒充好货。毫无疑问，那些________的人虽能蒙混一时，但是无法蒙混一世，他们经不住时间的考验，终究会露出马脚的。该成语有时候也用来表示________，说自己水平不够，只是凑个数而已。

A 形容　一丝不苟　自满　　B 比如　胡言乱语　自卑
C 好比　不择手段　自觉　　D 比喻　弄虚作假　自谦

63. 要成为嗅辨员，必须要经过专门的资格考试。他们需要通过分辨气体中的“臭味”来________出大气是否受过污染。嗅辨员不是一个________的职业，随着年龄的增长，人的嗅觉也会退化，嗅辨员也不得不从________上“退役”。按照规定，嗅辨员年龄须在18到45岁之间，资格证的有效期也为5年。

A 判断　终身　岗位　　B 测验　持久　行业
C 鉴定　当前　职能　　D 辩证　漫长　职位

64. 英国一项调查显示，稳定而规律的生活、长期固定的伴侣才是男性快乐之源，37岁左右是男性一生中最快乐的时光。这一年龄段的男性有固定伴侣，家庭________，有三两个________的好友分享快乐、________烦恼，已然远离青少年时期的焦虑，而________的“中年危机”还没有到来，正是人生最美好的时光。

A 和睦　亲密　分担　所谓　　B 和蔼　亲切　承担　相对
C 和气　密切　负担　一贯　　D 温和　切实　担保　现成

65. 如今有众多旅游种类，农业旅游是其中一支新兴势力，它________了现代化的农业、________的自然环境、丰富多彩的民风民俗及其社会文化现象，________一个综合性项目，把________农村变成了一个“寓教于乐”的“生态教育农业园”。

A 融洽　绚烂　构成　个别　　B 融化　繁华　出落　个体
C 融入　美观　综合　整体　　D 融合　优美　形成　整个

66. 对网约车司机来说，在茫茫人海中找到一个网约车的乘客________海底捞针，尤其是在晚上更________。而最近，一款新的约车软件解决了这个难题，它会使乘客的手机屏幕显示出________的颜色，系统同时会发出信息，通知司机乘客手机上有什么颜色，能够让司机更方便________。这款新功能名为“聚光灯”。

A 如同　衰弱　剧烈　甄别　　B 犹如　吃力　特定　辨认
C 类似　狼狈　恰当　遗弃　　D 好比　混杂　别致　曝光

67. 人体出汗的方式分为主动与被动两种，前者是指因为运动时而排出的汗，通过________热量可以保持体内热量平衡，并加速________，让人感到舒服；而后者则是因为天气________或者受到心理压力而排出的汗，会使人产生许多不良________，如烦躁，易怒等，对人体相当不利。

A 散发　代谢　炎热　情绪　　B 排斥　循环　潮湿　态度
C 排除　消化　变暖　心态　　D 扩散　喘气　温和　神态

68. 活生物体内去除水分之后的有机物重量被称为生物量，它通过碳的重量来________。据估算，目前地球上约有相当于5,500亿吨的生物量，其中绝大部分是植物，约为4,500亿吨；其次是细菌和真菌，________为770亿吨和120亿吨 ，________人类在内的全部动物不足20亿吨。出乎意料的是，占地球表面积７１％的海洋，在全球生物量中所占的比例仅________高于１％。

A 测试　区别　包容　亦　　B 衡量　分别　包括　略
C 权衡　各自　遮盖　愈　　D 探测　个别　占据　颇

69. 韩国的一项长期跟踪实验显示：倘若一个人长期处于生活________过快、________的环境中，会得各种________，比如记忆力下降，逻辑推理能力弱化，甚至还会引发多动症等。美国的研究也证明：长期处于安静的环境对神经细胞轴突的延长以及信息在脑细胞中的存储、分辨、比较与联系十分有利，同时对________记忆力、分析力与判断力也帮助很大。

A 速度　简陋　反应　增强　　B 频率　消极　缺陷　添加
C 环境　寂静　症状　施加　　D 节奏　喧哗　疾患　提升

70. 有一种螃蟹叫拳击蟹，它的名字听上去十分威武，可________上它们的体型偏小。它们总是用两只“小手”________住两只有毒的海葵，然后举着绒球________海葵挥来挥去，看上去就像在跳啦啦操。其实，它们这样做是为了在利用海葵的毒肢________潜在敌人的同时，利用海葵的触手还捕捉浮游的藻类与小型无脊椎动物等________为食。

A 真实　抢　一样　抗议　物品　　B 实际　抓　似的　恐吓　生物
C 实验　绑　好似　挑衅　昆虫　　D 事实　拧　以致　迷惑　牲畜

第三部分

第 71-80 题：选句填空。

71-75.

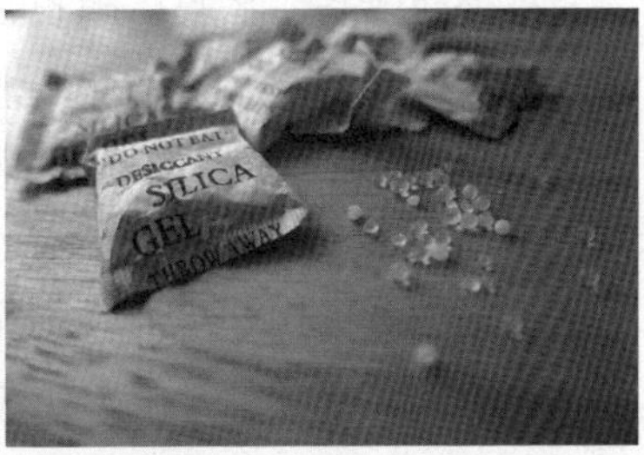

食品干燥剂一般无毒、无味、无腐蚀性及环境友好。(71) ____________________，并防止食品变质腐败，大多数食品袋中都有干燥剂。

常用作食品干燥剂的是生石灰干燥剂。生石灰干燥剂的主要成分为氧化钙，其吸水能力是通过化学反应来实现的。(72) ____________________，它都能保持大于自重35%的吸湿能力，具有极好的干燥吸湿效果，而且价格较低，可广泛用于食品、服装、皮革、电器等行业。但是生石灰干燥剂由于具有强碱腐蚀性，遇水会发生强烈的化学反应，(73) ____________________，甚至可能发生爆炸。如果儿童在吃零食时误食了生石灰干干燥剂，(74) ____________________。因此，目前生石灰干燥剂已逐渐被淘汰。

近年来，作为石灰类干燥剂的替代产品——硅胶干燥剂逐渐受到青睐，其主要成分为二氧化硅，无毒、无腐蚀性，为透明不规则球体，性状稳定且吸湿能力较好。硅胶干燥剂是目前唯一得到欧盟认可的干燥剂种类，可美中不足的是，(75) ____________________。

A 不管外界环境湿度高低

B 它的成本要比生石灰干燥剂高许多

C 释放出大量的热量

D 为了降低食品袋中的湿度

E 极有可能造成口腔和食道灼伤

76-80.

丹顶鹤是典型的候鸟，每年随季节气候的变化，有规律地南来北往迁徙。每年入秋后，(76) ________________。丹顶鹤主要栖息于沼泽、湖泊及滩涂，以鱼、虾、贝类和植物根茎为食，(77) ________________。

丹顶鹤嘴长、颈长、腿长、直立时可达一米多高，成鸟除颈部和翅膀后端为黑色外，全身洁白；(78) ________________，喉和颈大部分为暗黑色，嘴成灰绿色。丹顶鹤属于单配制鸟，(79) ________________，若无特殊情况一旦婚配成对，就相伴一生。

丹顶鹤的平均寿命可达50-60年，所以自古以来人们把它和松树画在一起，作为长寿的象征。在中国，丹顶鹤是国家一级保护动物，也叫仙鹤、白鹤，(80) ________________，如《尔雅翼》中称其为“仙禽”，《本草纲目》中称其为“胎禽”。在中国古代的传说中，丹顶鹤又是作为仙人的坐骑而出现的。

可见，丹顶鹤在国人心中的印象是相当有分量的。

A 头顶裸露的部分为鲜红色

B 因此被冠以“湿地之神”的美称

C 中国古籍文献中对丹顶鹤有许多称谓

D 对配偶非常忠诚

E 它们会从东北的繁殖地成群结队地飞往南方过冬

第四部分

第 81–100 题：请选出正确答案。

81–84.

流泪，其实是一种健康的宣泄方式，如果我们强忍泪水，就等于放弃了保持健康的机会。

研究者做过这样一个实验，让一批志愿者先看一部催人泪下的电影，等他们被感动得哭了，再将他的眼泪收集起来。几天后，利用切洋葱的办法让同一批志愿者流下眼泪。研究结果显示，这两种泪成分大不相同，研究者把前者命名为“情绪眼泪”，而把后者命名为“化学眼泪”。

“情绪眼泪”中含有大脑在情绪压力下释放出的一种化学物质——儿茶酚胺；而“化学眼泪”中却没有。过多的儿茶酚胺在体内会引发心脑血管疾病，严重时，甚至还会导致心肌梗塞。因此，“情绪眼泪”其实是人体自身的一种排毒方式。

通过进一步的研究还发现，眼泪除了把有害物质带出体外之外，泪腺自身还能分泌出一种活性化合物，这种化合物对伤口的修复都有很大的帮助。也就是说，有外伤时，哭得越厉害，伤口就会越快愈合。反之，强忍泪水不哭，使泪腺不能正常工作，伤口愈合的时间也会延迟。从这个角度来看，眼泪并不是意志薄弱的表现，而是加速伤口愈合的天然良药。

可见，哭有其生物学意义，哭是对人体的一种安全保护。

81. 关于那个实验，下面哪项正确？

A 志愿者看了一部感人的电影　　B 第一批志愿者都多愁善感
C 两种泪水分析结果相差无几　　D 有部分志愿者受了外伤

82. 关于“儿茶酚胺”，可以知道什么？

A 是通过饮食摄取的　　B 情绪受到压力而产生
C 大量存在于“化学眼泪”中　　D 是治疗心脑血管疾病的有效成分

83. 根据第四段，泪腺分泌出的活性化合物：

A 会让人心情低落　　B 会给皮肤造成伤口
C 会让外伤伤口感染　　D 能加快伤口愈合速度

84. 关于“哭”，下列哪项正确？

A 对人有害无利
B 是一种意志薄弱的表现
C 外伤严重时不应该哭
D 是对人体的安全保护

85-88.

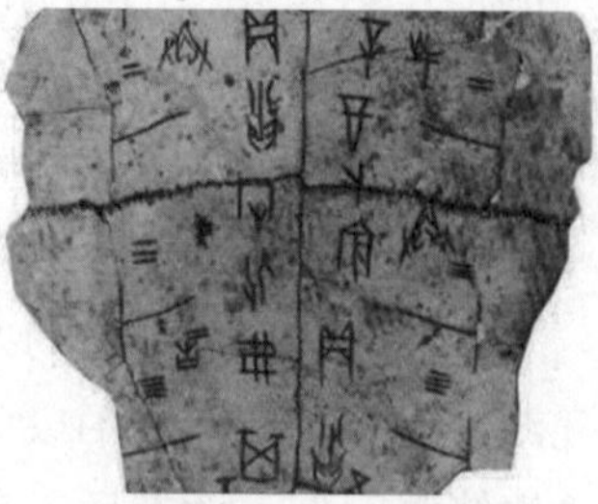

早在百多年前，清代学者王懿荣在作为中药的“龙骨”上，发现了细小的刻画。经过专家们的多番考证，这些符号被认定为上古时期的文字——甲骨文。由此，把中国有文字记载的历史提前了1,000年。如今，甲骨文已被选入了《世界记忆遗产名录》。

世界著名的四大古文字分别是，中国的甲骨文、写在纸草上的古埃及象形文字、刻在泥板上的巴比伦楔形文字以及雕在石头上的印第安人玛雅文字。它们都在世界文明宝库中交相辉映、大放异彩，只可惜，其它三种文字都已失传，成为历史长河中永远无法破解的谜，唯有甲骨文历经3,000年，一脉传承地“活”到了今天，今天的汉字便是由它演变而成的。

然而，研究甲骨文的路却并不平坦。百年不休的甲骨学，却经常面临着“专家兴趣盎然，百姓兴趣寡然”的尴尬处境。此次《世界记忆遗产名录》的入选，对于长期从事与甲骨文相关工作的人员来说，无疑是“天降的喜事”。近年来，甲骨文正在逐渐走入大众的视线，在传播方式上还需要多下功夫，加之，甲骨文的传承和发扬也需要培养更多的接班人。

为此，中国文字博物馆为传承汉字文化开展了一次大型公益宣传活动——中国文字博物馆甲骨学堂，在汉字教育的过程中，更多地结合了中国传统节日和汉字文化背景的介绍。比如，给孩子介绍汉字时，挑选一些象形程度高的字，通过解读文字背后隐含的历史文化信息以及了解这个字从古到今演变发展过程，让他们理解和掌握汉字的一些特征。

近些年来，甲骨文研究工作一直处于“低迷”状态，文字破译工作更是进展甚微。希望入选《世界记忆遗产名录》能够改变甲骨文研究目前面临的情况，让更多的有志之士来参与到甲骨文的工作中，也让更多的人学好汉字、用好汉字、爱上汉字、传播汉字。

85. 关于甲骨文，正确的是：

A 在沙漠中被发现
B 发现于清代
C 已经失传了
D 经历了近1,000年的繁荣

86. 根据第三段，甲骨学：

A 缺乏接班人
B 一切研究事项都需要被公开
C 并没入选《世界记忆名录》
D 研究者都是各领域的资深人员

87. 关于甲骨学堂，下列哪项正确？

A 只面向成年人
B 以历史教育为主
C 开展汉字教育活动
D 主张死记硬背

88. 根据上文，下列哪项正确？

A 四大古文都传承下来了
B 现在研究甲骨文的人相当多
C 古代人学习甲骨文用来占卜
D 汉字是由甲骨文演变而来的

89–92.

科技的发展给人们带来了无限的便利，比如出门不带钱，只有一部手机便可走天下。在诸多移动支付方式中，二维码方便快捷、成本较低、制作容易，是小额支付的主要形式，而且它对硬件设备的要求也相对比较低。但这些优点却是一把双刃剑，二维码的优点也极大降低了不法分子实施支付欺诈（利用“扫描二维码”实施诈骗）的成本。

随着移动支付的飞速发展，支付验证也逐渐脱离硬件设备，进入到单纯靠信息验证的阶段。这就对用户敏感信息保护提出了更高的要求，个人信息一旦被泄露，其后果将不可估量，很可能发生财产损失。

业内人士普遍认为，要保障安全支付，不能只依靠创新，而是在提升支付便利性的同时，也要做到“攻守兼备”。

在攻的方面，应该加快支付技术及软件的更新换代，在保障安全的基础上，最大限度地给用户支付创造便利。如今，指纹支付快速普及，而一些移动支付企业也开始将刷脸支付、声波支付作为创新的新方向，并通过多种生物特征的交叉认证，降低支付风险。

在守的方面，加强现有支付方式的风险防控力度，从技术和保险两方面确保支付安全。蚂蚁金服高级安全专家朱通向记者介绍，“支付宝目前用一整套智能实时风控系统，实时扫描平台上每天发生的上亿笔交易，分析用户行为、交易环境、关联关系等。到目前为止，该系统已识别并拦截网络金融诈骗10.8万笔，为客户避免经济损失16亿余元。这套安全系统还会通过数据分析、挖掘，自动更新，不断提升风控能力。”

89. 第1段中画线部分“双刃剑”是什么意思？

A 优势明显　　B 利弊共存
C 前后矛盾　　D 双重标准

90. 如何从攻的方面降低支付风险？

A 加快支付软件升级　　B 要注意保护个人信息
C 实时对网络漏洞进行修补　　D 定期进行杀毒软件升级

91. 关于支付宝，可以知道：

A 进行全天候实时监测　　B 还没有正式进入市场
C 用户流失情况严重　　D 仅扫描数额过亿的交易

92. 根据文章，下列哪项正确？

A 扫描二维码支付成本低廉　　B 刷脸技术已被广泛使用
C 很少人使用手机支付　　D 支付宝风控系统极不完善

93-96.

纵览中国古代都城的发展史，会发现这样一个有趣的现象：大部分都城在选址时都抛开旧都城，另选新址重建。然而，古时统治者似乎对古都开封“情有独钟”，基本上都是在旧城址上重建，形成了不同朝代的城墙在同一地层上垂直叠压的“城摞城”现象。

要形成一座都城，自然环境、经济和军事等因素都是不可缺少的。从这些因素上看，开封的自然环境并不十分符合建都。自古以来，开封周围地势平坦，四周毫无遮挡，而长安、洛阳、北京等都城皆有天然屏障。然而，虽没有自然屏障，但开封与其他古都相比，其水利网络设施却极为优越，这里的平原地貌使得河湖密布，交通便利。当时，开封不但有人工开凿的运河鸿沟（汴河）可与黄河、淮河沟通，并且还拥有向外辐射的水上交通要道，在这方面开封远远超越了国内其它古都。

另外，任何政权在建立之初，首要课题都是社会生活所必需的各种物资，开封作为都城，在物资的获取方面可谓“近水楼台”。到了唐代，随着京杭大运河的通航，汴州又恰巧处于通济渠的要冲 ，即通往东都洛阳和唐都长安的重要门户，由于汴河直通江淮，大批江南物资可直达汴州。然而，由于关中地区连年战乱，经济早已衰败，长安、洛阳更是屡遭破坏，面目全非。虽然在北宋初年，太祖赵匡胤欲迁都长安或洛阳，但由于遭受大臣们的极力反对，最终只好妥协。这实际上也是当时开封的经济优势不容许他做出迁都的决定。

自古就有“得中原者得天下”之说，开封位于中原腹地，彼时的北宋东京城便是中国历史上最繁荣、富裕的七大都城之一，成为了堪称“富丽甲天下”的名都。可见，在历史上，开封虽饱经兵火水患，但人们也不愿轻易放弃这块宝地。

93. 第一段中“有趣的现象”是指？

A 开封一词的由来十分特别
B 不同朝代的古城叠加在一起
C 古代人选都城的方法
D 没有人愿意在开封建都

94. 开封与其他古都相比有什么优势？

A 四周群山环绕，是天然屏障
B 易守难攻，有地形优势
C 物产丰富
D 水利网络发达

95. 赵匡胤为什么没能迁都？

A 洛阳和长安多年战乱
B 北宋的经济衰败
C 开封物资运送便利
D 开封地势险峻

96. 根据上文，下列哪项正确？

A 北宋时开封最繁华
B 洛阳被称为“富丽甲天下”的世界名都
C 开封地区在地理上没有优势
D 开封久经战乱，人们都想放弃

97-100.

从教育部获悉，今年全国将会有将近820万大学生毕业，面对严峻的就业形势。与此同时，媒体最近又关注毕业生“慢就业”现象，指出有部分大学毕业生以“慢就业”为由懒得就业甚至干脆不就业，实际上算是逃避就业的行为，很多家长对此表示忧虑。

为了让毕业生的就业得到重视，教育部要求各高校对毕业生离校时的初次就业率进行统计，并把这个数据作为考核高校就业成功率的重要指标。以此来引起高校对初次就业的重视，但同时也出现了一系列问题。为了提高初次就业率，部分高校就喊出“先就业，后择业”的概念，也就是要求毕业生们先不要考虑个人喜好以及工作前景，先就业再说。另外，不少高校把“就业年”称为“毕业年”，甚至为了实习、参加招聘会而放弃教育教学课程，这导致大学教育缩水，更有甚者，为了提高就业率弄虚作假。结果，初次就业率的统计，反而导致了就业的急功近利，对大学生理性选择职业也有害无利。

针对学生“慢就业”现象，专家要求高校淡化对初次就业率的重视，转向关注学生的中长期的就业。将关注的目光从在校阶段延长到毕业离校之后，这是做好大学毕业生服务工作的必然选择。当关注的方向转到毕业后三五年的就业时，学校才会对人才培养的质量重视起来，提高毕业生的核心竞争力，而不是在毕业时的就业上孤注一掷。目前，不少舆论对“慢就业”持反对态度，认为这只不过是大学生怕就业，高校推卸责任的借口。如何回应这种舆论，还需要教育部门和大学有切实作为。

为此，教育部一再督促大学要开展学生生涯规划教育，但总体而言，全面、系统开展生涯规划教育的高校并不多，仍然缺乏对学生有针对性的个性化指导。“慢就业”说到底是个性化就业，即选择适合自己的就业方式，要让“慢就业”不变为“不就业”或者“懒就业”，关键就在于个性化就业指导。

97. 家长对“慢就业”这一现象持什么样的态度？

A 倡导　　B 忧虑

C 讽刺　　D 支持

98. 高校为什么提倡“先就业，后择业”？

A 为了培养毕业生的综合竞争力　　B 为了完成教育部门考核指标

C 为了提高学校的影响力　　D 可以让毕业生独立自主

99. 根据上文，高校应该关注什么？

A 学生素质教育
B 遵循教育部规定
C 学生中长期就业
D 提高初次就业率

100. 下列哪项适合做上文题目？

A 大学生应如何理性就业
B “毕业即工作”的择业观逐渐松绑
C 如何看待“毕业即失业”现象
D 如何看待与应对“慢就业”现象

실전모의고사 1

三、书 写

第 101 题：缩写。

（1）仔细阅读下面这篇文章，时间为 10 分钟，阅读时不能抄写、记录。

（2）10 分钟后，监考收回阅读材料，请你将这篇文章缩写成一篇短文，时间为 35 分钟。

（3）标题自拟。只需复述文章内容，不需加入自己的观点。

（4）字数为 400 左右。

（5）请把作文直接写在答题卡上。

刘国梁是中国乒乓球界响当当的名字，他的成绩和父亲刘占胜的训练是分不开的。父亲从小就喜欢乒乓球，由于爷爷的阻拦，直到1973年，才重新回到乒乓球桌前——调入市体委从事乒乓球教练工作。

刘国栋和刘国梁是一对亲兄弟，兄弟俩从小就开始打球，与乒乓球结下了不解之缘，为了实现父亲刘占胜制定的夺取世界冠军的目标，兄弟俩十分努力。练乒乓球这件事几乎占据了刘国梁和哥哥的整个童年。球拍和乒乓球是他们唯一的玩具。一年365天，没有节假日，也没有周末，兄弟俩天天全勤训练。刘国梁和哥哥常常在饭桌上就较上劲了："今天我准赢你，比着瞧！"下了饭桌就直奔球桌，父亲也兴致勃勃地给他们当裁判。当然，那时候刘国梁的"战绩"可不怎么样。

刘国梁四五岁时，他的父亲专程带他去北京拜访老乡，这位老乡就是中国乒乓球女队世界冠军张立。父亲特意让国梁摸了摸那些金牌和奖杯，然后问他："你知道这些冠军胸章和奖杯是什么做的吗？"刘国梁天真地说道，"金牌当然是金子做的呀！"看着儿子回答，刘占胜一边点头又一边摇头，语重心长地说道，"除了金子，还有汗水，甚至是眼泪和热血！"听了父亲的话，刘国梁自此更加认真努力地接受训练了。

父亲是远近闻名的"严管教"，他的笑容不多，言语也是少之又少，却字字铮铮有力。有一次，刘国梁突然发高烧，全身无力，母亲背他上医院打完吊针后要领他回家，没想到国梁却坚持着去了训练馆。父亲并没有因为生病而特殊照顾他，像往常一样安排他训练，母亲在一旁心疼得直掉眼泪。

1992年，刘国梁参加中国举行的乒乓球比赛，当时参赛的还有很多外国选手。赛前谁都没特别关注过身材矮小的刘国梁，没想到，在这次比赛中刘国梁一举击败了排名世界第二的选手。1999年8月8日，对于刘国梁来说是值得纪念的日子。这一天，他不仅当了世界冠军，还成为了中国男子乒乓球历史上首位集奥运会、世乒赛、世界杯单打冠军于一身的"大满贯"得主。

作为乒乓球运动员，刘国梁曾多次站在世界冠军的领奖台上，但在这天，他激动的心情难以言表。他回到宾馆后的第一件事就是给家里打电话叫一叫“爸爸”、“妈妈”。母亲在电话那端说：“你爸听到比赛结果了，走下楼去了。”而这时已是深夜1点多了。后来，刘国梁才知道父亲是怕让他看到自己流泪才回避的，父亲想在孩子面前永远是严父。不论大赛小赛，不论是赢还是输，刘国梁都会在赛后先给家里打电话，这已经成了他的习惯。

刘国梁说：“父亲的理想算是实现了，儿子升五星红旗了，现在也当主教练了，他应该挺满足的。父亲生于乒乓，走于乒乓，如今走了，他把自己精髓的东西留下。相信老爸在天之灵也知道我们还会继承和延续着他的精神、他的梦想。我相信，他在天上也能看见。”

MEMO

I wish you the best of luck

고수들의 막판 7일!

HSK 6급

실전모의고사 505제

제 2 회

듣기
독해
쓰기

新汉语水平考试
HSK(六级)

模拟考试二

注　意

一、HSK(六级)分三部分：

1. 听力(50题，约35分钟)
2. 阅读(50题，50分钟)
3. 书写(1题，45分钟)

二、 听力结束后，有5分钟填写答题卡。

三、 全部考试约140分钟(含考生填写个人信息时间5分钟)。

一、听力

第一部分

第 1–15 题：请选出与所听内容一致的一项。

1. A 徐悲鸿留下了上千幅作品
   B 徐悲鸿以花鸟画闻名中国
   C 徐悲鸿酷爱养马
   D 徐悲鸿画马精益求精

2. A 不要过于在乎别人的看法
   B 我们要学会隐藏自己的本心
   C 社交场合规则多且变化大
   D 社交活动是人类最普遍的现象

3. A 疫苗的保质期是有限的
   B 疫苗防护作用并非绝对
   C 记忆细胞可长久存活
   D 体质不会影响疫苗效果

4. A 古人打赏都不用钱
   B 线上打赏是自愿行为
   C 网上的文章都可免费阅读
   D 现代的打赏是单方面的

5. A “神曲”往往节奏轻快
   B “神曲”指古代诗词
   C “神曲”对健康有害
   D “神曲”不易被大众接受

6. A 水温要在5℃以下
   B 烧伤后浸水容易感染
   C 烫伤后要马上浸泡
   D 烫伤处先用凉水清洗

7. A “海豚音”比喻噪音
   B 海豚用超声波分辨方向
   C “海豚音”是种形象的说法
   D 海豚发出的超声波超过10万赫兹

8. A 肠道细菌不能消化营养物质
   B 肠道细菌是一种有害细菌
   C 贪吃会造成营养不均衡
   D 肠道细菌能增强食欲

9. A 坚持下去就会成功
   B 懂得放弃才能获得成功
   C 困难使人产生失败感
   D 要学会避开困难和挫折

10. A 锦葵的花瓣呈橘黄色
    B 锦葵的花与桃花一模一样
    C 锦葵的原产地不是中国
    D 锦葵的叶子会随太阳转动

11. A 实习经历要详尽
B 承担的职务可以不写
C 公司不让实习生单独完成任务
D 领导的批评能帮助你成长

12. A 艺术创作以讽刺为主
B 不能嘲笑读者
C 艺术创作源于生活
D 讽刺小说具有社会性

13. A 榴莲的味道很清香
B 吃榴莲容易上火
C 榴莲营养丰富
D 大病初愈者不宜吃榴莲

14. A 家庭成员的年龄决定理财方式
B 基本原则还有待证实
C 家庭理财有一些共性
D 家庭理财有一定风险

15. A 三十六行的记录始于宋朝
B 三十六行的说法是为了听起来方便
C 三百六十行泛指所有行业
D 三百六十行是由政府规定的

第二部分

第 16–30 题：请选出正确答案。

16. A 受观众所托
B 时机成熟了
C 网络平台的推动
D 文化部的规划

17. A 支持多人同时录音
B 配有录音设备
C 安装了摄像头
D 位于电视台办公楼

18. A 传达情感
B 探讨文学
C 交流心得
D 学习艺术

19. A 增添娱乐气息
B 多做网络宣传
C 改善社会环境
D 邀请明星大腕儿

20. A 风趣幽默
B 贴近生活
C 富有内涵
D 涉及面极广

21. A 见效太慢
B 没有经验
C 市场饱和
D 前景黯淡

22. A 人生十分短暂
B 人的目标各不相同
C 人生没有捷径
D 机会失去了不会重来

23. A 土壤条件
B 果园环境
C 进口渠道
D 水果市场

24. A 掌握专业知识
B 奠定了基础
C 善长另辟蹊径
D 总结失败经验

25. A 要多尝试
B 要有耐心
C 多积累知识
D 要找准方向

26. A 无比自豪
B 激动
C 平静
D 意料之中

27. A 参与颁奖时
B 发表获奖感言时
C 接到奖杯的那一刻
D 收到杨师傅的短信时

28. A 阅读可以端正价值观
B 阅读可丰富人生阅历
C 阅读能够提高生活质量
D 阅读能够给我们带来自信

29. A 鄙视
B 不提倡
C 无所谓
D 不排斥

30. A 情感
B 耐心
C 逻辑
D 苦难

第三部分

第 31–50 题：请选出正确答案。

31. A 纯度很高
    B 光线强烈
    C 燃烧不稳定
    D 是一种装饰品

32. A 耗油量较少
    B 不需要容器
    C 是一种奢侈品
    D 构造十分复杂

33. A 油灯只有贵族使用
    B 动物油容易变质
    C 百姓在节日用蜡烛
    D 在古代蜡烛价格低廉

34. A 给新人提建议
    B 介绍写作技巧
    C 公开下一部作品
    D 见一下写作团队

35. A 体验各种职业
    B 每天做读书笔记
    C 随身携带录音笔
    D 定期整理工作室

36. A 查看卡片
    B 出去活动
    C 整理房间
    D 翻阅名著

37. A 宋代
    B 明代
    C 清代
    D 唐代

38. A 划船活动
    B 取胜标志
    C 纪念屈原的方式
    D 体育比赛的地点

39. A 用于裁定名次
    B 清朝固定下来
    C 只有划船一项比赛
    D 没有比赛的竞争性

40. A 纯洁
    B 稳重
    C 富有
    D 智慧

41. A 有8种基本颜色词
B 用来象征身份及地位
C 有关黑色的词出现得最早
D 全部收录在《说文解字》中

42. A 紫色和红色
B 黄色和橙色
C 蓝色和绿色
D 灰色和黑色

43. A “青衫”是唐代官服
B 蓝色在17世纪才被发现
C 人们为颜色赋予不同的含义
D 人类肉眼可以区分几百种颜色

44. A 记忆力
B 判断力
C 应用能力
D 分析能力

45. A 进行讨论
B 分享结果
C 制作成图表
D 和同学们一起分析

46. A 要尽早培养
B 被机器取代了
C 后天培养不了
D 属于低层次思维

47. A 对学问分类法褒贬不一
B 应用课程从小学一年级就有
C 学问分类法大致分为两类
D 大多数人对分类法持反对态度

48. A 促进代谢
B 保持平衡
C 散热降温
D 驱赶天敌

49. A 快速躲开
B 用鼻子喷水
C 发出求助信号
D 张开耳朵示威

50. A 听觉灵敏
B 嗅觉较差
C 善于模仿声音
D 耳温比体温高5℃

二、阅 读

第一部分

第 51-60 题：请选出有语病的一项。

51. A 如今，中国出产的茶叶产量出口到128个国家和地区。
    B 家里种上几盆芦荟，不仅可以观赏，还可以净化室内空气。
    C 法律界人士认为，立法固然重要，但是执行才是关键。
    D 小麦是世界第一大粮食作物，在中国是仅次于水稻的第二大粮食作物。

52. A 据考证，古代中国的学校是没有假期的。
    B 铁观音是一种中国的传统名茶之一，原产于福建泉州。
    C 大多消费者称到无人超市购物是一种全新的购物体验。
    D 拉萨的天空都是湛蓝湛蓝的，整个天空没有一丝云彩。

53. A 户外运动的着装不是以美观为主，而是以实用性为主。
    B 回想自己走过的路，我深深地体会到人生的价值在于奉献。
    C 由于飞船的成功返回，使中国加入了航天开发强国的行列。
    D 成功的第一步就是认识真正的自己，放下那些遥不可及的目标。

54. A 读到一本好书，交到知心好友，都可以称为人生幸事。
    B 孩子们几乎都害怕打针，一说到打针都是又哭又闹的。
    C 经过长期艰苦奋斗，科学家们终于发现了雅鲁藏布大峡谷。
    D 目前，《老城区更新规划》将已通过专家评审，预计上半年开工建设。

55. A 为了您和别人的生命安全，切勿不要酒后驾车。
    B 在严峻的就业形势下，职业教育的重要性正在日益凸显。
    C 经济型酒店有着巨大的市场潜力，具有低投入、高回报等优点。
    D 目前有很多学习汉字的网络媒体平台，《汉字大讲堂》也是其中之一。

56. A 《山海经》中大量存在的这些神话传说，无疑是研究原始宗教的宝贵资料。

B 硒在抗癌方面具有举足轻重的作用，因此被称为人体微量元素中的“抗癌大王”。

C 旅游淡季来临，全国著名景点纷纷开始降低门票价格，有的甚至下降了一倍。

D “白玉兰奖”是中国电视剧三大奖项之一，在中国国内电视类评奖中最具国际影响力。

57. A 迄今为止，科学家还未发现适合人类居住的第二星球。

B 独特的方块汉字，是中华民族智慧的结晶，它蕴藏着丰富的审美和诗意。

C 茶树菇是一款高蛋白、营养丰富的食药兼用的真菌，在民间被称为“神菇”的美誉。

D 人的一生就是如此，没有人是随随便便就能成功的，胜利的桂冠是用刺棘编织而成的。

58. A 白噪音听上去像下雨的声音，对各个年龄层的人来说，都可以起到一定的声音治疗作用。

B 天空中的恒星，其颜色取决于它的温度，当它的温度越高，其颜色就越亮；颜色越红，其温度反而较低。

C 我们应该将注意力放在对方谈话的内容上，尽可能从对方的谈话中吸取信息，丰富自己的知识和经验。

D 蚂蚁搬家，大雨哗哗。天气的变化，直接影响着动物的生活，往往能及时察觉到天气的变化，并预先做好相应的准备。

59. A 与其担心未来，不如好好把握现在，不要轻易把自己的梦想寄托在某个人身上。未来是你自己的，只有你自己能给自己最大的安全感。

B 陈奶奶说，未来的目标是除了计划继续环游世界以外，她还想制作了一部影片，与更多人分享自己的经历。

C “地窨子”，是一两千年前东北地区渔猎民族的一种建筑，一般选址在背风向阳、离水源较近的山坡上。盛夏屋内十分清凉，秋寒后则较温和。

D IP剧，指的就是以游戏、动漫以及网络小说为题材改编而成的影视剧。因为原著自带话题性，拥有庞大的粉丝群，所以它能够保证收视率。

60. A 抒发思乡之情是古典文学作品中的一个经久不衰的主题。

B 每一次人类货币形态的更新，无疑都表明了人类文明的发展进入到一个新的历史时期。

C 事实上，中国的三百多个戏曲剧种，以其各不相同的历史源流和文化个性，彰显着“文化多样性”的命题。

D “拔苗助长”的意思是，将苗拔起，帮助它长高。后来比如违反事物发展的客观规律，急于求成，反而坏事。

第二部分

第 61–70 题：选词填空。

61. 自古以来，人们认为“五味”是指“酸甜苦辣咸”，其实不然。据科学证实，辣并不属于味道的________，而是一种________的刺激。最近，科学家________出一种新的味道，把它称之为“鲜”。因此，五味的定义也被改为“酸甜苦咸鲜”。

A 要素　猛烈　识别　　B 范畴　强烈　鉴定
C 元素　剧烈　分析　　D 级别　激烈　诊断

62. 所谓“先入之见”，一般是指人们通常根据自己的信仰、价值观，________自身的各种知识体系去同化或________各种陌生的信息。如果这些信息与自己的知识体系________，那么他们会更容易接受这些信息；与此相反，一旦这些信息与已有的知识体系形成了冲突，他们则不会接受这些信息。

A 总之　排斥　相对　　B 而且　抵抗　相关
C 进而　贯彻　相应　　D 以及　抵制　相符

63. 体育锻炼有助于________人的生理和心理状态，但从来没运动过的人如果在短时间内做剧烈运动的话，对身体是有________的。每个人都应该按个人的健康________，调整自己的运动量，做运动也要适可而止。

A 改善　危害　状况　　B 改进　侵害　形态
C 改正　陷害　情形　　D 改良　迫害　动态

64. 钱学森在1967年11月首次提出了“航天”一词，用来________地球以外天体的各种活动。当时，中国在航空方面并没有经验，一些发达国家________了所有技术。后来，钱学森又将人类在大气层以外的飞行活动称为“航天”，而在大气层以内的飞行活动称为“航空”。“宇宙航天员”则是指能够________处理航天任务，以及能够________航天器进行太空飞行的人。

A 标志　独占　恰当　操纵　　B 形容　垄断　妥善　控制
C 命名　独裁　正当　掌握　　D 提议　贬低　得当　执行

65. 登山的必备品中，优先考虑的________就是登山鞋，一双大小合适、穿着舒服的登山鞋对登山者来说________重要。此外，山中气候与外界不同，登山中总会遇到特别________的环境。因此，在选购登山鞋时，防水性也是需要考虑的重要________。

A 材料　不免　酷暑　原则　　B 设施　过度　湿润　范畴
C 装备　格外　潮湿　因素　　D 器皿　简直　寒冷　方案

66. 在南锣鼓巷上下东西十六条胡同中，菊儿胡同是很特殊的一条，它是中国唯一获得联合国宜居奖的住宅小区。菊儿胡同建筑的形式________了多年沉淀下来的老城文化。1990年，著名建筑大师吴良镛主持设计了菊儿胡同危房改造________，有机更新了老巷中________的民居，将其建成四合院楼房，在保留了老北京四合院风韵的同时，又________了现代人的居住文化。

A 呈现　工程　简陋　契合　　B 体现　流程　朴素　联合
C 代表　项目　精简　结合　　D 象征　枢纽　简约　配合

67. “阴书”是古代传递情报的________。写信人将写着________内容的竹简拆分成三份，然后打乱顺序，再________三名信使把它们送到同一个目的地。收件人要想看懂“阴书“的内容，必须按顺序将三份竹简________起来。

A 渠道　泄漏　雇　拆卸　　B 手段　机密　派　拼合
C 措施　稠密　叫　连接　　D 方式　神秘　命　对称

68. 近日，关于强迫性囤积症的微博在网上热议，从其词源来看是指“无节制囤积的兴趣”，这其实是一种心理疾病。其核心________并不是人们认为的收集和节省，而是害怕把东西丢掉。像这样爱囤积东西的人，对丢弃物品的________总是会使他们变得焦虑。因此，为了________焦虑，他们会长期________该物品，不舍得扔掉。

A 弊端　依赖　防止　储存　　B 症状　顾虑　避免　保留
C 形态　在乎　掩饰　维持　　D 缘故　怀念　克制　缠绕

69. 有关研究表明，全黑的睡眠环境有利于人体生成一种叫褪黑素的激素，可以________新陈代谢，提高睡眠质量。研究证明，睡觉时开灯是不________的，它会影响到褪黑素的________，导致新陈代谢失衡，进而会诱发肥胖、高血压、糖尿病、肿瘤等________。

A 发动　高明　转移　痛苦　　B 递增　划算　扩散　隐患
C 促进　科学　分泌　疾病　　D 加剧　可行　分量　缺陷

70. 人体在运动后的恢复过程中，体内被________的能量不仅能恢复到原来的水平，而且在一段时间内可超过之前的水平，这种现象称为"超量恢复"，________称"超量补偿"。在这期间，必须严格控制________，否则________的能量越多，体重也增加得越快。

A 储存　颇　零食　输入　　B 消费　所　食材　融入
C 消磨　也　食物　摄取　　D 消耗　亦　饮食　摄入

第三部分

第 71-80 题：选句填空。

71-75.

所谓“素食主义者”是指只吃素菜而不吃荤菜的人。素食主义者不食用家畜、野兽、飞禽、鱼类、海鲜等，但一般可以食用蛋，以及奶、黄油、奶酪等奶制品。(71) ＿＿＿＿＿＿＿＿＿，比如健康、环保、动物福利和宗教方面的原因，但无一例外，(72) ＿＿＿＿＿＿＿＿＿。英美两国科学家曾做过大规模的调查和实验，对将近10万名志愿者进行了为期7年的跟踪调查，这些被调查者性别、年龄均各不相同，科学家们在调查中不断收集调查数据，最后总结发现，素食者的死亡风险确实比非素食者低。

为什么素食者的健康状况好，长寿的也多？(73) ＿＿＿＿＿＿＿＿＿。相对于非素食者来说，大多数素食者都坚持健康的生活方式。调查结果发现，素食者涉及抽烟、酗酒等不良行为方面，比非素食者要少；肥胖程度上比非素食者要轻；(74) ＿＿＿＿＿＿＿＿＿；在身体健康方面，素食者中心脏病、癌症、代谢异常等患者也相对较少。澳大利亚科学家发现，一个人若吃更多的水果和蔬菜，同时再加上每天保持一定运动量，那么他的死亡风险就会显著降低。

总的来说，目前并没有具体的数据能说明素食与长寿之间的直接关联，(75) ＿＿＿＿＿＿＿＿＿。所以，为了保持健康长寿，多吃素食是没有错的。

A 但素食确实会带来许多其他的健康益处

B 而在运动方面又比非素食者要多

C 人们选择素食有诸多原因

D 秘密就在素食者的“健康意识”

E 其中最重要的是健康原因

76–80.

漫画家是离不开幽默的。丰子恺的漫画，一向以富有诗意和哲理著称，丰子恺无论走到哪里都会带着速写本、铅笔和橡皮，看到什么就画什么，(76) ________________。

据说他为了作画，(77) ________________。有一次，丰子恺去农村写生，恰好看到田野旁树林里的几个正在扫落叶的农妇，她们各种各样的姿态，引起了他的兴致，于是，他立即掏出速写本，(78) ________________。

正当他画得入神时，其中的一位农妇竟然发现了树后的他，农妇们以为他在偷窥，都围了上来，七嘴八舌地大兴问罪之师。那些女人们越说越来气，有一个甚至伸手要抢速写本。面对这种局面，(79) ________________。

正闹得不可开交之时，幸亏村里的一位老人闻声赶来，问明了原委，替丰子恺解释了半天，她们这才息怒而去。在谢过了那位好心的老人之后，丰子恺急忙从口袋里掏出心爱的速写本查看，(80) ________________，这才松了口气。

A 曾闹出过不少笑话

B 丰子恺纵然百般解释也无济于事

C 躲在一棵大树后面画了起来

D 幸好描绘的画稿都完好无损

E 由此积累了大量的绘画素材

第四部分

第 81–100 题：请选出正确答案。

81–84.

生活中，我们常会遇到这样一些孩子，他们不懂如何拒绝，处处退让，委屈自我来讨好他人、满足他人的需求，心理学把它归属为“讨好型人格”。

德裔美国心理学家卡伦霍妮，在她的著作《我们内心的冲突》里说：具有讨好型人格的人通常极度需求温情和赞赏。对于别人的需求，他们总能敏锐地觉察，并总能够无条件地去满足对方。即使发现了自己的不正常，也照样会做出服从的举动，对于不满、争吵以及竞争，他们都以逃避的方式对待。无论自己有无过失，都先问责自己，多数情况下会自动地承担罪责，也总会无条件地包容他人的缺点或不足。

具有讨好型人格的孩子成年后步入社会，做事常常委曲求全，盲目付出。“我必须做得很好——别人才会对我好”是属于这类人的思维方式，且这种信念已经在他们的意识中根深蒂固了，因此，导致他们容易吃亏、受骗、上当。

我们在尽力教导这些孩子要懂事、会分享、要帮助他人的同时，还要告诉他们：帮助并不是盲目的，一定要有自己的底线。之所以想“讨好”，其根源就是把对自我的认识和价值，建立在别人身上。因此，教孩子摆脱对他人赞赏和认可的依赖，要懂得自主确认自我的价值和需求。

81. 划线词语“它”是指什么？

A 巧妙地拒绝　　B 积极称赞他人
C 刀子嘴豆腐心　　D 委屈自己满足他人的需求

82. 讨好型人格的孩子有什么特点？

A 经常推卸责任　　B 主动承担问责
C 喜欢避重就轻　　D 不能包容他人的缺点

83. 成年后，这样的孩子有什么表现？

A 容易受骗　　B 有自闭倾向
C 不能持之以恒　　D 无责任心

84. 下列哪项是作者的观点？

A 要乐于助人　　B 要学会包容
C 人与人之间要互相尊重　　D 不要太在意他人的评价

85-88.

气温降到零下50℃的话，低温会使人们呼出来的水汽凝华成细小的雪花，而这些小雪花会通过碰撞发出像翻书一样的奇妙声音，被探险家们称为“星辰的耳语”。由此可知，无论在什么场合，只要满足水汽凝华结晶的条件，就能人工制造出雪花来。

韦恩·皮尔斯曾利用油漆喷雾压缩机、喷嘴以及用来浇水的软管造出了一台造雪机。从那以后，人们便实现了利用“雪炮”造雪机来人工造雪的构想。造雪机有两种运行原理：一种是先生产出很小的片冰，然后再用片冰造雪；另一种是采用传统的高压水与空气混合造雪，即在低温环境下，将水注入一个专用喷嘴或喷枪，高压空气会将水流分割成微小的粒子并喷出到外部，这些小水滴会在落地前快速冻结成冰晶，也就是人们看到的雪花。

既然人造雪与自然雪的原理一样，那它跟自然雪是不是没有区别呢？答案是：依然有区别！自然雪花从形成到降落的过程中的各种气象信息都蕴藏在其中，因此有这样一句话，世界上找不到两朵完全一样的雪花。反之，由于人造雪形成的时间短、生长快，雪花形状基本一致。

一般情况下，两立方米的雪需要1吨水，一台造雪机每小时用水量为15-16吨。冰雪嘉年华和滑雪场人工造雪后，绝大多数会通过空气蒸发或渗透到地下，无法回收再利用，十分浪费。滑雪场造雪会导致地下水不足，从而使山区干旱。另外，人工造雪对植被也会造成一定的破坏。

85. 划线部分是什么意思？

A 自然现象的改变　　B 流星雨落下的声音
C 雪花碰撞的声音　　D 冰冻的声音

86. 第二种原理是什么？

A 破冰造雪　　B 水滴凝结成冰晶
C 利用粉碎机　　D 引射式制雪

87. 与自然雪相比，人造雪有什么特点？

A 不会融化　　B 形状一致
C 具有保护植被功能　　D 蕴藏着各种气象信息

88. 最后一段讲的是，人造雪的：

A 市场　　B 局限
C 前景　　D 消费

89–92.

如何降低客机噪音？这一直都是科学家们研究的课题。据悉，这个课题目前已经取得了重大突破。自从1960年飞机投入使用以来，飞机引擎发出的噪音持续减少了80%。然而，随着经济的发展，机场的航班大幅增加，使得机场噪音总体上有增无减。噪音问题成了制约机场进一步发展的一个障碍。

科学家们经过多年研究，一种“无声飞机”终于成功试飞，这种飞机预计将于15年内正式投入运营。但“无声”并不是指四周的人听不到飞机发动后的声音，而是起飞时的巨大轰鸣声在机场外的其他地方再也听不到，或变得极其微弱。科学家称，无声飞机起飞或降落时发出的声音将与洗衣机、冰箱等家用电器的声音差不多，人们完全可以承受，对附近居民生活基本上没有影响。

无声飞机最大的特点在于发动机的设计。它的发动机位于飞机顶部，吸入空气的部位改为机翼上方，有效地降低了噪音。而且，无声飞机的发动机比现有的飞机整整大两倍，可以保证飞机以更慢的速度起飞。另外，无声飞机的机身、机翼是一体的，这种设计可以使机翼的抖动减轻，从而减少噪音。最后，无声飞机的机翼非常圆滑，能让飞机轻柔地滑过大气，降低噪音。此外，无声飞机的耗油量可大幅降低，将比原来的下降约25%。同时，由于飞机的外部是流线型设计，使得内部空间更加宽敞，可以容纳更多的乘客。

无声飞机如果最终能研发成功，在利于机场的长远发展的同时，也可为居住在机场附近的人们提供一个更加安静的环境。

89. 机场噪音有增无减的原因是：

A 防噪设施不达标
B 飞机引擎老化
C 机场规模不断扩大
D 航班增多了

90. 关于无声飞机的机翼，可以知道什么？

A 很圆滑
B 抖动剧烈
C 能够与机身分离
D 是普通飞机的两倍

91. 关于“无声飞机”，下列哪项正确？

A 不会投入运营
B 起飞时毫无噪音
C 对家电运转有影响
D 内部空间大

92. 最适合做上文标题的是：

A 客机的发展史
B 增加航班，势在必行
C 猫头鹰的飞行给航空技术启发
D 无声飞机：机场噪音终结者

93-96.

现代人过冬时会穿上棉衣、羽绒服御寒。与现在不同，古代人御寒的衣服种类没有这么丰富。那么古代人的主要御寒衣物是什么样的呢？

唐朝开元年间，唐玄宗下令给驻守在边疆的士兵分发“纩衣”，而“纩衣”是用丝绵（蚕丝制品）填充的。为什么不用棉花填充呢？因为中国到了明朝后期才开始普遍种植棉花，也就是说唐朝时期“棉袄”是不常见的。

此外，纸也是很好的填充物。其实纸是用植物纤维制造的非编织物，质地坚韧，经久耐用，可挡寒风，重点是造价也很便宜。

兽皮从原始时期起便用来作保暖衣物，因此加工技术早已成熟，但是中国社会自古都以农耕为主，因此皮草类衣服并不流行。加上皮草都是北方游牧民族进贡的，所以量少而价高。

清代就不一样了，一来是统治阶层本就出身草原，有穿着裘皮御寒的习惯，二来皮草的货源稳定了，所以在《红楼梦》里登场的裘皮衣服就很多。但是当时的人穿裘皮衣服，习惯将毛朝里穿、面子上使用丝绸类面料，只在衣服的边缘露出一点皮毛的边儿，这种穿法既美观又低调。既然有了这种设计，在制作衣服时就多了一份心思，故意将一些好毛留在边缘处，或是把其它好的皮毛拼上去。这些露出来的毛就被称为“出锋”或“出风”，这也是“出风头”这句俗语的由来，其意思是出头露面显示自己。

93. 关于唐代时人们冬天穿的衣服，可以知道什么？

A 没有御寒的效果
B 和明朝时期一样
C 不用棉花做填充物
D 都穿“棉袄”

94. 关于皮制衣服，我们可以知道什么？

A 制作皮制衣服历史悠久
B 原始时期不用兽皮作衣服
C 兽皮是南方游牧民族进贡的
D 在中国古代皮制衣服很流行

95. 文中举《红楼梦》的例子，是想说明什么？

A 人们不了解皮制品
B 清朝时皮制品已经很普及
C 清朝时统治者不喜欢裘皮
D 当时的皮草货源很紧张

96. 上文主要告诉我们什么？

A 古代人的主要御寒衣物
B 古代时人们如何过冬
C “棉袄”的起源
D 衣服的发展影响社会经济

97–100.

“独居青年”指的是远离故乡亲人，独自在大城市奋斗打拼的年轻人，大部分独居青年没有家庭生活、感情寄托，也被称为 “空巢青年”。

小编有一个毕业于知名高校经济学专业的朋友，他对于自己的专业没什么兴趣。由于独居生活十分无聊，他开始拿着相机到各地拍摄，还曾经为了拍狮子跑到非洲去。他说，在这段期间，他学会了与自己对话、思考真正的人生追求。如果没有这段经历，他也许会继续做原来的工作，但肯定不会快乐。

许多家长十分忧虑这种回家就刷剧、玩游戏、点外卖的生活。小编也认为，这些独居青年的生活虽然充满了懒惰和迷茫，但正是这些自由却让他们经历了一个“试错”的过程，让他们得到了成长。这意味着他们开始真正独立地掌控自己的生活，承担起自由的重量。

独居生活与自我封闭并不是一个概念，相反，它提供了自主建立社交的契机。从小到大，大多数人都是被动交朋友。校园时期的朋友大多都是同学，而同学是你不能主动选择的。“空巢青年”必须从原有的舒适圈中跳出来，主动地与周边的人接触，形成属于自己的社交圈。小编也曾经为了交一些志同道合的朋友而参加了智库、青年聚会等活动，这些人不同的文化背景扩大了我的视野，打破了我的朋友圈过于同质化的倾向。这种生活让我自己学会关心他人，学会与陌生人沟通。

针对中国“空巢青年”增多的现象，社会没有必要过度恐慌，应该给予宽容和支持。

97. 作者举朋友的例子是为了说明什么？

A 意志薄弱是孤独的主要原因
B 就业目标应该尽早确立
C 独处会让人正确认识自我
D 工作必须要与专业对口

98. 根据上文，下列哪项正确？

A 空巢生活会带来空洞感
B 要注意营造优美的环境
C 独居生活并不等于封闭自己
D 青年人的心理普通有问题

99. 根据上文，应该如何对待“空巢青年”？

A 应该给予更多的社会关注
B 要让他们感受到温暖
C 要有足够的私人空间
D 要给予宽容和支持

100. 最适合上文的标题是：

A 空巢青年的成因
B 如何挽救空巢青年
C 空巢也是一种成长方式
D 空巢——社会的隐忧

三、书 写

第 101 题：缩写。

（1）仔细阅读下面这篇文章，时间为 10 分钟，阅读时不能抄写、记录。

（2）10 分钟后，监考收回阅读材料，请你将这篇文章缩写成一篇短文，时间为 35 分钟。

（3）标题自拟。只需复述文章内容，不需加入自己的观点。

（4）字数为 400 左右。

（5）请把作文直接写在答题卡上。

为了实现自己做杂志的“梦”，16岁的他常被老师罚写“不再不务正业”的保证书；后来又为了自己创业的“梦”，18岁的他把自己的生活费赔个精光；然而，这个创业梦并没有因为失败而消退，19岁的他决心再次创业，并办理了休学。

母亲很不理解他为了一个虚无缥缈的梦而休学的举动，为此跟他大吵大闹，甚至威胁说要断绝母子关系。即便如此，他也没有放弃自己的想法。

后来他只身来到陌生的北京，为了节省开销，他租住在混乱的民宅，应聘人员的面试都在咖啡馆里进行，谈好后才敢将应聘者带到那个混乱的被称为“办公室”的地方。这一年，他才20岁。

开始的几个月的时间里，他们连续做出了两款产品，可是由于宣传力度不够，产品又没有什么新意，在与同类产品的竞争中，很快就败下阵来。而这时，他的钱也马上就要花光了。最后，他决心再做一个产品，如果失败就回学校继续读书。

就在新产品的研发毫无头绪时，好友打来电话向他咨询怎么给女孩选礼物。原来，情人节就快到了，好友想送女友一款心仪的礼物，并为此绞尽脑汁。而他多年创业，十分了解各年龄层人群的需求，常给好友们提建议。后来好友又打来电话表示感谢，说他推荐的礼物女友十分喜欢。

言者无意，听者有心，调查后，他发现很多人因选礼物而烦恼。甚至因为不恰当的礼物引发误会的情况也时有发生。他想如果有一个专门的礼物推荐软件，可以帮人们给恋人、家人、朋友、同事制造生日、节日、纪念日的惊喜，既可以节省选礼物的时间，又能减少误会的产生，肯定会受到欢迎。于是在再三考虑后，他将最后一次机会押在了礼品上。

看着腰包越来越扁，他不得不裁员，只留下4个人。几个人一起不分昼夜地为了最后一次“冲刺”而努力。功夫不负有心人，经过几个月的拼搏，一款名为“礼物说”的软件进入了人们的视线。它根据不同人的不同需求，将礼物分类，同时还附赠各种送礼攻略，以前的煞费苦心，现在只需要点点鼠标或者划划手机屏幕就搞定了。由于此款软件的风格走的是清新路线，上线的同时更是俘获了大批90后少女的芳心。如今，“礼物说”的用户已经突破了1,000万，月销售额突破了5,000万元，成为国内礼物领域最大的移动电商，也获得了顶级投资机构的千万美元融资。

故事的主人公就是人称“90后马云”的温城辉，他从未抱怨自己所面对的挫折和失败，更不曾放弃过自己的梦想。只有不停地前进，才能站得高看得远，而人生又何尝不是如此！

MEMO

I wish you the best of luc

고수들의 **막판 7일!**

HSK 6급

실전모의고사 505제

제 3 회

듣기

독해

쓰기

新汉语水平考试
HSK（六级）

模拟考试三

注　意

一、HSK(六级)分三部分：

1. 听力(50题，约35分钟)
2. 阅读(50题，50分钟)
3. 书写(1题，45分钟)

二、听力结束后，有5分钟填写答题卡。

三、全部考试约140分钟(含考生填写个人信息时间5分钟)。

一、听 力

第一部分

第 1-15 题：请选出与所听内容一致的一项。

1. A 儿时的创伤很难忘记
   B 良好品德离不开家庭教育
   C 学校的教导是最重要的环节
   D 社会能磨练人的意志

2. A 学生考试没通过
   B 老师误会学生了
   C 学生把答案写错了位置
   D 学生对分数有点儿不满意

3. A 买药时要去指定的药店
   B 重复用药有助于加强药效
   C 服药前应阅读药品说明书
   D 产生副作用应当及时就医

4. A 孔子为了修订《春秋》看了很多书
   B 柳宗元也参与了《春秋》的研究
   C 人们用汗牛充栋来纪念孔子
   D 汗牛充栋源于柳宗元的文章

5. A 文与可不愿与外界交流
   B 文与可擅长画竹
   C 文与可骄傲自满
   D 文与可种的竹子长势很好

6. A 外表比内在更加重要
   B 不要冲动购物
   C 我们应当学会理性购物
   D 产品包装影响人们购物选择

7. A 金属玻璃是可以敲碎的
   B 金属玻璃不具有金属的特点
   C 金属玻璃的硬度高于工具钢
   D 金属玻璃还有很多缺点

8. A 夏利汽车面临着资金危机
   B 夏利汽车车已经停产了
   C 出租车市场一直被垄断
   D 夏利汽车调整了营销策略

9. A 土沉香是女人的名字
   B 土沉香遍布全球
   C 土沉香具有药用价值
   D 土沉香已被大范围种植

10. A 侗族大歌由多人合唱
    B 侗族大歌的编舞很有特色
    C 侗族大歌由侗族特制乐器伴奏
    D 侗族大歌只有一个声部

11. A 流汗后最好补充丢失的水分
B 饮用大量凉水后要立即就医
C 多喝水对肾脏有好处
D 过度喝水容易引起水中毒

12. A 佛印输给了苏东坡
B 玉带桥是用玉来修建的
C 玉带桥得名于其外形
D 苏东坡不喜欢打赌

13. A 好友约我去逛街
B 好友没有来看望
C 我要带她去医院
D 要多呼吸新鲜空气

14. A 食品是需求量最大的商品
B 食品类严重供过于求
C 买食品时易冲动消费
D 要注意不必要的消费

15. A 该公司目前在国内规模最大
B 该品牌即将重新投入生产
C 该公司的经营策略有问题
D 该公司的主要业务是航空货运

第二部分

第 16–30 题：请选出正确答案。

16. A 待遇优厚
B 阵容强大
C 转会相对容易
D 想与老队员并肩作战

17. A 很失常
B 很过瘾
C 很谨慎
D 很吃力

18. A 不是主场
B 心态没控制好
C 实力悬殊大
D 队员之间缺乏默契

19. A 要改进训练方式
B 平常训练要劳逸结合
C 技法要有明确定位
D 加强团结协作

20. A 球队的核心是选手
B 女的因为转会想了很多
C 女的打排球时间不长
D 个人得分不能决定队的胜负

21. A 留下纪念
B 个人的表达
C 情绪的宣泄
D 时代的记录

22. A 拍摄光线
B 修图技巧
C 以人为主
D 背景效果

23. A 可以使照片变得更美
B 设备投入的成本高
C 摄影师需要功底扎实
D 对光线的要求更苛刻

24. A 纠正对方的错误
B 提高对方的自信心
C 抓住真实的内心
D 给对方充分的空间

25. A 一个汉字
B 一个微笑
C 一段音乐
D 一瓶好酒

26. A 可以同时代表中西方设计
B 蕴含古典哲学思想
C 不能体现中国精神
D 没有获得国际大奖

27. A 不怕吃苦
B 刚柔并济
C 很快放弃
D 谦逊谨慎

28. A 不屑一顾
B 会尊重并改进
C 影响了她的正常生活
D 会限制她的创造力

29. A 要保持美好的心灵
B 专业知识要扎实
C 要懂得颜色和花纹的搭配
D 要有极高的创作热情

30. A 商人应该有艺术气质
B 设计不能称为艺术
C 艺术和商业并不冲突
D 传统服装不够现代化

第三部分

第 31–50 题：请选出正确答案。

31. A 气味难闻
B 申遗成功
C 对慢性病有效
D 使用药物十分罕见

32. A 药液需要空腹服用
B 打通经络
C 药物被毛细血管吸收
D 把全身浸泡在药液中

33. A 风湿患者
B 皮肤病患者
C 严重高血压患者
D 有外科手术史者

34. A 盛情款待
B 盛气凌人
C 以礼待人
D 敷衍了事

35. A 对他大加赞赏
B 听之任之
C 首肯心折
D 坚决反对

36. A 家教严格
B 人脉很差
C 脾气暴躁
D 擅长书法

37. A 补牙技术
B 实验老鼠
C 化工领域
D 用胶水代替金属片

38. A 长期进行
B 过程复杂
C 正处于初步阶段
D 没有排异反应

39. A 不能用于人类骨骼
B 有望代替螺丝钉等治疗材料
C 与现有的治疗思路一致
D 已经开始了人体实验

40. A 普通水泥
B 破碎的玻璃
C 特制的防火材料
D 废弃的塑料和橡胶

41. A 建造工期长
B 不需要黏合剂
C 过程十分复杂
D 要经过专业培训

42. A 不含卫生间
B 复式结构
C 不可拆卸
D 应有尽有

43. A 口是心非
B 十分不解
C 不知所措
D 坐视不理

44. A 能纠错的人才有价值
B 做事公道不掺杂私念
C 工欲善其事，必先利其器
D 器具的制作过程十分严格

45. A 很有教养
B 只知顺从
C 贪赃枉法
D 循规蹈矩

46. A 晏子把高缭辞退了
B 没有人替高缭求情
C 高缭很有自知之明
D 高缭频繁犯相同的错误

47. A 多在冬末春初
B 枉费财力物力
C 行程十分艰险
D 牧民间相互帮助

48. A 酷爱骑马
B 走路多搬家勤
C 经常举办赛马盛会
D 每年都要迁徙数次

49. A 燕子是转场的最大阻碍
B 哈萨克人十分喜欢燕子
C 哈萨克人敬畏大自然
D 转场会影响鸟类的繁殖

50. A 草原天气变幻莫测
B 哈萨克人能歌善舞
C 从事牧业的人逐渐减少
D 转场是指迁徙到水草丰美的地方

二、阅 读

第一部分

第 51-60 题：请选出有语病的一项。

51. A 一般来说，越是质量好的产品，销路越好。
    B 长久以来，人们习惯于将智商作为衡量人才的标准。
    C 全脂牛奶含有大量的饱和脂肪酸和胆固醇，这对心血管健康比较不利。
    D 不管气候条件极端不利，登山队员仍然克服了困难，胜利攀登到了顶峰。

52. A 公益广告是不以营利为目的而为社会提供免费服务的广告活动。
    B 健美操是一项将体操、舞蹈、音乐融为一体的新兴体育项目。
    C 这样的工具让搜索变得更简单，普通用户也能快速找到想要的信息。
    D 所谓“蝴蝶效应”是指，微小的变化会整个系统带来长期而巨大的连锁反应。

53. A 云南的咖啡豆是中国境内产量最高的地区。
    B 中国是杜鹃花分布最多的国家，约有530余种。
    C 《史记》和《资治通鉴》素有中国史学“双壁”的美誉。
    D 世界虽然残酷，但只要你勇敢往前走，总会有路的。

54. A 居民委员会在城市社区中发挥着极其重要的。
    B 弹性工作制的实施可以让员工灵活安排工作时间。
    C 便利店由于受空间大小的限制，无法获得规模效应。
    D 如今，以人工智能为代表的第四次工业革命的浪潮已经滚滚而来。

55. A 普洱茶富含茶多酚，具有抗衰老的功效。
    B 花园里那几朵美丽的玫瑰花被人摘走了。
    C 为了避免今后不再发生类似的事件，我们都应该提高安全意识。
    D 每一种选择都有不同的结局，就如走不同的路就会有不同的风景。

56. A 每一个成功人士的背后都有着无数个不为人知的努力。
B 聪明的人善于把复杂的事情简单化，而愚蠢的人却把简单的事情复杂化。
C 在这个快节奏的社会中，拖延症已经困扰现代人精神健康的重大疾病成为了。
D 枸杞中所含的甜菜碱，可以促进脂肪代谢，坚持饮用枸杞茶，有利于减少体内脂肪含量。

57. A 马太效应，是指强者愈强、弱者愈弱的现象，即两级分化现象。
B 壁球是一种对墙击球的室内运动，因球在触及墙壁时发出的声音而得名。
C 酸奶的营养价值主要体现在蛋白质含量上，而与酸奶的浓稠度关系不大。
D 书中的故事全部均为作者亲身经历过的，不但真实可靠，而且生动有趣，能让读者易于接受。

58. A 既然现实无法改变，那么只能改变自己。这样既可以调整好心态，也能保持饱满的心情，活得更快乐。
B 共享经济并非起源于中国，而却在中国以最快的速度发展起来。据统计，参与共享经济活动人数已超过5亿。
C 可燃冰分布于深海沉积物或陆域的永久冻土中，是由天然气与水在高压低温条件下形成的类冰状的结晶物质。
D 扬子鳄是世界上最小的鳄鱼品种之一。在它身上，还可以找到早先恐龙类爬行动物的许多特征。因此，人们称之为“活化石”。

59. A 时间，抓起来是黄金，抓不起来就是流水。是否能取得成功，就得懂得合理利用时间。
B 报道称，由于全球气候变暖，到2050年，全球适合种植咖啡的土地面积可能会减少一半。
C 一种观念只有被人们普遍理解、接受和掌握并转化为整个社会的群体意识，才能成为人们自觉遵守和奉行的准则。
D 青岛海湾大桥位于山东省青岛市，又称胶州湾跨海大桥，全长36.48公里，投资额将近100亿，历时4年完工。

60. A 大型情景剧《天安门》，就采用“幻影成像”与舞台真人演员互动的方式，营造出了远古“北京人”穿越时空向人们跑来。

B 最近几年，从中央到地方各级政府出台了一系列新能源汽车扶持政策，节能环保、经济实惠的新能源汽车逐渐进入老百姓的生活。

C 在古代，“算”指一种竹制的计算器具，“算术”是指操作这种计算器具的技术，也泛指当时一切与计算有关的数学知识。

D 别把工作当负担，与其生气埋怨，不如积极快乐的去面对，当你把工作当作生活和艺术，你就会享受到工作中的乐趣。

第二部分

第 61-70 题：选词填空。

61. 人在生物学意义上是“未完成”的生物。人类来到这个世界时的________是极为孱弱而无力的。与其他动物相比，人体生理________的完善需要更长的时间。此外，人类还要从环境中不断地学习那些自然与本能所没有________的生存技能。

A 形式　功能　传授　　B 造型　细胞　继承
C 姿态　器官　赋予　　D 容貌　知觉　授予

62. 《坡芽歌书》是以原始的图画文字将壮族民歌记录于土布上的民歌集，也是国家级非物质文化________之一。它由81个图画文字________，每一个图画文字代表一首歌。它集中了壮族民歌的________，是壮族最优美的篇章。

A 遗产　构成　精华　　B 遗物　组成　精神
C 遗失　构造　渣滓　　D 财产　营造　精髓

63. 中国众多名牌大学，还保留着许多美轮美奂、历史________的建筑。这些建筑大多在建校之初就存在，________了无数历史性的时刻。目前，这种________的校园建筑有20多处，均被确认为中国重点保护文物，堪称国宝建筑。

A 漫长　还原　无与伦比　　B 持久　目睹　名副其实
C 遥远　曝光　雪中送炭　　D 悠久　见证　饱经沧桑

64. 随着煤炭、石油等矿物燃料日趋________，环境________也日趋严重。一些科学家为了开发更多的新能源，已把研究课题转向人类自身的生物能这一________，利用人体生物能发电已初见成效。据专家介绍，人体中存在着一些化学物质，它们之间在发生反应时会产生化学能量。这种能量就可以________为电能，根据这一原理，科学家开始了关于人体生物电池的研究。

A 枯萎　衰退　框架　转让　　B 枯竭　恶化　领域　转化
C 落后　恶劣　区域　转移　　D 撤退　颓废　规范　变迁

65. 一般人总是把人生的愉悦________在地位、财产、待遇或名誉等这些外界的事物上，依附于世俗的认同上。所以，自己一旦失去这些，就像遭受了沉重的________一般，常会痛不欲生，能带给他幸福和快乐的来源也一同________。如果人们都是这样过生活的话，那么我们和幸福的距离是相当________的。

A 衬托　挫折　消除　宽敞　B 委托　障碍　毁灭　宽阔
C 嘱托　阻碍　消灭　广阔　D 寄托　打击　消失　遥远

66. “季节性情绪失调症”是指每到冬季，很多人都会出现的一种情绪________、精力不足、易怒、希望独处等现象。造成这种失调症的主要原因是冬季日照时间短，褪黑激素的________紊乱，使得能产生“愉悦感”的血清素含量发生了变化。尤其是天气________的时候，人们的活动、社交减少，因此易于使人心情________。

A 低落　分泌　寒冷　压抑　B 低调　造就　干燥　堕落
C 低贱　制造　严酷　低沉　D 贬低　培育　冷酷　衰落

67. 海啸，通常是由海底地震引起的。海啸所________的波浪，是破坏力极强。海啸的波长最长可达几百公里，________比较长，很难在第一时间________到，只有快________海岸时形成的巨浪才具有破坏力。因此，经验丰富的船长在遇到海啸时，往往会迅速把船驶离海岸，离岸越远越好。

A 掀起　周期　觉察　接近　B 冲浪　期限　查核　逼近
C 汹涌　日期　觉悟　聚拢　D 冲击　日程　发觉　抵达

68. “封笔”之说，由来已久。古时候，文人——即以写字为谋生________的人，如作家、诗人、律师（古为状师）等，决定不再从事与文字相关的行业，就会亲自在高处________一支笔，或者直接把笔给折________，以示________。可如今，封笔大多是针对于作家，意思是这个作家不再出版作品了。

A 资源　摇晃　坠　祖宗　B 手段　悬挂　断　众人
C 渠道　放置　裂　后人　D 方式　悬吊　碎　群众

69. 阆中古城位于四川盆地北缘，截至2020年，古城已有2,300多年的建城历史，是中国________最为完好的四大古城之一。阆中古城的________呈棋盘式，融合了南北两地的建筑风格，________了中国古代的居住风水观。这里山川形势独特，山、水、城融为一体，享有“天下第一江山”的________。

A 保存　格局　体现　美誉　　B 遗留　规格　表达　盛誉
C 遗失　布置　展现　之称　　D 维持　局势　展示　荣誉

70. 石炭纪是指地球上一个主要的造煤时期，开始于三亿多年前，一直________了6,500万年。这一时期气候温暖________，有利于植物生长，因此，蕨类植物繁盛，裸子植物出现，原始爬行类频繁出现。此外，在陆地面积不断________的同时，很多植物也从沿海延伸到了陆地，形成了大________的森林，为煤炭的形成________了极为有利的条件。

A 总计　潮湿　扩散　局面　改造
B 延续　湿润　扩大　规模　创造
C 推迟　干脆　扩张　体积　创办
D 延期　干旱　扩充　阶段　创立

第三部分

第 71–80 题：选句填空。

71–75.

孙东远和范长杰是长春大学特殊教育学院针灸推拿学专业的大一学生，(71) ____________。虽然两人均患有先天性视力障碍，但他们对足球的热爱并没受到阻挡。"加入国家队，为国争光一直是我的梦想。但由于种种现实原因最终无法实现，(72) ____________。"孙东远说。

有别于传统足球，盲人足球采取5人赛制，除守门员外，(73) ____________。比赛时使用的足球也是特制的，里面藏有多个响铃。听声辨位，引导射门，(74) ____________。这些动作在健全人看来十分简单，但对于盲人足球运动员来说往往要经过数年的苦练才能达成。他们要克服的不仅是身体上的缺陷，还有心理上的恐惧。

停球、转身、运球、突破、射门……动作一气呵成，(75) ____________，孙东远射门后站在原地侧耳倾听，直到听到队友们"好球！进了！"的呼喊后，才振臂欢呼。

A 同时也是学校盲人足球队的队员

B 这些都是盲人足球的基本要领

C 其他四名选手都完全丧失视力

D 但这些并没有阻挡我对足球的热爱

E 足球伴随着叮铃铃的响声进入球网

76-80.

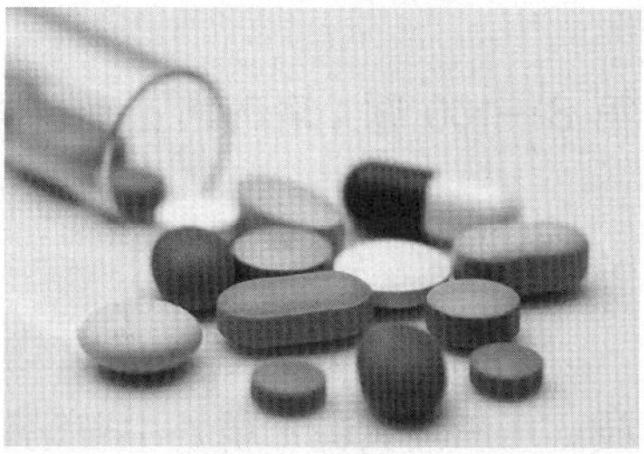

药丸大多是五颜六色的，这并不单纯是为了好看，而是为了便于保存和治疗。不过，也有些人担心，药品上的色素是否会对身体产生不利影响。实际上，药品常用的色素分为天然色素和人工合成色素两大类，(76) ____________________，这些对人体是无害的；而合成色素只有在经过严格的安全性测试，证明对人体没有副作用后，才能被批准为药剂上色用料，一般对身体影响不大。

大多数可食用的合成色素都是水溶性色素，故遇水溶解属于正常现象。色素或多或少有遮光作用，胶囊中常加入着色剂防止光线透过，(77) ____________________。

不少患者，(78) ____________________，可能需要长期服用各种药品，不同的颜色能帮助他们区分不同的药，从而避免漏服或误服。

此外，药品上色可以使药物更容易被患者接受。某些供儿童服用的药物，有浅黄、橘黄等颜色，甚至有小动物图案，(79) ____________________，目的是增加对儿童的吸引力，以减少他们的畏惧感。

最后，药品的颜色还可以帮助我们判断药品是否过期。如果药品本来鲜艳的颜色变淡或变色，(80) ____________________，此时建议停止使用，并咨询医生或药师。

A 尤其是慢性病患者和老年患者

B 常用的天然色素有焦糖、叶绿素和胡萝卜素等

C 看起来像糖果一样

D 那么它可能已经变质或者过了保质期

E 这对提高光敏感成分的稳定性有益

第四部分

第 81-100 题：请选出正确答案。

81-84.

中国古人送别时，常常送给远行的友人一截新折的柳枝。《三浦黄图·桥》中曾记载："灞桥在长安东，跨水作桥"。汉人送客至此，折柳赠别。后来，人们在表达送别情怀、抒写离情别绪的古诗词中，便经常用"折柳"一词。

那么"折柳"为何要在离别时相送呢？一是因为"柳"与"留"谐音，含"留恋""留别"之意，且柳条随风摆动的样子就像在牵住别人的衣服一样，来表达离别前依依不舍的心情。二是因为杨柳生在春季，春风中摇曳的杨柳，会给人一种生机勃勃的感觉。因此，"折柳赠别"就蕴涵着"春常在"的祝愿。三是因为柳树是中国古老的原产树种之一，它的生命力较其它树种要强得多，可谓"插柳成荫"。柳树也是古代行道树的主要树种，也多见于路边河畔。古人送别亲友，多会从路边充满生机的柳树上折一枝柳条相送，意味着亲人离乡正如离枝的柳条，希望他到新的地方，能很快生根发芽，像柳枝一样随处可活。

其实，古人折柳赠别，给柳树赋予种种感情，都源于古人们对于柳的崇拜。在中国古人看来，青青的柳树不只是一种单纯的自然界的植物，它还是一种象征。中国古代的神话中，夕阳西下的地方被称为柳谷。古人认为正是山谷里的柳树给了太阳生气和力量，才使它可以那么新鲜、光明、温暖，第二天清晨得以再从东方升起。

81. "折柳"一词表达什么样的情感？

A 对未知事物的敬畏

B 对父母的思念之情

C 离别的不舍之情

D 对国家的忠心

82. 古人在分别时为什么相送"折柳"？

A 希望他们一路平安

B 希望很快可以再见面

C 可以顺利达成所愿

D 祝愿他们尽快适应新生活

83. "柳谷"在中国古代神话中是指：

A 盘古开天的地方

B 太阳落山的地方

C 柳树的原产地

D 河流的发源地

84. 关于柳树，下列哪项正确？

A 生长在秋天
B 象征着多产
C 原产于希腊
D 给人生机勃勃的感觉

85-88.

唐朝后期“安史之乱”后，唐王朝陷入严重的通货膨胀之中，京城长安米价飙升到每斗1,000文，是战前的50倍，百姓无米下锅，甚至连皇宫也到了吃了上顿没下顿的程度。唐太宗为此坐立不安，把所有的希望都寄托到了漕运上，想从江南调运粮食来解决这个燃眉之急。

当时的宰相刘晏，善于理财，被称为“大唐财相”，唐太宗命他接办漕运。然而，长达八年的战争使运河年久失修、河道淤积，无法行船，而漕运里程长达三千里。朝廷上上下下都认为这毕竟不是一趟好差事，但刘晏却似乎胸有成竹，沿途做了一番考察后，便开始准备起来。

刘晏的第一步便是造运输船，他一次拨款开设了十个船厂；又雇佣了船工和装卸工。这一举动遭到了一些大臣的反对，认为他在国家财政如此紧张之时，花钱如流水，不计算成本。刘晏说：“凡事必须考虑到长久的利益。斤斤计较，岂能长久行事？”

他效仿前人，直运法改为段运法，将全程分成四个运输段，并在每段边界处设立转运站。每艘运粮的船只需要运到本段的边界，然后将粮食交给转运站，再由转运站安排新的船运送下一段，这样也可以防止翻船事故的发生。他将原来的散装运输改为袋装运输，大大减少了运输过程中的损耗。另外，他还专门训练士兵运粮，每十船为一队，每队由一名军官负责押运。

采用分段接运和包工制之后，不仅船舶安全得到了保障，工人积极性也很好地调动了起来。刘晏开通的漕运，一年可运110万石粮食到长安。解决了粮荒后，长安的米价逐渐稳定，又重现往日的繁荣。

85. 文中划线部分“胸有成竹”最可能是什么意思？

A 狂妄自大
B 信心满满
C 心胸开阔
D 胸怀大志

86. 大臣们为什么反对刘晏的做法？

A 浪费大量时间
B 百姓们都表示反对
C 国家财政经费不足
D 威胁中央统治

87. 下列哪项不属于刘晏改革的内容？

A 分四个运输段　　B 设立转运站
C 统一货船规格　　D 雇佣装卸工

88. 根据上文，正确的一项是？

A 唐太宗决定扩大粮食生产规模　　B 刘晏反对新的漕运计划
C 刘晏解决了粮荒问题　　D 押运粮食的人都是民间力工

89-92.

清朝诗人袁枚写过一首小诗《苔》：“白日不到处，青春恰自来。苔花如米小，也学牡丹开。”表达了即使如米粒一般微小的苔花，也要象牡丹一样自豪地绽开。近来，因央视《经典咏流传》的热播，这首沉寂了300年的小诗被乡村教师梁俊和大山里的孩子小梁唤醒后，瞬间被刷屏，感动了亿万观众。

苔花开得悄无声息，无人关注，更无人喝彩。即使这样，它仍然执著地开放，毫无保留地绽放，认真地向这个世界展示着自己最美的瞬间。正因为这一点，苔花依靠自己生命的力量自强，争得和百花一样开放的权利。

“苔花如米小，也学牡丹开”。牡丹的开放是高贵的，非凡的，而苔花的开放是安然的，自在的。虽然它没有牡丹那么典雅，但作为一朵花，它一定要尽全力地把自身那微弱的能量，全部释放出来，积极地展现自己。这不也是我们生活中最需要的一种境界吗？

做人做事都要向苔花学习，我们也要拥有能屈的本领与姿态，但不主张让人安于现状，甘心做小人物。不管是谁，他们都是昂扬向上的，积极进取的。

人也好，花也罢，都作为这个世界最纯粹的生命拥有独一无二的价值，要共同分享着这世界的乐趣与意趣。我们每个人都不要辜负生命，辜负自己的美好时光，做好自己，不改初心，不忘梦想，勇敢地向着心中最圣洁的地方前进。

89. 关于那首诗，可以知道什么？

A 这首诗的作者大名鼎鼎　　B 打动了很多观众
C 消除了人们的恐惧之心　　D 评委的点评十分感人

90. 第二段的“这一点”，主要是指：

A 雍容华贵　　B 积极向上
C 获得尊重　　D 赢得赞美

91. 第三段中“也学牡丹开”，说明“苔花”：

A 个体价值　　B 过于安逸
C 善于模仿　　D 找到了方向

92. 通过这篇文章，作者想告诉我们什么？

A 要坚守本色自我　　B 要懂得安于现状
C 要给自己留条退路　　D 要懂得能屈能伸

93-96.

月面巡视探测器就是我们熟知的月球车，它能够在月球表面行驶并完成月球探测、考察、收集和分析样品等复杂任务。月球车分为无人驾驶月球车和有人驾驶两种。无人驾驶月球车由轮式底盘和仪器舱组成，由太阳能电池和蓄电池联合供电。而有人驾驶的月球车的每个轮子上各有一台发动机，动力由蓄电池提供。它让宇航员的活动范围得以扩大、体力消耗也降低了。

月球车是一种机器人技术。无论是轮式的还是腿式，前进、后退、转弯和采样等基本功能都具备，甚至具有识别、攀爬、绕过障碍物等初级人工智能，这些功能都与现在的机器人相似。但是，作为一种在太空特殊环境下执行探测任务的机器人，只有这些功能是远远不够的。月球车既有机器人的属性，更具有航天器的特点。

在航天器的设计中，一直遵循着质量轻、体积小、耗功低的金科玉律。航程越远，对月球探测器的质量、体积和功耗要求就越高，要发射一台月球车需要比它重300倍的运载火箭。所以，月球车的质量绝对不能太大。另外，为了缩小发射体积，可以将月球车制成可折叠式。此外，由于月球车的电源比较稀缺，所以降低功耗也是必须要考虑的问题。月球探测工程会在正式接受任务前提出月球车的质量、体积和功耗的指标要求，月球车才能按规定技术指标研制。据首席研究员介绍，目前已经做出来的月球车样机的质量比设想中的指标超出好多倍，甚至高出一个数量级。

要适应航天的特殊环境，包括力学环境和空间环境是月球车的首要任务，如月球车在发射上升过程中，运载火箭所产生的振动以及在月面降落时其所受到的冲击等。月球车必须经得起“摔、打、滚、爬”等多种考验。

93. 有人驾驶月球车：

A 耗电量特别大
B 功能限制了活动范围
C 靠蓄电池发电
D 仅靠两个轮子行动

94. 根据第2段，月球车：

A 没有攀爬功能
B 将被机器人取代
C 很难跨越障碍物
D 具有初级人工智能

95. 第3段中的画线词语是什么意思？

A 贵重的物品
B 用于开发的经费
C 必须遵守的原则
D 不可企及的目标

96. 根据上文，下列哪项正确？

A 月球车尚无折叠式
B 无人驾驶月球车已被淘汰
C 折叠式月球车只是空想
D 月球车的体积不能过大

97-100.

西藏有一种特有的文化产品——藏纸，它在记录西藏历史的同时见证了西藏的文明进程。

藏纸的制造过程很复杂，先将采好的木料浸泡在一个大的容器里，在浸泡到24小时左右时，用小刀将最外层的黑色树皮和杂质刮除。

之后就要“煮料”了，将木料撕成细丝后放入锅中，煮的时候要加土碱。下一道工序就是捶打。捶打过程中要注意不断添水，这样才能避免纸料变干。然后，在陶罐中打成纸浆。

接下来就是将用木框、纱网做的纸帘轻轻放在清澈且流动水中，用瓢将搅拌均匀的纸浆浇在纸帘上，之后用双手反复揉搓，然后将水中的纸帘平稳地端起进行抄纸，这时，水会慢慢地从纸帘中渗出。

水基本渗干的时候，要把刚抄起的纸帘拿到宽敞的地方支起来，在日光下进行晾晒。晾晒的过程中要不断地上下调换，以防纸浆堆积滑流。在西藏要晒干这些纸帘大概需要一个小时左右，晒干后的纸呈现白色。在纸晾到九成干的时候，便可以从纸帘的一角开始揭纸，手背朝纸手心朝帘，插入纸与纸帘之间慢慢地揭下来，最后将揭下来的纸叠起收好整个造纸工序就完成了。

最后是给纸染色，在盆里倒入适量的水，倒入调好的颜料，让颜料与水充分融合，将白色的成品藏纸放入盆里。等到纸的颜色与颜料的颜色完全一样时再取出，然后将纸张折叠，把水挤掉，再次在阳光下晾晒。

虽然制作工序与一般纸张相似，但藏纸所用的材料都是青藏高原上的特有植物，特别是它的主要原料“狼毒草”，具有一定的毒性。也正因为如此，藏纸还具有不怕虫蛀、鼠咬、不腐烂、不变色、不易撕破等特点。

97. 关于藏纸的制作过程，不正确的一项是？

A 纸浆要反复揉搓　　B 要先煮再捶打纸料
C 干透后才能挪动　　D 捶打纸料时要加水

98. 揭纸时要注意：

A 手背面向纸　　B 纸变黄才能揭
C 干了以后才能揭　　D 从纸帘两边同时揭

99. 与其他纸类相比，藏纸有什么不同？

A 浸泡时间很短　　B 原料有毒
C 颜色发红　　D 不需要晾干

100. 根据上文，下列哪项正确？

A 藏纸在全国各地都生产　　B 晾干藏纸需要一个星期
C 藏纸染色后要晾干　　D 藏纸容易被虫子蛀

三、书 写

第 101 题：缩写。

（1）仔细阅读下面这篇文章，时间为 10 分钟，阅读时不能抄写、记录。

（2）10 分钟后，监考收回阅读材料，请你将这篇文章缩写成一篇短文，时间为 35 分钟。

（3）标题自拟。只需复述文章内容，不需加入自己的观点。

（4）字数为 400 左右。

（5）请把作文直接写在答题卡上。

一天，曹操手下一个负责管理仓库的人发现仓库里不知为何，突然跑来很多老鼠，这些老鼠咬坏了不少物品，其中就有曹操最喜欢的马鞍。这副上等马鞍是曹操的心爱之物，平时舍不得用，只有在重要场合才用。

看仓库的管理员看到马鞍被老鼠咬坏了，吓得胆战心惊，担心被曹操杀头。于是他想马上赶回家跟家人商量，但又转念一想，如果把事情告诉家人，恐怕会因此受到连累。他心想，是祸躲不过，反正都要死，不如自己去主动请罪，或许曹操能原谅自己的无心之失，免了死罪。

仓库管理员战战兢兢地来到曹操门口，徘徊了许久都不敢进。恰好遇到曹操的儿子曹冲。曹冲见管理员满面愁容，便上前询问："看你一副忧心忡忡、魂不守舍的样子，发生什么事了吗？"

管理员见是曹冲，赶紧行礼说道："大人最喜欢的马鞍让老鼠给咬破了，是我没能看管好。小人知道自己犯下了大错，所以特意来向大人负荆请罪，希望大人能看我一直忠心耿耿的份上，原谅我的过失，可以从轻发落。"

曹冲听了管理员的话，稍作思考说："不必为此烦恼，你先回去，此事不要声张，三天过后，一切将安然无恙。"管理员听后虽有些半信半疑，但他知道曹冲是个足智多谋的人，既然他这样说，就一定有息事宁人的好办法。于是，就放心地回去了。

曹冲回到房间，把自己的衣服挑破，再弄成被老鼠咬破的样子，然后穿着破衣服去见曹操。曹操见了曹冲穿破衣前来先是一怔，接着问他："你的衣服怎么弄成这样？这是怎么回事？"曹冲回答道："禀告父亲，是老鼠咬破了我的衣服，听说，被老鼠咬破衣服是不祥之兆，对主人有很不好的影响，心里非常烦恼。"

曹操听了曹冲的话哈哈大笑："这些都是无根无据的谣言，你是我的儿子，怎么能信呢？这只是老鼠破坏而已，与不祥之事毫无关系。是你太多虑了。衣服破了再做就是。"听完曹操说的话，曹冲马上派人去告诉管理员，让他来找曹操请罪。于是管理员马上跑来向曹操禀告了仓库里的老鼠咬坏了曹操最喜欢的马鞍这件事。曹操听后，虽然觉得可惜，但看到吓得战战兢兢的管理者，又想到自己刚才对曹冲说的话，便安慰他说道："你不必太过担心，我不会责罚你，我儿子的衣服都被老鼠咬破了，何况马鞍呢？既然破了就扔了吧。"

从此以后，这位仓库管理员更加尽职尽责地管理仓库了。

고수들의 **막판 7일!**

HSK 6급

실전모의고사 505제

제 4 회

듣기
독해
쓰기

新汉语水平考试
HSK(六级)

模拟考试四

注　意

一、HSK(六级)分三部分：

1. 听力(50题，约35分钟)
2. 阅读(50题，50分钟)
3. 书写(1题，45分钟)

二、听力结束后，有5分钟填写答题卡。

三、全部考试约140分钟(含考生填写个人信息时间5分钟)。

一、听力

第一部分

第 1–15 题：请选出与所听内容一致的一项。

1. A 科幻小说没有科学依据
   B 科幻和科普是两回事
   C 科幻小说涉及未来科学领域
   D 科研不能跟科幻作品相提并论

2. A 堂亲与自己姓氏相同
   B 传统亲属称谓逐渐消失
   C 中国人非常重视血缘关系
   D 姓氏一样的人都是亲戚

3. A 职场中不能乱说话
   B 公司不需要高情商的员工
   C 不应该根据情感做判断
   D 常说“我认为”的人更理性

4. A 男性一般高估自己的能力
   B 熬夜带来的损害难以弥补
   C 熬夜对女性的影响更大
   D 男性熬夜后出错几率减小

5. A 蜀锦因产地而得名
   B 蜀国以盛产茶叶出名
   C 锦通常仅用一种颜色
   D 蜀国商贸非常繁荣

6. A 海驴岛位于威海中东部
   B 海驴岛是威海的旅游景点
   C 海鸥的鸟巢大多建在树上
   D 海驴岛因其外形而得名

7. A 白鲸游动速度比较慢
   B 白鲸是群居动物
   C 白鲸有很好的适应力
   D 白鲸多活动在深海

8. A 兴趣决定一个人的职业
   B 能力往往和成绩成正比
   C 做事不能急于求成
   D 能力的发挥与情感偏好有关

9. A 人类的大脑已经停止进化
   B 人类的智商逐渐提高了
   C 情商没有智商发展得快
   D 人类目前只能发挥大脑功能的10%

10. A 锔瓷技艺源于明朝
    B 锔瓷是一种修复铁器的技艺
    C 那句俗话的意思是抓住机遇
    D 那句俗话与锔瓷有关

11. A 顾拜旦原是体校校长
B 奥林匹克格言不包括“更快”
C 奥林匹克格言原是体校校训
D 顾拜旦的提议多次被否决

12. A 热河泉的水味道甘甜
B 热河泉绵延数十里
C 热河泉不对外开放
D 热河泉的河水清澈见底

13. A 筷子更换周期很长
B 木筷子不易清洗
C 一次性筷子不卫生
D 木筷子要定期消毒

14. A 海牛是哺乳动物
B 海牛喜欢寒冷的环境
C 海牛属于两栖类
D 海牛改变了饮食习性

15. A 紫砂茶具在江苏一带盛行
B 紫砂茶具没有收藏价值
C 紫砂茶具传热很慢
D 紫砂茶具一般用来欣赏茶叶

第二部分

第 16–30 题：请选出正确答案。

16. A 想要一举成名
B 对手艺的要求更高
C 更忠实于原著
D 有良好的群众基础

17. A 艺术一词有双重意义
B 自己已经成为了艺术家
C 作品由人创作，不能单独存在
D 艺术只是装裱的手段

18. A 有不放弃的精神
B 尝试各种挑战
C 不能只专注一个领域
D 要不耻下问

19. A 曾学过表演
B 做导演前做过演员
C 剧本创作方面没有经验
D 大学学的就是导演专业

20. A 人生经历都有益
B 拍古装剧成本过高
C 电视剧的真实性较差
D 导演应该注重结果

21. A 耽误学习和工作
B 充满了正能量
C 是缓解压力的最佳手段
D 承载着制作者的世界观

22. A 很难升职
B 没有前途
C 收入没有保障
D 出差比较频繁

23. A 前景不容乐观
B 有合理的监管制度
C 对社会各方面都有好的影响
D 在规范化和进步中

24. A 开拓视野
B 获得文凭
C 积累人脉
D 就业机会多

25. A 工作要有主动性
B 对工作要认真而热情
C 忙碌是最舒服的状态
D 父母不应干涉子女的选择

26. A 他画画儿好
B 想挣一些外快
C 受家庭熏陶
D 看了一次风筝展

27. A 风筝偏重要慢跑
B 在起风前放线
C 要顺着风向跑
D 要根据风势选风筝

28. A 造型上与现代相融合
B 更换了骨架材料
C 借鉴了油画画法
D 把风筝中间改成鼓的

29. A 老手艺都会被淘汰
B 对艺术要执着
C 传统艺术的传承很难
D 祖传的技艺不可外传

30. A 比一般风筝飞得高
B 毛竹会经风干处理
C 以做收藏用风筝为主
D 放风筝时需要跑动

第三部分

第 31-50 题：请选出正确答案。

31. A 自尊感
B 别人的尊重
C 存在感
D 志同道合的好朋友

32. A 鼓励阅读
B 免费获得新书
C 体会书的价值
D 炫耀自己有文化

33. A 晒书单并不能分享知识
B 现实的阅读才是有价值的
C 社交媒体改变了人们的生活
D 朋友圈是得到认同的最佳渠道

34. A 20%
B 40%
C 80%
D 100%

35. A 心态
B 噪音
C 装饰品
D 表达能力

36. A 听者要保持沉默
B 听者要及时记录
C 讲话者要提高语速
D 在讲话地点要布置装饰品

37. A 近在咫尺
B 是当务之急
C 是大势所趋
D 不必担忧

38. A 专家的预测
B 严峻的就业压力
C 翻译机的准确度
D 网络谣言的流传

39. A 开发人员不够
B 投入资金不足
C 市场需求不高
D 语料库资源匮乏

40. A 播出后反响平平
B 是一种美食节目
C 内容富含神秘色彩
D 赢得了很高的评价

41. A 信仰
B 尊严
C 自由与约束
D 生命与自然

42. A 拍摄地遍布全球
B 拍摄过程充满未知
C 揭露明星嘉宾真实的一面
D 可以了解世界各地的风土人情

43. A 能让观众感动
B 与纪录片相似
C 加入了大量的解说
D 真实反应都被记录下来

44. A 长辈的要求
B 印刷术还没发明
C 封建社会的特点
D 获得信息的渠道少

45. A 落后
B 勤奋
C 振奋
D 时尚

46. A 容易出现错误
B 经验反而阻碍创新
C 数据与信息普遍存在
D 信息可以存储在手机里

47. A 收集数据很容易
B 年轻人缺少经验
C 新行业让经验失效
D 经验可以支撑创新

48. A 没有地方植树
B 树苗成活率低
C 农民不认真植树
D 种树的成本太高

49. A 派出官员监督
B 修改了奖励制度
C 组织农民进行培训
D 由政府进行后期管理

50. A 赏罚要分明
B 要有效降低成本
C 制度能改变事情的结果
D 成功在于百折不挠的精神

二、阅 读

第一部分

第 51–60 题：请选出有语病的一项。

51. A 新能源电动汽车是以电力为主要能源。
    B 超声波是一种频率高于20,000赫兹的声波。
    C 洛阳是中国历史上建都朝代最多、时间最长的古都。
    D 小睡可以有效缓解疲劳状况，改善睡眠剥夺后的认知功能。

52. A 相信自己的判断力，比盲目相信权威更加重要。
    B 疲劳驾驶已成为引发交通事故的主要原因。
    C 中国古籍《山海经》充满了天马行空的幻想。
    D 采取各种办法培养餐饮业服务人员的水平是当务之急。

53. A 河南省济源市是遐迩闻名的愚公故里。
    B 这则新产品广告一经登出，立刻很多企业的关注。
    C 地理位置往往会对一个地区的经济发展起着决定性的作用。
    D 有很多鸟会随着季节的变化而南北迁徙，这种鸟被称为“候鸟”。

54. A 五羊石像堪称广州城的第一标志。
    B 众所周知，山东曲阜是儒家学派创始人孔子的故乡。
    C 该地区无公害蔬菜的生产量，除供应本省外，还销往河北等地。
    D 电影《芳华》是一部由同名小说改编的电影，呈现了那个年代每一个人心底的记忆。

55. A 经验多固然是好事，但如果一个人只靠经验工作，也是不行的。
    B 人生就是一场单程的旅行，即使有些遗憾，我们也没有从头再来的机会。
    C 他非常喜欢少年儿童那种天真无邪的热情，因此最终走上了儿童文学创作。
    D 记忆像是倒在掌心的水，不论你摊开还是握紧，终究还是会从指缝中一滴一滴流淌干净。

56. A 关于普通工薪阶层来说，贷款购房、按揭付款的方式压力并不小。
B 肢体语言是指通过人体各部位的活动来传达思想的一种沟通方式。
C 菠萝中富含的维生素B1，不仅能够促进新陈代谢，还能帮助孕妇消除疲劳。
D 冬季是最适合喝红茶的季节，这是因为红茶茶性温和，还能起到暖胃的作用。

57. A 中国古代的地图大多数以山水画的形式出现。
B 孟子曾说过，即使在什么情况下，我们都要保持本心。
C 小湖清澈见底，如同一块透明的玻璃，静静地躺在大自然的怀里。
D 如果没有“破釜沉舟”的决心，你就永远不会知道自己的极限在哪儿。

58. A 最让人疲惫不堪的，并不是将要跨过的高山大河，而是正处于脚下的一些琐事。
B 四川省汶川县发生了里氏8.0级大地震，给当地人民的生命和财产造成了巨大的损失严重。
C 人们喜欢通过炫耀来展示自己最好的一面，而爱炫耀是人们内心渴求被关注和肯定的表现。
D 电子表是根据电能转换为磁能，再由磁能转换为机械能的物理现象设计而成的。

59. A 生物科学家的调研结果显示，如今生物物种消亡的速度比以往任何时候都相当快。
B 植物油中含大量不饱和脂肪酸，它们在烹饪中很容易被氧化，进而形成黑色的有害成分。
C 战国水晶杯为战国晚期水晶器皿，于1990年出土于杭州市半山镇石塘村，现藏于杭州博物馆。
D 在人生的几个阶段中，青春时期无疑是其中最耀眼的，它宛如美丽的鲜花，让人生绚丽多姿。

60. A 中国最早的花鸟图并不是出现在纸上，而出现在四五千年以前制造的陶器上。
B 榴莲在泰国最负有盛名，被誉为“水果之王”。它的气味浓烈，爱之者赞其香，厌之者怨其臭。
C 父母是孩子的第一任老师，父母的任何不起眼的小行为都可能对孩子的未来产生有深远的影响。
D 为纪念故宫博物院成立80周年，由中央电视台、故宫博物院联合拍摄的12集大型纪录片《故宫》，在央视一套播出。

第二部分

第 61–70 题：选词填空。

61. 求职过程中，简历与职位只要有60%是契合的，获得面试机会的________就会大幅上升，排除那些________专业的工作，比如医学、法学，入职标准基本上都可以________，招聘公司只在乎你是否能为他们带来商业价值。

A 成效　过分　协议　　B 几率　万万　处置
C 概率　极其　协商　　D 频率　过度　协助

62. “旅商(TQ)”全称“旅行商数”，它评测的内容________旅途规划、行程管理、应对突发问题等方面。旅商可以用于________旅行者在旅行过程中产生幸福感的程度。同样的旅行目的地，旅商高的人如鱼得水，产生的幸福感很高；而旅商低的人很可能________，产生的幸福感则很低。

A 包庇　权衡　不知所措　　B 包含　衡量　手忙脚乱
C 包容　斟酌　有条不紊　　D 包括　评判　津津有味

63. 苏州山水秀丽，又以盛产太湖石而闻名，自然条件可谓________。再加上苏州历代百业________，生活富足，上至官衙，下至民居，苏州建筑物大都经过________的设计和建造。这些都成了促进苏州古典园林发展的基本因素。

A 得天独厚　兴旺　精心　　B 空前绝后　盛行　谨慎
C 彬彬有礼　繁华　挑剔　　D 巧夺天工　隆重　郑重

64. 机票和酒店的预定还在通过旅行社吗？那您就________了。年轻人旅行________一部智能手机就能解决所有问题，足不出户就可完成行程________。游客消费行为也逐渐受到科技的影响，越来越多的游客会因为________到一单划算的机票或酒店，而决定来一场“说走就走”的旅行。

A 领先　按　策略　探察　　B 落伍　凭　规划　搜索
C 落后　趁　决策　检测　　D 掉队　持　策划　考察

65. “话太多”和“会聊天”之间有天壤之别。前者是指说话时插话太快，让人没时间________思考，总是一个人夸夸其谈，不给对方________的余地；话说得越多，________越受欢迎。与此相反，聊天时，只有心里装着对方，对对方有足够的了解，才能说到对方的心坎里，此人更愿意和他聊天，这就是________的“会聊天”。

A 慎重　表达　不见得　所谓　B 详细　交流　怪不得　所有
C 积极　沟通　巴不得　不愧　D 沉稳　发言　说不准　不屑

66. 葫芦画是一种古老的传统工艺美术，________于宋代，盛行于清朝康熙年间。在中国民间，葫芦________“宝葫芦”的美誉。它一直被人们视为________之物，因此，以葫芦为题材的传统民间故事不胜枚举。古代，在吉祥物上赋诗作画，是人们________的形式。

A 设立　分享　繁华　一如既往　B 启蒙　享有　和谐　独一无二
C 创造　所有　和睦　见多识广　D 起源　素有　吉祥　喜闻乐见

67. 货币基金是聚集社会闲散资金，由基金管理人________，基金托管人保管的一种开放式基金，专门投向________小的货币市场工具。与其他类型的开放式基金相比，货币基金具有安全度高、流动性好、收益________等特征，可与活期存款________。

A 预料　隐患　镇定　攀比　B 运算　隐私　安定　胜过
C 运作　风险　稳定　媲美　D 运行　损失　固定　相当

68. 明清500年间的山西商人________被称为晋商。早在春秋________就有关于山西商人的记载，晋商经营的范围很广，其中________盐业、票号等商业，并以票号最为出名。同时，晋商也为中国留下了丰富的建筑________，例如著名的乔家大院、常家庄园、曹家三多堂等等。

A 通常　时期　包括　遗产　B 一般　时代　提及　财富
C 曾经　年代　包含　遗物　D 宏观　岁月　涉及　遗迹

69. 在适应生存环境的过程中，动物的眼睛变得各有特点。其中，马的瞳孔左右宽上下扁，这是因为马生活在________草原上，这种眼睛能让它们发现两侧较远距离的________。而猫的瞳孔在阳光刺激下会缩成一条线；在晚间________的情况下又会像满月一样圆。可见，________生物界的何种生物，它们的身体构造都是为了适应自然界的生存环境。

A 宽阔　猎物　阴郁　固然　B 开阔　食物　沉闷　就算
C 广阔　生物　阴沉　与其　D 辽阔　敌人　昏暗　不论

70. 岭南建筑自古以低调、内敛而著称，透着轻盈自在、朴实规整的美感。这种含蓄的美感________体现在了外表的色彩上，在色彩选择上往往喜欢用________的浅色，从而减轻建筑的重量感，在________上给人以轻巧的感觉。此外，在装修上则坚持按原材料、原构造略加色彩、线脚进行________。

A 充满　鲜艳　造型　修葺　B 充分　明朗　整体　处理
C 饱满　明亮　布置　修理　D 充实　典雅　根基　监督

第三部分

第 71-80 题：选句填空。

71-75.

随着网络直播平台的火爆，育儿视频的人气也水涨船高，网上直播养育孩子、与孩子互动的内容层出不穷，(71) ____________________。

养育孩子要用科学方式，首先应该明辨网络消息的真假，父母育儿切勿盲目模仿。有些不正确、不科学的方式很有可能给孩子带来伤害。前不久，就有一名武汉的父亲为模仿网上一段视频，跟孩子玩翻跟头的游戏，结果孩子脊髓严重受损，(72) ____________________，毁了孩子的一生。

此外，现在有很多视频都宣称教育孩子要“散养”，只有给孩子自由才能让孩子快乐地成长。令人惊讶的是，很多父母盲目效仿，(73) ____________________。实际上，所谓的自由并不等同于放任。在孩子的成长过程中，父母一定要让孩子懂得规矩、学会自控，(74) ____________________，很可能让孩子变成一个散漫、任性、没有自控能力的人。

如今，网络信息铺天盖地，谁真谁假很难分辩，作为父母，首先要有自己的分辨意识和能力，千万要避免被误导，(75) ____________________。儿童教育专家建议，每个孩子都是不一样的，父母的教育方式更要“因人而异”、“因材施教”，根据自己孩子的特点、秉性、生活环境等因素养育孩子。

A 就真的不去管教孩子

B 否则这“散养”的旗号

C 导致下半身无法活动

D 这种教育方式还引来了一大波跟风模仿的家长

E 更不要拿自己的孩子“尝鲜”和冒险

76–80.

鸟巢被公认为鸟儿的家，每当风雨袭来，它们会躲进这个“避风港”，每当夜幕降临，它们会在这个“安乐窝”里睡觉。那么，事实果真如此吗？

科学家通过长期观察发现，狂风暴雨时，(76) ________________，还有许多也不在巢里过夜。野鸭和天鹅把脖子弯曲着，将头夹在翅膀间，漂浮在水面上入睡；鹤、鹳及鹭等长腿鸟类，更是站在地上睡觉。

既然不在巢里睡觉，(77) ________________，到底是为了什么呢？原来，大多数鸟筑巢并不是为了在里面生活，而是作为它们的“产房”。雌鸟大都在巢中产卵，产卵以后，它们就呆在里面孵卵，有时雌鸟和雄鸟轮流伏在巢内孵卵。小鸟出壳后，鸟巢里便热闹起来，(78) ________________，鸟巢的空间也逐渐不足，最终连爸爸、妈妈的立足之地都没有。等到小鸟飞离“产房”后，历经沧桑的鸟巢早已摇摇欲坠，这时，鸟儿也再不需要鸟巢，于是便弃它而去。

然而，并不是所有的鸟都筑巢，有些鸟孵卵时不需要“产房”。南极的企鹅，是雄企鹅把卵放在脚面上孵化的。那么，(79) ________________？有，中国吉林省曾发现一个喜鹊窝，喜鹊在里面度过了9年时间。美国有一对秃鹫，在一个直径达2.47米的大巢里住了整整36年。为数不多的鸟确实以巢为家，(80) ________________，它们的巢只是“产房”和“育儿室”，而并不是家。

A 随着小鸟逐渐长大

B 但对于大多数鸟来说

C 那么鸟儿辛辛苦苦地筑巢

D 许多鸟并不躲在窝里

E 有没有以巢为家的鸟呢

第四部分

第 81-100 题：请选出正确答案。

81-84.

“清醒梦”一词由荷兰医生弗雷德里克·范伊登在1913年首次提出。清醒梦，顾名思义，就是指在做梦时保持意识的清醒，在梦中清楚地认识到自己在做梦，还可以拥有清醒时候的思考和记忆能力。

据研究，清醒梦与梦游并不相同。人在做清醒梦时，仍然可以保持清醒的状态，与做梦有关的大脑部位异常活跃，同时与清醒意识有关的部位也显示了一定的活跃程度。科学家为了证实清醒梦者的体验，让参加实验的人在知道身处梦境的情况下，有意识地操控自己的思维。

通过这项研究发现，在清醒梦中，梦者不仅可以自由控制自己的行动，甚至连梦境的内容以及梦中的其他人也可以任意控制。如果一个人在做清醒梦，却知道自己在梦中，那么哪怕身后有野兽在追赶，也根本不需要逃跑，完全可以选择与它对战。

清醒梦的出现，虽然是偶然的，但现在科学家已经找到人工诱导清醒梦的方法。研究人员认为，未来还可以利用清醒梦的好处为人类服务。如患者在现实中难以面对的困境和挑战都可以通过清醒梦面对并克服，这样可以使他们心灵的创伤得以治愈，最终走出心理的阴影。清醒梦是一种介于清醒和睡眠之间的意识状态，这将为了解人类意识提供重要的信息，特别是为揭示意识的神经机制提供绝好的机会。

81. 人在睡梦中为何能保持清醒？

A 是一种神经性疾病　　B 大脑神经过于紧张
C 现实中受到了强烈刺激　　D 大脑相关区域处于活跃状态

82. 关于清醒梦，可以知道什么？

A 人可以掌控梦境　　B 跟梦游一样
D 人在梦中难以思考　　D 都是被野兽追赶的噩梦

83. 清醒梦有什么应用前景？

A 探究他人隐私　　B 揭露遗传秘密
C 治疗心理疾病　　D 研究大脑构造

84. 根据上文，下列哪项正确？

A 清醒梦的出现具有周期性
B 清醒梦是科学家们假想出来的
C 清醒梦会给人带来心理创伤
D 将能揭示意识的神经机制

85–88.

柔是水的主要特点之一，我们平时接触到的水也总是"温柔"无比的，这是由于它处于静止状态或流速缓慢的缘故。然而，随着科学技术的发展，现代人已研发出一项新的加工技术，这种技术就是利用高压水射流来切割材料的技术，被人们形象地称之为"水刀"，即以水为刀，本名为"高压水射流切割技术"。

科学家们曾经做过一次实验，他们迫使水以超过声速的速度通过极小的喷嘴，这时聚集成的高压水就具有了切割不同材料的能力，不仅是木材、布料、橡胶等软的材料，就算是陶瓷、金属等硬质材料，也可以切削如泥。倘若水流中掺以精细磨料，其效果就堪与金属刀具媲美。

"水刀"的工作原理并不复杂。"水刀"的高压水射流的出口直径还不到0.5毫米，水从出口喷出时的压强非常大，相当于在一平方毫米的面积上放上5千克的物体所产生的压力。在如此大的压力作用下，被加工材料在受到超音速水流冲击的瞬间，水流突然受到阻碍，压力骤然增加，同时也产生巨大的力量。在这种力量的冲击下，受力的部位会在极小的面积上发生脆性断裂，达到切割的目的。

目前，"水切"以其冷切割不会改变材料的物理化学性质而备受青睐。它可以对任何材料进行任意曲线的一次性切割加工；切割时产生的热量会立即被高速流动的水射流带走，并且不产生有害物质，切割后不需要或易于二次加工，同时，"水刀"所引起的振动和噪声都很小，所产生的少量切屑也会随水流走等，具有安全、环保，速度较快、效率较高、方便灵活、用途广泛的优势。另外，"水刀"不存在刀具磨损的问题，所产生的废水还可以回收利用，这样又达到了节约用水的目的。

85. 根据第一段，"水"通常给人们的印象是：

A 温柔无比
B 亲切和善
C 清秀
D 纯洁

86. “水刀”的实质是什么？

A 不锈钢材质　　B 低温灭菌水
C 高压水射流　　D 超低速水流

87. 第三段主要谈“水刀”的：

A 优缺点　　B 工作原理
C 应用领域　　D 注意事项

88. 下列哪项是“水刀”的优点？

A 携带方便　　B 造价很低
C 操作简单　　D 噪音较小

89-92.

马拉松是一项大众体育运动，近年来在中国备受青睐。据悉，2017年全国举办马拉松赛事达1,102场。业内预计，到2020年，全国马拉松赛事规模将超过1,900场，马拉松运动产业规模也将达到1,200亿元。

马拉松为什么如此受到人的关注，对于群众而言意味着什么？国家体育总局体育科学研究所体育社会科学研究中心主任鲍明晓表示：马拉松具有的核心价值，在人的心智的层面，而不在人的身体的层面。通过马拉松，我们可以锻造人格，磨练意志，提升心智。换而言之，马拉松可以让我们通过设定一个目标来实现自我激励、自我肯定、自我管理，最终可以让我们完善自我，突破自我。依我看，这才是马拉松的核心价值。

他还称，马拉松除了与人们不断增长的健康意识和需求有关，还受到国内消费升级趋势的影响。在这一背景下，马拉松赛事的整个过程背后都蕴藏着商机，逐渐形成了一条产业链。每场马拉松比赛都会带动一个巨大的消费市场，马拉松会为城市打造一个新的名片，进一步提升城市品位与国际影响力。这也是可以使马拉松发展的重要动力之一。

体育赛事可以整合举办城市的各类文化资源，逐渐形成了体育赛事的文化品牌。与此同时，体育赛事的举办提高了民众的健康水平，增强了城市的文明素质，逐渐改变了市民的生活方式和习惯，带动市民参与体育锻炼，增进了社会和谐。此外，举办赛事还可以在政府进行城市环境综合治理方面上提供极大的帮助。

89. 关于马拉松的核心价值，下列正确的是：

A 可以消耗热量
B 可以磨练意志
C 低成本高效率
D 可以增强体质

90. 根据第三段，促使马拉松发展的动力是什么？

A 城市文化的发展
B 改善城市污染
C 日益增长的市场
D 关注绿地建设

91. 城市举办马拉松的好处不包括？

A 使市民锻炼更积极
B 推动相关产业发展
C 改善市区道路规划
D 督促政府治理环境

92. 最适合上文的标题是：

A 怎么备战马拉松
B 马拉松热席卷中国
C 马拉松的由来
D 马拉松的优缺点

93-96.

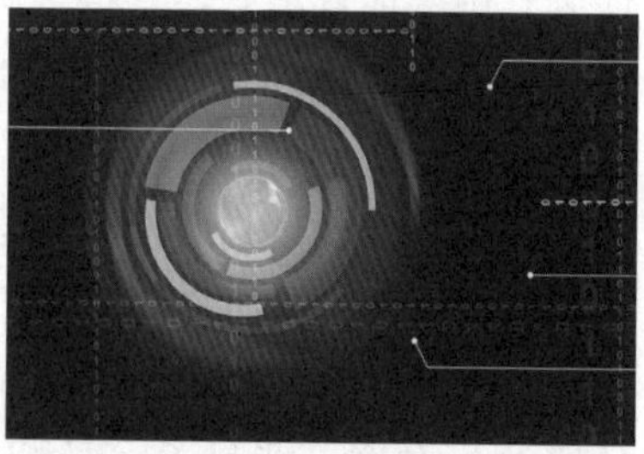

在航天器上，完全杜绝使用可燃性材料几乎是不可能的，纸张、塑料等易燃材料随处可见。同时，航天器到处布满了电子设备，这些电子设备一旦出现漏电或者短路，就会产生火花，引起火灾。因此，为了防止灾难的发生，在火灾发生前，通过热量增加时释放出的各种各样的信号提前预告航天员是必不可少的。

近日，一些科学家建议把“电子鼻”安装在航天器上，认为适当利用电子鼻很可能有助于防止灾难。他们所说的电子鼻就是一种小装置，它有着令人惊奇的功能，能够辨别几乎所有化合物，比人类的鼻子灵敏得多，它甚至能够察觉到百万分之一电子的变化。

电子鼻中有一个特殊元件，它是由多种不同聚合物膜层组成的，这些薄膜可导电，各个薄膜仅对某种化合物敏感。当一种薄膜吸收了它所敏感的气体分子时，就会发生轻微膨胀，其导电性也会随之发生改变。不同的气体浓度引起不同程度的体积膨胀，有关数据也会产生不同的改变。通过电子鼻，人们不仅可以知道空气中哪种成分发生了改变，还可以了解变化的量的多少。

目前，第二代电子鼻正在研制中。它的体积更小，只有760㎤，约是原有电子鼻的35%，使用起来更方便，只要将电子鼻像烟雾探测器一样固定到太空舱的四周就可以了。

电子鼻作为一种智能安全系统的感应部分，电子鼻与电脑相连，可以记录下大气中的任何变化。如果检测到了温度变化，哪怕是极为细微的，电脑上也会显示火警信号，那么人们将立刻进行处理。如果火灾还没发生，那么电脑将会告诉你可能会发生什么情况，如是否发现了有毒物质，或发现了某种接近危险水平的物质以及在哪里发生的，这样，宇航员就可以提前排除隐患。

93. 下列哪一项是引起太空火灾的原因？

A 开灯睡觉
B 修改电脑程序
C 电子设备短路
D 将纸和塑料放在一起

94. 关于“第二代电子鼻”下列哪项正确？

A 安装过程十分复杂
B 可以固定在宇航服上
C 已经研制成功并投入使用
D 体积比第一代更小

95. 最后一段主要讲了什么内容？

A 电脑处理有毒气体的过程
B 电子鼻处理火灾隐患的过程
C 电子鼻的设计原理
D 宇航员的救火过程

96. 根据上文，可以知道什么？

A 电子鼻比人类的鼻子更加灵敏
B 电子鼻不能探测有害气体
C 太空中发生火灾不能用水灭火
D 电子鼻是根据人类鼻子的特征研制的

97-100.

中国山水画与中国园林被誉为“姊妹艺术”，它们的创作都基于人们要亲近自然的愿望与需求，在这一点它们绝对相通的。

临水而居，择水而憩，自古就是人类亲近自然的本性，也是人类亘古不变的梦想。然而，随着社会经济、政治、文化等方面的发展，人类逐渐离开森林原野而群居，从而形成了“城市”。城市里的建筑物日益增加，都市生活愈发拥挤、喧嚣、繁忙，这些都使人们感到厌倦。长期都市生活使人产生亲近自然的愿望。然而，郊游活动有一定的局限性，一些远离城市的名山大川，更难常往。山水画毕竟只是一张平面观赏的图画，只可“神游”。因此，古代的达官贵人，为了更真切地感受自然气息，欣赏自然美景，便挖湖堆山，栽树植竹，养花种草，使经过提炼加工的自然山水景观再现于立体的三维空间中，这便是中国古典园林的由来。

中国山水画与中国园林的艺术特征也具有许多共同点。中国山水画讲求神韵，提倡写实与写意并重；而中国园林讲求“寓诗情画意于自然景物之中”。由此可以看出，二者的追求是一致的。中国园林造园，以隔景、抑景、漏景、夹景等艺术手法为主，分隔空间，遮掩景物，有一种犹抱琵琶半遮面的朦胧感，这与山水画的艺术性不谋而合。这里所表现的正是“含蓄美”。“自然”是中国园林的精髓，植物配置不按直线排列植物，也不修剪，但整体感觉上却疏密有致，高低有情。中国山水画也讲究气韵生动，布局洒脱自然而忌讳刻板、规则。

另外，利用文学形式来增强艺术感染力是中国山水画和中国园林常用的方式。中国山水画中题写诗歌赋予其上者，屡见不鲜。这些题词不仅能使增加“诗情”，还会加深画的意境。在中国园林中，各景区的题名、赋额、楹联，更是绝不可少的。如《红楼梦》中所论“佑大景致若干亭榭，无字标题，也觉寥落无趣，任有花柳山水，也断不能生色。”

97. 根据第2段，可以知道什么？

A 中国园林重视亲近自然
B 人类越来越喜欢独居
C 城市让人们有归属感
D 中国山水画有一定的局限性

98. 第3段主要谈的是：

A 中国园林的发展过程
B 中国山水画与园林的区别
C 中国园林的形成原因
D 中国山水画与园林的艺术特征

99. 《红楼梦》中的那句话说明的是：

A 中国园林与书法不合适
B 文学能增强园林的艺术感
C 中国诗人很喜欢歌颂山水
D 介绍园林的著作极多

100. 下列哪项最适合做上文的标题？

A 如何鉴赏中国山水画
B 中国园林的艺术特征
C 充满诗情画意的“姐妹艺术”
D 论《红楼梦》中的中国园林

三、书 写

第 101 题：缩写。

（1）仔细阅读下面这篇文章，时间为 10 分钟，阅读时不能抄写、记录。
（2）10 分钟后，监考收回阅读材料，请你将这篇文章缩写成一篇短文，时间为 35 分钟。
（3）标题自拟。只需复述文章内容，不需加入自己的观点。
（4）字数为 400 左右。
（5）请把作文直接写在答题卡上。

陶华碧家境贫寒，没读过书，年轻时就嫁人了。中年的陶华碧失去了丈夫，家里只剩下她和两个孩子。为了生存，陶华碧不得不外出打工和摆地摊。靠着辛苦工作和省吃俭用，她攒了一点儿钱。

1989年，她用这些钱在贵州贵阳市南明区龙洞堡的一条街道边开了家专卖凉粉和冷面的小吃店。为了减少开资，作为主料的辣椒酱她决定自己做。没想到独特的口味吸引了大量的顾客前来光顾，生意很是兴隆。

一次，陶华碧因为身体不适没有提前制作辣椒酱，她想：反正作佐料，除了辣椒酱，还有其他好几种，少了辣椒酱对生意应该不会有太大影响。哪知道，顾客来吃饭时，一看没有之前的辣椒酱，大部分竟然掉头就走。陶华碧十分纳闷：难道说他们不是喜欢凉粉、冷面的味道，而是只喜欢辣椒酱？之后，陶华碧与顾客多次交谈，她发现人们的确很喜欢自己做的辣椒酱。很多顾客在吃完凉粉、冷面后，还特意掏钱来买些辣椒酱带走，甚至有些顾客根本不吃凉粉、冷面，就是专门来买她的辣椒酱。

无独有偶，陶华碧一次到同行店里去闲逛，想看看别人的生意怎么样，意外地发现，这些同行用的都是她制作的辣椒酱——原来，在一些顾客询问后，这些同行便派人偷偷地去陶华碧的小吃店里买辣椒酱！发现这种情况后，精明的陶华碧不再对顾客零售辣椒酱。然而，那些买不到辣椒酱的同行没几天就都跑过来求她，还开玩笑似地说："陶老板，你有这做辣椒酱的手艺，还卖什么凉粉、冷面啊？不如干脆开家辣椒酱工厂，不就行了吗？"说者或许无意，但听者却有心，这番话说到陶华碧心里去了，她心想："是啊，这么多顾客爱吃我的辣椒酱，我还卖凉粉、冷面，岂不是太傻了？"

就这样，在1996年7月，陶华碧把原有的小吃店关掉，经过一番疏通，借贵阳市南明区云关村委会的两间房子，招聘了40名工人，办起了辣椒酱加工厂，名为"老干妈"。1997年6月，不到一年的时间里，"老干妈"辣椒酱就得到了市场的认可，在贵阳市站稳了脚跟，并向贵州其他地区乃至全国市场推进。

直到今天，"老干妈"已经成为家喻户晓的中外知名品牌，公司累计产值已达数十亿，带动了800多万农民致富，名列中国私营企业50强的第五名。她的辣椒酱厂能走到今天这种程度，可以说创造了一个奇迹。她的成功，令人赞叹，也永远值得我们学习！

고수들의 막판 7일!

HSK 6급

실전모의고사 505제

제 5 회

듣기

독해

쓰기

新汉语水平考试
HSK(六级)

模拟考试五

注　意

一、HSK(六级)分三部分：

1. 听力(50题，约35分钟)
2. 阅读(50题，50分钟)
3. 书写(1题，45分钟)

二、听力结束后，有5分钟填写答题卡。

三、全部考试约140分钟(含考生填写个人信息时间5分钟)。

一、听力

第一部分

第 1–15 题：请选出与所听内容一致的一项。

1. A 广东居民要防范台风
   B 台风登陆前需撤离
   C 台风信息很难预测
   D 10月灾害天气频发

2. A 儿子偷吃了果酱
   B 食品店偷工减料
   C 店员十分生气
   D 那位母亲不相信店员的话

3. A 儿童的认知能力差
   B 无法克服外界环境的影响
   C 后天努力能够弥补先天不足
   D 儿童易受环境影响

4. A纪录片要保证真实性
   B 纪录片不重视可看性
   C 纪录片并非文化消费品
   D 纪录片的拍摄难度不高

5. A 爸爸的茶壶十分昂贵
   B 新茶壶是在地摊上买的
   C 爸爸不知道茶壶被换了
   D 便宜没好货

6. A 成人应照顾好随同孩子
   B 自动扶梯经常出毛病
   C 孩子属于事故多发人群
   D 女孩儿录安全提示更有效

7. A 销售工作困难重重
   B 作者想放弃销售工作
   C 销售工作的关键是产品
   D 作者现在工作得很轻松

8. A 鱼肉味美但没有营养
   B 建议多使用偏方
   C 鱼刺卡食道要就医
   D 吃醋可以软化鱼刺

9. A 脑洞很大指想象力丰富
   B 脑洞是指一种脑部疾病
   C 脑补指通过饮食补充大脑营养
   D 脑补是一种脑部疾病的治疗方法

10. A 白巧克力是已经变质的巧克力
    B 新鲜的巧克力都有白霜
    C 白巧克力不能食用
    D 白霜会使巧克力口感变差

11. A 很多人都想名利双收
B 要敢于面对困难
C 等待不如大胆去做
D 做事前要做好充分的准备

12. A 金星上存在很多峡谷
B 金星上发现了活火山
C 金星上的火山数目庞大
D 金星上的火山频繁爆发

13. A 未来酒店座落于上海
B 未来酒店是私人酒店
C 退房需通过大堂经理
D 未来酒店是一家无人酒店

14. A 稿酬在采用后一个月内支付
B 投稿时应附上作者简介
C 评委来自全国各地
D 该杂志社正面向全国公开招聘

15. A 少量酒精可提高外语表达能力
B 酒精没有减轻焦虑的作用
C 摄入酒精量越多表达能力越好
D 过量饮酒对身体有害

실전모의고사 5

第二部分

第 16–30 题：请选出正确答案。

16. A 拥有几亿用户
    B 创建初期没有智能手机
    C 音频视频同时进行
    D 盈利渠道有待拓宽

17. A 反馈及时
    B 目标明确
    C 各部门分工明确
    D 可进行在线检索

18. A 邀请用户参与审核
    B 上线前随便抽查几个音频
    C 三名员工审核同一条音频
    D 加大对问题内容提供者的处罚

19. A 成立分公司
    B 开拓海外市场
    C 推动企业上市
    D 增加服务项目

20. A 当过客服经理
    B 曾四次创业失败
    C 创业资金很少
    D 一个人白手起家

21. A 惭愧
    B 震惊
    C 痛心
    D 欣慰

22. A 要尊重自然
    B 要注重作品完整
    C 造型要有个性
    D 要出于对艺术的热爱

23. A 花纹更精细
    B 融合了绘画画法
    C 注重大树本身的形态
    D 在做好的板上进行雕刻

24. A 艺术修养
    B 超乎常人的天赋
    C 精益求精的精神
    D 高超的技艺

25. A 艺术品大都容易损坏
    B 应该制止乱砍行为
    C 做树雕是九分雕琢，一分自然
    D 做树雕是为将大树保存下来

26. A 为生活所迫
B 乐于与人沟通
C 有发展空间
D 想挑战新的领域

27. A 外貌出众
B 是营销专业出身
C 对产品了解更深入
D 对心理学颇有研究

28. A 地理位置优越
B 性价比非常高
C 品牌影响力强
D 宣传力度更强

29. A 洞察力要敏锐
B 要有良好的口才
C 要善于挖掘客户
D 要有独特的营销手段

30. A 工作是生活的辅助
B 二者需要一个平衡点
C 生活和工作只能选其一
D 不能把精力全部投入到工作上

第三部分

第 31–50 题：请选出正确答案。

31. A 免费配送
B 短时高效
C 人员配置
D 路径优化

32. A 有固定保质期
B 需要密封深埋
C 可以让时间停滞
D 用胶囊充填的药物

33. A 替顾客保密
B 送货地点不限
C 由顾客指定寄信日期
D 把信件传达到对方手中

34. A 分析透彻
B 不够严谨
C 缺少推论
D 缺乏逻辑

35. A 信息量太多
B 信息不够准确
C 信息更新换代过快
D 信息之间缺乏联系

36. A 丰富我们的知识库
B 习惯用孤立的眼光看问题
C 善于挖掘信息之间的联系
D 有助于提高思考能力

37. A 陈婷通过平台租了辆车
B 韩宁喜欢收集二手物品
C 韩宁建了一个社交网站
D 他们进行的是合作式消费

38. A 不需要无线网络
B 大多属于线下交易
C 能更好地利用闲置资源
D 无需第三方中介机构

39. A 商品质量
B 社会舆论
C 交易双方的诚信
D 商品和服务的使用权

40. A 酿制白酒的秘方
B 古代酿酒用的器具
C 白酒原料的残渣
D 公元前5,000年的啤酒

41. A 小米
B 薯类
C 豆类
D 大麦

42. A 酒水清澈
B 味道苦涩
C 外观与粥相似
D 大米是主要原料

43. A 打雷
B 草原
C 瀑布
D 鸟

44. A 模仿逼真
B 真挚的情感
C 高超的唱歌技巧
D 与自然和谐相处

45. A 农民在耕种
B 在云海中遨游
C 牧人在吹笛子
D 在草原上驰骋

46. A 高低声部差异大
B 多于琵琶一起演奏
C 音乐曲目丰富而多样
D 是由满族人创造的

47. A 分泌激素
B 高度紧张
C 肌肉痉挛
D 感到口渴

48. A 长期坚持晨炼
B 要做高强度锻炼
C 平时要坚持锻炼
D 双休日集中锻炼

49. A 最好找私人教练
B 空腹运动效率更高
C 锻炼必须借助器材
D 突击性健身对身体有害

50. A 情绪会影响锻炼的效果
B 免疫力的恢复需要一天左右
C 白细胞增多会引发炎症
D 运动前热身的注意事项

二、阅 读

第一部分

第 51-60 题：请选出有语病的一项。

51. A 《现代汉语词典》是中国第一部规范性的语文词典。
    B 川菜，以其麻辣味闻名于世，享有“烹饪天国”的美誉。
    C 这座公园自上世纪初开放以来，一直受到人们的关注。
    D 每当母亲说到这个故事，我就想起很多过去的往事。

52. A 网络社交工具的广泛使用，加快了信息流通的速度和规模。
    B 国内飞机托运行李规定每年都在变化，请留意机场的指标。
    C 人类对时间的认识是在进化的过程中逐渐形成的。
    D 武汉铁路局宣布将加开5对临时客车，用以疏通端午小长假的客流。

53. A 针对公司近期出现的种种问题，他在会上提了几条十分中肯的建议。
    B 老舍一生为中国文学的改革和发展做出了不可磨灭的贡献。
    C 在这春风沉醉的夜里，让五颜六色的烟火将天空点缀得格外美丽。
    D 红松的故乡——伊春，是目前世界上拥有红松原始林面积最大的地区。

54. A 不饱和脂肪酸的化学性质相对不稳定，更容易被氧化。
    B 所有的胜利，与征服自己的胜利比起来，都是微不足道的。
    C 成功没有捷径，如果你不肯一步一步积累，那么你永远也无法终点。
    D 手机科技的发展是一把“双刃剑”，它在带来便利的同时，也增添了不少烦恼。

55. A 手游公司公布的数据显示，普通人每天约110次查看手机。
    B 过去的就让它过去，脚下的路再难走，你也要勇往直前。
    C 他们的努力见效了，以致新式花茶的产业规模不断扩大。
    D 从咿呀学语，到进入学校，再到步入社会，人的一生无时无刻不在学习。

56. A 当你的脑海突然闪现出灵感时，最好立刻把它记录下来。

B 杭州西湖风景秀丽，向来总是受到古装电视剧剧组的青睐。

C 经过不断的技术革新，我们厂今年的产值比往年翻了一倍。

D 每公斤体重每小时可以消耗大约10大卡热量，这就意味着此人跑步1小时，可以消耗600大卡热量。

57. A 研究表明，支气管炎、过敏性鼻炎患者吃龙虾会导致病情加重。

B 近年来，由酒驾引起的交通事故频繁发生，为此全国各地加大了对酒驾的惩处力度。

C 六朝古都南京，既然有自然山水之胜，又有历史文物之雅，是一座兼具古今文明的园林化城市。

D 时间的概念不仅因人而异，还“因地而异”，冥王星上的一天如果换算成地球时间的话，相当于一周。

58. A 早在公元前2,800年，中国人便开始栽培大豆了，距今已有5,000年的历史。

B “冬虫夏草”又被称为“冬虫草”，一种特殊的虫和真菌的结合体。

C “病从口入”的道理人人皆知，因此，要养成勤洗手的好习惯从儿时做起尤为重要。

D 外婆家的屋后是一片茂密的竹林。虽是冬日，竹林依旧青翠。一阵风吹过，竹林沙沙作响，竟带着几分神秘。

59. A 燕子在冬天来临之前的秋季，总要进行每年一度的长途旅行——成群结队地由北方飞向遥远的南方。

B 人脑需要的氧气约占人体吸入氧气总量的20%，运动可以促进氧的吸收，因此多运动可以起到提高大脑活力的作用。

C 大量研究显示，苹果中富含叶酸，能有效地防止降低心脏病的发病率，尤其适合中老年人群食用。

D 雁栖湖位于京郊怀柔城北8公里处的燕山脚下，水面宽阔，湖水清澈，每年春秋两季常有成群的大雁来湖中栖息，故而得名。

60. A 人们通常认为肠道只是负责消化吸收的器官，其实它还是人体重要的免疫器官，发挥着阻挡有害菌的“保卫”功能。

B 一个人的成就是难以用单一的指标衡量来完成的，只要你不断地完善自己本身也是一种了不起的成就。

C 真正的朋友，并不是在一起就有聊不完的话题，而是在一起，即使不说话也不会感到尴尬。

D 实木家具需要一个湿润的环境，最好不要放在暖气附近，更不要放在阳光下暴晒，以防木材含水率变化过大而引起家具变形。

第二部分

第 61–70 题：选词填空。

61. 汉语俗语中常说的“不分青红皂白”，比喻分不清是非，不问情由。________，“青”“红”“白”都是________颜色的，那“皂”是什么意思呢？其实“皂”指的是黑色。在________，皂衣就是衙门中差役穿的黑布衣。

A 总而言之　拟人　以前　　B 不言而喻　比喻　当今
C 莫名其妙　描述　先前　　D 众所周知　形容　古代

62. 鲎，亦称马蹄蟹，被称为现代活化石。鲎的血液可以制成专用于细菌内毒素检测的试剂LAL，目前这已发展为________的产业。马蹄蟹这一地球上________了数亿年的古老动物，仍然可以趴在沙滩上，________地晒着太阳生活。

A 宏大　跟随　圆满　　B 庞大　生存　悠闲
C 可观　问世　融洽　　D 艰巨　进化　坚实

63. 每到年初，人们都会习惯性地为自己________出很多目标，但到了年末才发现很多目标都没有开始。________每天只在嘴上说锻炼，倒不如马上就行动起来。达成目标可能还需要走很远，但重要的是要________出第一步。

A 制定　与其　迈　　B 配置　即使　遛
C 确认　倘若　蹬　　D 树立　宁可　逛

64. 酒在中国人眼里更多的是当作一种交际的________。“醉翁之意不在酒”说的就是人们本意不在喝酒，而是别的方面。古人往往借酒意来________各种隐藏于胸臆中的某些话语。同样，酒也常常出现在现代人的交际________中，“酒逢知己千杯少”正体现了酒在交际中的独特________。

A 器具　阐述　局势　威望　　B 手段　释放　局面　比重
C 仪器　表达　场地　职位　　D 工具　倾吐　场合　地位

65. “达芬奇睡眠法”也称“分段式睡眠法”，是为了达成减少睡眠时间而提出来的睡眠方式，________将人类习惯的单次睡眠分散成多个睡眠周期进行。但是这种方式一经提出就________否定了。专家指出，随意改变人体生物钟的节奏是不可行的，如果________了其运行规律，会影响身体健康，甚至威胁到生命。这个方法________是得不偿失的。

A 称　将　抵抗　偏偏　　B 即　被　违背　显然
C 皆　让　抵制　明显　　D 亦　由　破坏　明明

66. “黑科技”是目前在网络上流行的一个新词，通常是指________超越现有的科技或一般想象________的新技术，同时还泛指一些“________性科技”——新硬件、新软件、新材料等。这些________的科技以前仅出现在游戏中，但是现在已经成为了现实。

A 一切　范畴　突破　不可思议　　B 唯一　师范　破绽　不择手段
C 一贯　典范　突出　层出不穷　　D 一度　规范　冲突　不言而喻

67. 心理学家提出，________学生学习的基本动机有两种：社会交往动机和________动机。社会动机指的是学生如果喜欢老师就会为他努力学习，从而得到老师的称赞，________师生感情等；另一种动机是说希望通过学习使别人尊重自己，获得他人________等。

A 调动　信誉　递增　认可　　B 鞭策　名誉　增添　信任
C 督促　声誉　增涨　鼓励　　D 驱使　荣誉　增进　肯定

68. 因为坐船时会上下颠簸，这会使人体内耳前庭平衡感受器受到强烈刺激，从而影响神经中枢，使人觉得头晕、目眩、________。这就是人们常说的晕船。晕船药的作用是阻断向大脑传送这种晕的________，让人不晕船。事实上，人的大脑会自动调节这种晕的感觉，如果长期通过药物________它，反而会减弱这种能力，即便不坐船，在走路的时候平衡的调节能力也会________。

A 恶心　信号　抑制　降低　　B 呕吐　暗号　节制　下降
C 发烧　反应　克制　缩短　　D 头疼　符号　抵制　减轻

69. 当人们长期________一个行业或在一家公司工作时，会在________中把现有的状态当作“常识”，________出一些潜意识的规则，不敢违反。这样只会________自己的创造力，让自己不能打破常规，________改变的机会。

A 从事　不知不觉　设定　压制　错失
B 担任　潜移默化　算计　压缩　中断
C 筹备　想方设法　拟定　阻碍　遗失
D 就业　理所当然　安置　掩盖　忽略

70. 在我们成长的岁月里，只有自己的经历才是最________于你的。那些你经历过的________，你所遇到的人和事，因而产生的________感受和思考，这些都是只属于你自己，无法________给任何人，哪怕是你最亲近的人也不可以。因为这是你最________的财富。

A 忠实　岁月　悲欢　转让　珍贵　B 诚实　瞬间　胜负　贩卖　辉煌
C 掌控　光阴　成败　传送　难得　D 遵循　刹那　苦乐　转移　永恒

실전모의고사 5

第三部分

第 71-80 题：选句填空。

71-75.

战国末期，秦国向魏国接连发动大规模的进攻，魏国无力抵抗，大片土地都被秦军占领了。公元前273年，秦国又一次发兵魏国，势头空前猛烈。(71) ____________，愁眉苦脸地问大家是否有使秦国退兵的办法。大臣们由于经过多年的战乱，提起打仗就吓得哆嗦，(72) ____________。在秦兵压境的危急时刻，多数大臣还和以往一样劝魏王把黄河以北和太行山以南的大片土地割给秦王求和。

谋士苏代听了这些大臣的话十分恼怒，忙上前对魏王说："大王，他们是因为自己胆小怕死，才让您去卖国求和，(73) ____________。割地虽然能暂时让秦国不攻打我们，但秦国的野心绝不会就此得到满足，(74) ____________，秦军就肯定会再次出兵攻打我们。"说到这里，苏代讲了一个故事："从前有一个人，他的房子起火了，别人劝他快用水去浇灭大火，但他不听，偏要用柴草去灭火，最后火势越来越大，房屋被烧毁了。大王如果不起兵反抗，而是一直用魏国的土地去求和，这与抱着柴草救火又有何不同呢？"

(75) ____________，但是胆小的魏王只顾眼前的太平，还是依大臣们的意见把魏国大片土地割让给秦国。到公元225年，秦军果然又向魏国大举进攻，包围了国都大梁，掘开黄河大堤让洪水淹没了大梁城，魏国最后被秦国灭掉了。

A 根本不为国家着想

B 魏王把大臣们召来

C 尽管苏代讲得头头是道

D 谁也不敢谈"抵抗"二字

E 只要魏国的土地没割完

76-80.

所谓“剧透”指的是自己先看完了某个影视剧以后，将剧情内容和结局告诉其他人。其实剧透被许多人深恶痛绝，居然有很多人喜欢做这种令人“讨厌”的事。

这是因为剧透者能收获某种心理满足。首先，从心理学的角度来看，每个人都有被人关注的渴望，有些人希望通过透露剧情这种方式来吸引他人注意，(76) ________________。

其次，获得信息的优越感。“我知道你不知道的事”，这种想法会让人产生优越感，尤其是看到对方的反应时，(77) ________________，都会激发剧透者的成就感，这也是人类最原始、最基本的欲望之一。

这些心理满足感让一些人欲罢不能，甚至因此把剧透当成了一种习惯。可相对来说，(78) ________________——在无剧透的观影过程中，观众能按照情节发展将自己带入到剧情中，从而收获观剧的乐趣，可一旦被剧透，(79) ________________。从这个角度看，剧透是对观影体验的谋杀。而另外一种解释是，剧透能让人更容易跟上剧情变化。有些研究发现，人们更乐于欣赏那些易于理解的事物，“被剧透”扫清了对剧情的理解障碍，人们反而能获得其他的乐趣。由此看来，(80) ________________。

A 这种乐趣便荡然无存

B 一部分被剧透者却饱受煎熬

C 剧透并非一无是处

D 并从中得到足够的满足

E 无论对方是兴趣盎然还是哑口无言

실전모의고사 5

第四部分

第 81-100 题：请选出正确答案。

81-84.

流星体是太阳系内颗粒状的碎片，其尺度可以小至沙尘，大至巨砾；更大的则被称为小行星，更小的则被称为星际尘埃。它们绕着太阳运动，质量一般小于百吨，大多数流星体只是很小的固体颗粒。

有些流星体单独绕太阳公转；有些流星体成群地沿着相似的轨道公转，只是路过近日点的时间不同。

流星体运行过程中经过地球附近时，地球的引力会影响它们，使它们以高速闯入地球大气层，在与大气摩擦的过程中动能转化为热能，流星体会烧蚀发光。因为绝大多数的流星都只是由沙子到谷粒大小的颗粒组成的，所以多数可以看见的光都来自于流星体被蒸发的原子和大气层内的成分碰撞时电子所释放的能量。几乎人人都见过这种现象：晴朗的夜晚，蓦地一条明亮的光芒划破夜幕。

天文学家们根据观测指出，每天大约有1亿个流星击中地球。流星分为两类：一类为偶发流星，它们出现的方位和地区是完全随机的，出现的时间更是难以预料，一般情况下，一个人凭肉眼在一夜之内能看见大约10颗左右的偶发流星。另一类为流星群。它们常常成群出现，且有十分明显的规律性，出现在大致固定的日期、同样的天区范围，这就是我们通常所说的流星雨。

81. 第1段主要讲了什么内容？

A 流星体与彗星的区别　　B 流星体的定义
C 流星体的公转特征　　D 流星体的运行规律

82. 流星体为什么会闯入地球大气层？

A 脱离公转轨道　　B 受地球引力影响
C 受太空垃圾影响　　D 受到太阳风暴的影响

83. 关于流星雨正确是：

A 一夜内肉眼可看到10颗　　B 出现的方位是随机的
C 在一定时间就会发生　　D 出现的时间不可预测

84. 根据上文，下列哪项正确？

A 偶发流星出现在固定的天区　　B 流星雨的出现没有规律
C 流星体将太阳能转化为动能　　D 流星体的质量一般在百吨以内

85-88.

人们常说的长城，其实是北方的万里长城，也就是“中国万里长城”。“万里长城”顾名思义，全长达1万里，西起临洮（今甘肃张掖）、东至辽东（今辽宁），是秦朝时期大将蒙恬北征匈奴后（公元前221年）开始修建的。然而，古建筑专家罗哲文经过多番实地考察研究后，于2,000年4月最终确定，史籍中记载的“南方长城”正是位于湖南凤凰县的“苗疆边墙”，它从明嘉靖十三年（1554年）开始修建，此后各朝均有填补。

“长城”只是为了统治稳定而建。明朝时，湘黔地区的苗人分为 “熟苗”及“生苗”，熟苗与汉人来往较多，生苗则不愿服从朝廷管辖，常常起兵叛乱。朝廷为加强边境制安管理，遂在湖南修筑起高高的边墙，将熟苗与生苗人为地分隔开来，这就是现在的“南方长城”。

然而，“南方长城”的修建却是利弊并存。南方长城使苗疆的生存环境和状态都发生了改变，阻碍了苗族与各民族之间的交往、融合与发展，进而导致了湘西的落后和贫穷。但是客观上来说，它又为苗民的安全及安宁提供了保障，苗族的古老文化也更是因此才得以保存。现在，南方长城的历史使命早已完成，如今人们知道的“南方长城”也只是一个颇富有特色的旅游点而已。

85. 关于南方长城，下列哪项正确？

A 全长一万里　　B 始建于明朝
C 是秦王主张修建的　　D 是蒙恬发现的

86. 第二段说明了南方长城：

A 特殊的地理位置　　B 修建的目的
C 历经了很多朝代　　D 解决了苗族的内部矛盾

실전모의고사 5

87. 南方长城的弊端在于：

A 耗费了大量的人力
B 使明朝经济发展落后
C 对苗族传统文化产生了冲击
D 阻碍了苗族与各民族间的交流

88. 根据上文，下列哪项正确？

A 北方长城历史更悠久
B “生苗”已被汉化
C 建南方长城的初衷是为观赏
D “熟苗”经常起兵叛乱

89-92.

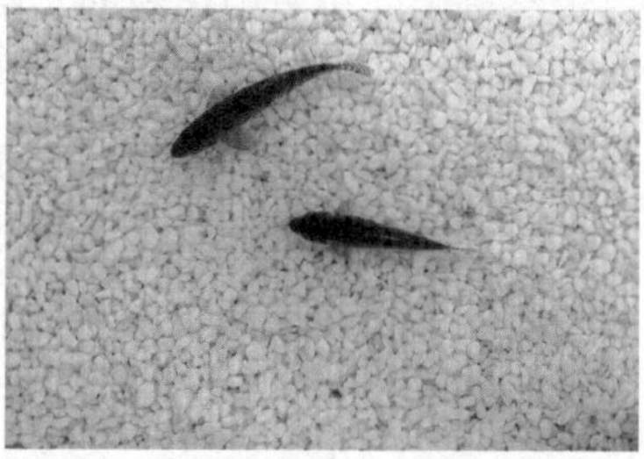

人们通常认为鱼的大脑体积小，构造也很简单，因此，学习和记忆的能力非常差，更不会有像人类一样的情感，但是最近西班牙研究人员发现，斑马鱼在受到压力时会出现体温升高的现象，这种现象被称为 “情感发烧”，这与动物们感知外部刺激有关系。

到目前为止，我们可以在哺乳动物、鸟类以及一些爬行动物身上观察到情感发烧现象，但在鱼类中从未发现过这种现象。因此,鱼类一直被认为是一种低水平感知动物。

然而，这个实验颠覆了人们以往的观点。研究人员将72条斑马鱼分为两组，每组36条，把它们都放置在一个大水槽中。这个水槽是由很多相通的部分组成，且每个部分的温度都不同，从18-35摄氏度不等。先将其中一组不受外界干扰的斑马鱼，也叫对照组，这些斑马鱼倾向于选择呆在28 摄氏度的地方；另一组斑马鱼先被放在一个网中，然后置于27摄氏度的地方15分钟，使其受到外界压力，之后将它们释放出来。通过实验可以发现，对照组的斑马鱼主要呆在28摄氏度的部分，而受到外界压力的另一组斑马鱼更倾向于呆在温度较高的部分，不仅如此，它们的体温也随之增加了2-4摄氏度。研究人员指出,这个证据说明这些鱼是有情感发烧的现象的。

这个实验表明，鱼类也至少是拥有一定程度的意识和感知能力的。最重要的是，这一发现也影响我们对脊椎动物的情感和意识能力进化的理解。

89. 人类是怎么知道鱼类有情感发烧的？

A 通过推理得出的
B 因为哺乳动物也有
C 科学家自己认为的
D 通过实验发现的

90. 根据第3段，下列哪项是正确的？

A 两组斑马鱼都反应激烈
B 第二组斑马鱼体温升高了
C 斑马鱼都喜欢28度以上的水温
D 每组里都有72条斑马鱼

91. 最后一段想说明什么？

A 鱼类有感知能力　　B 脊椎动物感知能力差
C 鱼类没有情感发烧现象　　D 鱼类记性好

92. 根据上文，哪项正确？

A 只有哺乳动物有感情　　B 鱼类的大脑十分发达
C 斑马鱼也有感知能力　　D 爬行动物的体温一直下降

93-96.

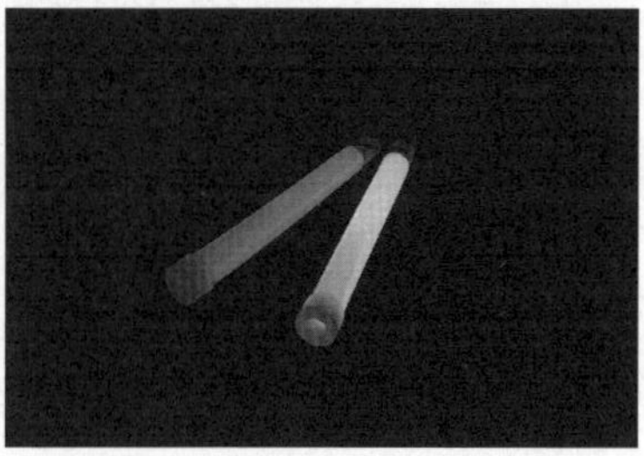

荧光棒和夜光表被广泛使用，可它们的工作原理却鲜为人知。其实，荧光棒和夜光表是由一种叫发光粉的物质制成的，它包含了硫化锌、硫化钙、硅酸锌以及磷酸等多种物质，这些物质都有一种特性，就是当接受光能和其它形式的能量时，自身成分会出现不稳定状态，在从这种不稳定的状态回归稳定的过程中会将多余的能量转化成光波的形式释放出来。这种光跟萤火虫一闪一闪的黄绿光很相像，因此称之为荧光。

不过，这类发光粉如果失去光源照射，荧光就会逐渐暗淡下去。若想让发光粉长久发光，需将某些放射性物质与其混合在一起，这种混合后的发光粉叫做“永久发光粉”。很多器械的仪表上使用的都是这种发光粉。

原子灯也同样是利用了“永久发光粉”的原理，它又称同位素光源，也是一种微光光源，利用放射性同位素放出的射线激发发光粉而发光。原子灯一般包括灯体、磷光体和β放射性气体三部分：灯体是一个透光的密封外壳，多采用耐辐射的玻璃灯泡；内壁上涂满磷光体，发出绿色光；灯泡被抽成真空后充入β放射性气体再经密封就制成了原子灯。原子灯用途广泛，可以用于地下矿井、坑道照明及安全指示方面，也可用于高速公路的交通标志，同时航海时用的夜间照明也多为原子灯。

原子灯不消耗任何燃料，发光时也无需电源，使用寿命可达10年至20年。较其它产品而言，安全性高，光线柔而持久，没有引起火灾和爆炸事故的隐患。另外，原子灯不需要维修，无论环境多么恶劣，它都能正常工作。因此，它常作为弹药仓库、易为燃易爆品仓库以及军队夜间训练、作战和指挥的照明工具使用。

93. 发光粉处于“不稳定的状态”时，会怎么样？

A 会散发有毒气体　　B 会爆炸
C 会引发火灾　　D 会释放光波

94. 关于“原子灯”正确的是？

A 有放射性同位素　　B 状态十分不稳定
C 是一种强光光源　　D 和永久发光粉的原理不一样

95. 第3段主要讲的是什么？

A 原子灯的使用方法　　B 原子灯的作用和原理
C 原子灯会破坏环境　　D 原子灯里面没有发光粉

96. 根据上文，下列哪一项是正确的？

A 原子灯只能用在军事上　　B 发光粉自身发光不需要光源
C 原子灯能发出蓝光　　D 原子灯的安全性高

97-100.

20世纪初，一家采矿公司雇了一位叫威廉·麦克奈特的年轻人担任助理簿记员的职务。这家公司最初打算开采本地的刚玉矿石，用它来做砂轮。只可惜，一连两年，他们没有挖到刚玉矿石，反而得到了一大堆毫无用处的钙长石，因此，公司欠下了很多外债，经营状况岌岌可危。

威廉向经理提出了一些降低成本的想法。公司采纳了他的意见，终于可以从低谷中走出来了。摆脱债务危机之后，公司渐渐向加工制造型企业转型。因为威廉的突出贡献，公司决定把年仅20多岁的威廉提升为总经理。

威廉刚一上任便投资500美元开辟了一个角落做储藏室，并把它作为公司的第一个实验室。同时定了一个规则：研发人员每个星期可以拿出15%的时间来研究自己感兴趣的东西，这个规则被称为“15%规则”。

公司对此并不看好，有很多同事甚至对他的15%规则冷嘲热讽：“让研发人员每天躲在实验室浪费时间吗？有那个闲工夫，不如让他们在工业流水线上多拧几颗螺丝钉。”

可随后公司的快速发展，让大家对实验室的看法彻底改变。

在威廉的带领下，实验室“硕果”不断：1914年，实验室研制出一款研磨砂布，这也是这个实验室的第一个独家产品；1925年，一名叫理查德・德鲁的员工独自研发了“玻璃纸+黏胶”的透明胶带。这种透明胶带既方便又实用，一经上市便马上成为家喻户晓的世界性产品；1940年代初，实验室又推出了用于高速公路标志的反光膜；之后又于1950年代，他们发明了录音磁带和录像带……如今，这家拥有百余年历史的公司已在60多个国家和地区设立了分支机构，成为世界500强企业，这家公司的名字叫3M。

100威廉对创新的定义是这样的：创新不仅仅是一种新的思想，而应该是一种能产生实际效果的思想。

97. 第一段中的划线部分，“岌岌可危”的大致意思是：

A 无比坚固　　B 因祸得福
C 环境适宜　　D 非常危险

98. 下列关于“15% 规则”，正确的是：

A 公司不看好　　B 董事会对此表示默许
C 大部分职员都很支持他　　D 研究人员都适应不了

99. 根据上文，下列哪项是错误的？

A 威廉制定了15%规则　　B 公司有百余年历史
C 原本是一家加工公司　　D 研究人员发明了透明胶带

100. 文中威廉的看法是：

A 要解放职工的思想　　B 公司的发展要到头
D 公司应该继续采矿　　D 公司该给职工更多福利

三、书 写

第 101 题：缩写。

（1）仔细阅读下面这篇文章，时间为 10 分钟，阅读时不能抄写、记录。

（2）10 分钟后，监考收回阅读材料，请你将这篇文章缩写成一篇短文，时间为 35 分钟。

（3）标题自拟。只需复述文章内容，不需加入自己的观点。

（4）字数为 400 左右。

（5）请把作文直接写在答题卡上。

从前，有一只老虎，它有着尖锐的牙齿，像刀一样锋利的爪子，走起路来威风凛凛。它住在森林的一个山洞里，这只老虎让森林里的其他动物闻风丧胆，每次远远地看见它，都会一溜烟儿跑掉。

一天，这只老虎觉得肚子饿，于是跑到洞外去觅食。走着走着，在前面的空地上发现了一只正在悠闲地晒着太阳的狐狸。老虎暗暗高兴，心想：今天运气真不错，这只狐狸可以让我美餐一顿了。于是，它纵身一跃，径直扑向狐狸，等狐狸意识到危险时已经为时已晚，老虎毫不费力地就擒住了狐狸。

狐狸想，这下坏了，怎么才能让老虎放了我呢？它的脑子不停地在转，一直在盘算着活命的计策，就在老虎张大嘴巴，准备用狐狸饱腹的时候，狐狸突然叫道："哼！你以为你是百兽之王，就可以吃我吗？告诉你吧！我可是天神亲封的王中之王，吃我就等于违抗天神的命令，到时候一定会遭遇到世间最为严厉的惩罚。"听了狐狸的话，老虎心里一惊。狐狸说话时傲慢镇定的样子又不像是装出来的，老虎心想：我是百兽之王，天底下任何动物见了我都会害怕，唯有这个狐狸如此镇定自如，莫非它真是天神派来的王中之王？不行，我要好好问清楚。

老虎的迟疑让狐狸确信它对自己刚才的那一番说辞有几分相信，便更加趾高气扬。狐狸挺起胸膛，毫无惧色地指着老虎的鼻子说："你竟敢不相信我说的话？"这时，老虎早没有了刚开始的那股嚣张的气焰，它放下身段，小心翼翼地问道："你说你是天神派来的，有什么证据吗？"狐狸说："当然有，你只要乖乖地跟在我后面，到森林里走一圈儿，看看动物们见了我，会不会都吓得魂不附体，抱头鼠窜。"老虎觉得狐狸说得有道理，于是放开狐狸，照着它说的跟在它后面出发了。就这样，狐狸大摇大摆地在前面走，而老虎则小心翼翼地在后面跟着。

没走多久，就看见了在森林深处玩耍、觅食的动物们。这些动物看到跟在狐狸身后的老虎后，大惊失色，纷纷逃窜。老虎目睹这种情形，并不知晓其中原由，也被吓得心惊胆战。而此时的狐狸则得意地回过头问老虎："怎么样？我说的话是真的吧？正因为我是天神派来的，所以它们见到我才会逃走。"老虎连忙点头称是，放走了狐狸，但它并不知道，实际上那些动物真正害怕的是它自己 ，而不是狡猾的狐狸。

那些动物之所以会吓得到处逃窜，并不是因为害怕狐狸，完全是因为狐狸假借了老虎的威势。这就是成语“狐假虎威”的来历。这个成语比喻凭借别人的势力欺压人，常用来讽刺那些招摇撞骗的人。

MEMO

I wish you the best of luck!

新汉语水平考试
HSK（六级）答题卡

请填写考生信息

请按照考试证件上的姓名填写: 수험표상의 성명을 기입하세요.

姓名	Kim Gildong

如果有中文姓名，请填写: 수험표상의 성명을 기입하세요.

中文姓名	金 吉 东

수험표 상의 수험 번호를 아라비아 숫자로 쓴 후 마킹하세요.

考生序号	1	[0] ■ [2] [3] [4] [5] [6] [7] [8] [9]
	2	[0] [1] ■ [3] [4] [5] [6] [7] [8] [9]
	3	[0] [1] [2] ■ [4] [5] [6] [7] [8] [9]
	4	[0] [1] [2] [3] ■ [5] [6] [7] [8] [9]
	5	[0] [1] [2] [3] [4] ■ [6] [7] [8] [9]

请填写考生信息

고사장 번호를 아라비아 숫자로 쓴 후 마킹하세요.

考点序号	1	[0] ■ [2] [3] [4] [5] [6] [7] [8] [9]
	2	[0] [1] ■ [3] [4] [5] [6] [7] [8] [9]
	3	[0] [1] [2] ■ [4] [5] [6] [7] [8] [9]
	4	[0] [1] [2] [3] ■ [5] [6] [7] [8] [9]
	5	[0] [1] [2] [3] [4] ■ [6] [7] [8] [9]
	6	[0] [1] [2] [3] [4] [5] ■ [7] [8] [9]
	7	[0] [1] [2] [3] [4] [5] [6] ■ [8] [9]

국적 번호를 아라비아 숫자로 쓴 후 마킹하세요.

国籍	5	[0] [1] [2] [3] [4] ■ [6] [7] [8] [9]
	2	[0] [1] ■ [3] [4] [5] [6] [7] [8] [9]
	3	[0] [1] [2] ■ [4] [5] [6] [7] [8] [9]

만 나이를 쓴 후 마킹하세요.

年龄	2	[0] [1] ■ [3] [4] [5] [6] [7] [8] [9]
	5	[0] [1] [2] [3] [4] ■ [6] [7] [8] [9]

성별에 마킹하세요.

性别	男 ■	女 [2]

注意	请用2B铅笔这样写: ■ 2B 연필로 정답을 마킹하세요.

一、听力

1. [A] [B] [C] [D]	6. [A] [B] [C] [D]	11. [A] [B] [C] [D]	16. [A] [B] [C] [D]	21. [A] [B] [C] [D]
2. [A] [B] [C] [D]	7. [A] [B] [C] [D]	12. [A] [B] [C] [D]	17. [A] [B] [C] [D]	22. [A] [B] [C] [D]
3. [A] [B] [C] [D]	8. [A] [B] [C] [D]	13. [A] [B] [C] [D]	18. [A] [B] [C] [D]	23. [A] [B] [C] [D]
4. [A] [B] [C] [D]	9. [A] [B] [C] [D]	14. [A] [B] [C] [D]	19. [A] [B] [C] [D]	24. [A] [B] [C] [D]
5. [A] [B] [C] [D]	10. [A] [B] [C] [D]	15. [A] [B] [C] [D]	20. [A] [B] [C] [D]	25. [A] [B] [C] [D]

문항 배열 방향에 주의하세요.

26. [A] [B] [C] [D]	31. [A] [B] [C] [D]	36. [A] [B] [C] [D]	41. [A] [B] [C] [D]	46. [A] [B] [C] [D]
27. [A] [B] [C] [D]	32. [A] [B] [C] [D]	37. [A] [B] [C] [D]	42. [A] [B] [C] [D]	47. [A] [B] [C] [D]
28. [A] [B] [C] [D]	33. [A] [B] [C] [D]	38. [A] [B] [C] [D]	43. [A] [B] [C] [D]	48. [A] [B] [C] [D]
29. [A] [B] [C] [D]	34. [A] [B] [C] [D]	39. [A] [B] [C] [D]	44. [A] [B] [C] [D]	49. [A] [B] [C] [D]
30. [A] [B] [C] [D]	35. [A] [B] [C] [D]	40. [A] [B] [C] [D]	45. [A] [B] [C] [D]	50. [A] [B] [C] [D]

二、阅读

51. [A] [B] [C] [D]	56. [A] [B] [C] [D]	61. [A] [B] [C] [D]	66. [A] [B] [C] [D]	71. [A] [B] [C] [D] [E]
52. [A] [B] [C] [D]	57. [A] [B] [C] [D]	62. [A] [B] [C] [D]	67. [A] [B] [C] [D]	72. [A] [B] [C] [D] [E]
53. [A] [B] [C] [D]	58. [A] [B] [C] [D]	63. [A] [B] [C] [D]	68. [A] [B] [C] [D]	73. [A] [B] [C] [D] [E]
54. [A] [B] [C] [D]	59. [A] [B] [C] [D]	64. [A] [B] [C] [D]	69. [A] [B] [C] [D]	74. [A] [B] [C] [D] [E]
55. [A] [B] [C] [D]	60. [A] [B] [C] [D]	65. [A] [B] [C] [D]	70. [A] [B] [C] [D]	75. [A] [B] [C] [D] [E]

76. [A] [B] [C] [D] [E]	81. [A] [B] [C] [D]	86. [A] [B] [C] [D]	91. [A] [B] [C] [D]	96. [A] [B] [C] [D]
77. [A] [B] [C] [D] [E]	82. [A] [B] [C] [D]	87. [A] [B] [C] [D]	92. [A] [B] [C] [D]	97. [A] [B] [C] [D]
78. [A] [B] [C] [D] [E]	83. [A] [B] [C] [D]	88. [A] [B] [C] [D]	93. [A] [B] [C] [D]	98. [A] [B] [C] [D]
79. [A] [B] [C] [D] [E]	84. [A] [B] [C] [D]	89. [A] [B] [C] [D]	94. [A] [B] [C] [D]	99. [A] [B] [C] [D]
80. [A] [B] [C] [D] [E]	85. [A] [B] [C] [D]	90. [A] [B] [C] [D]	95. [A] [B] [C] [D]	100. [A] [B] [C] [D]

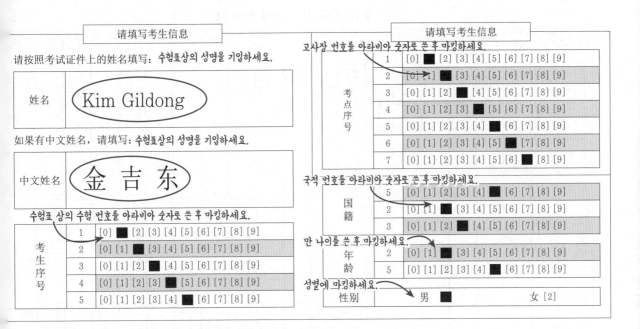

요약문 첫줄에 반드시 제목을 기입하세요.

三、书写

101.

母亲的爱

× × 단락은 반드시 2칸을 떼고 시작하세요.

100

200

300

400

500

실전모의고사 제1회 답안지

新汉语水平考试
HSK（六级）答题卡

请填写考生信息

请按照考试证件上的姓名填写：

姓名	

如果有中文姓名，请填写：

中文姓名	

考生序号		[0] [1] [2] [3] [4] [5] [6] [7] [8] [9]
		[0] [1] [2] [3] [4] [5] [6] [7] [8] [9]
		[0] [1] [2] [3] [4] [5] [6] [7] [8] [9]
		[0] [1] [2] [3] [4] [5] [6] [7] [8] [9]
		[0] [1] [2] [3] [4] [5] [6] [7] [8] [9]

请填写考生信息

考点序号		[0] [1] [2] [3] [4] [5] [6] [7] [8] [9]
		[0] [1] [2] [3] [4] [5] [6] [7] [8] [9]
		[0] [1] [2] [3] [4] [5] [6] [7] [8] [9]
		[0] [1] [2] [3] [4] [5] [6] [7] [8] [9]
		[0] [1] [2] [3] [4] [5] [6] [7] [8] [9]
		[0] [1] [2] [3] [4] [5] [6] [7] [8] [9]
		[0] [1] [2] [3] [4] [5] [6] [7] [8] [9]

国籍		[0] [1] [2] [3] [4] [5] [6] [7] [8] [9]
		[0] [1] [2] [3] [4] [5] [6] [7] [8] [9]
		[0] [1] [2] [3] [4] [5] [6] [7] [8] [9]

年龄		[0] [1] [2] [3] [4] [5] [6] [7] [8] [9]
		[0] [1] [2] [3] [4] [5] [6] [7] [8] [9]

性别	男 [1]	女 [2]

注意	请用2B铅笔这样写：■

一、听力

1. [A] [B] [C] [D]	6. [A] [B] [C] [D]	11. [A] [B] [C] [D]	16. [A] [B] [C] [D]	21. [A] [B] [C] [D]
2. [A] [B] [C] [D]	7. [A] [B] [C] [D]	12. [A] [B] [C] [D]	17. [A] [B] [C] [D]	22. [A] [B] [C] [D]
3. [A] [B] [C] [D]	8. [A] [B] [C] [D]	13. [A] [B] [C] [D]	18. [A] [B] [C] [D]	23. [A] [B] [C] [D]
4. [A] [B] [C] [D]	9. [A] [B] [C] [D]	14. [A] [B] [C] [D]	19. [A] [B] [C] [D]	24. [A] [B] [C] [D]
5. [A] [B] [C] [D]	10. [A] [B] [C] [D]	15. [A] [B] [C] [D]	20. [A] [B] [C] [D]	25. [A] [B] [C] [D]
26. [A] [B] [C] [D]	31. [A] [B] [C] [D]	36. [A] [B] [C] [D]	41. [A] [B] [C] [D]	46. [A] [B] [C] [D]
27. [A] [B] [C] [D]	32. [A] [B] [C] [D]	37. [A] [B] [C] [D]	42. [A] [B] [C] [D]	47. [A] [B] [C] [D]
28. [A] [B] [C] [D]	33. [A] [B] [C] [D]	38. [A] [B] [C] [D]	43. [A] [B] [C] [D]	48. [A] [B] [C] [D]
29. [A] [B] [C] [D]	34. [A] [B] [C] [D]	39. [A] [B] [C] [D]	44. [A] [B] [C] [D]	49. [A] [B] [C] [D]
30. [A] [B] [C] [D]	35. [A] [B] [C] [D]	40. [A] [B] [C] [D]	45. [A] [B] [C] [D]	50. [A] [B] [C] [D]

二、阅读

51. [A] [B] [C] [D]	56. [A] [B] [C] [D]	61. [A] [B] [C] [D]	66. [A] [B] [C] [D]	71. [A] [B] [C] [D] [E]
52. [A] [B] [C] [D]	57. [A] [B] [C] [D]	62. [A] [B] [C] [D]	67. [A] [B] [C] [D]	72. [A] [B] [C] [D] [E]
53. [A] [B] [C] [D]	58. [A] [B] [C] [D]	63. [A] [B] [C] [D]	68. [A] [B] [C] [D]	73. [A] [B] [C] [D] [E]
54. [A] [B] [C] [D]	59. [A] [B] [C] [D]	64. [A] [B] [C] [D]	69. [A] [B] [C] [D]	74. [A] [B] [C] [D] [E]
55. [A] [B] [C] [D]	60. [A] [B] [C] [D]	65. [A] [B] [C] [D]	70. [A] [B] [C] [D]	75. [A] [B] [C] [D] [E]
76. [A] [B] [C] [D] [E]	81. [A] [B] [C] [D]	86. [A] [B] [C] [D]	91. [A] [B] [C] [D]	96. [A] [B] [C] [D]
77. [A] [B] [C] [D] [E]	82. [A] [B] [C] [D]	87. [A] [B] [C] [D]	92. [A] [B] [C] [D]	97. [A] [B] [C] [D]
78. [A] [B] [C] [D] [E]	83. [A] [B] [C] [D]	88. [A] [B] [C] [D]	93. [A] [B] [C] [D]	98. [A] [B] [C] [D]
79. [A] [B] [C] [D] [E]	84. [A] [B] [C] [D]	89. [A] [B] [C] [D]	94. [A] [B] [C] [D]	99. [A] [B] [C] [D]
80. [A] [B] [C] [D] [E]	85. [A] [B] [C] [D]	90. [A] [B] [C] [D]	95. [A] [B] [C] [D]	100. [A] [B] [C] [D]

三、书写

101.

100

200

300

400

500

新汉语水平考试
HSK（六级）答题卡

请填写考生信息

请按照考试证件上的姓名填写：

姓名	

如果有中文姓名，请填写：

中文姓名	

考生序号		[0] [1] [2] [3] [4] [5] [6] [7] [8] [9]
		[0] [1] [2] [3] [4] [5] [6] [7] [8] [9]
		[0] [1] [2] [3] [4] [5] [6] [7] [8] [9]
		[0] [1] [2] [3] [4] [5] [6] [7] [8] [9]
		[0] [1] [2] [3] [4] [5] [6] [7] [8] [9]

请填写考生信息

考点序号		[0] [1] [2] [3] [4] [5] [6] [7] [8] [9]
		[0] [1] [2] [3] [4] [5] [6] [7] [8] [9]
		[0] [1] [2] [3] [4] [5] [6] [7] [8] [9]
		[0] [1] [2] [3] [4] [5] [6] [7] [8] [9]
		[0] [1] [2] [3] [4] [5] [6] [7] [8] [9]
		[0] [1] [2] [3] [4] [5] [6] [7] [8] [9]
		[0] [1] [2] [3] [4] [5] [6] [7] [8] [9]

国籍		[0] [1] [2] [3] [4] [5] [6] [7] [8] [9]
		[0] [1] [2] [3] [4] [5] [6] [7] [8] [9]
		[0] [1] [2] [3] [4] [5] [6] [7] [8] [9]

年龄		[0] [1] [2] [3] [4] [5] [6] [7] [8] [9]
		[0] [1] [2] [3] [4] [5] [6] [7] [8] [9]

性别	男 [1]	女 [2]

注意	请用2B铅笔这样写：■

一、听力

1. [A] [B] [C] [D]	6. [A] [B] [C] [D]	11. [A] [B] [C] [D]	16. [A] [B] [C] [D]	21. [A] [B] [C] [D]
2. [A] [B] [C] [D]	7. [A] [B] [C] [D]	12. [A] [B] [C] [D]	17. [A] [B] [C] [D]	22. [A] [B] [C] [D]
3. [A] [B] [C] [D]	8. [A] [B] [C] [D]	13. [A] [B] [C] [D]	18. [A] [B] [C] [D]	23. [A] [B] [C] [D]
4. [A] [B] [C] [D]	9. [A] [B] [C] [D]	14. [A] [B] [C] [D]	19. [A] [B] [C] [D]	24. [A] [B] [C] [D]
5. [A] [B] [C] [D]	10. [A] [B] [C] [D]	15. [A] [B] [C] [D]	20. [A] [B] [C] [D]	25. [A] [B] [C] [D]
26. [A] [B] [C] [D]	31. [A] [B] [C] [D]	36. [A] [B] [C] [D]	41. [A] [B] [C] [D]	46. [A] [B] [C] [D]
27. [A] [B] [C] [D]	32. [A] [B] [C] [D]	37. [A] [B] [C] [D]	42. [A] [B] [C] [D]	47. [A] [B] [C] [D]
28. [A] [B] [C] [D]	33. [A] [B] [C] [D]	38. [A] [B] [C] [D]	43. [A] [B] [C] [D]	48. [A] [B] [C] [D]
29. [A] [B] [C] [D]	34. [A] [B] [C] [D]	39. [A] [B] [C] [D]	44. [A] [B] [C] [D]	49. [A] [B] [C] [D]
30. [A] [B] [C] [D]	35. [A] [B] [C] [D]	40. [A] [B] [C] [D]	45. [A] [B] [C] [D]	50. [A] [B] [C] [D]

二、阅读

51. [A] [B] [C] [D]	56. [A] [B] [C] [D]	61. [A] [B] [C] [D]	66. [A] [B] [C] [D]	71. [A] [B] [C] [D] [E]
52. [A] [B] [C] [D]	57. [A] [B] [C] [D]	62. [A] [B] [C] [D]	67. [A] [B] [C] [D]	72. [A] [B] [C] [D] [E]
53. [A] [B] [C] [D]	58. [A] [B] [C] [D]	63. [A] [B] [C] [D]	68. [A] [B] [C] [D]	73. [A] [B] [C] [D] [E]
54. [A] [B] [C] [D]	59. [A] [B] [C] [D]	64. [A] [B] [C] [D]	69. [A] [B] [C] [D]	74. [A] [B] [C] [D] [E]
55. [A] [B] [C] [D]	60. [A] [B] [C] [D]	65. [A] [B] [C] [D]	70. [A] [B] [C] [D]	75. [A] [B] [C] [D] [E]
76. [A] [B] [C] [D] [E]	81. [A] [B] [C] [D]	86. [A] [B] [C] [D]	91. [A] [B] [C] [D]	96. [A] [B] [C] [D]
77. [A] [B] [C] [D] [E]	82. [A] [B] [C] [D]	87. [A] [B] [C] [D]	92. [A] [B] [C] [D]	97. [A] [B] [C] [D]
78. [A] [B] [C] [D] [E]	83. [A] [B] [C] [D]	88. [A] [B] [C] [D]	93. [A] [B] [C] [D]	98. [A] [B] [C] [D]
79. [A] [B] [C] [D] [E]	84. [A] [B] [C] [D]	89. [A] [B] [C] [D]	94. [A] [B] [C] [D]	99. [A] [B] [C] [D]
80. [A] [B] [C] [D] [E]	85. [A] [B] [C] [D]	90. [A] [B] [C] [D]	95. [A] [B] [C] [D]	100. [A] [B] [C] [D]

三、书写

101.

100

200

300

400

500

실전모의고사 제3회 답안지

新汉语水平考试
HSK（六级）答题卡

请填写考生信息

请按照考试证件上的姓名填写：

姓名	

如果有中文姓名，请填写：

中文姓名	

考生序号		
		[0] [1] [2] [3] [4] [5] [6] [7] [8] [9]
		[0] [1] [2] [3] [4] [5] [6] [7] [8] [9]
		[0] [1] [2] [3] [4] [5] [6] [7] [8] [9]
		[0] [1] [2] [3] [4] [5] [6] [7] [8] [9]
		[0] [1] [2] [3] [4] [5] [6] [7] [8] [9]

请填写考生信息

考点序号		
		[0] [1] [2] [3] [4] [5] [6] [7] [8] [9]
		[0] [1] [2] [3] [4] [5] [6] [7] [8] [9]
		[0] [1] [2] [3] [4] [5] [6] [7] [8] [9]
		[0] [1] [2] [3] [4] [5] [6] [7] [8] [9]
		[0] [1] [2] [3] [4] [5] [6] [7] [8] [9]
		[0] [1] [2] [3] [4] [5] [6] [7] [8] [9]
		[0] [1] [2] [3] [4] [5] [6] [7] [8] [9]

国籍		
		[0] [1] [2] [3] [4] [5] [6] [7] [8] [9]
		[0] [1] [2] [3] [4] [5] [6] [7] [8] [9]
		[0] [1] [2] [3] [4] [5] [6] [7] [8] [9]

年龄		
		[0] [1] [2] [3] [4] [5] [6] [7] [8] [9]
		[0] [1] [2] [3] [4] [5] [6] [7] [8] [9]

性别	男 [1]	女 [2]

注意	请用2B铅笔这样写：■

一、听力

1. [A] [B] [C] [D]	6. [A] [B] [C] [D]	11. [A] [B] [C] [D]	16. [A] [B] [C] [D]	21. [A] [B] [C] [D]
2. [A] [B] [C] [D]	7. [A] [B] [C] [D]	12. [A] [B] [C] [D]	17. [A] [B] [C] [D]	22. [A] [B] [C] [D]
3. [A] [B] [C] [D]	8. [A] [B] [C] [D]	13. [A] [B] [C] [D]	18. [A] [B] [C] [D]	23. [A] [B] [C] [D]
4. [A] [B] [C] [D]	9. [A] [B] [C] [D]	14. [A] [B] [C] [D]	19. [A] [B] [C] [D]	24. [A] [B] [C] [D]
5. [A] [B] [C] [D]	10. [A] [B] [C] [D]	15. [A] [B] [C] [D]	20. [A] [B] [C] [D]	25. [A] [B] [C] [D]
26. [A] [B] [C] [D]	31. [A] [B] [C] [D]	36. [A] [B] [C] [D]	41. [A] [B] [C] [D]	46. [A] [B] [C] [D]
27. [A] [B] [C] [D]	32. [A] [B] [C] [D]	37. [A] [B] [C] [D]	42. [A] [B] [C] [D]	47. [A] [B] [C] [D]
28. [A] [B] [C] [D]	33. [A] [B] [C] [D]	38. [A] [B] [C] [D]	43. [A] [B] [C] [D]	48. [A] [B] [C] [D]
29. [A] [B] [C] [D]	34. [A] [B] [C] [D]	39. [A] [B] [C] [D]	44. [A] [B] [C] [D]	49. [A] [B] [C] [D]
30. [A] [B] [C] [D]	35. [A] [B] [C] [D]	40. [A] [B] [C] [D]	45. [A] [B] [C] [D]	50. [A] [B] [C] [D]

二、阅读

51. [A] [B] [C] [D]	56. [A] [B] [C] [D]	61. [A] [B] [C] [D]	66. [A] [B] [C] [D]	71. [A] [B] [C] [D] [E]
52. [A] [B] [C] [D]	57. [A] [B] [C] [D]	62. [A] [B] [C] [D]	67. [A] [B] [C] [D]	72. [A] [B] [C] [D] [E]
53. [A] [B] [C] [D]	58. [A] [B] [C] [D]	63. [A] [B] [C] [D]	68. [A] [B] [C] [D]	73. [A] [B] [C] [D] [E]
54. [A] [B] [C] [D]	59. [A] [B] [C] [D]	64. [A] [B] [C] [D]	69. [A] [B] [C] [D]	74. [A] [B] [C] [D] [E]
55. [A] [B] [C] [D]	60. [A] [B] [C] [D]	65. [A] [B] [C] [D]	70. [A] [B] [C] [D]	75. [A] [B] [C] [D] [E]
76. [A] [B] [C] [D] [E]	81. [A] [B] [C] [D]	86. [A] [B] [C] [D]	91. [A] [B] [C] [D]	96. [A] [B] [C] [D]
77. [A] [B] [C] [D] [E]	82. [A] [B] [C] [D]	87. [A] [B] [C] [D]	92. [A] [B] [C] [D]	97. [A] [B] [C] [D]
78. [A] [B] [C] [D] [E]	83. [A] [B] [C] [D]	88. [A] [B] [C] [D]	93. [A] [B] [C] [D]	98. [A] [B] [C] [D]
79. [A] [B] [C] [D] [E]	84. [A] [B] [C] [D]	89. [A] [B] [C] [D]	94. [A] [B] [C] [D]	99. [A] [B] [C] [D]
80. [A] [B] [C] [D] [E]	85. [A] [B] [C] [D]	90. [A] [B] [C] [D]	95. [A] [B] [C] [D]	100. [A] [B] [C] [D]

三、书写

101.

100

200

300

400

500

실전모의고사 제4회 답안지

新汉语水平考试
HSK（六级）答题卡

请填写考生信息

请按照考试证件上的姓名填写：

姓名	

如果有中文姓名，请填写：

中文姓名	

考生序号		[0] [1] [2] [3] [4] [5] [6] [7] [8] [9]
		[0] [1] [2] [3] [4] [5] [6] [7] [8] [9]
		[0] [1] [2] [3] [4] [5] [6] [7] [8] [9]
		[0] [1] [2] [3] [4] [5] [6] [7] [8] [9]
		[0] [1] [2] [3] [4] [5] [6] [7] [8] [9]

请填写考生信息

考点序号		[0] [1] [2] [3] [4] [5] [6] [7] [8] [9]
		[0] [1] [2] [3] [4] [5] [6] [7] [8] [9]
		[0] [1] [2] [3] [4] [5] [6] [7] [8] [9]
		[0] [1] [2] [3] [4] [5] [6] [7] [8] [9]
		[0] [1] [2] [3] [4] [5] [6] [7] [8] [9]
		[0] [1] [2] [3] [4] [5] [6] [7] [8] [9]
		[0] [1] [2] [3] [4] [5] [6] [7] [8] [9]

国籍		[0] [1] [2] [3] [4] [5] [6] [7] [8] [9]
		[0] [1] [2] [3] [4] [5] [6] [7] [8] [9]
		[0] [1] [2] [3] [4] [5] [6] [7] [8] [9]

年龄		[0] [1] [2] [3] [4] [5] [6] [7] [8] [9]
		[0] [1] [2] [3] [4] [5] [6] [7] [8] [9]

性别	男 [1]	女 [2]

注意	请用2B铅笔这样写：▬

一、听力

1. [A] [B] [C] [D]	6. [A] [B] [C] [D]	11. [A] [B] [C] [D]	16. [A] [B] [C] [D]	21. [A] [B] [C] [D]
2. [A] [B] [C] [D]	7. [A] [B] [C] [D]	12. [A] [B] [C] [D]	17. [A] [B] [C] [D]	22. [A] [B] [C] [D]
3. [A] [B] [C] [D]	8. [A] [B] [C] [D]	13. [A] [B] [C] [D]	18. [A] [B] [C] [D]	23. [A] [B] [C] [D]
4. [A] [B] [C] [D]	9. [A] [B] [C] [D]	14. [A] [B] [C] [D]	19. [A] [B] [C] [D]	24. [A] [B] [C] [D]
5. [A] [B] [C] [D]	10. [A] [B] [C] [D]	15. [A] [B] [C] [D]	20. [A] [B] [C] [D]	25. [A] [B] [C] [D]
26. [A] [B] [C] [D]	31. [A] [B] [C] [D]	36. [A] [B] [C] [D]	41. [A] [B] [C] [D]	46. [A] [B] [C] [D]
27. [A] [B] [C] [D]	32. [A] [B] [C] [D]	37. [A] [B] [C] [D]	42. [A] [B] [C] [D]	47. [A] [B] [C] [D]
28. [A] [B] [C] [D]	33. [A] [B] [C] [D]	38. [A] [B] [C] [D]	43. [A] [B] [C] [D]	48. [A] [B] [C] [D]
29. [A] [B] [C] [D]	34. [A] [B] [C] [D]	39. [A] [B] [C] [D]	44. [A] [B] [C] [D]	49. [A] [B] [C] [D]
30. [A] [B] [C] [D]	35. [A] [B] [C] [D]	40. [A] [B] [C] [D]	45. [A] [B] [C] [D]	50. [A] [B] [C] [D]

二、阅读

51. [A] [B] [C] [D]	56. [A] [B] [C] [D]	61. [A] [B] [C] [D]	66. [A] [B] [C] [D]	71. [A] [B] [C] [D] [E]
52. [A] [B] [C] [D]	57. [A] [B] [C] [D]	62. [A] [B] [C] [D]	67. [A] [B] [C] [D]	72. [A] [B] [C] [D] [E]
53. [A] [B] [C] [D]	58. [A] [B] [C] [D]	63. [A] [B] [C] [D]	68. [A] [B] [C] [D]	73. [A] [B] [C] [D] [E]
54. [A] [B] [C] [D]	59. [A] [B] [C] [D]	64. [A] [B] [C] [D]	69. [A] [B] [C] [D]	74. [A] [B] [C] [D] [E]
55. [A] [B] [C] [D]	60. [A] [B] [C] [D]	65. [A] [B] [C] [D]	70. [A] [B] [C] [D]	75. [A] [B] [C] [D] [E]
76. [A] [B] [C] [D] [E]	81. [A] [B] [C] [D]	86. [A] [B] [C] [D]	91. [A] [B] [C] [D]	96. [A] [B] [C] [D]
77. [A] [B] [C] [D] [E]	82. [A] [B] [C] [D]	87. [A] [B] [C] [D]	92. [A] [B] [C] [D]	97. [A] [B] [C] [D]
78. [A] [B] [C] [D] [E]	83. [A] [B] [C] [D]	88. [A] [B] [C] [D]	93. [A] [B] [C] [D]	98. [A] [B] [C] [D]
79. [A] [B] [C] [D] [E]	84. [A] [B] [C] [D]	89. [A] [B] [C] [D]	94. [A] [B] [C] [D]	99. [A] [B] [C] [D]
80. [A] [B] [C] [D] [E]	85. [A] [B] [C] [D]	90. [A] [B] [C] [D]	95. [A] [B] [C] [D]	100. [A] [B] [C] [D]

三、书写

101.

100

200

300

400

500

실전모의고사 제5회 답안지

新汉语水平考试
HSK（六级）答题卡

请填写考生信息

请按照考试证件上的姓名填写：

姓名	

如果有中文姓名，请填写：

中文姓名	

考生序号		[0] [1] [2] [3] [4] [5] [6] [7] [8] [9]
		[0] [1] [2] [3] [4] [5] [6] [7] [8] [9]
		[0] [1] [2] [3] [4] [5] [6] [7] [8] [9]
		[0] [1] [2] [3] [4] [5] [6] [7] [8] [9]
		[0] [1] [2] [3] [4] [5] [6] [7] [8] [9]

请填写考生信息

考点序号		[0] [1] [2] [3] [4] [5] [6] [7] [8] [9]
		[0] [1] [2] [3] [4] [5] [6] [7] [8] [9]
		[0] [1] [2] [3] [4] [5] [6] [7] [8] [9]
		[0] [1] [2] [3] [4] [5] [6] [7] [8] [9]
		[0] [1] [2] [3] [4] [5] [6] [7] [8] [9]
		[0] [1] [2] [3] [4] [5] [6] [7] [8] [9]
		[0] [1] [2] [3] [4] [5] [6] [7] [8] [9]

国籍		[0] [1] [2] [3] [4] [5] [6] [7] [8] [9]
		[0] [1] [2] [3] [4] [5] [6] [7] [8] [9]
		[0] [1] [2] [3] [4] [5] [6] [7] [8] [9]

年龄		[0] [1] [2] [3] [4] [5] [6] [7] [8] [9]
		[0] [1] [2] [3] [4] [5] [6] [7] [8] [9]

性别	男 [1]	女 [2]

注意	请用2B铅笔这样写：■

一、听力

1. [A] [B] [C] [D]	6. [A] [B] [C] [D]	11. [A] [B] [C] [D]	16. [A] [B] [C] [D]	21. [A] [B] [C] [D]
2. [A] [B] [C] [D]	7. [A] [B] [C] [D]	12. [A] [B] [C] [D]	17. [A] [B] [C] [D]	22. [A] [B] [C] [D]
3. [A] [B] [C] [D]	8. [A] [B] [C] [D]	13. [A] [B] [C] [D]	18. [A] [B] [C] [D]	23. [A] [B] [C] [D]
4. [A] [B] [C] [D]	9. [A] [B] [C] [D]	14. [A] [B] [C] [D]	19. [A] [B] [C] [D]	24. [A] [B] [C] [D]
5. [A] [B] [C] [D]	10. [A] [B] [C] [D]	15. [A] [B] [C] [D]	20. [A] [B] [C] [D]	25. [A] [B] [C] [D]
26. [A] [B] [C] [D]	31. [A] [B] [C] [D]	36. [A] [B] [C] [D]	41. [A] [B] [C] [D]	46. [A] [B] [C] [D]
27. [A] [B] [C] [D]	32. [A] [B] [C] [D]	37. [A] [B] [C] [D]	42. [A] [B] [C] [D]	47. [A] [B] [C] [D]
28. [A] [B] [C] [D]	33. [A] [B] [C] [D]	38. [A] [B] [C] [D]	43. [A] [B] [C] [D]	48. [A] [B] [C] [D]
29. [A] [B] [C] [D]	34. [A] [B] [C] [D]	39. [A] [B] [C] [D]	44. [A] [B] [C] [D]	49. [A] [B] [C] [D]
30. [A] [B] [C] [D]	35. [A] [B] [C] [D]	40. [A] [B] [C] [D]	45. [A] [B] [C] [D]	50. [A] [B] [C] [D]

二、阅读

51. [A] [B] [C] [D]	56. [A] [B] [C] [D]	61. [A] [B] [C] [D]	66. [A] [B] [C] [D]	71. [A] [B] [C] [D] [E]
52. [A] [B] [C] [D]	57. [A] [B] [C] [D]	62. [A] [B] [C] [D]	67. [A] [B] [C] [D]	72. [A] [B] [C] [D] [E]
53. [A] [B] [C] [D]	58. [A] [B] [C] [D]	63. [A] [B] [C] [D]	68. [A] [B] [C] [D]	73. [A] [B] [C] [D] [E]
54. [A] [B] [C] [D]	59. [A] [B] [C] [D]	64. [A] [B] [C] [D]	69. [A] [B] [C] [D]	74. [A] [B] [C] [D] [E]
55. [A] [B] [C] [D]	60. [A] [B] [C] [D]	65. [A] [B] [C] [D]	70. [A] [B] [C] [D]	75. [A] [B] [C] [D] [E]
76. [A] [B] [C] [D] [E]	81. [A] [B] [C] [D]	86. [A] [B] [C] [D]	91. [A] [B] [C] [D]	96. [A] [B] [C] [D]
77. [A] [B] [C] [D] [E]	82. [A] [B] [C] [D]	87. [A] [B] [C] [D]	92. [A] [B] [C] [D]	97. [A] [B] [C] [D]
78. [A] [B] [C] [D] [E]	83. [A] [B] [C] [D]	88. [A] [B] [C] [D]	93. [A] [B] [C] [D]	98. [A] [B] [C] [D]
79. [A] [B] [C] [D] [E]	84. [A] [B] [C] [D]	89. [A] [B] [C] [D]	94. [A] [B] [C] [D]	99. [A] [B] [C] [D]
80. [A] [B] [C] [D] [E]	85. [A] [B] [C] [D]	90. [A] [B] [C] [D]	95. [A] [B] [C] [D]	100. [A] [B] [C] [D]

三、书写

101.

100

200

300

400

500

고수들의 **막판 7일!**

HSK 6급

실전모의고사 505제

정답 및 해설

제 1 회
제 2 회
제 3 회
제 4 회
제 5 회

실전모의고사

1회 한눈에 정답 확인하기

듣기

제1부분	1. B	2. C	3. C	4. B	5. C	6. A	7. D	8. B	9. C	10. D
	11. C	12. B	13. D	14. D	15. A					
제2부분	16. B	17. A	18. B	19. C	20. D	21. D	22. A	23. A	24. B	25. C
	26. D	27. C	28. C	29. D	30. A					
제3부분	31. C	32. A	33. C	34. B	35. C	36. D	37. A	38. C	39. A	40. D
	41. B	42. D	43. A	44. A	45. D	46. A	47. C	48. D	49. B	50. B

독해

제1부분	51. C	52. B	53. C	54. C	55. A	56. C	57. A	58. D	59. D	60. C
제2부분	61. C	62. D	63. A	64. A	65. D	66. B	67. A	68. B	69. D	70. B
제3부분	71. D	72. A	73. C	74. E	75. B	76. E	77. B	78. A	79. D	80. C
제4부분	81. A	82. B	83. D	84. D	85. B	86. A	87. C	88. D	89. B	90. A
	91. A	92. A	93. B	94. D	95. C	96. A	97. B	98. B	99. C	100. D

쓰기

101. 참고 답안 → p067

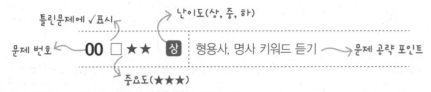

자가진단 | 나의 학습 취약점 & 보완점 체크하기

문제별 중요도와 난이도를 보고 자신의 학습 취약점을 파악할 수 있게 하였습니다. 정답을 확인하여 반복적으로 틀리는 문제를 체크하고 어떤 부분(어휘력, 독해력, 청취력)을 보완해야 할지 진단해 봅시다.

틀린문제에 ✓표시 ┐ 난이도(상, 중, 하)

문제 번호 ← **00** □ ★★ 상 형용사, 명사 키워드 듣기 → 문제 공략 포인트

중요도(★★★)

실전모의고사 1

듣기 제1부분		
1 □ ★★ 중	기사문의 정보 대조하기	
2 □ ★★ 하	소개문의 정보 대조하기	
3 □ ★★★ 중	논설문의 주장 파악하기	
4 □ ★ 중	에피소드의 인물의 행동 파악하기	
5 □ ★★ 중	설명문의 정보 대조하기	
6 □ ★★ 중	논설문의 주장 파악하기	
7 □ ★★★ 중	설명문의 정보 대조하기	
8 □ ★★ 하	설명문의 정보 대조하기	
9 □ ★★★ 중	기사문의 정보 대조하기	
10 □ ★★★ 하	설명문의 정보 대조하기	
11 □ ★★★ 하	기사문의 정보 대조하기	
12 □ ★★★ 상	논설문의 주장 파악하기	
13 □ ★★ 하	기사문의 정보 대조하기	
14 □ ★★ 중	설명문의 정보 대조하기	
15 □ ★★★ 중	설명문의 정보 대조하기	

듣기 제2부분		
16 □ ★★★ 하	세부사항 듣기	
17 □ ★★★ 중	세부사항 듣기	
18 □ ★★★ 중	세부사항 듣기	
19 □ ★★★ 하	세부사항 듣기	
20 □ ★★★ 중	옳은 내용 고르기	
21 □ ★★ 하	동기/원인 듣기	
22 □ ★★ 중	동기/원인 듣기	
23 □ ★★ 하	태도/견해 듣기	
24 □ ★★ 하	태도/견해 듣기	

25 □ ★ 하	옳은 내용 고르기
26 □ ★★★ 하	옳은 내용 고르기
27 □ ★★ 상	어휘의 뜻 파악하기
28 □ ★★★ 중	태도/견해 듣기
29 □ ★★★ 중	태도/견해 듣기
30 □ ★★★ 하	옳은 내용 고르기

듣기 제3부분		
31 □ ★ 하	세부사항 듣기	
32 □ ★★ 중	세부사항 듣기	
33 □ ★★ 상	옳은 내용 고르기	
34 □ ★★ 하	세부사항 듣기	
35 □ ★★ 중	특정 키워드의 옳은 내용 고르기	
36 □ ★★ 하	중심내용/교훈 파악하기	
37 □ ★★ 하	세부사항 듣기	
38 □ ★★ 하	세부사항 듣기	
39 □ ★★ 중	옳지 않은 내용 고르기	
40 □ ★★ 하	세부사항 듣기	
41 □ ★★ 하	세부사항 듣기	
42 □ ★ 하	특정 키워드의 옳은 내용 고르기	
43 □ ★★ 상	옳은 내용 고르기	
44 □ ★★ 하	세부사항 듣기	
45 □ ★★ 하	특정 키워드의 옳은 내용 고르기	
46 □ ★★ 하	옳지 않은 내용 고르기	
47 □ ★★ 하	특정 키워드의 옳은 내용 고르기	
48 □ ★★ 중	옳지 않은 내용 고르기	
49 □ ★★ 하	세부사항 듣기

50 □	★★	중	옳은 내용 고르기

독해 제1부분

51 □	★★	하	논리적 의미의 오류
52 □	★★	중	논리적 의미의 오류
53 □	★	하	어순 오류
54 □	★★★	하	의미 중복
55 □	★★★	상	접속사의 오류
56 □	★★	중	문장 성분의 결여
57 □	★★	중	어순 오류
58 □	★★	중	어휘의 호응 오류
59 □	★★★	하	의미 중복
60 □	★★	하	접속사의 오류

독해 제2부분

61 □	★★★	중	빈칸 채우기
62 □	★★★	상	빈칸 채우기
63 □	★★	중	빈칸 채우기
64 □	★★★	중	빈칸 채우기
65 □	★★★	상	빈칸 채우기
66 □	★★	중	빈칸 채우기
67 □	★★★	하	빈칸 채우기
68 □	★★★	상	빈칸 채우기
69 □	★★	중	빈칸 채우기
70 □	★★	중	빈칸 채우기

독해 제3부분

71 □	★★★	중	논리적 의미로 연결시키기
72 □	★★★	하	접속사/부사로 연결시키기
73 □	★★	중	논리적 의미로 연결시키기
74 □	★★	중	논리적 의미로 연결시키기
75 □	★★★	하	논리적 의미로 연결시키기
76 □	★★★	하	논리적 의미로 연결시키기
77 □	★★	중	논리적 의미로 연결시키기
78 □	★★★	하	논리적 의미로 연결시키기
79 □	★★★	하	논리적 의미로 연결시키기
80 □	★★★	중	논리적 의미로 연결시키기

독해 제4부분

81 □	★★★	중	옳은 내용 고르기
82 □	★★★	중	특정 키워드의 옳은 내용 고르기
83 □	★★★	중	특정 단락의 세부사항 파악하기
84 □	★★	하	특정 키워드의 옳은 내용 고르기
85 □	★★	중	특정 키워드의 옳은 내용 고르기
86 □	★★	중	특정 단락의 옳은 내용 고르기
87 □	★★	중	특정 키워드의 옳은 내용 고르기
88 □	★★	중	특정 단락의 옳은 내용 고르기
89 □	★★★	중	어휘의 뜻 파악하기
90 □	★★	중	특정 키워드의 옳은 내용 고르기
91 □	★★	중	특정 키워드의 옳은 내용 고르기
92 □	★★	하	옳은 내용 고르기
93 □	★★★	중	어휘의 뜻 파악하기
94 □	★★	중	세부사항 파악하기
95 □	★	상	세부사항 파악하기
96 □	★★	중	옳은 내용 고르기
97 □	★★	하	세부사항 파악하기
98 □	★★	중	세부사항 파악하기
99 □	★★	하	세부사항 파악하기
100 □	★★★	하	중심내용/교훈 파악하기

쓰기

101 □	★★★	하	현대 인물의 성공담

점수 확인

듣기	(　　/50문항) × 2점 = ________ 점/100점
독해	(　　/50문항) × 2점 = ________ 점/100점
쓰기	(　　/ 1문항) × 100점 = ________ 점/100점

총점 : ____________ 점
(만점 300점)

※ 주의: 위의 영역별 문항 점수는 만점을 기준으로 하여 산출한 가상 점수로 실제 HSK 성적과 계산 방식이 상이할 수 있습니다.

듣기 제1부분

[풀이전략] 녹음을 듣기 전에 보기의 핵심 키워드를 분석하여 녹음의 내용을 예상한다. 녹음을 들으면서 보기의 내용과 일치하는지 일치하지 않는지를 판단한다.

★★☆ 중

1 第五届"新闻晨报杯"上海市中学生作文实践活动启动仪式于上海报业集团隆重举行。该活动的主要目的是激发广大青少年的写作热情，提高写作能力，全市所有中学在校学生均可报名。	제5회 '신문신보 배' 상하이시 중고생 글짓기 실천 행사 개막식이 상하이 유나이티드 미디어 그룹에서 성대하게 개최되었다. 이 행사의 주된 목적은 수많은 청소년들의 글쓰기 열정을 장려하여 작문 실력을 높이는 것으로, 재학 중인 상해시 모든 중고생들은 접수할 수 있다.
A 活动是首次举办的 **B 活动的目的是鼓励写作** C 报名对象仅限于小学生 D 活动的奖金十分可观	A 행사는 처음으로 개최되는 것이다 **B 행사의 목적은 글짓기를 장려하는 것이다** C 접수 대상은 초등학생으로 제한한다 D 행사의 상금이 매우 많다

해설 보기에 공통적으로 活动(행사)이 있으므로 행사에 관한 내용임을 예상한다. 보기의 키워드로 A는 首次举办(처음으로 개최하다), B는 鼓励写作(글짓기를 장려하다), C는 报名对象(접수 대상)과 小学生(초등학생), D는 奖金(상금)을 삼고 녹음을 듣는다. 녹음에서 该活动的主要目的是激发广大青少年的写作热情，提高写作能力(이 행사의 주된 목적은 수많은 청소년들의 글쓰기 열정을 장려하여 작문 실력을 높이는 것)라고 했으므로 키워드가 일치하는 B가 정답이다.

어휘 启动仪式 qǐdòng yíshì 명 오프닝 세레모니, 개막식　上海报业集团 Shànghǎi bàoyè jítuán 상하이 유나이티드 미디어 그룹(Shanghai United Media Group)　隆重 lóngzhòng 형 성대하고 장중하다　激发 jīfā 동 (감정을) 불러일으키다　在校 zàixiào 동 재학 중이다　均 jūn 부 모두, 다　限于 xiànyú 동 ~로 한정하다　可观 kěguān 형 대단하다, 굉장하다

★★☆ 하

2 伏明霞是中国最年轻的奥运冠军，也是同时获得跳台和跳板两个奥运项目金牌的运动员之一。当时，年仅14岁的她就像一道绚丽的彩霞照亮了天际，成为举世瞩目的体育明星。	푸밍시아는 중국 최연소 올림픽 우승자이자, 동시에 플랫폼 다이빙과 스프링 보드 다이빙 두 개 종목에서 금메달을 딴 선수 중 한 명이다. 당시 나이가 겨우 14세였던 그녀는 한 줄기 아름다운 노을이 하늘가를 밝게 비추듯 모두가 주목하는 스포츠 스타가 되었다.
A 伏明霞14岁开始学习跳水 B 伏明霞还没有退役 **C 伏明霞获得过跳台奥运冠军** D 伏明霞仅在中国获得了冠军	A 푸밍시아는 14살에 다이빙을 배우기 시작했다 B 푸밍시아는 아직 은퇴하지 않았다 **C 푸밍시아는 플랫폼 다이빙 종목에서 올림픽 금메달을 딴 적이 있다** D 푸밍시아는 중국에서만 금메달을 땄다

해설 보기에 공통적으로 伏明霞(푸밍시아)가 있으므로 푸밍시아에 관한 내용을 지문과 대조한다. 보기의 키워드로 A는 14岁开始学习跳水(14살에 다이빙을 배우기 시작했다), B는 还没有退役(아직 은퇴하지 않았다), C는 获得过跳台奥运冠军(플랫폼 다이빙 종목에서 올림픽 금메달을 딴 적이 있다), D는 仅在中国获得了冠军(중국에서만 금메달을 땄다)을 삼고 대조하며 듣는다. 녹음에서 也是同时获得跳台和跳板两个奥运项目金牌的运动员之一(동시에 플랫폼 다이빙과 스프링 보드 다이빙 두 개 종목에서 금메달을 딴 선수 중 한 명이다)라고 했으므로 일치하는 내용은 C이다.

어휘 伏明霞 Fú Míngxiá 인명 푸밍시아[중국 다이빙 국가대표] 跳台 tiàotái 명 플랫폼 다이빙, 다이빙대 跳板 tiàobǎn 명 스프링보드 다이빙 奥运 àoyùn 명 올림픽 绚丽 xuànlì 형 눈부시게 아름답다 彩霞 cǎixiá 명 아름다운 노을 照亮 zhàoliàng 동 밝게 비치다, 빛을 내다 天际 tiānjì 명 하늘가, 하늘의 끝 举世瞩目 jǔshìzhǔmù 성 온 세상 사람들이 모두 주목하다 跳水 tiàoshuǐ 명 동 다이빙(하다) 退役 tuìyì 동 은퇴하다

★★★ 중

3

健康对一个人来说非常重要，一个人在身体、精神、社会适应等方面都保持良好的状态才能称之为健康。如果没有健康，就不能拥有事业与财富，更不能享受生活带给我们的幸福。因此人们常说健康是人的第一财富。	건강은 사람에게 매우 중요하다. 사람이 신체, 정신, 사회 적응 등 모든 방면에서 좋은 상태를 유지해야 비로소 건강하다고 말할 수 있다. 만일 건강이 없다면 일과 부를 가질 수 없으며 더욱이 삶이 우리에게 주는 행복도 누릴 수 없다. 이 때문에 사람들은 늘 건강이 첫 번째 재산이라고 말한다.
A 财富也会带来灾难 B 事业与家庭不可兼顾 **C 健康是享受幸福的前提** D 幸福生活来之不易	A 부(富)도 재난을 초래할 수 있다 B 일과 가정은 고루 돌볼 수 없다 **C 건강은 행복을 누리는 전제 조건이다** D 행복한 삶은 손에 넣기가 쉽지 않다

해설 보기에 幸福(행복)와 财富(부), 事业(일), 健康(건강) 등의 단어가 있으므로 행복과 이들의 관계에 대한 내용을 주목해서 듣는다. 녹음에서 如果没有健康，就不能拥有事业与财富，更不能享受生活带给我们的幸福(만일 건강이 없다면 일과 부를 가질 수 없으며, 더욱이 삶이 우리에게 주는 행복도 누릴 수 없다)라고 하여 건강이 있어야 일과 부, 그리고 행복을 누릴 수 있다는 내용이므로 일치하는 내용은 C이다.

어휘 称之为 chēngzhīwéi 동 ~을 ~라고 부르다 拥有 yōngyǒu 동 소유하다, 가지다 事业 shìyè 명 사업 财富 cáifù 명 부, 재산 灾难 zāinàn 명 재난 兼顾 jiāngù 동 고루 돌보다 前提 qiántí 명 전제 조건 来之不易 lái zhī bú yì 성 성공을 거두거나 손에 넣기가 쉽지 않다

★☆☆ 중

4

有一个年轻人，他整天呆在家里虚度时光，却因为找不到工作而发愁，父亲安慰他说："儿子，不必为找工作的事伤脑筋，有些人总是可以找到工作的。"年轻人疑惑地问："哪些人？"父亲回答说："那些积极找工作的人啊！"	한 젊은이가 있었다. 그는 하루 종일 집안에 들어앉아 허송세월하면서 일자리를 찾지 못해 걱정을 했다. 그러자 아버지가 그를 위로하며 말했다. "아들아, 일자리를 찾는 일 때문에 골머리를 썩을 필요가 없단다. 어떤 사람들은 결국에 일을 찾거든." 젊은이는 의아해하며 물었다. "어떤 사람들인데요?" 아버지가 대답했다. "적극적으로 일자리를 찾는 사람들이지!"
A 年轻人倾向于创业 **B 年轻人找工作不主动** C 父亲十分信任儿子 D 父亲整天为工作发愁	A 젊은이는 창업으로 마음이 기울었다 **B 젊은이는 일자리를 찾는 데 적극적이지 않다** C 아버지는 아들을 대단히 신뢰한다 D 아버지는 하루 종일 일 때문에 걱정한다

해설 보기에 年轻人(젊은이)과 父亲(아버지)이 있으므로 에피소드이고, 找工作(일자리를 찾다), 创业(창업하다)가 있으므로 구직 활동 및 직업에 관한 내용임을 알 수 있다. 보기의 키워드로 A는 倾向于创业(창업으로 마음이 기울었다), B는 找工作不主动(일자리를 찾는 데 적극적이지 않다), C는 信任儿子(아들을 신뢰한다), D는 为工作发愁(일 때문에 걱정한다)를 삼고 대조하며 듣는다. 녹음에서 年轻人(젊은이)에 관해 他整天呆在家里虚度时光，却因为找不到工作而发愁(그는 하루 종일 집안에 들어앉아 허송세월하면서 일자리를 찾지 못해 걱정을 했다)라고 했으므로 젊은이가 구직에 적극적이지 않음을 알 수 있다. 또한 아버지가 결국 일을 찾는 사람들은 那些积极找工作的人啊！(적극적으로 일자리를 찾는 사람들이지!)라고 충고하고 있으므로 일치하는 내용은 B이다.

어휘 虚度 xūdù 동 허비하다, 허송세월을 하다　时光 shíguāng 명 시간, 세월　伤脑筋 shāng nǎojīn 골머리를 앓다　疑惑 yíhuò 형 의문스럽다　倾向 qīngxiàng 동 마음이 쏠리다　创业 chuàngyè 동 창업하다　发愁 fāchóu 동 근심하다, 걱정하다

★★☆ 중

5

新疆额尔齐斯河流域由于地形原因，每年冬天只要受强冷空气影响，就会出现唯美的雾凇景观，从高空俯瞰，整个河谷云雾弥漫，好像笼上了一层薄纱，进入河谷，就仿佛置身云端。这种难得一见的自然景观，吸引了大批游客前去观赏。	신장 이르티시 강 유역은 지형적 원인으로 인해, 매년 겨울 강하고 차가운 공기의 영향을 받을 때면, 아름다운 무송의 경관이 나타난다. 높은 곳에서 내려다 보면 전체 하곡에 운무가 자욱하여 마치 망사 한 겹을 덮어 놓은 것 같다. 그래서 하곡에 들어가면 마치 구름 속에 들어와 있는 것 같다. 이 보기 드문 자연 경관은 수많은 관광객들이 감상하러 오도록 이끌었다.
A 雾凇要在高处欣赏 B 雾凇是人造景观 **C 雾凇景观出现在严寒的冬季** D 雾凇是地壳变化引起的	A 무송은 높은 곳에서 감상해야 한다 B 무송은 인공적 경관이다 **C 무송 경관은 엄동설한의 겨울철에 나타난다** D 무송은 지각 변화가 만든 것이다

해설 보기에 공통적으로 雾凇(무송)이 있으므로 무송에 관한 정보를 보기와 대조한다. 보기의 키워드로 A는 高处欣赏(높은 곳에서 감상하다), B는 人造景观(인공적 경관), C는 冬季(겨울철), D는 地壳变化引起(지각 변화로 유발된다)를 삼고 주의해서 듣는다. 녹음에서 每年冬天只要受强冷空气影响，就会出现唯美的雾凇景观(매년 겨울 강하고 차가운 공기의 영향을 받을 때면, 아름다운 무송의 경관이 나타난다)이라고 하여 무송이 나타나는 때를 설명했으므로 일치하는 내용은 C이다.

어휘 新疆 Xīnjiāng 지명 신장[= 新疆维吾尔自治区 신장 위구르 자치구]　额尔齐斯河 Éěrqísīhé 지명 이르티시강(Irtysh River)　流域 liúyù 명 유역　地形 dìxíng 명 지형　唯美 wéiměi 형 유미적이다　雾凇 wùsōng 명 무송, 상고대[나무나 풀에 내려 눈처럼 된 서리]　景观 jǐngguān 명 경관, 경치　高空 gāokōng 명 고공, 높은 곳　俯瞰 fǔkàn 동 굽어보다, 내려다 보다　河谷 hégǔ 명 하곡　云雾 yúnwù 명 운무, 구름과 안개　弥漫 mímàn 동 자욱하다　笼 lǒng 동 덮어씌우다, 뒤덮다　薄纱 báoshā 명 가제, 쉬폰　置身 zhìshēn 동 몸을 두다　云端 yúnduān 명 구름 속　难得一见 nándé yí jiàn 성 한 번 보기도 어렵다, 보기 드물다　观赏 guānshǎng 동 감상하다, 보면서 즐기다

★★☆ 중

6

很多人吃药后不见药效，就自作主张地加量服用。实际上，这种做法并不能达到预期的效果，而且如果服用过量，还会给肠道吸收造成负担，出现不良反应。因此要严格按照医嘱或说明书上规定的剂量服药。	많은 사람들이 약을 먹은 후 효과가 보이지 않으면 자기 마음대로 양을 늘려 복용한다. 실제로 이런 방법은 결코 기대하는 효과를 이룰 수 없을 뿐더러 만약 과도한 양을 복용하게 되면 장 흡수에 부담을 초래하여 좋지 않은 반응이 나타날 수 있다. 이 때문에 의사의 지시나 설명서에 정해진 사용량을 엄격히 따라서 복용해야 한다.
A 不能随意增加药量 B 加大药量见效快 C 人的药物吸收能力各不相同 D 空腹吃药会引起胃酸	**A 멋대로 약의 양을 늘려서는 안 된다** B 약의 양을 늘리면 효과를 빠르게 본다 C 사람의 약물 흡수 능력은 각자 다르다 D 공복에 약을 먹으면 속쓰림을 일으킬 수 있다

해설 보기에 공통적으로 药(약)가 있으므로 약에 관한 정보를 보기와 대조한다. 보기의 키워드로 A는 不能随意增加药量(멋대로 약의 양을 늘려서는 안 된다), B는 加大药量见效快(약의 양을 늘리면 효과를 빠르게 본다), C는 药物吸收能力(약물 흡수 능력), D는 空腹(공복)와 胃酸(속쓰림)을 삼고 대조하며 듣는다. 녹음에서 很多人吃药后不见药效，就自作主张地加量服用(많은 사람들이 약을 먹은 후 효과가 보이지 않으면 자기 마음대로 양을 늘려 복용한다)과 出现不良反应(좋지 않은 반응이 나타난다)이라고 하여 멋대로 약을 늘리면 안 된다는 것을 알 수 있다. 따라서 정답은 A이다.

어휘 自作主张 zì zuò zhǔ zhāng 성 자신의 생각대로 정하다, 혼자만의 생각으로 결정하다 服用 fúyòng 동 복용하다 做法 zuòfǎ 명 처리하는 방법 预期 yùqī 동 기대하다, 예상하다 过量 guòliàng 동 분량을 초과하다 肠道 chángdào 명 장, 창자 负担 fùdān 명 동 부담(하다) 不良 bùliáng 형 좋지 않다, 불량하다 医嘱 yīzhǔ 명 의사의 지시 规定 guīdìng 명 동 규정(하다) 剂量 jìliàng 명 (약 등의) 조제량 空腹 kōngfù 명 공복 胃酸 wèisuān 명 위산, 속쓰림

★★★ 중

7

我们常吃的米饭中所含的主要成分是淀粉，加热的淀粉分子冷却后，会产生"老化"现象。而人体对这种老化淀粉的消化能力会大大下降，所以长期食用变冷后重新加热的米饭，容易发生消化不良甚至导致胃病。	우리가 자주 먹는 쌀밥에 함유된 주성분은 전분으로, 가열한 전분 분자는 냉각 후에 '노화' 현상이 나타난다. 그런데 이렇게 노화된 전분에 대한 인체의 소화력은 크게 떨어져서 식은 후 다시 가열한 쌀밥을 장기간 먹게 되면, 쉽게 소화불량이 생기고 심지어 위장병을 야기할 수도 있다.
A 加热食品更有营养 B 剩饭最好重新加热后再吃 C 老化淀粉更容易消化 **D 常吃反复加热的米饭不利于健康**	A 가열한 식품이 더 영양이 있다 B 남은 밥은 가급적 다시 데워서 먹는 것이 좋다 C 노화된 전분이 더 쉽게 소화된다 **D 자주 가열을 반복한 쌀밥을 먹는 것은 건강에 좋지 않다**

해설 보기에 加热(가열하다), 营养(영양), 米饭(밥) 등이 있으므로 음식물의 가열에 관한 내용임을 예상한다. 보기의 키워드로 A는 加热(가열하다)와 更有营养(더 영양이 있다), B는 剩饭最好重新加热(남은 밥은 가급적 다시 데우는 것이 좋다), C는 老化淀粉更容易消化(노화된 전분이 보다 더 쉽게 소화된다), D는 反复加热的米饭不利于健康(가열을 반복한 쌀밥은 건강에 좋지 않다)을 삼고 녹음을 듣는다. 녹음에서 노화된 전분은 소화가 잘 안된다고 하며 长期食用变冷后重新加热的米饭，容易发生消化不良甚至导致胃病(식은 후 다시 가열한 쌀밥을 장기간 먹게 되면, 쉽게 소화불량이 생기고 심지어 위장병을 야기할 수도 있다)이라고 했으므로 일치하는 내용은 D이다.

어휘 含 hán 동 함유하다 淀粉 diànfěn 명 전분, 녹말 加热 jiārè 동 가열하다 分子 fēnzǐ 명 분자 冷却 lěngquè 명 동 냉각(하다) 下降 xiàjiàng 동 떨어지다, 낮아지다 剩饭 shèngfàn 명 먹다 남은 밥, 식은 밥

★★☆ 하

8

"白描"原本是中国画的技法名，单用墨色线条勾描形象，画法简洁明了。"白描"也是文学表现手法之一，主要用朴素简练的文字描摹形象。在文学创作上，只需几句话、几个动作，就能恰到好处地揭示人物的精神世界。古典小说《水浒传》和《三国演义》等多用白描的手法。	'백묘'는 원래 중국화의 기법명인데, 먹색 선만을 사용하여 이미지를 묘사하는 것으로 화법이 간단명료하다. '백묘'는 또한 문학 표현 수법 중 하나로서 주로 소박하고 간결한 문자로 이미지를 묘사한다. 문학 창작에서는 단 몇 마디의 말, 몇 개의 동작만으로 인물의 정신 세계를 꼭 알맞게 드러낼 수 있다. 고전 소설 「수호전」과 「삼국연의」 등에서 백묘 기법을 많이 사용하였다.
A 简洁明了是中国画的特色 **B 白描注重文字简练** C 白描最初应用于写作 D 中国画善于表现人物心理	A 간단명료함은 중국화의 특색이다 **B 백묘는 문자의 간결함을 중시한다** C 백묘는 글짓기에 가장 처음 사용되었다 D 중국화는 인물의 심리 표현에 능하다

해설 보기에 공통적으로 白描(백묘)가 있으므로 백묘에 관한 정보를 보기와 대조한다. 보기의 키워드로 A는 简洁明了是中国画的特色(간단명료함은 중국화의 특색이다), B는 文字简练(문자가 간결하다), C는 最初应用于写作(글짓기에 가장 처음 사용되었다), D는 表现人物心理(인물의 심리를 표현하다)를 삼고 대조하며 듣는다. 녹음에서 본래 중국화의 기법 중의 하나인 백묘를 소개하며 문학 작품에서는 어떻게 사용되는지 설명하고 있다. 녹음에서 "白描"也是文学表现手法之一，主要用朴素简练的文字描摹形象('백묘'는 또한 문학 표현 수법 중 하나로서 주로 소박하고 간결한 문자로 이미지를 묘사한다)이라고 했으므로 일치하는 내용이 B임을 알 수 있다.

어휘 白描 báimiáo 명 백묘, 소묘　技法 jìfǎ 명 기법　线条 xiàntiáo 명 선, 윤곽　勾描 gōumiáo 동 윤곽을 그리다, 묘사하다　画法 huàfǎ 명 화법　手法 shǒufǎ 명 기법, 수법　朴素 pǔsù 형 소박하다, 질박하다　简练 jiǎnliàn 형 간결하고 세련되다　描摹 miáomó 동 (언어 · 문자로) 묘사하다, 그려내다　恰到好处 qià dào hǎo chù 성 꼭 들어맞다, 딱 알맞다　揭示 jiēshì 동 드러내어 보이다　水浒传 Shuǐhǔzhuàn 명 수호전　三国演义 Sānguó Yǎnyì 명 삼국연의 [명나라 때 나관중이 지은 장회 소설]　注重 zhùzhòng 동 중시하다

★★★ 중

9

中国话语海外认知度调研报告显示，近几年以汉语拼音形式出现的中国话在国外认知度急剧上升。在认知度排名前100名中，中国武术圣地“少林寺”高居榜首，另外“春节”、“重阳”等传统节日也悉数上榜。

중국어의 해외 인지도 연구 조사 보고서는 최근 몇 년간 한어병음 형식으로 출현한 중국어의 해외 인지도가 급격히 상승하였다고 밝혔다. 인지도 랭킹 상위 100위 안에는 중국 무술의 성지 '소림사'가 1위를 차지했고 그 밖에 '춘절', '중양절' 등 전통 명절의 이름도 모두 명단에 올랐다.

A 古典诗歌的影响力逐年提升
B 传统节日名称都没有上榜
C “少林寺”的认知度排行第一
D 关于中国文化的认知度最高

A 고전시의 영향력이 해마다 높아진다
B 전통 명절의 이름은 모두 랭킹에 오르지 않았다
C '소림사'의 인지도가 1위이다
D 중국 문화에 대한 인지도가 가장 높다

해설 보기에 认知度(인지도)가 반복되므로 인지도에 관한 정보를 주의해서 듣는다. 보기의 키워드로 A는 古典诗歌(고전시), B는 传统节日名称(전통 명절의 이름), C는 少林寺(소림사)와 排行第一(1위로 이름을 올리다), D는 中国文化(중국 문화)를 삼고 대조하며 듣는다. 녹음은 중국어의 해외 인지도 조사에 관한 내용으로 녹음에서 中国武术圣地"少林寺"高居榜首(중국 무술의 성지 '소림사'가 1위를 차지했다)라고 했다. 소림사의 인지도가 1위라는 내용인 C가 일치하는 정답이다.

어휘 认知度 rènzhīdù 명 인지도　调研 diàoyán 명 동 조사 연구(하다)　急剧 jíjù 형 급격하다　上升 shàngshēng 동 상승하다　排名 páimíng 동 순위를 매기다, 서열을 매기다　圣地 shèngdì 명 성지　少林寺 Shàolínsì 명 소림사　高居榜首 gāojū bǎngshǒu 수석(1등)을 차지하다　重阳 Chóngyáng 명 중양절(음력 9월 9일)　悉数 xīshù 명 일체, 전부　上榜 shàngbǎng 동 게시하다　诗歌 shīgē 명 시, 시가　逐年 zhúnián 부 해마다, 매년　提升 tíshēng 동 높이다, 끌어올리다　名称 míngchēng 명 이름, 명칭

★★★ 하

10

后人对于三国时期历史人物的评价褒贬不一，其中争议较大的便是魏国的曹操。有人称赞他胜过天下英雄，也有人认为他只能称为奸雄，还有人说他是文采横溢的诗人。

후세 사람들의 삼국 시기 역사 인물에 대한 평가는 좋고 나쁨이 엇갈린다. 그중 논쟁이 비교적 큰 것이 바로 위나라의 조조이다. 어떤 사람은 그가 천하의 영웅들보다 낫다고 칭찬하고, 어떤 사람은 그를 그저 간웅이라 할 수밖에 없다고 여긴다. 또 어떤 사람은 그가 문학적 재능이 넘치는 시인이라고 말한다.

A 魏国是战国七雄之一
B 对三国时期人物的评价都很好
C 曹操是一位家喻户晓的人物
D 对曹操的争议比较大

A 위나라는 전국칠웅 중 하나이다
B 삼국 시기 인물에 대한 평가가 모두 좋다
C 조조는 누구나 다 아는 인물이다
D 조조에 대한 논쟁이 비교적 크다

해설 보기에 공통적으로 曹操(조조)가 있으므로 조조에 관한 정보를 보기와 대조한다. 보기의 키워드로 A는 战国七雄(전국칠웅), B는 评价都很好(평가가 모두 좋다), C는 家喻户晓的人物(누구나 다 아는 인물), D는 争议比较大(논쟁이 비교적 크다)를 삼고 대조하며 듣는다. 녹음은 삼국 시기 인물에 대한 평가가 다양하다고 하면서 其中争议较大的便是魏国的曹操(그중 논쟁이 비교적 큰 것이 바로 위나라의 조조이다)라고 했다. 따라서 일치하는 내용은 D이다.

어휘 后人 hòurén 명 후세 사람 褒贬不一 bāo biǎn bù yī 좋고 나쁨의 평가가 각기 다르다 争议 zhēngyì 명 동 논쟁(하다) 魏国 Wèiguó 지명 위나라 曹操 Cáo Cāo 인명 조조(155~220년) 胜过 shèngguo 동 ~보다 낫다, 우수하다 奸雄 jiānxióng 명 간웅, 간사한 영웅 文采 wéncǎi 명 문학적 재능 横溢 héngyì 형 (재능 등이) 넘쳐 흐르다 战国七雄 zhànguó qīxióng 명 전국칠웅[전국시대에 중국의 패권을 놓고 다툰 7대 강국, 진(秦), 초(楚), 제(齐), 연(燕), 조(赵), 위(魏), 한(韩)] 家喻户晓 jiā yù hù xiǎo 성 집집마다 알다

★★★ 하

11

一项调查发现，健身房冲动消费现象十分严重。办健身卡的人群中有60%不能坚持锻炼。产生这种现象的原因如下：一方面是消费者对自身自制力期望值过高，另一方面也与健身房的低价营销策略有关。	한 조사에서 헬스클럽 충동 소비 현상이 매우 심각하다고 나타났다. 헬스클럽 회원 카드를 만드는 사람들 중 60%는 운동을 꾸준히 하지 못했다. 이러한 현상이 발생한 데에는 다음과 같은 원인이 있다. 한편으로는 소비자들이 자신의 자제력에 대한 기대치가 지나치게 높았다는 것이고, 다른 한편으로는 헬스클럽의 저가 마케팅 전략과 관련이 있었다.
A 不要对自己的期望值过高 B 要养成良好的健身习惯 **C 60%的消费者不能坚持到底** D 夏季是办健身房卡的最佳时期	A 자신에 대한 기대치를 너무 높게 두지 말라 B 좋은 건강 습관을 길러야 한다 **C 60%의 소비자들이 끝까지 버티지 못한다** D 여름철은 헬스클럽 회원 카드를 만드는 최고의 시기이다

해설 보기에 健身习惯(건강 습관), 健身房(헬스클럽)이 있으므로 헬스클럽에 관한 글임을 예상한다. 보기의 키워드로 A는 期望值过高(기대치가 너무 높다), B는 健身习惯(건강 습관), C는 不能坚持到底(끝까지 버티지 못하다), D는 夏季(여름철)를 삼고 대조하며 듣는다. 녹음에서 办健身卡的人群中有60%不能坚持锻炼(헬스클럽 회원 카드를 만드는 사람들 중 60%는 운동을 꾸준히 하지 못했다)이라고 했으므로 일치하는 내용은 C이다.

어휘 冲动消费 chōngdòng xiāofèi 충동구매, 충동 소비 如下 rúxià 동 아래와 같다, 다음과 같다 自制力 zìzhìlì 명 자제력 营销策略 yíngxiāo cèlüè 마케팅 전략

★★★ 상

12

据统计，每年倒入海洋的塑料垃圾约有800万吨。这些垃圾一旦被海鸟、海豹等动物误食就会造成生命危险。而且塑料垃圾一旦入海，很难自然降解。为了保护海洋，我们要抵制随手乱扔垃圾的行为。	통계에 따르면, 매년 바다로 쏟아지는 플라스틱 폐기물이 약 800만 톤에 달한다고 한다. 이 폐기물은 바다 새, 바다표범 등의 동물들이 잘못 먹게 되면 생명의 위험을 초래할 수 있다. 또한 플라스틱 폐기물이 일단 바다로 유입되면 자연적으로 분해되기가 매우 어렵다. 바다를 보호하기 위해 우리는 함부로 쓰레기를 버리는 행동을 막아야 한다.
A 塑料垃圾对海洋环境有好处 **B 海洋中的塑料垃圾贻害无穷** C 可降解塑料将会普及 D 塑料垃圾也能变废为宝	A 플라스틱 폐기물은 해양 환경에 좋은 점이 있다 **B 바다 속 플라스틱 폐기물은 심각한 결과를 초래한다** C 분해 가능한 플라스틱이 장차 보급될 것이다 D 플라스틱 폐기물도 유용한 물건으로 만들 수 있다

해설 보기에 塑料垃圾(플라스틱 폐기물)와 海洋(해양)이 있으므로 플라스틱 폐기물과 바다에 관한 정보를 지문과 대조한다. 보기의 키워드로 A는 塑料垃圾有好处(플라스틱 폐기물은 좋은 점이 있다), B는 贻害无穷(심각한 결과를 초래하다), C는 可降解塑料(분해 가능한 플라스틱), D는 变废为宝(폐물을 이용하여 가치 있는 것으로 만들다)를 삼고 대조하며 듣는다. 녹음에서 这些垃圾一旦被海鸟、海豹等动物误食就会造成生命危险。而且塑料垃圾一旦入海，很难自然降解(이 폐기물은 바다 새, 바다표범 등의 동물들이 잘못 먹게 되면 생명의 위험을 초래할 수 있다. 또한 플라스틱 폐기물이 일단 바다로 유입되면 자연적으로 분해되기가 매우 어렵다)라고 했으므로 심각한 결과를 초래한다는 내용인 B가 정답이다.

어휘 海豹 hǎibào 명 바다표범　降解 jiàngjiě 동 [화학] 분해하다　抵制 dǐzhì 동 막아내다　普及 pǔjí 동 보급되다, 확대되다　贻害无穷 yí hài wú qióng 성 심각한 후환을 남기다, 심각한 결과를 초래하다　变废为宝 biàn fèi wéi bǎo 쓰레기를 유용한 물건으로 만들다

★★☆ 하

13

马云说正是因为自己不懂技术，所以才能造就了阿里云今天的成功。首席技术官介绍云计算的时候，那些懂技术的老板都认为不可能，就放弃了。而马云虽然完全是云里雾里，但他认为这是未来的方向，就决定搞下去了。

마윈은 바로 자신이 기술을 몰랐기 때문에 알리바바 클라우드같은 오늘날의 성공을 만들어낼 수 있었다고 말했다. 최고 기술 책임자가 클라우드 컴퓨팅을 소개할 때, 기술을 아는 사장들은 모두 불가능하다고 여겨 포기했다. 하지만 마윈은 비록 잘 몰랐지만 이것이 미래의 방향이라고 여겼기 때문에 진행하기로 결정했다.

A 马云懂得云技术
B 云计算的研发曾一度被中断过
C 阿里云是由马云自己开发的
D 马云认为云计算是未来的方向

A 마윈은 클라우드 기술을 알고 있다
B 클라우드 컴퓨팅의 연구 개발이 예전에 한 차례 중단됐던 적이 있다
C 알리바바 클라우드는 마윈 자신이 개발했다
D 마윈은 클라우드 컴퓨팅이 미래의 방향이라고 여겼다

해설 보기에 马云(마윈)과 云(클라우드)이 있으므로 마윈과 클라우드에 관한 에피소드임을 예상한다. 보기의 키워드로 A는 懂得云技术(클라우드 기술을 알고 있다), B는 研发曾一度被中断过(연구 개발이 예전에 한 차례 중단됐던 적이 있다), C는 马云自己开发(마윈 자신이 개발했다), D는 云计算是未来的方向(클라우드 컴퓨팅이 미래의 방향이다)을 삼고 대조하며 듣는다. 녹음에서 클라우드에 대해 다른 사장들은 불가능하다고 여겼지만 마윈은 他认为这是未来方向(그는 이것이 미래의 방향이라고 여겼다)이라고 했으므로 일치하는 내용은 D이다.

어휘 造就 zàojiù 동 육성하다, 양성하다　阿里云 Ālǐ yún 알리바바 클라우드　首席技术官 shǒuxí jìshùguān 명 최고 기술 책임자　云计算 yún jìsuàn 클라우드 컴퓨팅(Cloud Computing)　云里雾里 yún lǐ wù lǐ 성 구름 속에 갇힌 듯하다, 판단력을 잃거나 아리송하게 되다　一度 yídù 한 차례, 한 번

★★☆ 중

14

神奇的大自然中，有些植物的生长发育离不开矿物质。它们发达的根系就会深深扎进土壤，以达到寻找矿物质元素的目的。而在没有这些矿物质的地方，它们则难以生长。因此，这些植物在人们寻找矿藏时可以起到很大的作用。

신기한 대자연에서 몇몇 식물들의 생장은 광물질과 불가분의 관계에 있다. 그들의 발달된 뿌리는 광물질 원소를 찾고자 아주 깊숙이 흙 속으로 파고 든다. 그들은 광물질이 없는 곳에서 생장하기가 매우 어렵다. 이 때문에 이러한 식물들은 매장 광물을 찾는 데 아주 큰 역할을 하게 된다.

A 开发矿藏会破坏生态
B 矿藏富集区一般没有植物
C 根系扎进土壤是为了吸收水分
D 有些植物能帮助人们寻找矿藏

A 매장 광물을 개발하면 생태계를 파괴할 수 있다
B 매장 광물이 풍부한 지역에는 일반적으로 식물이 없다
C 뿌리가 흙을 파고 드는 것은 수분을 흡수하기 위함이다
D 어떤 식물들은 매장 광물을 찾는 데에 도움이 될 수 있다

해설 보기에 공통적으로 矿藏(매장 광물)과 植物(식물)가 있으므로 매장 광물과 식물의 관계에 관한 정보를 보기와 대조한다. 보기의 키워드로 A는 开发会破坏生态(개발하면 생태계를 파괴할 수 있다), B는 矿藏富集区一般没有植物(매장 광물이 풍부한 지역에는 일반적으로 식물이 없다), C는 吸收水分(수분을 흡수하다), D는 帮助人们寻找矿藏(사람이 매장 광물을 찾는 데 도움이 된다)을 삼고 대조하며 듣는다. 녹음에서 这些植物在人们寻找矿藏时可以起到很大的作用(이러한 식물들은 매장 광물을 찾는 데 아주 큰 역할을 하게 된다)이라고 하여 식물이 매장 광물을 찾는 데 도움이 된다고 했으므로 정답은 D이다.

어휘 神奇 shénqí 형 신기하다 矿物质 kuàngwùzhì 명 광물질 根系 gēnxì 명 뿌리, 근계(원뿌리와 곁뿌리를 통틀어 이르는 말) 扎 zhā 동 찌르다, 뚫고 들어가다 土壤 tǔrǎng 명 토양 元素 yuánsù 명 화학 원소 矿藏 kuàngcáng 명 지하자원, 매장 광물 富集区 fùjíqū 명 부광대 [광물이 풍부한 지역]

★★★ 중

15

以前很多家长担心长期面对电子屏幕，孩子视力会受到影响。其实，在视力问题表现出来以前，孩子的认知、情绪和社会能力可能会受到更大程度的影响。随着大众对这一问题的关注度逐渐提高，对这方面的研究也在逐渐增多。	예전에 많은 학부모들은 장시간 전자 스크린을 보면 아이의 시력이 지장을 받을까 봐 걱정했다. 사실, 시력 문제가 나타나기 전에 아이의 인지, 정서 그리고 사교 능력이 더 큰 정도로 영향을 받을 수 있다. 대중들의 이 문제에 대한 관심도가 점차 높아짐에 따라 이 방면에 대한 연구도 점차 많아지고 있다.
A 长期面对电子屏幕会影响认知 B 很多父母都热衷于给孩子看手机 C 对这方面的研究逐渐减少 D 电子屏幕对视力影响不大	**A 장시간 전자 스크린을 보면 인지에 영향을 미칠 수 있다** B 많은 학부모들이 아이에게 열심히 핸드폰을 보여준다 C 이 방면에 관한 연구가 점차 줄어든다 D 전자 스크린이 시력에 미치는 영향은 크지 않다

해설 보기에 电子屏幕(전자 스크린)와 影响(영향)이 공통적으로 있으므로 전자 스크린의 영향에 관한 정보를 보기와 대조한다. 보기의 키워드로 A는 会影响认知(인지에 영향을 미칠 수 있다), B는 热衷于给孩子看手机(아이에게 열심히 핸드폰을 보여준다), C는 研究逐渐减少(연구가 점차 줄어든다), D는 对视力影响不大(시력에 미치는 영향은 크지 않다)를 삼고 대조하며 듣는다. 녹음은 전자 스크린에 대해 학부모들이 걱정하고 있다고 언급하며 其实，在视力问题表现出来以前，孩子的认知、情绪和社会能力可能会受到更大程度的影响(사실, 시력 문제가 나타나기 전에 아이의 인지, 정서 그리고 사교 능력이 더 큰 정도로 영향을 받을 수 있다)이라고 했다. 시력 문제에 앞서 인지, 정서, 사교 능력에 미치는 영향이 더 크다고 했으므로 일치하는 내용은 A이다.

어휘 电子屏幕 diànzǐ píngmù 전자 스크린 认知 rènzhī 명 동 인지(하다) 关注度 guānzhùdù 명 관심도 热衷于 rèzhōngyú ~에 열중하다

듣기 제2부분

[풀이전략] 녹음을 듣기 전에 보기의 핵심 키워드를 파악하여 인터뷰 분야를 예상한다. 사회자의 질문과 전문가의 대답을 연결시켜 주의깊게 들으며, 들리는 내용을 각 문제의 보기에 메모한다. 녹음의 끝부분에 나오는 질문들을 듣고 각 문제에 알맞은 정답을 고른다.

16-20

男：你好，20恭喜你夺得本届奥运会的首枚金牌。首先，你能介绍一下你的射击生涯是如何开始的吗？ 女：其实是个意外，正好有教练来挑运动员，16因为我稳定性好，就被挑进队了。当时我才14岁，可我第一次打枪就打出了一个10.9环，所有人都称赞我，正是那发子弹给了我自信，让我爱上了射击。 男：您想过自己是一个射击的天才吗？	남: 안녕하세요. 20이번 올림픽 첫 번째 금메달을 획득하신 것을 축하드립니다. 우선, 사격 인생을 어떻게 시작하게 되었는지 말씀해주실 수 있을까요? 여: 사실은 의외였어요. 마침 코치님이 선수를 선발하러 오셨는데 16제가 안정성이 좋아서 팀에 들어가게 되었어요. 그 당시에 겨우 14살이었는데요. 하지만 처음으로 쏜 것이 10.9점을 맞춘 거예요. 모든 사람들이 저를 칭찬했죠. 바로 그 한 방이 저에게 자신감을 주었고 제가 사격을 좋아하게 만들었죠. 남: 자신이 사격 천재라고 생각해본 적이 있나요?

女：有。我觉得每个人都有自己的一种天赋，也都是天才，但后天努力更是必不可少。
男：我们都知道你是一名学生运动员。那么，你怎么平衡每天的学习和锻炼时间呢？
女：作为学生，首要任务就是学习，但我也非常热爱射击这项运动。所以，为了两不耽误，我尽量合理安排有限的时间。通常情况下，我会用课余时间进行训练，周末的时候集中练习射击。
男：有没有比较大的挫折或比较低迷的时候？
女：这当然是有的。17亚运会的决赛中，我打出了105.9环，这是在决赛场上打过的最高水平。打完亚运会之后，心里有点飘，不像以前那么实在。教练发现了这个问题，一点一点地帮我纠正过来。
男：你是如何看待竞争对手的呢？
女：18我很尊重他们。我们虽然是竞争对手，但作为射击运动员，我们都非常热爱这项运动，从这个角度来说，我和对手也算是志同道合的朋友。所以，我每次都以积极的态度对待他们，尽量要从他们身上发现自己并不具备的优点，以此来弥补我的缺点，从而不断完善自我。
男：你最感激的人是谁？
女：19当然是我父亲，他一直都支持我，他是我最坚强的后盾。

여: 네. 저는 모든 사람이 저마다 자신의 천부적인 소질이 있고 천재일 수 있다고 생각해요. 하지만 후천적인 노력은 더욱 필수불가결이죠.
남: 모두들 당신이 학생 스포츠 선수인 걸 알고 있어요. 그렇다면 매일의 학습과 단련 시간을 어떻게 균형을 맞추나요?
여: 학생으로서 최우선 과제는 공부지만, 저는 사격도 너무 좋아해요. 그래서 이 둘 모두를 그르치지 않기 위해서 한정된 시간을 되도록 합리적으로 배분합니다. 보통은 학과 수업 이외에 훈련을 하고 주말에 집중적으로 사격 연습을 해요.
남: 비교적 커다란 좌절이나 슬럼프가 있었나요?
여: 당연히 있었죠. 17아시안 게임 결승에서 105.9점을 쏘았는데 결승전에서 최고 점수였어요. 아시안 게임을 마치고 난 뒤, 마음이 들떠서 예전처럼 성실하지 못했어요. 코치님이 이 문제를 발견하고는 조금씩 조금씩 저를 바로잡아 주셨어요.
남: 경쟁 상대를 어떻게 생각하세요?
여: 18저는 그분들을 존경합니다. 저희가 비록 경쟁 상대이기는 하지만, 사격 선수로서 모두 다 이 스포츠를 사랑하잖아요. 이런 관점에서 보자면, 저와 경쟁 선수는 뜻이 맞는 친구죠. 그래서 저는 매번 적극적으로 그들을 대하고, 가능한 한 그들에게서 저에게는 없는 장점을 발견해서 제 단점을 보완하고 부단히 저를 완벽하게 만들려고 해요.
남: 가장 감사한 분이 있다면?
여: 19당연히 저희 아버지이지요. 줄곧 저를 지지해 주시는 아버지는 저의 가장 강력한 서포터랍니다.

어휘 枚 méi 양 매, 개, 장[작고 동글납작한 물건을 세는 단위] 射击 shèjī 명 동 사격(하다) 生涯 shēngyá 명 생애, 생활, 일생 打枪 dǎqiāng 동 총을 쏘다 环 huán 양 (사격 양궁의) 점 [표적의 점수 단위] 子弹 zǐdàn 명 탄알 天赋 tiānfù 명 타고난 재질, 천성 必不可少 bì bù kě shǎo 성 없어서는 안 된다, 반드시 필요하다 耽误 dānwu 동 일을 그르치다 挫折 cuòzhé 명 동 좌절(하다) 低迷 dīmí 형 저조하다, 침체되다, 불황이다 飘 piāo 형 경박하다, 성실하지 않다 纠正 jiūzhèng 동 (사상 · 잘못을) 교정하다, 고치다, 바로잡다 志同道合 zhì tóng dào hé 성 서로 뜻이 같고 생각이 일치하다 弥补 míbǔ 동 (결점 등을) 보충하다, 보완하다 坚强 jiānqiáng 형 굳세다, 굳고 강하다 后盾 hòudùn 명 후원자, 뒷받침

★★★ 하

16 女的怎么能进入射击队？

여자는 어떻게 사격팀에 들어갈 수 있었는가?

A 争强好胜
B 稳定性好
C 实力好
D 父亲推荐她去的

A 승부욕이 강하다
B 안정성이 좋다
C 실력이 좋다
D 아버지가 그녀를 추천했다

해설 보기가 능력과 자질에 관한 내용이므로 이에 관한 내용을 주목해서 듣는다. 첫 번째 인터뷰 질문으로 남자가 여자에게 어떻게 사격을 시작했는지 물었고, 이에 여자는 因为我稳定性好，就被挑进队了(제가 안정성이 좋아서 팀에 들어가게 되었어요)라고 했다. 질문이 여자가 사격팀에 들어가게 된 이유를 물었으므로 정답은 B이다.

어휘 争强好胜 zhēng qiáng hào shèng 성 항상 남을 이기려고 하다, 승부욕이 강하다

★★★ 중

17 女的在亚运会上表现怎么样？	여자는 아시안 게임에서 활약이 어떠했나?
A 名列前茅 B 彻底失败了 C 成绩一般 D 不如意	**A 석차가 앞이었다** B 철저하게 실패했다 C 성적이 보통이었다 D 뜻대로 되지 않았다

해설 보기에 名列(석차)와 成绩(성적)가 있으므로 성적에 관한 내용을 주목해서 듣는다. 사회자의 슬럼프가 있었느냐는 질문에 여자는 있었다고 하면서 亚运会的决赛中，我打出了105.9环，这是在决赛场上打过的最高水平(아시안 게임 결승에서 105.9점을 쏘았는데 결승전에서 최고 점수였어요)이라고 했다. 아시안 게임에서 높은 점수를 받았다는 내용이므로 알맞은 정답은 A이다.

어휘 名列前茅 míng liè qián máo 성 석차(서열)가 앞에 있다　彻底 chèdǐ 부 철저히 형 철저하다　不如意 bù rúyì 여의치 못하다, 뜻대로 되지 않다

★★★ 중

18 女的怎么看待竞争对手？	여자는 경쟁 상대를 어떻게 여기는가?
A 无法沟通 **B 值得尊重** C 实力太差 D 漠不关心	A 소통할 방법이 없다 **B 존경할 만하다** C 실력이 너무 떨어진다 D 전혀 관심이 없다

해설 보기 A, C, D가 부정적인 내용이고, B만 긍정적인 내용이므로 긍정적, 부정적 표현이 언급되는지 주목해서 듣는다. 사회자가 여자에게 경쟁 상대를 어떻게 생각하느냐고 물었고 여자가 我很尊重他们(저는 그분들을 존경합니다)이라고 대답한 부분에 보기 B의 키워드가 언급됐다. 질문에서 여자가 경쟁 상대를 어떻게 여기는지 물었으므로 정답은 B이다.

Tip▶ 듣기 제2부분에서는 사회자의 질문이 문제의 질문인 경우가 80% 이상이다. 따라서 항상 사회자의 질문과 게스트의 답변을 집중해서 들어야 한다.

어휘 漠不关心 mò bù guān xīn 성 냉담하게 전혀 관심을 갖지 않다

★★★ 하

19 女的最感激的人是谁？	여자가 가장 감사하는 사람은 누구인가?
A 教练 B 队长 **C 父亲** D 总导演	A 코치 B 팀장 **C 아버지** D 총감독

해설 보기가 모두 인물이므로 각 등장인물에 관한 정보를 간단히 메모하며 듣는다. 사회자가 여자에게 가장 감사하는 사람이 누구인지 물었고, 이에 여자가 当然是我父亲(당연히 저희 아버지이지요)이라고 했다. 질문에서 여자가 가장 감사하는 사람이 누구인지 물었으므로 정답은 C이다.

Tip▶ 보기가 명사인 경우 녹음에 대부분 그대로 언급된다. 질문은 가장 마지막에 들리므로 개별 보기에 관한 정보를 간단히 메모해두어야 질문에 알맞은 답을 고를 수 있다.

어휘 教练 jiàoliàn 명 코치 队长 duìzhǎng 명 주장, 팀장

★★★ 중

20 关于女的，下列哪项正确？	여자에 관하여 다음 중 옳은 것은?
A 经常分析比赛视频 B 周末复习功课 C 太高估了自己 **D 是奥运金牌得主**	A 늘 시합 동영상을 분석한다 B 주말에는 학과 공부를 복습한다 C 자신을 너무 과대평가한다 **D 올림픽 금메달리스트다**

해설 보기에 특별한 특징이 없으므로 보기의 키워드를 파악한다. A는 比赛视频(시합 동영상), B는 复习功课(학과 공부 복습), C는 高估自己(자신을 과대평가하다), D는 金牌得主(금메달리스트)를 키워드로 삼는다. 녹음의 시작 부분에서 사회자가 恭喜你夺得本届奥运会的首枚金牌(이번 올림픽 첫 번째 금메달을 획득하신 것을 축하드립니다)라고 한 말에 보기 D의 키워드가 언급되었다. 질문에서 여자에 관한 옳은 내용을 물었으므로 정답은 D이다.

Tip▶ 듣기 제2부분 인터뷰를 듣고 질문에 알맞은 답을 고르는 문제는 일반적으로 인터뷰의 흐름과 문제를 푸는 순서가 일치한다. 하지만 다섯 문항 중 한 문항(주로 개인 정보에 관한 문제)은 인터뷰 흐름과 문제 배열 순서가 일치하지 않기 때문에 녹음을 듣기 전에 5개 문항의 보기를 먼저 분석해두고, 녹음이 시작된 후에는 중요한 내용을 메모하며 들어야 한다. 그래야만 놓치는 문제 없이 모두 정확한 답을 고를 수 있다.

어휘 视频 shìpín 명 동영상 高估 gāogū 동 높이 평가하다 得主 dézhǔ 명 (시합이나 선발 대회의) 수상자

21-25

女：近年来，大批实体书店接连倒闭，您能对此做一下简单分析吗？	여: 최근 수많은 오프라인 서점들이 연이어 파산하고 있습니다. 이에 대해 간단하게 분석해 주실 수 있을까요?
男：据我观察，21网络书店凭借低价和购物的便利性迅速崛起，给了实体书店不小的打击。如今网络书店图书的销售份额比重逐渐增长，与此相反，实体书店的销售比重则逐渐下降。22加上实体书店所获的利润又受多方面限制，租金和人力成本的上涨导致很多实体店难以继续维持。	남: 제가 관찰한 바로는 21온라인 서점들이 저렴한 가격과 구매 편의성을 내세워 빠르게 성장하면서 오프라인 서점에 적잖은 타격을 준 것으로 보입니다. 현재 온라인 서점의 도서 판매 점유율이 점차 증가하는 반면 오프라인 서점의 판매 점유율은 점차 하락하고 있습니다. 22이에 더해 오프라인 서점이 얻는 이윤 또한 다각적인 한계에 부딪히고, 임대비용과 인건비의 상승으로 수많은 오프라인 서점이 유지되기 어렵게 되었습니다.
女：现在这样的形式对很多实体书店来说确实十分不利，这点我们不可否认，但您的书店却“逆流而上”，最近又新开了一家分店，您有什么秘诀吗？	여: 현재 이 같은 상황이 오프라인 서점에 있어서 확실히 불리하다는 것은 저희들 또한 부정할 수 없습니다만, 선생님의 서점은 '역행'을 하고 있지요. 최근에 분점을 또 하나 오픈하셨고요. 어떤 비결이 있는 건가요?
男：我从08年开始筹备书店。依我看，在这样一个网络新时代，实体书店一定能有一个自己的位置，一定是有生路的。比起虚拟的网络书店，23实实在在的空间就是我们的优势，顾客在这个空间里面，可以面对面地交流、分享。这是网络购书体验不到的。同时，为	남: 저는 08년부터 서점을 기획했습니다. 제가 보기에, 인터넷이라는 새로운 시대에 오프라인 서점도 반드시 자신만의 입지가 있을 수 있고, 틀림없이 활로도 있지요. 가상의 온라인 서점과 비교했을 때 23실체적인 공간을 보유하고 있는 것이 저희들의 강점입니다. 고객들은 이 공간에서 얼굴을 마주하고 교류하고 공유할 수 있습니다. 이런 것은 인터넷 도서 구매로는 체험할 수 없지요.

了更加突显与网络书店的差异，25我们书店除了卖书，还给顾客提供休闲空间。当他们想打发空闲或者放松精神的时候，他会想到有这样一个地方，可以给自己带来轻松和愉快，并可以通过阅读让自己得到沉淀。	동시에, 온라인 서점과의 다른 점을 부각시키기 위해 25저희 서점에서는 독서 판매 이외에 고객들에게 휴식 공간도 제공합니다. 고객들이 여유로운 시간을 보내거나 머리를 식히고 싶을 때, 자신에게 홀가분함과 즐거움을 선사해줄 수 있고 독서를 통해 자신을 평온하게 만들어 줄 수 있는 그런 공간을 떠올리게 되거든요.
女：据我了解，您的书店还会提供一些餐饮服务并举办一些活动，这些会改变书店的定位吗？	여: 선생님의 서점은 외식 서비스를 제공하고 거기에다 몇 가지 이벤트도 진행하는 것으로 알고 있습니다. 이런 것들이 서점의 포지션을 바꿀까요?
男：不会。我们的书店的确会定期举办一些活动，不过主题永远是书籍，定位也不会有所变化。不管图书销售所获的利益占多大的比重，24书店的核心的灵魂都是书。我们所做的一切，包括我们提供的餐饮服务，都是为了满足对阅读感兴趣的人的需求。	남: 아닙니다. 저희 서점이 확실히 이벤트를 진행합니다만 테마는 늘 도서이고 포지션 역시 변할 리가 없습니다. 도서 판매로 얻는 수익이 차지하는 비중에 관계없이 24서점의 핵심 영혼은 책입니다. 음식 서비스를 포함해서 저희가 진행하는 모든 일들은 독서에 관심이 있는 분들의 니즈를 충족시켜 드리고자 하는 것입니다.

어휘 实体书店 shítǐ shūdiàn 오프라인 서점 接连 jiēlián 동 연거푸, 잇달아 倒闭 dǎobì 동 도산하다 凭借 píngjiè 개 ~에 의거하여, ~에 힘입어 崛起 juéqǐ 동 궐기하다 打击 dǎjī 명 동 공격(하다), 타격(을 주다) 份额 fèn'é 명 배당, 시장 점유율 不可否认 bùkě fǒurèn 부인할 수가 없다 逆流而上 nì liú ér shàng 성 물을 거슬러 올라가다 秘诀 mìjué 명 비결 筹备 chóubèi 동 사전에 기획하고 준비하다 虚拟 xūnǐ 형 가상적인 沉淀 chéndiàn 명 동 침전(하다), 누적(되다) 灵魂 línghún 명 영혼

★★☆ 하

21

网络书店为什么会迅速崛起？	온라인 서점은 왜 빠르게 성장하는가?
A 可以在线试读 B 售后服务好 C 图书种类更多 **D 廉价和便利性**	A 온라인 미리보기가 가능하다 B AS가 좋다 C 도서의 종류가 더 많다 **D 저렴한 가격과 편리성**

해설 보기의 在线试读(온라인 미리보기), 图书(도서)를 통해 온라인 서점에 관한 내용임을 예상한다. 보기의 키워드로 A는 在线试读(온라인 미리보기), B는 售后服务(AS), C는 图书种类(도서의 종류), D는 廉价和便利性(저렴한 가격과 편리성)을 삼는다. 사회자가 오프라인 서점이 파산하는 이유에 대해 물었고 여자가 网络书店凭借低价和购物的便利性迅速崛起(온라인 서점들이 저렴한 가격과 구매 편의성을 내세워 빠르게 성장했어요)라고 했다. 질문에서 온라인 서점이 빠르게 성장한 이유를 물었으므로 정답은 D이다.

★★☆ 중

22

下列哪项是实体书店衰落的原因？	다음 중 오프라인 서점이 하락세인 원인은?
A 利润有限 B 图书更新太慢 C 装修过时 D 图书价格不断提高	**A 이윤에 한계가 있다** B 도서의 업데이트가 너무 느리다 C 인테리어가 유행이 지났다 D 도서의 가격이 끊임없이 오른다

해설 보기는 모두 단점을 나타내며, 보기의 키워드로 A는 利润(이윤), B는 图书更新(도서의 업데이트), C는 装修(인테리어), D는 图书价格(도서의 가격)를 삼는다. 녹음에서 온라인 서점과 오프라인 서점을 비교하면서 오프라인 서점의 어려움에 대해 加上实体书店所获的利润又受多方面限制，租金和人力成本的上涨导致很多实体店难以继续维持(이에 더해 오프라인 서점이 얻는 이윤 또한 다각적인 한계에 부딪히고, 임대비용과 인건비의 상승으로 수많은 오프라인 서점이 유지되기 어렵게 되었습니다)이라고 했다. 질문에서 오프라인 서점 하락세의 원인을 물었으므로 정답은 A이다.

어휘 衰落 shuāiluò 동 쇠락하다, 몰락하다 过时 guòshí 형 유행이 지나다, 시대에 뒤떨어지다

★★☆ 하

23 男的认为实体书店的优势是什么？	남자는 오프라인 서점의 강점이 무엇이라고 여기는가?
A 能让读者当面交流	**A 독자가 얼굴을 맞대고 교류할 수 있게 해준다**
B 有很多打折活动	B 할인 이벤트가 많다
C 作者会到现场签名售书	C 저자가 현장에서 사인을 하며 판매를 할 수 있다
D 图书质量更好	D 도서의 품질이 더 좋다

해설 보기의 키워드로 A는 当面交流(얼굴을 맞대고 교류하다), B는 打折活动(할인 이벤트), C는 到现场签名(현장에서 사인하다), D는 图书质量(도서의 품질)을 삼는다. 사회자가 남자에게 오프라인 서점의 분점을 낸 비결을 물었고 남자는 实实在在的空间就是我们的优势，顾客在这个空间里面，可以面对面地交流、分享(실체적인 공간을 보유하고 있는 것이 저희들의 강점입니다. 고객들은 이 공간에서 마주보고 교류하고 공유할 수 있습니다)이라고 했다. 질문에서 남자가 오프라인 서점의 강점을 어떻게 생각하는지 물었으므로 정답은 A이다.

어휘 签名 qiānmíng 동 서명하다

★★☆ 하

24 男的认为书店的灵魂是什么？		남자는 서점의 영혼이 무엇이라고 생각하는가?	
A 服务	**B 书籍**	A 서비스	**B 서적**
C 读者	D 活动	C 독자	D 이벤트

해설 보기가 모두 명사이다. 각각의 키워드가 녹음에 언급되는지 주목하고 관련 내용을 메모하면서 듣는다. 사회자가 서점의 포지션이 변할 가능성이 있는지 물었고 이에 남자는 그럴 리가 없다며 书店的核心的灵魂都是书(서점의 핵심 영혼은 책입니다)라고 말했다. 질문에서 남자가 서점의 영혼이 무엇이라고 생각하는지 물었으므로 정답은 B이다.

★☆☆ 하

25 关于男的的书店，可以知道什么？	남자의 서점에 관하여 알 수 있는 것은 무엇인가?
A 利用明星做营销	A 스타를 기용하여 마케팅을 한다
B 开了一家网络书店	B 인터넷 서점을 오픈하였다
C 提供休闲空间	**C 휴식 공간을 제공한다**
D 销售激增	D 매출이 급증하였다

해설 보기의 키워드로 A는 利用明星(스타를 기용하다), B는 开网络书店(인터넷 서점을 열다), C는 休闲空间(휴식 공간), D는 销售激增(매출 급증)을 삼는다. 녹음에서 남자가 자신의 오프라인 서점의 강점을 말하면서 我们书店除了卖书，还给顾客提供休闲空间(저희 서점에서는 독서 판매 이외에 고객들에게 휴식 공간도 제공합니다)이라고 했다. 질문에서 남자의 서점에 관해 알 수 있는 것을 물었으므로 정답은 C이다.

어휘 营销 yíngxiāo 동 (상품을) 판매하다, 마케팅하다 激增 jīzēng 동 급격히 증가하다

26-30

男：各位网友大家好，今天我们有幸请到格力电器董事长董明珠女士。格力在过去的五年中无论在哪方面都取得了优异的成绩，你个人最称许的是什么方面？对格力最看重的成绩又是什么？

女：30我最看重的当然是创新。以前我们没有掌握核心技术，只能买别人的压缩机和电容器，所以很难真正实现对消费者的负责。可现在不一样了，格力通过自主创新在空调领域打出了自己的一片天，技术问题上我们可以参与探讨研究。可以说，从产品生产到企业文化，26格力完成了一个根本性的改变，我们实实在在地实现了转型。

男：您的意思是格力的成长基因就是创新，那对于格力的创新文化又该怎么理解呢？

女：近些年来，创新一直是我们不变的话题，可是对于如何真正实现创新，大家的理解其实还不够深刻。过去我们的重点放在规模和出口量上，可这中间并没有多少含金量。于是在这五年来，我们在制定战略时意识到，27格力空调虽然已处在世界领先地位，但绝对不能故步自封，而是要不断地开发更好的技术和产品。现在格力空调有16项国际领先的技术，它的价值就在于改变了人们的生活。

男：你曾经提出格力要进行多元化转型，这一年来转型进行得如何？还面临哪些挑战？

女：永远不能停下的就是挑战。28不光要挑战他人，更要挑战自我，不断地进行突破，因此格力也进军了模具行业、智能装备行业。众所周知，做智能装备的挑战性极大，所以我们更需要学习，需要注重和其他企业互通有无。我认为，这是一个国际化企业必不可少的一步。

男：格力要做到创新一定离不开创新型人才，在你看来，企业该如何留住和培育人才？

남: 네티즌 여러분, 안녕하세요. 오늘 저희는 거리 전자(GREE ELECTRIC)의 회장 덩밍주 여사를 모셨습니다. 거리 전자는 지난 5년간 어떤 분야든 뛰어난 성과를 거두었는데요. 개인적으로 어떤 부분을 칭찬하시는지요? 또한 거리 전자에 대해 가장 중시하는 성과는 무엇일까요?

여: 30제가 가장 중시하는 것은 물론 혁신입니다. 예전에는 저희가 핵심 기술을 장악하지 못해서 압축기나 콘덴서를 구입할 수밖에 없다보니 실질적으로 소비자들에 대한 책임을 지기가 어려웠던 것이 사실입니다. 하지만 지금은 달라졌죠. 거리는 자체적인 혁신을 통해 에어컨 분야에서 저희만의 독자적인 세계를 만들어냈습니다. 기술 문제에 있어서 연구에 참여할 수 있게 됐어요. 그러니까 제품의 생산부터 기업 문화까지 26거리는 근본적인 변화를 달성하여 실질적인 변혁을 실현했습니다.

남: 거리의 성장 DNA는 혁신이라는 말씀이신데, 그렇다면 거리의 혁신 문화란 또 어떤 것인가요?

여: 최근 들어 혁신은 저희들의 변하지 않는 화제였어요. 하지만 어떻게 진정한 혁신을 실현할 것인지에 대해서는 모두의 이해가 사실 그리 깊진 못했습니다. 과거 저희는 규모와 수출에 중점을 두었는데 이 가운데 실질적인 가치는 정말 얼마 있지 않더군요. 그래서 이 5년간 저희는 전략을 세울 때, 27거리 에어컨이 비록 세계 선두 자리에 있지만 절대로 제자리 걸음을 해서는 안 되며, 끊임없이 더 나은 기술과 제품을 개발해야 한다는 것을 깨달았어요. 현재 거리 에어컨은 16가지 기술 항목에 있어 국제적으로 선두를 달리고 있으며 그 가치는 사람들의 삶을 변화시켰답니다.

남: 일찍이 거리가 다각적인 변혁을 해야 한다고 말씀하셨는데 한 해 동안 어떻게 진척이 되었고 또 어떤 도전에 직면하고 있나요?

여: 영원히 멈출 수 없는 것이 바로 도전이죠. 28비단 타인에 대한 도전뿐만 아니라 더 나아가 자신에게도 도전해야 하고, 끊임없이 돌파하여 새로운 진전을 이뤄야 합니다. 때문에 거리 역시 몰드와 스마트설비 업계에 뛰어 들었습니다. 아시다시피 스마트설비는 엄청난 도전입니다. 때문에 우리는 더 배워야 하고 다른 기업들과 유무상통할 필요가 있겠고요. 저는 이것이 국제적 기업의 필연적인 한 걸음이라고 생각합니다.

남: 거리가 혁신을 이뤄낸 데에는 틀림없이 창의적인 인재와 불가분일 것인데, 기업이 어떻게 인재를 보존하고 키워야 하는 걸까요?

女：留住人才方面，我觉得除了加薪，29B每一个项目的发展成果都应该和员工一起分享，同时和追求技术的进步一样，29C企业的文化建设也要不断加强。创新动力和创新文化是一个企业发展所不可缺少的。除此之外，我们应该努力营造一个健康、公平的发展环境，为更多年轻人29A提供施展才华的平台。只有这样，才能算是对人才最好的培养和保护。	여: 인재를 보존하려면 월급 인상 외에도 29B모든 발전 성과를 직원들과 함께 나눠야 한다고 생각합니다. 더불어 기술의 진보를 추구하는 것과 마찬가지로 29C기업 문화의 건설을 지속적으로 강화해야 할 것입니다. 혁신의 동력과 창조적 문화는 기업 발전에 필수적이니까요. 이 밖에도, 저희는 건강하고 공평한 발전 환경을 만들어 보다 더 많은 젊은이들에게 29A재능을 펼칠 수 있는 플랫폼을 제공하기 위해 노력해야 하고요. 이렇게 해야만 비로소 인재에 대한 최고의 육성과 보호가 될 수 있겠죠.

어휘 格力 Gélì 거리, Gree [중국의 에어컨 제조 업체] 称许 chēngxǔ 통 칭찬하다 优异 yōuyì 형 특히 우수하다 创新 chuàngxīn 통 옛것을 버리고 새것을 창조하다 压缩机 yāsuōjī 명 압축기 电容器 diànróngqì 명 콘덴서(condenser) 转型 zhuǎnxíng 명 통 변혁(이 일어나다) 基因 jīyīn 명 유전자, 기본 요인 含金量 hánjīnliàng 명 실속, 실질적인 가치 战略 zhànlüè 명 전략 故步自封 gù bù zì fēng 성 제자리 걸음하다, 진보를 바라지 않고 현상에 안주하다 突破 tūpò 통 돌파하다, 타파하다, 새로운 진전을 이루다 进军 jìnjūn 통 진군하다 模具 mújù 명 (생산용) 각종 모형 智能装备 zhìnéng zhuāngbèi 스마트 설비 互通有无 hù tōng yǒu wú 성 유무상통하다, 있는 것과 없는 것을 서로 융통하다 加薪 jiāxīn 통 임금(봉급)을 올리다 施展 shīzhǎn 통 (재능 · 수완 등을) 발휘하다, 나타내다 才华 cáihuá 명 뛰어난 재능

★★★ 하

26 关于格力的转型，可以知道什么？	거리(GREE)의 변혁에 관하여 무엇을 알 수 있나?
A 格力在空调领域很弱 B 5年之内会完成 C 格力一直研发电容器 **D 完成了根本性的改变**	A 거리는 에어컨 분야가 약하다 B 5년 내에 완수할 수 있다 C 거리는 줄곧 컨덴서를 연구개발해 왔다 **D 근본적인 변화를 달성했다**

해설 보기에 格力(거리)가 공통적으로 있으므로 이 회사에 관한 내용임을 예상한다. 보기의 키워드로 A는 空调领域很弱(에어컨 분야가 약하다), B는 5年之内完成(5년 내에 완수하다), C는 研发电容器(컨덴서 개발), D는 根本性的改变(근본적인 변화)을 삼는다. 사회자가 여자에게 거리 전자의 어떤 성과를 중시하는지 물었고 이에 여자는 혁신이라고 하며 格力完成了一个根本性的改变，我们实实在在地实现了转型(거리는 근본적인 변화를 달성하여 실질적인 변혁을 실현했습니다)이라고 했다. 질문에서 거리의 변혁에 관해 알 수 있는 것을 물었으므로 키워드가 일치하는 D가 정답이다.

★★☆ 상

27 文中提到的“故步自封”最可能是什么意思？	글에서 언급한 '故步自封'은 어떤 뜻에 가까운가?
A 追求不切实际的目标 B 顾虑太多犹豫不决 **C 安于现状不思进取** D 是同行业中的佼佼者	A 현실에 부합하지 않는 목표를 추구한다 B 걱정이 많아 머뭇거리며 결정하지 못한다 **C 현재에 안주하며 진취적이지 않다** D 동종 업계의 출중한 인물이다

해설 보기에 사자성어가 있으므로 어떤 뜻을 나타내는지 의미를 파악해둔다. A는 不切实际(현실에 부합하지 않다), B는 犹豫不决(결정하지 못하다), C는 安于现状(현재에 안주하다), D는 佼佼者(출중한 인물)를 핵심 키워드로 파악한다. 녹음에서 여자는 格力空调虽然已处在世界领先地位，但绝对不能故步自封，而是要不断地开发更好的技术和产品(거리 에어컨이 비록 세계 선두 자리에 있지만 절대로 제자리 걸음을 해서는 안 되며, 끊임없이 더 나은 기술과 제품을 개발해야 한다는 것을 깨달았어요)이라고 말하며 끊임없이 더 나아가야 함을 강조했다. 질문에서 여자의 말에 언급된 故步自封의 뜻을 물었으므로 정답은 C이다.

Tip▶ 보기가 사자성어로 제시되면 녹음에 정답인 사자성어가 그대로 언급되기보다는 녹음의 특정 내용을 가리키는 방식으로 출제된다. 사자성어의 의미를 파악하는 것이 중요하기 때문에 이러한 난이도가 높은 문제를 풀기 위해서 6급 필수 사자 성어를 익혀 두는 것이 중요하다.

어휘 不切实际 bú qiè shíjì 현실에 부합되지 않다 犹豫不决 yóu yù bù jué 성 결단을 내리지 못하고 망설이다 安于现状 ān yú xiàn zhuàng 성 현상에 안주하다, 매너리즘에 빠지다 不思进取 bù sī jìn qǔ 성 현실에 안주하다, 진취적이지 않다 佼佼者 jiǎojiǎozhě 명 걸출한 사람, 출중한 인물

★★★ 중

28 在女的看来，格力最大的挑战是什么？	여자가 보기에 거리의 최대 도전은 무엇인가?
A 竞争公司 B 群众的需求 **C 突破自己** D 舆论的压力	A 경쟁 기업 B 대중의 니즈 **C 자신을 돌파하다** D 여론의 압박

해설 보기 전체를 키워드로 삼고 녹음을 듣는다. 사회자가 여자에게 어떤 도전에 직면하고 있느냐고 물었고 여자는 不光要挑战他人，更要挑战自我，不断地进行突破(비단 타인에 대한 도전뿐만 아니라 더 나아가 자신에게도 도전해야 하고, 끊임없이 돌파하여 새로운 진전을 이뤄야 합니다)라고 했다. 질문에서 여자가 거리의 최대 도전이 무엇이라고 생각하는지 물었으므로 정답은 C이다.

어휘 舆论 yúlùn 명 여론

★★★ 중

29 关于如何留住人才，下列哪项不是女的的观点？	인재 보존에 관하여 다음 중 여자의 견해가 아닌 것은?
A 提供施展才华的平台 B 分享项目的发展成果 C 加强企业文化建设 **D 多雇用有经验的员工**	A 재능을 펼칠 플랫폼을 제공한다 B 프로젝트의 발전 성과를 나눈다 C 기업 문화 건설을 강화한다 **D 경력자를 더 많이 고용한다**

해설 보기의 키워드로 A는 提供平台(플랫폼을 제공하다), B는 分享成果(성과를 나누다), C는 企业文化建设(기업 문화 건설), D는 有经验的员工(경력자)을 삼는다. 녹음의 每一个项目的发展成果都应该和员工一起分享(모든 발전 성과를 직원들과 함께 나눠야 한다), 企业的文化建设也要不断加强(기업 문화의 건설을 지속적으로 강화해야 할 것입니다), 提供施展才华的平台(재능을 펼칠 수 있는 플랫폼을 제공한다)에 보기 B, C, A가 언급되었다. 질문에서 인재 보존에 관한 여자의 견해가 아닌 것을 물었으므로 정답은 D이다.

어휘 雇用 gùyòng 명 동 고용(하다)

★★★ 하

30 根据对话，下列哪项正确？	대화를 근거로 다음 중 옳은 것은?
A 格力最重视创新 B 格力已有20多项国际领先技术 C 很多青年追捧格力 D 不能泄漏产品信息	**A 거리는 혁신을 가장 중시한다** B 거리는 이미 20여 개의 글로벌 선진 기술을 보유하고 있다 C 많은 청년들이 거리를 열광적으로 추종한다 D 제품 정보를 누설해서는 안 된다

해설 보기의 키워드로 A는 重视创新(혁신을 중시하다), B는 国际领先技术(글로벌 선진 기술), C는 青年追捧(청년들이 추종하다), D는 不能泄露(누설해서는 안 된다)를 삼는다. 녹음의 시작 부분에서 我最看重的当然是创新(제가 가장 중시하는 것은 물론 혁신입니다)이라고 했다. 질문에서 대화에 근거하여 옳은 내용을 물었으므로 알맞은 정답은 A이다.

어휘 追捧 zhuīpěng 동 열렬히 추종하다 泄漏 xièlòu 동 (비밀 · 기밀을) 누설하다

듣기 제3부분

[풀이전략] 녹음을 듣기 전에 보기의 핵심 키워드를 파악하여 글의 종류와 소재를 파악한다. 녹음을 들으면서 들은 내용을 보기에 메모하고, 각 질문에 알맞은 정답을 고른다. 일반적으로 주제/제목을 묻는 문제가 가장 마지막에 등장한다.

31-33

据介绍，33浙江农林大学从建校伊始，到校内农场或者农作园参加劳动，一直是该学院特有的必修课，这也是"农业生产综合实习"的重要组成部分。目前，该校除了鼓励学生参与校园绿地管护外，还要求学生直接参与到像割水稻这样的农事活动中。有关负责人员认为，31与其它专业相比，农学类专业更加注重培养学生的农事技能。早在十多年前，学校就在校内开辟了近百亩的农作园，供农学类专业的学生使用，并专门32聘请了资深农民来做技术指导，使学生们可以更好地从事农业生产。该校称，未来会将达300种农作物、总面积2,500余亩的校园，全部"承包"给全校学生义务管护，鼓励学生在课余时间积极参加各种农事活动。

소개에 따르면, 33절강농림대학은 개교 이래로, 교내 농장 혹은 농원에서 노동에 참가하는 것이 해당 학교만의 필수 과목이라고 한다. 이는 또한 '농업 생산 종합 실습'의 중요한 구성 부분이기도 하다. 현재, 해당 학교는 학생들에게 교내 녹지대를 관리 및 보호하도록 독려하는 것은 물론 벼베기와 같은 농사 활동에 직접 참가하게 하고 있다. 관련 인사는 31타전공과 비교해서 농업 관련 전공이 학생들의 농사 기술 육성을 더 중시한다고 생각한다. 일찍이 십여 년 전, 약 100무에 가까운 농원을 일구어 농업 관련학과 학생들이 사용하도록 제공했다. 또한 32베테랑 농업인들을 초빙하여 기술 지도를 진행, 학생들로 하여금 농업 생산 활동에 더 잘 종사할 수 있게 해주었다. 해당 학교는 앞으로 300종에 달하는 농작물과 총 면적 2,500여 무의 캠퍼스를 모두 전교생에게 도급을 주어 관리 및 보호하게 할 것이며, 학과 시간 외에도 적극적으로 각종 농사 활동에 참가하도록 장려할 방침이라고 했다.

어휘 伊始 yīshǐ 명 (~의) 처음/시작 割 gē 동 (곡식 · 풀 등을) 베다 水稻 shuǐdào 명 논벼 开辟 kāipì 동 길을 열다, 창립하다, 개척하다 亩 mǔ 양 무(토지 면적의 단위, 약 667㎡) 聘请 pìnqǐng 동 초빙하다 资深 zīshēn 형 경력과 자격이 풍부하다 承包 chéngbāo 동 청부 맡다, 도급 맡다

★☆☆ 하

31 与其他专业相比，农学类专业有什么特点？

타전공과 비교하여, 농업 관련 전공은 어떤 특징이 있는가?

A 课程任务繁重
B 学术性更强
C 注重培养农事技术
D 全课程都在田间进行

A 교과 과정이 힘들다
B 학술성이 더 강하다
C 농사 기술 배양을 중시한다
D 전 과정을 모두 경작지에서 진행한다

해설 보기가 농업 교과 과정에 관한 내용이므로 이를 주목해서 듣는다. 녹음에서 与其它专业相比，农学类专业更加注重培养学生的农事技能(타전공과 비교해서 농업 관련 전공은 학생들의 농사 기술 육성을 더 중시한다)이라고 했다. 질문에서 농업 관련 전공이 어떤 특징이 있는지 물었으므로 키워드가 일치하는 C가 정답이다.

어휘 繁重 fánzhòng 형 (일 · 임무 등이) 많고 무겁다 田间 tiánjiān 명 논밭, 경작지

★★☆ 중

32 学校聘请农民的目的是什么？	학교에서 농업인을 초빙한 목적은 무엇인가?
A 提供技术指导 B 承包校园土地管理 C 体验校园生活 D 为学校食堂提供食品	**A 기술 지도를 제공한다** B 캠퍼스 토지를 맡아 관리한다 C 캠퍼스 생활을 체험한다 D 학교 식당에 식품을 제공한다

해설 보기의 키워드로 A는 技术指导(기술 지도), B는 承包管理(도급 맡아 관리하다), C는 体验(체험하다), D는 提供食品(식품을 제공하다)을 삼고 녹음과 1:1로 대조한다. 녹음의 聘请了资深农民来做技术指导(베테랑 농업인들을 초빙하여 기술 지도를 진행한다)에 보기 A의 키워드가 등장했다. 질문에서 농업인을 초빙한 목적을 물었으므로 정답은 A이다.

★★☆ 상

33 根据这段话，可以知道什么？	본문을 근거로, 무엇을 알 수 있는가?
A 该校建校较晚 B 该校就业率高 **C 该校开设了劳动课** D 校内开辟了上万亩农作园	A 이 학교는 설립이 비교적 늦었다 B 이 학교의 취업률이 높다 **C 이 학교는 노동 과목을 개설하였다** D 교내에 만 묘가 넘는 농장을 일구었다

해설 보기에 该校(이 학교)가 반복적으로 있으므로 나머지 부분을 키워드로 삼고 녹음을 듣는다. 녹음의 시작 부분에서 浙江农林大学从建校伊始，到校内农场或者农作园参加劳动，一直是该学院特有的必修课(절강농림대학은 개교 이래로, 교내 농장 혹은 농원에서 노동에 참가하는 것이 해당 학교만의 필수 과목이다)라고 했다. 녹음에서 노동에 참가하는 것이 필수 과목이라고 했으므로 정답은 C이다.

34-36

据中国民航官方通报，5月14日凌晨，一架重庆飞往拉萨的航班，34因机械故障备降成都。当时，空乘人员正在派发飞机餐，驾驶舱右侧的前风挡玻璃突然破裂、脱落，飞机突然急剧下降，同时弹出了氧气罩。急剧失压破坏了不少机舱内的设备，风流又大，驾驶舱的气温已是零下几十度，机长穿着短袖衬衫，副驾驶半边身体在窗外悬挂。面对突如其来的事故，机长与副驾驶都沉着冷静、临危不乱，最终让所有机上人员和乘客安全落地。很多人都说此次迫降就是一场奇迹，但机长在接受采访时说："这条航线我已飞了上百次，应该说再熟悉不过了，35在自动设备不能正常使用，航向、返航机场的位置等，全凭手动和肉眼的情况下，靠毅力掌握方向杆，完成了返航迫降。"36这次事件让我们明白，奇迹的诞生	중국민항(CAAC) 공식 발표에 따르면, 5월 14일 새벽, 총칭에서 라싸를 향해 비행 중이던 여객기 한 대가 34기계 고장으로 인해 청뚜에 비상 착륙했다고 한다. 당시 승무원들이 기내식을 배식하고 있던 중 조정석 우측 전면 유리가 갑자기 파열되며 떨어져 나갔다. 여객기는 급속도로 하강하며 산소 마스크가 튕겨져 나왔다. 압력을 빠르게 잃으면서 적잖은 기내 설비들이 파괴되었고, 바람의 흐름 또한 엄청나서 조정석의 기온은 이미 영하 수십 도였다. 기장은 반팔 셔츠를 입은 채였으며, 부기장은 몸의 반이 창 밖에 매달려 있었다. 갑작스런 사고에 직면하여, 기장과 부기장 모두 침착함을 잃지 않고 마침내 모든 승무원과 승객들을 안전하게 착륙시켰다. 많은 이들이 이번 비상 착륙을 기적이라고 했다. 하지만, 기장은 인터뷰에서 다음과 같이 말했다. "이 항로는 제가 이미 수백 번도 넘게 비행한 터라 이보다 더 익숙할 수는 없을 거예요. 35자동 설비를 정상적으로 사용할 수 없어 항행 방향, 회항 공항의 위치 등을 모두 수동과 육안에 의존해야 하는 상황에서, 의지로 비행 조종 방향간을 틀어 잡고 비상 착륙을 무사히 마쳤

并不是偶然，而是他们所拥有的专业知识和经验。	습니다." 36이번 사건은 기적의 탄생이 결코 우연이 아니며 그들이 지닌 전문 지식과 경험 덕분임을 알게 해주었다.

어휘 机械 jīxiè 명 기계 备降 bèijiàng [항공] 비상 착륙하다 派发 pàifā 동 나누어주다, 배포하다 驾驶舱 jiàshǐcāng 명 조종석, 운전석 脱落 tuōluò 동 떨어지다, 빠지다 机舱 jīcāng 명 기내, 객실 悬挂 xuánguà 동 걸다, 매달다 突如其来 tū rú qí lái 성 갑자기 닥쳐오다 临危不乱 lín wēi bú luàn 성 위험에 직면해서도 침착하다 迫降 pòjiàng 명 동 강제 착륙(하다), 강제 불시착(하다) 毅力 yìlì 명 굳센 의지 方向杆 fāngxiàngǎn 비행기 방향 조종간 返航 fǎnháng 동 (배나 비행기 등이) 귀항하다 诞生 dànshēng 동 탄생하다

★★☆ 하

34 这架航班为什么备降成都？	이 항공기는 왜 청뚜에 비상 착륙했는가?
A 天气条件恶劣 **B 挡风玻璃脱落** C 机翼严重受损 D 两名乘客发生争执	A 기상 조건이 열악하다 **B 앞유리가 떨어져 나갔다** C 비행기 날개에 심각한 손상을 입었다 D 두 명의 승객이 다투었다

해설 보기가 비행 사고에 관한 내용이므로 이에 관한 내용을 주목해서 듣는다. 녹음의 시작 부분에서 因机械故障备降成都……驾驶舱右侧的前风挡玻璃突然破裂、脱落(기계 고장으로 인해 청뚜에 비상 착륙했다…… 조정석 우측 전면 유리가 갑자기 파열되며 떨어져 나갔다)라고 하여 사고 원인을 설명했다. 질문에서 비상 착륙한 이유를 물었으므로 정답은 B이다.

어휘 挡风玻璃 dǎngfēng bōli 바람막이 유리, 앞 유리 机翼 jīyì 명 비행기의 날개 争执 zhēngzhí 명 논쟁, 의견의 충돌

★★☆ 중

35 关于这次事故，可以知道什么？	이 사고에 관하여 무엇을 알 수 있는가?
A 造成空乘人员伤亡 B 飞行员操作失误 **C 自动设备无法使用** D 舱内温度骤然升高	A 승무원에 사상자가 발생하였다 B 파일럿이 조작에 실수를 했다 **C 자동 설비를 사용할 수 없다** D 기내 온도가 갑자기 상승하였다

해설 보기가 기내 상황 및 사고에 관한 내용이므로 기내 상황에 관한 내용을 주목해서 듣는다. 녹음 속 기장의 인터뷰에서 在自动设备不能正常使用(자동 설비를 정상적으로 사용할 수 없었다)이라고 하여 보기 C의 내용이 언급되었다. 질문에서 이 사고에 관해 알 수 있는 것을 물었으므로 정답은 C이다.

어휘 伤亡 shāngwáng 명 사상자 동 사상하다 失误 shīwù 동 실수를 하다 骤然 zhòurán 부 돌연히, 갑자기

★★☆ 하

36 说话人想告诉我们什么？	화자는 무엇을 알려 주려고 하는가?
A 人生不能只期待奇迹 B 执着才能创造奇迹 C 奇迹常在厄运中产生 **D 奇迹的诞生并非偶然**	A 인생에 있어 기적만 바라서는 안 된다 B 고집이 있어야 기적을 창조할 수 있다 C 기적은 자주 역경 속에서 일어난다 **D 기적의 탄생은 결코 우연이 아니다**

해설 보기에 奇迹(기적)가 반복되므로 기적에 관한 내용을 주목해서 듣는다. 녹음의 마지막 부분에서 这次事件让我们明白，奇迹的诞生并不是偶然，而是他们所拥有的专业知识和经验(이번 사건은 기적의 탄생이 결코 우연이 아니며 그들이 지닌 전문 지식과 경험 덕분임을 알게 해주었다)이라고 했다. 질문에서 화자의 교훈을 물었으므로 D가 정답이다.

어휘 执着 zhízhuó 형 명 집착(하다), 끈기(있다) 厄运 èyùn 명 재난, 역경, 액운

37-39

有一位画家自己开了一家咖啡厅，37由于咖啡厅每天都要消耗掉大量的一次性塑料杯，而这些塑料杯最后变成白色垃圾，很难分解掉，非常不环保。可是，如果要换成容易分解的外带杯，那必然会增加成本，这位画家对此感到十分苦恼。有一天，她在逛街时无意间发现了一家花店里摆放的绿植，花盆大小正好和杯子差不多，有的还可以倒挂。画家灵机一动，心里想，我可以把一次性杯子做成小花盆啊！于是，她空出了咖啡厅的一面墙，并在上面挂了许多小钩子。顾客喝完咖啡后，可以自己动手做成小花盆，在小花盆里种上绿植并把它挂上去了。土和种子都由咖啡厅免费提供，而38这些土是由咖啡渣制作而成的。很快，这个有趣的活动就吸引来了众多顾客的参与。39这位画家为咖啡厅营造出了浪漫的氛围，既解决了塑料杯的环境污染问题，又有效地利用了咖啡渣。

한 화가가 커피숍을 열었다. 37커피숍은 매일 대량의 1회용 플라스틱 컵을 소비했는데, 이 플라스틱 컵들은 결국 플라스틱류 쓰레기가 되었고 분해가 어려워 대단히 친환경적이지 못했다. 하지만, 만약 쉽게 분해되는 테이크아웃 컵으로 바꾸려면 원가가 올라갈 수밖에 없어, 화가는 이 때문에 굉장히 고민을 했다. 그러던 어느 날, 거리를 구경하며 다니다 우연히 한 꽃집에 진열된 식물들을 발견하게 되었다. 화분의 크기가 마침 컵 사이즈와 비슷했는데, 어떤 것들은 거꾸로 매달 수도 있었다. 화가는 갑자기 아이디어가 떠올라 생각했다. 일회용 컵을 작은 화분으로 만들면 되겠어! 그래서 그녀는 커피숍의 한쪽 벽면을 비우고 그 위에 수많은 고리를 걸었다. 고객들은 커피를 다 마신 후 자신이 직접 작은 화분을 만들고 화분에 식물을 심어 걸어 놓을 수 있게 되었다. 흙과 씨앗은 모두 커피숍에서 무료로 제공하였고 38이 흙은 커피 찌꺼기로 제작하여 만들었다. 매우 빠르게 이 흥미로운 이벤트는 수많은 고객의 참여를 불러 일으켰다. 39화가는 커피숍에 낭만적인 분위기를 조성했고, 플라스틱 컵의 환경오염 문제를 해결함과 동시에 커피 찌꺼기도 유용하게 사용되도록 했다.

어휘 消耗 xiāohào 동 소모하다 白色垃圾 báisè lājī 명 (일회용 비닐봉지 등의) 플라스틱류 쓰레기, 플라스틱 공해 分解 fēnjiě 동 분해하다 绿植 lǜzhí 명 식물 灵机一动 líng jī yī dòng 성 영감이 떠오르다, 교묘한 생각이 떠오르다 钩子 gōuzi 명 고리 咖啡渣 kāfēi zhā 커피 찌꺼기

★★☆ 하

37 那位画家为什么感到苦恼？

그 화가는 무엇 때문에 고민했는가?

A 咖啡杯不环保
B 咖啡厅租金太贵
C 咖啡厅地点偏僻
D 有人投诉咖啡厅

A 커피잔이 친환경적이지 않다
B 커피숍 임대료가 너무 비싸다
C 커피숍의 위치가 외지다
D 어떤 사람이 커피숍을 고소했다

해설 보기의 내용이 커피숍에 관한 문제점이므로 문제 관련 내용을 주목해서 듣는다. 녹음의 시작 부분에서 由于咖啡厅每天都要消耗掉大量的一次性塑料杯，而这些塑料杯最后变成白色垃圾，很难分解掉，非常不环保(커피숍은 매일 대량의 1회용 플라스틱 컵을 소비했는데, 이 플라스틱 컵들은 결국 플라스틱류 쓰레기가 되었고 분해가 어려워 대단히 친환경적이지 못했다)라고 했고, 이어 这位画家对此感到十分苦恼(화가는 이 때문에 굉장히 고민을 했다)라고 했다. 질문에서 화가가 무엇 때문에 고민했는지 물었으므로 정답은 A이다.

어휘 偏僻 piānpì 형 외지다 投诉 tóusù 동 고소하다

★★☆ 하

38 这些土是由什么制作而成的?	이 흙은 무엇으로 제작하여 만들어진 것인가?
A 化肥 B 砂 **C 咖啡渣** D 黏土	A 비료 B 모래알 **C 커피 찌꺼기** D 점토

해설 보기가 명사이므로 각 단어가 녹음에 언급되면 관련 정보를 수집하며 듣는다. 녹음에서 这些土是由咖啡渣制作而成的(이 흙은 커피 찌꺼기로 제작하여 만들었다)라고 했다. 질문에서 흙의 원료를 물었으므로 정답은 C이다.

어휘 化肥 huàféi 명 화학 비료 砂 shā 명 모래(알) 渣 zhā 명 찌꺼기 黏土 niántǔ 명 점토

★★☆ 중

39 下列哪项不是这个活动带来的影响?	다음 중 이 활동이 가져온 영향이 아닌 것은?
A 收益大幅增加 B 减少环境污染 C 减少咖啡渣垃圾 D 营造咖啡厅浪漫氛围	**A 수익이 대폭 증가하다** B 환경오염을 줄이다 C 커피 찌꺼기 쓰레기를 줄이다 D 커피숍에 낭만적인 분위기를 조성하다

해설 보기가 긍정적인 결과에 대한 내용이므로 긍정적 결과를 주목해서 듣는다. 녹음의 마지막 부분에서 这位画家为咖啡厅营造出了浪漫的氛围，既解决了塑料杯的环境污染问题，又有效地利用了咖啡渣(화가는 커피숍에 낭만적인 분위기를 조성했고, 플라스틱컵의 환경오염 문제를 해결함과 동시에 커피 찌꺼기도 유용하게 사용되도록 했다)라고 하여 화분으로 인한 결과를 언급했다. 질문에서 이 활동이 가져온 영향이 아닌 것을 물었으므로 보기 4개 중 언급되지 않은 A가 정답이다.

어휘 收益 shōuyì 명 수익, 이득, 수입 营造 yíngzào 동 조성하다 氛围 fēnwéi 명 분위기

40-43

古树名木被誉为“活文物”、“活古董”。40为了进一步加强古树名木保护管理，北京市组织开展了第四次古树名木资源调查。此次调查的主要目的是要摸清古树资源的总量、种类、分布状况，以及掌握现存古树的生长状况和管护情况。调查结果显示，北京现存古树名木四万余株，43数量与2007年的调查结果相比稳中有升。古树数量增加有多方面的原因，41其中最大的变化是对古树的养护水平提高了，包括支撑、围栏等。此外，还发现了之前漏挂的，和一些经过了十多年生长的古树，这次也被纳入了古树范围等。普查工作完毕之后，为古树名木换发新版“身份证”。42与旧版不同之处是，新版“身份证”增加了二维码、年代等信息。标挂的方式也将

고목은 '살아있는 문화재', '살아있는 골동품'으로 불린다. 40이러한 고목의 관리 보호를 한층 더 강화하고자, 북경시는 제4차 고수명목 자원 조사를 조직하여 진행하였다. 이번 조사의 주된 목적은 고목 자원의 총 수량, 종류, 분포 상황을 명확하게 파악하고 더불어 현존하는 고목의 생장 상황과 관리 보호 상황을 파악하는 것이다. 조사 결과에 따르면, 북경에 현존하는 고목은 4만여 그루로, 43수량은 2007년 조사 결과에 비해 안정적인 가운데 소폭 증가하였다. 고목 수량의 증가에는 다방면의 원인이 있으나 41그 가운데 가장 커다란 변화는 지지대, 울타리 등을 포함한 고목에 대한 보호 수준이 향상된 것이다. 이 밖에 이전에 누락되었다가 이번에 발견된 것, 10여 년간의 성장을 거쳐 이번에 고목 범위에 포함된 것 등이 있다. 전면 조사를 마친 후 고목에 새로운 '신분증'을 발급하는데, 42구버전과 다른 점은 새버전의 '신분증'에는 QR 코드와 연대 등의 정보가 추가된다는 것이다. 마크를 걸어두는 방식 역시 나무의 손상을 줄이기 위해 기존에 직접 나무에

由原来的直接钉在树上，改为用弹簧绳绑在树上的方式，以减少对树的损伤。	못을 박는 형태에서 용수철 끈으로 나무에 묶는 방식으로 변경될 것이다.

어휘 古董 gǔdǒng 명 골동품 摸清 mōqīng 동 분명하게 파악하다 株 zhū 양 그루 围栏 wéilán 명 울타리 纳入 nàrù 동 받아넣다 普查 pǔchá 명 동 전면 조사(하다) 完毕 wánbì 동 끝내다, 종료하다 二维码 èrwéimǎ 명 QR코드 钉 dìng 동 못을 박다 弹簧绳 tánhuángshéng 용수철 끈 绑 bǎng 동 (끈 · 줄 등으로) 감다, 묶다

★★☆ 하

40 开展第四次调查的目的是什么？	제4차 조사를 진행하는 목적은 무엇인가?
A 倡导植树造林 B 反对古树砍伐 C 发掘古树经济价值 **D 加强古树保护与管理**	A 식수와 조림을 주장하다 B 고목의 벌채를 반대하다 C 고목의 경제 가치를 발굴하다 **D 고목의 보호와 관리를 강화하다**

해설 보기가 고목에 관한 내용이므로 이에 관한 내용을 주목해서 듣는다. 녹음의 시작 부분에서 为了进一步加强古树名木保护管理，北京市组织开展了第四次古树名木资源调查(이러한 고목의 관리 보호를 한층 더 강화하고자, 북경시는 '제4차 고수명목 자원 조사'를 조직하여 진행하였다)라고 하여 조사 진행 목적을 밝혔다. 따라서 정답은 D이다.

어휘 倡导 chàngdǎo 동 앞장서서 제창하다 植树 zhíshù 명 식수 동 나무를 심다 造林 zàolín 동 조림하다 砍伐 kǎnfá 동 벌채하다 发掘 fājué 동 발굴하다

★★☆ 하

41 下列哪项属于古树数量增多的原因？	다음 중 고목 수량 증가의 원인에 포함되는 것은?
A 入选标准降低 **B 养护水平提高** C 搜索范围扩大 D 生态环境变化	A 선택 기준이 낮아졌다 **B 보호 수준이 향상되었다** C 수색 범위가 확대되었다 D 생태 환경이 변화되었다

해설 보기가 모두 어떤 상태와 변화를 나타낸다. 녹음에 변화가 언급된 부분에서 其中最大的变化是对古树的养护水平提高了(그 가운데 가장 커다란 변화는 고목에 대한 보호 수준이 향상된 것이다)라고 했다. 질문에서 고목 수량 증가의 원인을 물었으므로 알맞은 정답은 B이다.

★☆☆ 하

42 关于古树新版身份证，可以知道什么？	고목의 새로운 신분증에 관하여 무엇을 알 수 있는가?
A 与旧版相差无几 B 直接钉在树上 C 需要定期更换 **D 增加了年代信息**	A 구버전과 서로 차이가 얼마 나지 않는다 B 바로 나무에 못을 박는다 C 정기적으로 교체할 필요가 있다 **D 연대 정보를 추가하였다**

해설 보기의 키워드로 A는 相差无几(차이가 얼마 나지 않는다), B는 钉在树上(나무에 못을 박다), C는 定期更换(정기적으로 교체하다), D는 年代信息(연대 정보)를 삼는다. 녹음에서 与旧版不同之处是，新版"身份证"增加了二维码、年代等

信息(구버전과 다른 점은 새버전의 '신분증'에는 QR 코드와 연대 등의 정보가 추가된다는 것이다)라고 하여 보기 D의 키워드가 언급되었다. 따라서 새로운 신분증에 관한 내용으로 알맞은 것은 D이다.

어휘 无几 wújǐ 형 얼마 되지 않다, 매우 적다 更换 gēnghuàn 동 교체하다, 변경하다

★★☆ **상**

43

根据这段话，可以知道什么？	이 글을 근거로, 무엇을 알 수 있는가?
A 古树数量有所增加 B 此次调查持续了10年 C 古树分布十分均衡 D 树木砍伐十分严重	**A 고목 수량이 소폭 증가하였다** B 이번 조사는 10년간 지속되었다 C 고목 분포가 매우 균일하다 D 벌목이 매우 심각하다

해설 보기의 키워드로 A는 数量增加(수량이 증가하다), B는 调查了10年(10년간 조사했다), C는 分布均衡(분포가 균일하다), D는 砍伐严重(벌목이 심각하다)을 삼는다. 녹음에서 数量与2007年的调查结果相比稳中有升(수량은 2007년 조사 결과에 비해 안정적인 가운데 소폭 증가하였다)이라고 했으므로 알맞은 정답은 A이다.

어휘 均衡 jūnhéng 형 고르다, 균형이 잡히다

44-47

44在养殖生蚝的沿海地区，除了采蚝食蚝，人们还利用蚝壳建起了房子。早期村民为了避免海风、海水侵蚀房屋，就地取材，将大量的海蛎嵌在房屋外墙上，从而达到防风、防潮的效果，这就是最早的蚝壳墙。以广东地区为例，45人们将蚝壳整齐有序地排列好，形成一面凹凸不平的墙体，最后做成由三面完整的蚝壳墙和另外一面普通的砖墙组成的蚝壳屋。这种蚝壳屋，墙的厚度达50厘米，外墙上凸现的蚝壳，形成了独特的纹理效果。蚝壳屋在岭南传统建筑中独特而别致，46既适应了沿海地区潮湿的气候环境，又可防虫、防水，冬暖夏凉，十分经济实用。因此，广受沿海地区人们的喜爱。而如今，随着建筑材料的更新以及工艺的提高，这种筑房方式逐渐被淘汰，47现在仅存的一些蚝壳屋也已成为具有当地特色的旅游景点了。	44굴을 양식하는 해안 지대에서는 굴을 채취하고 식용하는 것 외에도 굴껍데기를 이용하여 가옥을 짓기도 했다. 초기에 주민들은 해풍, 해수가 가옥을 침식하는 것을 막기 위해, 현지에서 재료를 조달하여 대량의 굴을 외벽에 박아 넣었다. 이를 통해 방풍, 방습 효과를 보았는데 이것이 바로 최초의 굴껍데기 벽이다. 광동 지역을 예로 들어 보면, 45사람들은 굴껍데기를 가지런하고 질서있게 배열하여 울퉁불퉁한 벽을 만들었다. 세 면은 완벽한 굴껍데기로, 나머지 한 면은 일반 벽돌로 구성한 굴껍데기 가옥을 만들었다. 이 굴껍데기 가옥의 벽면 두께는 50cm에 달하며 외벽의 돌출된 굴껍데기가 독특한 무늬 효과를 낸다. 굴껍데기 가옥은 링난 전통 건축에서도 독특하면서도 신기하며, 46해안 지역의 습한 기후에도 적응하였음은 물론 방충, 방수가 가능하며 봄에는 따뜻하고 여름에는 시원하여 대단히 경제적이고 실용적이다. 때문에 해안 지역 사람들에게 널리 사랑을 받았다. 그러나 오늘날, 건축 재료가 혁신되고 기술이 향상됨에 따라 이러한 건축 방식은 점차 도태되어 47현존하는 몇몇 굴껍데기 가옥 역시 현지 특색을 가진 관광지가 되었다.

어휘 养殖 yǎngzhí 동 양식하다 蚝 háo 명 굴(oyster) 沿海地区 yánhǎi dìqū 해안 지대 侵蚀 qīnshí 명 동 침식(하다) 就地取材 jiù dì qǔ cái 성 현지에서 재료(인재)를 구하여 쓰다, 현지에서 재료를 조달하다 海蛎 hǎilì 명 굴(oyster) 嵌 qiàn 동 사이에 박아 넣다 凹凸不平 āo tū bù píng 성 울퉁불퉁하다 砖墙 zhuānqiáng 명 벽돌담 纹理 wénlǐ 명 무늬, 결 别致 biézhì 형 색다르다, 독특하다 淘汰 táotài 동 도태하다

★★☆ 하

44 蚝壳屋出现在什么地区?	굴껍데기 가옥은 어떤 지역에 출현하였나?
A 沿海地区 B 内陆地区 C 沙漠地区 D 四川盆地	**A 해안 지역** B 내륙 지역 C 사막 지역 D 사천 분지

해설 보기가 지역을 나타내므로 녹음에 이 단어들과 함께 어떤 내용이 들리는지 메모하며 듣는다. 녹음의 시작 부분에서 在养殖生蚝的沿海地区，除了采蚝食蚝，人们还利用蚝壳建起了房子(굴을 양식하는 해안 지대에서는, 굴을 채취하고 식용하는 것 외에도 굴껍데기를 이용하여 가옥을 짓기도 했다)라고 하여 A의 키워드가 언급되었다. 질문에서 굴껍데기 가옥이 어떤 지역에 출현했는지 물었으므로 정답은 A이다.

어휘 内陆 nèilù 명 내륙 盆地 péndì 명 분지

★★☆ 하

45 关于蚝壳屋的外形，可以知道什么?	굴껍데기 가옥의 외형에 관해 무엇을 알 수 있는가?
A 具有平顶 B 有两面是砖墙 C 蚝壳排列无序 **D 蚝壳墙体凹凸不平**	A 평평한 지붕을 지니고 있다 B 양면이 벽돌벽이다 C 굴껍데기 배열에 순서가 없다 **D 굴껍데기 벽면이 울퉁불퉁하다**

해설 보기는 가옥의 특징과 굴껍데기에 관한 내용이다. 녹음에서 人们将蚝壳整齐有序地排列好，形成一面凹凸不平的墙体(사람들은 굴껍데기를 가지런하고 질서있게 배열하여 울퉁불퉁한 벽을 만들었다)라고 하여 보기 D의 키워드가 언급되었다. 질문에서 굴껍데기 가옥의 외형에 관한 것을 물었으므로 정답은 D이다.

★★☆ 하

46 下列哪项不属于蚝壳屋的特点?	다음 중 굴껍데기 가옥의 특징에 속하지 않는 것은?
A 防火 B 经济实用 C 冬暖夏凉 D 防水	**A 방화** B 경제적이고 실용적이다 C 봄에는 따뜻하고 여름에는 시원하다 D 방수

해설 보기가 모두 특징을 나타내므로 이에 관한 내용을 주목해서 듣는다. 녹음에서 既适应了沿海地区潮湿的气候环境，又可防虫、防水，冬暖夏凉，十分经济实用(해안 지역의 습한 기후에도 적응하였음은 물론 방충, 방수가 가능하며 봄에는 따뜻하고 여름에는 시원하여 대단히 경제적이고 실용적이다)이라고 하여 보기 B, C, D의 내용이 언급되었다. 질문에서 굴껍데기 가옥의 특징에 속하지 않는 것을 물었으므로 정답은 A이다.

어휘 防火 fánghuǒ 명 방화 동 불을 막다 冬暖夏凉 dōng nuǎn xià liáng 성 겨울에는 따뜻하고 여름에는 시원하다

★★☆ 하

47 关于蚝壳屋的现状，下列哪项正确？

굴껍데기 가옥의 현황에 관하여, 다음 중 옳은 것은?

A 不利于环保
B 被推广至其他地区
C 成为特色的旅游景点
D 被列入世界遗产名录

A 환경 보호에 불리하다
B 다른 지역으로 널리 퍼졌다
C 특색있는 관광 명소가 되었다
D 세계 유산 명부에 등재되다

해설 보기의 키워드로 A는 环保(환경 보호), B는 推广(널리 퍼지다), C는 旅游景点(관광 명소), D는 世界遗产(세계 유산)을 삼는다. 녹음에서 现在仅存的一些蚝壳屋也已成为具有当地特色的旅游景点了(현존하는 몇몇 굴껍데기 가옥 역시 현지 특색을 가진 관광지가 되었다)라고 하여 보기 C의 키워드가 언급되었다. 질문에서 굴껍데기 가옥의 현황에 관해 옳은 것을 물었으므로 정답은 C이다.

어휘 列入 lièrù 동 집어넣다, 끼워넣다 世界遗产名录 shìjiè yíchǎn mingle 세계 유산 명부

48-50

经济学家会将一些非常有趣的现象作为参考数据，判断出一个经济体制的发展是否健康。48比如扑克、啤酒、口红、小吃等不起眼的商品的销量。其中，爆米花销量与一个经济体制的发展走势成正比，因此诞生了“影院爆米花指数”。49电影院爆米花的销量呈上升趋势，说明看电影的人在增多；看电影的人多，说明人们拥有富余的时间和金钱，收入稳定；而收入稳定，恰恰证明了经济形势的好转。另外，还有一款食品是番茄酱烤豆，它的销售则从另一方面反映出经济发展的走势。50番茄酱烤豆是一种常见的副食，但是它经常在人们生活困难时热销。因为经济一旦下滑，失业人数就会增多，当许多人在家里无所事事时，就会以看电视、吃烤豆来打发时间，所以烤豆销量的增长可以当作经济衰退的指标之一。

경제학자들은 몇몇 굉장히 흥미로운 현상을 참고 데이터로 삼아, 한 경제체제의 발전이 건강한지를 판단한다. 48예를 들어, 포커 게임, 맥주, 립스틱, 간단한 먹거리 등 눈에 띄지 않는 상품의 판매량이다. 그 중에서도, 팝콘의 판매량은 한 경제 체제의 발전 추세와 정비례하는데, 이 때문에 '영화관의 팝콘 지수'가 탄생하게 되었다. 49영화관의 팝콘 판매량이 상승 추세를 나타내면, 영화를 관람하는 사람이 증가하고 있다는 의미이며, 영화를 관람하는 사람이 많다는 것은 사람들이 남는 시간과 돈이 있고 수입이 안정적임을 설명하고, 수입이 안정적인 것은 바로 경제 상황이 호전되고 있음을 증명한다. 그 밖의 식품으로는 토마토 베이크드 빈스가 있는데, 이것의 판매량 역시 경제 발전 동향의 한 측면을 반영한다. 50토마토 베이크드 빈스는 흔히 볼 수 있는 부식이지만, 사람들의 생활이 어려울 때 잘 팔린다. 경제가 일단 하락하면 실업자가 증가하고, 많은 사람들이 집에서 할일 없이 지낼 때 TV를 시청하고 베이크드 빈스를 먹으며 시간을 때우기 때문이다. 따라서 베이크드 빈스의 판매량 증가를 경제 쇠퇴 지수 가운데 하나로 볼 수 있다.

어휘 经济体制 jīngjì tǐzhì 경제체제 不起眼 bù qǐyǎn 형 눈에 띄지 않다 爆米花 bàomǐhuā 명 팝콘 走势 zǒushì 명 발전 동향, 추세 诞生 dànshēng 동 탄생하다 富余 fùyu 형 넉넉하다, 남아 돌다 副食 fùshí 명 부식 无所事事 wú suǒ shì shì 성 아무 일도 하는 것이 없다 打发时间 dǎfā shíjiān 시간을 때우다 衰退 shuāituì 동 쇠퇴하다

★★☆ 중

48 下列哪项不属于经济学家参考的数据？

다음 중 경제학자가 참고하는 데이터에 속하지 않는 것은?

A 爆米花销量
B 口红的销量
C 小吃的销量
D 钻石的销量

A 팝콘 판매량
B 립스틱 판매량
C 간단한 먹거리 판매량
D 다이아몬드 판매량

해설 보기가 특정 상품의 판매량을 나타내므로 각 단어가 녹음에 언급되면 관련 정보를 수집하며 듣는다. 녹음의 시작 부분에서 경제학자의 참고 데이터를 소개하며 比如扑克、啤酒、口红、小吃等不起眼的商品的销量。其中，爆米花销量(예를 들어, 포커 게임, 맥주, 립스틱, 간단한 먹거리 등 눈에 띄지 않는 상품의 판매량. 그 중에서도, 팝콘의 판매량)이라고 했다. 질문에서 경제학자가 참고하는 데이터에 속하지 않는 것을 물었으므로 정답은 D이다.

어휘 口红 kǒuhóng 명 립스틱 钻石 zuànshí 명 다이아몬드

★★☆ 하

49 爆米花指数高能反映出什么？	팝콘 지수가 높은 것은 무엇을 반영할 수 있는가?
A 失业率高 **B 经济形势好转** C 经济在走下坡路 D 人均负债率创新高	A 실업률이 높다 **B 경제 상황이 호전되다** C 경제가 내리막길을 걷다 D 1인당 부채 비율이 최고치를 갱신하다

해설 보기의 키워드로 A는 失业率(실업률), B는 经济形势(경제 상황), C는 下坡路(내리막길), D는 人均负债率(1인당 부채 비율)를 삼는다. 녹음에서 电影院爆米花的销量呈上升趋势……证明了经济形势的好转(영화관의 팝콘 판매량이 상승 추세를 나타내면…… 경제 상황이 호전되고 있음을 증명한다)이라고 하여 보기 B의 키워드가 언급됐다. 질문에서 팝콘 지수가 높은 것이 무엇을 반영하는지 물었으므로 정답은 B이다.

어휘 好转 hǎozhuǎn 명 동 호전(되다) 走下坡路 zǒu xiàpōlù 내리막길을 걷다, 상황이 점차 나빠지다 人均负债率 rénjūn fùzhàilǜ 1인당 부채 비율

★★☆ 중

50 根据上文，下列哪项正确？	윗글에 근거하여 다음 중 옳은 것은?
A 烤豆味道诱人 **B 烤豆是一种普通的副食** C 烤豆是一些地区的主食 D 烤豆销量反映不出经济状况	A 베이크드 빈스는 맛이 매력적이다 **B 베이크드 빈스는 일종의 부식이다** C 베이크드 빈스는 몇몇 지역의 주식이다 D 베이크드 빈스 판매량은 경제 상황을 반영하지 못한다

해설 보기에 烤豆(베이크드 빈스)가 공통적으로 있으므로 그 이하의 내용을 키워드로 삼는다. 녹음에서 番茄酱烤豆是一种常见的副食(토마토 베이크드 빈스는 흔히 볼 수 있는 부식이다)이라고 하여 보기 B의 키워드가 언급됐다. 따라서 알맞은 정답은 B이다.

어휘 诱人 yòurén 형 매력적이다

독해 제1부분

[풀이전략] 보기 문장에서 수식 성분(관형어, 부사어, 보어)을 제외한 핵심 성분(주어, 술어, 목적어)을 위주로 먼저 분석한다. 문장 성분의 결여와 잉여, 어순 오류, 어휘의 호응 및 문맥의 논리성에 오류가 있는 문장을 정답으로 고른다.

★★☆ 하

51

A 诚实 | 是 | 一个人得以保持的最高尚的 | 东西。
주어 술어 관형어 목적어
성실함은 사람이 유지할 수 있는 가장 고결한 것이다.

B 苏州赏枫的 | 地方 | 很 | 多，| 但 | 我最喜欢的 | 是 | 留园。
관형어 주어 부사어 술어 접속사 주어 술어 목적어
쑤저우에 단풍을 구경하기 좋은 곳은 많지만 내가 가장 좋아하는 곳은 리우위안이다.

C 他 | 从来没 | 做过 | 菜，| 所以 | 根本就 | 分 | 得清 | 糖和盐。
주어 부사어 술어 목적어 접속사 부사어 술어 보어 목적어
그는 여태껏 요리를 해본 적이 없어서 설탕과 소금을 전혀 구분할 수 있다.

(O) 他 | 从来没 | 做过 | 菜，| 所以 | 根本就 | 分 | 不清 | 糖和盐。
주어 부사어 술어 목적어 접속사 부사어 술어 보어 목적어
그는 여태껏 요리를 해본 적이 없어서 설탕과 소금을 전혀 구분할 수 없다.

D 传统艺术 | 若 | 要 | 实现 | 网络化，| 必须先 | 抓 | 住 | 年轻人的 | 眼球。
주어 접속사 부사어 술어 목적어 부사어 술어 보어 관형어 목적어
만일 전통예술이 네트워크화를 실현하고자 한다면 반드시 젊은이들의 시선을 먼저 사로잡아야 한다.

해설 보기 C는 앞절(요리를 해본 적이 없다)과 뒷절(설탕과 소금을 구분할 수 있다)의 의미가 서로 모순된다. 논리적으로 뒷절에는 앞절의 결과인 '설탕과 소금을 구분할 수 없다'라는 내용이 와야 한다.

어휘 保持 bǎochí 동 유지하다, 지키다 高尚 gāoshàng 형 고결하다, 고상하다 枫 fēng 명 단풍나무 留园 Liúyuán 지명 유원, 리우위안 网络化 wǎngluòhuà 네트워킹, 네트워크화 眼球 yǎnqiú 명 안구, 주의(력)

★★☆ 중

52

A 麻辣烫 | 是 | 起源于四川乐山的传统特色 | 小吃。
주어 술어 관형어 목적어
마라탕은 쓰촨 러산에서 기원한 전통 먹거리이다.

B 将近二十多年 | 过去了，| 仍 | 有 | 很多 | 观众 | 一直 | 怀念 | 这部 | 剧。
부사어 술어 부사어 술어1 관형어 목1/주2 부사어 술어2 관형어 목적어2
거의 이십여 년이 지났지만 여전히 많은 시청자들이 이 드라마를 그리워한다.

(O) ① 将近二十年 | 过去了，| 仍 | 有 | 很多 | 观众 | 一直 | 怀念 | 这部 | 剧。
부사어 술어 부사어 술어1 관형어 목1/주2 부사어 술어2 관형어 목적어2
거의 이십 년이 지났지만 여전히 많은 시청자들이 이 드라마를 그리워한다.

② 二十多年 | 过去了，| 仍 | 有 | 很多 | 观众 | 一直 | 怀念 | 这部 | 剧。
부사어 술어 부사어 술어1 관형어 목1/주2 부사어 술어2 관형어 목적어2
이십여 년이 지났지만 여전히 많은 시청자들이 이 드라마를 그리워한다.

C 科学研究 | 表明， | 癌症、白内障等多种疾病都与体内过量的自由基有关。
주어 술어 목적어

과학 연구에서 암, 백내장 등의 다양한 질병이 체내의 과도한 유리기와 관련이 있음이 밝혀졌다.

D 大多数鸟类 | 仅 | 利用 | 树枝、杂草和泥土等 | 材料， | 便可以 | 搭建 | 属于自己的温馨 | 小窝。
주어 부사어 술어 관형어 목적어 부사어 술어 관형어 목적어

대다수의 조류가 나뭇가지, 잡초와 흙 등의 재료만 사용하여 자신만의 따뜻한 둥지를 만든다.

해설 보기 B에 将近(거의 ~에 가깝다)과 多(~여)가 함께 수량사에 쓰였다. 将近二十年은 20년 이하를 나타내고, 二十多年은 20년 이상을 나타낸다. 논리적으로 모순되는 단어가 함께 쓰였으므로 둘 중의 하나만 사용해야 한다.

어휘 起源 qǐyuán 명 동 기원(하다)　乐山 Lèshān 지명 러산, 낙산[중국 쓰촨성 소재]　将近 jiāngjìn 동 거의 ~에 가깝다　癌症 áizhèng 명 암[질병]　白内障 báinèizhàng 명 백내장　疾病 jíbìng 명 질병　自由基 zìyóujī 명 유리기　搭建 dājiàn 동 (천막·건물 등을) 치다, 세우다　温馨 wēnxīn 형 온화하고 향기롭다, 따스하다　窝 wō 명 둥지, 보금자리

★☆☆ 하

53

A 人们 | 常 | 说 | 工作没有高低贵贱之分，只有社会分工不同。
주어 부사어 술어 목적어

사람들은 흔히 직업에는 귀천이 없고, 그저 사회적 분업만 다른 것이라고 말한다.

B 自雍正皇帝居住养心殿后， | 这里 | 就一直 | 作为 | 清代皇帝的 | 寝宫。
부사어 주어 부사어 술어 관형어 목적어

옹정제가 양심전에 기거한 이후로 이곳은 줄곧 청나라 황제들의 침전이 되었다.

C 《北京味道》 | 是 | 北京电视台生活频道制作的大型美食 | 纪录片 | 一档。
주어 술어 관형어 목적어 ?

「북경의 맛」은 북경TV 생활채널이 제작한 대형 미식 다큐멘터리이다 한 편.

(O) 《北京味道》 | 是 | 北京电视台生活频道制作的一档大型美食 | 纪录片。
주어 술어 관형어 목적어

「북경의 맛」은 북경TV 생활채널이 제작한 한 편의 대형 미식 다큐멘터리이다.

D 回忆 | 是 | 一种很奇妙的 | 东西， | 它 | 生活 | 在过去， | 存 | 在于现在， | 却能 | 影响 | 未来。
주어 술어 관형어 목적어 주어 술어 보어 술어 보어 부사어 술어 목적어

추억은 아주 신기한 것이다. 그것은 과거에 살고 현재에 존재하며 미래에 영향을 줄 수 있다.

해설 보기 C에서 수량사 一档(한 편)이 명사 뒤에 사용됐다. 수량사는 명사 앞에 위치해야 하므로 一档을 大型美食纪录片(대형 미식 다큐멘터리) 앞에 놓아야 한다.

Tip▶ 관형어의 어순

[제한성 관형어{소유 · 소속/시간/장소 + 각종구的} + 지시대사 + 수량(수사+양사) + 묘사성 관형어{동사구 · 형용사구的+성질 · 특징명사}]

北京电视台生活频道制作的 + 一档 + 大型美食纪录片　북경TV 생활채널에서 제작한 한 편의 대형 미식 다큐멘터리
제한성 관형어 수량사 묘사성 관형어

어휘 贵贱 guìjiàn 명 귀천　社会分工 shèhuì fēngōng 명 사회적 분업　雍正皇帝 Yōngzhèng huángdì 인명 옹정제 [청나라 제5대

황제, 1722~1735] 养心殿 Yǎngxīndiàn 양심전 [황제의 침소] 皇帝 huángdì 명 황제 寝宫 qǐngōng 명 왕, 왕후가 거처하는 궁전, 침전 一档 yídàng (사건 일 등의) 한 건 奇妙 qímiào 형 신기하다

★★★ 하

54

A 美国心理学家邓肯提出的 | 人际安全距离 | 是 | 1.2米。
관형어 주어 술어 목적어
미국의 심리학자 던컨이 제시한 사람 간의 안전거리는 1.2m다.

B 不要 | 失去 | 信心，| 只要 | 坚持不懈，| 就终会 | 有 | 成果 | 的。
부사어 술어 목적어 접속사 술어 부사어 술어 목적어 조사
자신감을 잃지 말라. 끝까지 포기하지 않고 버텨 나가면 결국 성과가 있을 것이다.

C 外部人员 | 未 | 经 | 经理批准 | 禁止 | 不得 | 进入 | 车间。
주어 부사어 술어 목적어 술어 부사어? 술어 목적어
외부 사람은 매니저의 승인을 거치지 않고 작업장 출입을 해서는 안 됨을 금지한다.

(O) ① 外部人员 | 未 | 经 | 经理批准 | 禁止 | 进入车间。
주어 부사어 술어 목적어 술어 목적어
외부 사람은 매니저의 승인을 거치지 않으면 작업장 출입을 금지한다.

② 外部人员 | 未 | 经 | 经理批准 | 不得 | 进入 | 车间。
주어 부사어 술어 목적어 부사어 술어 목적어
외부 사람은 매니저의 승인을 거치지 않으면 작업장 출입을 해서는 안 된다.

D 人们 | 会根据各自的兴趣、需要，选择性地 | 记忆 | 部分信息。
주어 부사어 술어 목적어
사람들은 각자의 흥미, 필요를 토대로 선택적으로 일부 정보를 기억한다.

해설 보기 C에서 금지를 나타내는 어휘가 중복됐다. 禁止(~을 금지하다)과 不得(~해서는 안 된다)는 모두 금지를 나타내므로 둘 중의 하나만 사용해야 한다.

어휘 坚持不懈 jiān chí bú xiè 성 조금도 느슨하게 하지 않고 끝까지 견지하다 未经 wèijīng 동 거치지 않다 车间 chējiān 명 (회사 · 공장 등의) 작업장

★★★ 상

55

A 即使 | 是 | 哪个 | 时代，| 英雄的 | 事迹和精神 | 都 | 是 | 激励社会前行的 | 强大力量。
접속사 술어 관형어 목적어 관형어 주어 부사어 술어 관형어 목적어
설령 어느 시대라고 해도 영웅의 업적과 정신은 모두 사회 발전을 독려하는 강력한 힘이다.

(O) 无论 | 是 | 哪个 | 时代，| 英雄的 | 事迹和精神 | 都 | 是 | 激励社会前行的 | 强大力量。
접속사 술어 관형어 목적어 관형어 주어 부사어 술어 관형어 목적어
어느 시대를 막론하고 영웅의 업적과 정신은 모두 사회 발전을 독려하는 강력한 힘이다.

B 分歧指的 | 是 | 两个人或多个人的意见或看法不一致，| 说明 | 不了 | 谁对谁错。
주어 술어 목적어 술어 보어 목적어
의견의 불일치는 둘 또는 다수의 의견이나 견해가 일치하지 않는 것으로, 누가 옳고 그른지 설명할 수 없다.

C 法律的最终 | 作用 | 就 | 是 | 维护社会秩序，保障社会群众的人身安全与利益。
관형어 주어 부사어 술어 목적어
법률의 궁극적인 역할은 사회질서를 보호하고, 대중의 안전과 이익을 보장하는 것이다.

D 雾虹 | 是 | 一种类似于彩虹的天气 | 现象， | 都 | 是 | 由水滴反射和折射太阳光形成的天气 |
주어 술어 관형어 목적어 부사어 술어 관형어

现象。
목적어

안개 무지개는 무지개와 비슷한 기상 현상이며, 물방울이 햇빛을 반사 및 굴절시켜 형성된 기상 현상이다.

해설 보기 A의 접속사 即使(설령 ~할지라도)는 부사 也(~도)와 호응 구조를 이루는데, 뒷절에는 부사 都(모두)가 있다. 따라서 即使를 无论(~을 막론하고)으로 바꿔서 '无论A, 都B(~을 막론하고 모두 ~하다)'의 호응 구조로 만들어야 한다.

Tip▶ **조건을 나타내는 접속사의 호응관계** [不管/无论/不论A, 都B] A를 막론하고 무조건 다 B하다
: A자리에는 다음의 5가지 형태 중의 하나가 충족되어야 한다.
1. 의문대사 2. 선택형(是A还是B) 3. 정반형(A不A) 4. 반대말나열(男女老少) 5. 有多(多么)+형용사

어휘 事迹 shìjì 명 사적, 행적 激励 jīlì 동 격려하다, 북돋아주다 分歧 fēnqí 명 (의견 등의) 불일치, 상이 群众 qúnzhòng 명 대중, 군중 雾虹 wùhóng 명 안개 무지개 类似 lèisì 형 유사하다, 비슷하다 折射 zhéshè 동 굴절시키다

★★☆ 중

56

A 著名武侠小说作家 | 金庸 | 是 | "香港四大才子"之 | 一。
관형어 주어 술어 관형어 목적어

저명한 무협소설가 김용은 '홍콩 4대 인재' 중의 한 명이다.

B 人生 | 并 | 非 | 游戏， | 因此 | 我们 | 没有 | 权利 | 随意 | 放弃 | 它。
주어 부사어 술어 목적어 접속사 주어 술어1 목적어1 부사어 술어2 목적어2

인생은 게임이 아니다. 때문에 우리는 마음대로 그것을 포기할 권리가 없다.

C 随着人们的审美观， | 家居装饰 | 逐渐 | 成为了 | 生活的重要组成 | 部分。
부사어 주어 부사어 술어 관형어 목적어

사람들의 미적 감각에 따라, 홈인테리어는 점차 생활의 중요한 구성 요소가 되었다.

(O) 随着人们审美观的不断改变， | 家居装饰 | 逐渐 | 成为了 | 生活的重要组成 | 部分。
부사어 주어 부사어 술어 관형어 목적어

사람들의 미적 감각이 끊임없이 변함에 따라, 홈인테리어는 점차 생활의 중요한 구성 요소가 되었다.

D 松花砚 | 是 | 一种起源于明代的手工 | 艺品， | 为 | 中国四大名砚之 | 一， | 其 |
주어 술어 관형어 목적어 술어 관형어 목적어 관형어

存世量 | 十分 | 有限。
주어 부사어 술어

송화연은 명대 수공예품의 일종으로, 중국의 4대 벼루 중 하나이며 잔존량이 극히 적다.

해설 보기 C에서 개사 随着(~함에 따라서)는 뒤에는 변화를 나타내야 한다. 人们的审美观(사람들의 미적 감각)은 변화가 아니므로 人们审美观的不断改变(사람들의 미적 감각이 끊임없이 변화함에 따라)으로 바꿔야 한다.

Tip▶ 개사 随着는 '随着+변화{명사+的+동사}, 변화의 결과{주어+술어}'의 구조로 쓰인다.

어휘 武侠 wǔxiá 명 무협 随意 suíyì 동 마음대로 하다 砚 yàn 명 벼루 存世量 cúnshìliàng 잔존량

★★☆ 중

57

A 近年来， | 前往该地区的 | 游客数量 | 增加了 | 大量， | 已 | 超过 | 80万 | 人次。
부사어 관형어 주어 술어 ? 부사어 술어 관형어 목적어

최근 몇 년간 이곳을 찾는 관광객 수가 증가했다 크게. 이미 연간 누적 80만 명을 넘어섰다.

(O) 近年来，| 前往该地区的 | 游客数量 | 大量 | 增加了，| 已 | 超过 | 80万 | 人次。
부사어 관형어 주어 부사어 술어 부사어 술어 관형어 목적어

최근 몇 년간 이곳을 찾는 관광객 수가 크게 증가했다. 이미 연간 누적 80만 명을 넘어섰다.

B 诚信 | 是 | 为人处世的基本 | 原则，| 更 | 是 | 一个和谐社会的必要 | 规范。
주어 술어 관형어 목적어 부사어 술어 관형어 목적어

신의는 처세의 기본 원칙이며, 더 나아가 조화로운 사회의 필수 규범이다.

C 火锅 | 起源 | 于中国，| 是 | 一种中国独创的 | 美食，| 它 | 历史悠久，| 并且 | 老少皆宜。
주어 술어 보어 술어 관형어 목적어 주어 술어 접속사 술어

훠궈는 중국에서 기원한 것으로, 중국의 독창적인 먹거리이다. 그것은 역사가 유구하며 남녀노소 모두에게 적합하다.

D 351系列活动，| 不但 | 保护了 | 环境，| 而且 | 改变了 | 消费者的 | 想法，| 办 | 得十分成功！
주어 접속사 술어 목적어 접속사 술어 관형어 목적어 술어 보어

351시리즈 활동은 환경 보호는 물론 소비자들의 생각을 바꾸어 대단히 성공적으로 치뤄졌다!

해설 보기 A의 大量(대량의)은 수량이 많다는 의미로, 관형어나 부사어로 쓰인다. 그런데 보기 A에서 술어 뒤에 위치해 있으므로 大量을 술어 앞에 놓아야 한다.

어휘 诚信 chéngxìn 명 성실 和谐 héxié 형 조화롭다 规范 guīfàn 명 본보기, 규범 皆 jiē 부 모두 宜 yí 동 ~에 적합하다

★★☆ 중

58

A 京剧 | 是 | 中国五大戏曲剧种的 | 一种，| 它 | 有着 | 悠久的 | 历史，| 也被 | 称为 |
주어 술어 관형어 목적어 주어 술어 관형어 목적어 부사어 술어

中国的 | 国粹。
관형어 목적어

경극은 중국의 5대 전통희곡극의 하나로 유구한 역사를 가지고 있어 중국의 '국수'라고도 불리운다.

B "冰心散文奖" | 是 | 一项具有权威的散文 | 大奖，| 它 | 代表了 | 中国散文最高、最专业的 |
주어 술어 관형어 목적어 주어 술어 관형어

水准。
목적어

'삥신 산문상'은 권위있는 산문문학상으로 중국 산문의 가장 높고 전문적인 수준을 상징한다.

C 近年来，| 网络直播平台 | 被越来越多的年轻人 | 知晓，| 也 | 有 | 越来越多的 | 人 |
부사어 주어 부사어 술어 부사어 술어1 관형어 목1/주2

把主播 | 作为 | 自己的 | 主业。
부사어 술어2 관형어 목적어2

최근 들어 인터넷 라이브방송 플랫폼이 점점 더 많은 젊은이들에게 알려지며 점점 더 많은 사람들이 인터넷 방송 진행을 자신의 본업으로 삼는다.

D 一个人的 | 品行 | 不 | 取决于 | 他如何享受胜利，| 而 | 在于 | 他如何忍受失败。|
관형어 주어 부사어 술어 목적어 접속사 술어 목적어

没 | 有 | 什么 | 比信念更能 | 支撑 | 我们欢度艰难时光了。
부사어 술어1 목1/주2 부사어 술어2 목적어2

사람의 품행은 그가 어떻게 승리를 즐기는가가 아니라 어떻게 실패를 감당하는가에 의해 결정된다. 그 무엇도 신념보다 우리가 어려운 시절을 즐겁게 보내는 데에 더 버팀목이 되어줄 수 있는 것은 없다.

(O) 一个人的 | 品行 | 不 | 取决于 | 他如何享受胜利， | 而 | 在于 | 他如何忍受失败。|
관형어 주어 부사어 술어 목적어 접속사 술어 목적어

没有 | 什么 | 比信念更能 | 支撑 | 我们度过艰难时光了。
술어1 목1/주2 부사어 술어2 목적어2

사람의 품행은 그가 어떻게 승리를 즐기는가가 아니라 어떻게 실패를 감당하는가에 의해 결정된다. 그 무엇도 신념보다 우리가 어려운 시절을 보내는 데에 더 버팀목이 되어줄 수 있는 것은 없다.

해설 보기 D에서 동사 欢度는 '즐겁게 보내다'라는 뜻이기 때문에 목적어인 艰难时光(어려운 시절)과 의미가 모순된다. 따라서 欢度가 아니라 度过(보내다)로 바꿔주어야 한다.

어휘 国粹 guócuì 명 국수[한 나라나 민족이 지닌 고유한 문화의 정화] 知晓 zhīxiǎo 동 알다, 이해하다 主播 zhǔbō 명 메인 아나운서 取决于 qǔjué yú ~에 따라 결정되다 支撑 zhīchēng 동 지탱하다, 힘써 견디다 欢度 huāndù 동 즐겁게 보내다 度过 dùguò 동 보내다, 지내다

★★★ 하

59

A 百度 | 是 | 全球最大的中文搜索 | 引擎， | 让网民可以更便捷地获取信息 | 是 | 其服务 | 宗旨。
주어 술어 관형어 목적어 주어 술어 관형어 목적어

'바이두'는 세계 최대의 중문 검색엔진으로, 네티즌들이 보다 간편하게 정보를 얻을 수 있는 것을 그 서비스의 취지로 한다.

B 鱼肉中 | 含有 | 丰富的 | 欧米伽3和不饱和脂肪酸， | 对健脑益智、促进儿童智力发育非常 |
주어 술어 관형어 목적어 부사어

有 | 好处。
술어 목적어

생선살에는 풍부한 오메가3와 불포화지방산이 함유되어 두뇌 및 지능 발달, 아동 지능 발육에 굉장히 이롭다.

C 青少年追星 | 原本 | 是 | 很正常 | 的 ， | 但是 | 盲目地追捧以至于抛弃原有的生活 | 就十分 |
주어 부사어 (강조) 술어 (강조) 접속사 주어 부사어

不可取了。
술어

청소년들이 스타를 우상시하고 쫓아다니는 것은 정상이나 맹목적으로 추종하여 원래의 생활을 잘 돌보지 않고 내팽개치는 것은 대단히 바람직하지 않다.

D 人与人之间 | 存在着 | 各种 | 差异 | 共存， | 这些 | 差异 | 造就了 | 每个人不同的 |
주어 술어 관형어 목적어 ? 관형어 주어 술어 관형어

特色， | 各有千秋说的 | 正 | 是 | 这个 | 意思。
목적어 주어 부사어 술어 관형어 목적어

사람과 사람 사이에는 다양한 차이가 존재하며 공존한다. 이러한 차이는 사람마다 다른 특징을 만들어 주는데, 성어 '각유천추'가 말하는 것이 바로 이런 의미이다.

(O) 人与人之间 | 存在着 | 各种 | 差异， | 这些 | 差异 | 造就了 | 每个人不同的 | 特色， |
주어 술어 관형어 목적어 관형어 주어 술어 관형어 목적어

各有千秋说的 | 正 | 是 | 这个 | 意思。
주어 부사어 술어 관형어 목적어

사람과 사람 사이에는 다양한 차이가 존재한다. 이러한 차이는 사람마다 다른 특징을 만들어 주는데, 성어 '각유천추'가 말하는 것이 바로 이런 의미이다.

해설 보기 D에 存在着(존재하고 있다)와 共存(공존하다)은 같은 의미로 중복 사용되었다. 또한 문장 구조를 살펴보면 '人与人(관형어)+之间(주어)+存在着(술어)+各种(관형어)+差异(목적어)'로 '주어+술어+목적어'가 완벽하므로, 불필요한 성분인 共存을 소거해야 한다.

어휘 搜索引擎 sōusuǒ yǐnqíng 명 검색 엔진 便捷 biànjié 형 간편하다 宗旨 zōngzhǐ 명 주지, 취지 不饱和脂肪酸 bù bǎohé zhīfángsuān 명 불포화지방산 益智 yìzhì 동 지능을 계발하다 追捧 zhuīpěng 동 열렬하게 추종하다 抛弃 pāoqì 동 돌보지 않고 내팽개치다 可取 kěqǔ 형 취할 만하다, 배울 만하다 各有千秋 gè yǒu qiān qiū 성 사람마다 다 자신의 장기를 가지고 있다

★★☆ 하

60

A 泥石流发生的 | 时间规律 | 是 | 与集中降雨时间规律相 | 一致 | 的，| 具有 | 明显的 |
관형어 주어 是 부사어 술어 조사 술어 관형어

季节性。
목적어

산사태가 발생하는 시간 법칙과 집중호우가 쏟아지는 시간 법칙은 서로 일치하며, 뚜렷한 계절성을 지니고 있다.

B 互联网公司的巨头，百度公司的董事长 | 李彦宏 | 也曾经在互联网大会上 | 表示，| 在未来，|
관형어 주어 부사어 술어 부사어

所有简单的重复的脑力 | 劳动 | 都将会被人工智能 | 所代替。
관형어 주어 부사어 술어

인터넷 기업의 거물 바이두사의 이사장 리옌훙도 일찍이 인터넷 회의에서 다음과 같이 밝혔다. 미래에는 단순하고 반복적인 모든 정신 노동이 AI로 대체될 것이다.

C 义工旅行 | 是指 | 在享受免费旅行的同时承担相应的 | 责任，| 如 | 完成某项活动、
주어 술어 관형어 목적어 술어

帮助某个对象等。| 因此，| 它 | 并不 | 是 | 旅行，| 也 | 是 | 一个公益 | 项目。
목적어 접속사 주어 부사어 술어 목적어 부사어 술어 관형어 목적어

자원봉사활동 여행이란 무료로 여행을 즐기는 동시에 이에 상응하는 책임을 지는 것으로, 예를 들어 어떤 활동에 참여하거나 어떤 대상을 도와주는 것 등이다. 때문에 그것은 결코 여행이 아니고 또한 공익 사업이다.

(O) 义工旅行 | 是指 | 在享受免费旅行的同时承担相应的 | 责任，| 如 | 完成某项活动、
주어 술어 관형어 목적어 술어

帮助某个对象等。| 因此，| 它 | 并不 | 是 | 旅行，| 而 | 是 | 一个公益 | 项目。
목적어 접속사 주어 부사어 술어 목적어 부사어 술어 관형어 목적어

자원봉사활동 여행이란 무료로 여행을 즐기는 동시에 이에 상응하는 책임을 지는 것으로, 예를 들어 어떤 활동에 참여하거나 어떤 대상을 도와주는 것 등이다. 때문에 그것은 결코 여행이 아니며 공익 사업이다.

D “女儿红” | 属于 | 发酵酒中的 | 黄酒，| 含有 | 大量人体所需的 | 氨基酸。| 江南的 |
주어 술어 관형어 목적어 술어 관형어 목적어 관형어

冬天 | 空气潮湿寒冷，| 因此，| 人们 | 常 | 饮用 | 此酒 | 来 | 增强 | 抵抗力。
주어 술어 접속사 주어 부사어 술어1 목적어1 来 술어2 목적어2

‘뉘얼훙’은 발효주 중에서 황주에 속하고 인체가 필요로 하는 다량의 아미노산을 함유하고 있다. 강남 지방의 겨울은 공기가 습하고 차갑다. 이 때문에 사람들은 자주 이 술을 마셔서 면역력을 강화시킨다.

해설 보기 C의 뒷부분에 사용된 不是(~이 아니라)는 ‘不是A而是B(A가 아니라 B다)’ 또는 ‘不是A就是B(A가 아니면 B다)’로 쓰인다. 의미상 앞절을 부정하고 뒷절을 긍정하는 뜻이므로 也是가 아닌 而是를 사용해야 한다.

어휘 泥石流 níshíliú 명 산사태, 토사 义工旅行 yìgōng lǚxíng 자원봉사활동 여행(Voluntourism) 发酵 fājiào 명 동 발효(시키다) 氨基酸 ānjīsuān 명 아미노산 抵抗力 dǐkànglì 명 (병에 대한) 저항력

독해 제2부분

[풀이전략] 빈칸의 위치를 파악하여 앞뒤에 어떤 단어가 있는지 파악한다. 보기 중 각 빈칸 문장에 가장 어울리는 단어를 정답으로 고른다.

★★★ 중

61 人工智能翻译软件的错翻漏翻情况闹出了不少笑话，但这些应用上的错误却正在令这种技术 日益 完善，甚至有关研究人员认为人工智能翻译软件终将 代替 人力，可以扫清人类语言交流上的许多障碍。然而，人工智能翻译技术真能 体会 到人类语言的微妙之处吗？对此，人们一直争论不休。

인공지능(AI) 번역 프로그램의 오역과 번역 누락은 적잖은 헤프닝을 만들어냈다. 그런데 이러한 응용상의 오류가 오히려 이 기술을 **나날이** 완벽하게 만들고 있다. 심지어 관련 연구자들은 인공지능 번역 프로그램이 결국에는 인력을 **대신하여** 인류의 언어 교류상의 수많은 장애물들을 없애줄 것이라고 생각했다. 하지만, 인공지능 번역 기술이 정말 인간 언어의 미묘한 부분까지 **체득할** 수 있을까? 이에 대해서는 줄곧 논쟁이 끊이지 않고 있다.

A 逐年 | 补偿 | 参透
B 不时 | 取代 | 克服
C 日益 | 代替 | 体会
D 时而 | 超越 | 突破

A 해마다 | 보상하다 | 깊이 깨닫다
B 때때로 | 대체하다 | 극복하다
C 나날이 | 대신하다 | 체득하다
D 때로는 | 초월하다 | 돌파하다

해설

첫 번째 빈 칸	逐年 zhúnián 부 해마다 不时 bùshí 부 때때로 日益 rìyì 부 나날이 时而 shí'ér 부 때로는

빈칸은 [___+술어(完善)]의 구조로 빈도부사인 不时과 时而은 형용사 完善(완벽하게 하다)을 수식할 수 없으며, 점진적인 변화를 나타내는 逐年과 日益가 들어가는 것이 적합하다.

두 번째 빈 칸	补偿 bǔcháng 명 동 보상(하다) 取代 qǔdài 동 다른 것으로 바꾸다, 대체하다 代替 dàitì 동 대신하다, 대체하다 超越 chāoyuè 동 넘어서다, 초월하다

빈칸은 [___+목적어(人力)]의 구조로 빈칸은 동사 술어 자리이다. 人力(인력)와 함께 쓰일 수 있는 동사는 代替와 取代이다.

세 번째 빈 칸	参透 cāntòu 동 깊이 깨닫다 克服 kèfú 동 (어려움, 고난 등을) 극복하다 体会 tǐhuì 동 체득하다, 이해하다, 체험하여 터득하다 突破 tūpò 동 (한계 · 난관 등을) 돌파하다

빈칸은 [조동사(能)+___+보어(到)+목적어(人类语言的微妙之处)]의 구조로 빈칸은 동사 술어 자리이다. 보기 중에서 보어 到(~까지)와 결합할 수 있고 목적어와 의미가 어울리는 것은 体会이다.

어휘 终将 zhōngjiāng 부 결국에는 ~할 것이다　微妙 wēimiào 형 미묘하다　争论不休 zhēnglùn bù xiū 논쟁이 그칠 줄 모르다

★★★ 상

62 成语"滥竽充数"指的是不会吹竽的人混在吹竽的队伍里充数，**比喻** 没有真才实学的人，混在行家里面充数，次货冒充好货。毫无疑问，那些**弄虚作假** 的人虽能蒙混一时，但是无法蒙混一世，他们经不住时间的考验，终究会露出马脚的。该成语有时候也用来表示 **自谦**，说自己水平不够，只是凑个数而已。

성어 '람우충수'는 피리를 불 줄 모르는 사람이 피리 악단에 들어가 머릿수를 채운다는 것을 지칭하는 것으로, 실제로 재능이 없으면서도 전문가들 속에서 머릿수를 채워, 훌륭한 사람인냥 사칭하는 것을 **비유한다**. 의심의 여지 없이, **속임수로 사기를 치는** 사람은 한동안은 속일 수 있어도 평생을 속일 수는 없다. 그들은 시간의 시험을 견디지 못하고 결국엔 마각을 드러내기 마련이다. 이 성어는 때때로 자신의 실력이 부족하여 그저 머릿수만 채울 뿐이라며 **자신을 낮추는 것**을 나타내는 데에 쓰이기도 한다.

A 形容 | 一丝不苟 | 自满
B 比如 | 胡言乱语 | 自卑
C 好比 | 不择手段 | 自觉
D 比喻 | 弄虚作假 | 自谦

A 형용하다 | 조금도 빈틈이 없다 | 자만하다
B 예를 들어 | 허튼 소리를 지껄이다 | 열등감을 가지다
C ~와 같다 | 수단을 가리지 않다 | 자각적이다
D 비유하다 | 속임수로 사기를 치다 | 자기를 낮추다

해설

첫 번째 빈 칸
形容 xíngróng 동 형용하다, 묘사하다
比如 bǐrú 접 예를 들어
好比 hǎobǐ 동 흡사 ~와 같다, 예를 들면 ~와 같다
比喻 bǐyù 동 비유하다

빈칸은 [___+목적어(没有真才实学的人，混在行家里面充数，次货冒充好货)]의 구조로 빈칸은 동사 술어 자리이다. 문장의 주어가 滥竽充数(재능도 없으면서 머릿수만 채운다)라는 성어이므로 形容 또는 比喻가 들어가는 것이 적합하다.

두 번째 빈 칸
一丝不苟 yì sī bù gǒu 성 조금도 소홀히 하지 않다, 조금도 빈틈이 없다
胡言乱语 hú yán luàn yǔ 성 허튼 소리를 지껄이다, 얼토당토 않은 소리를 하다
不择手段 bù zé shǒuduàn 성 수단을 가리지 않다, 온갖 수단을 다 쓰다
弄虚作假 nòng xū zuò jiǎ 성 허위로 날조하다, 속임수를 써서 사기 치다

빈칸은 [지시대사(那)+양사(些)+___+명사(人)]의 구조로 人(사람)은 앞부분에 언급한 '滥竽充数한 사람'을 가리킨다. 따라서 보기 중 이와 유사한 뜻을 가진 弄虚作假가 들어가는 것이 적합하다.

세 번째 빈 칸
自满 zìmǎn 명 형 자만(하다)
自卑 zìbēi 형 스스로 낮추다, 열등감을 가지다
自觉 zìjué 형 자각적이다
自谦 zìqiān 동 자기를 낮추다, 겸손한 태도를 지니다

빈칸은 [술어(表示)+___]의 구조로 빈칸은 목적어 자리이다. 빈칸 뒷부분에서 说自己水平不够，只是凑个数而已(자신이 실력이 부족하여 그저 머릿수만 채울 뿐이라는 것을 말한다)라고 했으므로 겸손을 나타내는 自谦이 들어가는 것이 적합하다.

어휘 滥竽充数 làn yú chōng shù 성 재능이 없으면서 끼어들어 머리 숫자만 채우다 竽 yú 명 생황(笙簧)과 비슷한 피리의 일종 真才实学 zhēn cái shí xué 성 진정한 재능과 견실한 학식 混 hùn 동 섞다, 가장하다 充数 chōngshù 동 능력이 없는 사람이나 불합격 물품으로 숫자(머릿수)를 채우다 次货 cìhuò 명 2급품, 열등품 冒充 màochōng 동 사칭하다, ~인 체하다 毫无 háowú 조금도 ~이 없다 蒙混 ménghùn 동 속임수로 남을 속이다 经不住 jīng bu zhù 이겨 내지 못하다 考验 kǎoyàn 명 동 시련(을 주다) 露马脚 lòu mǎjiǎo 마각이 드러나다, 탄로 나다 凑数 còushù 동 질이 낮고 그리 필요없는 것으로 숫자만 채우다, 머릿수만 채우다

★★☆ 중

63 要成为嗅辨员，必须要经过专门的资格考试。他们需要通过分辨气体中的“臭味”来 **判断** 出大气是否受过污染。嗅辨员不是一个 **终身** 的职业，随着年龄的增长，人的嗅觉也会退化，嗅辨员也不得不从 **岗位** 上“退役”。按照规定，嗅辨员年龄须在18到45岁之间，资格证的有效期也为5年。

냄새판정사가 되려면, 반드시 전문적인 자격 시험을 통과해야 한다. 그들은 기체 속의 '악취'를 분별하여 대기의 오염 여부를 **판단해야** 한다. 냄새판정사는 **평생** 직업은 아니다. 나이가 들어감에 따라 사람의 후각도 퇴화하므로 냄새판정사도 어쩔 수 없이 **직장**에서 '은퇴'해야 한다. 규정에 따르면, 냄새판정사의 연령은 반드시 18세~45세 사이여야 하며, 자격증의 유효기간도 5년이라고 한다.

A 判断 | 终身 | 岗位
B 测验 | 持久 | 行业
C 鉴定 | 当前 | 职能
D 辩证 | 漫长 | 职位

A 판단하다 | 평생 | 직장
B 테스트하다 | 오래 지속되다 | 업종
C 감정하다 | 현재 | 직능
D 논증하다 | 길다 | 직위

해설

첫 번째 빈 칸	判断 pànduàn 명 동 판단(하다), 판정(하다) 测验 cèyàn 명 동 시험(하다), 테스트(하다) 鉴定 jiàndìng 동 감정하다, 분별하여 판정하다 辩证 biànzhèng 동 논증하다, 변증하다

빈칸은 [부사어(通过分辨气体中的“臭味”来)+___+보어(出)+목적어(大气是否受过污染)]의 구조로 동사 술어 자리이다. 목적어에 是否(~인지 아닌지)가 있고 부사어에 通过分辨(분별을 통해서)이 있으므로 '분별을 통해서 ~인지 아닌지를 판단하다'가 되도록 判断을 넣어야 한다.

두 번째 빈 칸	终身 zhōngshēn 명 종신, 일생, 평생 持久 chíjiǔ 형 오래 지속되다, 오래 유지하다 当前 dāngqián 명 현재, 목전 漫长 màncháng 형 (시간 · 공간이) 멀다, 길다, 지루하다

빈칸은 [___+的+명사(职业)]의 구조로 관형어 자리이다. 보기 중에서 职业(직업)와 어울리는 단어는 终身이다. 持久는 '지속되다'라는 뜻으로 药效持久(약효가 오랫동안 지속되다), 持久的和平(오랫동안 유지되는 평화), 持久战(지구전), 旷日持久(오래 끌다) 등으로 쓰인다. 漫长은 '매우 길다, 지루하다'라는 뜻으로 漫长的岁月(기나긴 세월), 漫长的冬天(길고 지루한 겨울), 漫长的进化过程(기나긴 진화의 과정) 등으로 쓰인다.

세 번째 빈 칸	岗位 gǎngwèi 명 직장, 직위, 근무처 行业 hángyè 명 직종, 업종 职能 zhínéng 명 (기구 · 사물 · 사람의) 직능, 직책과 기능 职位 zhíwèi 명 직위 [직무상의 지위]

빈칸은 [从+___+上+술어(退役)]의 구조로 명사 자리이다. 술어 退役와 어울리는 단어는 岗位와 职位이다.

어휘 嗅辨员 xiùbiànyuán 냄새판정사 [악취를 측정하고 원인을 판별하는 직업]　分辨 fēnbiàn 명 동 분별(하다), 구분(하다)　臭味 chòuwèi 명 악취, 구린내　嗅觉 xiùjué 명 후각　退化 tuìhuà 명 동 퇴화(하다)　退役 tuìyì 동 은퇴하다

★★★ 중

64 英国一项调查显示，稳定而规律的生活、长期固定的伴侣才是男性快乐之源，37岁左右是男性一生中最快乐的时光。这一年龄段的男性有固定伴侣，家庭 **和睦** ，有三两个 **亲密** 的好友分享快

영국의 한 조사에서 안정적이고 규칙적인 생활과 장기적이고 고정된 반려자야말로 남성의 행복의 근원이며, 37세 전후가 남성이 일생 동안 가장 행복한 시절이라고 밝혔다. 이 연령대의 남성들은 반려자가 있고, 가정이 **화목하며**, 두어 명의 기쁨을 나누고

乐、 **分担** 烦恼，已然远离青少年时期的焦虑，而 **所谓** 的"中年危机"还没有到来，正是人生最美好的时光。	고민을 **분담할** **친한** 친구들을 가지고 있다. 이미 청소년 시기의 초조한 마음에서 멀어졌으며 **소위** '중년의 위기'는 아직 찾아오지 않아 인생의 가장 아름다운 시절이다.
A 和睦 | 亲密 | 分担 | 所谓 B 和蔼 | 亲切 | 承担 | 相对 C 和气 | 密切 | 负担 | 一贯 D 温和 | 切实 | 担保 | 现成	**A 화목하다 | 친밀하다 | 분담하다 | 소위** B 상냥하다 | 친절하다 | 맡다 | 상대적으로 C 온화하다 | 밀접하다 | 부담하다 | 일관되다 D 온화하다 | 실용적이다 | 담보하다 | 기성의

해설

첫 번째 빈 칸	和睦 hémù 형 화목하다 和蔼 hé'ǎi 형 상냥하다, 부드럽다 和气 héqi 형 (태도가) 온화하다, 부드럽다 温和 wēnhé 형 (기후가) 따뜻하다, (성격 · 태도 · 말투 등이) 온화하다, 부드럽다

빈칸은 [주어(家庭)+___]의 구조로 형용사 술어 자리이다. 보기 중 家庭(가정)과 호응하는 단어는 和睦이다. 和蔼는 표정과 태도가 온화하고 사람을 상냥하게 대하여 가까이 다가가고 싶은 분위기를 풍기는 것으로 주로 연장자들의 어린 사람들에 대한 태도를 나타내며, 和气는 말투와 태도가 상냥한 것을 나타낸다. 서비스 직종 종사자들처럼 태도가 상냥함을 나타낼 때 주로 사용한다.

두 번째 빈 칸	亲密 qīnmì 형 친밀하다, 관계가 좋다 亲切 qīnqiè 형 친절하다 密切 mìqiè 형 밀접하다(관계나 연관성이 크다) 切实 qièshí 형 실용적이다, 현실적이다, 실정에 맞다

빈칸은 [수량사(三两个)+___+的+명사(好友)]의 구조로 관형어 자리이다. 보기 중 好友(친한 친구)와 어울리는 단어는 亲密이다.

세 번째 빈 칸	分担 fēndān 동 분담하다 承担 chéngdān 동 맡다, 담당하다, 감당하다 负担 fùdān 동 (책임 · 일 · 비용 등을) 부담하다, 책임지다, 명 (정신적 · 경제적인) 부담 担保 dānbǎo 동 보증하다, 담보하다, 책임지다

빈칸은 [___+명사(烦恼)]의 구조로 동사 술어 자리이다. 보기 중 分担이 의미 호응상 가장 적합하다. 承担은 责任(책임), 义务(의무), 风险(리스크) 등과 함께 쓰이고, 负担은 금전적, 경제적인 면에서 지게 되는 부담, 책임감 및 감수해야 할 의무, 책임 등과 함께 쓰여 加重经济负担(경제적 부담을 가중시키다), 减轻学生的学习负担(학생의 학업 부담을 줄여주다)과 같이 사용한다.

네 번째 빈 칸	所谓 suǒwèi 형 소위, 이른바, ~라는 것은 相对 xiāngduì 부 비교적, 상대적으로 형 상대적이다 一贯 yíguàn 형 (사상 · 태도 · 정책 등이) 한결같다, 일관되다, 변함없다 现成 xiànchéng 형 이미 만들어져 있는, 기성의

빈칸은 [___+的+명사(中年危机)]의 구조로 관형어 자리이다. 보기 중 中年危机(중년의 위기)의 관형어로서, 특정 어휘의 설명을 강조하는 표현으로 자주 쓰이는 所谓가 들어가는 것이 적합하다.

Tip▶ 특정 어휘를 설명할 때 자주 쓰는 所谓

: 所谓는 '所谓的A(이른바 A란)', '所谓A就是(이른바 A란 바로 ~이다)', '所谓A是指(이른바 A란 ~을 가리킨다)'의 형식으로 자주 출제된다.

어휘 伴侣 bànlǚ 명 반려, 동반자 焦虑 jiāolǜ 형 초조하다, 걱정스럽다 명 초조한 마음 时光 shíguāng 명 때, 시절

★★★ 상

65 如今有众多旅游种类，农业旅游是其中一支新兴势力，它 **融合** 了现代化的农业、 **优美** 的自然环境、丰富多彩的民风民俗及其社会文化现象，**形成** 一个综合性项目，把 **整个** 农村变成了一个“寓教于乐”的“生态教育农业园”。

오늘날에는 수많은 여행 종류가 있다. 관광농업은 그중 신흥 강자로, 현대화된 농업, **아름다운** 자연 환경, 풍부하고 다채로운 민간 풍속과 사회 문화 현상을 **융합하여** 하나의 종합적인 아이템을 **형성하여** **전체** 농촌을 하나의 '교육과 농업을 한데 융합시킨' '생태교육 농업원'이 되게 하였다.

A 融洽 | 绚烂 | 构成 | 个别
B 融化 | 繁华 | 出落 | 个体
C 融入 | 美观 | 综合 | 整体
D 融合 | 优美 | 形成 | 整个

A 조화롭다 | 화려하다 | 구성하다 | 개별적인
B 녹다 | 번화하다 | 아름답게 변화하다 | 개체
C 융합되다 | 아름답다 | 종합하다 | 전체
D 융합하다 | 우아하고 아름답다 | 형성하다 | 전체의

해설

첫 번째 빈 칸

融洽 róngqià 형 사이가 좋다, 조화롭다, 융화하다
融化 rónghuà 동 (얼음 · 눈 등이) 녹다, 융해되다
融入 róngrù 동 ~로 융합되어 들어가다
融合 rónghé 동 융합하다, ~을 한 데 합치다

빈칸은 [___+목적어(……农业、……自然环境、……民风民俗及社会文化现象)]의 구조로 동사 술어 자리이다. 문장의 주어가 农业旅游(관광농업)이므로 목적어들을 한데 뭉친 것이라는 의미가 되도록 融合가 들어가는 것이 적합하다.

두 번째 빈 칸

绚烂 xuànlàn 형 (꽃 · 저녁 · 노을 등이) 눈부시게 아름답다, 화려하다
繁华 fánhuá 형 (거리 · 도시 등이) 번화하다
美观 měiguān 형 (장식 · 외관 등이) 보기 좋다, 아름답다
优美 yōuměi 형 (풍경 · 노래 · 자태 등이) 우아하고 아름답다

빈칸은 [___+的+명사(自然环境)]의 구조로 관형어 자리이다. 自然环境(자연 환경)과 의미가 어울리는 优美가 들어가는 것이 가장 적합하다.

세 번째 빈 칸

构成 gòuchéng 동 구성하다, 형성하다
出落 chūluo 동 (주로 어린 여성의 자태나 용모가) 아름답게 변화하다, 성장하다
综合 zōnghé 동 종합하다
形成 xíngchéng 동 (어떤 사물이나 기풍 · 국면 등이) 형성되다, 이루어지다

빈칸은 [___+목적어(一个综合性项目)]의 구조로 동사 술어 자리이다. 전체 문장의 주어는 农业旅游(관광농업)로 빈칸의 앞부분에서 '농업, 자연 환경, 민간 풍속과 사회 문화 현상을 융합한다'라고 했으며, 목적어는 '종합적인 아이템'이다. 따라서 '여러 가지를 융합하여 종합적인 아이템을 형성한다'라는 뜻이 되도록 形成이 들어가는 것이 적합하다.

네 번째 빈 칸

个别 gèbié 형 개개의, 개별적인, 극소수의
个体 gètǐ 명 개체, 개인
整体 zhěngtǐ 명 (집단 · 단체 · 사물의) 전체, 총체
整个 zhěnggè 형 전체의, 온통의

빈칸은 [___+명사(农村)]의 구조로 관형어 자리이다. 빈칸 뒷부분이 变成了一个……"生态教育农业园"(하나의 '생태교육 농업원'이 되게 하였다)이므로 의미상 '전체'라는 뜻이 적합함을 알 수 있다. 따라서 整个가 들어가는 것이 적합하다. 整体는 '개인'과 상대되는 개념으로 빈칸에는 부적합하다. 个人的力量(개인의 역량)과 整体力量(집단의 파워) 등으로 쓰인다.

어휘 农业旅游 nóngyè lǚyóu 관광농업(the traveling of Agriculture) 新兴 xīnxīng 형 신흥의, 새로 일어난 势力 shìlì 명 세력 民风民俗 mínfēng mínsú 민풍과 민속 寓教于乐 yù jiào yú lè 성 교육과 오락을 한데 융합하여, 사람들이 즐기며 교육을 받을 수 있도록 하다

★★☆ 중

66 对网约车司机来说，在茫茫人海中找到一个网约车的乘客 **犹如** 海底捞针，尤其是在晚上更 **吃力** 。而最近，一款新的约车软件解决了这个难题，它会使乘客的手机屏幕显示出 **特定** 的颜色，系统同时会发出信息，通知司机乘客手机上有什么颜色，能够让司机更方便 **辨认** 。这款新功能名为"聚光灯"。

인터넷 예약 차량 기사에게 있어서 인산인해 속에서 예약 승객 한 명을 찾기란 마치 바다 밑에서 바늘을 찾는 것**과 같다**. 특히 저녁에는 더욱 **힘이 든다**. 하지만 최근 새롭게 등장한 차량 예약 어플이 이 난제를 해결하였다. 어플이 승객의 핸드폰 화면에 **특정** 색상을 띄우면 시스템에서 동시에 정보를 보내서 운전자에게 승객의 핸드폰에 어떤 색이 있는지를 알려줌으로써 운전자가 보다 편리하게 **분간할** 수 있게 했다. 이 새로운 기능은 '스포트라이트'라고 한다.

A 如同 | 衰弱 | 剧烈 | 甄别
B 犹如 | 吃力 | 特定 | 辨认
C 类似 | 狼狈 | 恰当 | 遗弃
D 好比 | 混杂 | 别致 | 曝光

A 마치 ~와 같다 | 약해지다 | 심하다 | 선별하다
B ~와 같다 | 힘들다 | 특정한 | 분간하다
C 유사하다 | 난처하다 | 알맞다 | 내버리다
D 흡사 ~와 같다 | 뒤섞이다 | 색다르다 | 노출하다

해설

첫 번째 빈 칸	如同 rútóng 동 마치 ~와 같다 犹如 yóurú 동 ~와 같다 类似 lèisì 형 유사하다, 비슷하다 好比 hǎobǐ 동 흡사 ~와 같다

빈칸은 [주어(在茫茫人海中找到一个网约车的乘客)+___+목적어(海底捞针)]의 구조로 동사 술어 자리이다. 주어는 사실적 내용이고 목적어는 추상적 내용이므로 비유에 쓰이는 如同이나 犹如 또는 好比가 들어가는 것이 적합하다.

두 번째 빈 칸	衰弱 shuāiruò 형 신체가 쇠약하다, 사물이 쇠퇴하다, 약해지다 吃力 chīlì 형 힘들다, 힘겹다 狼狈 lángbèi 형 난처하다, 궁지에 빠지다 混杂 hùnzá 동 (뒤)섞(이)다.

빈칸은 [정도부사(更)+___]의 구조로 형용사 술어 자리이다. 앞부분에서 '인산인해 속에서 승객을 찾기가 어렵다'고 했으므로 빈칸의 문장 역시 '야간에는 더욱 어렵다'는 뜻이 돼야 한다. 따라서 吃力가 들어가는 것이 적합하다.

세 번째 빈 칸	剧烈 jùliè 형 (자극 · 통증 등이) 심하다, (진동 · 운동 등이) 격렬하다 特定 tèdìng 형 특정한, 특별히 지정한 恰当 qiàdàng 형 (기준 · 조건 · 정도 등이) 넘치거나 모자라지 않게 알맞다, 적절하다 别致 biézhì 형 색다르다, 별나다, 독특하다

빈칸은 [___+的+명사(颜色)]의 구조로 관형어 자리이다. 문맥상 운전 기사와 승객이 서로 알아볼 수 있도록 색깔을 이용한다는 내용이므로 特定이 들어가는 것이 적합하다. 恰当은 어휘의 사용이나 일 처리 방법 등의 수위가 적절하다는 의미로 주로 쓰인다. 예를 들어, 在ABCD中选出唯一恰当的答案 (ABCD 중에서 유일하게 알맞은 정답을 고르다), 处理得很恰当(알맞게 처리하다)로 쓰일 수 있다.

네 번째 빈 칸	甄别 zhēnbié 동 (우열 · 진위 · 능력 · 품질 등을) 심사하여 가리다, 선별하다 辨认 biànrèn 동 (사물의 특징에 근거하여) 분간하다 ,식별하다 遗弃 yíqì 동 내버리다, 포기하다, (부양이나 봉양해야 할 책임이 있는 가족을) 유기하다 曝光 bàoguāng 동 노출하다

빈칸은 [更方便+___]의 구조이다. 문맥상 '차량 예약 어플에서 특정 색상을 사용해서 승객을 찾는다'는 내용이므로 보기 4개의 동사 중 辨认이 들어가는 것이 적합하다. 方便은 '~하는 것을 편리하게 해주다'는 뜻으로 동사로 쓰여 方便群众办事(시민들의 일 처리를 편리하게 해주다)와 같이 쓰일 수 있음을 알아두자.

어휘 网约车 wǎng yuē chē 网络预约出租汽车(인터넷 택시 예약)의 줄임말　茫茫 mángmáng 형 아득하다, 망망하다　海底捞针 hǎi dǐ lāo zhēn 성 바다 밑에서 바늘을 건지다, 잔디밭에서 바늘 찾기　屏幕 píngmù 명 스크린　聚光灯 jùguāngdēng 명 스포트라이트(spotlight)

★★★ 하

67

人体出汗的方式分为主动与被动两种，前者是指因为运动时而排出的汗，通过 **散发** 热量可以保持体内热量平衡，并加速 **代谢** ，让人感到舒服；而后者则是因为天气 **炎热** 或者受到心理压力而排出的汗，会使人产生许多不良 **情绪** ，如烦躁，易怒等，对人体相当不利。

인체에 땀이 나는 방식은 주동과 피동의 두 가지로 나뉜다. 전자는 운동할 때 배출되는 땀을 말하며, 열에너지 **발산**을 통해 체내 열에너지 균형을 유지할 수 있다. 또한 **신진대사**를 가속시켜 편안함을 느끼게 해준다. 반면 후자는 날씨가 **무덥거나** 심리적인 스트레스를 받아 배출하는 땀으로 초조해하고 쉽게 화를 내는 등 나쁜 **감정**이 발생하여 인체에 상당히 좋지 않다.

A 散发 | 代谢 | 炎热 | 情绪
B 排斥 | 循环 | 潮湿 | 态度
C 排除 | 消化 | 变暖 | 心态
D 扩散 | 喘气 | 温和 | 神态

A 발산하다 | 신진대사하다 | 무덥다 | 감정
B 배척하다 | 순환하다 | 축축하다 | 태도
C 제거하다 | 소화하다 | 따뜻해지다 | 마음가짐
D 확산하다 | 숨차다 | 온화하다 | 표정과 태도

해설

첫 번째 빈 칸
散发 sànfā 동 (향기 · 냄새 · 빛 · 열 등을) 발산하다, 내뿜다
排斥 páichì 동 배척하다, 반발하다
排除 páichú 동 배제하다, (방해물 등을) 제거하다
扩散 kuòsàn 동 확산하다, 퍼뜨리다

빈칸은 [___+명사(热量)]의 구조로 동사 술어 자리이다. 목적어 热量(열에너지)과 의미가 호응하는 동사는 散发이다.

두 번째 빈 칸
代谢 dàixiè 명 동 신진대사(하다)
循环 xúnhuán 명 동 순환(하다)
消化 xiāohuà 명 동 소화(하다)
喘气 chuǎnqì 동 헐떡거리다, 숨차다

빈칸은 [술어(加速)+___]의 구조로 목적어 자리이다. 加速(가속하다)의 목적어로 쓰일 수 있는 것은 代谢와 循环, 그리고 消化이다.

세 번째 빈 칸
炎热 yánrè 형 날씨가 무덥다, 찌는 듯하다
潮湿 cháoshī 형 축축하다, 눅눅하다
变暖 biàn nuǎn 동 따뜻해지다 명 온난화
温和 wēnhé 형 기후가 따뜻하다, (성격 · 태도 · 말투 등이) 온화하다

빈칸은 [주어(天气)+___]의 구조로 형용사 술어 자리이다. 의미상 날씨와 관련된 발한의 원인으로 적합한 것은 炎热이다.

네 번째 빈 칸
情绪 qíngxù 명 정서, 기분, 불쾌한 감정
态度 tàidu 명 태도
心态 xīntài 명 마음가짐, 심리상태
神态 shéntài 명 표정과 태도, 기색과 자태

빈칸은 [관형어(不良)+___]의 구조로 명사 중심어 자리이다. 이 명사의 예시가 뒷부분에 如烦躁，易怒等(초조해하고 쉽게 화를 내는 등)으로 제시되었으므로 의미상 情绪가 들어가는 것이 적합하다.

어휘 排出 páichū 동 배출하다, 내뿜다　烦躁 fánzào 형 초조하다　易怒 yìnù 쉽게 화를 내다

★★★ 상

68 活生物体内去除水分之后的有机物重量被称为生物量，它通过碳的重量来**衡量**。据估算，目前地球上约有相当于5,500亿吨的生物量，其中绝大部分是植物，约为4,500亿吨；其次是细菌和真菌，**分别**为770亿吨和120亿吨，**包括**人类在内的全部动物不足20亿吨。出乎意料的是，占地球表面积71%的海洋，在全球生物量中所占的比例仅**略**高于1%。

살아있는 생물체에서 수분을 제거한 뒤의 유기물의 중량을 생물량이라고 하며, 탄소 중량으로 **측정한다**. 추산에 따르면 현재 지구상에는 약 5,500억 톤에 상당하는 생물량이 있다. 그중 절대 다수는 식물이며, 약 4,500억 톤이다. 그 다음은 세균과 진균으로 **각각** 770억 톤과 120억 톤이며, 인간을 **포함한** 전체 동물은 20억 톤에도 미치지 못한다. 뜻밖인 것은 지구 표면적의 71%를 차지하는 해양은 전 지구의 생물량 중에서 차지하는 비율이 겨우 1%보다 **약간** 높을 뿐이다.

A 测试 | 区别 | 包容 | 亦
B 衡量 | 分别 | 包括 | 略
C 权衡 | 各自 | 遮盖 | 愈
D 探测 | 个别 | 占据 | 颇

A 테스트하다 | 구별하다 | 포용하다 | ~도
B 측정하다 | 각각 | 포함하다 | 약간
C 비교하여 따지다 | 각자 | 덮어가리다 | 더욱
D 관측하다 | 개별적인 | 차지하다 | 꽤

해설

첫 번째 빈 칸
测试 cèshì 동 시험하다, 테스트하다
衡量 héngliáng 동 (무게 등을) 달다(재다), 따져보다, 가늠하다
权衡 quánhéng 동 (득실 · 경중 등을) 비교하여 따지다, 재다
探测 tàncè 동 (기기를 이용하여) 관측하다, 탐사하다

빈칸은 [通过碳的重量+来+___]의 구조로 동사 술어 자리이다. '탄소의 중량으로 ~을 하다'라는 의미로 衡量이 들어가는 것이 적합하다.

두 번째 빈 칸
区别 qūbié 동 구별하다, 식별하다
分别 fēnbié 부 각각, 따로따로
各自 gèzì 대 각자, 제각기
个别 gèbié 형 개별적인, 일부의, 극소수의

빈칸은 [___+为+명사(770亿吨和120亿吨)]의 구조로 부사어 자리이다. 주어가 细菌和真菌(세균과 진균)이고 이들의 생물량을 수치로 나타냈으므로 '각각'이라는 뜻의 分别가 들어가는 것이 적합하다.

세 번째 빈 칸
包容 bāoróng 동 포용하다, 관용하다, 수용하다
包括 bāokuò 동 포함하다, 일괄하다
遮盖 zhēgài 동 덮어가리다, (잘못 등을) 숨기다, 감추다
占据 zhànjù 동 (지역 · 장소 등을) 점거하다, 차지하다

빈칸은 [___+명사(人类)+在内]의 구조이다. 보기 중 包括가 고정격식 '包括A在内(A를 포함하여)'를 구성하므로, 정답은 包括가 된다.

네 번째 빈 칸
亦 yì 부 ~도 역시, 또, 또한 [부사 也와 같음]
略 lüè 부 대략, 약간, 좀
愈 yù 부 더욱, 더더욱 [越와 같이 '愈来愈A' 혹은 '愈A愈B' 형태로 쓰임]
颇 pō 부 자못, 꽤, 상당히, 몹시

빈칸은 [仅+___+高于1%]의 구조로 高(높다)를 수식하는 부사어 자리이며, 앞의 부사 仅(겨우)과 함께 호응할 수 있는 부사로 의미상 略가 들어가는 것이 적합하다.

어휘 去除 qùchú 동 제거하다, 떼 버리다 有机物 yǒujīwù 명 유기물 生物量 shēngwùliàng 명 생물량, 바이오매스(biomass) 碳 tàn 명 탄소 估算 gūsuàn 명 동 추산(하다) 细菌 xìjūn 명 세균 真菌 zhēnjūn 명 진균, 곰팡이 出乎意料 chū hū yì liào 성 예상을 벗어나다, 뜻밖이다

★★☆ 중

69 韩国的一项长期跟踪实验显示：倘若一个人长期处于生活 **节奏** 过快、 **喧哗** 的环境中，会得各种 **疾患** ，比如记忆力下降，逻辑推理能力弱化，甚至还会引发多动症等。美国的研究也证明：长期处于安静的环境对神经细胞轴突的延长以及信息在脑细胞中的存储、分辨、比较与联系十分有利，同时对 **提升** 记忆力、分析力与判断力也帮助很大。

한국의 한 장기 추적 검사에서 만약 장기간 생활 **리듬**이 지나치게 빠르고 **시끄러운** 환경에 처한다면, 각종 **질환**에 걸릴 수 있다고 밝혔다. 예를 들어 기억력 저하, 논리적 추리 능력 약화, 심지어는 ADHD 등을 유발할 수도 있다. 미국의 연구에서도 장기간 조용한 환경에 있게 되면 신경세포 축삭의 연장 및 정보들이 뇌세포에서 저장, 분석, 비교, 연계를 맺는 데에 큰 도움이 되고, 또한 기억력, 분석력 및 판단력을 **향상시키는** 데에도 많은 도움이 된다는 것을 입증했다.

A 速度 | 简陋 | 反应 | 增强
B 频率 | 消极 | 缺陷 | 添加
C 环境 | 寂静 | 症状 | 施加
D 节奏 | 喧哗 | 疾患 | 提升

A 속도 | 빈약하다 | 반응하다 | 강화하다
B 빈도 | 소극적이다 | 결함 | 첨가하다
C 환경 | 고요하다 | 증상 | 가하다
D 리듬 | 시끌시끌하다 | 질환 | 향상시키다

해설

첫 번째 빈 칸
速度 sùdù 명 속도
频率 pínlǜ 명 주파수, 빈도
环境 huánjìng 명 환경
节奏 jiézòu 명 리듬, 박자, 일정한 규칙

빈칸은 [生活+___+술어(过快)]의 구조로 관형어 生活(생활)와 결합이 가능하며 술어 过快(지나치게 빠르다)와도 호응이 가능한 명사 주어가 와야 한다. 정답으로 보기 중 速度와 节奏가 적합하다.

두 번째 빈 칸
简陋 jiǎnlòu 형 (가옥 · 설비 등이) 빈약하다, 누추하다
消极 xiāojí 형 소극적이다, 부정적이다
寂静 jìjìng 형 고요하다, 적막하다
喧哗 xuānhuá 형 시끌시끌하다, 왁자하다

빈칸은 [___+的+环境]의 구조로 관형어 자리이다. 문맥상 한국과 미국의 연구를 대조하고 있으므로 安静(조용하다)에 대비되는 喧哗가 들어가는 것이 적합하다.

세 번째 빈 칸
反应 fǎnyìng 명 동 반응(하다)
缺陷 quēxiàn 명 결함, 결점, 부족한 것, 신체적 장애
症状 zhèngzhuàng 명 병의 증상, 증세 [병을 앓을 때 나타나는 상태나 모양]
疾患 jíhuàn 명 질환, 질병 [몸의 온갖 병]

빈칸은 [술어(得)+관형어(各种)+___]의 구조로 목적어 자리이다. 빈칸의 뒷부분에 比如(예를 들어) 이하에서 记忆力下降, 逻辑推理能力弱化(기억력 저하, 논리적 사고 능력 약화) 등을 언급했으므로 이들을 지칭하는 명사로 가장 적합한 것은 疾患이다.

네 번째 빈 칸
增强 zēngqiáng 동 증강하다, 강화하다
添加 tiānjiā 동 첨가하다, 늘리다, 보태다
施加 shījiā 동 (압력 · 영향 등을) 주다, 가하다
提升 tíshēng 동 진급시키다, 높은 곳으로 운반하다

빈칸은 [___+목적어(记忆力、分析力与判断力)]의 구조로 동사 술어 자리이다. 의미상 무엇을 향상시킨다는 뜻이 적합하므로 提升이나 增强이 들어가는 것이 적합하다.

Tip ▶ • 提升이 호응하는 목적어들은 提高와도 호응한다.
• 记忆力/分析力/判断力 등은 提高와 가장 많이 호응하며 增强과도 호응할 수 있다.

어휘 跟踪实验 gēnzōng shíyàn 추적 검사　轴突 zhóutū 명 축삭(신경 세포에서 뻗어 나온 긴 돌기)　存储 cúnchǔ 명 기억 장치 동 저장하다, 저축하다　分辨 fēnbiàn 명 동 분별(하다), 구분(하다)

★★☆ 중

70

有一种螃蟹叫拳击蟹，它的名字听上去十分威武，可 **实际** 上它们的体型偏小。它们总是用两只“小手” **抓** 住两只有毒的海葵，然后举着绒球 **似的** 海葵挥来挥去，看上去就像在跳啦啦操。其实，它们这样做是为了在利用海葵的毒肢 **恐吓** 潜在敌人的同时，利用海葵的触手还捕捉浮游的藻类与小型无脊椎动物等 **生物** 为食。	'복서 크랩'이라고 불리는 게가 있다. 그 이름이 듣기에 매우 위풍당당해 보이지만, **실제로** 이들은 체형이 작다. 그들은 늘 두 개의 '작은 손'으로 독을 가진 두 마리 말미잘을 **잡고**, 그리고 나서 색실 방울 **같은** 말미잘을 들고 이리저리 휘둘러서 보고 있으면 치어리딩을 하고 있는 것 같다. 사실, 그들이 이렇게 하는 것은 말미잘의 독이 있는 다리로 잠재적인 적들을 **위협하는** 동시에 말미잘의 촉수로 떠다니는 해조류와 작은 무척추 동물 등의 **생물**을 잡아 먹이로 삼기 위함이다.
A 真实 | 抢 | 一样 | 抗议 | 物品 **B 实际 | 抓 | 似的 | 恐吓 | 生物** C 实验 | 绑 | 好似 | 挑衅 | 昆虫 D 事实 | 拧 | 以致 | 迷惑 | 牲畜	A 진실하다 | 앞다투어 ~하다 | 같다 | 항의하다 | 물품 **B 실제적이다 | 잡다 | ~와 같다 | 위협하다 | 생물** C 실험하다 | 묶다 | ~와 비슷하다 | 도발하다 | 곤충 D 사실 | 비틀어 돌리다 | ~을 초래하다 | 판단력을 잃다 | 가축

해설

첫 번째 빈 칸	真实 zhēnshí 형 진실하다 实际 shíjì 명 실제 형 실제적이다, 현실적이다 实验 shíyàn 명 동 실험(하다) 事实 shìshí 명 사실

빈칸은 [___+上]의 구조로 上과 결합할 수 있는 명사가 들어가야 한다. 앞에 可(하지만)가 있으므로 实际와 事实가 들어가는 것이 적합하다.

두 번째 빈 칸	抢 qiǎng 동 앞다투어 ~하다 抓 zhuā 동 (물건 · 요점 · 마음 등을) 잡다 绑 bǎng 동 (끈 · 줄 등으로) 감다, 묶다 拧 nǐng 동 비틀어 돌리다

빈칸은 [주어(小手)+___+보어(住)+관형어(两只有毒的)+목적어(海葵)]의 구조로 동사 술어 자리이다. '작은 손으로 두 마리의 독이 있는 말미잘을 ~했다'라는 뜻이므로 抓가 들어가는 것이 적합하다.

세 번째 빈 칸	一样 yíyàng 형 같다, 동일하다 似的 shìde 조 마치 ~와 같다 好似 hǎosì 부 마치 ~와 비슷하다 以致 yǐzhì 접 ~을 가져오다, ~을 초래하다 [주로 나쁜 결과]

빈칸은 [관형어{명사(绒球)+___}+명사(海葵)]의 구조로 '색실 방울 같은 말미잘'이라는 뜻이 되는 것이 적합하다. 따라서 조사 似的가 들어가야 한다. 一样은 구조조사 的가 함께 쓰여야 한다.

네 번째 빈 칸	抗议 kàngyì 명 동 항의(하다) 恐吓 kǒnghè 동 으르다, 위협하다, 협박하다 挑衅 tiǎoxìn 명 동 (생트집을 잡아) 도전(하다), 도발(하다) 迷惑 míhuò 동 시비를 가리지 못하다, 판단력을 잃다, 아리송하게 되다

빈칸은 [술어1(利用)+목적어1(海葵的毒肢)+___+목적어2(潜在敌人)]의 구조로 동사 술어가 들어가야 한다. 문맥상 '말미잘의 독으로 적을 ~하다'라는 뜻이므로 恐吓가 들어가는 것이 적합하다.

다섯 번째 빈 칸	物品 wùpǐn 명 물품 生物 shēngwù 명 생물 昆虫 kūnchóng 명 곤충 牲畜 shēngchù 명 가축, 집짐승

빈칸은 [藻类与小型无脊椎动物等+___]의 구조이므로 빈칸 앞의 '해조류'와 '소형 무척추 동물'을 통칭할 수 있는 生物가 들어가는 것이 적합하다.

Tip▶ **조사 等**

: 조사 等은 '구체적으로 나열된 대상+等+통칭'의 구조로 쓰인다. 等의 앞부분과 뒷부분에 쓰이는 단어의 특징을 파악하여 알맞게 활용할 수 있도록 하자.

어휘 螃蟹 pángxiè 명 게　拳击蟹 quánjī xiè 명 복서 크랩, 폼폼 크랩　威武 wēiwǔ 형 위풍당당하다　海葵 hǎikuí 명 말미잘　绒球 róngqiú 명 색실 방울　啦啦操 lalacāo 명 치어리딩　潜在 qiánzài 동 잠재하다　触手 chùshǒu 명 촉수　捕捉 bǔzhuō 동 붙잡다, 포착하다　浮游 fúyóu 동 떠다니다　藻类 zǎolèi 명 조류(藻類), 바닷말, 해조　无脊椎动物 wújǐzhuī dòngwù 명 무척추 동물

독해 제3부분

[풀이전략] 먼저 보기 문장에서 연결 단서(접속사/부사/대사/의문대사/핵심 키워드)가 있는지 찾는다. 지문 속 빈칸의 앞뒤 문맥을 파악하여, 보기 문장의 연결 단서가 연결되는 곳에 해당 보기 문장을 정답으로 고른다.

71-75

食品干燥剂一般无毒、无味、无腐蚀性及环境友好。(71) D 为了降低食品袋中的湿度，并防止食品变质腐败，大多数食品袋中都有干燥剂。

常用作食品干燥剂的是生石灰干燥剂。生石灰干燥剂的主要成分为氧化钙，其吸水能力是通过化学反应来实现的。(72) A 不管外界环境湿度高低，它都能保持大于自重35%的吸湿能力，具有极好的干燥吸湿效果，而且价格较低，可广泛用于食品、服装、皮革、电器等行业。但是生石灰干燥剂由于具有强碱腐蚀性，遇水会发生强烈的化学反应，(73) C 释放出大量的热量，甚至可能发生爆炸。如果儿童在吃零食时误食了生石灰干燥剂，(74) E 极有可能造成口腔和食道灼伤。因此，目前生石灰干燥剂已逐渐被淘汰。

近年来，作为石灰类干燥剂的替代产品——硅胶干燥剂逐渐受到青睐，其主要成分为二氧化硅，无毒、无腐蚀性，为透明不规则球体，性状稳定且吸湿能力较好。硅胶干燥剂是目前唯一得到欧盟认可的干燥剂种类，可美中不足的是，(75) B 它的成本要比生石灰干燥剂高许多。

식품 방습제는 일반적으로 무독, 무취하며 부식되지 않고 친환경적이다. (71) D 식품 포장 내부의 습도를 낮추고 식품의 변질과 부패를 방지하고자 대다수의 식품 포장 속에는 식품 방습제가 들어 있다.

상용하는 식품 방습제는 생석회 방습제이다. 생석회 방습제의 주된 성분은 산화칼슘으로, 화학 반응을 통해 수분 흡수가 일어난다. (72) A 외부 습도가 낮든지 높든지 자체 무게의 35%보다 높은 흡습 능력을 유지할 수 있어 매우 훌륭한 흡습 효과를 지니고 있다. 또한 가격도 비교적 저렴하여 식품, 의류, 가죽, 전자 제품 등 수많은 업종에 널리 쓰이고 있다. 하지만 생석회 방습제는 강한 알칼리 부식성을 지녀 물과 직접 만나게 되면 강렬한 화학 반응을 일으키고, (73) C 대량의 열에너지를 방출하여 심한 경우 폭발을 일으키기도 한다. 만일 어린 아이가 간식을 먹다가 실수로 생석회 방습제를 먹게 되면 (74) E 구강과 식도에 화상을 초래할 가능성이 매우 높다. 때문에 현재 생석회 방습제는 점차 없어지는 추세이다.

최근 들어, 생석회 방습제의 대체제로 실리카겔 방습제가 점차 인기를 끌고 있다. 실리카겔 방습제의 주성분은 이산화규소로 독성과 부식성이 없는 투명한 비정형의 구체로, 성상이 안정적이며 흡습 효과 또한 비교적 좋은 편이다. 실리카겔 방습제는 현재 EU에서 인정한 유일한 방습제이지만 한 가지 아쉬운 점은 (75) B 생산 원가가 생석회 방습제보다 훨씬 높다는 것이다.

A 不管外界环境湿度高低	A 외부 습도가 낮든지 높든지
B 它的成本要比生石灰干燥剂高许多	B 생산 원가가 생석회 방습제보다 훨씬 높다는 것이다
C 释放出大量的热量	C 대량의 열에너지를 방출하며
D 为了降低食品袋中的湿度	D 식품 포장 내부의 습도를 낮추고
E 极有可能造成口腔和食道灼伤	E 구강과 식도에 화상을 초래할 가능성이 매우 높다

해설 **Step1 보기를 분석해서 연결 단서 찾기**

A 不管 / 外界环境湿度 / 高低 + ……都……

→ 접속사 不管(~에 관계없이)이 있으므로 호응 관계인 '不管A, 都B'를 이룰 수 있는 문장을 찾는다.

B 它가 가리키는 대상 + 它的成本 / 要比生石灰干燥剂 / 高许多

→ 它的成本(그것의 원가)의 대사 它가 가리키는 대상을 앞부분에서 찾는다.

C 주어 + 释放出 / 大量的热量

→ 주어가 없는 문장이며, 释放热量(에너지를 방출하다)의 주어가 될 수 있는 단어를 찾는다.

D 为了 / 降低 / 食品袋中的湿度 + 목적 달성을 위한 방법, 행동

→ 为了는 목적을 나타내므로 뒷부분에는 목적 달성을 위한 구체적인 방법, 행동 등이 등장해야 한다.

E 배경/원인 + 极有可能 / 造成 / 口腔和食道灼伤

→ 주어가 없는 문장이다. 문장이 造成口腔和食道灼伤(구강과 식도의 화상을 초래한다)이라는 내용이므로 이에 대한 배경 및 상황 또는 원인이 앞에 제시될 수 있다.

Step2 빈칸의 앞뒤 파악하여 알맞은 문장 넣기

★★★ 중

71. 빈칸의 뒷절에 접속사 并(또한)이 있고 '식품의 변질과 부패를 방지하다'라는 내용이다. 세 번째 절은 '대다수의 식품 포장 속에는 식품 방습제가 들어 있다'는 내용이고 주어가 大多数食品袋(대다수의 식품 포장)이므로 빈칸을 포함한 뒷절과 세 번째 절이 '목적'과 '이를 위한 방법'의 관계로 연결됨을 알 수 있다. 따라서 목적을 나타내며 食品袋(식품 포장)가 언급된 D가 연결되기에 적합하다.

★★★ 하

72. 빈칸의 뒷절에 부사 都(모두)가 있으므로 보기 A의 접속사 不管(~에 관계없이)과 호응하는 관계임을 알 수 있다.

★★☆ 중

73. 빈칸의 앞부분을 보면 전체 문장의 주어가 生石灰干燥剂(생석회 방습제)이고, 이것이 물을 만나면 강렬한 화학 반응을 일으킨다는 내용이 등장한다. 뒷부분에서는 더 심각한 폭발을 언급했으므로 중간 단계를 나타내는 보기 C가 연결되는 것이 적합하다.

★★☆ 중

74. 빈칸의 앞부분에 어린 아이가 생석회 방습제를 실수로 먹게 되는 상황이 등장했다. 따라서 이로 인한 부정적인 결과로서 구강과 식도 화상에 대한 내용인 E가 적합한 문장이다.

★★★ 하

75. 빈칸의 앞절에 可美中不足的是(하지만 한 가지 아쉬운 점은)가 언급됐으므로 빈칸은 실리카겔 방습제의 단점에 대한 내용이 와야 한다. 보기 B가 생산 원가가 높다는 내용이므로 적합한 문장이다.

어휘 食品干燥剂 shípǐn gānzàojì 명 식품 방습제 腐败 fǔbài 동 부패하다 生石灰 shēngshíhuī 명 생석회, 산화칼슘 氧化钙 yǎnghuàgài 명 생석회, 산화칼슘 强碱 qiángjiǎn 명 강알칼리 腐蚀性 fǔshíxìng 명 부식성 氢氧化钙 qīngyǎnghuàgài 명 수산화칼슘 释放 shìfàng 동 (에너지 등을) 방출하다 口腔 kǒuqiāng 명 구강 灼伤 zhuóshāng 명 동 화상을 입다 淘汰 táotài 동 도태하다, 추려내다 硅胶干燥剂 guījiāo gānzàojì 실리카겔 방습제 青睐 qīnglài 명 특별한 주목, 호감 二氧化硅 èryǎnghuàguī 명 이산화규소(SiO_2) 性状 xìngzhuàng 명 성상, 성질과 형상 欧盟 Ōuméng 명 유럽연합(欧洲联盟)의 준말, EU

76-80

丹顶鹤是典型的候鸟，每年随季节气候的变化，有规律地南来北往迁徙。每年入秋后，(76) E 它们会从东北的繁殖地成群结队地飞往南方过冬。丹顶鹤主要栖息于沼泽、湖泊及滩涂，以鱼、虾、贝类和植物根茎为食，(77) B 因此被冠以“湿地之神”的美称。

丹顶鹤嘴长、颈长、腿长、直立时可达一米多高，成鸟除颈部和翅膀后端为黑色外，全身洁白；(78) A 头顶裸露的部分为鲜红色，喉和颈大部分为暗黑色，嘴成灰绿色。丹顶鹤属于单配制鸟，(79) D 对配偶非常忠诚，若无特殊情况一旦婚配成对，就相伴一生。

丹顶鹤的平均寿命可达50-60年，所以自古以来人们把它和松树画在一起，作为长寿的象征。在中国，丹顶鹤是国家一级保护动物，也叫仙鹤、白鹤，(80) C 中国古籍文献中对丹顶鹤有许多称谓，如《尔雅翼》中称其为“仙禽”，《本草纲目》中称其为“胎禽”。在中国古代的传说中，丹顶鹤又是作为仙人的坐骑而出现的。

可见，丹顶鹤在国人心中的印象是相当有分量的。

두루미는 전형적인 철새로 매년 계절과 기후의 변화에 따라 규칙적으로 남북을 오간다. 매년 입추 후, (76) E 그들은 북동 지역 번식지에서 무리를 이뤄 남하하여 겨울을 난다. 두루미는 주로 소택지, 호수 및 간석지에 서식하며 물고기, 새우, 조개류 및 식물의 뿌리줄기를 먹이로 한다. (77) B 이 때문에 '습지의 신'이라는 타이틀이 붙여졌다.

두루미는 부리, 목, 다리가 길어 똑바로 서면 키가 1m가 넘는다. 다 자란 새는 목과 날개 끝 검정색을 제외하면 온 몸이 새하얗다. (78) A 정수리의 노출된 부분은 선홍색을 띠며, 목은 앞뒤가 모두 어두운 검정색이고 부리는 회녹색이다. 두루미는 일부일처제에 속하는 새로, (79) D 배우자에게 매우 충성스러워서, 만약 특수한 상황이 발생하지 않는다면 일단 짝을 지으면 평생을 함께 한다.

두루미의 평균 수명은 50~60년에 달해 예로부터 사람들은 두루미와 소나무를 함께 그리며 장수의 상징으로 삼았다. 중국에서 두루미는 국가 1급 보호동물로 선학, 백학이라고도 불린다. (80) C 중국의 고서와 문헌에는 두루미에 대한 많은 호칭이 있다. 예를 들어 「이아익」에서는 '신금', 「본초강목」에서는 '태금'이라고 하는 등, 두루미에 대한 수많은 호칭들이 있다. 중국의 고대 전설 속에서 두루미는 신선들의 탈 것으로도 출현했다.

이를 통해, 두루미는 중국인들의 마음 속에서 상당한 의미가 있음을 알 수 있다.

A 头顶裸露的部分为鲜红色
B 因此被冠以“湿地之神”的美称
C 中国古籍文献中对丹顶鹤有许多称谓
D 对配偶非常忠诚
E 它们会从东北的繁殖地成群结队地飞往南方过冬

A 정수리의 노출된 부분은 선홍색을 띠며
B 이 때문에 '습지의 신'이라는 타이틀이 붙여졌다
C 중국의 고서와 문헌에는 두루미에 대한 많은 호칭이 있다
D 배우자에게 매우 충성스러워서
E 그들은 북동 지역 번식지에서 무리를 이뤄 남하하여 겨울을 난다

해설 Step1 **보기를 분석해서 연결 단서 찾기**

A 头顶裸露的部分 / 为 / 鲜红色
→ 주/술/목으로 이루어진 문장이며, 신체 부위의 색상을 설명하고 있다.

B '습지의 신'이라는 이름을 준 원인 + 因此被冠 / 以"湿地之神"的美称
→ 주어가 없는 문장이며, 접속사 因此(이 때문에)가 있으며 앞절에 대한 결과를 나타낸다.

C 中国古籍文献中 / 对丹顶鹤 / 有 / 许多称谓 + 호칭에 관한 설명 및 예시
→ 주/술/목으로 이루어진 문장이며, 고대 문헌에 두루미의 호칭이 많다는 내용이므로 호칭에 관한 설명 및 예시가 이어질 수 있다.

D 주어 + 对配偶 / 非常忠诚
→ 주어가 없는 문장이며, 배우자에게 성실하다는 내용이다.

E 它们 / 会从东北的繁殖地成群结队地 / 飞往南方过冬
→ 주/술 구조로 이루어져 있으며, 남하하여 겨울을 보낸다는 내용이다.

Step2 **빈칸의 앞뒤 파악하여 알맞은 문장 넣기**

★★★ 하

76. 빈칸 앞부분에서 계절에 따른 이동을 언급했고, 매년 입추 후의 상황이 빈칸의 내용이므로 보기 E가 연결되기에 적합하다.

★★☆ 중

77. 빈칸 앞부분에서 주된 서식지로 물가에서 이루어지는 먹이활동이 언급되었으므로 보기 B의 '湿地之神(습지의 신)'이라는 타이틀을 얻게 된 배경임을 확인할 수 있다.

★★★ 하

78. 빈칸 앞뒤로 신체 부위의 색상을 설명하고 있으므로 보기 A가 연결되기에 적합하다.

★★★ 하

79. 빈칸 앞뒤로 单配制(일부일처제)과 相伴一生(평생을 함께 한다)이 언급되었으므로 배우자에게 충성스럽다는 내용인 보기 D가 연결되기에 적합하다.

★★★ 중

80. 빈칸 뒷부분에 고서의 제목과 두루미의 호칭들이 나열되어 있으므로 보기 C가 연결되기에 적합하다.

어휘 丹顶鹤 dāndǐnghè 명 두루미 候鸟 hòuniǎo 명 철새 迁徙 qiānxǐ 동 이주하다, 옮겨 가다 繁殖地 fánzhídì 명 번식지 成群结队 chéng qún jié duì 성 한 데 모여 무리를 이루다 过冬 guòdōng 동 겨울을 나다, 월동하다 栖息 qīxī 동 서식하다 沼泽 zhǎozé 명 소택지 湖泊 húpō 명 호수 滩涂 tāntú 명 간석지 虾 xiā 명 새우 贝 bèi 명 조개 根茎 gēnjīng 명 근경, 뿌리줄기 冠以 guànyǐ 동 앞에 ~라고 이름(타이틀)을 붙이다 湿地 shīdì 명 습지 美称 měichēng 명 아름다운 이름, 좋은 평판 颈 jǐng 명 목의 앞부분 头顶 tóudǐng 명 머리 꼭대기, 정수리 裸露 luǒlù 동 노출하다, 알몸을 드러내다 配偶 pèi'ǒu 명 배필, 배우자 忠诚 zhōngchéng 형 충성스럽다, 성실하다 婚配 hūnpèi 동 결혼하다 称谓 chēngwèi 명 명칭, 호칭 本草纲目 Běncǎogāngmù 명 본초강목 [명나라의 이시진이 지은 본초학 연구서] 分量 fènliàng 명 무게, 가치

독해 제4부분

[풀이전략] 한 지문에 출제되는 4개 문제의 핵심 키워드를 파악한다. 지문에서 각 문제의 핵심 키워드가 등장한 부분을 찾아 문제의 보기와 대조한 뒤 질문에 알맞은 정답을 고른다.

81-84

流泪，其实是一种健康的宣泄方式，如果我们强忍泪水，就等于放弃了保持健康的机会。 研究者做过这样一个实验，81让一批志愿者先看一部催人泪下的电影，等他们被感动得哭了，再将他的眼泪收集起来。几天后，利用切洋葱的办法让同一批志愿者流下眼泪。研究结果显示，这两种泪成分大不相同，研究者把前者命名为“情绪眼泪”，而把后者命名为“化学眼泪” 82“情绪眼泪”中含有大脑在情绪压力下释放出的一种化学物质——儿茶酚胺；而“化学眼泪”中却没有。过多的儿茶酚胺在体内会引发心脑血管疾病，严重时，甚至还会导致心肌梗塞。因此，“情绪眼泪”其实是人体自身的一种排毒方式。	눈물을 흘리는 것은 사실 건강한 토로 방법이다. 만약 우리가 억지로 눈물을 참으면 그것은 건강을 유지할 기회를 포기하는 것과 같다. 연구자들은 이런 실험을 했다. 81한 무리의 지원자들에게 우선 눈물나게 감동적인 영화 한 편을 보여주고 그들이 감동받아 울면 그들의 눈물을 수집하였다. 며칠 후, 양파 자르기를 통해 동일한 지원자들로 하여금 눈물을 흘리게 하였다. 연구 결과 이 두 종류의 눈물은 성분이 크게 달랐다. 연구자들은 전자를 '감정적 눈물'이라고 이름을 짓고, 후자를 '화학적 눈물'이라고 이름 지었다. 82'감정적 눈물' 속에는 대뇌가 감정적 스트레스를 받을 때 방출하는 화학물질인 카테콜아민이 함유되어 있었다. 반면 '화학적 눈물' 속에는 해당 성분이 없었다. 과다한 카테콜아민은 체내에서 심장 및 뇌혈관 질병을 유발할 수 있는데, 심각한 경우 심지어 심근경색을 유발할 수도 있다. 이 때문에 '감정적 눈물'은 사실 인체 자체의 독소 배출 방식인 것이다.

通过进一步的研究还发现，眼泪除了把有害物质带出体外之外，泪腺自身还能分泌出一种活性化合物，83这种化合物对伤口的修复都有很大的帮助。也就是说，有外伤时，哭得越厉害，伤口就会越快愈合。反之，强忍泪水不哭，使泪腺不能正常工作，伤口愈合的时间也会延迟。从这个角度来看，眼泪并不是意志薄弱的表现，而是加速伤口愈合的天然良药。 可见，哭有其生物学意义，84哭是对人体的一种安全保护。	한 단계 더 발전된 연구에서는 다음과 같은 사실을 발견했다. 눈물이 유해 물질을 몸 밖으로 가지고 나가는 것 외에 눈물샘은 자체적으로 활성 화합물을 분비할 수 있는데, 83이 화합물은 상처의 회복에 커다란 도움이 된다. 다시 말해, 외상이 있을 때, 심하게 울수록 상처가 더 빨리 아물게 된다. 반대로 억지로 눈물을 참고 울지 않으면, 눈물샘이 정상적으로 기능할 수 없게 되어 상처가 아물 시간도 지연될 수 있다. 이러한 관점에서 보면 눈물은 결코 의지박약의 표현이 아니라 상처가 아무는 속도를 빠르게 만드는 훌륭한 천연 약품인 것이다. 이를 통해, 울음이 생리학적 의미를 가지고 있으며, 84울음이 인체에 대한 안전한 보호라는 것을 알 수 있다.

어휘 宣泄 xuānxiè 동 화나 울분을 풀다(털어놓다) 催人泪下 cuī rén lèi xià 성 눈물이 나도록 아주 감동적이다 收集 shōují 동 수집하다 洋葱 yángcōng 명 양파 命名 mìngmíng 동 명명하다, 이름을 짓다 释放 shìfàng 동 방출하다 儿茶酚胺 érchāfēn'àn 카테콜아민(신경 세포에 작용하는 호르몬, catecholamine) 心肌梗塞 xīnjī gěngsè 심근경색 排毒 páidú 동 인체에서 독소를 배출하다 分泌 fēnmì 명 동 분비(하다) 活性化合物 huóxìng huàhéwù 활성 화합물 修复 xiūfù 동 재생하다, 회복하다 愈合 yùhé 동 유합하다, 상처가 아물다 泪腺 lèixiàn 명 눈물샘 延迟 yánchí 동 늦추다, 늦춰지다 薄弱 bóruò 형 박약하다

★★★ 중

81 关于那个实验，下面哪项正确？ / 실험에 관하여 다음 중 옳은 것은?

A 志愿者看了一部感人的电影	**A 지원자들은 감동적인 영화 한 편을 봤다**
B 第一批志愿者都多愁善感	B 첫 번째 지원자들은 모두 감상적이다
C 两种泪水分析结果相差无几	C 두 종류의 눈물은 분석 결과가 별 차이 없었다
D 有部分志愿者受了外伤	D 일부 지원자들이 외상을 입었다

해설 질문의 키워드로 实验(실험)을 삼고 지문에서 찾는다. 두 번째 단락에 实验이 언급되며 让一批志愿者先看一部催人泪下的电影(한 무더기의 지원자들에게 우선 눈물나게 감동적인 영화 한 편을 보여주었다)이라고 했으므로 실험에 관해 옳은 것은 A이다.

어휘 多愁善感 duō chóu shàn gǎn 성 늘 애수에 잠기고 감상적이다 分析 fēnxi 명 동 분석(하다) 相差无几 xiāngchā wújǐ 별 차이가 없다

★★★ 중

82 关于"儿茶酚胺"，可以知道什么？ / '카테콜아민'에 관하여 무엇을 알 수 있는가?

A 是通过饮食摄取的	A 음식물을 통해 섭취한다
B 情绪受到压力而产生	**B 정서적으로 스트레스를 받으면 생긴다**
C 大量存在于"化学眼泪"中	C '화학적 눈물' 속에 다량 존재한다
D 是治疗心脑血管疾病的有效成分	D 심장 및 뇌혈관 질병 치료에 유효한 성분이다

해설 질문의 키워드 儿茶酚胺(카테콜아민)이 세 번째 단락에 언급되었다. 키워드 앞부분에서 "情绪眼泪"中含有大脑在情绪压力下释放出的一种化学物质('감정적 눈물' 속에는 대뇌가 감정적 스트레스를 받을 때 방출하는 화학물질인 카테콜아민이 함유되어 있었다)이라고 했으므로 카테콜아민에 관해 알 수 있는 내용은 B이다.

Tip▶ '关于A'가 제시된 질문은 인용부호 속 키워드가 지문에 거의 100% 동일하게 등장하므로 이 키워드를 찾아 주변을 살펴보면 빠르게 정답을 찾을 수 있다.

어휘 摄取 shèqǔ 동 섭취하다 治疗 zhìliáo 동 치료하다

★★★ 중

83 根据第四段，泪腺分泌出的活性化合物：

네 번째 단락을 토대로, 눈물샘이 분비하는 활성 화합물은?

A 会让人心情低落	A 기분을 다운시킬 수 있다
B 会给皮肤造成伤口	B 피부에 상처를 낼 수 있다
C 会让外伤伤口感染	C 외상 상처 부위를 감염시킬 수 있다
D 能加快伤口愈合速度	**D 상처가 아무는 속도를 빠르게 만들 수 있다**

해설 질문의 키워드 泪腺分泌出的活性化合物(눈물샘이 분비하는 활성 화합물)가 언급된 네 번째 단락을 보면 这种化合物对伤口的修复都有很大的帮助。也就是说，有外伤时，哭得越厉害，伤口就会越快愈合(이 화합물은 상처의 회복에 커다란 도움이 된다. 다시 말해, 외상이 있을 때, 심하게 울수록 상처가 더 빨리 아물게 된다)라고 했다. 이 화합물이 활성 화합물이므로 보기 D가 알맞은 정답이다.

어휘 低落 dīluò 형 (정서 · 사기 등이) 저하하다, 떨어지다

★★☆ 하

84 关于“哭”，下列哪项正确？

'울음'에 관하여 다음 중 옳은 것은?

A 对人有害无利	A 사람에게 백해무익하다
B 是一种意志薄弱的表现	B 일종의 의지박약의 표현이다
C 外伤严重时不应该哭	C 외상이 심할 때는 울면 안 된다
D 是对人体的安全保护	**D 인체에 대한 안전 보호이다**

해설 질문의 키워드 哭(울다)가 언급된 마지막 단락에서 哭是对人体的一种安全保护(울음은 인체에 대한 안전한 보호이다)라고 했으므로 울음에 관해 옳은 내용은 D이다.

85-88

早在百多年前，85清代学者王懿荣在作为中药的“龙骨”上，发现了细小的刻画。经过专家们的多番考证，这些符号被认定为上古时期的文字——甲骨文。由此，把中国有文字记载的历史提前了1,000年。如今，甲骨文已被选入了《世界记忆遗产名录》。

世界著名的四大古文字分别是，中国的甲骨文、写在纸草上的古埃及象形文字、刻在泥板上的巴比伦楔形文字以及雕在石头上的印第安人玛雅文字。它们都在世界文明宝库中交相辉映、大放异彩，只可惜，其它三种文字都已失传，成为历史长河中永远无法破解的谜，唯有甲骨文历经3,000年，一脉传承地“活”到了今天，88今天的汉字便是由它演变而成的。

일찍이 백여 년 전, 85청나라 학자인 왕이룽은 중의 약재인 '용골'에서 미세하게 새겨진 그림을 발견했다. 전문가들의 수차례에 걸친 고증을 통해, 이 부호들이 상고 시기의 문자인 갑골문임이 확인되었다. 이로써 중국의 문자 기록 역사가 1,000년 앞당겨졌다. 오늘날, 갑골문은 이미 「세계기록유산」에 선정되었다.

세계 4대 문자는 각각 중국의 갑골문, 파피루스에 쓰여진 이집트 상형 문자, 점토판에 새긴 바빌론 설형 문자 그리고 돌에 새긴 인디안의 마야 문자이다. 이들은 모두 세계 문명 보고에서도 휘황찬란한 빛을 내지만, 안타깝게도 이 중 세 가지 문자는 이미 실전되어 역사의 기나긴 강에서 영원히 해독할 수 없는 수수께끼가 되었다. 유일하게 갑골문만이 3,000년의 역사를 겪으며 명맥을 유지하며 지금까지 '살아' 왔다. 88오늘날의 한자가 바로 이것이 시대에 따라 변화하여 형성된 것이다.

然而，研究甲骨文的路却并不平坦。百年不休的甲骨学，86却经常面临着“专家兴趣盎然，百姓兴趣寡然”的尴尬处境。此次《世界记忆遗产名录》的入选，对于长期从事与甲骨文相关工作的人员来说，无疑是“天降的喜事”。近年来，甲骨文正在逐渐走入大众的视线，在传播方式上还需要多下功夫，加之，甲骨文的传承和发扬也需要培养更多的接班人。

为此，中国文字博物馆为传承汉字文化开展了一次大型公益宣传活动——87中国文字博物馆甲骨学堂，在汉字教育的过程中，更多地结合了中国传统节日和汉字文化背景的介绍。比如，给孩子介绍汉字时，挑选一些象形程度高的字，通过解读文字背后隐含的历史文化信息以及了解这个字从古到今演变发展过程，让他们理解和掌握汉字的一些特征。

近些年来，甲骨文研究工作一直处于“低迷”状态，文字破译工作更是进展甚微。希望入选《世界记忆遗产名录》能够改变甲骨文研究目前面临的情况，让更多的有志之士来参与到甲骨文的工作中，也让更多的人学好汉字、用好汉字、爱上汉字、传播汉字。

그러나, 갑골문을 연구하는 길은 결코 평탄하지 않았다. 백 년간 쉼 없이 달려온 갑골학은 86늘상 '전문가들은 흥미가 폭발하는 한편 일반인들은 시큰둥한' 난감한 처지를 직면해왔다. 이번 「세계기록유산」에 선정된 것이 장기간 갑골문과 관련된 일에 종사해 온 사람들에게 있어서는 의심의 여지없는 '하늘이 주신 경사'인 것이다. 최근, 갑골문은 점차 대중들의 시야에 들어가고 있으나 전파 방식에 있어서는 여전히 많은 시간과 노력이 필요하다. 그에 더해, 갑골문의 전승과 고양에도 더 많은 계승자들을 양성할 필요가 있다.

이를 위해 중국 문자 박물관은 한 차례 대형 캠페인을 펼쳤다. 87중국 문자 박물관인 갑골문 학당은 한자 교육 과정에서 중국 전통 명절과 한자 문화 배경 소개를 더 많이 결합시켰다. 예를 들어, 아이들에게 한자를 소개할 때 상형 문자의 특성이 더 강한 글자를 선택하여 문자의 배경에 숨겨진 역사 문화 정보를 해석하고, 이 문자의 고대로부터 현대에 이르기까지의 발전 과정을 이해하는 것을 통해 아이들에게 한자의 특징들을 파악하게 했다.

여러 해 동안 갑골문의 연구 작업은 줄곧 '부진'한 상태에 놓여 있었는데, 문자 해독 작업은 그 진전이 더욱 미미했다. 부디 「세계기록유산」에의 선정이 갑골문 연구가 오늘날 직면한 상황을 변화시키고 더 많은 뜻있는 사람들이 갑골문 연구 작업에 참여하고 더 많은 사람들이 한자를 익히고 사용하고 사랑하고 전파할 수 있게 만들어주기를 바란다.

어휘 龙骨 lónggǔ 명 용골 [고대 포유동물들의 골격의 화석으로 진정제 등의 약으로 쓰여지는 것] 甲骨文 jiǎgǔwén 명 갑골문 记载 jìzǎi 명 동 기록(하다) 世界记忆遗产名录 Shìjiè jìyì yíchǎn mínglù 유네스코 세계기록유산 埃及象形文字 Āijí xiàngxíngwénzì 이집트 상형 문자 泥板 níbǎn 명 흙받기, 흙받이 巴比伦楔形文字 Bābǐlún xiēxíng wénzì 바빌론의 설형 문자 印第安人玛雅文字 Yìndì'ānrén mǎyǎ wénzì 인디안의 마야 문자 宝库 bǎokù 명 보고 交相辉映 jiāo xiāng huī yìng 성 여러 빛이나 색채 등이 서로 비추다 大放异彩 dà fàng yì cǎi 성 크게 이채를 띠다, 뛰어나게 빛을 내다 失传 shīchuán 동 실전하다 破解 pòjiě 동 조목조목 자세히 설명하다 谜 mí 명 수수께끼 演变 yǎnbiàn 명 동 변화발전(하다), 변천(하다) 隐含 yǐnhán 동 은연중 내포하다 盎然 àngrán 형 기분이나 흥미 등이 넘쳐 흐르는 모양 尴尬 gāngà 형 (입장 · 태도 등이) 난처하다, 곤란하다 传承 chuánchéng 명 전수와 계승 发扬 fāyáng 동 발양하다, 발양시키다 接班人 jiēbānrén 명 후계자, 후임 公益 gōngyì 명 공익 低迷 dīmí 형 저조하다, 침체하다 破译 pòyì 동 암호를 해독하다 进展 jìnzhǎn 명 동 진전(하다) 甚 shèn 부 대단히, 몹시

★★☆ 중

85 关于甲骨文，正确的是：

갑골문에 관하여 옳은 것은?

A 在沙漠中被发现
B 发现于清代
C 已经失传了
D 经历了近1,000年的繁荣

A 사막에서 발견됐다
B 청나라 때 발견됐다
C 이미 실전되었다
D 1,000년에 가까운 번영을 경험했다

해설 보기의 키워드로 A는 沙漠(사막), B는 清代(청나라), C는 失传(실전되다), D는 近1,000年的繁荣(1,000년에 가까운 번영)을 삼고 지문과 대조한다. 첫 번째 단락에서 보기 B의 키워드가 언급되어 清代学者王懿荣在作为中药的"龙骨"上，发现了细小的刻画。经过专家们的多番考证，这些符号被认定为上古时期的文字——甲骨文(청나라 학자인 왕이롱은 약재인 '용골'에서 세밀하게 새겨진 그림을 발견하였다. 전문가들의 수차례에 걸친 고증을 통해, 이 부호들이 상고 시기

의 문자인 갑골문임이 확인되었다)이라고 했으므로 옳은 내용은 B이다.

★★☆ 중

86 根据第三段，甲骨学：	세 번째 단락을 근거로 갑골학은?
A 缺乏接班人 B 一切研究事项都需要被公开 C 并没入选《世界记忆名录》 D 研究者都是各领域的资深人员	**A 계승자가 부족하다** B 모든 연구 항목이 공개될 필요가 있다 C 「세계기록유산」으로 선정되지 않았다 D 연구진들은 모두 각 분야의 베테랑들이다

해설 세 번째 단락에서 질문의 키워드 甲骨学(갑골학)를 찾는다. 키워드 이하 부분에서 却经常面临着"专家兴趣盎然，百姓兴趣寡然"的尴尬处境。……甲骨文的传承和发扬也需要培养更多的接班人(늘상 '전문가들은 흥미가 폭발하는 한편 일반인들은 시큰둥한' 난감한 처지에 직면해왔다. ……갑골문의 전승과 고양에도 더 많은 계승자들을 양성할 필요가 있다)이라고 했으므로 갑골학에 관한 옳은 내용은 A이다.

어휘 入选 rùxuǎn 동 뽑히다, 당선되다　资深 zīshēn 형 경력과 자격이 풍부하다, 베테랑의

★★☆ 중

87 关于甲骨学堂，下列哪项正确？	갑골문 학당에 관하여 다음 중 옳은 것은?
A 只面向成年人 B 以历史教育为主 **C 开展汉字教育活动** D 主张死记硬背	A 성인들만 대상으로 한다 B 역사 교육을 위주로 한다 **C 한자 교육 활동을 펼친다** D 기계적 암기를 주장한다

해설 질문의 키워드 甲骨学堂(갑골문 학당)이 있는 네 번째 단락에서 中国文字博物馆甲骨学堂，在汉字教育的过程中，更多地结合了中国传统节日和汉字文化背景的介绍(중국 문자 박물관인 갑골문 학당은 한자 교육 과정에서 중국 전통명절과 한자 문화 배경 소개를 더 많이 결합시켰다)라고 했으므로 갑골문 학당에 관한 옳은 내용은 C이다.

어휘 死记硬背 sǐ jì yìng bèi 성 (이해하지 못한 채) 무턱대고 외우고, 기계적으로 암송하다

★★☆ 중

88 根据上文，下列哪项正确？	본문을 토대로 다음 중 옳은 것은?
A 四大古文都传承下来了 B 现在研究甲骨文的人相当多 C 古代人学习甲骨文用来占卜 **D 汉字是由甲骨文演变而来的**	A 4대 문자는 모두 계승되었다 B 현재 갑골문을 연구하는 사람들이 상당히 많다 C 고대인들은 갑골문을 배워 점을 치는 데 사용했다 **D 한자는 갑골문이 변천되어 온 것이다**

해설 보기의 키워드로 A는 都传承下来了(모두 계승되었다), B는 研究的人多(연구하는 사람들이 많다), C는 用来占卜(점을 치는 데 사용하다), D는 汉字(한자)를 삼고 지문과 대조한다. 두 번째 단락의 끝부분에서 今天的汉字便是由它演变而成的(오늘날의 한자가 바로 이것이 시대에 따라 변화하여 형성된 것이다)라고 했으므로 옳은 내용은 D이다.

Tip▶ 根据上文，下列哪项正确？와 같은 질문 유형은 주로 개별 보기 자체가 키워드가 된다. 따라서 나머지 3개 문제를 풀면서 동시에 보기와 지문을 1:1로 대조해야만 시간을 효율적으로 사용할 수 있다. 만일 나머지 3개 문제를 다 푼 뒤에 이 유형의 문제를 풀기 시작하면 지문을 처음부터 다시 읽어야 하는 경우가 생길 수 있다.

어휘 占卜 zhānbǔ 동 점치다

89-92

科技的发展给人们带来了无限的便利，比如出门不带钱，只有一部手机便可走天下。在诸多移动支付方式中，92二维码方便快捷、成本较低、制作容易，是小额支付的主要形式，而且它对硬件设备的要求也相对比较低。89但这些优点却是一把双刃剑，二维码的优点也极大降低了不法分子实施支付欺诈（利用“扫描”实施诈骗）的成本。

随着移动支付的飞速发展，支付验证也逐渐脱离硬件设备，进入到单纯靠信息验证的阶段。这就对用户敏感信息保护提出了更高的要求，个人信息一旦被泄露，其后果将不可估量，很可能发生财产损失。

业内人士普遍认为，要保障安全支付，不能只依靠创新，而是在提升支付便利性的同时，也要做到“攻守兼备”。

90在攻的方面，应该加快支付技术及软件的更新换代，在保障安全的基础上，最大限度地给用户支付创造便利。如今，指纹支付快速普及，而一些移动支付企业也开始将刷脸支付、声波支付作为创新的新方向，并通过多种生物特征的交叉认证，降低支付风险。

在守的方面，加强现有支付方式的风险防控力度，从技术和保险两方面确保支付安全。蚂蚁金服高级安全专家朱通向记者介绍，“91支付宝目前用一整套智能实时风控系统，实时扫描平台上每天发生的上亿笔交易，分析用户行为、交易环境、关联关系等。到目前为止，该系统已识别并拦截网络金融诈骗10.8万笔，为客户避免经济损失16亿余元。这套安全系统还会通过数据分析、挖掘，自动更新，不断提升风控能力。”

과학의 발달은 사람들에게 무한한 편의를 가져다 주었다. 예를 들어, 외출 시 현금을 챙기지 않아도 핸드폰만 한 대 있으면 온 세상을 다닐 수 있다. 수많은 모바일 결제 방식 중, 92QR 코드는 편리하고 빠르며, 원가가 비교적 낮고, 제작이 용이하여 소액 결제의 주된 형식이다. 게다가 QR 코드는 하드웨어 설비에 대한 요구도 상대적으로 낮다. 89하지만, 이러한 장점들은 오히려 양날의 검이기도 하다. QR 코드의 장점들은 범죄자들이 결제 사기('스캔'을 이용하여 금융사기를 치다)를 치는 원가도 크게 낮춰주었다.

모바일 결제가 급속하게 발전함에 따라, 결제 인증 역시 점차 하드웨어 설비를 벗어나 단순히 정보 인증에만 의존하는 단계에 접어들었다. 이것이 사용자들의 민감한 정보 보호에 더 높은 요구를 하게 되었는데, 개인 정보는 일단 누출되면 그 결과는 헤아릴 수 없을 정도이며 금전상의 손실이 발생할 가능성이 매우 높다.

업계내 인사들은 안전한 결제를 보장하려면 혁신에만 의존해서는 안 되고, 결제 편의성을 높이면서도 '공격과 수비를 모두 갖춰야 한다'고 보통 말한다.

90공격에 있어서는 결제 기술 및 어플의 업데이트 속도를 높여야 한다. 안전을 보장한다는 기초 위에 최대한 사용자들의 결제에 편의성을 만들어줘야 한다. 오늘날, 지문 결제가 빠르게 보급되고 있으며 게다가 몇몇 모바일 결제 기업에서는 안면 인식 결제, 음성 인식 결제를 혁신적인 새로운 방향으로 삼고 다양한 생체 특징을 통한 교차 인증을 통해 결제 위험을 낮추기 시작했다.

수비에 있어서는 기존의 결제 방식의 위험 예방 및 제어력을 높여서, 기술과 안전 보장이라는 두 가지 방면에서의 결제 안전성을 확보하는 것이다. ANT group 안전 진단 전문가인 쭈통은 다음과 같이 기자에게 소개했다. "91알리페이는 현재 '스마트 실시간 위험 관리 시스템'을 사용하여 플랫폼에서 매일 발생하는 수억 건의 거래를 실시간으로 스캔하고 사용자의 행동, 거래 환경, 연관성 등을 분석하고 있습니다. 현재까지 이 시스템은 10.8만 건의 사이버 금융 사기를 가려내고 저지하였으며, 16억여 위안의 경제적 손실을 피할 수 있도록 해주었습니다. 이 안전 시스템은 데이터 분석, 발굴, 자동 업데이트를 통해 위험 관리 능력을 끊임없이 향상시켜 나갈 것입니다."

어휘 诸多 zhūduō 형 수많은 二维码 èrwéimǎ 명 QR 코드 快捷 kuàijié 형 빠르다, 재빠르다 成本 chéngběn 명 원가, 생산비 双刃剑 shuāngrènjiàn 양날의 칼 不法分子 bùfǎ fènzǐ 명 불법 행위자, 범법자 欺诈 qīzhà 동 사기하다, 속여 먹다 验证 yànzhèng 동 검증하다 泄露 xièlòu 동 남에게 누설하다, 폭로하다 不可估量 bù kě gū liang 성 수량이 많거나 정도가 심하여 가늠할 수 없다, 헤아릴 수 없다 攻守兼备 gōngshǒu jiānbèi 공격과 수비를 겸비하다 更新换代 gēng xīn huàn dài 성 낡은 것을 새것으로 바꾸다, 갱신하다 声波 shēngbō 명 음파 交叉认证 jiāochā rènzhèng 교차 인증 防控 fángkòng 동 예방하고 제어하다 扫描 sǎomiáo 동 주사하다, 스캐닝하다 识别 shíbié 동 식별하다, 가려내다 拦截 lánjié 동 차단하다, 저지하다 金融诈骗 jīn róng zhà piàn 금융 사기 挖掘 wājué 동 캐다, 발굴하다, 찾아내다 风控 fēngkòng 동 위험 관리

★★★ 중

89 第1段中画线部分"双刃剑"是什么意思? | 첫 번째 단락의 밑줄 친 '양날의 검'은 어떤 의미인가?

A 优势明显 | A 강점이 뚜렷하다
B 利弊共存 | **B 이로움과 폐단이 공존한다**
C 前后矛盾 | C 전후가 모순된다
D 双重标准 | D 이중 잣대

해설 질문의 키워드 双刃剑(양날의 검)이 언급된 첫 번째 단락에서 但这些优点却是一把双刃剑，二维码的优点也极大降低了不法分子实施支付欺诈(利用"扫描"实施诈骗)的成本{하지만, 이러한 장점들은 오히려 양날의 검이기도 하다. QR 코드의 장점들은 범죄자들이 결제 사기('스캔'을 이용하여 금융사기를 치다)를 치는 원가도 크게 낮춰주었다}이라고 했으므로 双刃剑의 의미는 B이다.

어휘 利弊 lìbì 명 이로움과 폐단　共存 gòngcún 동 공존하다　双重 shuāngchóng 명 이중 형 이중의

★★☆ 중

90 如何从攻的方面降低支付风险? | 공격 분야에서 어떻게 결제 위험을 낮추는가?

A 加快支付软件升级 | **A 결제 어플 업데이트를 빠르게 한다**
B 要注意保护个人信息 | B 개인 정보 보호에 주의해야 한다
C 实时对网络漏洞进行修补 | C 실시간으로 인터넷 취약점을 보완한다
D 定期进行杀毒软件升级 | D 정기적으로 백신 프로그램을 업데이트한다

해설 질문의 키워드가 있는 네 번째 단락에서 在攻的方面，应该加快支付技术及软件的更新换代(공격에 있어서는 결제 기술 및 어플의 갱신과 업데이트 속도를 높여야 한다)라고 했으므로 공격 분야에서 결제 위험을 낮추는 방법은 A이다.

어휘 升级 shēngjí 동 승급하다, 승진하다　漏洞 lòudòng 명 구멍, 빈틈, 약점　修补 xiūbǔ 동 수리하다, 보수하다

★★☆ 중

91 关于支付宝，可以知道: | 알리페이에 관하여 알 수 있는 것은?

A 进行全天候实时监测 | **A 전천후로 실시간 감시를 한다**
B 还没有正式进入市场 | B 아직 시장에 정식으로 들어오지 않았다
C 用户流失情况严重 | C 사용자들이 심각하게 빠져나간다
D 仅扫描数额过亿的交易 | D 액수가 억대를 넘는 거래만 스캔한다

해설 질문의 키워드 支付宝(알리페이)가 있는 다섯 번째 단락에서 支付宝目前用一整套智能实时风控系统，实时扫描平台上每天发生的上亿笔交易(알리페이는 현재 '스마트 실시간 위험 관리 시스템'을 사용하여 실시간으로 플랫폼에서 매일 발생하는 수억 건의 거래를 스캔한다)라고 했으므로 알리페이에 관해 알 수 있는 내용은 A이다.

어휘 全天候 quántiānhòu 형 (서비스 회사의) 24시간 연중 무휴의　流失 liúshī 동 유실하다, 흘러나가다　数额 shù'é 명 액수

★★☆ 하

92 根据文章，下列哪项正确？

본문을 토대로 다음 중 옳은 것은?

A 扫描二维码支付成本低廉
B 刷脸技术已被广泛使用
C 很少人使用手机支付
D 支付宝风控系统极不完善

A QR 코드 결제는 원가가 저렴하다
B 안면 인식 기술은 이미 널리 사용되고 있다
C 모바일 결제를 사용하는 사람이 많지 않다
D 알리페이의 위험 관리 시스템은 매우 불완전하다

해설 보기의 키워드로 A는 扫描二维码支付(QR 코드 결제), B는 刷脸技术(안면 인식 기술), C는 手机支付(모바일 결제), D는 风控系统(위험 관리 시스템)을 삼고 지문과 대조한다. 첫 번째 단락에서 二维码方便快捷、成本较低(QR 코드는 편리하고 빠르며, 원가가 비교적 낮다)라고 했으므로 옳은 것은 A이다.

Tip▶ '根据文章，下列哪项正确?' 유형의 문제를 푸는 방법
: 올바른 내용을 고르는 문제는 보기 4개가 지문에서 순서대로 나오지 않고 흩어져 있는 경우가 많으므로, 보기의 키워드를 파악한 뒤에 다른 3개 문제와 동시에 풀어야만 시간을 절약할 수 있다.

93-96

纵览中国古代都城的发展史，会发现这样一个有趣的现象：大部分都城在选址时都抛开旧都城，另选新址重建。然而，古时统治者似乎对古都开封“情有独钟”，93基本上都是在旧城址上重建，形成了不同朝代的城墙在同一地层上垂直叠压的“城摞城”现象。

要形成一座都城，自然环境、经济和军事等因素都是不可缺少的。从这些因素上看，开封的自然环境并不十分符合建都。自古以来，开封周围地势平坦，四周毫无遮挡，而长安、洛阳、北京等都城皆有天然屏障。然而，虽没有自然屏障，但开封与其他古都相比，94其水利网络设施却极为优越，这里的平原地貌使得河湖密布，交通便利。当时，开封不但有人工开凿的运河鸿沟（汴河）可与黄河、淮河沟通，并且还拥有向外辐射的水上交通要道，在这方面开封远远超越了国内其它古都。

另外，任何政权在建立之初，首要课题都是社会生活所必需的各种物资，开封作为都城，在物资的获取方面可谓“近水楼台”。到了唐代，随着京杭大运河的通航，汴州又恰巧处于通济渠的要冲 ，即通往东都洛阳和唐都长安的重要门户，95由于汴河直通江淮，大批江南物资可直达汴州。然而，由于关中地区连年战乱，经济早已衰败，长安、洛阳更是屡遭破坏，面目全非。虽然在北宋初年，太祖赵匡胤欲迁都长安或洛阳，但由于遭受大臣们的极力反对，最终只好妥协。

중국 고대 도성의 발전사를 살펴보면, 흥미로운 현상을 하나 발견하게 된다. 대부분의 도성들은 터를 고를 때 옛 도성은 피하고 새로운 터를 물색하여 중건한다. 하지만, 고대의 통치자들은 고성 카이펑에 대해서는 '특별한 애정'을 가졌었는지, 93대체적으로 옛터에 재건을 하여, 다양한 왕조의 성벽이 한 지층에 수직으로 겹겹이 눌려진 '성 위에 다시 성을 쌓아올린' 현상을 빚어냈다.

도성을 구축하려면, 자연 환경, 경제 및 군사 등의 요소는 필수적이다. 이러한 요소에서 보자면, 카이펑의 자연 환경은 결코 도성 건설에 부합하지 않는다. 자고로 카이펑은 주변 지세가 평탄하고, 사방에 은폐물이 전무하다. 반면 창안, 뤄양, 베이징 등의 도성들은 모두 다 천혜의 보호 장벽을 지니고 있다. 하지만 비록 천혜의 보호 장벽이 없음에도 불구하고 카이펑은 다른 고도들과 서로 비교했을 때 94수리 망 시설이 매우 뛰어나다. 이곳의 평원 지대는 강과 호수가 빈틈없이 분포해서 교통이 편리했다. 당시에 카이펑은 인공 운하인 훙꺼우(삐엔허)가 황허, 화이허와 연결되어 있고 외부로 가는 방사형 수상 교통 요지를 보유하고 있었다. 이 방면에서 카이펑은 국내 다른 고성들을 크게 넘어섰다.

그 밖에, 어떠한 정권이라도 건립 초기의 우선적 과제는 사회 생활에 필수적인 각종 물자인데, 카이펑은 도성으로서 물자의 수급에 있어 가히 '주변 지역의 덕을 많이 본다'고 할 수 있었다. 당대에 이르러, 징항 대운하가 개통됨에 따라 삐엔저우가 때마침 통지취의 요충지에 위치하게 되었다. 즉, 동쪽의 도읍 뤄양과 당대 도읍 창안으로 통하는 중요한 관문으로서, 95삐엔허가 양쯔강과 화이허로 직통 연결되었기 때문에 대량의 강남 지역의 물자들이 삐엔저우로 바로 도달하게 되었다. 하지만 꽌쫑 지역(=샨시성 웨이허 유역 일대)이 해를 거듭하며 전란에 휩싸이면서 경제가 쇠퇴하게 되었고 창안, 뤄양이 더욱이 전란으로 파괴되면서 옛 모습을 찾아볼 수 없게 되었다. 비록 북송

95这实际上也是当时开封的经济优势不容许他做出迁都的决定。 自古就有“得中原者得天下”之说，开封位于中原腹地，96彼时的北宋东京城便是中国历史上最繁荣、富裕的七大都城之一，成为了堪称“富丽甲天下”的名都。可见，在历史上，开封虽饱经兵火水患，但人们也不愿轻易放弃这块宝地。	초기 태조 짜오쾅인은 창안이나 뤄양으로 도읍을 옮기고자 하였으나 대신들의 격렬한 반대에 부딪혀 결국 타협하게 되었다. 95사실상 이 또한 당시 카이펑의 경제적 우위가 그의 천도에 대한 결정을 여의치 않게 한 까닭이었다. 예로부터 '중원을 얻는 자 천하를 얻는다'는 말이 있는데, 카이펑이 중원의 중앙에 위치하여, 96당시의 북송 동경성은 중국 역사상 가장 번영하고 부유한 7대 도성 중 하나가 되었으며, '부려갑천하(=아름답기로 천하 제일이다)'라고 불리우는 유명한 도시가 되었다. 이로써 카이펑은 비록 역사상 전란과 수해를 겪을대로 겪었으나 그럼에도 불구하고 사람들이 쉽게 포기하지 않은 옥토였음을 알 수 있다.

어휘 纵览 zònglǎn 통 종람하다, 넓게 보다 抛开 pāokāi 통 던져버리다, 내버리다 统治者 tǒngzhìzhě 명 통치자, 지배자 情有独钟 qíng yǒu dú zhōng 성 감정이 특별히 깊다, 특별히 관심을 갖다 垂直 chuízhí 명 형 수직(의) 叠压 diéyā 통 겹겹이 누르다 摞 luò 통 포개다, 쌓다 地势 dìshì 명 지세, 땅의 형세 平坦 píngtǎn 형 평탄하다 遮挡 zhēdǎng 통 막다, 저지하다 皆 jiē 부 모두, 전부 屏障 píngzhàng 명 병풍처럼 둘러쳐진 것, 장벽 密布 mìbù 통 구름 등이 짙게 덮이다, 빽빽하게 들어차다 开凿 kāizáo 통 (운하 · 터널 등을) 파다 鸿沟 Hónggōu 지명 홍구, 홍꺼우 [한(漢)의 고조(高祖)와 초(楚)의 항우(項羽)가 천하를 양분할 때 경계선이었던 운하] 辐射 fúshè 명 통 방사(하다), 복사(하다) 政权 zhèngquán 명 정권 기관, 권력 기관 近水楼台 jìn shuǐ lóu tái 성 물가에 있는 누대에 제일 먼저 달빛이 비친다, 위치나 관계가 가까운 사람이 더 많은 덕을 본다 京杭大运河 Jīngháng dàyùnhé 지명 경항 대운하 通航 tōngháng 통 (항공로 · 해로의) 개통하다, 취항하다 要冲 yàochōng 명 요충지, 요충 连年 liánnián 부 여러해, 계속 衰败 shuāibài 통 쇠약해지다, 쇠락하다 面目全非 miàn mù quán fēi 성 옛모습을 찾아볼 수 없게 되다 迁都 qiāndū 통 천도하다 妥协 tuǒxié 통 타협하다 腹地 fùdì 명 중심부, 중앙 彼时 bǐshí 명 그때, 그 당시 堪称 kānchēng 통 ~라고 할 만하다 富丽 fùlì 형 화려하다, 웅대하고 아름답다 饱经 bǎojīng 통 두루 경험하다, 다 겪다

★★★ 중

93

第一段中“有趣的现象”是指？	첫 번째 단락의 '흥미로운 현상'이 가리키는 것은?
A 开封一词的由来十分特别 **B 不同朝代的古城叠加在一起** C 古代人选都城的方法 D 没有人愿意在开封建都	A 카이펑이라는 단어의 유래가 매우 특별하다 **B 다양한 왕조의 고성들이 한 데 겹쳐 있다** C 고대인들이 도성을 선택하는 방법 D 카이펑에 수도를 건설하길 원하는 사람이 없다

해설 질문의 키워드 有趣的现象(흥미로운 현상)이 언급된 첫 번째 단락의 끝부분에서 基本上都是在旧城址上重建，形成不同朝代城墙在同一地层上垂直叠压的"城摞城"现象(대체적으로 옛터에 재건을 하여, 다양한 왕조의 성벽이 한 지층에 수직으로 겹겹이 눌려진 '성 위에 다시 성을 쌓아올린' 현상을 빚어냈다)이라고 했으므로 '흥미로운 현상'이 가리키는 것은 B이다.

Tip▶ 같은 의미 다른 표현(= 패러프레이징)

: 보기에 제시된 어휘가 지문에 그대로 언급되면 지문과 대조하기가 훨씬 수월하지만, 같은 의미인 다른 표현으로 제시될 경우 일일이 해석해야 하기 때문에 시간을 더 많이 할애하게 된다. 이러한 중고난이도 문제를 완벽하게 풀기 위해서 어휘 실력을 다지고 빠르게 독해하는 훈련도 길러야 한다. 평소에 유사한 표현으로 바꾸기나 다른 방식으로 풀이하기 등의 연습을 꾸준히 하는 것이 좋다.

어휘 叠加 diéjiā 통 중첩되어 겹치다

★★☆ 중

94 开封与其他古都相比有什么优势？	카이펑은 다른 고대 도시들과 서로 비교하면 어떤 강점이 있는가?
A 四周群山环绕，是天然屏障 B 易守难攻，有地形优势 C 物产丰富 **D 水利网络发达**	A 사방이 산들로 둘러싸여 있는 천연 장벽이다 B 수비하고 쉽고 공격하기 어려운 지형적 장점을 가지고 있다 C 산물이 풍부하다 **D 수리 망이 발달되어 있다**

해설 질문의 키워드 开封与其他古都相比(카이펑은 다른 고대 도시들과 서로 비교하면)가 두 번째 단락에 그대로 언급되었다. 其水利网络设施却极为优越，这里的平原地貌使得河湖密布，交通便利(수리 망 시설이 매우 뛰어나다. 이곳의 평원 지대는 강과 호수가 빈틈없이 분포해서 교통이 편리했다)라고 했으므로 카이펑이 다른 고대 도시들에 비해 가진 장점은 D이다.

어휘 环绕 huánrào 동 둘러싸다, 에워싸다　物产 wùchǎn 명 물산, 산물, 생산물

★☆☆ 상

95 赵匡胤为什么没能迁都？	짜오광인은 왜 천도하지 못했는가?
A 洛阳和长安多年战乱 B 北宋的经济衰败 **C 开封物资运送便利** D 开封地势险峻	A 뤄양과 창안에 수년 간 전란이 있었다 B 북송의 경제가 쇠퇴했다 **C 카이펑의 물자 운송이 편리하다** D 카이펑은 지세가 험준하다

해설 질문의 키워드 没能迁都(천도하지 못했다)가 언급된 부분을 찾는다. 세 번째 단락 끝부분에서 태조 짜오광인이 도읍을 옮기고자 했으나 대신들의 반대에 부딪혔다는 내용이 언급되면서 이어서 这实际上也是当时开封的经济优势不容许他做出迁都的决定(사실상 이 또한 당시 카이펑의 경제적 우위가 그의 천도에 대한 결정을 여의치 않게 한 까닭이었다)이라고 했다. 여기서 말하는 경제적 우위는 세 번째 단락에서 말하고 있는 물자 운송으로 由于汴河直通江淮，大批江南物资可直达汴州(삔엔허가 양쯔강과 화이허로 직통 연결되었기 때문에 대량의 강남 지역의 물자들이 삔엔저우로 바로 도달하게 되었다)라고 했으므로 짜오광인이 천도하지 못한 이유는 C이다.

Tip▶ 95번 문제처럼 사건의 전말이나 사건이 일어난 배경을 파악해야 하는 문제는 난이도가 높은 유형으로 출제되는 경향이 있다. 따라서 사건의 표면적인 내용뿐만 아니라 원인과 배경을 파악하는 훈련도 꼼꼼히 하자.

어휘 险峻 xiǎnjùn 형 험준하다, (산세가) 높고 험하다

★★☆ 중

96 根据上文，下列哪项正确？	본문을 토대로, 다음 중 옳은 것은?
A 北宋时开封最繁华 B 洛阳被称为“富丽甲天下”的世界名都 C 开封地区在地理上没有优势 D 开封久经战乱，人们都想放弃	**A 북송 때 카이펑은 가장 번화했다** B 뤄양은 '아름답기로 천하 제일이다'로 불리는 세계적으로 유명한 도시이다 C 카이펑 지역은 지리적으로 강점이 없다 D 카이펑은 전란을 오랫동안 겪어서 사람들이 포기하고 싶어 했다

해설 보기의 키워드로 A는 北宋时(북송 때), B는 洛阳(뤄양), C는 开封地区(카이펑 지역), D는 战乱(전란)을 삼고 지문과 대조한다. 마지막 단락에서 彼时的北宋东京城便是中国历史上最繁荣、富裕的七大都城之一，成为了堪称“富丽甲天

下"的名都(당시의 북송 동경성은 중국 역사상 가장 번영하고 부유한 7대 도성 중 하나가 되었으며, '부려갑천하'라고 불리우는 유명한 도시가 되었다)라고 했으므로 옳은 내용은 A이다.

97-100

从教育部获悉，今年全国将会有将近820万大学生毕业，面对严峻的就业形势。与此同时，媒体最近又关注毕业生"慢就业"现象，指出有部分大学毕业生以"慢就业"为由懒得就业甚至干脆不就业，实际上算是逃避就业的行为，97很多家长对此表示忧虑。

为了让毕业生的就业得到重视，教育部要求各高校对毕业生离校时的初次就业率进行统计，并把这个数据作为考核高校就业成功率的重要指标。以此来引起高校对初次就业的重视，但同时也出现了一系列问题。98为了提高初次就业率，部分高校就喊出"先就业，后择业"的概念，也就是要求毕业生们先不要考虑个人喜好以及工作前景，先就业再说。另外，不少高校把"就业年"称为"毕业年"，甚至为了实习、参加招聘会而放弃教育教学课程，这导致大学教育缩水，更有甚者，为了提高就业率弄虚作假。结果，初次就业率的统计，反而导致了就业的急功近利，对大学生理性选择职业也有害无利。

99针对学生"慢就业"现象，专家要求高校淡化对初次就业率的重视，转向关注学生的中长期的就业。将关注的目光从在校阶段延长到毕业离校之后，这是做好大学毕业生服务工作的必然选择。当关注的方向转到毕业后三五年的就业时，学校才会对人才培养的质量重视起来，提高毕业生的核心竞争力，而不是在毕业时的就业上孤注一掷。目前，不少舆论对"慢就业"持反对态度，认为这只不过是大学生怕就业，高校推卸责任的借口。如何回应这种舆论，还需要教育部门和大学有切实作为。

为此，教育部一再督促大学要开展学生生涯规划教育，但总体而言，全面、系统开展生涯规划教育的高校并不多，仍然缺乏对学生有针对性的个性化指导。"慢就业"说到底是个性化就业，即选择适合自己的就业方式，要让"慢就业"不变为"不就业"或者"懒就业"，关键就在于个性化就业指导。

교육부 소식에 따르면, 올해 전국적으로 820만 명에 가까운 대학생들이 졸업을 앞두고 있어 험준한 취업 상황에 직면할 것으로 전망했다. 이와 동시에 언론에서는 최근 졸업생들의 '만취업(=취업을 늦게 하는 것)' 현상에 관심을 가졌다. 일부 대학 졸업생들이 '만취업'을 이유로 취업 활동을 게을리하거나 심지어 아예 구직을 하지 않는다는 것인데, 이것은 사실상 취업을 도피하는 행위인 셈으로, 97수많은 학부형들이 이에 대한 우려를 나타낸다고 지적했다.

졸업생들로 하여금 취업을 중시하도록 하기 위해 교육부에서는 각 대학의 졸업생들이 캠퍼스를 떠날 때의 초기 취업률에 대해 통계를 내고 이 데이터를 해당 학교의 취업 성공률을 심사 평가하는 중요한 지표로 삼았다. 이렇게 함으로써 대학들이 초기 취업을 중시하게 됐지만 이와 동시에 일련의 문제점도 발생했다. 98초기 취업률을 높이기 위해 일부 대학에서는 '선취업, 후선택'을 외쳤는데, 일단 개인의 취향과 직무 전망을 생각하지 말고 취업부터 시키고 보자는 것이다. 그 밖에도, 적잖은 대학들이 '취업한 해'를 '졸업한 해'로 보았고, 심지어 인턴, 채용 박람회 참가 등을 위해 교과 과정을 포기하는 등 학교 교육 과정을 축소시켰으며, 더욱이 취업률을 높이기 위해 허위로 날조하기도 했다. 결국, 초기 취업률 통계가 오히려 취업의 근시안적인 폐단을 초래하였고 대학생들의 이성적 구직에도 백해무익하기만 했다.

99'만취업' 현상에 대해, 전문가들은 대학의 초기 취업률 성과에 대한 급급함을 누그러뜨리고, 학생들의 중장기적인 취업으로 방향을 바꿀 것을 요구하고 있다. 관심의 눈을 캠퍼스 단계에서 졸업 후 캠퍼스를 떠난 뒤까지로 연장하는 것이 대학 졸업생을 위한 서비스 업무의 필수적 선택이다. 관심의 방향을 졸업 후 3~5년간의 취업으로 돌릴 때 학교는 비로소 인재 양성의 질을 중시하게 되어 졸업 때만 올인하는 것이 아니라 졸업생의 핵심 경쟁력을 높이게 되는 것이다. 현재, 적잖은 여론이 '만취업'에 대해 반대하는 태도를 취하고 있다. 이는 대학생들이 취업을 두려워하고 대학이 책임을 전가하는 핑계일 뿐이라는 것이다. 이러한 여론에 어떻게 응답할 것인지는 여전히 교육 부처와 대학의 실정에 맞는 행동이 필요하다.

이를 위해, 교육부는 대학에 학생 평생 계획 교육을 펼칠 것을 거듭 촉구했다. 하지만 전반적으로, 총체적이면서 체계적으로 평생 계획 교육을 실천할 수 있는 학교는 결코 많지 않고, 여전히 학생에 대한 목표지향적 맞춤형 지도 역시 부족한 상황이다. '만취업'은 결국 맞춤형 취업으로 자신에게 적합한 구직 방식을 선택하여 '만취업'이 '취업을 하지 않는다'던가 '일자리 찾는 데 게으르다'는 등으로 변질되지 않도록 해야 한다. 관건은 맞춤형 취업 지도에 달려 있다.

어휘 严峻 yánjùn 형 (정세 · 형세 등이) 심각하다, 혹독하다　形势 xíngshì 명 정세, 상황, 형편　考核 kǎohé 동 심사(평가)하다　指标 zhǐbiāo 명 지표, 목표　缩水 suōshuǐ 동 물에 줄어들다, 축소하다, 감소하다　更有甚者 gèng yǒu shèn zhě 더 심한 것이

있다, 더욱 도가 지나친 것이 있다 弄虚作假 nòng xū zuò jiǎ 성 그럴 듯하게 꾸미다, 허위로 날조하다 急功近利 jí gōng jìn lì 성 눈앞의 성공과 이익에만 급급하다 淡化 dànhuà 동 가볍게 하다, 약화시키다, 누그러뜨리다 孤注一掷 gū zhù yí zhì 성 노름꾼이 남은 밑천을 다 걸고 최후의 승부를 걸다 舆论 yúlùn 명 여론 推卸 tuīxiè 동 책임을 전가하다, 회피하다, 남에게 덮어씌우다 切实 qièshí 형 확실하다, 실제에 부합하다, 실정에 맞다 督促 dūcù 동 감독 · 독촉(하다), 재촉(하다) 生涯 shēngyá 명 생애, 일생 个性化 gèxìnghuà 명 개성화

★★☆ 하

97

家长对"慢就业"这一现象持什么样的态度?	학부형들은 '만취업' 현상에 대하여 어떠한 태도를 취하고 있는가?
A 倡导 　 **B 忧虑** C 讽刺 　 D 支持	A 제창하다 　 **B 우려하다** C 조소하다 　 D 지지하다

해설 질문의 키워드 慢就业(만취업)가 있는 첫 번째 단락의 끝부분에서 很多家长对此表示忧虑(수많은 학부형들이 이에 대한 우려를 나타낸다고 지적했다)라고 했다. 따라서 학부모들이 '만취업' 현상에 대해 갖는 태도는 B이다.

어휘 倡导 chàngdǎo 동 앞장 서서 제창하다 讽刺 fěngcì 명 동 풍자(하다)

★★☆ 중

98

高校为什么提倡"先就业，后择业"?	대학에서는 왜 '선취업, 후선택'을 제창했는가?
A 为了培养毕业生的综合竞争力 **B 为了完成教育部门考核指标** C 为了提高学校的影响力 D 可以让毕业生独立自主	A 졸업생의 종합 경쟁력을 기르기 위해 **B 교육부의 심사 · 평가 지표를 완성하기 위해** C 학교 영향력을 높이기 위해 D 졸업생이 자립할 수 있게 하려고

해설 질문의 키워드 先就业，后择业(선취업, 후선택)가 언급된 두 번째 단락에서 교육부에서는 각 대학의 초기 취업률에 대해 통계를 내어 심사 평가의 지표로 삼았다고 하며, 为了提高初次就业率，部分高校就喊出"先就业，后择业"的概念(초기 취업률을 높이기 위해 일부 대학에서는 '선취업, 후선택'을 외쳤다)이라고 했으므로 대학에서 '선취업, 후선택'을 주장하는 이유가 B임을 알 수 있다.

어휘 独立自主 dú lì zì zhǔ 성 자주 독립하다, 남에게 의지하지 않고 스스로 행하다

★★☆ 하

99

根据上文，高校应该关注什么?	본문을 토대로 대학은 무엇에 관심을 두어야 하는가?
A 学生素质教育 B 遵循教育部规定 **C 学生中长期就业** D 提高初次就业率	A 학생의 소양 교육 B 교육부 규정을 준수하다 **C 학생의 중장기적 취업** D 초기 취업률을 높이다

해설 질문에서 대학의 마땅한 태도를 물었으므로 관련 내용을 보기와 1:1로 대조하여 찾는다. 세 번째 단락의 시작 부분에서 전문가의 견해가 언급되어 针对学生"慢就业"现象，专家要求高校淡化对初次就业率的重视，转向关注学生的中长期的就业('만취업' 현상에 대해, 전문가들은 대학의 초기 취업률 성과에 대한 급급함을 누그러뜨리고, 학생들의 중장기적인 취업으로 방향을 바꿀 것을 요구하고 있다)라고 했다. 따라서 대학이 관심을 두어야 할 것은 C임을 알 수 있다.

어휘 遵循 zūnxún 동 따르다

★★★ 하

100 下列哪项适合做上文题目？

다음 중 윗글의 제목으로 적합한 것은?

A 大学生应如何理性就业
B “毕业即工作”的择业观逐渐松绑
C 如何看待“毕业即失业”现象
D 如何看待与应对“慢就业”现象

A 대학생은 어떻게 이성적으로 취업해야 하는가
B '졸업 후 곧 취업'이라는 직업 선택관이 점차 열어지고 있다
C '졸업이 곧 실업'인 현상을 어떻게 볼 것인가
D '만취업' 현상을 어떻게 보고 대처할 것인가

해설 이 글의 제목을 묻고 있다. 각 단락의 주요 내용을 파악하고 앞서 풀이한 3문제를 통해 귀납하여 제목을 설정할 수 있다. 전체 지문에서 '만취업' 현상의 정의, 발생 배경, 폐단 및 해결 방안을 모두 다루고 있으므로 가장 알맞은 제목은 D이다.

어휘 松绑 sōngbǎng 동 포승을 풀다, 해제하다

쓰기 101. ★★★ 하

[풀이전략] 첫 번째로 읽으면서 인물과 주요 사건을 중심으로 빠르게 읽는다. 두 번째로 읽으면서 사건을 기/승/전/결/(주제)로 나누어 스토리를 만들고, 사건 서술에 필요한 표현들을 '주어-술어-목적어'를 중심으로 암기한다. 문장의 기본 구조에 충실하게 작문하되, 생각나지 않는 표현은 비슷한 말로 바꾸고 정확한 메시지를 전달할 수 있도록 간단명료하게 작문한다.

| Step 1 | 인물과 사건을 중심으로 읽기

1단락 등장인물: 리우구어량(아들), 리우짠셩(아버지)
사건: 탁구계에서 유명한 리우구어량, 그의 부친 리우짠셩은 탁구 코치로 탁구의 꿈을 이어감.

刘国梁是中国乒乓球界响当当的名字，他的成绩和父亲刘占胜的训练是分不开的。父亲从小就喜欢乒乓球，由于爷爷的阻拦，直到1973年，才重新回到乒乓球桌前——调入市体委从事乒乓球教练工作。

리우구어량은 중국 탁구계에서는 쟁쟁한 이름이다. 그의 성적은 부친인 리우짠셩의 훈련과 뗄래야 뗄 수가 없다. 그의 부친은 어려서부터 탁구를 좋아했지만 조부의 반대로 1973년이 되어서야 다시 탁구대로 돌아와 시정부 체육 운동 위원회로 전직하여 탁구 코치 일을 하게 되었다.

어휘 响当当 xiǎngdāngdāng 형 쟁쟁하다, 이름나다　阻拦 zǔlán 동 저지하다, 막다　调入 diàorù 동 옮겨오다, 전입하다, 전근하다
体委 tǐwěi 명 체육 운동 위원회(体育运动委员会)의 준말

2단락 사건: 리우구어량과 그의 형은 어릴 때부터 탁구를 치며, 1년의 365일을 훈련함.

刘国栋和刘国梁是一对亲兄弟，兄弟俩从小就开始打球，与乒乓球结下了不解之缘，为了实现父亲刘占胜制定的夺取世界冠军的目标，兄弟俩十分努力。练乒乓球这件事几乎占据了刘国梁和哥哥的整个童年。球拍和乒乓球是他们唯一的玩具。一年365天，没有节假日，也没有周末，兄弟俩天天全勤训练。刘国梁和哥哥常常在饭桌上就

리우구어똥과 리우구어량은 친형제로, 두 형제는 어려서부터 탁구를 치기 시작하며 끊을 수 없는 연을 맺었다. 부친 리우짠셩이 세운 세계 챔피언을 쟁취하려는 목표를 이루기 위해 두 형제는 굉장히 노력했다. 탁구 훈련이 리우구어량과 형의 어린 시절을 거의 다 차지했다. 탁구채와 탁구공이 그들의 유일한 장난감이었다. 1년의 365일 동안 휴일도 주말도 없이 두 형제는 매일 같이 빠짐없이 훈련에 임했다. 리우구어량과 형은 종종 밥상 머리에서도 힘을 겨뤘다. "오늘은 틀림없이

较上劲了："今天我准赢你，比着瞧！"下了饭桌就直奔球桌，父亲也兴致勃勃地给他们当裁判。当然，那时候刘国梁的"战绩"可不怎么样。	내가 이길 거야. 두고 봐!" 밥을 다 먹고는 바로 탁구대를 향해 내달렸다. 부친도 흥미진진해 하며 그들에게 심판이 되어 주었다. 당연히, 그 당시 리우구어량의 '전적'은 그리 좋지 못했다.

어휘 不解之缘 bù jiě zhī yuán 성 떼어 놓을 수 없는 인연 夺取 duóqǔ 동 쟁취하다 占据 zhànjù 동 차지하다 全勤 quánqín 명 형 개근(이다) 较劲 jiàojìn 동 겨루다, 대결하다 兴致勃勃 xìng zhì bó bó 성 흥미진진하다 裁判 cáipàn 명 심판 战绩 zhànjì 명 시합의 성적

3단락 사건: 리우구어량이 네다섯 살 때 그는 부친의 고향 친구인 세계 챔피언 짱리를 만남. 이 일로 리우구어량의 탁구에 대한 열정에 불을 지피게 됨.

刘国梁四五岁时，他的父亲专程带他去北京拜访老乡，这位老乡就是中国乒乓球女队世界冠军张立。父亲特意让国梁摸了摸那些金牌和奖杯，然后问他："你知道这些冠军胸章和奖杯是什么做的吗？"刘国梁天真地说道，"金牌当然是金子做的呀！"看着儿子的回答，刘占胜一边点头又一边摇头，语重心长地说道，"除了金子，还有汗水，甚至是眼泪和热血！"听了父亲的话，刘国梁自此更加认真努力地接受训练了。	리우구어량이 네다섯 살이 되었을 때 부친은 특별히 그를 데리고 북경에 고향 친구를 방문하러 갔다. 이 고향 친구가 바로 중국 여자 탁구팀의 세계 챔피언 짱리였다. 부친은 특별히 구어량에게 금메달과 트로피들을 만져보게 하고서 물었다. "이 챔피언 흉장과 트로피가 무엇으로 만들어졌는지 아니?" 리우구어량은 천진난만하게 말했다. "금메달이니 당연히 금으로 만들었죠!" 아들이 대답하는 것을 보며 리우짠셩은 한편으로는 고개를 끄덕이면서 또 한편으로는 고개를 저었다. 그는 의미심장하게 말했다. "금 이외에도 땀과 심지어 눈물, 그리고 뜨거운 피도 있단다." 부친의 말을 듣고 리우구어량은 이때부터 더욱 열심히 훈련을 받았다.

어휘 专程 zhuānchéng 부 특별히 胸章 xiōngzhāng 명 흉장 语重心长 yǔ zhòng xīn cháng 성 말이 간곡하고 의미심장하다

4단락 사건: 리우구어량이 몸이 아팠을 때 병원에 가서 링거를 맞은 후 집에 가지 않고 훈련관으로 가겠다고 고집을 부렸으며 부친은 이에 평소와 같이 훈련을 배정해줌.

父亲是远近闻名的"严管教"，他的笑容不多，言语也是少之又少，却字字铮铮有力。有一次，刘国梁突然发高烧，全身无力，母亲背他上医院打完吊针后要领他回家，没想到国梁却坚持着去了训练馆。父亲并没有因为生病而特殊照顾他，像往常一样安排他训练，母亲在一旁心疼得直掉眼泪。	그의 부친은 '엄한 감독'으로 유명했다. 웃음도 많지 않고 말도 거의 없었지만, 한 자 한 자 쩌렁쩌렁하니 힘이 있었다. 한번은 리우구어량이 갑자기 고열이 나서 온 몸에 힘이 없어 어머니가 그를 들쳐 업고 병원에 가서 링거를 다 맞고 그를 데리고 집으로 돌아오려 했지만, 뜻밖에도 리우구어량은 훈련관으로 가겠다며 고집을 부렸다. 부친은 그가 아프다고 해서 결코 특별히 그를 봐주지 않고 평소와 마찬가지로 훈련을 배정해 주었다. 어머니는 한 켠에서 마음이 아파 계속 눈물을 흘렸다.

어휘 远近闻名 yuǎnjìn wénmíng 명성이 자자하다 铮铮 zhēngzhēng 의 댕그랑, 쨍쨍[금속 따위가 부딪히는 소리] 吊针 diàozhēn 명 링거

5단락 사건: 1992년에 리우구어량은 탁구 대회에 나갔고, 예상 밖에도 세계 랭킹 2위의 선수를 이김. 1999년에는 '그랜드 슬램'의 주인공이 됨.

1992年，刘国梁参加中国举行的乒乓球比赛，当时参赛的还有很多外国选手。赛前谁都没特别关注过身材矮小的刘国梁，没想到，在这次比赛中刘国梁一举击败了排名世界第二的选手。1999年8月8日，对于刘国梁来说是值得纪念的日子。这一天，他不仅当了世界冠军，还成为了中国男子乒乓球历史上首位集奥运会、世乒赛、世界杯单打冠军于一身的"大满贯"得主。	1992년, 리우구어량은 중국에서 개최한 탁구 대회에 참가했다. 당시 경기에는 수많은 해외 선수들도 참가했다. 경기 전에는 어느 누구도 왜소한 리우구어량에게 특별히 관심을 갖지 않았다. 하지만 예상 밖에도 이 시합에서 리우구어량은 단번에 세계 랭킹 2위의 선수를 격파하였다. 1999년 8월 8일은 리우구어량에게 있어서 기념할 만한 날이다. 이날, 그는 세계 챔피언이 되었을 뿐만 아니라, 중국 남자 탁구 역사상 최초로, 올림픽, 세계 탁구 선수권 대회, 월드컵 단식 우승을 모두 거머쥔 '그랜드 슬램'의 주인공이 되었다.

어휘 一举 yìjǔ 부 일거에, 단번에 击败 jībài 동 패배시키다, 격파하다 大满贯 dàmǎnguàn 명 그랜드 슬램 得主 dézhǔ 명 상을 받거나 선발된 사람, 수상자

6단락 사건: 리우구어량은 이날 감격해서 바로 집에 전화를 걸었으나 그의 부친은 눈물 흘린 것을 보일까 봐 피함. 그 후로 그는 경기 후에 항상 집에 전화를 했음.

作为乒乓球运动员，刘国梁曾多次站在世界冠军的领奖台上，但在这天，他激动的心情难以言表。他回到宾馆后的第一件事就是给家里打电话叫一叫"爸爸"、"妈妈"。母亲在电话那端说："你爸听到比赛结果了，走下楼去了。"而这时已是深夜1点多了。后来，刘国梁才知道父亲是怕让他看到自己流泪才回避的，父亲想在孩子面前永远是严父。不论大赛小赛，不论是赢还是输，刘国梁都会在赛后先给家里打电话，这已经成了他的习惯。	탁구 선수로서, 리우구어량은 이미 여러 차례 세계 금메달 시상대에 올랐지만, 이날 그는 감격으로 말을 잇지 못했다. 그가 호텔로 돌아와 제일 처음 한 일은 바로 집으로 전화를 걸어, "아빠", "엄마"를 부르는 것이었다. 모친은 전화 저편에서 "너희 아버지는 경기 결과를 듣고는 아래 층으로 내려가셨단다."라고 말했다. 이미 새벽 1시를 넘어선 때였다. 훗날 리우구어량은 부친이 그에게 당신이 눈물 흘린 것을 보일까 봐 피했다는 것을 알게 되었다. 부친은 아이 앞에서는 영원히 엄한 아버지이고 싶었던 것이다. 크고 작은 시합에서 승부를 떠나 리우구어량은 매번 경기 후에는 우선 집으로 전화를 걸었다. 이것은 이미 그의 습관이 되었다.

어휘 领奖台 lǐngjiǎngtái 명 시상대 端 duān 명 (사물의) 끝

7단락 회상: 리우구어량은 부친의 꿈이 이루어진 것이라고 말함. 아버지께서 탁구를 위해 태어나 탁구를 위해 사신 분이며, 정수를 남기신 분이라고 회상함.

刘国梁说："父亲的理想算是实现了，儿子升五星红旗了，现在也当主教练了，他应该挺满足的。父亲生于乒乓，走于乒乓，如今走了，他把自己精髓的东西留下。相信老爸在天之灵也知道我们还会继承和延续着他的精神、他的梦想。我相信，他在天上也能看见。"	리우구어량은 다음과 같이 말했다. "부친의 꿈은 이루어진 셈이죠. 아들이 오성홍기를 올리고 지금은 또한 수석 코치가 되었으니 틀림없이 만족하실 거예요. 아버지께서는 탁구를 위해 태어나 탁구를 위해 사셨죠. 지금은 돌아가셨지만, 아버지께서는 당신의 정수를 남기셨어요. 하늘에 계시는 아버지께서도 저희들이 그분의 정신과 꿈을 계승하고 이어 나갈 것이라는 걸 알고 계시리라 믿습니다. 하늘에서도 보실 수 있을 거라 믿어요."

어휘 精髓 jīngsuǐ 명 정수 在天之灵 zài tiān zhī líng 성 하늘에 계시는 영혼[죽은 사람의 영혼을 공경하여 일컫는 말] 继承 jìchéng 동 계승하다, 이어받다, 물려받다

| Step 2 | 요약하고 중국어로 익히기

기

1단락

刘国梁是中国乒乓球界响当当的名字，他的成绩和父亲刘占胜的训练是分不开的。父亲从小就喜欢乒乓球，由于爷爷的阻拦，直到1973年，才重新回到乒乓球桌前——调入市体委从事乒乓球教练工作。

2단락

刘国栋和刘国梁是一对亲兄弟，兄弟俩从小就开始打球，与乒乓球结下了不解之缘，为了实现父亲刘占胜制定的夺取世界冠军的目标，兄弟俩十分努力。练乒乓球这件事几乎占据了刘国梁和哥哥的整个童年。球拍和乒乓球是他们唯一的玩具。一年365天，没有节假日，也没有周末，兄弟俩天天全勤训练。刘国梁和哥哥常常在饭桌上就较上劲了："今天我准赢你，比着瞧!"下了饭桌就直奔球桌，父亲也兴致勃勃地给他们当裁判。当然，那时候刘国梁的"战绩"可不怎么样。

바꿔쓰기
- 响当当的名字 → 著名
- 他们唯一的玩具 → 什么玩具都没有
- 天天全勤训练 → 不让休息
- "战绩" 可不怎么样 → 输多赢少

요약하기

刘国梁是中国著名的乒乓球运动员，他的成绩和父亲刘占胜的训练是分不开的。刘国梁和哥哥从小就开始打乒乓球，父亲十分严格，一年365天都不让兄弟俩休息，家里除了乒乓球，什么玩具都没有。年幼的刘国梁和哥哥经常比赛，但是那个时候，刘国梁输多赢少。

승

3단락

刘国梁四五岁时，他的父亲专程带他去北京拜访老乡，这位老乡就是中国乒乓球女队世界冠军张立。父亲特意让国梁摸了摸那些金牌和奖杯，然后问他："你知道这些冠军胸章和奖杯是什么做的吗 ？"刘国梁天真地说道，"金牌当然是金子做的呀！"看着儿子的回答，刘占胜一边点头又一边摇头，语重心长地说道，"除了金子，还有汗水，甚至是眼泪和热血！"听了父亲的话，刘国梁自此更加认真努力地接受训练了。

4단락

父亲是远近闻名的"严管教"，他的笑容不多，言语也是少之又少，却字字铮铮有力。有一次，刘国梁突然发高烧，全身无力，母亲背他上医院打完吊针后要领他回家，没想到国梁却坚持着去了训练馆。父亲并没有因为生病而特殊照顾他，像往常一样安排他训练，母亲在一旁心疼得直掉眼泪。

바꿔쓰기
- 除了A，还有B，甚至是C → 不仅是A，还有B
- 特殊照顾他 → 优待他

요약하기

刘国梁四五岁时，父亲带他去拜见前乒乓球冠军张力的家，特意想给他看看冠军的金牌和奖杯，并告诉他这些金牌不仅是用金子做成的，还有运动员的血和汗。刘国梁自此更加认真努力地接受训练了。
有一次，刘国梁生病发烧。母亲带他去医院打完针后要领他回家，可他没有回家，而是去了训练馆。
父亲也并没有因为他生病而优待他。

전

5단락

1992年，刘国梁参加中国举行的乒乓球比赛，当时参赛的还有很多外国选手。赛前谁都没特别关注过身材矮小的刘国梁，没想到，在这次比赛中刘国梁一举击败了排名世界第二的选手。1999年8月8日，对于刘国梁来说是值得纪念的日子。这一天，他不仅当了世界冠军，还成为了中国男子乒乓球历史上首位集奥运会、世乒赛、世界杯单打冠军于一身的"大满贯"得主。

6단락

作为乒乓球运动员，刘国梁曾多次站在世界冠军的领奖台上，但在这天，他激动的心情难以言表。他回到宾馆后的第一件事就是给家里打电话叫一叫"爸爸"、"妈妈"。母亲在电话那端说："你爸听到比赛结果了，走下楼去了。"而这时已是深夜1点多了。后来，刘国梁才知道父亲是怕让他看到自己流泪才回避的，父亲想在孩子面前永远是严父。这些年，不论大赛小赛，不论是赢还是输，刘国梁都会在赛后先给家里打电话，这已经成了他的习惯。

바꿔쓰기
- 没想到 → 竟然
- 成为了"大满贯"得住 → 拿到了"大满贯"
- 怕让他看到自己流泪 → 不想在孩子面前流眼泪

요약하기

1992年，刘国梁参加中国举行的乒乓球比赛，竟然击败了世界第二的选手。1999年8月8日，他拿到了"大满贯"。这一天，刘国梁激动的心情难以言表，他马上给家里打电话，但是父亲却回避了他。后来他才知道父亲不想在孩子面前流眼泪。从那以后，刘国梁在每次比赛后都给家里打电话。

결

7단락

刘国梁说："父亲的理想算是实现了，儿子升五星红旗了，现在也当主教练了，他应该挺满足的。父亲生于乒乓，走于乒乓，如今走了，他把自己精髓的东西留下。相信老爸在天之灵也知道我们还会继承和延续着他的精神、他的梦想。我相信，他在天上也能看见。"

요약하기

刘国梁说，父亲的理想算是实现了，他生于乒乓，走于乒乓，他把自己精髓的东西留下。相信老爸在天之灵也知道我们还会继承和延续着他的精神、他的梦想。

I Step 3 I 요약문 쓰기 (참고 답안)

世界冠军的诞生路	세계 챔피언의 탄생의 길
刘国梁是中国著名的乒乓球运动员，他的成绩和父亲刘占胜的训练是分不开的。刘国梁和哥哥从小就开始打乒乓球，父亲十分严格，一年365天都不让兄弟俩休息，家里除了乒乓球，什么玩具都没有。年幼的刘国梁和哥哥经常比赛，但是那个时候，刘国梁输多赢少。	리우구어량은 중국의 유명한 탁구 선수이다. 그의 성적은 부친인 리우짠셩의 훈련과 뗄래야 뗄 수가 없다. 리우구어량과 형은 어려서부터 탁구를 치기 시작했는데, 부친이 매우 엄격해서 1년 365일 두 형제를 쉬게 하지 않았다. 집안에 탁구 말고는 다른 어떤 장난감도 없었다. 어린 리우구어량과 형은 자주 시합을 했는데 그 당시에는 리우구어량이 이긴 적보다 지는 적이 많았다.

刘国梁四五岁时，父亲带他去了前乒乓球冠军张力的家，特意想给他看看冠军的金牌和奖杯，并告诉他这些金牌不仅是用金子做成的，还有运动员的血和汗。刘国梁自此更加认真努力地接受训练了。

有一次，刘国梁生病发烧。母亲带他去医院打完针后要领他回家，可他没有回家而是去了训练馆，父亲也并没有因为他生病而优待他。

1992年，刘国梁参加中国举行的乒乓球比赛，竟然击败了世界第二的选手。1999年8月8日，他拿到了“大满贯”。这一天，刘国梁激动的心情难以言表，他马上给家里打电话，但是父亲却回避了他。后来他才知道父亲不想在孩子面前流眼泪。从那以后，刘国梁在每次比赛后都给家里打电话。

刘国梁说，父亲的理想算是实现了，他生于乒乓，走于乒乓，如今走了，他把自己精髓的东西留下。相信老爸在天之灵也知道我们还会继承和延续着他的精神、他的梦想。(480字)

리우구어량이 네다섯 살 무렵, 부친이 그를 데리고 전 세계 탁구 챔피언인 짱리의 집을 방문하여 특별히 그에게 챔피언의 금메달과 트로피를 구경시켜 주었다. 그리고 그에게 이 금메달들은 금 뿐만이 아니라 선수의 피와 땀도 들어 있다고 알려 주었다. 리우구어량은 이로부터 더 열심히 훈련에 임했다.

한번은 리우구어량이 병이 나서 고열이 났다. 모친이 그를 병원에 데려가 주사를 맞히고 집으로 데려가려 했으나 그는 집으로 가지 않고 훈련관으로 향했다. 부친 역시 그가 병이 났다고 그를 특별 대우해 주지 않았다.

1992년 리우구어량은 중국에서 개최한 탁구 대회에 참가하여 뜻밖에도 세계 랭킹 2위의 선수를 격파했다. 1999년 8월 8일, 그는 '그랜드 슬램'을 달성했다. 이날 리우구어량은 감격하여 말을 잇지 못했다. 그는 그 길로 집에 전화를 했지만 부친은 오히려 그를 피했다. 훗날 그는 아버지가 아이 앞에서 눈물을 보이고 싶어 하지 않으셨다는 것을 알게 되었다. 그 이후로 리우구어량은 매번 경기 후 집으로 전화를 했다.

리우구어량은 다음과 같이 말했다. 부친의 꿈은 이루어진 셈이죠. 아버지께서는 탁구를 위해 태어나셨고 탁구를 위해 사셨어요. 지금은 돌아가셨지만, 아버지께서는 당신의 정수를 남기셨어요. 하늘에 계시는 아버지께서도 저희들이 그분의 정신과 꿈을 계승하고 이어 나갈 것이라는 걸 알고 계시리라 믿습니다.

실전모의고사 2회

한눈에 정답 확인하기

듣기

제1부분	1. D	2. A	3. B	4. B	5. A	6. D	7. C	8. D	9. A	10. D
	11. A	12. D	13. C	14. C	15. C					
제2부분	16. B	17. B	18. A	19. C	20. B	21. A	22. C	23. D	24. B	25. B
	26. C	27. D	28. B	29. D	30. A					
제3부분	31. C	32. A	33. B	34. D	35. B	36. A	37. D	38. B	39. A	40. D
	41. A	42. C	43. C	44. A	45. C	46. A	47. B	48. C	49. D	50. A

독해

제1부분	51. A	52. B	53. C	54. D	55. A	56. C	57. C	58. D	59. B	60. D
제2부분	61. B	62. D	63. A	64. B	65. C	66. A	67. B	68. B	69. C	70. D
제3부분	71. C	72. E	73. D	74. B	75. A	76. E	77. A	78. C	79. B	80. D
제4부분	81. D	82. B	83. A	84. D	85. C	86. B	87. B	88. B	89. D	90. A
	91. D	92. D	93. C	94. A	95. B	96. A	97. C	98. C	99. D	100. C

쓰기

101. 참고 답안 → p134

✂ 자가진단표를 뜯어서 사용할 수 있습니다.

자가진단 나의 학습 취약점 & 보완점 체크하기

문제별 중요도와 난이도를 보고 자신의 학습 취약점을 파악할 수 있게 하였습니다. 정답을 확인하여 반복적으로 틀리는 문제를 체크하고 어떤 부분(어휘력, 독해력, 청취력)을 보완해야 할지 진단해 봅시다.

틀린문제에 √표시 / 난이도(상, 중, 하)

문제 번호 ← 00 □ ★★ 상 | 형용사, 명사 키워드 듣기 → 문제 공략 포인트

중요도(★★★)

듣기 제1부분

번호	중요도	난이도	문제 공략 포인트
1 □	★★	중	설명문의 정보 대조하기
2 □	★★	하	논설문의 주장 파악하기
3 □	★★	하	설명문의 정보 대조하기
4 □	★★	중	설명문의 정보 대조하기
5 □	★★	하	설명문의 정보 대조하기
6 □	★	하	설명문의 정보 대조하기
7 □	★★★	하	설명문의 정보 대조하기
8 □	★★	하	설명문의 정보 대조하기
9 □	★★★	중	논설문의 주장 파악하기
10 □	★	하	설명문의 정보 대조하기
11 □	★★★	중	논설문의 주장 파악하기
12 □	★★★	하	설명문의 정보 대조하기
13 □	★★★	하	설명문의 정보 대조하기
14 □	★★★	상	설명문의 정보 대조하기
15 □	★★	하	설명문의 정보 대조하기

듣기 제2부분

번호	중요도	난이도	문제 공략 포인트
16 □	★★	중	동기/원인 듣기
17 □	★★	중	특정 키워드의 옳은 내용 고르기
18 □	★★	하	세부사항 듣기
19 □	★★	하	태도/견해 듣기
20 □	★★★	하	태도/견해 듣기
21 □	★★	하	동기/원인 듣기
22 □	★★★	중	어휘의 뜻 파악하기
23 □	★	하	세부사항 듣기
24 □	★★	중	태도/견해 듣기
25 □	★★★	하	세부사항 듣기
26 □	★★	하	세부사항 듣기
27 □	★★	중	세부사항 듣기
28 □	★★★	하	태도/견해 듣기
29 □	★	하	태도/견해 듣기
30 □	★★	하	태도/견해 듣기

듣기 제3부분

번호	중요도	난이도	문제 공략 포인트
31 □	★	하	세부사항 듣기
32 □	★	하	특정 키워드의 옳은 내용 고르기
33 □	★★	하	옳은 내용 고르기
34 □	★★	중	세부사항 듣기
35 □	★★	중	특정 키워드의 옳은 내용 고르기
36 □	★	중	세부사항 듣기
37 □	★★★	중	세부사항 듣기
38 □	★★	하	어휘의 뜻 파악하기
39 □	★★	중	특정 키워드의 옳은 내용 고르기
40 □	★★★	하	세부사항 듣기
41 □	★	하	특정 키워드의 옳은 내용 고르기
42 □	★★★	하	세부사항 듣기
43 □	★★	중	옳은 내용 고르기
44 □	★★★	하	세부사항 듣기
45 □	★	하	세부사항 듣기
46 □	★★★	중	특정 키워드의 옳은 내용 고르기
47 □	★★	중	옳은 내용 고르기
48 □	★★★	중	세부사항 듣기
49 □	★★	중	세부사항 듣기

50 □	★★	하	특정 키워드의 옳은 내용 고르기

독해 제1부분

51 □	★★★	하	어휘의 호응 오류
52 □	★★★	중	의미 중복
53 □	★★	중	문장 성분의 결여
54 □	★★★	하	논리적 의미의 오류
55 □	★★★	하	의미 중복
56 □	★★★	하	논리적 의미의 오류
57 □	★★★	상	어휘의 호응 오류
58 □	★★	상	문장 성분의 결여
59 □	★★	중	논리적 의미의 오류
60 □	★★★	중	어휘의 오용

독해 제2부분

61 □	★★★	중	빈칸 채우기
62 □	★★★	중	빈칸 채우기
63 □	★★★	중	빈칸 채우기
64 □	★★	중	빈칸 채우기
65 □	★★	하	빈칸 채우기
66 □	★	중	빈칸 채우기
67 □	★	중	빈칸 채우기
68 □	★★★	하	빈칸 채우기
69 □	★★★	하	빈칸 채우기
70 □	★★★	상	빈칸 채우기

독해 제3부분

71 □	★★	상	논리적 의미로 연결시키기
72 □	★★★	중	논리적 의미로 연결시키기
73 □	★★★	하	핵심 키워드로 연결시키기
74 □	★★★	하	비슷한 형태로 연결시키기
75 □	★★★	중	논리적 의미로 연결시키기
76 □	★★	중	논리적 의미로 연결시키기
77 □	★★★	하	논리적 의미로 연결시키기
78 □	★★	하	논리적 의미로 연결시키기
79 □	★★★	하	논리적 의미로 연결시키기
80 □	★★	중	논리적 의미로 연결시키기

독해 제4부분

81 □	★★★	중	어휘의 뜻 파악하기
82 □	★★	중	세부사항 파악하기
83 □	★★	하	세부사항 파악하기
84 □	★★★	중	중심내용/교훈 파악하기
85 □	★★★	중	어휘의 뜻 파악하기
86 □	★★★	하	특정 키워드의 옳은 내용 고르기
87 □	★★	하	특정 키워드의 옳은 내용 고르기
88 □	★★★	중	중심내용/교훈 파악하기
89 □	★★	하	세부사항 파악하기
90 □	★★★	하	특정 키워드의 옳은 내용 고르기
91 □	★★★	중	특정 키워드의 옳은 내용 고르기
92 □	★★★	하	중심내용/교훈 파악하기
93 □	★★	하	특정 키워드의 옳은 내용 고르기
94 □	★★	중	특정 키워드의 옳은 내용 고르기
95 □	★★★	중	의미 파악하기
96 □	★★★	하	중심내용/교훈 파악하기
97 □	★★★	상	세부사항 파악하기
98 □	★★	중	옳은 내용 고르기
99 □	★★★	중	세부사항 파악하기
100 □	★★★	하	중심내용/교훈 파악하기

쓰기

101 □	★★★	중	현대 인물의 성공담

점수 확인

듣기	(　　/50문항) × 　2점 = ________ 점/100점
독해	(　　/50문항) × 　2점 = ________ 점/100점
쓰기	(　　/ 1문항) × 100점 = ________ 점/100점

총점 : ____________ **점**

(만점 300점)

※ 주의: 위의 영역별 문항 점수는 만점을 기준으로 하여 산출한 가상 점수로 실제 HSK 성적과 계산 방식이 상이할 수 있습니다.**듣기 제1부분**

듣기 제1부분

[풀이전략] 녹음을 듣기 전에 보기의 핵심 키워드를 분석하여 녹음의 내용을 예상한다. 녹음을 들으면서 보기의 내용과 일치하는지 일치하지 않는지를 판단한다.

★★☆ 중

1

徐悲鸿是中国现代著名画家，擅长人物、走兽和花鸟，其中以画马闻名于世。他为了画好一匹马，会先画上近千幅的速写稿，甚至学过马的解剖，以熟悉马的骨架、肌肉、组织等。可见成功并不是唾手可得的。	쉬뻬이홍은 중국 현대 유명 화가로 인물, 들짐승, 꽃과 새를 그리는 데 능했으며, 그중에서도 말을 잘 그리는 것으로 유명했다. 그는 말 한 필을 잘 그리기 위해 거의 천 장이 넘는 스케치를 했으며, 심지어 말의 골격, 근육, 조직 등을 잘 알기 위해 말 해부를 배우기도 했다. 이를 통해 성공은 결코 쉽게 얻을 수 있는 것이 아님을 알 수 있다.
A 徐悲鸿留下了上千幅作品 B 徐悲鸿以花鸟画闻名中国 C 徐悲鸿酷爱养马 **D 徐悲鸿画马精益求精**	A 쉬뻬이홍은 천 장이 넘는 작품을 남겼다 B 쉬뻬이홍은 꽃과 새를 그리는 것으로 중국에서 유명하다 C 쉬뻬이홍은 말 기르는 것을 매우 좋아한다 **D 쉬뻬이홍은 말을 그리는 데 완벽에 완벽을 더했다**

해설 보기에 공통적으로 徐悲鸿(쉬뻬이홍)이 있으므로 徐悲鸿에 관한 정보를 보기와 대조한다. 보기의 키워드로 A는 上千幅作品(천 장이 넘는 작품), B는 以花鸟画闻名中国(꽃과 새를 그리는 것으로 중국에서 유명하다), C는 酷爱养马(말 기르는 것을 매우 좋아한다), D는 画马精益求精(말을 그리는 데 완벽에 완벽을 더했다)을 삼고 대조하며 듣는다. 녹음에서 他为了画好一匹马，会先画上近千幅的速写稿，甚至学过马的解剖，以熟悉马的骨架、肌肉、组织等(그는 말 한 필을 잘 그리기 위해 거의 천 장이 넘는 스케치를 했으며, 심지어 말의 골격, 근육, 조직 등을 잘 알기 위해 말 해부를 배우기도 했다)이라고 하여 쉬베이홍이 말 한 필을 그리는 데에 쏟은 노력을 설명하고 있으므로 일치하는 내용은 D이다.

어휘 徐悲鸿 Xú Bēihóng 인명 쉬뻬이홍 [중국의 현대 화가] 走兽 zǒushòu 명 짐승 闻名于世 wén míng yú shì 세계에서 유명하다 速写 sùxiě 명 동 스케치(하다) 稿 gǎo 명 원고, 밑그림 解剖 jiěpōu 명 동 해부(하다) 唾手可得 tuò shǒu kě dé 성 쉽사리 손에 넣을 수 있다 酷爱 kù'ài 동 매우 좋아하다 精益求精 jīng yì qiú jīng 성 훌륭한데도 더 훌륭하게 하려 하다

★★☆ 하

2

在很多社交场合中，人们格外关心别人对自己的看法，同时也想要竭尽全力地给别人留下一个好印象。为此，他们会把真实的自己隐藏起来，违背自己的本心按照别人喜欢的方式行动。但如果时时刻刻都在乎别人的感受和看法，那么我们就会很容易失去自我。	수많은 사교 장소에서 사람들은 유난히 자신에 대한 다른 사람의 시각에 관심을 갖고, 온 힘을 다해 다른 사람에게 좋은 인상을 남기고 싶어 한다. 이를 위해서 그들은 진정한 자신을 감추고 자신의 본심과 다르게 다른 사람이 좋아하는 방식으로 행동한다. 하지만 만일 시시각각 타인의 느낌과 시각에 신경 쓰면 우리는 쉽게 자신을 잃어버릴 수 있다.
A 不要过于在乎别人的看法 B 我们要学会隐藏自己的本心 C 社交场合规则多且变化大 D 社交活动是人类最普遍的现象	**A 다른 사람의 시각에 지나치게 마음을 두지 말라** B 우리는 자신의 본심을 감출 줄 알아야 한다 C 사교 장소는 규칙도 많고 변화도 크다 D 사교 활동은 인류의 가장 보편적인 현상이다

해설 보기에 社交(사교)와 당위성을 나타내는 要(~해야 한다)가 있으므로 사교에 관한 견해를 주목해서 듣는다. 보기의 키워드로 A는 不要过于在乎别人的看法(다른 사람의 시각에 지나치게 마음을 두지 말라), B는 隐藏本心(본심을 감추다), C는 规则多且变化大(규칙도 많고 변화도 크다), D는 人类最普遍的现象(인류의 가장 보편적인 현상)을 삼고 대조하며 듣는다. 강조하는 내용 앞에 사용하는 전환 접속사 但(그러나) 이하의 내용에 如果时时刻刻都在乎别人的感受和看法，那么我们就会很容易失去自我(만일 시시각각 타인의 느낌과 시각에 신경 쓰면 우리는 쉽게 자신을 잃어버릴 수 있다)라고 했으므로 이 글의 화자가 갖는 견해로 일치하는 내용인 A가 정답이다.

어휘 社交场合 shèjiāo chǎnghé 명 사교 장소 竭尽全力 jié jìn quán lì 성 모든 힘을 다 기울이다, 최선을 다하다 隐藏 yǐncáng 동 숨기다, 감추다 违背 wéibèi 동 위배하다, 어기다 本心 běnxīn 명 본심 时时刻刻 shíshíkèkè 부 시시각각 自我 zìwǒ 명 자아, 자기 자신 过于 guòyú 부 지나치게, 너무 且 qiě 접 게다가, 또한

★★☆ 하

3

疫苗虽然能预防疾病，但并非一劳永逸。因为身体中记忆细胞的寿命有限，不能长久存活。此外，由于人与人之间存在体质差异，以及人体一次性接触到的病原体的数量不同等原因，疫苗的防护作用也并不是绝对的。	백신은 비록 질병을 예방할 수 있지만 결코 한 번으로 영구적으로 좋아지는 것은 아니다. 인체의 기억 세포의 수명은 한정되어 있어 오랫동안 살아 있을 수 없다. 이 밖에 사람들 간에는 체질의 차이가 존재하고 인체가 한 번에 접촉하는 병원체의 수도 모두 다르기 때문에 백신의 보호 기능도 결코 절대적인 것은 아니다.
A 疫苗的保质期是有限的 **B 疫苗防护作用并非绝对** C 记忆细胞可长久存活 D 体质不会影响疫苗效果	A 백신의 유통 기한은 한정되어 있다 **B 백신의 보호 기능은 결코 절대적이지 않다** C 기억 세포는 오랫동안 살아 있을 수 있다 D 체질은 백신 효과에 영향을 주지 않는다

해설 보기에 공통적으로 疫苗(백신)가 있으므로 백신에 관한 정보를 보기와 대조한다. 보기의 키워드로 A는 保质期有限(유통 기한이 한정되어 있다), B는 防护作用并非绝对(보호 기능은 결코 절대적이지 않다), C는 记忆细胞可长久存活(기억 세포는 오랫동안 살아 있을 수 있다), D는 体质不会影响(체질은 영향을 주지 않는다)을 삼고 대조하며 듣는다. 녹음은 백신에 관한 설명문으로 백신이 질병을 예방할 수 있지만 영구적인 것이 아님을 말하고 있다. 또한 녹음의 마지막 부분에서 疫苗的防护作用也并不是绝对的(백신의 보호 기능도 결코 절대적인 것은 아니다)라고 했으므로 일치하는 내용은 B이다.

어휘 疫苗 yìmiáo 명 백신 疾病 jíbìng 명 질병 并非 bìngfēi 결코 ~가 아니다 一劳永逸 yì láo yǒng yì 성 한 번 고생으로 영원히 편안해지다 存活 cúnhuó 동 생존하다 体质 tǐzhì 명 체질 差异 chāyì 명 차이 病原体 bìngyuántǐ 명 병원체

★★☆ 중

4

古代的街头艺人依靠过往观众的打赏来维持生计；而互联网发达的今天，人们在文学网站看到喜欢的文章，同样可以以自愿付钱的方式进行线上打赏，两者异曲同工。只是现在的打赏方式形成了一种新的互联网商业模式，它其实是一种粉丝经济，需要互相信任。	옛날 길거리 공연을 하는 사람들은 오가는 관객들의 팁에 의존하여 생계를 유지했다. 인터넷이 발달한 오늘날 사람들은 문학작품 사이트에서 마음에 드는 글을 보면, 마찬가지로 자신이 원해서 돈을 지불하는 방식으로 온라인 팁을 준다. 둘 다 방법만 다를 뿐 팁을 주는 것은 같다. 단지 오늘날 팁을 주는 방식은 새로운 인터넷 비즈니스 모델을 형성하였으며, 그것은 사실 일종의 스타 경제로, 상호 간의 신뢰가 필요하다.
A 古人打赏都不用钱 **B 线上打赏是自愿行为** C 网上的文章都可免费阅读 D 现代的打赏是单方面的	A 옛사람들은 팁을 줄 때는 모두 돈을 쓸 필요가 없었다 **B 온라인 팁은 자발적인 행위다** C 인터넷 문학은 모두 무료로 열람이 가능하다 D 현대의 팁은 일방적이다

해설 보기에 공통적으로 打赏(공연자에게 주는 팁)이 있으므로 팁에 관한 정보를 보기와 대조한다. 보기의 키워드로 A는 古人都不用钱(옛사람들은 모두 돈을 쓸 필요가 없었다), B는 自愿行为(자발적 행위), C는 都可免费阅读(모두 무료로 열람이 가능하다), D는 单方面的(일방적이다)를 삼고 대조하며 듣는다. 녹음은 팁이 인터넷이 발달한 시대에 어떻게 변화했는지에 대한 내용으로 互联网发达的今天……同样可以以自愿付钱的方式进行线上打赏(인터넷이 발달한 오늘날…… 마찬가지로 자신이 원해서 돈을 지불하는 방식으로 온라인 팁을 준다)이라고 했으므로 일치하는 내용은 B이다.

어휘 街头 jiētóu 명 길거리 艺人 yìrén 명 연예인, 공연자 依靠 yīkào 동 의지하다, 기대다 打赏 dǎshǎng 명 이용자가 콘텐츠 원작자, 공연자에게 자발적으로 지불하는 구경 값, 일종의 장려금(tip) 维持 wéichí 동 유지하다 生计 shēngjì 명 생계 异曲同工 yì qǔ tóng gōng 성 곡은 달라도 교묘한 솜씨는 똑같다, 방법은 다르나 같은 효과를 내다 模式 móshì 명 패턴, 모델 粉丝经济 fěnsī jīngjì 명 스타 경제, 팬(팬클럽) 경제, 아이돌 경제 单方面 dānfāngmiàn 명 일면, 일방

★★☆ 하

5

你有过这种经历吗？不经意间听过的一首歌不停地在脑子里循环播放，这类有“上瘾”效果的歌曲被戏称为“神曲”。“神曲”通常节奏轻快，如果舞蹈动作稍具感染性，便会更快地在大众中流传开来。	당신은 이런 경험이 있는가? 무의식 중에 들었던 노래가 끊임없이 머리에서 반복 재생이 되는 것으로, 이렇게 '중독' 효과가 있는 노래를 해학적으로 '신곡'이라고 부른다. '신곡'은 보통 리듬이 경쾌한데 만일 댄스 동작이 약간 전염성이 있으면 더 빠르게 대중들 사이에 퍼져 나간다.
A “神曲”往往节奏轻快 B “神曲”指古代诗词 C “神曲”对健康有害 D “神曲”不易被大众接受	**A '신곡'은 보통 리듬이 경쾌하다** B '신곡'은 고대 시와 사를 가리킨다 C '신곡'은 건강에 해롭다 D '신곡'은 쉽게 대중들에게 받아들여지지 않는다

해설 보기에 공통적으로 神曲(신곡)가 있으므로 신곡에 관한 정보를 보기와 대조한다. 보기의 키워드로 A는 节奏轻快(리듬이 경쾌하다), B는 古代诗词(고대 시와 사), C는 有害(해롭다), D는 不易被大众接受(쉽사리 대중들에게 받아들여지지 않는다)를 삼고 대조하며 듣는다. 녹음은 중독성이 있는 노래에 관한 설명으로 "神曲"通常节奏轻快('신곡'은 보통 리듬이 경쾌하다)라고 했다. 따라서 일치하는 내용은 A이다.

어휘 不经意 bùjīngyì 동 주의하지 않다 循环 xúnhuán 명 동 순환(하다) 上瘾 shàngyǐn 동 인이 박히다, 중독되다 戏称 xìchēng 동 우스개로 ~라고 부르다 节奏 jiézòu 명 리듬 轻快 qīngkuài 형 경쾌하다 舞蹈 wǔdǎo 명 동 무용(하다) 具 jù 동 가지다, 갖추다 感染性 gǎnrǎnxìng 명 전염성

★☆☆ 하

6

处理轻微烫伤时，首先要用凉水冲洗伤处，冲洗干净后将伤处浸泡在5摄氏度以上的凉水中半小时即可。浸泡得越及时，水温越低，效果越好。但如果伤处起泡或破损则很容易感染，不能浸泡。	경미하게 데인 상처를 처리할 때 먼저 차가운 물로 상처 부위를 씻어야 하고, 깨끗이 씻은 후 상처 부위를 5도 이상의 차가운 물에 반 시간만 담가 두면 된다. 제때에 담그고 물 온도가 낮을수록 효과가 좋다. 하지만 만일 상처 부위에 물집이 생기거나 터지면 감염되기 쉬우므로 물에 담가서는 안 된다.
A 水温要在5℃以下 B 烧伤后浸水容易感染 C 烫伤后要马上浸泡 **D 烫伤处先用凉水清洗**	A 물 온도는 5도 이하여야 한다 B 화상을 입고 물에 담그면 쉽게 감염된다 C 데이고 난 뒤에는 즉시 물에 담가라 **D 데인 상처 부위는 먼저 차가운 물로 깨끗이 씻는다**

해설 보기에 烫伤(데인 상처)과 水(물)가 공통적으로 있으므로 데인 상처와 물에 관한 정보를 보기와 대조한다. 보기의 키워드로 A는 5℃以下(5도 이하), B는 烧伤后浸水容易感染(화상을 입고 물에 담그면 쉽게 감염된다), C는 要马上浸泡(즉시 물에

실전모의고사 2

담가라), D는 先用凉水清洗(먼저 차가운 물로 깨끗이 씻는다)를 삼고 대조하며 듣는다. 녹음에서 首先要用凉水冲洗伤处(먼저 차가운 물로 상처 부위를 씻어야 한다)라고 했으므로 일치하는 내용은 D이다.

어휘 轻微 qīngwēi 형 경미하다　烫伤 tàngshāng 명 동 화상(을 입다), 데다　冲洗 chōngxǐ 동 물로 씻어내다　伤处 shāngchù 명 상처　浸泡 jìnpào 동 물 속에 담그다　摄氏度 shèshìdù 명 섭씨(온도)　起泡 qǐpào 동 물집이 생기다　破损 pòsǔn 명 동 파손(하다, 되다)　烧伤 shāoshāng 명 동 화상(을 입다)

★★★ 하

7

"海豚音"是目前比较流行的一种唱法。人们把较高且极具穿透力，酷似海豚声音的歌声称作"海豚音"。但这只是形象的说法，歌手们并没有发出海豚那样的高频声波。因为海豚发出的超声波能高达10万赫兹，人类是做不到的。

'돌고래음'은 현재 비교적 유행하는 창법이다. 사람들은 꽤 높고 관통력을 가진, 마치 돌고래 소리를 닮은 목소리를 일컬어 '돌고래음'이라고 부른다. 하지만 이것은 단지 이미지화한 표현일 뿐, 가수들은 결코 돌고래같이 그런 고주파 음파를 낼 수 없다. 돌고래가 내는 초음파는 10만 헤르츠에 달하기 때문에 인간은 낼 수 없다.

A "海豚音"比喻噪音
B 海豚用超声波分辨方向
C "海豚音"是种形象的说法
D 海豚发出的超声波超过10万赫兹

A '돌고래음'은 소음에 비유한다
B 돌고래는 초음파를 이용하여 방향을 분별한다
C '돌고래음'은 이미지화한 표현이다
D 돌고래가 내는 초음파는10만 헤르츠를 초과한다

해설 보기에 海豚音(돌고래음)이 공통적으로 있으므로 돌고래음에 관한 정보를 보기와 대조한다. 보기의 키워드로 A는 比喻噪音(소음에 비유하다), B는 分辨方向(방향을 분별하다), C는 形象的说法(이미지화한 표현), D는 超过10万赫兹(10만 헤르츠를 초과하다)를 삼고 대조하며 듣는다. 녹음은 돌고래 소리를 닮은 목소리를 설명하며 "海豚音"……只是形象的说法("돌고래음"은…… 단지 이미지화한 표현일 뿐이다)라고 했으므로 일치하는 내용은 C이다.

어휘 海豚音 hǎitúnyīn 명 돌고래음　穿透力 chuāntòulì 명 관통력　酷似 kùsì 동 매우 닮다　高频声波 gāopín shēngbō 고주파 음파　超声波 chāoshēngbō 명 초음파　赫兹 hèzī 양 헤르츠(Hz)　比喻 bǐyù 명 동 비유(하다)　噪音 zàoyīn 명 소음, 잡음　分辨 fēnbiàn 명 동 분별(하다)

★★☆ 하

8

研究发现，负责消化食物的肠道细菌在工作的时候往往会选择自己喜欢的营养物质，并通过释放化学物质增强人的食欲，让我们对爱吃的食物"爱不释手"。原来贪吃不完全是我们的错，细菌也是"罪魁祸首"之一。

연구에서 다음과 같이 밝혔다. 음식물의 소화를 담당하는 장 세균은 일을 할 때 종종 자신이 좋아하는 영양물질을 선택하고, 또한 화학물질을 방출하여 사람의 식욕을 강화시킴으로써 우리로 하여금 좋아하는 음식을 '손에서 놓지 못하도록' 한다. 알고 보면 식탐은 전부 우리 탓인 것이 아니라 세균도 '원흉' 중의 하나였던 것이다.

A 肠道细菌不能消化营养物质
B 肠道细菌是一种有害细菌
C 贪吃会造成营养不均衡
D 肠道细菌能增强食欲

A 장 세균은 영양물질을 소화시키지 못한다
B 장 세균은 일종의 유해 세균이다
C 식탐은 영양의 불균형을 초래한다
D 장 세균이 식욕을 강화시킬 수 있다

해설 보기에 공통적으로 肠道细菌(장 세균)이 있으므로 장 세균에 관한 정보를 보기와 대조한다. 보기의 키워드로 A는 不能消化营养物质(영양물질을 소화시키지 못하다), B는 有害细菌(유해 세균), C는 造成营养不均衡(영양 불균형을 초래하다), D는 增强食欲(식욕을 강화시키다)를 삼고 대조하며 듣는다. 녹음은 장 세균의 역할을 설명하며 通过释放化学物质增强人的食欲(화학물질을 방출하여 사람의 식욕을 강화시킨다)라고 했다. 장 세균의 화학물질이 식욕을 강화시킨다고 했으므로 일치하는 내용은 D이다.

어휘 肠道 chángdào 명 장, 창자　细菌 xìjūn 명 세균　释放 shìfàng 동 (물질 · 에너지 따위를) 방출하다, 발산하다　增强 zēngqiáng 동 증강하다　食欲 shíyù 명 식욕　爱不释手 ài bú shì shǒu 성 매우 아껴서 손을 떼지 못하다　贪吃 tānchī 동 걸신 들린 것처럼 먹다　罪魁祸首 zuì kuí huò shǒu 성 원흉, 재난의 근본 원인　均衡 jūnhéng 명 균형 형 균형이 잡히다, 고르다

★★★ 중

9

成语"苦尽甘来"指的是，艰难困苦的日子过完，美好的日子来到了。生活中，各种各样的困难和挫折总会与我们不期而遇，但只要我们咬牙坚持下去，就一定能突破重重阻碍，赢得最后的胜利。	성어 '고진감래'는 힘들고 곤궁한 형편이 다 지나가고 행복한 날이 온다는 것을 가리킨다. 삶에서 각양각색의 어려움과 좌절은 늘 우리와 맞딱드리게 된다. 하지만 우리가 이를 악물고 버티기만 하면 반드시 많은 장애를 돌파하고 최후의 승리를 얻을 수 있다.
A 坚持下去就会成功 B 懂得放弃才能获得成功 C 困难使人产生失败感 D 要学会避开困难和挫折	**A 꿋꿋이 버티면 성공할 수 있다** B 포기할 줄 알아야만 성공할 수 있다 C 어려움은 사람에게 실패감이 생기게 한다 D 어려움과 좌절을 피할 줄 알아야 한다

해설 보기에 成功(성공)과 困难(어려움)이 공통적으로 있으므로 성공과 어려움에 관한 정보를 보기와 대조한다. 보기의 키워드로 A는 坚持下去(꿋꿋이 버티다), B는 懂得放弃(포기할 줄 알다), C는 失败感(실패감), D는 避开困难和挫折(어려움과 좌절을 피하다)를 삼고 대조하며 듣는다. 녹음에서 但只要我们咬牙坚持下去，就一定能突破重重阻碍，赢得最后的胜利(하지만 우리가 이를 악물고 버티기만 하면 반드시 많은 장애를 돌파하고 최후의 승리를 얻을 수 있다)라고 했으므로 꿋꿋이 버티면 성공한다는 내용인 A가 일치하는 내용이다.

어휘 苦尽甘来 kǔ jìn gān lái 성 고생 끝에 낙이 온다　艰难 jiānnán 형 어렵다, 힘들다　困苦 kùnkǔ 명 생활상의 어려움 형 생활이 곤궁하여 고통스럽다　美好 měihǎo 형 (주로 생활, 앞날 등이) 아름답다　挫折 cuòzhé 명 동 좌절(하다, 시키다)　不期而遇 bù qī ér yù 성 뜻밖에 우연히 만나다　咬牙 yǎoyá 이를 악물다, 이를 악물고 참다　突破 tūpò 동 (난관, 한계 등을) 돌파하다　重重 chóngchóng 형 거듭되고 겹쳐진 모양　阻碍 zǔ'ài 명 동 방해(하다), 지장(을 주다)　避开 bìkāi 동 비키다, 피하다

★☆☆ 하

10

锦葵是一种栽培植物，在中国十分常见。黎明时，它的叶子会自动对准太阳将要升起的方位，因此，可以通过锦葵预测太阳升起的方位和时间。太阳升起后，为收集更多光能，锦葵的桃色花瓣和扁平叶子还会随着日光转动。	당아욱은 일종의 재배식물로, 중국에서 매우 자주 볼 수 있다. 동틀 무렵이면 당아욱의 잎사귀는 저절로 태양이 곧 떠오르는 방향으로 향한다. 이 때문에 당아욱을 통해 태양이 떠오르는 방향과 시간을 예측할 수 있다. 태양이 떠오르고 나면 더 많은 햇빛을 모으기 위해 당아욱의 복숭아색 꽃잎과 편평한 잎사귀는 햇빛을 따라 방향을 바꾼다.
A 锦葵的花瓣呈橘黄色 B 锦葵的花与桃花一模一样 C 锦葵的原产地不是中国 **D 锦葵的叶子会随太阳转动**	A 당아욱의 꽃잎은 귤색을 띤다 B 당아욱의 꽃은 복숭아 꽃과 완전히 같다 C 당아욱의 원산지는 중국이 아니다 **D 당아욱의 잎사귀는 태양을 따라 방향을 바꾼다**

해설 보기에 锦葵(당아욱)가 공통적으로 있으므로 당아욱에 관한 정보를 보기와 대조한다. 보기의 키워드로 A는 花瓣呈橘黄色(꽃잎이 귤색을 띠다), B는 与桃花一模一样(복숭아 꽃과 완전히 같다), C는 原产地(원산지), D는 随太阳转动(태양을 따라 방향을 바꾸다)을 삼고 대조하며 듣는다. 녹음에서 叶子会自动对准太阳将要升起的方位(잎사귀는 저절로 태양이 곧 떠오르는 방향으로 향한다), 锦葵的桃色花瓣和扁平叶子还会随着日光转动(당아욱의 복숭아색 꽃잎과 편평한 잎사귀는 햇빛을 따라 방향을 바꾼다)이라고 했으므로 일치하는 내용은 D이다.

어휘 锦葵 jǐnkuí 명 (당)아욱　栽培 zāipéi 동 재배하다　黎明 límíng 명 여명, 동틀 무렵　升起 shēngqǐ 동 떠오르다　预测 yùcè 명 동 예측(하다)　收集 shōují 동 모으다, 수집하다　花瓣 huābàn 명 꽃잎　扁平 biǎnpíng 형 편평하다　转动 zhuǎndòng 동 움직이다, 방향을 바꾸다　呈 chéng 동 빛깔을 띠다　一模一样 yì mú yí yàng 성 모양이 완전히 같다　原产地 yuánchǎndì 명 원산지

★★★ 중

11

简历中实习经历一项是十分重要的，最好具体地写出承担的任务，并详细地介绍自己的作用。比如2019年9月至11月在某公司实习期间参与某项目的施工阶段，独立完成项目资料整理等，受到领导与同事的赞扬与肯定。	이력서에서 실습 경력 항목은 매우 중요하다. 가급적 구체적으로 담당한 임무를 기록하고, 상세하게 자신의 역할을 소개하는 것이 좋다. 예를 들어, 2019년 9월부터 11월까지 모 기업 실습 기간에 모 프로젝트의 시공 단계에 참여하여 단독으로 프로젝트 자료 정리 등을 완수했고, 리더와 동료들에게 칭찬과 인정을 받았다는 것 등이다.
A 实习经历要详尽 B 承担的职务可以不写 C 公司不让实习生单独完成任务 D 领导的批评能帮助你成长	**A 실습 경력은 상세하고 빠짐없어야 한다** B 담당한 직무는 쓰지 않아도 된다 C 회사는 실습생이 단독으로 임무를 완성하게 하지 않는다 D 리더의 꾸지람은 당신의 성장을 도와줄 수 있다

해설 보기에 实习(실습)가 공통적으로 있으므로 실습에 관한 정보를 보기와 대조한다. 보기의 키워드로 A는 实习经历要详尽(실습 경력은 상세하고 빠짐없어야 한다), B는 职务可以不写(직무는 쓰지 않아도 된다), C는 不让实习生单独完成(실습생이 단독으로 완성하게 하지 않는다), D는 批评能帮助你成长(꾸지람은 당신의 성장을 도와줄 수 있다)을 삼고 대조하며 듣는다. 녹음에서 실습 경력의 항목이 매우 중요하다고 하면서 最好具体地写出承担的任务，并详细地介绍自己的作用(가급적 구체적으로 담당한 임무를 기록하고, 상세하게 자신의 역할을 소개하는 것이 좋다)이라고 했으므로 일치하는 내용은 A이다.

어휘 施工阶段 shīgōng jiēduàn 명 시공 단계　赞扬 zànyáng 동 찬양하다, 칭찬하다　详尽 xiángjìn 형 상세하고 빠짐없다　职务 zhíwù 명 직무

★★★ 하

12

讽刺小说在艺术表现上，充分调动夸张、巧合、漫画式描写等手法，极其简洁尖锐地把现实社会中消极落后和腐朽反动的现象撕破给人看，从而达到抨击、警戒和教育的目的。这类小说的社会性很强，能引发读者更多的思考。	풍자 소설은 예술 표현에 있어 과장, 우연의 일치, 만화식의 묘사 등 기법을 한껏 동원하여 지극히 간결하고 날카롭게 현실 사회의 부정적이고 뒤떨어지며 타락하고 반사회적인 모습을 사람들에게 뜯어서 보여준다. 이로써 규탄, 경계 및 교육의 목적을 달성한다. 이런 타입의 소설은 사회성이 아주 강해서 독자들이 더 많은 생각을 하도록 할 수 있다.
A 艺术创作以讽刺为主 B 不能嘲笑读者 C 艺术创作源于生活 **D 讽刺小说具有社会性**	A 예술 창작은 풍자를 위주로 한다 B 독자를 비웃어서는 안 된다 C 예술 창작은 일상 생활에서 기인한다 **D 풍자 소설은 사회성을 지닌다**

해설 보기에 艺术创作(예술 창작), 讽刺(풍자)가 공통적으로 있으므로 예술과 풍자에 관한 정보를 보기와 대조한다. 보기의 키워드로 A는 以讽刺为主(풍자를 위주로 한다), B는 不能嘲笑读者(독자를 비웃어서는 안 된다), C는 源于生活(일상 생활에서 기인한다), D는 社会性(사회성)을 삼고 대조하며 듣는다. 녹음은 풍자 소설에 관한 내용으로 마지막 부분에서 这类小说的社会性很强(이런 타입의 소설은 사회성이 매우 강하다)이라고 했다. 따라서 일치하는 내용은 D이다.

어휘 调动 diàodòng 동 동원하다　巧合 qiǎohé 동 우연히 일치하다　简洁 jiǎnjié 형 (언행, 문장이) 간결하다　尖锐 jiānruì 형 예리하다　腐朽 fǔxiǔ 동 부패하다, 진부하다　反动 fǎndòng 명 반작용 형 반동적이다　撕破 sīpò 동 잡아 찢다　抨击 pēngjī 동 비난하다, 규탄하다　警戒 jǐngjiè 동 경계하다, 주의를 주다　引发 yǐnfā 동 야기하다, 자아내다　嘲笑 cháoxiào 동 조소하다　源于 yuányú 동 ~에서 기원하다

★★★ 하

13

榴莲的味道十分刺鼻，令很多人受不了。但它不愧是水果之王，有着丰富的营养价值，而且具有强身健体、健脾补气的功效，因此适当食用对身体很有好处。尤其适合大病初愈的患者。	두리안은 냄새가 엄청나게 코를 찔러 많은 사람들이 견디지 못한다. 하지만 그것은 과일의 왕답게 풍부한 영양가를 지니고 있어 몸을 건강하게 만들어 주고 비장을 건강하게 하고 원기를 보충해 주는 효능이 있다. 그래서 적당히 섭취하면 몸에 좋은 점이 많다. 특히 큰 병을 막 치료한 환자들에게 적합하다.
A 榴莲的味道很清香 B 吃榴莲容易上火 **C 榴莲营养丰富** D 大病初愈者不宜吃榴莲	A 두리안은 향이 아주 좋다 B 두리안을 먹으면 쉽게 상초열이 난다 **C 두리안은 영양이 풍부하다** D 큰 병을 막 치료한 사람이 두리안을 먹는 것은 좋지 않다

해설 보기에 공통적으로 榴莲(두리안)이 있으므로 두리안에 관한 정보를 보기와 대조한다. 보기의 키워드로 A는 清香(향이 좋다), B는 容易上火(쉽게 상초열이 난다), C는 营养丰富(영양이 풍부하다), D는 大病初愈者(큰 병을 막 치료한 사람)를 삼고 대조하며 듣는다. 녹음은 두리안이 과일의 왕이라고 설명하며 有着丰富的营养价值(풍부한 영영가를 지니고 있다)이라고 했으므로 일치하는 내용은 C이다.

어휘 榴莲 liúlián 명 두리안　刺鼻 cìbí 동 냄새가 코를 찌르다　不愧 búkuì 동 ~에 부끄럽지 않다, 손색이 없다　强身健体 qiáng shēn jiàn tǐ 신체를 건강하게 하다　健脾 jiànpí 비장을 튼튼하게 하다　补气 bǔqì 동 원기를 돕다, 신체 기능을 증강하다　功效 gōngxiào 명 효능, 효과　大病初愈 dàbìng chūyù 중병이 갓 나았다　清香 qīngxiāng 형 맑고 향기롭다　上火 shànghuǒ 동 상초열이 나다　不宜 bùyí 동 ~하는 것은 좋지 않다

★★★ 상

14

每个家庭的理财方式会各不相同。但无论如何不同，基本原则都是共通的。这些基本原则指的是被证实过的行之有效的处理方式，遵循这些原则能提升家庭的抗风险能力。	각 가정의 재정 관리 방식은 서로 다를 수 있다. 하지만 어떻게 다르던지 기본 원칙은 모두 같다. 이들 기본 원칙이 지칭하는 것은 이미 증명된 효과적인 처리 방식으로, 이 원칙을 따르면 가정의 리스크 대비 능력을 높일 수 있다.
A 家庭成员的年龄决定理财方式 B 基本原则还有待证实 **C 家庭理财有一些共性** D 家庭理财有一定风险	A 가족 구성원의 연령이 재정 관리 방식을 결정한다 B 기본 원칙은 아직도 증명해야 할 것이 있다 **C 가정의 재정 관리는 몇 가지 공통점이 있다** D 가정의 재정 관리는 어느 정도 리스크가 있다

해설 보기에 家庭(가정)과 理财(재정 관리)가 공통적으로 있으므로 이에 관한 정보를 보기와 대조한다. 보기의 키워드로 A는 年龄决定理财方式(연령이 재정 관리 방식을 결정한다), B는 还有待证实(아직도 증명해야 할 것이 있다), C는 有一些共性(가정의 재정 관리는 몇 가지 공통점이 있다), D는 有一定风险(어느 정도 리스크가 있다)을 삼고 대조하며 듣는다. 녹음은 각 가정의 재정 관리 방식이 다르다고 하면서 이어 但无论如何不同，基本原则都是共通的(하지만 어떻게 다르던지 기본 원칙은 모두 같다)라고 했다. 따라서 일치하는 내용은 C이다.

어휘 理财 lǐcái 명 동 재정(을 관리하다), 재테크(하다)　共通 gòngtōng 명 동 공통(되다)　证实 zhèngshí 동 실증하다　行之有效 xíng zhī yǒu xiào 성 실행하여 효과가 있다　遵循 zūnxún 동 따르다　共性 gòngxìng 명 공통성, 공통점

★★☆ 하

15

中国有一句俗语：三百六十行，行行出状元。意思是说各行各业都有人才。其实，早在唐代时，就有了三十六行的记载。三百六十行只是民间为了说起来方便而出现的说法，泛指所有的行业。	중국에 이런 속담이 있다. '삼백육십 개의 업종마다 전문가가 나올 수 있다.' 이것은 각 업종마다 인재가 있음을 의미한다. 사실 일찍이 당나라 때 이미 삼십육 개 업종에 대한 기록이 있었다. 삼백육십 개 업종은 그저 민간에서 말의 편의를 위해 생긴 표현으로 넓게는 모든 업종을 가리킨다.
A 三十六行的记录始于宋朝 B 三十六行的说法是为了听起来方便 **C 三百六十行泛指所有行业** D 三百六十行是由政府规定的	A 삼십육 개 업종이란 기록은 송나라 때부터 시작했다 B 삼십육 개 업종이란 말은 듣기 편하게 하기 위함이다 **C 삼백육십 개 업종이란 넓게는 모든 업종을 가리킨다** D 삼백육십 개 업종은 정부가 규정한 것이다

해설 보기에 三十六行(삼십육 개 업종), 三百六十行(삼백육십 개 업종)이 있으므로 이에 관한 정보를 보기와 대조한다. 보기의 키워드로 A는 始于宋朝(송나라 때부터 시작했다), B는 为了听起来方便(듣기 편하게 하기 위해서), C는 泛指所有行业(넓게는 모든 업종을 가리키다), D는 政府规定(정부가 규정하다)을 삼고 대조하며 듣는다. 녹음에서 삼백육십 개 업종이 말의 편의를 위해 생긴 표현이라고 하면서 三百六十行……泛指所有的行业(삼백육십 개 업종은……넓게는 모든 업종을 가리킨다)라고 했으므로 일치하는 내용은 C이다.

어휘 俗语 súyǔ 명 속담　三百六十行，行行出状元 sānbǎiliùshí háng, hángháng chū zhuàngyuán 360개(수많은) 분야, 업종마다 전문가가 나올 수 있다　唐代 Tángdài 명 당 왕조　记载 jìzǎi 명 동 기록(하다)　泛指 fànzhǐ 동 총괄하여 가리키다　宋朝 Sòngcháo 명 송 왕조

듣기 제2부분

[풀이전략] 녹음을 듣기 전에 보기의 핵심 키워드를 파악하여 인터뷰 분야를 예상한다. 사회자의 질문과 전문가의 대답을 연결시켜 주의깊게 들으며, 들리는 내용을 각 문제의 보기에 메모한다. 녹음의 끝부분에 나오는 질문들을 듣고 각 문제에 알맞은 정답을 고른다.

16-20

男：田导演，当初您制作这样一档朗读节目是有什么契机吗？ 女：我一直这样认为，文字背后是有价值的，通过朗读，展现有血有肉的真实人物情感，是最能感染人、鼓舞人、教育人的。当然，16最大的契机是我自己在这个行业已经做了30多年了，可以说已经是时候去做一档自己真正喜爱的节目了。我本身对文学、对人都很感兴趣，做这档节目的初衷也是想把文学和人类结合起来，何乐而不为呢？ 男：听说你们在街上设置了朗读亭，可以介绍一下具体情况吗？	남: 티엔 PD님, 처음에 이런 낭독 프로그램을 제작하는 데 어떤 동기가 있었나요? 여: 저는 줄곧 이렇게 생각을 했어요. 문자의 이면에 담겨있는 가치를 낭독을 통해 피와 살이 있는 리얼한 인물의 감정을 드러내는 것, 이것이 가장 사람에게 감동과 격려와 가르침을 줄 수 있다는 것이죠. 물론, 16가장 큰 동기는 제가 이 일을 30여 년간 해왔으니 이제는 제 자신이 진심으로 좋아하는 프로그램을 만들 때가 되었다는 겁니다. 제가 원래 문학과 사람에 관심이 많아서 이 프로그램을 만들 때의 초심 역시 문학과 사람을 결합시켜 보고 싶었는데, 어찌 하고 싶지 않았겠어요? 남: 거리에 낭독 부스를 설치하셨다고 하던데, 구체적으로 소개를 해 주시겠습니까?

女：虽然是在路边，但17朗读亭内设有专业的录音设备和可供朗读者查询读本的平板电脑。我很希望，在忙碌的日子里，人们可以暂停一下，走进朗读亭，感受文字的力量，表达内心的情感。当初我们的想法就是，朗读并不是只在屏幕上出现的表现形式，普通人也可以用它传递情感，朗读也应该像唱歌、说话一样，成为一种借文传情的表达方式。18我真的很希望普通人也通过这档节目能够找到这样一种途径去传达自己的情感。	여: 비록 길가이긴 하지만, 17낭독 부스 안에 전문 녹음 장비와 낭독자가 대본을 찾아볼 수 있는 태블릿 PC를 제공했어요. 사람들이 바쁜 일상 속에서 잠시 멈춰 낭독 부스에 들어가서 문자의 힘을 느껴보고 내면의 감정을 표현할 수 있지요. 애초에 저희들은 낭독은 결코 스크린에서만 출현하는 표현 방식이 아니고, 일반인들도 낭독을 통해 감정을 전달할 수 있다고 생각했어요. 낭독도 노래하는 것, 말하는 것과 마찬가지로 문자를 빌어 감정을 전달하는 방식이라는 것이죠. 18저는 일반인들도 이 프로그램을 통해 자신의 감정을 표현할 수 있는 길을 찾게 되길 진심으로 바랍니다.
男：现在可以说媒体界被娱乐氛围包围了，在这样的氛围下，文化类综艺节目应该怎么脱颖而出呢？	남: 현재 미디어는 예능 분위기에 포위되어 있다고도 할 수 있는데, 이런 분위기에서 문화를 다루는 버라이어티쇼는 어떻게 부상할 수 있을까요?
女：我觉得这个现象是和社会这个大的环境息息相关的，19只有社会环境有所改善才会得到解决。我们现在能做的并且正在做的就是尽我们所能地引起情感方面的共鸣，唤起观众对文学的一种认知和一种最温柔的记忆。	여: 저는 이러한 현상이 사회라는 커다란 환경과 밀접한 관련이 있다고 봅니다. 19사회적 환경이 약간이라도 개선되어야만 해결될 수 있을 것 같아요. 저희들이 지금 할 수 있는 것 그리고 현재하고 있는 것이 바로 할 수 있는 모든 것을 다해 감정 분야에서 공감을 이끌어내어 관객들에게 문학에 대한 일종의 인식과 가장 따뜻한 기억을 환기시키는 것입니다.
男：文化类节目的度不好拿捏，太浅了没意思，太深了又看不懂，因此很多人都认为文化类节目做起来很难，是这样吗？	남: 문화를 다루는 프로그램은 깊이를 조절하기 까다롭다고 합니다. 너무 얕으면 재미가 없고 또 너무 깊으면 이해하기 어렵다고 하죠. 그래서 많은 사람들이 문화를 다루는 프로그램은 제작하기가 어렵다고 하는데, 정말 그런가요?
女：其实也不是，大众对朗读的人和他所朗读的文学作品是否熟悉并不重要，朗读者的讲述能不能引发观众的共鸣才是重点。20很多作品贴近生活，朴实自然，只要讲出普通人的心声，就能够打动无数人。	여: 사실은 그렇지 않아요. 대중이 낭독자와 그가 낭독하는 문학 작품에 대해 잘 알지 못하는 것이 결코 중요한 것이 아닙니다. 낭독이 시청자들의 공감을 불러일으킬 수 있느냐가 관건이죠. 20수많은 작품들이 우리의 생활에 밀접해 있고, 소박하면서 자연스럽기 때문에, 보통 사람의 감성으로 읽어내기만 해도 무수히 많은 사람들을 감동시킬 수 있습니다.

어휘 契机 qìjī 명 계기, 동기 初衷 chūzhōng 명 처음에 품은 뜻, 초심 何乐而不为 hé lè' ér bù wéi 왜 하려 하지 않겠는가 [기꺼이 하기를 원함] 设置 shèzhì 동 장치하다, 설치하다 途径 tújìng 명 경로, 절차, 순서, 수단 氛围 fēnwéi 명 분위기, 기분, 상황, 정세 包围 bāowéi 동 포위하다, 둘러싸다 脱颖而出 tuō yǐng ér chū 성 송곳 끝이 주머니를 뚫고 나오다, 두각을 나타내다 息息相关 xī xī xiāng guān 성 관계가 매우 밀접하다 共鸣 gòngmíng 명 동 공명(하다), 공감(하다) 朴实 pǔshí 형 소박하다, 검소하다, 꾸밈이 없다 打动 dǎdòng 동 감동시키다

★★☆ 중

16 女的做那档节目最大的契机是什么？

여자가 이 프로그램을 제작하게 된 가장 커다란 동기는 무엇인가?

A 受观众所托	A 시청자들의 청원을 받았다
B 时机成熟了	**B 때가 무르익었다**
C 网络平台的推动	C 인터넷 플랫폼의 추진
D 文化部的规划	D 문화부의 기획

해설 보기의 키워드로 A는 观众所托(시청자들의 청원), B는 时机成熟(때가 무르익다), C는 网络平台(인터넷 플랫폼), D는 文化部的规划(문화부의 기획)를 삼는다. 사회자가 여자에게 프로그램 제작 동기를 물었고 이에 여자는 最大的契机是我自己在这个行业已经做了30多年了，可以说已经是时候去做一档自己真正喜爱的节目了(가장 큰 동기는 제가 이 일을 30여 년간 해왔으니 이제는 제 자신이 진심으로 좋아하는 프로그램을 만들 때가 되었다는 겁니다)라고 했다. 질문에서 여자의 프로그램 제작 동기를 묻고 있으므로 정답은 B이다.

어휘 托 tuō 동 부탁하다, 의뢰하다　推动 tuīdòng 명 동 추진(하다), 촉진(하다)　规划 guīhuà 명 동 계획(하다), 기획(하다)

★★☆ 중

17 关于朗读亭，可以知道什么？	낭독 부스에 관해서 무엇을 알 수 있나?
A 支持多人同时录音 **B 配有录音设备** C 安装了摄像头 D 位于电视台办公楼	A 여러 명이 동시 녹음할 수 있게 지원된다 **B 녹음 장비가 배치되어 있다** C 웹캠이 설치되어 있다 D 방송국 사무실 건물에 자리하고 있다

해설 보기의 키워드로 A는 同时录音(동시에 녹음하다), B는 录音设备(녹음 장비), C는 摄像头(웹캠), D는 电视台办公楼(방송국 사무실)를 삼는다. 사회자가 여자에게 거리의 낭독 부스에 대해 소개해달라고 했고 이에 여자가 朗读亭内设有专业的录音设备和可供朗读者查询读本的平板电脑(낭독 부스 안에 전문 녹음 장비와 낭독자가 대본을 찾아볼 수 있는 태블릿 PC를 제공했어요)라고 했다. 질문에서 낭독 부스에 관해 알 수 있는 것을 물었으므로 정답은 B이다.

어휘 配有 pèiyǒu 동 배치되어 있다　摄像头 shèxiàngtóu 명 웹캠

★★☆ 하

18 女的希望人们能通过朗读来做什么？	여자는 사람들이 낭독을 통해서 무엇을 얻길 바라는가?
A 传达情感 B 探讨文学 C 交流心得 D 学习艺术	**A 감정을 전달하다** B 문학 토론을 하다 C 느낀 점을 서로 나누다 D 예술을 배우다

해설 보기가 짧게 주어질 때는 핵심 단어가 녹음에 언급되면 관련 정보를 수집하며 듣는다. 여자가 낭독 부스를 소개하는 대화에서 我真的很希望普通人也通过这档节目能够找到这样一种途径去传达自己的情感(저는 일반인들도 이 프로그램을 통해 자신의 감정을 표현할 수 있는 길을 찾게 되길 진심으로 바랍니다)이라며 자신의 생각을 밝히고 있다. 질문에서 여자가 사람들이 낭독을 통해 무엇을 얻길 바라는지 물었으므로 정답은 A이다.

어휘 心得 xīndé 명 소감, 느낌, 깨달은 바

★★☆ 하

19 女的认为文化类综艺节目怎么做才能突围？	여자는 문화를 다루는 버라이어티쇼가 어떻게 상황을 돌파할 수 있다고 여기는가?
A 增添娱乐气息 B 多做网络宣传 **C 改善社会环境** D 邀请明星大腕儿	A 오락적 분위기를 가미한다 B 온라인 광고를 많이 한다 **C 사회 환경을 개선한다** D 유명인을 초대한다

해설 보기의 키워드로 A는 娱乐气息(오락적 분위기), B는 网络宣传(온라인 광고), C는 社会环境(사회 환경), D는 邀请明星大腕儿(유명인을 초대하다)을 삼는다. 사회자가 여자에게 예능 분위기를 어떻게 돌파할 수 있는지 물었고 이에 여자는 只有社会环境有所改善才会得到解决(사회적 환경이 약간이라도 개선되어야만 해결될 수 있을 것 같아요)라고 대답했다. 질문에서 문화를 다루는 버라이어티쇼가 어떻게 상황을 돌파할 수 있는지 물었으므로 정답은 C이다.

Tip▶ 사회자의 질문에 언급된 사자성어 脱颖而出는 '송곳끝이 주머니를 뚫고 나온다'는 의미로 '재능과 두각을 나타낸다'는 뜻으로 쓰인다. 挺露出来로 바꾸어 쓸 수도 있다.

어휘 突围 tūwéi 동 포위망을 돌파하다, 포위를 뚫다　大腕儿 dàwànr 명 빅스타, 유명인

★★★ 하

20

这档节目怎样做才能打动人?	이 프로그램은 어떻게 해야 사람들을 감동시킬 수 있는가?
A 风趣幽默 **B 贴近生活** C 富有内涵 D 涉及面极广	A 유머러스하다 **B 생활에 밀접하다** C 함축적 의미가 풍부하다 D 관련 분야가 대단히 광범위하다

해설 보기가 짧게 주어질 때는 핵심 단어가 녹음에 언급되면 관련 정보를 수집하며 듣는다. 사회자가 문화 프로그램은 재미있거나 어렵다고 말했고 이에 여자가 很多作品贴近生活，朴实自然，只要讲出普通人的心声，就可以能够打动无数人(수많은 작품들이 우리의 생활에 밀접해 있고, 소박하면서 자연스럽기 때문에, 보통 사람의 감성으로 읽어내기만 해도 무수히 많은 사람들을 감동시킬 수 있습니다)이라고 했다. 질문에서 이 프로그램이 어떻게 사람들을 감동시킬 수 있는지 물었으므로 정답은 B이다.

어휘 风趣 fēngqù 명 (말 · 문장의) 재미, 유머　涉及面 shèjímiàn 명 관련 범위, 관련 분야

21-25

女：21许多人都好奇您为什么过了古稀之年还决定种橙子，因为橙子要结果需要好几年的时间，见效很慢，您为什么不选择见效快的事业呢？	여: 21많은 사람들이 어째서 선생님이 고희가 지나서 오렌지 재배를 선택하셨는지 궁금해합니다. 오렌지는 열매가 맺히는 때까지 수 년이 걸리고 그 결실을 늦게 볼 수 있기 때문인데요. 왜 결실을 비교적 빨리 볼 수 있는 사업을 선택하지 않으셨는지요?
男：只要看准选择，就应该做下去。22人生很多事不是一条光滑笔直的直线，一夜成功是不现实的梦而已，要知道人生没有捷径可走。	남: 올바른 선택이라면 바로 밀고 나가야 하는 법이죠. 22인생의 많은 일들이 뻥 뚫린 직선도로가 아니기 때문에, 하룻밤에 성공하는 것은 비현실적인 꿈에 불과해요. 인생에는 지름길이 있는 것이 아니라는 걸 알아야 합니다.
女：您在农业技术方面几乎没有经验积累，为何认为自己能胜过经验和知识都十分丰富的农民和专家呢？您事前做好失败的打算了吗？	여: 선생님은 농업 분야에는 경험도 거의 없으신데, 어떻게 경험과 지식이 모두 풍부한 농민들과 전문가들보다 더 앞서 나갈 수 있으셨나요? 사업 시작 전에 실패에 대한 준비는 하셨나요?
男：这一点是要考虑的，如果一点儿都不懂，我不敢挑战，没有七八成把握我是不敢开始的。23我重点对水果市场进行了考察，发现进口的冰糖橙价格很高，而本地的相对便宜但产量少。所以我就想，除非有天灾，不然我肯定能成功。	남: 이 점에서 대해서 생각하셔야 할 것은 만일 전혀 아는 바가 없었다면 저는 감히 도전할 엄두를 내지 못했을 거예요. 70~80%의 확신이 없었다면 시작도 할 수 없었겠죠. 23제가 과일 시장에 대해 중점적으로 관찰해 보니 수입 감귤 가격은 높은데 반해 국산은 상대적으로 저렴하지만 생산량이 많지 않더군요. 그래서 저는 천재 지변만 아니면 틀림없이 성공할 수 있겠다 싶었어요.
女：有人说您这12年来种橙子是触底反弹，您对此怎么看？	여: 어떤 분들은 선생님이 12년간 오렌지를 재배하시면서 바닥을 치고 올라왔다고 하는데, 이에 대해 어떻게 생각하시는지요?

男：想要反弹力越大，首先要跌得低。
女：那您处理反弹的秘诀是什么？
男：24打好的基础是做成所有事的前提。很多人种橙子，但像我这样可以把上千亩种好的不多见，这也是因为我的农业基础打得好。很多人只是来我的果园看一眼，回去立马就搞几千亩的果园，到后面都吃了不小的亏，像今年我们就碰到了十几年不遇的大难关，连续一个多月的高温，果子都被晒掉了。但我们从对面的大山接过来的五条管道，保障了果园的用水。别的果园没想到这一点，损失很大。而我们还能保持和去年一样的产量，这一切都要靠坚实的农业基础。
女：目前，许多年轻人要选择自主创业，您觉得对这些年轻人来说机会还多吗？
男：依我看，首先，国家要转型，在破解难题方面始终要靠年轻人，而现在的年轻人总轻言放弃，这是不行的。25我认为年轻人创业，一定要有耐心，坚持下去。方法是一点点摸索出来的，多试几次，找到方法就有了机会。

남: 더 높게 치고 오르려면 우선 더 낮게 떨어져야 하죠.
여: 그렇다면 바닥을 치고 다시 올라온 비결은 무엇인가요?
남: 24잘 다져진 기초는 모든 일을 이루는 전제예요. 많은 사람들이 오렌지를 심지만 저처럼 수백 헥타르를 넘는 면적에 심는 사람은 많이 보지 못했어요. 이 또한 저의 농업 기초가 잘 닦여진 덕이죠. 많은 분들이 저희 농장에 오셔서 한 번 보고는 돌아가자마자 수백 헥타르의 과수원을 경작하지만 결국엔 적잖은 손해를 봅니다. 마치 올해 수십 년에 한 번 있을까 말까 한 커다란 난관에 부딪히듯이요. 한 달 넘게 지속된 고온으로 열매가 다 말라 버렸죠. 하지만 저희는 맞은 편 산에 5개의 파이프를 대어 농장의 용수를 확보했답니다. 다른 과수원은 이 점을 생각하지 못해서 손실이 컸죠. 하지만 저희는 작년과 동일한 생산량을 유지했어요. 이 모든 것이 다 탄탄한 농업 기초에 기댔기 때문이에요.
여: 현재 수많은 젊은이들이 자주적 창업을 선택하는데요. 이들 청년들에게 있어서도 기회가 많다고 보시나요?
남: 제가 보기에, 우선은 나라가 변해야 합니다. 어려운 문제를 해결하는 데 시종일관 젊은이들에게 기대려고 해요. 그런데 요즘 젊은이들은 쉽게 포기를 말하니 안 되는 것이죠. 25저는 젊은이들이 창업을 하려면 반드시 인내심을 가지고 끝까지 버텨야 한다고 생각해요. 방법이야 조금씩 조금씩 모색하면 되는 것이니 여러 번 시도해봐서 방법을 찾으면 기회는 생기거든요.

어휘 古稀 gǔxī 명 고희, 70세　见效 jiànxiào 동 효력이 나타나다　捷径 jiéjìng 명 첩경, 지름길　触底反弹 chù dǐ fǎn tán 바닥을 치고 다시 오르다　跌 diē 동 넘어지다, 떨어지다　秘诀 mìjué 명 비결　亩 mǔ 양 묘 [중국식 토지 면적의 단위, 1묘=0.0667헥타르]　转型 zhuǎnxíng 동 제품의 사이즈와 종류를 바꾸다, 사회 구조 · 가치관 등을 전환하다　破解 pòjiě 동 어려운 문제를 해결하다　创业 chuàngyè 동 사업을 시작하다, 창업하다　摸索 mōsuǒ 동 모색하다, 탐색하다

★★☆ 하

21 人们为什么会对男的的选择种橙子创业感到好奇？

사람들은 왜 남자의 선택, 오렌지 재배 창업에 호기심을 느끼는가?

A 见效太慢
B 没有经验
C 市场饱和
D 前景黯淡

A 결실이 늦게 나타난다
B 경험이 없다
C 시장이 포화 상태다
D 전망이 어둡다

해설 보기가 모두 부정적인 내용이므로 그러한 내용이 언급되는 부분을 주목해서 듣는다. 녹음과 대조할 키워드로 A는 见效(결실), B는 经验(경험), C는 市场(시장), D는 前景(전망)을 삼는다. 사회자의 첫 번째 질문 许多人都好奇您为什么过了古稀还决定种橙子，因为橙子要结果需要好几年的时间，见效很慢(많은 사람들이 어째서 선생님이 고희가 지나서 오렌지 재배를 선택하셨는지 궁금해합니다. 오렌지는 열매가 맺히는 때까지 수년이 걸리고 그 결실을 늦게 볼 수 있기 때문인데요)에 보기 A의 키워드가 언급됐다. 질문에서 사람들이 왜 남자의 선택에 호기심을 느끼는지 물었으므로 정답은 A이다.

Tip▶ 인터뷰 지문에서는 사회자의 질문과 멘트에 정답이 등장하는 경우가 있다. 특히, 사회자의 멘트가 짧은 질문이 아니라 긴 단문형이라면 주의해서 듣도록 한다.

어휘 饱和 bǎohé 형 최고조에 달하다, 포화 상태에 이르다　前景 qiánjǐng 명 장래, 전망　黯淡 àndàn 형 희망이 없고 막연하다

★★★ 중

22 人生很多事不是一条光滑笔直的直线，这句话指的是什么意思？	인생의 많은 일이 뻥 뚫린 직선도로가 아니라는 말은 무슨 의미인가?
A 人生十分短暂 B 人的目标各不相同 **C 人生没有捷径** D 机会失去了不会重来	A 인생은 매우 짧다 B 사람의 목표는 각기 다르다 **C 인생에는 지름길이 없다** D 기회는 잃으면 다시 오지 않는다

해설 보기의 키워드로 A는 人生短暂(인생이 짧다), B는 目标不相同(목표가 다르다), C는 没有捷径(지름길이 없다), D는 机会不会重来(기회가 다시 오지 않는다)를 삼는다. 첫 번째 질문에 대한 남자의 대답 人生很多事不是一条光滑笔直的直线，一夜成功是不现实的梦而已，要知道人生没有捷径可走(인생의 많은 일들이 뻥 뚫린 직선도로가 아니기 때문에, 하룻밤에 성공하는 것은 비현실적인 꿈에 불과해요. 인생에는 지름길이 있는 것이 아니라는 걸 알아야 합니다)에 보기 C의 키워드가 언급됐다. 질문에서 인생의 많은 일이 직선도로가 아니라는 말이 무슨 뜻인지 물었으므로 정답은 C이다.

어휘 捷径 jiéjìng 명 첩경, 지름길

★☆☆ 하

23 男的重点考察了什么？		남자는 무엇을 중점적으로 관찰하였나?	
A 土壤条件	B 果园环境	A 토양 조건	B 과수원의 환경
C 进口渠道	**D 水果市场**	C 수입 경로	**D 과일 시장**

해설 보기가 짧게 주어질 때는 핵심 단어가 녹음에 언급되면 관련 정보를 수집하며 듣는다. 남자의 말 我重点对水果市场进行了考察(제가 과일 시장에 대해 중점적으로 관찰했어요)에 보기 D의 키워드가 언급됐다. 질문에서 남자가 무엇을 중점적으로 관찰했는지 물었으므로 정답은 D이다.

어휘 土壤 tǔrǎng 명 토양　渠道 qúdào 명 방법, 경로, 루트

★★☆ 중

24 男的触底反弹的秘诀是什么？	남자가 바닥을 치고 올라올 수 있었던 비결은 무엇인가?
A 掌握专业知识 **B 奠定了基础** C 善长另辟蹊径 D 总结失败经验	A 전문 지식을 마스터한다 **B 기초를 다졌다** C 새로운 길을 잘 개척한다 D 실패의 경험을 종합한다

해설 보기가 모두 적극적인 행동 방안을 나타내므로 이에 관한 내용을 주목해서 듣는다. 사회자가 남자에게 바닥을 치고 올라올 수 있었던 비결을 물었고 이에 남자는 打好的基础是做成所有事的前提(잘 다져진 기초는 모든 일을 이루는 전제예요)라고 대답했다. 따라서 질문에 알맞은 답은 B이다. 지문의 打好的基础가 보기에는 奠定了基础로 표현되었다.

Tip▶ 지문과 보기에 같은 단어가 아니라 비슷한 뜻인 다른 단어를 제시하는 경우가 많다. 따라서 녹음을 듣고 정확한 뜻을 파악할 수 있도록 동의어와 유의어를 꼼꼼히 정리해두도록 하자.

어휘 另辟蹊径 lìng pì xī jìng 성 새로운 방법을 찾아내다, 따로 길을 개척하다

★★★ 하

25 对于青年人创业，男的有什么建议？

청년 창업에 관한 남자의 제안은 무엇인가?

A 要多尝试	A 많이 시도해봐야 한다
B 要有耐心	**B 인내심을 가져야 한다**
C 多积累知识	C 지식을 많이 쌓아야 한다
D 要找准方向	D 올바른 방향을 찾아야 한다

해설 보기에 당위를 나타내는 要(~해야 한다)가 있으므로 견해와 주장을 주목해서 듣는다. 사회자가 젊은이들의 창업에 관해 남자에게 물었고 이에 남자는 我认为年轻人创业，一定要有耐心，坚持下去(저는 젊은이들이 창업을 하려면 반드시 인내심을 가지고 끝까지 버텨야 한다고 생각해요)라고 했다. 질문에서 청년 창업에 관해 남자의 제안이 무엇인지 물었으므로 정답은 B이다.

26-30

女：大家好，今天做客的嘉宾是国际安徒生奖的获奖者——儿童文学作家曹文轩。你好，从视频中我们可以看到26在评委会主席宣布您获奖的时候，全场立刻响起了热烈的掌声，而您却十分平静。

男：之前我已经做好了充分的心里准备，所以心情比较平静。而我身边的亲朋好友却比较激动，我才意识到原来这个奖如此重要。

女：那您是何时才感到激动的呢？

男：27大概是得奖消息宣布的四小时之后，我收到了一条最值得纪念的短信，它来自给我家修暖气的师傅。我不知道他的名字，一直叫他杨师傅。在众多祝福短信中，杨师傅的短信让我了解到了这个奖在中国的影响力十分广泛。那一刻我激动不已，不，应该用感动更为贴切。我感谢这个奖，它让更多中国人开始关注儿童文学。

女：您为什么这么重视普及儿童文学和鼓励阅读呢？

男：大部分人这一辈子无论怎么勤奋，都走不出自己生活的这个小范围，想要更完整地了解世界很难。这就导致我们只能片面地去理解生活和人生，而阅读可以填补这一空白，开拓我们的视野。通过阅读，人们可以走出狭隘的生活，进入一个广大的世界。28持久的阅读可以丰富一个人的阅历、开阔眼界、使心灵更舒畅。所以，虽然生活在同一个环境中，坚持阅读的人一辈子可以有更大的生命力度。

여: 여러분, 안녕하세요. 오늘의 게스트는 국제 안데르센 상 수상자이신 챠오원쉬안 아동문학 작가님을 모셨습니다. 안녕하세요. 영상으로 보니 26심사위원 대표가 선생님을 수상자로 발표하자마자 장내에 열렬한 박수소리가 울렸는데, 선생님께서는 되려 굉장히 차분하시더군요.

남: 그 전에 저는 이미 만반의 마음의 준비를 해두었거든요. 그래서 마음이 비교적 차분했어요. 반면에 제 주변 지인들이 감격한 편이었죠. 그래서 제가 이 상이 이렇게 중요한 거로구나 하는 걸 인식하게 되었구요.

여: 그러면 선생님께서는 언제 감격하셨나요?

남: 27아마도 수상 소식이 발표되고 4시간 이후일 거예요. 제가 가장 기념할 만한 문자메시지를 받았어요. 저희 집 난방기를 수리해 주시는 기사님에게 온 것인데요. 제가 그 분 이름을 몰라서 줄곧 양 기사님으로 불렀었거든요. 많은 축복 메시지 중 양 기사님의 문자 메시지로 저는 이 상이 중국에서 엄청난 영향력이 있구나 하는 걸 알게 되었습니다. 그 순간 저는 감격을 금치 못했죠. 아니, 감동이라고 말하는 게 더 맞겠네요. 이 상에 매우 감사합니다. 이 상이 보다 더 많은 중국인들이 아동문학에 관심을 갖게 해주었거든요.

여: 선생님께서는 아동문학의 보급과 독서 장려를 왜 이렇게 중요하게 보시나요?

남: 대부분의 사람들이 아무리 부지런해도 평생 동안 자신의 삶의 자그마한 범위를 벗어나지 못하다 보니 세상을 보다 더 완벽하게 파악하기가 쉽지 않습니다. 이러다 보니 삶과 인생을 단편적으로만 이해할 수밖에 없지요. 이러한 공백을 바로 독서가 메워주고 우리의 시야도 넓혀줄 수 있습니다. 독서를 통해서 사람들은 좁은 삶을 벗어나 넓은 세상으로 들어갈 수 있게 되죠. 28지속적인 독서는 사람의 경험을 풍부하게 만들어주고, 식견을 넓혀주며, 가슴을 뻥 뚫어줍니다. 그래서, 비록 같은 환경에서 살지만 꾸준히 독서를 한 사람의 인생은 훨씬 더 커다란 생명력을 가질 수 있게 됩니다.

女：您如何看手机阅读这种现象呢？ 男：反对的声音很高，但我觉得有些极端。29手机阅读是一种新的阅读方式，这一点是毋庸置疑的，而且它很方便，不受场所限制，我对此并不排斥，反而比较欢迎。但是，我个人还是更倾向于拿着实体书来读。因为来自阅读后的思考、琢磨才能带给我阅读的快乐，用手机阅读后思考、琢磨和品味的时间就少了。 女：您觉得如何才能成为一个好的作家？ 男：30我觉得对作家来说情感是至关重要的，可以说是作品的生命，作家要用真实的情感去进行创作。只有富有情感的作品，才能感动读者，引起读者的共鸣。	여: 모바일 독서를 어떻게 생각하시나요? 남: 반대의 목소리가 크지만 저는 좀 극단적이라고 생각해요. 29모바일 독서가 새로운 독서 방식임은 의심의 여지가 없습니다. 게다가 대단히 편리하고 장소의 제한을 받지 않아서 저는 결코 이에 대해 반대하지 않아요. 오히려 환영하는 편입니다. 하지만, 개인적으로는 그래도 실물책을 손에 들고 읽는 것을 더 선호해요. 독서 후의 사고와 사색이 비로소 우리에게 독서의 즐거움을 안겨줄 수 있는데, 핸드폰으로 독서를 하게 되면 사고와 사색, 그리고 그 뜻을 음미하는 시간이 줄어들거든요. 여: 선생님은 어떻게 해야 훌륭한 작가가 될 수 있다고 보시나요? 남: 30저는 작가에게 있어 가장 중요한 것은 감성이라고 생각해요. 작품의 생명이라고도 할 수 있죠. 작가는 진정한 감성으로 창작해야 합니다. 감성이 풍부한 작품이라야 비로소 독자에게 감동을 주고 독자에게 공감을 불러일으킬 수 있어요.

어휘 安徒生奖 Āntúshēng jiǎng 안데르센 상　评委 píngwěi 명 심사위원(评审委员의 준말)　主席 zhǔxí 명 주석, 위원장　平静 píngjìng 형 평온하다, 차분하다　贴切 tiēqiè 형 딱맞다, 적절하다　填补 tiánbǔ 동 (빈 부분이나 모자란 곳을) 메우다, 보충하다　开拓 kāituò 동 개척하다, 개발하다　狭隘 xiá'ài 형 편협하다　持久 chíjiǔ 형 오래 지속되다　舒畅 shūchàng 형 상쾌하다　极端 jíduān 형 극단적인　毋庸置疑 wú yōng zhì yí 성 의심할 여지가 없다, 사실이 명확하고 이유가 충분하다　排斥 páichì 동 배척하다, 반발하다　倾向于 qīngxiàngyú ~로 치우치다　琢磨 zuómo 동 생각하다, 사색하다　品味 pǐnwèi 동 깊이 음미하다, 뜻을 잘 생각해보다　共鸣 gòngmíng 명 공감, 동감

★★☆ 하

26 当评委会主席宣布男的获奖时，他是什么反应？	심사위원 대표가 남자를 수상자로 발표했을 때, 그의 반응은 어떠했나?
A 无比自豪 B 激动 **C 平静** D 意料之中	A 더없이 자랑스러워하다 B 감격하다 **C 침착하다** D 예상했다

해설 보기가 감정을 나타내므로 이에 관한 부분을 주목해서 듣는다. 사회자의 첫 번째 질문 在评委会主席宣布您获奖的时候，全场立刻响起了热烈的掌声，而您却十分平静(심사위원 대표가 선생님을 수상자로 발표하자마자 장내에 열렬한 박수소리가 울렸는데, 선생님께서는 되려 굉장히 차분하시더군요)에 보기 C의 내용이 언급됐다. 질문에서 남자가 수상자로 발표됐을 때 그의 반응이 어땠는지 물었으므로 정답은 C이다.

어휘 无比 wúbǐ 형 비할 바 없다　自豪 zìháo 형 스스로 긍지를 느끼다, 자부심을 느끼다　意料 yìliào 명 동 예상(하다), 예측(하다)

★★☆ 중

27 男的什么时候才感到激动的？	남자는 언제 비로소 감격하였는가?
A 参与颁奖时 B 发表获奖感言时 C 接到奖杯的那一刻 **D 收到杨师傅的短信时**	A 시상에 참여했을 때 B 수상 소감을 말할 때 C 트로피를 받은 그 순간 **D 양 기사의 문자메시지를 받았을 때**

해설 보기가 모두 ……时(~한 때)로 끝나므로 시기에 관한 내용을 주목해서 듣는다. 사회자가 남자에게 언제 감격했느냐고 물었고 남자는 大概是得奖消息宣布的四小时之后，我收到了一条最值得纪念的短信，它来自给我家修暖气的师傅。……那一刻我激动不已(아마도 수상 소식이 발표되고 4시간 이후일 거예요. 제가 가장 기념할 만한 문자메시지를 받았어요. 저희 집 난방기를 수리해 주시는 기사님에게 온 것인데요. …… 그 순간 저는 감격을 금치 못했죠)라고 했다. 질문에서 남자가 언제 감격했는지 물었으므로 정답은 D이다.

어휘 颁奖 bānjiǎng 통 수여하다, 시상하다 感言 gǎnyán 명 소감 · 감상을 표현하는 말

★★★ 하

28 男的为什么重视鼓励阅读？	남자는 독서 장려를 왜 중시하는가?
A 阅读可以端正价值观	A 독서는 가치관을 바로잡아줄 수 있다
B 阅读可丰富人生阅历	**B 독서는 인생의 경험을 풍부하게 만들어준다**
C 阅读能够提高生活质量	C 독서는 삶의 퀄리티를 높여줄 수 있다
D 阅读能够给我们带来自信	D 독서는 우리에게 자신감을 줄 수 있다

해설 보기가 독서의 영향을 나타내므로 이에 관한 내용을 주목해서 듣는다. 사회자가 독서를 왜 장려하는지 물었고 이에 남자는 持久的阅读可以丰富一个人的阅历(지속적인 독서는 사람의 경험을 풍부하게 만들어준다)라고 하여 보기 B의 내용이 언급되었다. 따라서 정답은 B이다.

어휘 端正 duānzhèng 통 (태도 · 자세 · 방향 · 사상 등을) 바르게 하다, 바로잡다 阅历 yuèlì 명 경험, 체험한 지식

★☆☆ 하

29 男的对用手机阅读是什么态度？	남자는 모바일 독서에 어떠한 태도인가?
A 鄙视	A 경시한다
B 不提倡	B 권장하지 않는다
C 无所谓	C 상관없다
D 不排斥	**D 배척하지 않는다**

해설 보기가 모두 태도를 나타내므로 이에 관한 내용을 주목해서 듣는다. 사회자가 남자에게 모바일 독서를 어떻게 생각하느냐고 물었고 남자는 手机阅读是一种新的阅读方式，这一点是毋庸置疑的，而且它很方便，不受场所限制，我对此并不排斥，反而比较欢迎(모바일 독서가 새로운 독서 방식임은 의심의 여지가 없습니다. 게다가 대단히 편리하고 장소의 제한을 받지 않아서 저는 결코 이에 대해 반대하지 않아요. 오히려 환영하는 편입니다)이라고 했다. 질문에서 남자가 모바일 독서에 어떤 태도를 갖는지 물었으므로 정답은 D이다.

어휘 鄙视 bǐshì 통 경시하다, 깔보다 提倡 tíchàng 통 제창하다 排斥 páichì 통 배척하다, 반발하다

★★☆ 하

30 男的认为，对作者来说最重要的是什么？		남자는 작가에게 있어 가장 중요한 것이 무엇이라고 여기는가?	
A 情感	B 耐心	**A 감성**	B 인내심
C 逻辑	D 苦难	C 논리	D 고난

해설 보기가 모두 명사이며 가치에 관한 내용이므로 각 단어가 녹음에 언급되면 관련 정보를 수집하며 듣는다. 사회자는 남자에게 어떻게 해야 훌륭한 작가가 될 수 있는지 물었고 남자는 我觉得对作家来说情感是至关重要的(저는 작가에게 있어 가장 중요한 것은 감성이라고 생각해요)라고 대답했다. 따라서 알맞은 정답은 A이다.

듣기 제3부분

[풀이전략] 녹음을 듣기 전에 보기의 핵심 키워드를 파악하여 글의 종류와 소재를 파악한다. 녹음을 들으면서 들은 내용을 보기에 메모하고, 각 질문에 알맞은 정답을 고른다. 일반적으로 주제/제목을 묻는 문제가 가장 마지막에 등장한다.

31-33

古代没有电灯，那么人们晚上如何照明呢？大多数人会自然而然地就想到蜡烛。但事实上，古代的蜡烛远远没有我们想象得那么流行。古代的蜡烛与现代的迥然不同，从制作材料上看，古代蜡烛纯度较低，31燃烧也极不稳定且烟气也很重。那是因为古代的蜡烛往往是蜂蜡、白蜡与常温不熔的动物油脂混合而成的。其中33动物油容易变质，会发出难闻的气味。再加上古代的蜡烛制作工艺繁复，致使其价格昂贵，因此蜡烛在古代是一种奢侈品，普通老百姓用不起蜡烛。那么普通百姓晚上拿什么照明呢？答案就是油灯。油灯的构造简单，只要有容器、燃料和灯芯就能照明，且32耗油量也相对较少，可以减轻百姓的经济负担。	고대에는 전등이 없었다. 그렇다면 사람들은 저녁에 어떻게 조명을 했을까? 대부분의 사람들은 당연히 촛불을 떠올릴 것이다. 그러나 실제로 고대의 초는 우리가 생각하는 것만큼 그렇게 유행하지 않았다. 고대의 초는 오늘날의 것과 완전히 달랐다. 제작 원료에서 보자면, 고대의 초는 순도가 비교적 낮고 31연소 역시 매우 불안정한 데다가 연기까지 심했다. 이는 고대의 초가 보통 밀랍, 백랍 그리고 상온에서 녹지 않는 동물성 기름을 혼합하여 만들기 때문이었다. 그중 33동물성 기름은 쉽게 변질되어 고약한 냄새를 내기도 했다. 게다가 고대의 초는 제작 기술도 번잡하여, 그 값이 엄청나게 비싼 결과를 나았다. 이 때문에 초는 고대에는 일종의 사치품으로 일반 백성들은 사용할 수가 없었다. 그렇다면 일반 백성들은 저녁에 무엇으로 빛을 비추었을까? 답은 바로 기름등이다. 기름등의 구조는 간단한데, 용기, 연료 그리고 등심만 있으면 조명이 가능하였으며, 32기름 소모량도 상대적으로 적어, 서민들의 경제적 부담을 낮출 수 있었다.

어휘 自然而然 zì rán ér rán 성 자연히, 저절로　迥然不同 jiǒng rán bù tóng 성 아주 다르다, 판이하다, 차이가 크다　纯度 chúndù 명 순도　蜂蜡 fēnglà 명 밀랍　白蜡 báilà 명 백랍　混合 hùnhé 동 혼합하다　繁复 fánfù 형 번잡하다　奢侈品 shēchǐpǐn 명 사치품　构造 gòuzào 명 구조　燃料 ránliào 명 연료　灯芯 dēngxīn 명 등의 심지　耗油量 hàoyóuliàng 유류 소모량

★☆☆ 하

31

古代的蜡烛有什么缺点？	고대의 초는 어떤 결점이 있는가?
A 纯度很高 B 光线强烈 **C 燃烧不稳定** D 是一种装饰品	A 순도가 높다 B 빛이 강렬하다 **C 연소가 불안정하다** D 일종의 장식품이다

해설 보기가 모두 특징을 나타낸다. 키워드로 A는 纯度(순도), B는 光线(빛), C는 不稳定(불안정하다), D는 装饰品(장식품)을 삼는다. 녹음에서 고대의 초에 관해 燃烧也极不稳定(연소 역시 매우 불안정하다)이라고 했다. 질문에서 고대의 초가 어떤 결점이 있는지 물었으므로 정답은 C이다.

★☆☆ 하

32

关于油灯，可以知道什么？	기름등에 관하여 무엇을 알 수 있는가?
A 耗油量较少 B 不需要容器 C 是一种奢侈品 D 构造十分复杂	**A 기름 소모량이 비교적 적다** B 용기를 필요로 하지 않는다 C 일종의 사치품이다 D 구조가 대단히 복잡하다

해설 보기가 모두 특징을 나타낸다. 보기의 키워드로 A는 耗油量(기름 소모량), B는 容器(용기), C는 奢侈品(사치품), D는 构造(구조)를 삼는다. 녹음에서 기름등이 언급된 부분에서 耗油量也相对较少(기름 소모량도 상대적으로 적다)라고 했다. 질문에서 기름등에 관해 알 수 있는 것을 물었으므로 정답은 A이다.

★★☆ 하

33 根据这段话，下列哪项正确？	본문을 토대로 다음 중 올바른 것은?
A 油灯只有贵族使用 **B 动物油容易变质** C 百姓在节日用蜡烛 D 在古代蜡烛价格低廉	A 기름등은 귀족들만 사용했다 **B 동물성 기름은 쉽게 변질된다** C 백성들은 명절에 초를 사용했다 D 고대에 초는 가격이 저렴했다

해설 보기의 키워드로 A는 油灯(기름등), B는 动物油(동물성 기름), C는 蜡烛(초), D는 在古代蜡烛(고대에 초)를 삼는다. 녹음에서 动物油容易变质(동물성 기름은 쉽게 변질된다)이라고 했으므로 키워드가 그대로 일치하는 B가 정답이다.

34-36

有一位著名的高产作家，他的作品数量多得让人咂舌，仅小说就超过一百部。人们都惊讶于他的创作效率，猜测他的背后有个写作团队。有一天，作家同意某一名记者来家中采访，34也没有拒绝记者要看看他的写作团队的要求。这位作家领着记者进了工作室，并指着许多柜子说："这就是我的团队"。记者发现柜子里放满了写得密密麻麻的卡片。原来，所谓的写作团队不过是作家的笔记而已。这位作者的笔记是在两种情形下完成的：一种是在聚会、散步等闲暇时，他会把突然来临的灵感或奇思妙想用纸笔记录下来；另一种是35每天都会抽出两个小时来读书和思考，记录下好的文章和自己的感想。做好笔记后，作家会按照内容对卡片进行分类并整理，36在需要灵感时，他就会打开柜子，翻阅它们，查找自己想要的内容。

유명한 다작가가 있었다. 그의 작품은 사람들이 혀를 내두를 정도로 많았는데, 소설만 하더라도 벌써 100편이 넘었다. 사람들이 모두 그의 창작 효율에 놀라움을 금치 못하며 그의 뒤에 집필단이 있을 것이라고 추측했다. 어느 날 작가는 어떤 기자가 집으로 인터뷰하러 온다는 것에 동의했고, 34기자가 그의 집필단을 보고 싶어 한다는 요구도 거절하지 않았다. 작가는 기자를 그의 작업실로 이끌고는 수많은 캐비닛을 가리키며 말했다. "이것이 바로 제 팀이에요". 기자는 캐비닛 안에 글이 빼곡하게 쓰여져 있는 카드가 가득 들어차 있는 것을 발견했다. 알고 보니, 이른바 집필단이라고 하는 것은 그저 작가의 필기일 뿐이었다. 작가의 필기는 두 가지 상황에서 완성됐다. 하나는 모임과 산책 등 한가로운 때에 갑자기 영감이나 기발한 아이디어가 떠오르면 펜으로 적어 두었다. 다른 하나는 35매일 두 시간을 내어 독서를 하고 생각을 하다가 좋은 문장과 자신의 감상을 적어 두었다. 필기를 잘 해두고 나서는 내용에 따라 카드들을 분류하고 정리하여 36영감이 필요할 때 캐비닛을 열어 그것들을 펼쳐 읽고 자신이 원하는 내용을 찾는다고 했다.

어휘 咂舌 zāshé 동 혀를 차다, 혀를 내두르다　密密麻麻 mìmi mámá 형 빽빽하다　闲暇 xiánxiá 명 틈, 짬, 여가　奇思妙想 qísī miàoxiǎng 명 기묘한 착상(着想), 뛰어난 생각　翻阅 fānyuè 동 (서류 · 서적 등을) 훑어보다, 뒤져보다

★★☆ 중

34 记者对那位作家提出了什么请求？	기자는 그 작가에게 어떤 부탁을 했나?
A 给新人提建议 B 介绍写作技巧 C 公开下一部作品 **D 见一下写作团队**	A 신인들에게 제안을 해주다 B 집필 테크닉을 소개하다 C 다음 작품을 공개하다 **D 집필단을 만나다**

해설 보기가 집필과 작품에 관한 내용이므로 관련 내용을 주목해서 듣는다. 녹음에서 也没有拒绝记者要看看他的写作团队的要求(기자가 그의 집필단을 보고 싶어 한다는 요구도 거절하지 않았다)라고 했다. 질문에서 기자가 그 작가에게 어떤 부탁을 했는지 물었으므로 알맞은 정답은 D이다.

★★☆ 중

35 关于那位作家，可以知道什么？	그 작가에 관하여 무엇을 알 수 있는가?
A 体验各种职业 **B 每天做读书笔记** C 随身携带录音笔 D 定期整理工作室	A 다양한 직업을 체험한다 **B 매일 책을 읽고 필기를 한다** C 녹음펜을 휴대한다 D 정기적으로 작업실을 정리한다

해설 보기가 행동을 나타내므로 이에 관한 내용을 주목해서 듣는다. 녹음에서 每天都会抽出两个小时来读书和思考，记录下好的文章和自己的感想(매일 두 시간을 내어 독서를 하고 생각을 하다가 좋은 문장과 자신의 감상을 적어 두었다)이라고 하여 보기 B의 내용이 언급되었다. 따라서 그 작가에 관해 알 수 있는 것은 B이다.

어휘 携带 xiédài 동 휴대하다

★☆☆ 중

36 当那位作家需要创作灵感时，会怎么做？	작가는 창작 영감이 필요할 때 어떻게 하는가?
A 查看卡片 B 出去活动 C 整理房间 D 翻阅名著	**A 카드를 살펴본다** B 밖으로 나가 움직인다 C 방을 정리한다 D 명작을 읽는다

해설 보기가 행동을 나타내므로 이에 관한 내용을 주목해서 듣는다. 녹음의 마지막 부분에서 在需要灵感时，他就会打开柜子，翻阅它们，查找自己想要的内容(영감이 필요할 때 장을 열어 그것들(卡片)을 펼쳐 읽고 자신이 원하는 내용을 찾는다)고 했다. 질문에서 창작 영감이 필요할 때 작가는 어떻게 하는지 물었으므로 정답은 A이다.

어휘 翻阅 fānyuè 동 (서적이나 서류를) 훑어보다, 뒤져 보다　名著 míngzhù 명 명저, 명작

37-39

"锦标"一词对于我们来说并不陌生，人们在体育新闻中，经常能看到关于各类锦标赛的报道。37根据考证，早在唐代已经开始使用"锦标"一词，38当时是最盛大的体育比赛竞渡的取胜标志。而竞渡则是春秋战国时代的一项体育活动，相传是湘江一带的百姓为了纪念屈原而组织的活动。这一古老的活动在唐以前仅为划船活动，并无"夺标"规定。直到唐代，竞渡变成了一项独特而极为隆重的竞赛活动，其目的即在于争夺第一名，而不再是纪念屈原了，比赛的竞争性	'우승컵(진바오)'이라는 단어는 우리들에게 결코 낯설지 않다. 사람들은 스포츠 뉴스에서 늘상 각종 선수권 대회에 관한 보도를 접한다. 37고증에 따르면, 일찍이 당나라 시기에 '우승컵'이라는 단어를 사용하기 시작했는데, 38당시에는 가장 성대한 스포츠 시합인 '경조'라는 보트레이스 우승자의 상징이었다. 경조는 춘추전국 시대의 스포츠 행사로 상장강 일대의 서민들이 굴원을 기념하기 위해 조직한 행사였다고 전해진다. 이 오래된 행사는 당나라 이전에는 그저 노를 젓는 행사일 뿐 '우승(둬바오)' 규정이라고는 전혀 없었다. 그러다가 당나라 시기에 이르러, 경조는 독특하면서도 성대한 경기가 되었는데, 그 목적은 1등을 쟁탈하는 데 있지 더 이상 굴원을 기념하는 데 있지 않아

尽显无余。39为了裁定名次，人们在水面的终点插上一根长竿，缠锦挂彩，鲜艳夺目，这个挂彩的竹竿，被叫做“锦标”或“彩标”，只以首先夺取锦标者为胜，故这一竞赛又称为“夺标”。从此，“标”便成了冠军的代名词。宋代以后，夺标成为竞渡的法定规则，一直沿用到明清而不变。	서 시합의 경쟁성을 여지 없이 드러냈다. 39순위를 판정하기 위해, 사람들은 수면에 장대를 꽂고 비단으로 둘둘 말아 색을 화려하게 하여 눈에 잘 띄게 하였다. 이 비단을 만 대나무 장대는 '진뱌오' 혹은 '차이뱌오'라고 불렸으며, 진뱌오를 우선적으로 거머쥐는 사람만이 우승자가 되었다. 때문에 이 경기를 '둬뱌오'라고 칭했다. 이로부터 '뱌오'는 우승자의 대명사가 되었다. 송나라 시기 이후로, 둬뱌오는 경조 시합의 규정된 룰이 되었고, 명청 시기까지 이어지며 변하지 않았다.

어휘 锦标 jǐnbiāo 명 우승컵 竞渡 jìngdù 명 경조(競漕), 보트레이스 标志 biāozhì 명 지표, 상징 相传 xiāngchuán 동 ~라고 전해지다, ~라고 전해오다 湘江 Xiāngjiāng 지명 샹장강 [후난(湖南)성을 남북으로 흐르는 강] 屈原 Qūyuán 인명 굴원 [전국시대 초(楚)나라의 정치가이자 문학가] 隆重 lóngzhòng 형 성대하다 竞赛 jìngsài 명 동 경기(하다), 시합(하다) 争夺 zhēngduó 동 쟁탈하다, 싸워 빼앗다 无余 wúyú 동 남는 것이 없다 裁定 cáidìng 동 심사하여 결정하다 名次 míngcì 명 이름 순서, 석차 竿 gān 명 막대, 장대 缠 chán 동 휘감다, 둘둘 말다 锦 jǐn 명 색채와 무늬가 있는 비단 夺目 duómù 형 눈부시다

★★★ 중

37 根据考证，锦标一词最早使用于什么朝代？	고증에 따르면, 진뱌오라는 단어가 최초로 사용된 것은 어느 시대인가?
A 宋代　　B 明代 C 清代　　**D 唐代**	A 송대　　B 명대 C 청대　　**D 당대**

해설 보기가 모두 시대를 나타내므로 각 단어가 녹음에 언급되면 관련 정보를 수집하며 듣는다. 녹음에서 根据考证，早在唐代已经开始使用"锦标"一词(고증에 따르면, 일찍이 당나라 시기에 '우승컵'이라는 단어를 사용하기 시작했다)라고 했다. 질문에서 진뱌오라는 단어가 최초로 사용된 시대를 물었으므로 정답은 D이다.

★★☆ 하

38 锦标一词最早指的是什么？	진뱌오(우승컵)라는 단어는 최초에 무엇을 가리켰는가?
A 划船活动 **B 取胜标志** C 纪念屈原的方式 D 体育比赛的地点	A 노를 젓는 행사 **B 우승의 상징** C 굴원을 기념하는 방식 D 스포츠 경기 장소

해설 보기가 모두 명사형이므로 각 단어가 녹음에 언급되면 관련 정보를 수집하며 듣는다. 녹음에서 当时是最盛大的体育比赛竞渡的取胜标志(당시에는 가장 성대한 스포츠 시합인 '경조'라는 보트레이스 우승자의 상징이었다)라고 했다. 질문에서 진뱌오가 최초에 무엇을 가리켰는지 물었으므로 정답은 B이다.

★★☆ 중

39 关于“彩标”，下列哪项正确？	'차이뱌오'에 관해 다음 중 올바른 것은?
A 用于裁定名次 B 清朝固定下来 C 只有划船一项比赛 D 没有比赛的竞争性	**A 순위를 판정하는 데 쓰인다** B 청나라 시기에 정착되었다 C 노를 젓는 경기 종목일 뿐이다 D 시합의 경쟁성이 없다

해설 보기가 고대 경기 종목에 관한 내용이므로 이를 주목해서 듣는다. 녹음의 为了裁定名次，人们在水面的终点插上一根长竿，缠锦挂彩，鲜艳夺目，这个挂彩的竹竿，被叫做"锦标"或"彩标"(순위를 판정하기 위해, 사람들은 수면에 장대를 꽂고 비단으로 둘둘 말아 색을 화려하게 하여 눈에 잘 띄게 하였다. 이렇게 비단을 만 대나무 장대는 '진뱌오' 혹은 '차이뱌오'라고 불렸으며)에 보기 A의 키워드가 언급되었다. 질문에서 차이뱌오에 관해 옳은 내용을 물었으므로 정답은 A이다.

40-43

随着人类文明的发展，43不同时期的人们还为颜色赋予了不同的特殊含义，对颜色的运用也在不断发生着有趣的变化。比如，白色代表纯洁、简单；黑色代表严肃、稳重；红色代表热情、喜悦；黄色代表高贵、富有；40蓝色代表智慧、清爽等。汉语中有关颜色的词非常多，而且出现的时间都很早。许慎于公元121年成书的《说文解字》中，就有25个表示黑色的词以及11个表示白色的词，而在更早的晚商时期的卜辞金文中，表示红色的词就出现了7个。41中国古代的颜色词经过演变，最终形成了黑、白、红、黄、绿、灰、棕、橙八种基本颜色词。其中，42古代人最难区分的是蓝绿色系，因此，蓝、绿等颜色很长一段时间都用"青"来表示。比如，唐宋以来书生的家常服饰"青衫"也称"蓝衫"。中国人惯称的"绿灯"，在日语中却叫做"青信号"；我们现在惯于说的"蓝天"，古人却习惯说"青天"或者"苍天"。而欧洲早期多使用绿色来表示水体颜色，直到17世纪才开始固定使用蓝色。

인류 문명이 발전하면서 43다양한 시기의 사람들은 색상에 각기 다른 특별한 의미를 부여해서, 색상의 활용에 있어서도 끊임없이 흥미로운 변화가 발생하고 있다. 예를 들어, 흰색은 순결함과 간단함을, 검정색은 엄숙함과 진중함을, 붉은색은 열정과 기쁨을, 노란색은 고귀함과 부유함을, 40파란색은 지혜와 청량함을 나타낸다. 중국에서는 색 단어가 굉장히 많고 또한 출현한 시기 또한 매우 이르다. 쉬션이 A.D 121년에 완성한 「설문해자」에는 검정색을 나타내는 단어가 25개, 흰색을 나타내는 단어가 11개나 있다. 더 이른 만상 시기의 복사와 금문 중에서는 붉은색을 나타내는 단어가 7개 출현하였다. 41중국 고대의 색 단어는 시대의 변화를 거치며 최종적으로 검정색, 흰색, 빨강색, 노랑색, 초록색, 회색, 갈색, 귤색의 8종류의 기본 색 단어가 형성되었다. 그중, 42고대인들이 가장 구분하기 어려웠던 것은 파랑 · 초록 계열의 색상이었다. 이 때문에 파란색과 초록색 등의 색상은 오랫동안 '청색'으로 나타냈다. 예를 들어, 당송 시기 이후로 서생들의 일상적인 생활복 '칭샨'은 '란샨'으로도 불렸다. 중국인들은 '초록색등'이라고 하는 것이 익숙하지만, 일본어에서는 '청신호'라고 불리우며, 우리는 '란티엔(파란 하늘)'이라고 부르는 데 익숙하지만 고대인들은 '칭티엔(푸른 하늘)' 혹은 '창티엔'이라 부르는 데 익숙했다. 그리고 유럽에서는 초기에 초록색으로 물의 색상을 표현하다가 17세기에 이르러 비로소 파란색을 고정적으로 사용하기 시작하였다.

어휘 赋予 fùyǔ 동 부여하다, 주다 含义 hányì 명 함의, 내포된 뜻 纯洁 chúnjié 형 순결하다 稳重 wěnzhòng 형 점잖다, 진중하다 喜悦 xǐyuè 명 희열, 기쁨 高贵 gāoguì 형 고상하다, 기품이 높다 清爽 qīngshuǎng 형 맑고 상쾌하다 许慎 XǔShèn 인명 쉬션, 허신(58~147년, 문자학자) 卜辞 bǔcí 명 복사, 갑골문자[은(殷)대에 점을 본 시간 · 원인 · 결과 등을 수골(兽骨)이나 귀갑(龟甲)에 새겨놓은 기록] 金文 jīnwén 명 금문 [옛 동기(铜器) 등에 새겨져 있는 글자, 일반적으로 은(殷) · 주(周) · 진(秦) · 한(汉)의 청동기에 주조한 문자를 가리킴] 演变 yǎnbiàn 명 동 변화발전(하다), 변천(하다) 色系 sèxì 색군, color group 服饰 fúshì 명 복식, 의복과 장신구 苍天 cāngtiān 명 푸른 하늘

★★★ 하

40 根据上文，蓝色代表什么？

윗글에 근거하면, 파란색은 무엇을 나타내는가?

A 纯洁　B 稳重
C 富有　**D 智慧**

A 순결함　B 진중함
C 부유함　**D 지혜**

해설 보기가 모두 상징적인 뜻이므로 각 단어가 녹음에 언급되면 관련 정보를 수집하며 듣는다. 녹음은 색상의 의미를 설명하면서 蓝色代表智慧、清爽等(파란색은 지혜와 청량함을 나타낸다)이라고 했다. 질문에서 파란색이 무엇을 나타내는지 물었으므로 정답은 D이다.

★☆☆ 하

41 关于中国古代的颜色词，可以知道什么？	중국 고대의 색 단어에 관하여 무엇을 알 수 있는가?
A 有8种基本颜色词 B 用来象征身份及地位 C 有关黑色的词出现得最早 D 全部收录在《说文解字》中	**A 8종의 기본 색 단어가 있다** B 신분과 지위를 상징하는 데 쓰인다 C 검정색과 관련된 단어가 가장 이른 시기에 출현하였다 D 모두 「설문해자」에 수록되어 있다

해설 보기의 키워드로 A는 8种基本颜色词(8종의 기본 색 단어), B는 身份及地位(신분과 지위), C는 出现得最早(가장 일찍 출현하다), D는 说文解字(설문해자)를 삼는다. 녹음에서 中国古代的颜色词经过演变，最终形成了黑、白、红、黄、绿、灰、棕、橙八种基本颜色词(중국 고대의 색 단어는 시대의 변화를 거치며 최종적으로 검정색, 흰색, 빨강색, 노랑색, 초록색, 회색, 갈색, 귤색의 8종류의 기본 색 단어가 형성되었다)라고 했다. 질문에서 중국 고대의 색 단어에 관해 무엇을 알 수 있는지 물었으므로 정답은 A이다.

★★★ 하

42 古代人最难分辨的是哪个色系？	고대인들이 구분하기 가장 어려워했던 색상 계열은 어느 것인가?
A 紫色和红色 B 黄色和橙色 **C 蓝色和绿色** D 灰色和黑色	A 보라색과 붉은색 B 노란색과 주황색 **C 파란색과 초록색** D 회색과 검정색

해설 보기가 모두 색을 나타내므로 각 단어가 녹음에 언급되면 관련 정보를 수집하며 듣는다. 녹음의 古代人最难区分的是蓝绿色系(고대인들이 가장 구분하기 어려웠던 것은 파랑 · 초록 계열의 색상이었다)에 보기 C의 키워드가 언급됐다. 질문에서 고대인들이 구분하기 어려워했던 색상을 물었으므로 정답은 C이다.

어휘 橙色 chéngsè 명 주황색, 오렌지 색

★★☆ 중

43 根据这段话，下列哪项正确？	이 글을 근거로 다음 중 올바른 것은?
A “青衫”是唐代官服 B 蓝色在17世纪才被发现 **C 人们为颜色赋予不同的含义** D 人类肉眼可以区分几百种颜色	A '칭산'은 당나라 시대 관복이다 B 파란색은 17세기에 비로소 발견되었다 **C 사람들은 색상에 서로 다른 의미를 부여하였다** D 인간은 육안으로 수백 종의 색을 구분할 수 있다

해설 보기의 키워드로 A는 唐代官服(당나라 시대 관복), B는 17世纪被发现(17세기에 발견되다), C는 颜色(색상)와 含义(의미), D는 区分颜色(색을 구분하다)를 삼는다. 녹음에서 不同时期的人们还为颜色赋予了不同的特殊含义(다양한 시기의 사람들은 색상에 각기 다른 특별한 의미를 부여한다)라고 했으므로 옳은 내용은 C이다.

어휘 赋予 fùyǔ 동 부여하다, 주다

44-47

1956年，教育心理学家本杰明布鲁姆发现，44绝大多数学校的学问测试题都以测试记忆力为主。后来他和他的研究团队研发出了将学问测试分为知识、理解、应用、分析、综合、评估等多个类别的布鲁姆学问分类法。之后所有学校的课程都开始参照这个分类法进行设置学问测试题，47甚至从小学阶段就开始了这些分类技能的培养。拿应用学为例，很多小学生从一年级就有"访谈"作业，45如让学生询问家人喜欢吃哪种口味的冰激凌，然后将其结果制作成图表，让人一目了然，这就是讲究多项认知技能的组合。布鲁姆学问分类法在突破以记忆为主导的测试困境上起到了关键性的作用。

如今，电脑、智能手机等设备逐渐代替了大脑的一部分功能，比如记忆功能，那么大脑还有何用武之地呢？它要侧重于分析、应用、综合、评估这些高层次的思维，尤其是创造性、逻辑性以及批判性思维能力。46与普遍意义上的学习能力相比，这些能力培养起来更加困难，且宜早不宜迟。

1956년, 교육심리학자 벤자민 블룸(Benjamin Bloom)은 44절대 다수 학교들의 학습평가 문제가 기억력 테스트를 위주로 하고 있음을 발견하였다. 훗날, 그는 연구팀과 함께 학습평가를 지식, 이해, 응용, 분석, 종합, 평가 등의 다양한 분야로 분류한 블룸의 교육목표 분류학(Bloom's Taxonomy)을 연구개발했다. 이후 모든 학교의 커리큘럼은 이 분류학을 참조하여 학습평가 문항을 설계하게 되었고, 47심지어 초등학교 단계에서부터 이 분류 기능을 계발하기 시작했다. 응용학을 예로 들면, 많은 초등학생은 1학년부터 '탐방' 과제가 있는데, 45학생에게 가족들에게 어떤 맛의 아이스크림을 좋아하는지 자세히 묻고 그 결과를 도표로 제작하게 했다. 일목요연하게 만든다는 것은 바로 다양한 인지 기능의 조합을 중시하는 것이다. 블룸의 교육목표 분류학은 기억을 위주로 하는 평가의 어려움을 돌파하는 데 있어서 결정적 역할을 했다.

오늘날, 컴퓨터, 스마트폰 등의 장치가 대뇌의 일부 기능인 기억력을 점차 대체하고 있다. 그렇다면 대뇌는 어디에서 자신의 능력을 어필할 것인가? 대뇌는 분석, 응용, 종합, 평가 등 고차원적 사고, 그중에서도 특히 창조적, 논리적, 비판적 사고 능력에 치중해야 한다. 46일반적인 의미에서의 학습 능력과 비교할 때 이러한 능력은 기르기가 더 어렵기 때문에, 이를수록 좋고 늦어서는 안 된다.

어휘 测试 cèshì 명 동 테스트(하다)　评估 pínggū 동 평가하다　参照 cānzhào 동 참조하다　设置 shèzhì 동 설치하다　访谈 fǎngtán 동 탐방하다, 방문 취재하다　冰激凌 bīngjīlíng 명 아이스크림　一目了然 yí mù liǎo rán 성 일목요연하다　主导 zhǔdǎo 동 주도하다　用武之地 yòng wǔ zhī dì 성 자신의 재능을 보여줄 곳임을 이르는 말　侧重 cèzhòng 동 치중하다, 주로 ~에 중점을 두다　评估 pínggū 동 평가하다　思维 sīwéi 동 사유하다, 숙고하다　宜 yí 동 ~에 적합하다

★★★ 하

44 学问分类法出现以前，学校的测试题重点在于考什么？

교육목표 분류학이 나타나기 전 학교의 평가 문항은 무엇을 중점적으로 테스트했는가?

A 记忆力　B 判断力　C 应用能力　D 分析能力

A 기억력　B 판단력　C 응용 능력　D 분석 능력

해설 보기가 모두 어떤 능력을 나타내므로 이에 관한 내용을 주목해서 듣는다. 녹음에서 绝大多数学校的学问测试题都以测试记忆力为主(절대 다수 학교들의 학습평가 문제가 기억력 테스트를 위주로 하고 있음을 발견하였다)라고 했다. 질문에서 교육목표 분류학이 나타나기 전 학교의 평가 문항은 무엇을 중점적으로 테스트했는지 물었으므로 정답은 A이다.

★☆☆ 하

45 访谈结束以后，学生需要做什么？

탐방을 마친 이후, 학생은 무엇을 해야 하나?

A 进行讨论
B 分享结果
C 制作成图表
D 和同学们一起分析

A 토론을 진행한다
B 결과를 나눈다
C 도표로 제작한다
D 학우들과 함께 분석한다

해설 보기가 모두 행동을 나타내므로 이에 관한 내용을 주목해서 듣는다. 녹음에서 초등학교 1학년의 탐방 과제를 설명하면서 如让学生询问家人喜欢吃哪种口味的冰激凌，然后将其结果制作成图表(학생에게 가족들에게 어떤 맛의 아이스크림을 좋아하는지 자세히 묻고 그 결과를 도표로 제작하게 했다)라고 했다. 질문에서 탐방을 마친 후 학생은 무엇을 해야 하는지 물었으므로 정답은 C이다.

★★★ 중

46

关于创新能力，可以知道什么？	창조력에 관하여 무엇을 알 수 있는가?
A 要尽早培养 B 被机器取代了 C 后天培养不了 D 属于低层次思维	**A 가급적 이른 시기에 길러야 한다** B 기계로 대체됐다 C 후천적으로 기를 수 없다 D 저차원적 사고에 해당한다

해설 보기의 키워드로 A는 尽早培养(이른 시기에 기르다), B는 被机器取代(기계로 대체되다), C는 后天(후천적), D는 低层次思维(저차원적 사고)를 삼는다. 녹음에서 尤其是创造性、逻辑性以及批 判性思维能力。与普遍意义上的学习能力相比，这些能力培养起来更加困难，且宜早不宜迟(그 중에서도 특히 창조적, 논리적, 비판적 사고 능력이다. 일반적인 의미에서의 학습 능력과 비교할 때 이러한 능력은 기르기가 더 어렵기 때문에, 이를수록 좋고 늦어서는 안 된다)라고 했다. 질문에서 창조력에 관해 무엇을 알 수 있는지 물었으므로 정답은 A이다.

어휘 取代 qǔdài 동 자리를 빼앗아 대신 들어서다, 대치하다

★★☆ 중

47

根据上文，下列哪项正确？	윗글을 토대로 다음 중 올바른 것은?
A 对学问分类法褒贬不一 **B 应用课程从小学一年级就有** C 学问分类法大致分为两类 D 大多数人对分类法持反对态度	A 교육목표 분류학에 관한 평가가 엇갈린다 **B 응용 과정은 초등학교 1학년부터 있다** C 교육목표 분류학은 크게 두 종류로 나뉜다 D 대부분의 사람들은 분류학에 반대 입장을 취한다

해설 보기에 学问分类法(교육목표 분류학)가 있으므로 이에 관한 글임을 예상하고 세부 내용을 대조한다. 녹음에서 甚至从小学阶段就开始了这些分类技能的培养。拿应用学为例，很多小学生从一年级就有"访谈"作业(심지어 초등학교 단계에서부터 이 분류 기능을 개발하기 시작했다. 응용학을 예로 들면, 많은 초등학생은 1학년부터 '탐방' 과제가 있다)라고 했으므로 보기 B가 올바른 내용이다.

어휘 褒贬不一 bāo biǎn bù yī 좋고 나쁨의 평가가 각기 다르다

48-50

众所周知，大象是现存地球上最大的陆栖哺乳动物，它们的主要特征是长鼻子和大耳朵。大象的视觉较差，但50嗅觉和听觉都十分灵敏，它们能辨认出其他一百多头大象发出的叫声。48耳朵对于大象来说，还有一个至关重要的作用，那就是散热。大象的体积特别大，因此身体代谢时也会产生大量的热量。体温过高或过低都会对大象的身体造成巨大的伤害，甚至还会威胁它们的性命。此时也就需要一个有效的方法来帮助大象	모두 다 알다시피, 코끼리는 지구상에 현존하는 가장 거대한 육상 포유동물이다. 그들의 주된 특징은 긴 코와 커다란 귀이다. 코끼리의 시각은 비교적 나쁜데 반해 50후각과 청각은 모두 예민하여, 백여 마리의 다른 코끼리들이 내는 소리를 변별해낼 수 있다. 48귀는 코끼리에게 매우 중요한 기능을 갖는데 바로 '방열'이다. 코끼리의 체적이 엄청나기 때문에 신진대사가 일어날 때 다량의 열량이 발생한다. 체온이 과도하게 높거나 낮은 것 모두 코끼리의 몸에 엄청난 해를 초래하는데 심지어 그들의 목숨까지 위협할 수 있다. 바로 이때 효과적인 방법으로 코끼리가 과도한 열을 내보낼 수 있도록 도와주어야 한다.

释放过高的热量。大象的耳朵又大又薄，里面布满了血管，血液流经耳朵时就可以散掉一部分热量，尤其是扇动耳朵可以促进血液循环，从而起到一个很好的散热作用，能让血液温度降低5摄氏度左右。当然，大象耳朵的功能不止这些，它们通过扇动耳朵的方式将蚊虫赶走，49遇到天敌时张大耳朵可以进行示威等。	코끼리의 귀는 크고 얇으며 안쪽으로 혈관들이 가득 퍼져 있어 혈액이 귀를 거쳐가면서 일부 열량을 방출할 수가 있다. 특히 귀를 펄럭이면 혈액 순환을 촉진하여 훌륭한 방열 작용을 일으켜 혈액의 온도를 5도씨 정도 낮출 수가 있다. 물론, 코끼리 귀의 기능은 이것에만 그치지 않는다. 귀를 펄럭이는 방식으로 모기 등의 곤충을 쫓을 수도 있고 49천적을 만나면 귀를 크게 펼쳐 위력을 보이기도 한다.

어휘 众所周知 zhòng suǒ zhōu zhī 성 모든 사람이 다 알고 있다 陆栖哺乳动物 lùqī bǔrǔ dòngwù 육지의 포유 동물 嗅觉 xiùjué 명 후각 灵敏 língmǐn 형 예민하다, 민감하다 辨认 biànrèn 동 분간하다, 식별하다 叫声 jiàoshēng 명 울음소리 至关重要 zhìguān zhòngyào 지극히 중요하다 散热 sànrè 명 동 방열(하다) 代谢 dàixiè 명 동 신진대사(하다) 性命 xìngmìng 명 목숨, 생명 释放 shìfàng 동 방출하다, 내보내다 布满 bùmǎn 동 가득 분포되다, 쫙 깔려있다 扇动 shāndòng 동 부채 모양의 것을 부치다, 퍼덕이다 循环 xúnhuán 명 동 순환(하다) 摄氏度 shèshìdù 명 섭씨 온도계의 단위 不止 bùzhǐ ~에 그치지 않다 蚊虫 wénchóng 명 모기 天敌 tiāndí 명 천적 示威 shìwēi 동 시위하다, 위력을 보이다

★★★ 중

48

下列哪项属于大象的耳朵所发挥的重要作用？	다음 중 코끼리 귀가 하는 중요한 기능은?
A 促进代谢 B 保持平衡 **C 散热降温** D 驱赶天敌	A 신진대사를 촉진한다 B 균형을 유지한다 **C 방열하여 온도를 낮춘다** D 천적을 쫓는다

해설 보기가 기능에 관한 내용이므로 이에 관한 내용을 주목해서 듣는다. 녹음에서 耳朵对于大象来说，还有一个至关重要的作用，那就是散热(귀는 코끼리에게 매우 중요한 기능을 갖는데 바로 '방열'이다)라고 했다. 질문에서 코끼리 귀가 하는 중요한 기능을 물었으므로 정답은 C이다.

어휘 驱赶 qūgǎn 동 쫓다, 내몰다

★★☆ 중

49

遇到天敌时大象会怎么做？	천적을 만나면 코끼리는 어떻게 하는가?
A 快速躲开 B 用鼻子喷水 C 发出求助信号 **D 张开耳朵示威**	A 재빨리 피한다 B 코를 사용하여 물을 뿜는다 C 구조 신호를 내보낸다 **D 귀를 크게 펼쳐 위력을 보인다**

해설 보기가 위기의 순간에 취하는 행동들을 나타내므로 이에 관한 내용을 주목해서 듣는다. 녹음에서 遇到天敌时张大耳朵可以进行示威等(천적을 만나면 귀를 크게 펼쳐 위력을 보이기도 한다)이라고 하여 보기 D의 키워드가 언급됐다. 질문에서 코끼리가 천적을 만났을 때 어떻게 하는지 물었으므로 정답은 D이다.

어휘 躲开 duǒkāi 동 비키다, 피하다, 물러서다 喷水 pēnshuǐ 동 물을 내뿜다 求助 qiúzhù 동 원조를 구하다, 도움을 청하다

★★☆ 하

50 关于大象，可以知道什么？

코끼리에 관하여 무엇을 알 수 있는가?

A 听觉灵敏	**A 청각이 예민하다**
B 嗅觉较差	B 후각이 비교적 나쁘다
C 善于模仿声音	C 소리를 잘 모방한다
D 耳温比体温高5℃	D 귀의 온도가 체온보다 5도 높다

해설 보기가 신체와 관련된 특징을 나타내므로 이에 관한 내용을 주목해서 듣는다. 녹음에서 嗅觉和听觉都十分灵敏(후각과 청각은 모두 예민하다)이라고 하여 보기 A의 키워드가 언급됐다. 질문에서 코끼리에 관해 무엇을 알 수 있는지 물었으므로 정답은 A이다.

독해 제1부분

[풀이전략] 보기 문장에서 수식 성분(관형어, 부사어, 보어)을 제외한 핵심 성분(주어, 술어, 목적어)을 위주로 먼저 분석한다. 문장 성분의 결여와 잉여, 어순 오류, 어휘의 호응 및 문맥의 논리성에 오류가 있는 문장을 정답으로 고른다.

★★★ 하

51

A 如今，| 中国出产的茶叶 | 产量 | 出口 | 到128个国家和地区。
부사어 / 관형어 / 주어 / 술어 / 보어
오늘날, 중국에서 생산하는 찻잎 생산량은 128개 국가 및 지역으로 수출된다.

(O) 如今，| 中国出产的 | 茶叶 | 出口 | 到128个国家和地区。
부사어 / 관형어 / 주어 / 술어 / 보어
오늘날, 중국에서 생산하는 찻잎은 128개 국가 및 지역으로 수출된다.

B 家里种上几盆芦荟，| 不仅可以 | 观赏，| 还可以 | 净化 | 室内空气。
주어 / 부사어 / 술어 / 부사어 / 술어 / 목적어
집안에서 알로에 화분을 몇 개 기르면, 감상할 수 있을 뿐만 아니라 실내공기도 정화시킬 수 있다.

C 法律界人士 | 认为，| 立法固然重要，但是执行才是关键。
주어 / 술어 / 목적어
법조계 인사들은 입법은 당연히 중요하나 집행이야말로 관건이라고 생각한다.

D 小麦 | 是 | 世界第一大粮食 | 作物，| 在中国 | 是 | 仅次于水稻的第二大粮食 | 作物。
주어 / 술어 / 관형어 / 목적어 / 부사어 / 술어 / 관형어 / 목적어
밀은 세계 최대 농작물로 중국에서는 논벼에 버금가는 2대 농작물이다.

해설 보기 A에서 주어인 产量(생산량)과 술어인 出口(수출되다)가 호응하지 않는다. 수출하는 것은 생산량이 아니라 구체적인 대상이므로 产量(생산량)을 소거하고 茶叶(찻잎)를 주어로 설정해야 한다.

어휘 产量 chǎnliàng 명 생산량 芦荟 lúhuì 명 알로에 观赏 guānshǎng 동 감상하다, 보면서 즐기다 净化 jìnghuà 동 정화하다 固然 gùrán 접 물론 ~지만 执行 zhíxíng 동 실행하다, 실시하다 作物 zuòwù 명 농작물 仅次于 jǐncìyú ~에 버금가다 水稻 shuǐdào 명 벼

★★★ 중

52

A 据考证，| 古代中国的 | 学校 | 是 | 没有 | 假期 | 的。
부사어 관형어 주어 是 술어 목적어 조사
고증에 따르면, 고대 중국의 학교에는 방학이 없었다.

B 铁观音 | 是 | 一种中国的传统名茶之 | 一 ，| 原产 | 于福建泉州。
주어 술어 관형어 목적어 술어 보어
철관음은 하나의 중국 전통 명차 중의 하나로, 푸젠성 취안저우시가 원산지이다.

(O) ① 铁观音 | 是 | 一种中国的传统 | 名茶，| 原产 | 于福建泉州。
주어 술어 관형어 목적어 술어 보어
철관음은 중국 전통 명차로, 푸젠성 취안저우시가 원산지이다.

② 铁观音 | 是 | 中国的传统名茶之 | 一 ，| 原产 | 于福建泉州。
주어 술어 관형어 목적어 술어 보어
철관음은 중국 전통 명차 중의 하나로, 푸젠성 취안저우시가 원산지이다.

C 大多 | 消费者 | 称 | 到无人超市购物是一种全新的购物体验。
관형어 주어 술어 목적어
대부분의 소비자들은 무인 마켓에서 물건을 구매하는 것이 아주 새로운 쇼핑 경험이라고 말한다.

D 拉萨的 | 天空 | 都 | 是 | 湛蓝湛蓝 | 的，| 整个 | 天空 | 没有 | 一丝 | 云彩。
관형어 주어 부사어 是 술어 조사 관형어 주어 술어 관형어 목적어
라싸의 하늘은 온통 새파랗고 온 하늘에 구름 한 점이 없다.

해설 보기 B에서 一种(한 종류)과 之一(~중의 하나)가 같은 의미로 중복 사용되었다. 一种과 之一는 모두 '한 가지'를 지칭하는 것이므로 둘 중 하나만 선택해서 사용해야 한다.

어휘 考证 kǎozhèng 명 동 고증(하다)　泉州 Quánzhōu 지명 취안저우　拉萨 Lāsà 지명 라싸 [티베트 자치구의 수도]　湛蓝 zhànlán 형 짙푸르다　云彩 yúncai 명 구름

★★☆ 중

53

A 户外运动的 | 着装 | 不 | 是 | 以美观为主，| 而 | 是 | 以实用性为主。
관형어 주어 부사어 술어 목적어 접속사 술어 목적어
실외 운동복은 아름다움이 주가 아닌 실용성이 주가 된다.

B 回想 | 自己走过的 | 路 ，| 我 | 深深地 | 体会 | 到 | 人生的价值在于奉献。
술어 관형어 목적어 주어 부사어 술어 보어 목적어
자신이 걸어온 길을 되돌아보고, 나는 인생의 가치가 공헌에 있다는 것을 절감했다.

C 由于飞船的成功返回，| 使 | 中国 | 加入了 | 航天开发强国的 | 行列。
부사어 술어1 목1/주2 술어2 관형어 목적어2
우주 비행선의 성공적인 귀환으로 인해, 중국으로 하여금 우주개발 강국의 행렬에 들어서게 했다.

(O) ① 由于飞船的成功返回，| 中国 | 加入了 | 航天开发强国的 | 行列。
부사어 주어 술어 관형어 목적어
우주 비행선의 성공적인 귀환으로 인해, 중국은 우주개발 강국의 행렬에 들어섰다.

② 飞船的成功返回，| 使 | 中国 | 加入了 | 航天开发强国的 | 行列。
주어1 술어1 목1/주2 술어2 관형어 목적어2
우주 비행선의 성공적인 귀환은 중국으로 하여금 우주개발 강국의 행렬에 들어서게 했다.

D 成功的 | 第一步 | 就 | 是 | 认识真正的自己，放下那些遥不可及的目标。
관형어 주어 부사어 술어 목적어
성공의 첫걸음은 진정한 자신을 인식하여 멀리 있어 도달하기 어려운 목표를 내려놓는 것이다.

해설 보기 C는 [부사어(개사구), 술어1(使)+목적어1/주어2(中国)+술어2(加入)]의 구조로 주어가 없는 문장이다. 개사구 由于飞船的成功返回(우주 비행선의 성공적인 귀환으로 인해)에서 개사 由于(~로 인해)를 제거해서 飞船的成功返回(우주 비행선의 성공적인 귀환)를 주어로 만들거나, 뒷절의 술어 使(~하게 하다)를 제거해서 中国(중국)를 주어로 만들어야 한다.

어휘 奉献 fèngxiàn 명 공헌, 기여 飞船 fēichuán 명 비행선 返回 fǎnhuí 동 되돌아가다 行列 hángliè 명 행렬, 대열 遥不可及 yáo bù kě jí 성 매우 멀리 있다

★★★ 하

54

A 读到一本好书，交到知心好友，| 都可以 | 称 | 为 | 人生 | 幸事。
주어 부사어 술어 보어 관형어 목적어
한 권의 양서를 읽는 것과 내 맘을 알아주는 벗을 사귀는 것은 모두 인생의 행복이라고 할 수 있다.

B 孩子们 | 几乎都 | 害怕 | 打针，| 一 | 说 | 到 | 打针 | 都 | 是 | 又哭又闹 | 的 。
주어 부사어 술어 목적어 부사어 술어 보어 목적어 부사어 (강조) 술어 (강조)
아이들은 거의 모두 다 주사 맞기를 두려워해서 주사 맞는다고 말만 해도 울고불고한다.

C 经过 | 长期艰苦奋斗，| 科学家们 | 终于 | 发现了 | 雅鲁藏布大峡谷。
술어 목적어 주어 부사어 술어 목적어
오랜 기간 고군분투한 끝에 과학자들은 마침내 아로장포 대협곡을 발견했다.

D 目前，|《老城区更新规划》| 将已 | 通过 | 专家评审，| 预计 | 上半年开工建设。
부사어 주어 부사어 술어 목적어 술어 목적어
현재 「구시가지 혁신 계획」이 장차 이미 전문가의 심사 평가를 통과하여 상반기에는 착공이 예상된다.

(O) 目前，|《老城区更新规划》| 已经 | 通过 | 专家评审，| 预计 | 上半年开工建设。
부사어 주어 부사어 술어 목적어 술어 목적어
현재 「구시가지 혁신 계획」이 이미 전문가의 심사 평가를 통과하여 상반기에는 착공이 예상된다.

해설 보기 D에서 부사 将(장차)은 가까운 미래를 나타내고 已(이미)는 이미 발생했음을 나타낸다. 서로 논리적으로 모순되므로 '이미 심의에 통과하여 상반기에는 착공이 예상된다'는 뜻이 되도록 将을 소거한다.

어휘 艰苦奋斗 jiān kǔ fèn dòu 성 간고분투, 고난과 시련을 이겨내면서 힘을 다해 싸우다 雅鲁藏布大峡谷 Yǎlǔzàngbùdà xiágǔ 지명 아로장포 대협곡(Yarlung Zangbo Grand Canyon, 중국 티벳에 위치함) 评审 píngshěn 동 심사평가하다 预计 yùjì 동 미리 어림하다, 예상하다 开工 kāigōng 동 착공하다, 공사를 시작하다

★★★ 하

55

A 为了您和别人的生命安全，| 切勿不要 | 酒后驾车。
부사어 부사어 술어
당신과 타인의 안전을 위해 절대로 음주운전을 하지 맙시다를 결코 하지 말라.

(O) ① 为了您和别人的生命安全，| 切勿 | 酒后驾车。
부사어 부사어 술어
당신과 타인의 안전을 위해 절대로 음주운전을 결코 하지 말라.

② 为了您和别人的生命安全，| 不要 | 酒后驾车。
부사어 부사어 술어
당신과 타인의 안전을 위해 절대로 음주운전을 하지 말라.

B 在严峻的就业形势下，| 职业教育的 | 重要性 | 正在日益 | 凸显。
부사어 관형어 주어 부사어 술어

혹독한 취업 상황에서 직업 교육의 중요성이 나날이 부각되고 있다.

C 经济型酒店 | 有着 | 巨大的市场 | 潜力，| 具有 | 低投入、高回报等 | 优点。
주어 술어 관형어 목적어 술어 관형어 목적어

실속형 호텔은 엄청난 시장 잠재력을 지니고 있으며, 저투자 및 고소득 등의 강점을 가지고 있다.

D 目前 | 有 | 很多学习汉字的网络媒体 | 平台，|《汉字大讲堂》| 也 | 是 | 其中之 | 一。
주어 술어 관형어 목적어 주어 부사어 술어 관형어 목적어

현재 한자를 학습하는 수많은 인터넷 미디어 플랫폼이 있는데, 「한자대강당」 역시 그중의 하나이다.

해설 보기 A에 금지를 나타내는 어휘 切勿(결코 ~하지 말라)와 不要(~하지 말라)가 함께 사용되어 의미가 중복되었다. 따라서 둘 중 하나만 사용해야 한다.

어휘 切勿 qièwù 결코 ~하지 마라 酒后驾车 jiǔ hòu jià chē 음주운전 严峻 yánjùn 형 가혹하다, 심각하다 日益 rìyì 부 날로 凸显 tūxiǎn 동 부각되다 回报 huíbào 동 보고하다, 보답하다 平台 píngtái 명 플랫폼

★★★ 하

56

A 《山海经》中大量存在的这些 | 神话传说，| 无疑 | 是 | 研究原始宗教的宝贵 | 资料。
관형어 주어 부사어 술어 관형어 목적어

「산해경」에 대량으로 존재하는 신화와 전설은 의심할 여지없이 원시 종교를 연구하는 귀중한 자료이다.

B 硒 | 在抗癌方面 | 具有 | 举足轻重的 | 作用，| 因此 | 被称为 | 人体微量元素中的 |
주어 부사어 술어 관형어 목적어 접속사 술어 관형어

"抗癌大王"。
목적어

셀레늄은 항암 분야에서 중요한 역할을 해서 인체의 미량 원소 중에서도 '항암의 왕'이라고 불린다.

C 旅游淡季 | 来临，| 全国著名 | 景点 | 纷纷 | 开始 | 降低门票价格，| 有的 | 甚至 | 下降了 |
주어 술어 관형어 주어 부사어 술어 목적어 주어 부사어 술어

一倍。
목적어

여행 비수기가 다가옴에 따라 전국의 유명한 관광명소들이 잇따라 입장권 가격을 내리기 시작했으며 어떤 곳은 심지어 가격을 1배를 낮추었다.

(O) 旅游淡季 | 来临，| 全国著名 | 景点 | 纷纷 | 开始 | 降低门票价格，| 有的 | 甚至 | 下降了 |
주어 술어 관형어 주어 부사어 술어 목적어 주어 부사어 술어

50%。
목적어

여행 비수기가 다가옴에 따라 전국의 유명한 관광명소들이 잇따라 입장권 가격을 내리기 시작했으며 어떤 곳은 심지어 50%를 낮추었다.

D "白玉兰奖" | 是 | 中国电视剧三大奖项之 | 一，| 在中国国内电视类评奖中最 | 具 |
주어 술어 관형어 목적어 부사어 술어

国际 | 影响力。
관형어 목적어

'백옥란상'은 중국 3대 TV드라마 시상식 중의 하나로, 중국 국내 TV부문 시상식 중 가장 국제적인 영향력을 가진다.

해설 보기 C에서 下降了一倍(1배를 낮추다)는 원가만큼 할인한다는 뜻이기 때문에 논리적으로 맞지 않는 표현이다. 예를 들어, 입장권의 가격이 100원이면 1배를 인하한다는 것은 '100원*1배=100원'이므로, 100원을 전부 인하한다는 말이 된다. 뒤에는

20%나 50%, 1/2나 1/3 등과 같은 100% 미만의 비율을 사용해야 한다.

Tip ▶ 减少/下降 등 감소(인하, 하락)의 의미를 나타내는 동사는 반드시 백분율(百分之) 혹은 분수(分之)로 줄어든 수치(100% 미만의 비율)를 나타낼 수 있으며, 增加/增长/上升/上涨/提高 등 증대(증가, 상승)의 의미를 나타내는 동사는 倍(배)를 사용하여 늘어난 수치를 배수로 나타낼 수 있다.

예 • 售价比去年降低了25%。 판매가는 작년보다 25% 인하하였다. (감소)
• 今年的销售额比去年增加了两倍。 올해 판매액이 작년보다 2배 증가하였다. (증가)
• 上半年净利增长了81%。 상반기 순이익이 81% 신장하였다. (증가)

어휘 山海经 Shānhǎijīng 산해경(고대의 신화와 지리를 기록한 책) 无疑 wúyí 형 의심할 바 없다, 틀림없다 原始宗教 yuánshǐ zōngjiào 원시 종교 硒 Xī 명 셀레늄(selenium) 抗癌 kàng'ái 동 암세포의 증식을 억제하다 举足轻重 jǔ zú qīng zhòng 성 일거수일투족이 전체에 중대한 영향을 끼치다 微量元素 wēiliàng yuánsù 명 미량 원소 淡季 dànjì 명 불경기, 비수기 白玉兰奖 báiyùlán jiǎng 백옥란상 [상하이 TV 페스티벌] 评奖 píngjiǎng 동 심사하여 표창하다

★★★ 상

57

A 迄今为止，| 科学家 | 还未 | 发现 | 适合人类居住的第二 | 星球。
부사어 / 주어 / 부사어 / 술어 / 관형어 / 목적어

오늘날까지 과학자들은 아직도 인류가 살기에 적합한 두 번째 별을 발견하지 못했다.

B 独特的方块 | 汉字，| 是 | 中华民族智慧的 | 结晶，| 它 | 蕴藏着 | 丰富的 | 审美和诗意。
관형어 / 주어 / 술어 / 관형어 / 목적어 / 주어 / 술어 / 관형어 / 목적어

독특한 네모난 한자는 중화민족 지혜의 결정체로, 풍부한 아름다움과 시적인 멋을 간직하고 있다.

C 茶树菇 | 是 | 一款高蛋白、营养丰富的食药兼用的 | 真菌，| 在民间 | 被称为 | "神菇"的 | 美誉。
주어 / 술어 / 관형어 / 목적어 / 부사어 / 술어 / 관형어 / 목적어

차나무 버섯은 고단백에 영양이 풍부한 식용 및 약용 균류로, 민간에서는 '신의 버섯'이라는 아름다운 명성으로 불리운다.

(O) ① 茶树菇 | 是 | 一款高蛋白、营养丰富的食药兼用的 | 真菌，| 在民间 | 被称为 | "神菇"。
주어 / 술어 / 관형어 / 목적어 / 부사어 / 술어 / 목적어

차나무 버섯은 고단백에 영양이 풍부한 식용 및 약용 균류로, 민간에서는 '신의 버섯'으로 불리운다.

② 茶树菇 | 是 | 一款高蛋白、营养丰富的食药兼用的 | 真菌，| 在民间 | 享有 | "神菇"的 | 美誉。
주어 / 술어 / 관형어 / 목적어 / 부사어 / 술어 / 관형어 / 목적어

차나무 버섯은 고단백에 영양이 풍부한 식용 및 약용 균류로, 민간에서는 '신의 버섯'이라는 아름다운 명성이 있다.

D 人的 | 一生 | 就是 | 如此，| 没有 | 人 | 是 | 随随便便就能 | 成功 | 的，| 胜利的 | 桂冠 | 是 | 用刺棘编织而成 | 的。
관형어 / 주어 / 부사어 / 술어 / 술어1 / 목1/주2 / (강조) / 부사어 / 술어2 / (강조) / 관형어 / 주어 / (강조) / 술어 / (강조)

사람의 일생은 이와 같다. 어느 누구도 아무렇게나 해서 성공할 수 있는 사람은 없다. 승리의 월계관은 가시덤불로 엮어 만들어진다.

해설 보기 C의 뒷절에 사용된 술어 被称为(~라고 불리우다)는 목적어로 이름(별칭)을 직접 갖기 때문에 的美誉(~라는 아름다운 명성)와 호응할 수 없다. 따라서 的美誉를 소거해야 한다. 또는 的美誉를 남기고 이와 호응할 수 있는 享有(권리/명예 등을 향유하다)를 술어로 설정할 수도 있다.

Tip ▶ **'~라고 일컫다/불리다'를 나타내는 표현**
: 독해 1, 2부분에서 자주 출제하는 표현이니 꼭 숙지해두도록 하자.
• (素)有……的+美称/美誉 (예로부터) ~라는 아름다운 이름이 있다

• (素)有……之称 (예로부터) ~라고 불리다
• 被称为…… ~라고 불리다
• 被誉为…… ~라고 칭송받다

어휘 迄今为止 qì jīn wéi zhǐ 성 (이전 어느 시점부터) 지금까지 蕴藏 yùncáng 동 간직해두다, 잠재하다 诗意 shīyì 명 시적 정취, 시정 茶树菇 cháshù gū 명 차수구 버섯 桂冠 guìguān 명 월계관 刺棘 cìjí 명 가시덤불 编织 biānzhī 동 엮다, 짜다

★★☆ **상**

58

A 白噪音 | 听 | 上去 | 像 | 下雨的 | 声音, | 对各个年龄层的人来说, | 都可以 | 起 | 到 |
주어 술어 보어 술어 관형어 목적어 부사어 부사어 술어 보어

一定的声音治疗 | 作用。
관형어 목적어

백색소음은 비 내리는 소리처럼 들리는데, 각 연령층의 사람들에게는 어느 정도의 소리 치유 효과를 일으킬 수 있다.

B 天空中的 | 恒星, | 其 | 颜色 | 取决于 | 它的 | 温度, | 当它的温度越高, | 其 | 颜色 |
관형어 주어 관형어 주어 술어 관형어 목적어 부사어 관형어 주어

就越 | 亮; | 颜色 | 越 | 红, | 其 | 温度 | 反而较 | 低。
부사어 술어 주어 부사어 술어 관형어 주어 부사어 술어

하늘의 별은 그 색깔이 온도에 의해 결정되는데, 온도가 높을수록 그 색이 밝고 색이 붉을수록 그 온도는 반대로 비교적 낮다.

C 我们 | 应该将注意力 | 放 | 在对方谈话的内容上, | 尽可能从对方的谈话中 | 吸取 | 信息, |
주어 부사어 술어 보어 부사어 술어 목적어

丰富 | 自己的 | 知识和经验。
술어 관형어 목적어

우리는 상대방이 이야기하는 내용에 주의력을 집중시켜서, 가급적 상대방의 말에서 정보를 취하고 자신의 지식과 경험을 풍부하게 만들어야 한다.

D 蚂蚁 | 搬 | 家, | 大雨 | 哗哗。| 天气的 | 变化, | 直接 | 影响着 | 动物的 | 生活, |
주어 술어 목적어 주어 술어 관형어 주어 부사어 술어 관형어 목적어

往往能及时 | 察觉 | 到 | 天气的 | 变化, | 并 | 预先 | 做 | 好 | 相应的 | 准备。
부사어 술어 보어 관형어 목적어 접속사 부사어 술어 보어 관형어 목적어

개미가 이사를 하면 큰 비가 주룩주룩 내린다. 날씨의 변화는 동물의 삶에 직접적으로 영향을 준다. 왕왕 제때에 날씨의 변화를 느끼고 그에 상응하는 준비를 미리 할 수 있다.

(O) 蚂蚁 | 搬 | 家, | 大雨 | 哗哗。| 天气的 | 变化, | 直接 | 影响着 | 动物的 | 生活, |
주어 술어 목적어 주어 술어 관형어 주어 부사어 술어 관형어 목적어

一些动物 | 往往能及时 | 察觉 | 到 | 天气的 | 变化, | 并 | 预先 | 做 | 好 | 相应的 | 准备。
주어 부사어 술어 보어 관형어 목적어 접속사 부사어 술어 보어 관형어 목적어

개미가 이사를 하면 큰 비가 주룩주룩 내린다. 날씨의 변화는 동물의 삶에 직접적으로 영향을 준다. 일부 동물들은 왕왕 제때에 날씨의 변화를 느끼고 그에 상응하는 준비를 미리 할 수 있다.

해설 보기 D의 두 번째 절에서 주어와 술어의 호응 관계가 부적절하다. 전체 문장의 주어는 天气的变化(날씨의 변화)인데, 뒷절의 술어 察觉(느끼다)와 做准备(준비를 하다)의 주어로는 부적합하다. 따라서 의미상 一些动物(일부 동물들)를 주어로 만들어줘야 한다.

어휘 白噪音 báizàoyīn 화이트 노이즈, 백색 소음 恒星 héngxīng 명 항성 取决于 qǔjué yú ~에 따라 결정되다 吸取 xīqǔ 동 빨아들이다, 흡수하다 蚂蚁 mǎyǐ 명 개미 哗哗 huāhuā 콸콸(물이 흐르는 소리) 察觉 chájué 동 발견하다, 느끼다

★★☆ 중

59

A 与其 | 担心 | 未来， | 不如 | 好好 | 把握 | 现在， | 不要轻易把自己的梦想 | 寄托 |
접속사 술어 목적어 접속사 부사어 술어 목적어 부사어 술어

在某个人身上。| 未来 | 是 | 你自己的， | 只有 | 你自己 | 能 | 给 | 自己 | 最大的 |
보어 주어 술어 목적어 부사어 주어 부사어 술어 목적어1 관형어

安全感。
목적어2

미래를 걱정하기보다는 현재를 장악하는 것이 낫다. 자신의 꿈을 함부로 누군가에게 걸지 말라. 미래는 자신의 것이며 오로지 당신만이 자신에게 가장 큰 안전감을 줄 수 있다.

B 陈奶奶 | 说， | 未来的 | 目标 | 是 | 除了计划继续环游世界以外，她还想制作了一部影片，与更多人分享自己的经历。
주어 술어 관형어 주어 술어 목적어

천 씨 할머니는 앞으로의 목표가 세계일주를 계속 하는 것 외에도 영화도 한 편 제작하고 싶고 더 많은 사람들과 자신의 경험을 나누고 싶다고 말했다.

(O) 陈奶奶 | 说， | 未来的 | 目标 | 是 | 除了计划继续环游世界以外，她还想制作一部影片，与更多人分享自己的经历。
주어 술어 관형어 주어 술어 목적어

천 씨 할머니는 앞으로의 목표가 세계일주를 계속 하는 것 외에도 영화도 한 편 제작하고 싶고 더 많은 사람들과 자신의 경험을 나누고 싶다고 말했다.

C "地窨子"， | 是 | 一两千年前东北地区渔猎民族的一种 | 建筑， | 一般 | 选址 | 在背风向阳、离水源较近的山坡上。| 盛夏 | 屋内 | 十分 | 清凉， | 秋寒后则较 | 温和。
주어 술어 관형어 목적어 부사어 술어 보어 부사어 주어 부사어 술어 부사어 술어

'띠인즈'는 일이천 년 전 북동 지역 수렵 민족의 건축물로 일반적으로 바람을 등지고 태양을 바라보며, 수원지에 비교적 근접한 산비탈에 부지를 잡는다. 한여름에는 실내가 매우 시원하고, 가을 추위가 시작되면 비교적 따뜻하다.

D IP剧，指的 | 就 | 是 | 以游戏、动漫以及网络小说为题材改编而成的 | 影视剧。| 因为 |
주어 부사어 술어 관형어 목적어 접속사

原著 | 自 | 带 | 话题性， | 拥有 | 庞大的 | 粉丝群， | 所以 | 它 | 能够 | 保证 | 收视率。
주어 부사어 술어 목적어 술어 관형어 목적어 접속사 주어 부사어 술어 목적어

IP 드라마란 게임, 애니메이션 및 웹소설을 소재로 각색해서 만든 TV 드라마를 가리킨다. 원작 자체에 화제성과 엄청난 팬층을 보유하고 있어 시청률을 충분히 확보할 수 있다.

해설 보기 B의 뒷절에 동태조사 了가 잘못 사용되었다. 완료를 나타내는 동태조사 了는 미래의 희망, 바람을 나타내는 조동사 想(~하고 싶다)과 함께 사용할 수 없다.

어휘 寄托 jìtuō 동 (기대 · 희망을) 걸다, 두다 环游世界 huányóu shìjiè 세계를 일주하다 分享 fēnxiǎng 동 (행복 · 기쁨 등을) 함께 나누다 渔猎民族 yúliè mínzú 수렵 민족 选址 xuǎnzhǐ 동 부지를 선정하다 山坡 shānpō 명 산비탈 温和 wēnhé 형 온화하다, 따뜻하다 动漫 dòngmàn 명 애니메이션 题材 tícái 명 제재, 테마 改编 gǎibiān 동 각색하다, 개편하다 原著 yuánzhù 명 원작 话题性 huàtíxìng 명 화제성 拥有 yōngyǒu 동 보유하다, 가지다 庞大 pángdà 형 방대하다 粉丝群 fěnsīqún 명 팬층 收视率 shōushìlǜ 명 시청률

★★★ 중

60 A 抒发思乡之情 | 是 | 古典文学作品中的一个经久不衰的 | 主题。
주어 / 술어 / 관형어 / 목적어

고향을 그리는 정을 나타내는 것은 고전문학 작품에서 오랫동안 시들지 않는 주제이다.

B 每一次人类货币形态的 | 更新，| 无疑都 | 表明了 | 人类文明的发展进入到一个新的历史时期。
관형어 / 주어 / 부사어 / 술어 / 목적어

매번 인류 화폐의 형태가 갱신되는 것은 두말할 것 없이 인류 문명의 발전이 새로운 역사적 시기에 접어들었음을 나타내는 것이다.

C 事实上，| 中国的三百多个戏曲 | 剧种，| 以其各不相同的历史源流和文化个性，| 彰显着 | "文化多样性"的 | 命题。
부사어 / 관형어 / 주어 / 부사어 / 술어 / 관형어 / 목적어

사실상, 중국의 300여 가지 희곡극은 서로 다른 역사적 원류와 문화적 개성을 통해 '문화의 다양성'이라는 명제를 여실히 드러낸다.

D "拔苗助长"的 | 意思 | 是，| 将苗拔起，帮助它长高。| 后来 | 比如 | 违反事物发展的客观规律，急于求成，反而坏事。
관형어 / 주어 / 술어 / 목적어 / 부사어 / ?

'발묘조장'은 새싹을 뽑아올려 성장을 돕는다는 뜻이다. 훗날 예를 들어 사물이 발전하는 객관적 규칙을 위반하고 목적 달성에만 급급하면 오히려 일을 망친다.

(O) "拔苗助长"的 | 意思 | 是，| 将苗拔起，帮助它长高。| 后来 | 比喻 | 违反事物发展的客观规律，急于求成，反而坏事。
관형어 / 주어 / 술어 / 목적어 / 부사어 / 술어 / 목적어

'발묘조장'은 새싹을 뽑아올려 성장을 돕는다는 뜻이다. 훗날 '사물이 발전하는 객관적 규칙을 위반하고 목적 달성에만 급급하면 오히려 일을 망침'을 비유하게 되었다.

해설 보기 D의 앞절에서 '발묘조장'의 문자적 의미를 설명했고 后来(훗날에는) 이하에서 현재 쓰이고 있는 비유적 의미를 설명하고 있으므로, 예시를 들 때 사용하는 比如(예를 들어)가 아닌 比喻(비유하다)를 술어로 설정해야 한다.

어휘 抒发 shūfā 동 (감정을) 토로하다, 나타내다 思乡之情 sī xiāng zhī qíng 고향을 그리는 마음 经久不衰 jīng jiǔ bù shuāi 오랫동안 시들지 않다 源流 yuánliú 명 원류, (사물의) 기원과 발전 彰显 zhāngxiǎn 동 충분히 나타내다 拔苗助长 bá miáo zhù zhǎng 성 모를 뽑아 자라게 하다, 급하게 일을 서두르다 오히려 그르치다 苗 miáo 명 모종, 새싹 急于求成 jí yú qiú chéng 성 목적을 달성하기에 급급하다

독해 제2부분

[풀이전략] 빈칸의 위치를 파악하여 앞뒤에 어떤 단어가 있는지 파악한다. 보기 중 각 빈칸 문장에 가장 어울리는 단어를 정답으로 고른다.

★★★ 중

61	
自古以来，人们认为“五味”是指“酸甜苦辣咸”，其实不然。据科学证实，辣并不属于味道的 **范畴** ，而是一种 **强烈** 的刺激。最近，科学家 **鉴定** 出一种新的味道，把它称之为“鲜”。因此，五味的定义也被改为“酸甜苦咸鲜”。	예로부터 사람들은 '다섯가지 맛'을 '신맛, 단맛, 쓴맛, 매운맛, 짠맛'을 가리킨다고 여겼지만 사실은 그렇지 않다. 과학적 실증에 따르면, 매운맛은 맛의 **범주**에 속하는 것이 아니라 일종의 **강렬한** 자극이다. 최근, 과학자들은 일종의 새로운 맛을 **감정해냈는데**, 그것을 일컬어 '신선함'이라고 했다. 이 때문에, '다섯가지 맛'의 정의도 '신맛, 단맛, 쓴맛, 짠맛, 신선한 맛'으로 바뀌었다.
A 要素 丨 猛烈 丨 识别 **B 范畴 丨 强烈 丨 鉴定** C 元素 丨 剧烈 丨 分析 D 级别 丨 激烈 丨 诊断	A 요소 丨 맹렬하다 丨 식별하다 **B 범주 丨 강렬하다 丨 감정하다** C 요소 丨 격렬하다 丨 분석하다 D 등급 丨 격렬하다 丨 진단하다

해설

첫 번째 빈 칸	要素 yàosù 명 요소, 요인 范畴 fànchóu 명 유형, 범위, 범주 元素 yuánsù 명 (사물을 구성하는 기본적인) 요소, 화학 원소 级别 jíbié 명 등급, 단계 [등급의 구별, 등급의 높낮이]

빈칸은 [술어(属于)+관형어(味道的)+___]의 구조로 목적어 자리이다. 의미상 관형어 味道的(맛의)의 수식을 받으며 술어 属于(~에 속하다)와 호응하는 단어로 范畴가 들어가야 한다.

두 번째 빈 칸	猛烈 měngliè 형 (힘과 기세가) 맹렬하다, 거세다, 강하다 强烈 qiángliè 형 강렬하다(정도가 세다) 剧烈 jùliè 형 격렬하다, (자극 · 통증 등이) 심하다 激烈 jīliè 형 (동작 · 말이) 격렬하다, 치열하다

빈칸은 [___+的+명사(刺激)]의 구조로 관형어 자리이다. 刺激(자극)와 어울리는 형용사 强烈가 들어가야 한다. 猛烈는 바람, 불, 기세 등이 맹렬함을 나타내며, 剧烈는 剧烈的运动(격렬한 운동), 疼痛剧烈(통증이 심하다)로 쓰인다. 激烈는 比赛激烈(시합이 격렬하다), 竞争激烈(경쟁이 치열하다)로 쓰인다.

세 번째 빈 칸	识别 shíbié 동 식별하다, 분간하다 鉴定 jiàndìng 동 (사물의 우열 · 진위 등을) 감정하다, 판정하다 分析 fēnxi 명 동 분석(하다) 诊断 zhěnduàn 명 동 진단(하다)

빈칸은 [___+보어(出)+목적어(一种新的味道)]의 구조로 동사 술어 자리이다. 味道(맛)와 호응할 수 있는 鉴定이 들어가는 것이 가장 적합하다.

어휘 其实不然 qíshí bùrán 사실은 그렇지 않다　证实 zhèngshí 동 실증하다

★★★ 중

62

所谓"先入之见"，一般是指人们通常根据自己的信仰、价值观， **以及** 自身的各种知识体系去同化或 **抵制** 各种陌生的信息。如果这些信息与自己的知识体系 **相符** ，那么他们会更容易接受这些信息；与此相反，一旦这些信息与已有的知识体系形成了冲突，他们则不会接受这些信息。	이른바 '선입견'이란, 일반적으로 사람들이 자신의 신앙, 가치관 **및** 자신의 다양한 지식 체계로 각종 낯선 정보들을 동화시키거나 **배척하는 것**을 가리킨다. 만약 이러한 정보가 자신의 지식 체계와 **서로 맞으면** 그들은 더 쉽게 이 정보들을 받아들이게 된다. 이와 반대로 만일 이들 정보가 기존의 지식 체계와 충돌하면 그들은 이 정보들을 받아들이지 않게 된다.
A 总之 ∣ 排斥 ∣ 相对 B 而且 ∣ 抵抗 ∣ 相关 C 进而 ∣ 贯彻 ∣ 相应 **D 以及 ∣ 抵制 ∣ 相符**	A 한마디로 말하면 ∣ 배척하다 ∣ 상대적이다 B 게다가 ∣ 저항하다 ∣ 서로 관련되다 C 더 나아가 ∣ 관철시키다 ∣ 상응하다 **D 및 ∣ 배척하다 ∣ 서로 들어맞다**

해설

첫 번째 빈 칸
总之 zǒngzhī 접 한마디로 말하면, 하여간, 아무튼
而且 érqiě 접 게다가, ~뿐만 아니라, 또한
进而 jìn'ér 접 더 나아가, 진일보하여
以及 yǐjí 접 및, 그리고, 아울러

빈칸은 [根据a, b,___+c+술어(去同化)]의 구조로 개사 根据(~에 근거하여) 이하의 a, b, c를 나열하고 있으므로 병렬 관계에 쓰이는 以及가 들어가야 한다.

두 번째 빈 칸
排斥 páichì 동 (반대파 · 이견 · 사물 · 가능성 등을) 배척하다, 밀어내고 거부하다
抵抗 dǐkàng 동 저항하다, 대항하다 [굽히지 않고 거역하거나 버팀]
贯彻 guànchè 동 (방침 · 정책 등을) 관철시키다, 기어이 이루다, 철저하게 실현하다
抵制 dǐzhì 동 보이콧하다, 배척하다, 거부하다

빈칸은 [동사(同化)+或+___+목적어(各种陌生的信息)]의 구조로 동사 술어 자리이다. 뒷부분에 '서로 맞거나', '충돌한다'는 두 가지 상황을 비교하고 있으므로 同化와 반대되는 排斥 또는 抵制가 적합하다.

세 번째 빈 칸
相对 xiāngduì 형 상대적이다 부 상대적으로
相关 xiāngguān 동 서로 관련되다, 상관되다
相应 xiāngyìng 동 상응하다, 서로 맞다, 어울리다, 호응하다
相符 xiāngfú 형 서로 부합하다, 서로 일치하다, 서로 들어맞다

빈칸은 [与+명사(自己的知识体系)+___]의 구조로 동사 술어 자리이다. 문맥상 '이러한 정보가 자신의 지식 체계와 서로 ~해야 받아들일 수 있다'라는 뜻이므로 相符가 적합하다.

어휘 先入之见 xiān rù zhī jiàn 성 선입견, 기성 관념　信仰 xìnyǎng 명 신조, 신앙　体系 tǐxì 명 체계　同化 tónghuà 동 동화하다

★★★ 중

63

体育锻炼有助于 **改善** 人的生理和心理状态，但从来没运动过的人如果在短时间内做剧烈运动的话，对身体是有 **危害** 的。每个人都应该按个人的健康 **状况** ，调整自己的运动量，做运动也要适可而止。	체육 단련은 인간의 생리 및 심리 상태를 **개선시키는 데** 도움이 된다. 하지만 여태껏 운동은 해본 적이 없는 사람이 만약 단시간 내에 격렬한 운동을 하면, 신체에 **해를 끼칠** 수 있다. 모든 사람은 마땅히 개인의 건강 **상황**에 맞춰 자신의 운동량을 조절해야 하며, 운동을 함에 있어서도 적당함이 있어야 한다.

A 改善 ǀ 危害 ǀ 状况	**A 개선하다 ǀ 해를 끼치다 ǀ 상황**
B 改进 ǀ 侵害 ǀ 形态	B 개선하다 ǀ 침해하다 ǀ 형태
C 改正 ǀ 陷害 ǀ 情形	C 개정하다 ǀ 모함하다 ǀ 정황
D 改良 ǀ 迫害 ǀ 动态	D 개량하다 ǀ 학대하다 ǀ 동태

해설

첫 번째 빈 칸	改善 gǎishàn 동 (관계 · 생활 · 조건 · 환경 · 대우 등을) 개선하다 改进 gǎijìn 동 (오래된 방법 · 일 · 기풍 등을) 발전시켜 좋게 바꾸다, 개선하다 改正 gǎizhèng 동 (잘못된 것을) 고치다, 바로잡다, 개정하다, 시정하다 改良 gǎiliáng 동 (토양 · 품종 · 공구 등을) 개량하다

빈칸은 [___+목적어(人的生理和心理状态)]의 구조로 동사 술어 자리이다. 보기 중 호응할 수 있는 동사는 改善이다. 改进은 改进方法(방법을 개선하다), 改进作风(기풍을 개선하다), 改进工作(업무를 개선하다)로 쓰이고, 改正은 改正错误(오류를 바로잡다)로 주로 쓰인다. 改良은 改良品种(품종을 개량하다), 改良土壤(토질을 개선하다) 등으로 쓰인다.

두 번째 빈 칸	危害 wēihài 명 해, 피해 동 해를 끼치다, 피해를 주다 侵害 qīnhài 동 (폭력이나 불법으로) 침해하다 陷害 xiànhài 동 모함하다, 모해하다, 생사람을 잡다 迫害 pòhài 동 박해하다, 학대하다 [주로 정치적인 상황]

빈칸은 [개사구(对身体)+(是)+술어(有)+목적어+(的)]의 구조로 문맥상 '몸에 ~이 있다'를 나타낸다. 앞부분에서 격렬한 운동을 언급했고 뒷부분에서 적당한 운동을 강조하고 있어 '몸에 해를 끼친다'는 의미가 성립하므로 危害가 들어가는 것이 적합하다.

세 번째 빈 칸	状况 zhuàngkuàng 명 상황 [사람 · 사물 등이 구체적으로 드러나는 모습, 내부의 상황] 形态 xíngtài 명 (표현으로서의) 형태, (사물의) 모양 情形 qíngxing 명 정황 [구체적인 일의 상황] 动态 dòngtài 명 동태 [일의 변화 · 발전하는 상태나 움직임]

빈칸은 [관형어(个人的)+健康+___]의 구조로 명사 자리이다. 보기 중 健康(건강)과 호응할 수 있는 명사는 状况이다. 状况은 身体状况(몸 상태, 컨디션), 经营状况(경영 상태) 등으로 주로 쓰이고, 形态는 云的形态(구름의 형태), 意识形态(의식 형태) 등으로 쓰인다.

어휘 剧烈 jùliè 형 극렬하다, 격렬하다 适可而止 shì kě ér zhǐ 성 적당한 정도에서 그치다

★★☆ **중**

64

钱学森在1967年11月首次提出了"航天"一词，用来 **形容** 地球以外天体的各种活动。当时，中国在航空方面并没有经验，一些发达国家 **垄断** 了所有技术。后来，钱学森又将人类在大气层以外的飞行活动称为"航天"，而在大气层以内的飞行活动称为"航空"。"宇宙航天员"则是指能够 **妥善** 处理航天任务，以及能够 **控制** 航天器进行太空飞行的人。	치엔쉐썬은 1967년 11월 최초로 '우주 비행'이라는 단어로 지구 외의 천체에서의 각종 활동을 **묘사했다**. 당시, 중국은 우주 항공 분야에서 경험이 없었고, 일부 선진국들이 모든 기술을 **독점하고 있었다**. 훗날, 치엔쉐썬은 또다시 인간이 대기층 밖에서 비행하는 활동을 '우주 비행', 대기층 안에서 비행하는 활동을 '항공'이라 일컬었다. '우주 비행사'는 우주 비행 임무를 **적절하게** 처리할 수 있으며, 우주 비행 설비를 **컨트롤하여** 우주 비행을 할 수 있는 사람을 가리켰다.
A 标志 ǀ 独占 ǀ 恰当 ǀ 操纵 **B 形容 ǀ 垄断 ǀ 妥善 ǀ 控制** C 命名 ǀ 独裁 ǀ 正当 ǀ 掌握 D 提议 ǀ 贬低 ǀ 得当 ǀ 执行	A 명시하다 ǀ 독점하다 ǀ 알맞다 ǀ 조종하다 **B 묘사하다 ǀ 독점하다 ǀ 적절하다 ǀ 컨트롤하다** C 명명하다 ǀ 독재하다 ǀ 정당하다 ǀ 파악하다 D 제의하다 ǀ 낮게 평가하다 ǀ 적절하다 ǀ 실행하다

해설

첫 번째 빈 칸	标志 biāozhì 명 표지, 지표, 상징 동 명시하다, 상징하다 形容 xíngróng 동 형용하다, 묘사하다 命名 mìngmíng 동 명명하다, 이름을 짓다 提议 tíyì 명 동 제의(하다)

빈칸은 ["航天"一词+用来+___+목적어(地球以外天体各种活动)]의 구조로 동사 술어 자리이다. 문맥상 '우주비행이라는 단어로 지구 밖 천체에서의 각종 활동을 ~하다'라는 뜻이므로 形容 또는 命名이 들어갈 수 있다.

두 번째 빈 칸	独占 dúzhàn 명 동 독점(하다) 垄断 lǒngduàn 동 독점하다 独裁 dúcái 명 동 독재(하다) 贬低 biǎndī 동 낮게 평가하다

빈칸은 [주어(一些发达国家)+___+了+목적어(所有技术)]의 구조로 동사 술어 자리이다. 보기 중 技术와 호응할 수 있는 것은 独占와 垄断이다.

세 번째 빈 칸	恰当 qiàdàng 형 알맞다, 적절하다 妥善 tuǒshàn 형 알맞다, 타당하다, 적절하다 正当 zhèngdàng 형 정당하다 得当 dédàng 형 적절하다, 알맞다, 적당하다

빈칸은 [___+술어(处理)+목적어(航天任务)]의 구조로 부사어 자리이다. 处理(처리하다)를 수식할 수 있는 것으로 '처리하거나 관리하는 행동, 방법이 적합하다'는 뜻의 妥善이 들어가야 한다. 恰当은 어휘, 표현 및 정답의 선택 등이 적합하다는 뜻이며, 正当은 正当的手段(정당한 수법) 등으로 쓰여 합법적이라는 뜻을 가진다. 得当은 措施得当(조치가 적절하다), 详略得当(생략이 적절하다) 등 주로 술어로 쓰인다.

네 번째 빈 칸	操纵 cāozòng 동 (기계 등을) 조종하다, 조작하다, 운전하다 控制 kòngzhì 동 제어하다, 컨트롤하다 掌握 zhǎngwò 동 파악하다, 정복하다, 숙달하다 执行 zhíxíng 동 집행하다, 실행하다, 실시하다

빈칸은 [___+목적어(航天器)]의 구조로 동사 술어 자리이다. 보기 중 航天器(우주 설비)와 호응할 수 있는 동사는 操纵과 控制이다.

어휘 航天 hángtiān 명 우주 비행　天体 tiāntǐ 명 천체　航空 hángkōng 명 항공　宇宙航天员 yǔzhòu hángtiānyuán 명 우주비행사(=宇航员)　航天器 hángtiānqì 명 우주 설비 [인공 위성 · 우주선 · 우주 정거장 등]　太空飞行 tàikōng fēixíng 우주 비행

★★☆ 하

65

登山的必备品中，优先考虑的 **装备** 就是登山鞋，一双大小合适、穿着舒服的登山鞋对登山者来说 **格外** 重要。此外，山中气候与外界不同，登山中总会遇到特别 **潮湿** 的环境。因此，在选购登山鞋时，防水性也是需要考虑的重要 **因素**。	등산의 필수품 중에서 우선적으로 고려해야 하는 **장비**는 바로 등산화이다. 크기가 적합하고 착화 시 편안한 등산화는 산악인들에게 **특히** 중요하다. 이 밖에 산 속의 기후는 외부와 달라서, 등산을 하다 보면 특히 **습한** 환경을 만나게 된다. 이 때문에 등산화 선택 시 방수성 역시 고려할 필요가 있는 중요한 **요소**이다.
A 材料 ｜ 不免 ｜ 酷暑 ｜ 原则 B 设施 ｜ 过度 ｜ 湿润 ｜ 范畴 **C 装备 ｜ 格外 ｜ 潮湿 ｜ 因素** D 器皿 ｜ 简直 ｜ 寒冷 ｜ 方案	A 재료 ｜ 면할 수 없다 ｜ 폭염 ｜ 원칙 B 시설 ｜ 과도하다 ｜ 촉촉하다 ｜ 범주 **C 장비 ｜ 각별히 ｜ 습하다 ｜ 요소** D 식기 ｜ 그야말로 ｜ 한랭하다 ｜ 방안

해설

첫 번째 빈 칸	材料 cáiliào 명 재료, 자재, 자료 设施 shèshī 명 시설 [기구 · 시스템 · 건축물 등] 装备 zhuāngbèi 명 장비, 설비 器皿 qìmǐn 명 그릇, 식기

빈칸은 [관형어(优先考虑的)+___+술어(是)+목적어(登山鞋)]의 구조로 주어 자리이다. 是자문이므로 목적어인 登山鞋(등산화)와 호응할 수 있는 단어가 들어가야 한다. 의미상 '등산화=장비'이므로 装备가 가장 적합하다.

두 번째 빈 칸	不免 bùmiǎn 부 면할 수 없다, 피할 수 없다 过度 guòdù 형 과도하다, 지나치다 부 과도하게, 지나치게 格外 géwài 부 각별히, 특별히, 유달리 简直 jiǎnzhí 부 그야말로 [과장의 어투]

빈칸은 [___+술어(重要)]의 구조로 부사어 자리이다. 형용사 술어를 꾸며주는 긍정적 의미의 정도부사 格外가 적합하다.

세 번째 빈 칸	酷暑 kùshǔ 명 혹서, 폭염 [몹시 심한 더위] 湿润 shīrùn 형 습윤하다, 촉촉하다 潮湿 cháoshī 형 축축하다, 눅눅하다, 습하다 寒冷 hánlěng 형 한랭하다, 몹시 춥다

빈칸은 [부사(特别)+___+的+명사(环境)]의 구조로 형용사 관형어 자리이다. 빈칸 뒷부분에서 방수성을 언급했으므로 潮湿가 들어가는 것이 적합하다. 湿润도 环境과 호응할 수 있으나, 비교적 긍정적인 어투로 쓰인다.

네 번째 빈 칸	原则 yuánzé 명 원칙 范畴 fànchóu 명 유형, 범위, 범주 因素 yīnsù 명 구성 요소, 요인 [사물이나 사건이 성립되는 까닭] 方案 fāng'àn 명 계획, 방안, 방책

빈칸은 [주어(防水性)+술어(是)+목적어{관형어(需要考虑的重要)+___}]의 구조로 명사 자리이다. 의미상 '방수성도 고려할 필요가 있는 중요한 ~이다'를 나타내므로 因素가 적합하다.

어휘 优先 yōuxiān 우선적으로　外界 wàijiè 명 외부, 외계, 바깥세계　选购 xuǎngòu 동 선택하여 사다

★☆☆ 중

66 在南锣鼓巷上下东西十六条胡同中，菊儿胡同是很特殊的一条，它是中国唯一获得联合国宜居奖的住宅小区。菊儿胡同建筑的形式 **呈现** 了多年沉淀下来的老城文化。1990年，著名建筑大师吴良镛主持设计了菊儿胡同危房改造 **工程** ，有机更新了老巷中 **简陋** 的民居，将其建成四合院楼房，在保留了老北京四合院风韵的同时，又 **契合** 了现代人的居住文化。

난뤄구샹의 동서남북 열여섯 개의 골목 중 쥐얼 후통은 매우 특수하다. 이곳은 중국에서 유일하게 유엔 인간 정주 계획을 취득한 주택 단지이다. 쥐얼 후통의 건축 양식은 수년 간 응집되어 온 옛 도시의 문화를 **드러낸다**. 1990년, 저명한 건축 대사 우량용이 쥐얼 후통의 붕괴 위험이 있는 가옥의 개조 **공사**를 주관하여 유기적으로 옛 골목 내의 **보잘 것 없는** 민간 주택들을 리뉴얼하였다. 그것을 사합원 형식의 다층 가옥으로 건축하여 옛 북경의 사합원의 정취를 간직함과 동시에 현대인들의 주거 문화에도 **부합시켰다**.

A 呈现 | 工程 | 简陋 | 契合
B 体现 | 流程 | 朴素 | 联合
C 代表 | 项目 | 精简 | 结合
D 象征 | 枢纽 | 简约 | 配合

A 드러내다 | 공사 | 보잘 것 없다 | 부합하다
B 구체적으로 드러내다 | 과정 | 소박하다 | 연합하다
C 대표하다 | 프로젝트 | 간소화하다 | 결합하다
D 상징하다 | 중추 | 간략하다 | 협력하다

해설

첫 번째 빈 칸	呈现 chéngxiàn 동 드러나다, 양상을 띠다 体现 tǐxiàn 동 구체적으로 드러내다 代表 dàibiǎo 명 대표 동 대표하다, 나타내다, 의미하다, 상징하다 象征 xiàngzhēng 명 동 상징(하다)

빈칸은 [___+了+목적어(老城文化)]의 구조로 동사 술어 자리이다. 보기 중 文化(문화)를 목적어로 취할 수 있는 동사는 呈现과 体现이다. 代表와 象征은 주로 동태조사 着와 결합하여 쓰인다.

두 번째 빈 칸	工程 gōngchéng 명 공사, 공정 流程 liúchéng 명 (제품 생산에서의) 공정, 과정 项目 xiàngmù 명 항목, 사항, 프로젝트, 사업 枢纽 shūniǔ 명 (사물의) 중요 관건, 중추

빈칸은 [관형어(菊儿胡同危房改造)+___]의 구조로 명사 자리이다. 보기 중 改造(개조하다)의 수식을 받을 수 있는 단어는 工程과 项目이다.

세 번째 빈 칸	简陋 jiǎnlòu 형 (가옥 · 설비 등이) 빈약하다, 보잘 것 없다, 누추하다 朴素 pǔsù 형 화려하지 않다, 소박하다 精简 jīngjiǎn 동 간소화하다, 간결히 하다 简约 jiǎnyuē 형 간략하다

빈칸은 [___+的+명사(民居)]의 구조로 관형어 자리이다. 앞부분에서 붕괴 위험이 있는 가옥, 뒷 부분에서 리뉴얼을 언급했으므로 언급했으므로 빈칸에 들어갈 알맞은 단어는 简陋이다.

네 번째 빈 칸	契合 qìhé 동 의기투합하다, 부합하다, 일치하다 联合 liánhé 명 동 연합하다, 단결하다 结合 jiéhé 명 동 결합(하다), 결부(하다) 配合 pèihé 동 협력하다, 보조를 맞추다

빈칸은 [___+了+목적어(现代人的居住文化)]의 구조로 동사 술어 자리이다. 보기 중 现代人的居住文化(현대인의 주거 문화)와 호응할 수 있는 동사는 契合이다.

어휘 南锣鼓巷 NánLuógǔxiàng 지명 난뤄구샹 [중국 베이징 시내의 한 지역] 联合国宜居奖 Liánhéguó yíjūjiǎng 유엔 인간 정주 계획(Un–Habitat) 住宅小区 zhùzhái xiǎoqū 주택지구, 단지 沉淀 chéndiàn 명 동 침전(하다), 누적(되다), 응집(되다) 危房 wēifáng 명 무너질 위험이 있는 집 有机 yǒujī 형 유기적인 巷 xiàng 명 골목 风韵 fēngyùn 명 고상한 운치

★☆☆ 중

67

"阴书"是古代传递情报的 **手段** 。写信人将写着 **机密** 内容的竹简拆分成三份，然后打乱顺序，再 **派** 三名信使把它们送到同一个目的地。收件人要想看懂"阴书"的内容，必须按顺序将三份竹简 **拼合** 起来。	'음서'는 고대에 정보를 전달하는 **수단**이었다. 편지를 쓴 사람은 **기밀** 내용이 적혀 있는 죽간을 세 부분으로 분해한 후 순서를 섞어 3명의 사신들에게 동일한 목적지로 **보내게** 하였다. 편지를 받는 사람이 '음서'의 내용을 알아보려면 반드시 순서대로 3개의 죽간을 **모아서 맞춰야** 했다.
A 渠道 | 泄漏 | 雇 | 拆卸 **B 手段 | 机密 | 派 | 拼合** C 措施 | 稠密 | 叫 | 连接 D 方式 | 神秘 | 命 | 对称	A 경로 | 누설하다 | 고용하다 | 분해하다 **B 수단 | 기밀 | 파견하다 | 모아 맞추다** C 조치 | 조밀하다 | ~하게 하다 | 연결시키다 D 방식 | 신비하다 | 명령하다 | 대칭적이다

해설

첫 번째 빈 칸	渠道 qúdào 명 방법, 경로, 루트 手段 shǒuduàn 명 수단, 방법, 수법 措施 cuòshī 명 조치, 대책 方式 fāngshì 명 일처리 방식, 형식

빈칸은 [주어(阴书)+술어(是)+관형어(传递情报的)+___]의 구조로 목적어 자리이다. 是자문이므로 주어인 阴书와 의미가 호응해야 한다. 보기 중 手段 또는 方式가 정답으로 적합하다.

두 번째 빈 칸	泄漏 xièlòu 동 (비밀 · 기밀을) 누설하다, 폭로하다 机密 jīmì 명 형 기밀(이다), 극비(이다) 稠密 chóumì 형 빽빽하다, 조밀하다 神秘 shénmì 명 형 신비(하다)

빈칸은 [___+명사(内容)]이므로 관형어 자리이다. 보기 중 内容(내용)과 어울리는 단어는 机密이다.

세 번째 빈 칸	雇 gù 동 고용하다 派 pài 동 파견하다, 임명하다, 맡기다 叫 jiào 동 ~하게 하다 [사역의 의미] 命 mìng 동 명령하다, 지령하다, 지시하다

빈칸은 [___+주어(三名信使)+부사어(把它们)+술어(送)+보어(到同一个目的地)]의 구조로 겸어동사 자리이다. 보기 중 派나 叫 또는 命이 적합하다.

네 번째 빈 칸	拆卸 chāixiè 동 분해하다, 해체하다 拼合 pīnhé 동 모아서 합치다, 모아 맞추다 连接 liánjiē 동 연결시키다, 서로 접하게 하다 对称 duìchèn 형 대칭적이다

빈칸은 [부사어(将三份竹简)+___+보어(起来)]의 구조로 동사 술어 자리이다. 의미상 '세 죽간을 ~하다'라는 뜻이므로 拼合가 적합하다. 连接는 하나와 다른 하나를 서로 연결시킨다는 뜻이므로 적합하지 않다.

어휘 情报 qíngbào 명 정보　竹简 zhújiǎn 명 죽간 [종이가 발명되기 전에 문자를 적는 데 쓰인 대쪽]　拆 chāi 동 해체하다, 분해하다　打乱 dǎluàn 동 혼란시키다, 교란시키다　信使 xìnshǐ 명 신사, 사절

★★★ 하

68

近日，关于强迫性囤积症的微博在网上热议，从其词源来看是指"无节制囤积的兴趣"，这其实是一种心理疾病。其核心 **症状** 并不是人们认为的收集和节省，而是害怕把东西丢掉。像这样爱囤积东西的人，对丢弃物品的 **顾虑** 总是会使他们变得焦虑。因此，为了 **避免** 焦虑，他们会长期 **保留** 该物品，不舍得扔掉。

최근, 저장 강박증에 관한 블로그가 인터넷에서 열띤 토론을 불러일으켰다. 그 어원에서 보자면 '무절제한 축적의 재미'인데, 사실은 일종의 심리적 질환이다. 그 핵심 **증상**은 결코 사람들이 생각하는 수집과 절약이 아니고, 물건을 잃어버릴까 봐 두려워하는 것이다. 이렇게 물건을 축적하길 좋아하는 사람들은 물건을 잃어버린다는 것에 대한 **걱정**으로 늘 마음을 졸이게 된다. 이 때문에, 이러한 초조함을 **피하고자** 그들은 오랫동안 해당 물품을 **간직하고** 버리기 아까워 한다.

A 弊端 | 依赖 | 防止 | 储存
B 症状 | 顾虑 | 避免 | 保留
C 形态 | 在乎 | 掩饰 | 维持
D 缘故 | 怀念 | 克制 | 缠绕

A 폐단 | 의지하다 | 방지하다 | 저장하여 두다
B 증상 | 걱정 | 피하다 | 보존하다
C 형태 | 마음에 두다 | 덮어 숨기다 | 유지하다
D 원인 | 그리워하다 | 자제하다 | 휘감다

해설

첫 번째 빈 칸	弊端 bìduān 명 폐단, 부정 症状 zhèngzhuàng 명 병의 증상, 증세 形态 xíngtài 명 (사물의 형태나 표현으로서의) 형태 缘故 yuángù 명 연고, 원인, 이유

빈칸은 [관형어(其核心)+___]의 구조로 명사 자리이다. 대사 其(그)가 가리키는 것이 心理疾病이므로 이와 어울리는 단어는 症状뿐이다.

두 번째 빈 칸	依赖 yīlài 동 의지하다, 기대다 顾虑 gùlǜ 명 동 염려(하다), 우려(하다) 在乎 zàihū 동 마음에 두다, 개의하다, 문제삼다 怀念 huáiniàn 동 그리워하다, 그리다

빈칸은 [관형어(对丢弃物品的)+___+总是会使他们变得焦虑]이므로 주어 자리이다. 의미상 '물건을 잃어버리는 것에 대한 ~이 늘 그들을 초조하게 만든다'를 나타내므로 顾虑가 적합하다.

세 번째 빈 칸	防止 fángzhǐ 동 방지하다 避免 bìmiǎn 동 피하다, 모면하다 掩饰 yǎnshì 동 (결점 · 실수 · 사건의 진상 등을) 덮어 숨기다, 속이다 克制 kèzhì 동 (감정 등을) 자제하다, 억제하다

빈칸은 [为了+___+목적어(焦虑)]의 구조로 동사 술어 자리이다. 의미상 '초조함을 ~하기 위해서'를 나타내므로 防止과 避免이 적합하다.

네 번째 빈 칸	储存 chǔcún 동 저장하여 두다 保留 bǎoliú 동 보존하다, 보류하다 维持 wéichí 동 유지하다 缠绕 chánrào 동 휘감다, 거치적거리다, 얽매다

빈칸은 [부사어(长期)+___+목적어(该物品)]의 구조로 동사 술어 자리이다. 뒷부분에 '버리기 아까워한다'고 했으므로 保留가 적합하다.

어휘 强迫性囤积症 qiǎngpòxìng túnjī zhèng 저장 강박증 热议 rèyì 동 여러 사람들이 열띤 토론을 벌이다 词源 cíyuán 명 어원 节制 jiézhì 명 동 절제(하다) 囤积 túnjī 동 사서 쌓아놓다, 필요 이상으로 많이 사놓다 焦虑 jiāolǜ 동 초조하다, 마음을 졸이다 舍得 shěde 동 아깝지 않다, 미련이 없다, 기꺼이하다

★★★ 하

69 有关研究表明，全黑的睡眠环境有利于人体生成一种叫褪黑素的激素，可以 **促进** 新陈代谢，提高睡眠质量。研究证明，睡觉时开灯是不 **科学** 的，它会影响到褪黑素的 **分泌** ，导致新陈代谢失衡，进而会诱发肥胖、高血压、糖尿病、肿瘤等 **疾病** 。

관련 연구에서 다음과 같이 밝혔다. 온통 어두운 수면 환경이 인체가 멜라토닌이라고 하는 호르몬을 생성하는 데 도움이 되어 신진대사를 **촉진시키고**, 수면의 질을 향상시킬 수 있다. 수면 시 불을 켜는 것은 비**과학적이며** 멜라토닌의 **분비**에 지장을 주어 신진대사의 균형을 잃게 만들고 더 나아가 비만, 고혈압, 당뇨병, 종양 등의 **질병**을 유발할 수 있다.

A 发动 | 高明 | 转移 | 痛苦
B 递增 | 划算 | 扩散 | 隐患
C 促进 | 科学 | 分泌 | 疾病
D 加剧 | 可行 | 分量 | 缺陷

A 시동을 걸다 | 뛰어나다 | 옮기다 | 고통
B 점차 늘다 | 수지가 맞다 | 확산하다 | 잠복해 있는 병
C 촉진하다 | 과학적이다 | 분비하다 | 질병
D 심해지다 | 실행할 만하다 | 분량 | 결함

해설

첫 번째 빈 칸	发动 fādòng 동 개시하다, 시동을 걸다, 기계를 돌아가게 하다 递增 dìzēng 동 (수량이) 점차 늘다, 체증하다 促进 cùjìn 동 촉진하다 加剧 jiājù 동 더 심해지다, 악화되다, 격화되다

빈칸은 [조동사(可以)+___+목적어(新陈代谢)]의 구조로 동사 술어 자리이다. 新陈代谢(신진대사)와 호응할 수 있는 단어는 促进이 유일하다.

두 번째 빈 칸	高明 gāomíng 형 (학문 · 견해 · 기술 · 기능이) 빼어나다, 뛰어나다 划算 huásuàn 형 이문이 남는다, 수지가 맞다 科学 kēxué 명 과학 형 과학적이다 可行 kěxíng 형 실행할 만하다, 가능하다, 할 수 있다

빈칸은 [부사어(睡觉时)+주어(开灯)+是+不+___+的]의 구조로 형용사 자리이다. '잠잘 때 불을 켜는 것이 ~하지 않다'라는 뜻이므로, 보기 중 가장 적합한 단어는 科学이다.

세 번째 빈 칸	转移 zhuǎnyí 명 전환, 이동 동 옮기다, 이동하다 扩散 kuòsàn 명 동 확산(하다) 分泌 fēnmì 명 동 분비(하다) 分量 fènliang 명 분량, 무게

빈칸은 [관형어(褪黑素的)+___]의 구조로 명사 자리이다. 멜라토닌은 호르몬의 일종이므로 分泌가 적합하다.

네 번째 빈 칸	痛苦 tòngkǔ 명 고통, 아픔 隐患 yǐnhuàn 명 잠복해 있는 병, 겉에 드러나지 않은 폐해 또는 재난 疾病 jíbìng 명 질병 缺陷 quēxiàn 명 결함, 결점, 허물

빈칸은 [a, b, c, d等+___]이므로 앞의 단어를 총칭하는 단어가 들어가야 한다. a, b, c, d가 모두 명사로 병의 종류를 나타내므로 疾病이 적합하다.

어휘 褪黑素 tuìhēisù 명 멜라토닌 激素 jīsù 명 호르몬 新陈代谢 xīnchén dàixiè 명 신진대사 失衡 shīhéng 동 균형을 잃다 诱发 yòufā 동 유발하다 高血压 gāoxuèyā 명 고혈압 糖尿病 tángniàobìng 명 당뇨병 肿瘤 zhǒngliú 명 종양

★★★ 상

70 人体在运动后的恢复过程中，体内被 **消耗** 的能量不仅能恢复到原来的水平，而且在一段时间内可超过之前的水平，这种现象称为“超量恢复”， **亦** 称“超量补偿”。在这期间，必须严格控制 **饮食** ，否则 **摄入** 的能量越多，体重也增加得越快。	인체는 운동 후의 회복 과정에서, 체내에서 **소모된** 에너지를 원래의 수준까지 회복시킬 수 있을 뿐 아니라, 일정 시간 내에 이전 수준을 초과할 수도 있는데, 이러한 현상을 일컬어 '초과 회복(super compensation)'이라 하며, **또한** '초과 보충(exceeding compensation)'이라고도 한다. 이 기간에는 반드시 엄격하게 **음식**을 통제해야 한다. 그렇지 않으면 **섭취하는** 에너지가 많을수록 체중도 더욱 빠르게 증가하게 된다.
A 储存 | 颇 | 零食 | 输入 B 消费 | 所 | 食材 | 融入 C 消磨 | 也 | 食物 | 摄取 **D 消耗 | 亦 | 饮食 | 摄入**	A 저장하여 두다 | 꽤 | 간식 | 입력하다 B 소비하다 | ~하는 | 식재료 | 융합되다 C 소모하다 | 또한 | 음식물 | 섭취하다 **D 소모하다 | 또한 | 음식 | 섭취하다**

해설

첫 번째 빈 칸	储存 chǔcún 동 저장하여 두다, 저축하여 두다 消费 xiāofèi 명 동 소비(하다) 消磨 xiāomó 동 (의지 · 에너지 등을) 소모하다, (시간 등을) 헛되이 보내다 消耗 xiāohào 동 (정신 · 힘 · 물자 등을) 소모하다, 필요 이상으로 많이 소비하다

빈칸은 [被+___+的+명사(能量)]의 구조로 동사 자리이다. 보기 중 能量(열에너지)을 꾸며줄 수 있는 동사는 消耗이다. 消耗는 力量(힘), 能量(에너지) 등과 주로 호응하고 '다 써서 없애버리다'를 의미한다. 储存은 주로 물건 등을 '저장한다'는 뜻이며, 消磨는 时间(시간), 意志(의지)와 호응하여 시간이나 의지를 '소모하다, 점차 없어지게 하다'는 뜻을 나타낸다.

두 번째 빈 칸	颇 pō 부 자못, 꽤, 상당히, 몹시 所 suǒ 조 ① '所동사的' 형식으로 주체와 동작과의 관계를 강조 ② '为A所동사' 형식으로 피동을 나타냄 也 yě 부 ~도, 또한 亦 yì 부 역시, 또한[서면어]

빈칸은 [술어(称为)+목적어(超量恢复), ___+술어(称)+목적어(超量补偿)]의 구조로 앞절과 뒷절이 이 현상을 부르는 용어를 설명하고 있으므로 '또한'이라는 뜻인 也와 亦가 적합하다.

세 번째 빈 칸	零食 língshí 명 군것질, 간식 食材 shícái 명 식재료 食物 shíwù 명 음식물 饮食 yǐnshí 명 음식

빈칸은 [술어(控制)+___]의 구조로 목적어 자리이다. 뒷부분에 '체중이 점점 증가한다'는 내용이 언급되므로 음식을 나타내는 食物 또는 饮食가 적합하다.

네 번째 빈 칸	输入 shūrù 동 입력하다, 외부에서 내부로 들여보내다 融入 róngrù 동 유입하다, 융합되어 들어가다 摄取 shèqǔ 동 섭취하다, 흡수하다 摄入 shèrù 동 섭취하다

빈칸은 [___+的+명사(能量)]의 구조로 관형어 자리이다. 음식물을 통해서 섭취, 흡수되는 열량을 나타내므로, 摄取, 摄入가 적합하다.

어휘 超量 chāoliàng 동 수량을 초과하다　补偿 bǔcháng 명 동 보상(하다)

독해 제3부분

[풀이전략] 먼저 보기 문장에서 연결 단서(접속사/부사/대사/의문대사/핵심 키워드)가 있는지 찾는다. 지문 속 빈칸의 앞뒤 문맥을 파악하여, 보기 문장의 연결 단서가 연결되는 곳에 해당 보기 문장을 정답으로 고른다.

71-75

所谓"素食主义者"是指只吃素菜而不吃荤菜的人。素食主义者不食用家畜、野兽、飞禽、鱼类、海鲜等，但一般可以食用蛋，以及奶、黄油、奶酪等奶制品。(71) C 人们选择素食有诸多原因，比如健康、环保、动物福利和宗教方面的原因，但无一例外，(72) E 其中最重要的是健康原因。英美两国科学家曾做过大规模的调查和实验，

이른바 '채식주의자'란 채소만 먹고 고기는 먹지 않는 사람을 가리킨다. 채식주의자는 가축, 들짐승, 날짐승, 어류, 해산물 등은 먹지 않지만 달걀 및 우유, 버터, 치즈 등의 유제품은 먹는다. (71) C 사람들이 채식을 선택하는 데에는 건강, 환경보호, 동물 복지와 종교적 원인 등 여러 가지 원인이 있지만, 하나의 예외도 없이 (72) E 그중 가장 중요한 것은 건강상의 원인이다. 영국과 미국의 과학자들이 대규모로 조사와 실험을 한 적이 있다. 성별, 연령이 다양한 10만 명에 가까운 자

对将近10万名志愿者进行了为期7年的跟踪调查，这些被调查者性别、年龄均各不相同，科学家们在调查中不断收集调查数据，最后总结发现，素食者的死亡风险确实比非素食者低。

为什么素食者的健康状况好，长寿的也多？(73) D 秘密就在素食者的"健康意识"。相对于非素食者来说，大多数素食者都坚持健康的生活方式。调查结果发现，素食者涉及抽烟、酗酒等不良行为方面，比非素食者要少；肥胖程度上比非素食者要轻；(74) B 而在运动方面又比非素食者要多；在身体健康方面，素食者中心脏病、癌症、代谢异常等患者也相对较少。澳大利亚科学家发现，一个人若吃更多的水果和蔬菜，同时再加上每天保持一定的运动量，那么他的死亡风险就会显著降低。

总的来说，目前并没有具体的数据能说明素食与长寿之间的直接关联，(75) A 但素食确实会带来许多其他的健康益处。所以，为了保持健康长寿，多吃素食是没有错的。

원자들에게 7년간 추적 조사를 하여 끊임없이 조사 데이터를 수집한 결과, 최종적으로 채식주의자들의 사망 위험이 확실히 비채식주의자들보다 낮다는 사실을 발견했다.

왜 채식주의자들이 건강 상태가 좋고, 장수하는 사람도 많은 것일까? (73) D 비밀은 바로 채식주의자들의 '건강 의식'에 있었다. 비채식주의자들에 비해서 대다수의 채식주의자들이 건강한 생활 방식을 고수하였다. 조사 결과는 다음과 같았다. 채식주의자들은 흡연, 폭음 등의 좋지 않은 행동이 비채식주의자들보다 적고, 비만도가 비채식주의자보다 낮았으며, (74) B 운동도 비채식주의자보다 많이 하고, 건강에 있어서도 채식주의자들은 심장병, 암, 대사 이상 등의 환자가 상대적으로 적었다. 오스트레일리아 과학자는 만일 한 사람이 과일과 채소를 더 많이 섭취함과 동시에 매일 일정량의 운동을 꾸준히 한다면 그의 사망 위험이 현저히 낮아진다는 것을 발견했다.

종합적으로 말하면 현재 채식과 장수 간의 직접적인 연관성을 설명할 수 있는 구체적인 데이터는 없지만, (75) A 채식은 확실히 건강에 수많은 이로움을 가져줄 수 있다. 그래서 건강과 장수를 위해 채식을 많이 하는 것은 잘못된 선택이 아니다.

A 但素食确实会带来许多其他的健康益处
B 而在运动方面又比非素食者要多
C 人们选择素食有诸多原因
D 秘密就在素食者的"健康意识"
E 其中最重要的是健康原因

A 채식은 확실히 건강에 수많은 이로움을 가져다줄 수 있다
B 운동도 비채식주의자보다 많이 하고
C 사람들이 채식을 선택하는 데에는
D 비밀은 바로 채식주의자들의 '건강 의식'에 있었다
E 그중 가장 중요한 것은 건강 원인이다

해설 **Step1 보기를 분석해서 연결 단서 찾기**

A 반대의 상황 + 但素食 / 确实会带来 / 许多其他的健康益处

→ 역접을 나타내는 접속사 但(그러나)으로 시작하며 주/술/목으로 이루어진 문장이다. 따라서 '채식이 이롭다'는 내용과 반대되는 상황이 앞에 올 수 있다.

B 주어 + 而在运动方面 / 又比非素食者 / 要多

→ 접속사 而(그리고)로 시작하며 주어가 없는 문장이며, 운동 분야에서 비채식자와 비교하는 내용이다.

C 人们选择素食 / 有 / 诸多原因 + 원인에 대한 설명 및 예시

→ 주/술/목으로 이루어진 문장으로, 채식 선택에 많은 원인이 있다는 내용이다.

D 비밀에 대한 의문 + 秘密 / 就在 / 素食者的"健康意识"

→ 주/술/목으로 이루어진 문장으로, 비밀이 채식주의자들의 '건강 의식'에 있다는 내용이다.

E 원인들 + 其中最重要的 / 是 / 健康原因

→ 其中(그중에서)으로 시작하므로, 앞부분에 여러가지 원인이 열거되어야 한다.

Step2 빈칸의 앞뒤 파악하여 알맞은 문장 넣기

★★☆ 상

71. 빈칸 뒷절에 比如(예를 들어)와 原因(원인)이 나열되어 있다. 따라서 보기 C의 '채식을 선택하는 원인'이 연결되어야 한다.

★★★ 중

72. 빈칸 앞부분에 여러 가지 원인이 나열되어 있다. 따라서 보기 E의 '가장 중요한 원인'을 강조한 문장이 연결되는 것이 적합하다.

★★★ 하

73. 빈칸 앞부분에 질문이 있으므로 빈칸은 이에 대한 답변이어야 한다. 빈칸 앞에 健康状况好(건강 상태가 좋다)가 있고, 뒤에 健康的生活方式(건강한 생활 방식)가 있으므로 보기 D가 연결되는 것이 적합하다.

★★★ 하

74. 빈칸 앞뒤의 문장부호 세미콜론(;)은 대구를 이루는 문장들을 나열할 때 쓰이므로 빈칸 앞뒤의 문장과 비슷한 형태인 보기를 고른다. 보기 B가 在……方面(~분야에서)으로 시작하므로 연결되는 문장이다.

★★★ 중

75. 빈칸의 앞부분에서 채식과 장수의 직접적인 연관성은 없다고 했는데, 뒷부분에서는 건강과 장수를 위한 바른 선택이 채식이라고 했다. 따라서 뒷부분에 대한 근거를 제시하는 내용인 보기 A가 연결된다.

어휘 素菜 sùcài 명 야채 요리 荤菜 hūncài 명 고기요리 家畜 jiāchù 명 가축 野兽 yěshòu 명 들짐승 飞禽 fēiqín 명 날짐승 奶酪 nǎilào 명 치즈 诸多 zhūduō 형 수많은 跟踪调查 gēnzōng diàochá 추적 조사 均 jūn 형 균일하다 부 모두 涉及 shèjí 동 관련되다 酗酒 xùjiǔ 동 술주정하다, 무절제하게 술을 마시다 癌症 áizhèng 명 암 代谢异常 dàixiè yìcháng 대사 이상 显著 xiǎnzhù 형 현저하다, 뚜렷하다 素食 sùshí 명 채식 益处 yìchu 명 이익, 좋은 점

76-80

漫画家是离不开幽默的。丰子恺的漫画，一向以富有诗意和哲理著称，丰子恺无论走到哪里都会带着速写本、铅笔和橡皮，看到什么就画什么，(76) E 由此积累了大量的绘画素材。

据说他为了作画，(77)A 曾闹出过不少笑话。有一次，丰子恺去农村写生，恰好看到田野旁树林里的几个正在扫落叶的农妇，她们各种各样的姿态，引起了他的兴致，于是，他立即掏出速写本，(78) C 躲在一棵大树后面画了起来。

正当他画得入神时，其中的一位农妇竟然发现了树后的他，农妇们以为他在偷窥，都围了上来，七嘴八舌地大兴问罪之师。那些女人们越说越来气，有一个甚至伸手要抢速写本。面对这种局面，(79) B 丰子恺纵然百般解释也无济于事。

正闹得不可开交之时，幸亏村里的一位老人闻声赶来，问明了原委，替丰子恺解释了半天，她们这才息怒而去。在谢过了那位好心的老人之后，丰子恺急忙从口袋里掏出心爱的速写本查看，(80) D 幸好描绘的画稿都完好无损，这才松了口气。

만화가는 유머와 떨래야 뗄 수 없는 사이다. 펑즈카이의 만화는 정취와 이치로 유명했는데, 펑즈카이는 어디를 가든지 스케치북, 연필과 지우개를 챙겨서 보이는 대로 그렸다. (76) E 이로써 엄청난 그림 소재들을 모았다.

그는 그림을 그리기 위해 (77) A 이전에 적잖은 해프닝을 일으켰다고 한다. 한번은 펑즈카이가 농촌으로 사생을 하러 갔다가 운좋게도 들판 곁에서 낙엽을 쓰는 몇몇 농촌의 아낙네들을 보게 되었다. 그들의 각양각색의 자태가 그의 흥미를 불러일으켜 그 즉시 스케치북을 꺼내 (78) C 커다란 나무 뒤에 숨어 그리기 시작했다.

그가 그림에 몰두하고 있을 때, 그중의 한 아낙이 나무 뒤에 있는 그를 발견했다. 아낙네들은 그가 몰래 훔쳐본다고 여겨 그를 둘러싸고 저마다 한 마디씩 그를 문책하였다. 아낙들은 말을 할수록 화가 나서 그중 한 사람은 손을 뻗어 그의 스케치북을 빼앗으려 하였다. 이런 상황에서 (79) B 펑즈카이가 아무리 온갖 해명을 해도 별 소용이 없었다.

쉽사리 해결될 기미가 보이지 않았을 때 다행히 마을의 한 노인이 소란을 듣고 달려와 자초지종을 묻고는 한참을 펑즈카이를 위해 해명을 해주었다. 그제서야 아낙들은 화를 가라앉히고 돌아갔다. 마음씨 좋은 노인에게 감사를 표한 후, 펑즈카이는 급히 주머니에서 애지중지하는 스케치북을 꺼내보았다. (80) D 다행히도 밑그림들은 모두 멀쩡하게 어디 한 구석 망가진 데가 없어 그제서야 그는 한숨을 쉬었다.

A 曾闹出过不少笑话	A 이전에 적잖은 해프닝을 일으켰다고 한다
B 丰子恺纵然百般解释也无济于事	B 펑즈카이가 아무리 온갖 해명을 해도 별 소용이 없었다
C 躲在一棵大树后面画了起来	C 커다란 나무 뒤에 숨어 그리기 시작했다
D 幸好描绘的画稿都完好无损	D 다행히도 밑그림들은 모두 멀쩡하게 어디 한 구석 망가진 데가 없어
E 由此积累了大量的绘画素材	E 이로써 엄청난 그림 소재들을 모았다

해설 **Step1 보기를 분석해서 연결 단서 찾기**

A 曾闹出过 / 不少笑话
→ 주어가 없는 문장으로, 해프닝을 일으켰다는 내용이다.

B **해명해야 하는 상황** + 丰子恺 / 纵然百般解释 / 也无济于事
→ '해명이 소용 없었다'라는 양보를 나타내는 문장으로 앞 문장에 해명해야 할 상황이 올 수 있다.

C 躲在一棵大树后面 / 画了起来
→ 주어가 없는 문장으로, 나무 뒤에 숨어서 그림을 그렸다는 내용이다.

D **우려할 만한 사건** + 幸好描绘的画稿 / 都完好无损
→ 부사 幸好(다행히도)로 시작하므로 앞에서 우려할 만한 사건이 발생했음을 알 수 있다.

E **소재를 모으게 된 배경** + 由此积累了 / 大量的绘画素材
→ 주어가 없는 문장이며, 由此(이를 통해)로 시작한다. 앞에 소재를 모으게 된 배경/원인이 올 수 있다.

Step2 빈칸의 앞뒤 파악하여 알맞은 문장 넣기

★★☆ 중

76. 빈칸 앞부분에 펑즈카이가 어디를 가든지 보이는 대로 만화를 그렸다는 내용이 있으므로, 보기 E의 소재를 많이 모았다는 내용이 전개상 연결된다.

★★★ 하

77. 빈칸 뒷부분에 有一次(한번은)가 등장하여 일화를 소개하고 있으므로 빈칸에는 해프닝을 일으켰다는 보기 A가 내용 전개상 가장 적합하다.

★★☆ 하

78. 빈칸 뒷부분에서 한 아낙이 나무 뒤에 있는 그를 발견했다고 했으므로 나무 뒤에 숨어서 그림을 그렸다는 내용인 보기 C가 연결된다.

★★★ 하

79. 빈칸 앞부분에서 아낙들이 문책하며 화를 냈다는 내용이 있으므로 펑즈카이가 해명을 해도 소용 없다는 내용인 B가 연결되어야 한다.

★★☆ 중

80. 빈칸 앞부분에서 스케치북을 꺼내보았다고 했으므로 살펴본 결과가 등장하는 보기 D가 연결된다.

어휘 丰子恺 Fēngzǐkǎi 인명 펑즈카이(만화가, 1898~1975년) 诗意 shīyì 명 정취 哲理 zhélǐ 명 철리, 이치 素材 sùcái 명 소재 速写 sùxiě 명 동 스케치하다 田野 tiányě 명 들판 兴致 xìngzhì 명 흥미 入神 rùshén 동 몰입하다 偷窥 tōukuī 동 몰래 훔쳐보다 大兴问罪之师 dàxīngwènzuìzhīshī 신랄하게 문책하다 纵然 zòngrán 접 설사 ~하더라도 无济于事 wú jì yú shì 성 아무 쓸모없다, 일에 아무런 도움이 되지 않다 不可开交 bùkěkāijiāo 성 해결할 수 없다, 벗어날 수 없다(정도가 심함) 原委 yuánwěi 명 사건의 경위, 자초지종 息怒 xīnù 동 성을 가라 앉히다, 성이 풀리다 描绘 miáohuì 동 생생하게 묘사하다, 그림같이 그려내다 画稿 huàgǎo 동 밑그림 完好无损 wán hǎo wú sǔn 완전하고 손상이 없다

독해 제4부분

[풀이전략] 한 지문에 출제되는 4개 문제의 핵심 키워드를 파악한다. 지문에서 각 문제의 핵심 키워드가 등장한 부분을 찾아 문제의 보기와 대조한 뒤 질문에 알맞은 정답을 고른다.

81-84

生活中，81我们常会遇到这样一些孩子，他们不懂如何拒绝，处处退让，委屈自我来讨好他人、满足他人的需求，心理学把它归属为“讨好型人格”。

德裔美国心理学家卡伦霍妮，在她的著作《我们内心的冲突》里说：具有讨好型人格的人通常极度需求温情和赞赏。对于别人的需求，他们总能敏锐地觉察，并总能够无条件地去满足对方。即使发现了自己的不正常，也照样会做出服从的举动，对于不满、争吵以及竞争，他们都以逃避的方式对待。82无论自己有无过失，都先问责自己，多数情况下会自动地承担罪责，也总会无条件地包容他人的缺点或不足。

具有讨好型人格的孩子成年后步入社会，做事常常委曲求全，盲目付出。“我必须做得很好——别人才会对我好”是属于这类人的思维方式，且这种信念已经在他们的意识中根深蒂固了，因此，83导致他们容易吃亏、受骗、上当。

我们在尽力教导这些孩子要懂事、会分享、要帮助他人的同时，还要告诉他们：帮助并不是盲目的，一定要有自己的底线。之所以想“讨好”，其根源就是把对自我的认识和价值，建立在别人身上。84因此，教孩子摆脱对他人赞赏和认可的依赖，要懂得自主确认自我的价值和需求。

우리는 일상에서 81종종 거절할 줄 모르고 무엇이든 양보하며 자신이 억울하더라도 타인의 필요를 충족시켜 주는 아이들을 만나게 된다. 심리학에서는 이것을 '사람들에게 다가가는 경향(순응경향, Compliance)'의 범주에 넣는다.

독일계 미국인 심리학자 카렌호나이(Karen Danielsen Horney)는 그녀의 저서 「내면의 갈등(원제: Our Inner Conficts)」에서 다음과 같이 말했다. '사람들에게 다가가는 경향'을 가진 사람들은 보통 극단적으로 애정(affection)과 인정(approval)을 필요로 한다. 타인의 필요에 대해 그들은 언제나 민감하게 알아차리고 무조건적으로 상대방을 만족시키려 한다. 설사 자신이 비정상임을 발견할지라도 여전히 복종적인 자세를 취하며 불만, 다툼 및 경쟁에 대해서는 회피의 방식을 취한다. 82자신이 잘못이 있던 없던 우선 자신에게 책임을 묻고 대다수의 경우에 있어 자신이 책임을 지는 반면 타인의 결점과 부족함에 있어서는 무조건적으로 수용을 해준다.

'사람들에게 다가가는 경향'을 가진 아이들이 성인이 되어 사회에 발을 들여 놓으면, 일을 성사시키고자 자신의 의견을 굽히고 맹목적으로 헌신한다. "나는 반드시 잘해야만 해. 그래야 다른 사람들이 나한테 잘해주지"가 이 유형에 속한 사람들의 사고 방식이다. 게다가 이러한 신념은 이미 그들의 의식 속에 고질적으로 깊이 박혀 있다. 때문에 83그들은 쉽게 손해를 보고, 기만 당하고, 속는 것이다.

우리는 이러한 아이들이 사리를 깨닫고 나눌 줄 알며 타인을 도와주도록 가르치고 인도함과 동시에, 그들에게 도움은 결코 맹목적인 것이 아니며, 반드시 마지 노선이 있어야 함도 알려주어야 한다. '환심을 사려고 하는 것'은 그 근원이 자아에 대한 인식과 가치가 타인에게 있기 때문이다. 84이 때문에 아이들로 하여금 타인의 칭찬과 인정에 대한 의존에서 벗어나 자주적으로 자아의 가치와 필요를 이해할 수 있게 가르쳐야 한다.

어휘 处处 chùchù 부 곳곳, 도처에 退让 tuìràng 동 양보하다 委屈 wěiqu 동 억울하게 하다 형 억울하다 讨好 tǎohǎo 동 비위를 맞추다, 환심을 사다 归属 guīshǔ 동 ~에 속하다, 귀속하다 极度 jídù 부 극도로, 최대한도로 형 극도의 温情 wēnqíng 명 온정 赞赏 zànshǎng 동 상찬하다, 높이 평가하다 敏锐 mǐnruì 형 (감각이) 예민하다, (식견·안목이) 날카롭다 觉察 juéchá 동 알아차리다, 감지하다 举动 jǔdòng 명 행동, 동작 逃避 táobì 동 도피하다 过失 guòshī 명 잘못, 실수 问责 wènzé 동 책임을 묻다, 문책하다 罪责 zuìzé 명 죄과, 죄책 包容 bāoróng 동 포용하다, 수용하다 委曲求全 wěi qū qiú quán 성 일을 그르치지 않으려고 유연한 태도를 취하다 盲目 mángmù 형 맹목적인 付出 fùchū 동 지출하다, 지불하다 根深蒂固 gēn shēn dì gù 성 뿌리가 깊다, 고질이 되다 上当 shàngdàng 동 속다, 속임수에 걸리다 教导 jiàodǎo 동 교육지도하다, 가르치다, 지도하다 底线 dǐxiàn 명 최대 한계 摆脱 bǎituō 동 (속박·어려운 상황 등에서) 벗어나다, 빠져나오다 依赖 yīlài 동 의지하다, 기대다 自主 zìzhǔ 명 동 자주(하다)

★★★ 중

81

划线词语"它"是指什么？	밑줄 친 '이것'이 가리키는 것은?
A 巧妙地拒绝 B 积极称赞他人 C 刀子嘴豆腐心 **D 委屈自己满足他人的需求**	A 절묘한 거절 B 적극적으로 타인을 칭찬하다 C 말투는 매서워도 마음은 부드럽다 **D 자신은 억울해도 타인의 필요를 충족시킨다**

해설 밑줄 친 제시어가 대사이므로 그 앞부분을 살펴본다. 첫 번째 단락에서 我们常会遇到这样一些孩子，他们不懂如何拒绝，处处退让，委屈自我来讨好他人、满足他人的需求，心理学把它归属为"讨好型人格"(종종 거절할 줄 모르고 무엇이든 양보하며 자신이 억울하더라도 타인의 필요를 충족시켜 주는 아이들을 만나게 된다. 심리학에서는 이것을 '사람들에게 다가가는 경향'의 범주에 넣는다)라고 하여 특정 경향에 대해 설명하고 있으므로 '이것'이 가리키는 것은 D이다.

어휘 刀子嘴豆腐心 dāozi zuǐ, dòufu xīn 입은 칼인데 마음은 두부다, 말씨는 날카로워도 마음은 부드럽다

★★☆ 중

82

讨好型人格的孩子有什么特点？	사람들에게 다가가는 경향인 아이는 어떤 특징이 있는가?
A 经常推卸责任 **B 主动承担问责** C 喜欢避重就轻 D 不能包容他人的缺点	A 자주 책임을 전가한다 **B 자발적으로 책임을 진다** C 힘든 것은 피하고 쉬운 것만 골라 하려고 한다 D 타인의 결점을 수용하지 못한다

해설 질문의 키워드 讨好型人格的孩子(사람들에게 다가가는 경향인 아이)가 언급된 두 번째 단락에서 无论自己有无过失，都先问责自己，多数情况下会自动地承担罪责，也总会无条件地包容他人的缺点或不足(자신이 잘못이 있던 없던 우선 자신에게 책임을 묻고 대다수의 경우에 있어 자신이 책임을 지는 반면 타인의 결점과 부족함에 있어서는 무조건적으로 수용을 해준다)라고 했으므로 이러한 경향을 가진 아이들의 특징이 B임을 알 수 있다.

어휘 推卸 tuīxiè 동 책임을 전가하다　问责 wènzé 동 책임을 묻다, 문책하다　避重就轻 bì zhòng jiù qīng 성 힘든 것은 피하고 쉬운 것을 골라 하다

★★☆ 하

83

成年后，这样的孩子有什么表现？	성년이 된 후, 이러한 아이들은 어떤 행동을 하는가?
A 容易受骗 B 有自闭倾向 C 不能持之以恒 D 无责任心	**A 쉽게 기만 당한다** B 자폐적 경향이 있다 C 꾸준히 하지 못한다 D 책임감이 없다

해설 질문의 키워드 成年后(성년이 된 후)가 언급된 세 번째 단락에서 导致他们容易吃亏、受骗、上当(그들은 쉽게 손해를 보고, 기만 당하고, 속는 것이다)이라고 했으므로 이러한 아이들이 하는 행동은 A임을 알 수 있다.

어휘 自闭 zìbì 동 자폐하다　倾向 qīngxiàng 명 경향, 추세　持之以恒 chí zhī yǐ héng 성 늘 견지하다, 끈기를 가지고 지속하다

★★★ 중

84

下列哪项是作者的观点？	다음 중 저자의 관점은?
A 要乐于助人 B 要学会包容 C 人与人之间要互相尊重 **D 不要太在意他人的评价**	A 기꺼이 남을 도와야 한다 B 포용할 줄 알아야 한다 C 사람과 사람 간에 서로 존중해야 한다 **D 지나치게 타인의 평가를 신경쓰지 말라**

해설 질문에서 저자의 관점을 묻고 있다. 교훈과 견해는 마지막 부분에 주로 언급된다. 마지막 단락에서 因此，教孩子摆脱对他人赞赏和认可的依赖，要懂得自主确认自我的价值和需求(이 때문에 아이들로 하여금 타인의 칭찬과 인정에 대한 의존에서 벗어나 자주적으로 자아의 가치와 필요를 이해할 수 있게 가르쳐야 한다)라고 했으므로 저자의 관점으로 알맞은 것은 D이다.

어휘 乐于助人 lèyú zhùrén 다른 사람을 기꺼이 돕다

85-88

气温降到零下50℃的话，低温会使人们呼出来的水汽凝华成细小的雪花，而85这些小雪花会通过碰撞发出像翻书一样的奇妙声音，被探险家们称为“星辰的耳语”。由此可知，无论在什么场合，只要满足水汽凝华结晶的条件，就能人工制造出雪花来。

韦恩·皮尔斯曾利用油漆喷雾压缩机、喷嘴以及用来浇水的软管造出了一台造雪机。从那以后，人们便实现了利用“雪炮”造雪机来人工造雪的构想。造雪机有两种运行原理：一种是先生产出很小的片冰，然后再用片冰造雪；86另一种是采用传统的高压水与空气混合造雪，即在低温环境下，将水注入一个专用喷嘴或喷枪，高压空气会将水流分割成微小的粒子并喷出到外部，这些小水滴会在落地前快速冻结成冰晶，也就是人们看到的雪花。

既然人造雪与自然雪的原理一样，那它跟自然雪是不是没有区别呢？答案是：依然有区别！自然雪花从形成到降落的过程中的各种气象信息都蕴藏在其中，因此有这样一句话，世界上找不到两朵完全一样的雪花。反之，87由于人造雪形成的时间短、生长快，雪花形状基本一致。

一般情况下，两立方米的雪需要1吨水，一台造雪机每小时用水量为15-16吨。冰雪嘉年华和滑雪场人工造雪后，绝大多数会通过空气蒸发或渗透到地下，无法回收再利用，88十分浪费。滑雪场造雪会导致地下水不足，从而使山区干旱。另外，人工造雪对植被也会造成一定的破坏。

기온이 영하 50℃까지 떨어지면 사람이 내쉬는 수증기가 미세한 눈송이로 응결되는데 85이 자그마한 눈송이들은 부딪히면서 책장을 넘기는 것 같은 기묘한 소리를 낸다. 탐험가들은 이것을 '별들의 귓속말'이라 부른다. 이를 통해 어떤 장소든지 수증기가 결정체로 응결되는 조건만 충족시킨다면 인공적으로 눈송이를 만들어낼 수 있다는 것을 알 수 있다.

웨인피어스는 일찍이 스프레이 페인트 압축 분사기, 노즐 및 물을 주는 호스를 이용하여 강설기를 만들어냈다. 그 이후로, 사람들은 '인공 강설기'를 이용하여 인공 눈을 만든다는 구상을 현실화시켰다. 인공 강설기는 두 가지 운행 원리가 있다. 하나는 우선 아주 작은 얼음 조각을 만든 후 그 얼음 조각으로 눈을 만드는 것이다. 86또 다른 하나는 전통적인 방법으로 고압수와 공기를 혼합하여 인공 눈을 만드는 것인데, 즉 저온 환경에서 물을 전용 노즐 혹은 분무기에 주입하고 고압의 공기가 물줄기를 아주 작은 입자로 분할한 뒤 외부로 분출시키는 것이다. 이들 작은 물방울들은 땅에 떨어지기 전에 빠른 속도로 얼어서 얼음 결정이 된다. 다시 말해 사람들이 볼 수 있는 눈송이인 것이다.

인공 눈과 자연 눈의 원리가 같으니 그렇다면 인공 눈은 자연 눈과 차이가 없을까? 답은 그럼에도 불구하고 여전히 차이가 있다는 것이다! 자연 눈은 형성되어 떨어져내리는 과정에서 각종 기상 정보를 그 안에 간직하게 된다. 때문에 이러한 말이 생겨났다. 세상에 완전히 동일한 눈송이는 찾아볼 수 없다. 반대로, 87인공 눈은 형성되는 시간이 짧고, 빨리 자라며, 눈송이의 모양이 대체적으로 일치한다.

일반적인 상황에서 2세제곱미터의 눈은 물 1톤이 필요하며, 한 대의 인공 강설기는 시간당 15~16톤의 물을 사용한다. 눈꽃 축제와 스키장의 인공 눈은 대부분 공기를 통해 증발되거나 지하로 스며들어 수거하여 재활용할 수 없어 88대단히 낭비가 된다. 스키장의 인공 강설기는 지하수 부족 현상도 초래하여 산간 지역을 가물게 한다. 그 밖에 인공 강설기는 지표의 식생도 어느 정도 파괴할 수 있다.

어휘 凝华 nínghuá 명 동 승화하다 碰撞 pèngzhuàng 동 충돌하다 油漆喷雾压缩机 yóuqī pēnwù yāsuōjī 페인트 분무 압축기(Paint Sprayer Compressor) 喷嘴 pēnzuǐ 명 노즐 软管 ruǎnguǎn 명 튜브, 호스 雪炮 xuěpào 명 인공 강설기 构想 gòuxiǎng 명 동 구상(하다) 混合 hùnhé 동 혼합하다, 함께 섞다 注入 zhùrù 동 주입하다, 부어 넣다 喷枪 pēnqiāng 명 분무기 分割 fēngē 동 분할하다, 갈라서 나누다 粒子 lìzǐ 명 입자 冰晶 bīngjīng 명 빙정, 얼음 결정 蕴藏 yùncáng 동 매장되다, 잠재하다 嘉年华 jiāniánhuá 카니발(carnival), 축제 蒸发 zhēngfā 동 증발하다 渗透 shèntòu 동 침투하다, 스며 들다 干旱 gānhàn 동 가물다 명 가뭄 植被 zhíbèi 명 식생(植生)

★★★ 중

85

划线部分是什么意思？	밑줄 친 부분은 어떤 의미인가?
A 自然现象的改变 B 流星雨落下的声音 **C 雪花碰撞的声音** D 冰冻的声音	A 자연 현상의 변화 B 유성우가 떨어지는 소리 **C 눈꽃이 부딪히는 소리** D 얼음이 어는 소리

해설 밑줄 친 단어 星辰的耳语(별들의 귓속말)의 앞부분을 보면 这些小雪花会通过碰撞发出像翻书一样的奇妙声音，被探险家们称为"星辰的耳语"(이 자그마한 눈송이들은 부딪히면서 책장을 넘기는 것 같은 기묘한 소리를 낸다. 탐험가들은 이것을 '별들의 귓속말'이라 부른다)라고 했으므로 이 단어의 의미로 알맞은 것은 C이다.

★★★ 하

86

第二种原理是什么？	두 번째 원리는 무엇인가?
A 破冰造雪 **B 水滴凝结成冰晶** C 利用粉碎机 D 引射式制雪	A 얼음을 깨서 눈을 만든다 **B 물방울이 응결하여 얼음 결정체가 된다** C 분쇄기를 이용한다 D 이젝터 펌프식으로 눈을 만든다

해설 두 번째 단락에서 两种运行原理(두 가지 운행 원리)가 언급된 부분을 보면 두 번째 원리로 另一种是采用传统的高压水与空气混合造雪，即在低温环境下，将水注入一个专用喷嘴或喷枪，高压空气会将水流分割成微小的粒子并喷出到外部，这些小水滴会在落地前快速冻结成冰晶(또 다른 하나는 전통적인 방법으로 고압수와 공기를 혼합하여 인공 눈을 만드는 것인데, 즉 저온 환경에서 물을 전용 노즐 혹은 분무기에 주입하고 고압의 공기가 물줄기를 아주 작은 입자로 분할한 뒤 외부로 분출시키는 것이다. 이들 작은 물방울들은 땅에 떨어지기 전에 빠른 속도로 얼어서 얼음 결정이 된다)이라고 설명했다. 따라서 두 번째 원리로 알맞은 것은 B이다.

어휘 凝结 níngjié 동 응결하다 粉碎机 fěnsuìjī 명 분쇄기 引射式 yǐnshèshì 이젝터 펌프식

★★☆ 하

87

与自然雪相比，人造雪有什么特点？	자연 눈과 서로 비교하면, 인공 눈은 어떤 특징이 있는가?
A 不会融化 **B 形状一致** C 具有保护植被功能 D 蕴藏着各种气象信息	A 녹지 않는다 **B 모양이 일치한다** C 식생을 보호하는 기능을 갖고 있다 D 각종 기상 정보를 담고 있다

해설 질문에서 인공 눈의 특징을 묻고 있으므로 관련 내용을 찾는다. 세 번째 단락의 끝부분에서 由于人造雪形成的时间短、

生长快，雪花形状基本一致(인공 눈은 형성되는 시간이 짧고, 빨리 자라며, 눈송이의 모양이 대체적으로 일치한다)이라고 했으므로 인공 눈의 형태가 동일함을 알 수 있다. 따라서 알맞은 정답은 B이다.

어휘 融化 rónghuà 동 (얼음 · 눈 등이) 녹다, 융해되다

★★★ 중

88 最后一段讲的是，人造雪的：

마지막 단락에서 이야기하는 것은 인공 눈의?

A 市场	**B 局限**	A 시장	**B 한계**
C 前景	D 消费	C 전망	D 소비

해설 마지막 단락에서 말하는 것이 무엇인지 묻고 있다. 마지막 단락에서 언급된 인공 눈에 관한 내용을 간추려 보면 十分浪费(대단히 낭비가 심하다), 使山区干旱(산간 지역을 가물게 한다), 对植被也会造成一定的破坏(지표의 식생도 어느 정도 파괴할 수 있다)라고 했으므로 인공 눈의 단점, 즉 한계를 말하고 있음을 알 수 있다. 따라서 정답은 B이다.

89-92

如何降低客机噪音？这一直都是科学家们研究的课题。据悉，这个课题目前已经取得了重大突破。自从1960年飞机投入使用以来，飞机引擎发出的噪音持续减少了80%。然而，随着经济的发展，89机场的航班大幅增加，使得机场噪音总体上有增无减。噪音问题成了制约机场进一步发展的一个障碍。

科学家们经过多年研究，一种“无声飞机”终于成功试飞，这种飞机预计将于15年内正式投入运营。但“无声”并不是指四周的人听不到飞机发动后的声音，而是起飞时的巨大轰鸣声在机场外的其他地方再也听不到，或变得极其微弱。科学家称，无声飞机起飞或降落时发出的声音将与洗衣机、冰箱等家用电器的声音差不多，人们完全可以承受，对附近居民生活基本上没有影响。

无声飞机最大的特点在于发动机的设计。它的发动机位于飞机顶部，吸入空气的部位改为机翼上方，有效地降低了噪音。而且，无声飞机的发动机比现有的飞机整整大两倍，可以保证飞机以更慢的速度起飞。另外，无声飞机的机身、机翼是一体的，这种设计可以使机翼的抖动减轻，从而减少噪音。最后，90无声飞机的机翼非常圆滑，能让飞机轻柔地滑过大气，降低噪音。此外，无声飞机的耗油量可大幅降低，将比原来的下降约25%。同时，91由于飞机的外部是流线型设计，使得内部空间更加宽敞，可以容纳更多的乘客。

어떻게 여객기의 소음을 줄일 것인가? 이것은 줄곧 과학자들의 연구 과제였다. 소식에 따르면, 이 과제는 현재 이미 중대한 돌파구를 마련했다. 1960년 비행기가 상용화된 이래로, 비행기의 엔진이 내는 소음은 지속적으로 80%가 줄었다. 하지만 경제가 발전함에 따라 89공항의 비행기가 대폭 증가하면서 공항 소음은 전반적으로 증가했지 줄지는 않았다. 소음 문제는 공항이 한 단계 발전하는 것을 제약하는 걸림돌이 되었다.

과학자들은 수년 간의 연구를 거쳐, 일종의 '무소음 비행기'가 마침내 성공적인 시범 비행을 마쳤으며, 15년 이내에 상용화될 것으로 예측했다. 하지만 '무소음'이라 해도 주변 사람들이 비행기 시동 후 소리를 전혀 들을 수 없다는 것은 아니고, 이륙할 때의 엄청난 소리가 공항 밖의 다른 장소에서 전혀 들리지 않거나 매우 작아질 거라는 의미이다. 과학자들은 무소음 비행기가 이착륙 때 내는 소리는 앞으로 세탁기, 냉장고 등 가전 제품의 소리와 거의 비슷해질 것이며, 이것은 사람들이 견딜 만할 수준으로 인근 지역의 주민들의 생활에 거의 영향을 미치지 않을 것이라고 밝혔다.

무소음 비행기의 최대 특징은 엔진의 설계에 있다. 엔진은 비행기의 상부에 위치해 있고 공기를 빨아들이는 부분은 비행기 날개 위쪽으로 바뀌어 효과적으로 소음을 줄이게 되었다. 게다가, 무소음 비행기의 엔진은 기존 비행기보다 두 배 가량 커져서 비행기가 더 느린 속도로 이륙할 수 있게 해주었다. 또한, 무소음 비행기의 기체와 날개가 일체화되었는데, 이러한 설계는 날개의 떨림 현상을 줄여 주어 소음을 줄이게 되었다. 마지막으로, 90무소음 비행기의 날개는 굉장히 매끄러워 비행기가 가볍고 부드럽게 대기를 미끄러지듯 통과함으로써 소음이 줄어들었다. 이 밖에 무소음 비행기의 유류 소모량은 대폭 낮아져 원래보다 약 25%가량 낮아졌다. 동시에, 91비행기의 외부는 유선형으로 설계되어 내부 공간을 더욱 넓혀주어 더 많은 승객을 수용할 수 있게 되었다.

无声飞机如果最终能研发成功，在利于机场的长远发展的同时，也可为居住在机场附近的人们提供一个更加安静的环境。	무소음 비행기가 만약 최종적으로 연구개발에 성공한다면 공항의 장기적인 발전에 도움이 될 뿐만 아니라 공항 인근의 주민들에게도 더욱 조용한 환경을 제공할 수 있게 될 것이다.

어휘 引擎 yǐnqíng 명 기계 엔진　障碍 zhàng'ài 명 동 방해(하다)　运营 yùnyíng 동 (차 · 배 등을) 운행하다, 운영하다　轰鸣 hōngmíng 동 요란스럽게 울리다　微弱 wēiruò 형 미약하다, 빈약하다　承受 chéngshòu 동 감당하다, 이겨 내다　顶部 dǐngbù 명 물체의 상단, 꼭대기　机翼 jīyì 명 비행기의 날개　抖动 dǒudòng 동 떨다, 털다, 흔들다　圆滑 yuánhuá 형 매끄럽다　轻柔 qīngróu 형 가볍고 부드럽다　耗油量 hàoyóuliàng 명 유류 소모량　流线型 liúxiànxíng 명 형 유선형(의)　宽敞 kuānchang 형 넓다, 널찍하다　容纳 róngnà 동 받아들이다, 용납하다

★★☆ 하

89	
机场噪音有增无减的原因是：	공항의 소음이 늘어나고 줄어들지 않은 까닭은?
A 防噪设施不达标 B 飞机引擎老化 C 机场规模不断扩大 **D 航班增多了**	A 방음 설비가 기준 미달이다 B 비행기 엔진이 노화됐다 C 공항 규모가 끊임없이 확대된다 **D 비행기가 증가했다**

해설 질문에서 공항의 소음이 줄지 않는 이유를 묻고 있다. 有增无减(늘어나고 줄지 않다)이 언급된 첫 번째 단락에서 机场的航班大幅增加，使得机场噪音总体上有增无减(공항의 비행기가 대폭 증가하면서 공항 소음은 전반적으로 증가했지 줄지는 않았다)이라고 했으므로 소음이 줄지 않는 까닭이 비행기 증가 때문임을 알 수 있다. 따라서 정답은 D이다.

어휘 达标 dábiāo 동 (기준이나 목표에) 도달하다

★★★ 하

90	
关于无声飞机的机翼，可以知道什么？	무소음 비행기의 날개에 관하여 무엇을 알 수 있는가?
A 很圆滑 B 抖动剧烈 C 能够与机身分离 D 是普通飞机的两倍	**A 매우 매끄럽다** B 떨림이 격렬하다 C 기체와 분리할 수 있다 D 일반 비행기의 두 배이다

해설 질문의 키워드 无声飞机的机翼(무소음 비행기의 날개)가 언급된 세 번째 단락을 보면 无声飞机的机翼非常圆滑(무소음 비행기의 날개는 굉장히 매끄럽다)라고 했으므로 날개가 매우 매끄럽다는 것을 알 수 있다. 따라서 정답은 A이다.

★★★ 중

91	
关于"无声飞机"，下列哪项正确？	'무소음 비행기'에 관하여 다음 중 옳은 것은?
A 不会投入运营 B 起飞时毫无噪音 C 对家电运转有影响 **D 内部空间大**	A 운행되지 않을 것이다 B 이륙 시 소음이 전혀 없다 C 가전 제품의 운행에 지장을 준다 **D 내부 공간이 크다**

해설 보기의 키워드로 A는 不会投入运营(운행되지 않다), B는 毫无噪音(소음이 전혀 없다), C는 家电(가전 제품), D는 空间大(공간이 크다)를 삼고 지문과 대조한다. 세 번째 단락에서 由于飞机的外部是流线型设计，使得内部空间更加宽敞，可以容纳更多的乘客(비행기의 외부는 유선형으로 설계되어 내부 공간을 더욱 넓혀주어 더 많은 승객을 수용할 수 있다)라고 했으므로 옳은 내용은 D이다.

어휘 运转 yùnzhuǎn 동 (기계가) 돌아가다, 운행하다

★★★ 하

92

最适合做上文标题的是：	본문의 제목으로 가장 적합한 것은?
A 客机的发展史	A 여객기의 발전사
B 增加航班，势在必行	B 항공기 증가는 피할 수 없는 추세이다
C 猫头鹰的飞行给航空技术启发	C 부엉이의 비행이 항공 기술에 준 영감
D 无声飞机：机场噪音终结者	**D 무소음 비행기: 공항 소음의 종결자**

해설 글의 제목을 묻고 있으므로 각 소단락의 주제와 앞서 푼 3문제의 내용을 종합해본다. 글에서 공항의 소음 문제, 무소음 비행기의 연구 개발, 특징, 개선점, 향후 전망 등이 언급되었으므로 D가 제목으로 가장 적합하다.

어휘 势在必行 shì zài bì xíng 성 피할 수 없는 추세다　猫头鹰 māotóuyīng 명 부엉이

93-96

现代人过冬时会穿上棉衣、羽绒服御寒。与现在不同，古代人御寒的衣服种类没有这么丰富。96那么古代人的主要御寒衣物是什么样的呢？

93唐朝开元年间，唐玄宗下令给驻守在边疆的士兵分发“纩衣”，而“纩衣”是用丝绵（蚕丝制品）填充的。为什么不用棉花填充呢？因为中国到了明朝后期才开始普遍种植棉花，也就是说唐朝时期“棉袄”是不常见的。

此外，纸也是很好的填充物。其实纸是用植物纤维制造的非编织物，质地坚韧，经久耐用，可挡寒风，重点是造价也很便宜。

94兽皮从原始时期起便用来作保暖衣物，因此加工技术早已成熟，但是中国社会自古都以农耕为主，因此皮革类衣服并不流行。加上皮草都是北方游牧民族进贡的，所以量少而价高。

95清代就不一样了，一来是统治阶层本就出身草原，有穿着裘皮御寒的习惯，二来皮草的货源稳定了，所以在《红楼梦》里登场的裘皮衣服就很多。但是当时的人穿裘皮衣服，习惯将毛朝里穿、面子上使用丝绸类面料，只在衣服的边缘露出一点皮毛的边儿，这种穿法既美观又低调。既然有了这种设计，在制作衣服时就多了一份心思，故意将一些好毛留在边缘处，或是把其它好

현대인들은 겨울을 날 때 솜옷, 다운 재킷 등을 입어 추위를 막는다. 현대와 달리 고대인들은 방한복의 종류가 이렇게 풍부하지 않았다. 96그렇다면 고대인들의 주된 방한복은 어땠을까?

93당나라 개원 연간, 당 현종은 명령을 내려 변방에 주둔하는 병사들에게 '솜옷'을 배급했는데 '솜옷'은 풀솜(명주실로 만든 제품)으로 충전했다. 왜 목화솜으로 충전하지 않았던 걸까? 중국에서는 명대 이후에 비로소 목화꽃을 심기 시작했기 때문으로, 다시 말하면 당나라 시기에는 '솜저고리'를 흔히 볼 수 없었다.

이 밖에 종이 역시 훌륭한 충전재였다. 사실 종이는 식물 섬유로 제작한 편직물로서, 재질이 질기고 단단하여 오래 사용할 수 있으며, 찬 바람을 막아줄 수 있다. 중요한 점은 제작 단가 역시 저렴하다는 것이다.

94동물의 가죽은 원시 시기부터 보온 의류로 사용되었기 때문에 가공 기술이 일찌감치 무르익었다. 하지만 중국 사회는 자고로 농경 위주였기 때문에 모피류의 의복은 유행하지 않았다. 게다가, 모피는 모두 북방 유목 민족들의 진상품이어서 양도 적고 값도 비쌌다.

95청대에는 달라졌다. 첫째로 통치 계급이 본시 초원 출신이라 모피를 입고 추위를 막는 풍습이 있었고, 둘째로 모피의 공급원이 안정적이었다. 따라서 「홍루몽」에 등장한 모피 의류도 매우 많았다. 하지만 당시에 사람이 입는 모피 의복은 습관적으로 털이 안쪽을 향하고 겉에는 비단을 사용했다. 겉단 끄트머리에만 약간의 모피가 테두리로 드러났다. 이러한 타입의 복식은 외관이 아름답고 절제의 미가 있었다. 이러한 디자인이 등장하자 의복 제작에 있어서도 한 가지 아이디어가 늘었다. 일부러 양질의 모피를 끄트머리에 남겨 두거나 다른

실전모의고사 2

的皮毛拼上去。这些露出来的毛就被称为"出锋"或"出风"，这也是"出风头"这句俗语的由来，其意思是出头露面显示自己。	양질의 모피를 맞붙이는 것이다. 이렇게 노출된 모피를 '출봉' 혹은 '출풍'이라고 했으며, 이것은 또한 '출풍두'라는 속어의 유래이기도 하다. 그 의미는 '뭇사람의 주의를 끌려고 얼굴을 내밀고 자신을 과시하길 좋아한다'이다.

어휘 棉衣 miányī 명 솜옷 羽绒服 yǔróngfú 명 다운 재킷(down jacket) 御寒 yùhán 동 추위를 막다, 방한하다 驻守 zhùshǒu 동 주둔하여 지키다 边疆 biānjiāng 명 국경 지대, 변방 纩 kuàng 명 풀솜, 명주솜 蚕丝 cánsī 명 잠사, 명주실 制品 zhìpǐn 명 제품 填充 tiánchōng 동 메우다, 채워 넣다 棉花 miánhua 명 면사, 솜 [목화의 통칭] 棉袄 mián'ǎo 명 솜 저고리 纤维 xiānwéi 명 섬유 编织物 biānzhīwù 명 편직물 坚韧 jiānrèn 형 단단하고 질기다 挡风 dǎngfēng 동 바람을 막다 兽 shòu 명 짐승 农耕 nónggēng 명 농경 游牧民族 yóumù mínzú 명 유목 민족 进贡 jìngòng 동 공물을 바치다 裘皮 qiúpí 명 모피 货源 huòyuán 명 (화물 · 상품의) 공급원 低调 dīdiào 명 낮은 목소리 拼 pīn 동 하나로 잇다, 합치다 出头露面 chū tóu lòu miàn 성 얼굴을 내밀고 일을 하다, 앞에 나서기를 좋아하다

★★☆ 하

93 关于唐代时人们冬天穿的衣服，可以知道什么？	당나라 시대 사람들이 겨울철에 입었던 의복에 관해 무엇을 알 수 있는가?
A 没有御寒的效果 B 和明朝时期一样 **C 不用棉花做填充物** D 都穿"棉袄"	A 추위를 막아주는 기능이 없다 B 명나라 왕조 때와 동일했다 **C 목화솜을 충전재로 사용하지 않았다** D 모두 다 '솜저고리'를 입었다

해설 당나라 시대 사람들이 겨울철에 입었던 의복에 관해 묻고 있으므로 관련 내용을 찾아본다. 두 번째 단락에서 唐朝开元年间，唐玄宗下令给驻守在边疆的士兵分发"纩衣"，而"纩衣"是用丝绵(蚕丝制品)填充的。为什么不用棉花填充呢？(당나라 개원 연간, 당 현종은 명령을 내려 변방에 주둔하는 병사들에게 '솜옷'을 배급했는데 '솜옷'은 풀솜으로 충전했다. 왜 목화솜으로 충전하지 않았던 걸까?)라고 했으므로 목화솜을 충전재로 사용하지 않았음을 알 수 있다. 따라서 정답은 C이다.

★★☆ 중

94 关于皮制衣服，我们可以知道什么？	가죽 제품 의복에 관해 무엇을 알 수 있나?
A 制作皮制衣服历史悠久 B 原始时期不用兽皮作衣服 C 兽皮是南方游牧民族进贡的 D 在中国古代皮制衣服很流行	**A 가죽 제품 의복의 역사는 유구하다** B 원시 시대에는 동물 가죽으로 의복을 만들지 않았다 C 동물 가죽은 남방 유목 민족들이 진상하는 것이었다 D 중국의 고대에 가죽 제품 의복이 유행했다

해설 질문에서 가죽 제품 의복에 관해 묻고 있으므로 가죽이 언급된 네 번째 단락을 살펴본다. 兽皮从原始时期起便用来作保暖衣物，因此加工技术早已成熟(동물의 가죽은 원시 시기부터 보온 의류로 사용되었기 때문에 가공 기술이 일찌감치 무르익었다)라고 했으므로 가죽 의복에 관해 알 수 있는 것은 A이다.

★★★ 중

95 文中举《红楼梦》的例子，是想说明什么？	지문 속 「홍루몽」의 예시는 무엇을 설명하고자 함인가?

A 人们不了解皮制品 **B 清朝时皮制品已经很普及** C 清朝时统治者不喜欢裘皮 D 当时的皮草货源很紧张	A 사람들이 가죽 제품을 모른다 **B 청나라 때 가죽 제품은 이미 보편화됐다** C 청나라 때 통치자들은 모피를 좋아하지 않았다 D 당시의 모피 공급이 매우 부족했다

해설 질문의 키워드 红楼梦(홍루몽)이 언급된 마지막 단락에서 清代就不一样了，一来是统治阶层本就出身草原，有穿着裘皮御寒的习惯，二来皮草的货源稳定了，所以在《红楼梦》里登场的裘皮衣服就很多(청대에는 달라졌다. 첫째로 통치 계급이 본시 초원 출신이라 모피를 입고 추위를 막는 풍습이 있었고, 둘째로 모피의 공급원이 안정적이었다. 따라서 「홍루몽」에 등장한 모피 의류도 매우 많았다)라고 했다. 따라서 홍루몽의 예시를 통해 청나라 때 가죽 제품이 보편화됐음을 알 수 있으므로 정답은 B이다.

★★★ 하

96 上文主要告诉我们什么？	본문에서 우리에게 주로 알려주고자 하는 것은?
A 古代人的主要御寒衣物 B 古代时人们如何过冬 C “棉袄”的起源 D 衣服的发展影响社会经济	**A 고대인들의 주된 방한 의복** B 고대인들은 어떻게 겨울을 났는가 C '솜저고리'의 기원 D 의복의 발전이 사회 경제에 미친 영향

해설 질문에서 글의 중심 내용을 묻고 있다. 글의 첫 번째 단락에서 那么古代人的主要御寒衣物是什么样的呢？(그렇다면 고대인들의 주된 방한복은 어땠을까?)라고 의문을 제기했다. 글을 전개할 때 핵심 질문을 던지고 그에 대한 대답을 서술하므로 이 글에서 알려주고자 하는 것은 고대인들의 방한 의복임을 알 수 있다. 따라서 정답은 A이다.

Tip▶ 글의 도입부에서 던지는 질문

: 글의 도입부에 질문(=의문문)이 나오면 이것이 바로 해당 글의 주제가 되는 경우가 많다. 일부 글에서는 자문자답의 형식, 즉, 질문을 던진 후 이에 대한 대답을 구체적으로 제시하므로, 주제(=중심 내용)를 묻는 문제를 만나면 글에 등장한 질문을 통해 주제를 파악하도록 한다.

97-100

“独居青年”指的是远离故乡亲人，独自在大城市奋斗打拼的年轻人，大部分独居青年没有家庭生活、感情寄托，也被称为“空巢青年”。 小编有一个毕业于知名高校经济学专业的朋友，他对于自己的专业没什么兴趣。由于独居生活十分无聊，他开始拿着相机到各地拍摄，还曾经为了拍狮子跑到非洲去。97他说，在这段期间，他学会了与自己对话、思考真正的人生追求。如果没有这段经历，他也许会继续做原来的工作，但肯定不会快乐。 许多家长十分忧虑这种回家就刷剧、玩游戏、点外卖的生活。小编也认为，这些独居青年的生活虽然充满了懒惰和迷茫，但正是这些自由却让他们经历了一个“试错”的过程，让他们得	'자취 청년'이란 고향과 가족을 멀리 떠나 홀로 대도시에서 고군분투하는 젊은이를 가리키는데, 대부분의 자취 청년들은 살아갈 가정과 마음 둘 곳이 없어 '빈둥지 청년'으로도 불린다. 본 집필자에게는 유명 대학 경제학과를 졸업한 친구가 한 명 있다. 그는 자신의 전공에 별 흥미가 없었다. 자취 생활이 무료하다 보니 그는 카메라를 들고 여기저기로 촬영을 하러 다녔는데 한번은 사자를 찍겠다고 아프리카까지 다녀왔다. 97그 친구 말이, 이 기간 동안 자신과 대화하는 법을 배웠고 진정한 인생의 목적을 깊이 생각할 수 있었다며, 만약 이런 경험이 없었다면 자신은 기존의 직장을 계속 다니며 틀림없이 즐거워하지 못했을 거라고 했다. 수많은 학부모들은 집에만 오면 드라마를 정주행하고 게임을 하며 배달 음식을 시켜먹는 생활을 대단히 걱정하고 있다. 본 집필자 역시 이러한 자취 청년들의 삶이 비록 나태함과 불투명함으로 점철되어 있다고 생각하지만 바로 이러한 자유가 오히려 그들에게 '시행착오'의

到了成长。这意味着他们开始真正独立地掌控自己的生活，承担起自由的重量。 98独居生活与自我封闭并不是一个概念，相反，它提供了自主建立社交的契机。从小到大，大多数人都是被动交朋友。校园时期的朋友大多都是同学，而同学是你不能主动选择的。“空巢青年”必须从原有的舒适圈中跳出来，主动地与周边的人接触，形成属于自己的社交圈。小编也曾经为了交一些志同道合的朋友而参加了智库、青年聚会等活动，这些人不同的文化背景扩大了我的视野，打破了我的朋友圈过于同质化的倾向。这种生活让我自己学会关心他人，学会与陌生人沟通。 99针对中国“空巢青年”增多的现象，社会没有必要过度恐慌，应该给予宽容和支持。	과정을 겪게 해주어 그들을 성장시켜 준다고 생각한다. 이것은 그들이 진정 독립적으로 자신의 삶을 컨트롤하고 자유의 무게를 짊어지기 시작했다는 것을 의미한다. 98자취 생활은 자기폐쇄적인 생활과 결코 같은 개념이 아니다. 반대로, 이것은 자주적인 사회 관계 수립의 계기를 제공해 주었다. 어려서부터 어른이 되기까지 대부분의 사람들은 피동적으로 친구를 사귄다. 대학 친구의 대다수는 동창들이지만 그들은 당신 자신이 스스로 선택한 것은 아니다. '빈둥지 청년'은 반드시 기존의 'Comfort Zone(익숙한 상황이나 장소)'를 벗어나, 능동적으로 주변인들과 접촉하며 자신만의 사회 관계망을 수립해야 한다. 본 집필자 역시 일찍이 마음이 맞는 친구를 사귀고자 브레인 트러스트, 청년 모임 등 각종 행사에 참여해 보았다. 이들의 다양한 문화적 배경은 나의 시야를 넓혀주고, 나의 사회 관계망이 지나치게 동질화되는 경향을 깨뜨려 주었다. 이러한 삶이 나 스스로가 타인에게 관심을 갖고, 낯선 사람들과 소통하는 법을 배울 수 있게 해주었다. 99중국의 '빈둥지 청년'이 증가하는 현상에 대해 사회에서 과도하게 두려워할 필요는 없으며 마땅히 관용과 응원을 주어야 한다.

어휘 打拼 dǎpīn 동 최선을 다하다, 분투하다　寄托 jìtuō 동 (기대 · 희망 · 감정 등을) 걸다, 담다, 의탁하다　空巢 kōngcháo 명 빈둥지 가구[자녀들이 취업이나 결혼으로 분가하면서 부모만 남은 가족 형태]　忧虑 yōulǜ 명 동 우려(하다), 걱정(하다)　刷刷 shuāshuā 의성 술술, 줄줄, 사각사각　懒惰 lǎnduò 형 나태하다, 게으르다　迷茫 mímáng 형 망망하다, 아득하다　试错 shìcuò 시행착오　掌控 zhǎngkòng 동 통제하다, 지배하다　封闭 fēngbì 동 밀봉하다, 봉하다　契机 qìjī 명 계기, 동기　志同道合 zhì tóng dào hé 성 의기가 투합하고 지향하는 바가 같다, 배짱이 맞다　智库 zhìkù 명 브레인 트러스트(brain trust), (정부의) 전문 고문단　恐慌 kǒnghuāng 형 (급변한 사태에) 두렵다, 무섭다, 당황하다　宽容 kuānróng 동 관용하다, 너그럽게 받아들이다

★★★ 상

97

作者举朋友的例子是为了说明什么？	저자는 친구의 예시를 들어 무엇을 설명하고자 했는가?
A 意志薄弱是孤独的主要原因 B 就业目标应该尽早确立 **C 独处会让人正确认识自我** D 工作必须要与专业对口	A 의지 박약은 고독의 주된 원인이다 B 취업 목표는 가능한 빨리 확립해야 한다 **C 혼자 사는 것이 자아를 정확하게 인식하게 해준다** D 직업은 반드시 전공과 일치해야 한다

해설 질문에서 친구의 예시가 무엇을 설명하는지 물었으므로 친구가 언급된 두 번째 단락을 살펴본다. 두 번째 단락에서 친구가 한 말을 인용하며 他说，在这段期间，他学会了与自己对话、思考真正的人生追求(그 친구 말이, 이 기간 동안 자신과 대화하는 법을 배웠고 진정한 인생의 목적을 깊이 생각할 수 있었다)라고 했으므로 친구의 예시를 통해 설명하고자 한 것이 C임을 알 수 있다.

어휘 薄弱 bóruò 형 박약하다　确立 quèlì 동 확립하다　对口 duìkǒu 동 서로 관련된 쌍방이 작업 내용과 성질에 있어 일치하다

★★☆ 중

98 根据上文，下列哪项正确？	본문을 토대로 다음 중 옳은 것은?
A 空巢生活会带来空洞感 B 要注意营造优美的环境 **C 独居生活并不等于封闭自己** D 青年人的心理普通有问题	A 빈둥지 삶은 공허함을 초래할 수 있다 B 아름다운 환경을 조성하는 데 주의해야 한다 **C 자취 생활은 결코 자신을 폐쇄시키는 것이 아니다** D 청년들의 심리는 보통 문제가 있다

해설 보기의 키워드로 A는 带来空洞感(공허함을 초래하다), B는 优美的环境(아름다운 환경), C는 独居生活(자취 생활), D는 心理有问题(심리에 문제가 있다)를 삼고 지문과 대조한다. 네 번째 단락에서 独居生活与自我封闭并不是一个概念(자취 생활은 자기폐쇄적인 생활과 결코 같은 개념이 아니다)이라고 했으므로 키워드가 그대로 언급된 C가 옳은 내용이다.

어휘 空洞 kōngdòng 형 내용이 없다, 공허하다 营造 yíngzào 동 (건축물 등을) 조성하다, (분위기 · 기풍 등을) 수립하다

★★★ 중

99 根据上文，应该如何对待“空巢青年”？	본문을 토대로, '빈둥지 청년'을 어떻게 대해야 하는가?
A 应该给予更多的社会关注 B 要让他们感受到温暖 C 要有足够的私人空间 **D 要给予宽容和支持**	A 더 많은 사회적 관심을 줘야 한다 B 그들이 따뜻함을 느끼게 해주어야 한다 C 충분한 사적인 공간이 있어야 한다 **D 관용과 응원을 주어야 한다**

해설 질문에서 '빈둥지 청년'을 어떻게 대해야 하는지 묻고 있다. 마지막 단락의 应该(마땅히 ~해야 한다)가 언급된 부분에서 针对中国"空巢青年"增多的现象，社会没有必要过度恐慌，应该给予宽容和支持(중국의 '빈둥지 청년'이 증가하는 현상에 대해 사회에서 과도하게 두려워할 필요는 없으며 마땅히 관용과 응원을 주어야 한다)이라고 했으므로 빈둥지 청년에게 관용과 응원을 주어야 함을 알 수 있다. 따라서 정답은 D이다.

★★★ 하

100 最适合上文的标题是：	본문의 제목으로 가장 적합한 것은?
A 空巢青年的成因 B 如何挽救空巢青年 **C 空巢也是一种成长方式** D 空巢——社会的隐忧	A 빈둥지 청년의 형성 원인 B 어떻게 빈둥지 청년을 구제하는가 **C 빈둥지 역시 일종의 성장 방식이다** D 빈둥지 : 사회의 잠재적 재앙

해설 글의 제목을 묻는 문제이다. 각 단락의 주제들과 앞서 푼 문제들을 통해 중심 내용을 유추한다. 두 번째 단락에서 친구가 혼자만의 시간을 통해 성장했다는 것, 세 번째 단락에서 자취 청년들의 시행착오를 통한 성장, 네 번째 단락의 편안한 곳을 벗어나 성장했다는 것을 종합해보면 C가 본문의 제목으로 가장 적합함을 알 수 있다.

어휘 成因 chéngyīn 명 형성 원인 挽救 wǎnjiù 동 구제하다, 만회하다 隐忧 yǐnyōu 명 잠재해 있는 위험, 겉으로 드러나지 않은 재앙

쓰기 101. ★★★ 중

[풀이전략] 첫 번째로 읽으면서 인물과 주요 사건을 중심으로 빠르게 읽는다. 두 번째로 읽으면서 사건을 기/승/전/결/(주제)로 나누어 스토리를 만들고, 사건 서술에 필요한 표현들을 '주어-술어-목적어'를 중심으로 암기한다. 문장의 기본 구조에 충실하게 작문하되, 생각나지 않는 표현은 비슷한 말로 바꾸고 정확한 메시지를 전달할 수 있도록 간단명료하게 작문한다.

| Step 1 | 인물과 사건을 중심으로 읽기

1단락 등장인물: 그(16세, 18세, 19세)
사건: 창업에 대한 꿈을 어릴 때부터 가짐.

为了实现自己做杂志的"梦"，16岁的他常被老师罚写"不再不务正业"的保证书；后来又为了自己创业的"梦"，18岁的他把自己的生活费赔个精光；然而，这个创业梦并没有因为失败而消退，19岁的他决心再次创业，并办理了休学。	자신의 잡지를 만들고자 하는 '꿈'을 이루기 위해, 16세의 그는 선생님에 의해 늘상 "다시는 본분을 소홀히 하지 않겠습니다"라는 반성문을 벌로 썼다. 훗날 그는 또다시 자신의 창업의 '꿈'을 위해 18세의 그는 자신의 생활비를 탕진했다. 하지만, 이 창업의 꿈은 결코 실패했다고 퇴색하지 않았다. 19세의 그는 다시금 창업을 하겠노라 결심하고 휴학 수속까지 했다.

어휘 不务正业 bú wù zhèng yè 성 해야 할 일을 하지 않다　赔 péi 동 배상하다, 변상하다　精光 jīngguāng 형 아무것도 남은 것이 없이 깨끗하다, 말끔하다　消退 xiāotuì 동 사라지다, 점점 없어지다

2단락 사건: 어머니는 허황된 꿈이라고 생각하여 반대하셨지만 그는 포기하지 않음.

母亲很不理解他为了一个虚无缥缈的梦而休学的举动，为此跟他大吵大闹，甚至威胁说要断绝母子关系。即便如此，他也没有放弃自己的想法。	그의 어머니는 그가 허황된 꿈을 위해 휴학한 행동이 이해가 되지 않아, 그와 크게 다투었으며 심지어 모자 관계를 끊겠다고 위협하기까지 했다. 설령 이렇다고 해도 그는 자신의 생각을 포기하지 않았다.

어휘 虚无缥缈 xū wú piāo miǎo 성 허무맹랑하다, 헛되고 실속 없다　举动 jǔdòng 명 거동, 행동　大吵大闹 dà chǎo dà nào 성 큰 소리로 소동을 일으키다, 아우성치며 떠들다　断绝 duànjué 동 단절하다, 끊다

3단락 사건: 그는 스무 살에 북경에 와서 민가를 임대하여 사무실을 차림.

后来他只身来到陌生的北京，为了节省开销，他租住在混乱的民宅，应聘人员的面试都在咖啡馆里进行，谈好后才敢将应聘者带到那个混乱的被称为"办公室"的地方。这一年，他才20岁。	훗날, 그는 혈혈단신으로 낯선 북경에 왔다. 지출을 아끼기 위해 그는 엉망인 민가를 임대했고, 직원 면접도 커피숍에서 진행한 뒤 그 엉망인 '사무실'이라고 불리는 장소로 지원자를 데리고 갔다. 이 해에 그는 겨우 스무 살이었다.

어휘 只身 zhīshēn 명 단신, 홀몸　开销 kāixiāo 명 지출, 비용　租住 zūzhù 동 임대 거주하다　混乱 hùnluàn 명 형 혼란(하다)　民宅 mínzhái 명 민가

4단락 사건: 그들은 두 개의 제품을 만들었지만 경쟁에서 빠르게 패했고, 마지막으로 제품 하나를 만듦.

开始的几个月的时间里，他们连续做出了两款产品，可是由于宣传力度不够，产品又没有什么新意，在与同类产品的竞争中，很快就败下阵来。而这时，他的钱也马上就要花光了。最后，他决心再做一个产品，如果失败就回学校继续读书。	시작하고 몇 달간, 그들은 연이어 두 개의 제품을 만들어냈다. 하지만 광고력이 부족했고, 제품도 별다른 참신함이 없어 동류의 제품들과 경쟁에서 빠르게 패하게 되었다. 게다가 이때 그의 돈 역시 거의 다 떨어져가고 있었다. 결국, 그는 다시 제품을 하나 만들기로 결정했고, 만약 실패하면 학교로 돌아가 공부를 계속 하려고 했다.

어휘 败阵 bàizhèn 명 동 패전(하다)

5단락 사건: 친한 친구가 여자친구의 선물을 고민하고 있을 때 그가 조언을 해주었고, 그 선물을 친구의 여자친구가 매우 마음에 들어함.

就在新产品的研发毫无头绪时，好友打来电话向他咨询怎么给女孩选礼物。原来，情人节就快到了，好友想送女友一款心仪的礼物，并为此绞尽脑汁。而他多年创业，十分了解各年龄层人群的需求，常给好友们提建议。后来好友又打来电话表示感谢，说他推荐的礼物女友十分喜欢。	신제품의 연구 개발이 전혀 갈피를 잡지 못하고 있을 때, 친한 친구로부터 전화가 왔는데, 여자친구에게 어떤 선물을 해야 할지 물어보는 것이었다. 알고보니, 곧 발렌타인데이가 다가오는데, 친구가 여자친구에게 진심어린 사랑을 담은 선물을 하려고 온갖 지혜를 다 짜내고 있던 것이다. 마침 그는 다년간의 창업으로 각 연령층의 니즈를 잘 파악하고 있어서 종종 친구들에게 조언을 해주고 있었다. 훗날 친한 친구로부터 고맙다는 전화가 왔다. 그가 추천해 준 선물을 여자친구가 매우 마음에 들어 했다는 것이다.

어휘 头绪 tóuxù 명 두서, 갈피　心仪 xīnyí 동 마음속으로 흠모하다, 진심으로 경모하다　绞尽脑汁 jiǎo jìn nǎo zhī 성 온갖 지혜를 다 짜내다

6단락 사건: 그래서 그는 선물 추천 어플이 유용할 것이라고 생각함.

言者无意，听者有心，调查后，他发现很多人因选礼物而烦恼。甚至因为不恰当的礼物引发误会的情况也时有发生。他想如果有一个专门的礼物推荐软件，可以帮人们给恋人、家人、朋友、同事制造生日、节日、纪念日的惊喜，既可以节省选礼物的时间，又能减少误会的产生，肯定会受到欢迎。于是在再三考虑后，他将最后一次机会押在了礼品上。	말하는 사람은 별 뜻이 없어도 듣는 사람은 마음에 새겨둔다고, 조사 후 그는 많은 사람들이 선물 고르는 것으로 고민하고 있음을 발견했다. 심지어 적합하지 않은 선물로 오해를 불러 일으키는 상황도 종종 발생했다. 그는 만약 전문적인 선물 추천 어플이 있다면 사람들이 연인, 가족, 친구, 동료들에게 생일, 명절, 기념일 등의 놀라움과 기쁨을 주는 데 도움을 줄 수 있고, 선물을 고르는 시간도 절약하고 오해가 생길 가능성도 낮춰서 틀림없이 인기를 끌 것이라고 생각했다. 그래서 거듭 숙고를 한 뒤, 그는 마지막 기회를 선물에 걸었다.

어휘 押 yā 동 저당하다, ~에 돈을 걸다　礼品 lǐpǐn 명 선물

7단락 사건: 그는 'Gift Talk'이라는 어플을 개발했고, 국내 선물 분야에서 가장 큰 온라인 상점이 되었음.

看着腰包越来越扁，他不得不裁员，只留下4个人。几个人一起不分昼夜地为了最后一次“冲刺”而努力。功夫不负有心人，经过几个月的拼搏，一款名为“礼物说”的软件进入了人们的视线。它根据不同人的不同需求，将礼物分类，同时还附赠各种送礼攻略，以前的煞费苦心，现在只需要点点鼠标或者划划手机屏幕就搞定了。由于此款软件的风格走的是清新路线，上线的同时更是俘获了大批90后少女的芳心。如今，“礼物说”的用户已经突破了1,000万，月销售额突破了5,000万元，成为国内礼物领域最大的移动电商，也获得了顶级投资机构的千万美元融资。	돈 주머니가 점점 납작해지는 것을 바라보며 그는 어쩔 수 없이 직원을 정리하여 단 4명만 남겼다. 이 몇 사람이 밤낮을 가리지 않고 마지막 한 번의 '스퍼트'를 위해 노력했다. 노력은 사람을 저버리지 않는다더니, 몇 달간의 고군분투를 거쳐, 'Gift Talk'이라는 어플이 사람들의 시선에 들어왔다. 이 어플은 다양한 사람들의 다양한 니즈를 토대로 선물을 분류하고 동시에 각종 선물 공략법을 덤으로 제공했다. 예전에 대단히 고심했던 것이 지금은 그저 마우스를 클릭하거나 손가락으로 스크린을 넘기기만 하면 되었다. 이 어플의 스타일이 새로운 노선을 걸었기 때문에 온라인에 올림과 동시가 엄청난 수의 90년 이후 출생한 소녀들의 마음을 전리품처럼 얻게 되었다. 오늘날, 'Gift Talk'의 사용자는 이미 1,000만을 돌파했으며, 월간 매출액은 5,000만 위안을 돌파하여 국내 선물 분야에서 가장 큰 온라인 마켓이 되었고, 최정상급의 투자 기관에게 천만 달러의 융자를 얻기도 했다.

어휘 腰包 yāobāo 명 허리춤에 차는 돈주머니 扁 biǎn 형 평평하다, 납작하다 裁员 cáiyuán 동 인원을 정리하다, 감원하다 冲刺 chōngcì 명 동 스퍼트(spurt)(하다) 不分昼夜 bù fēn zhòu yè 성 밤낮을 가리지 않고, 밤이나 낮이나 不负 búfù 저버리지 않다 苦心人 kǔxīnrén 명 대단한 노력가 拼搏 pīnbó 동 필사적으로 싸우다, 끝까지 다투다 附赠 fùzèng 덤으로 주다 送礼 sònglǐ 동 선물을 보내다 攻略 gōnglüè 명 공략(법) 煞费苦心 shà fèi kǔ xīn 성 대단히 고심하다, 몹시 애를 쓰다, 심혈을 기울이다 俘获 fúhuò 동 포로를 잡고 전리품을 얻다 芳心 fāngxīn 명 젊은 여자의 마음 融资 róngzī 명 동 융자(하다)

8단락 사건: 이 이야기의 주인공은 원청후웨이로, 그는 꿈을 포기하지 않아서 성공할 수 있었음.

故事的主人公就是人称“90后马云”的温城辉，他从未抱怨自己所面对的挫折和失败，更不曾放弃过自己的梦想。只有不停地前进，才能站得高，看得远，而人生又何尝不是如此！	이야기의 주인공은 바로 사람들이 '90년대 이후 출생한 마윈'으로 불리는 원청후웨이이다. 그는 자신이 직면한 좌절과 실패를 원망한 적이 없으며, 자신의 꿈을 포기한 적은 더더욱 없었다. 끊임없이 전진해야만 비로소 멀리 내다 볼 수 있는 것이다. 인생이 언제 이와 같지 않았던 적이 있었을까!

어휘 站得高, 看得远 zhàn de gāo, kàn de yuǎn [속담] 높은 곳에 서면 먼 곳이 보인다, 식견이 있어야 앞을 내다볼 수 있다 何尝 hécháng 부 언제 ~한 적이 있었느냐

| Step 2 | 요약하고 중국어로 익히기

기

1단락

为了实现自己做杂志的“梦”，16岁的他常被老师罚写“不再不务正业”的保证书；后来又为了自己创业的“梦”，18岁的他把自己的生活费赔个精光；然而，这个创业梦并没有因为失败而消退，19岁的他决心再次创业，并办理了休学。

2단락

母亲很不理解他为了一个虚无缥缈的梦而休学的举动，为此跟他大吵大闹，甚至威胁说要断绝母子关系。即便如此，他也没有放弃自己的想法。

바꿔쓰기 • 做杂志的“梦” → 想做一本杂志
• 把生活费赔个精光 → 赔光了生活费

요약하기
温城辉16岁时就因为想做一本杂志，常被老师说“不务正业”；18岁时又因为创业赔光了生活费；19岁时，他竟然休学去创业，并为此与母亲大吵了一架，差点儿断绝了母子关系。

승

3단락

后来他只身来到陌生的北京，为了节省开销，他租住在混乱的民宅，应聘人员的面试都在咖啡馆里进行，谈好后才敢将应聘者带到那个混乱的被称为“办公室”的地方。这一年，他才20岁。

4단락

开始的几个月的时间里，他们连续做出了两款产品，可是由于宣传力度不够，产品又没有什么新意，在与同类产品的竞争中，很快就败下阵来。而这时，他的钱也马上就要花光了。最后，他决心再做一个产品，如果失败就回学校继续读书。

바꿔쓰기 • 为了节省开销 = 因为资金不多

요약하기
20岁时，他来到北京，因为资金不多，他只能租用民宅作办公室，招聘时只能在咖啡厅。刚开始，他们研发了两款产品，可由于同类产品多又缺乏宣传，这两款产品都不太受欢迎。更糟的是他的钱快用完了，于是，他决定最后再试一次，不行就再回去上学。

전

5단락

就在新产品的研发毫无头绪时，好友打来电话向他咨询怎么给女孩选礼物。原来，情人节就快到了，好友想送女友一款心仪的礼物，并为此绞尽脑汁。而他多年创业，十分了解各年龄层人群的需求，常给好友们提建议。后来好友又打来电话表示感谢，说他推荐的礼物女友十分喜欢。

6단락

*言者无意，听者有心，调查后，*他发现很多人因选礼物而烦恼。甚至因为不恰当的礼物引发误会的情况也时有发生。他想如果有一个专门的礼物推荐软件，可以帮人们给恋人、家人、朋友、同事制造生日、节日、纪念日的惊喜，既可以节省选礼物的时间，又能减少误会的产生，肯定会受到欢迎。于是在再三考虑后，他将最后一次机会押在了礼品上。

바꿔쓰기 • 就在新产品的研发毫无头绪时 = 一筹莫展时
• 一个专门的礼物推荐软件 = 一款专门选礼物的软件

요약하기
正在他一筹莫展时，他的好朋友来电话来问如何给女朋友选情人节礼物，因为他创业经验丰富，了解他人的需求，朋友们经常来请教他。他突然想，可以做一款专门选礼物的软件，解决这方面的烦恼。

어휘 一筹莫展 yì chóu mò zhǎn 성 아무런 방법도 없다, 속수무책이다

결

7단락

看着腰包越来越扁，他不得不裁员，只留下4个人。几个人一起不分昼夜地为了最后一次"冲刺"而努力。功夫不负有心人，经过几个月的拼搏，一款名为"礼物说"的软件进入了人们的视线。它根据不同人的不同需求，将礼物分类，同时还附赠各种送礼攻略，以前的煞费苦心，现在只需要点点鼠标或者划划手机屏幕就搞定了。由于此款软件的风格走的是清新路线，上线的同时更是俘获了大批90后少女的芳心。如今，"礼物说"的用户已经突破了1,000万，月销售额突破了5,000万元，成为国内礼物领域最大的移动电商，也获得了顶级投资机构的千万美元融资。

바꿔쓰기
- 进入了人们的视线 = 上市了
- 此款软件的风格走的是清新路线 = 这款软件又方便又漂亮
- 俘获了……的芳心 = 受……的青睐

요약하기

于是，几个月后，一款有选礼物功能的软件上市了，它就是"礼物说"。这款软件又方便又漂亮，非常受90后女生的青睐。目前，"礼物说"已经成为中国礼物领域最大的移动电商了。

주제

8단락

故事的主人公就是人称"90后马云"的温城辉，他从未抱怨自己所面对的挫折和失败，更不曾放弃过自己的梦想。只有不停地前进，才能站得高，看得远，而人生又何尝不是如此！

요약하기

温城辉坚持自己的梦想不放弃，直到获得成功，人生就是要不断前进，站得高才能看得远。

| Step 3 | 요약문 쓰기 (참고 답안)

成功永远只在"前进"的路上

温城辉16岁时就因为想做一本杂志，常被老师说"不务正业"；18岁时又因为创业赔光了生活费；19岁时，他竟然休学去创业，并为此与母亲大吵了一架，差点儿断绝了母子关系。

20岁时，他来到北京，因为资金不多，他只能租用民宅作办公室，招聘时只能在咖啡厅进行。刚开始，他们研发了两款产品，可由于同类产品又多又缺乏宣传，这两款产品都不太受欢迎。更糟的是他的钱快用完了，于是，他决定最后再试一次，不行就再回去上学。

正在他一筹莫展时，他的好朋友打电话来问如何给女朋友选情人节礼物，因为他创业经验丰富，了解他人的需求。朋友们经常来请教他。他突然想，可以做一款专门选礼物的软件，解决这方面的烦恼。

성공은 영원히 '전진하는' 길 위에만 있다

원청후웨이는 16세 때 잡지를 만들고 싶어 했기 때문에 늘 선생님에게 '본분에 충실하지 않는다'라는 욕을 먹었다. 18세 때는 또 창업으로 인해 생활비를 탈탈 털어 물어주기도 했고, 19세 때는, 뜻밖에도 휴학을 하고 창업을 하여 어머니와 크게 다투고 모자의 연의 끊을 뻔하기도 했다.

20세 때, 그는 북경에 왔으나, 자금이 많지 않아 민가를 빌려 사무실로 쓸 수밖에 없었고 직원을 뽑을 때에도 커피숍에서 진행할 수밖에 없었다. 처음에 그들은 두 개의 제품을 연구개발했으나 같은 종류의 상품이 많고 광고도 부족해, 이 두 제품은 그다지 인기를 끌지 못했다. 더 엉망이었던 것은 돈이 거의 다 떨어진 것이었다. 그래서 그는 마지막으로 다시 한번 시도해보고 안되면 다시 학교에 다니기로 결정했다.

그가 속수무책일 때, 그의 친한 친구가 전화를 걸어와 여자친구에게 발렌타인데이에 선물을 어떻게 줄지를 물었다. 그의 창업 경험이 풍부해서 다른 사람의 필요를 잘 알고 있었기 때문에 친구들은 종종 그에게 도움을 청했다. 그는 문득 전문적으로 선물을 골라주는 어플을 만들어 이 방면의 고민을 해결할 수 있겠다는 생각을 하게 되었다.

于是，几个月后，一款有选礼物功能的软件上市了，它就是“礼物说”。这款软件又方便又漂亮，非常受90后女生的青睐。目前，“礼物说”已经成为中国礼物领域最大的移动电商了。

温城辉坚持自己的梦想不放弃，直到获得成功，人生就是要不断前进，站得高才能看得远。（432字）

그래서, 몇 달 후, 선물 고르기 기능이 있는 어플이 시장에 출시되었다. 이것이 바로 'Gift Talk'이다. 이 어플은 편리하고 예뻐서, 90년 이후 출생한 여학생들에게 각광을 받았다. 현재, 'Gift Talk'은 이미 중국 선물 분야에서 가장 큰 온라인 마켓이 되었다.

원청후에이는 자신의 꿈을 성공할 때까지 꿋꿋하게 지키며 포기하지 않았다. 인생은 바로 부단히 전진해서 높은 곳에 서야만 먼 곳을 잘 볼 수 있는 것이다.

실전모의고사

3회 한눈에 정답 확인하기

듣기

제1부분	1. B	2. A	3. C	4. D	5. B	6. D	7. C	8. A	9. C	10. A
	11. D	12. C	13. B	14. C	15. B					
제2부분	16. D	17. D	18. B	19. C	20. D	21. D	22. C	23. A	24. C	25. A
	26. B	27. A	28. B	29. A	30. C					
제3부분	31. B	32. A	33. C	34. D	35. D	36. A	37. A	38. D	39. B	40. D
	41. B	42. D	43. B	44. A	45. B	46. A	47. D	48. B	49. C	50. D

독 해

제1부분	51. D	52. D	53. A	54. A	55. C	56. C	57. D	58. B	59. A	60. A
제2부분	61. C	62. A	63. D	64. B	65. D	66. A	67. A	68. B	69. A	70. B
제3부분	71. A	72. D	73. C	74. B	75. E	76. B	77. E	78. A	79. C	80. D
제4부분	81. C	82. D	83. B	84. D	85. B	86. C	87. C	88. C	89. B	90. B
	91. A	92. A	93. C	94. D	95. C	96. D	97. C	98. A	99. B	100. C

쓰 기

101. 참고 답안 → p202

✂ 자가진단표를 뜯어서 사용할 수 있습니다.

자가진단 나의 학습 취약점 & 보완점 체크하기

문제별 중요도와 난이도를 보고 자신의 학습 취약점을 파악할 수 있게 하였습니다. 정답을 확인하여 반복적으로 틀리는 문제를 체크하고 어떤 부분(어휘력, 독해력, 청취력)을 보완해야 할지 진단해 봅시다.

틀린문제에 √표시 / 난이도(상, 중, 하)

문제 번호 ← 00 □ ★★ 상 | 형용사, 명사 키워드 듣기 → 문제 공략 포인트

중요도(★★★)

듣기 제1부분			
1 □	★★★	중	설명문의 정보 대조하기
2 □	★★	하	에피소드의 인물의 행동 파악하기
3 □	★★	하	논설문의 주장 파악하기
4 □	★★	중	설명문의 정보 대조하기
5 □	★★	중	에피소드의 인물의 행동 파악하기
6 □	★★	중	설명문의 정보 대조하기
7 □	★★★	하	설명문의 정보 대조하기
8 □	★★	상	기사문의 정보 대조하기
9 □	★★★	하	설명문의 정보 대조하기
10 □	★★	하	설명문의 정보 대조하기
11 □	★★★	중	설명문의 정보 대조하기
12 □	★★	상	설명문의 정보 대조하기
13 □	★★	하	에피소드의 인물의 행동 파악하기
14 □	★★★	중	설명문의 정보 대조하기
15 □	★★★	중	기사문의 정보 대조하기
듣기 제2부분			
16 □	★★★	하	동기/원인 듣기
17 □	★★	중	세부사항 듣기
18 □	★★★	하	세부사항 듣기
19 □	★★★	중	태도/견해 듣기
20 □	★★	상	세부사항 듣기
21 □	★★★	중	태도/견해 듣기
22 □	★★	하	세부사항 듣기
23 □	★	하	옳은 내용 고르기
24 □	★★★	중	세부사항 듣기
25 □	★★★	하	세부사항 듣기
26 □	★★	중	옳은 내용 고르기
27 □	★	하	세부사항 듣기
28 □	★★★	중	태도/견해 듣기
29 □	★	하	세부사항 듣기
30 □	★★★	하	태도/견해 듣기
듣기 제3부분			
31 □	★★★	하	특정 키워드의 옳은 내용 고르기
32 □	★★★	중	옳지 않은 내용 고르기
33 □	★★★	하	세부사항 듣기
34 □	★★	중	세부사항 듣기
35 □	★★★	중	세부사항 듣기
36 □	★★	하	특정 키워드의 옳은 내용 고르기
37 □	★★	하	세부사항 듣기
38 □	★★	중	특정 키워드의 옳은 내용 고르기
39 □	★★★	중	세부사항 듣기
40 □	★★★	하	세부사항 듣기
41 □	★★	하	특정 키워드의 옳은 내용 고르기
42 □	★★	상	세부사항 듣기
43 □	★★★	중	세부사항 듣기
44 □	★★★	중	중심내용/교훈 파악하기
45 □	★★	중	세부사항 듣기
46 □	★★	하	옳은 내용 고르기
47 □	★★	중	특정 키워드의 옳은 내용 고르기
48 □	★★	중	세부사항 듣기
49 □	★★★	중	세부사항 듣기

50 □	★★	상	옳은 내용 고르기
독해 제1부분			
51 □	★★★	상	접속사의 오류
52 □	★★★	상	문장 성분의 결여
53 □	★★★	하	논리적 의미의 오류
54 □	★★★	중	문장 성분의 결여
55 □	★★★	하	논리적 의미의 오류
56 □	★	하	어순 오류
57 □	★★★	하	의미 중복
58 □	★★★	중	접속사의 오류
59 □	★★★	상	논리적 의미의 오류
60 □	★★	상	문장 성분의 결여
독해 제2부분			
61 □	★★★	중	빈칸 채우기
62 □	★★★	중	빈칸 채우기
63 □	★★★	중	빈칸 채우기
64 □	★★★	하	빈칸 채우기
65 □	★★★	중	빈칸 채우기
66 □	★★	중	빈칸 채우기
67 □	★★★	중	빈칸 채우기
68 □	★	하	빈칸 채우기
69 □	★★★	하	빈칸 채우기
70 □	★★	중	빈칸 채우기
독해 제3부분			
71 □	★★★	하	논리적 의미로 연결시키기
72 □	★★★	중	논리적 의미로 연결시키기
73 □	★★★	하	논리적 의미로 연결시키기
74 □	★★★	중	논리적 의미로 연결시키기
75 □	★★	하	논리적 의미로 연결시키기
76 □	★★	중	논리적 의미로 연결시키기
77 □	★★	중	논리적 의미로 연결시키기
78 □	★★★	하	접속사/부사로 연결시키기
79 □	★★★	하	논리적 의미로 연결시키기
80 □	★★★	하	접속사/부사로 연결시키기
독해 제4부분			
81 □	★★	상	특정 키워드의 의미 파악하기
82 □	★★	상	세부사항 파악하기
83 □	★★	중	어휘의 뜻 파악하기
84 □	★★★	하	특정 키워드의 옳은 내용 고르기
85 □	★★	상	어휘의 뜻 파악하기
86 □	★★	중	세부사항 파악하기
87 □	★★	하	옳지 않은 내용 고르기
88 □	★★★	중	옳은 내용 고르기
89 □	★★	중	특정 키워드의 옳은 내용 고르기
90 □	★★	상	어휘의 뜻 파악하기
91 □	★★	상	어휘의 뜻 파악하기
92 □	★★★	상	중심내용/교훈 파악하기
93 □	★★	중	특정 키워드의 옳은 내용 고르기
94 □	★★★	하	특정 단락의 세부사항 파악하기
95 □	★★	상	어휘의 뜻 파악하기
96 □	★★	중	옳은 내용 고르기
97 □	★★	중	옳지 않은 내용 고르기
98 □	★★	중	세부사항 파악하기
99 □	★★	중	세부사항 파악하기
100 □	★★★	중	옳은 내용 고르기
쓰기			
101 □	★★★	상	조조의 일화

점수 확인

듣기	(/50문항) × 2점 = ________ 점/100점
독해	(/50문항) × 2점 = ________ 점/100점
쓰기	(/ 1문항) × 100점 = ________ 점/100점

총점 : ____________점
(만점 300점)

※ 주의: 위의 영역별 문항 점수는 만점을 기준으로 하여 산출한 가상 점수로 실제 HSK 성적과 계산 방식이 상이할 수 있습니다.

듣기 제1부분

[풀이전략] 녹음을 듣기 전에 보기의 핵심 키워드를 분석하여 녹음의 내용을 예상한다. 녹음을 들으면서 보기의 내용과 일치하는지 일치하지 않는지를 판단한다.

★★★ 중

1	
家庭的熏陶、学校的教导和社会的磨练是养成良好品德的三个来源。其中第一环节，也是最重要的部分便是家庭教育。人刚出生时就像一张白纸，最先接触的家庭教育确定了其底色。	가정의 훈육, 학교 교육과 사회의 단련은 좋은 인품을 기르는 세 가지 근원이다. 그 중 첫 번째 부분이자 가장 중요한 부분은 바로 가정 교육이다. 사람은 갓 태어났을 때는 한 장의 백지와 같아서 가장 먼저 접하는 가정 교육이 그 바탕색을 결정한다.
A 儿时的创伤很难忘记 **B 良好品德离不开家庭教育** C 学校的教导是最重要的环节 D 社会能磨练人的意志	A 어릴 적 상처는 잊기 어렵다 **B 훌륭한 인품은 가정 교육과 뗄 수 없다** C 학교 교육이 가장 중요한 부분이다 D 사회가 사람의 의지를 단련시킬 수 있다

해설 보기에 教育(교육), 家庭(가정), 学校(학교)가 있으므로 자녀 교육에 관한 정보를 보기와 대조한다. 보기의 키워드로 A는 儿时的创伤(어릴 적 상처), B는 良好品德(훌륭한 인품), C는 学校的教导(학교의 교육과 지도), D는 磨练人的意志(사람의 의지를 단련시킨다)를 삼고 대조하며 듣는다. 녹음에서 养成良好品德的三个来源(좋은 인품을 기르는 세 가지 근원)의 한 가지로 最重要的部分便是家庭教育(가장 중요한 부분은 바로 가정 교육이다)라고 했으므로 일치하는 내용은 B이다.

어휘 熏陶 xūntáo 명 동 훈도(하다) 教导 jiàodǎo 동 교육 지도하다 磨练 móliàn 명 동 단련(하다) 品德 pǐndé 명 인품과 덕성 来源 láiyuán 명 근원, 출처 环节 huánjié 명 일환, 부분 底色 dǐsè 명 바탕색 创伤 chuāngshāng 명 상처

★★☆ 하

2	
一个学生某科考试不及格，到办公室找老师求情。经过学生的软磨硬泡后，老师说："你的口才简直一绝，我都被你打动了，但是很遗憾，我并不能为你做什么。因为你要找的老师不是我，是坐在旁边办公桌的那位。"	한 학생이 모 학과의 시험에 불합격하자 교무실로 선생님을 찾아와 사정을 했다. 학생이 갖은 방법으로 구워 삶자 선생님이 말씀하셨다. "네 말재간이 그야말로 일품이구나. 내가 감동받을 정도야. 그런데 정말 안타깝구나. 나는 널 위해 뭘 해줄 수가 없어. 네가 찾아가야 할 선생님은 내가 아니라 옆 책상에 앉아 계신 저분이란다."
A 学生考试没通过 B 老师误会学生了 C 学生把答案写错了位置 D 学生对分数有点儿不满意	**A 학생이 시험에 통과하지 못했다** B 선생님이 학생을 오해했다 C 학생이 답안의 위치를 잘못 적었다 D 학생은 점수에 다소 불만이다

해설 보기에 学生(학생)과 考试(시험) 分数(점수)가 등장하므로 시험에 관한 에피소드를 예상하고 녹음을 듣는다. 보기의 키워드로 A는 没通过(통과하지 못했다), B는 误会学生(학생을 오해하다), C는 写错了(잘못 적었다), D는 不满意(불만이다)를 삼고 대조하며 듣는다. 녹음에서 一个学生某科考试不及格(한 학생이 모 학과의 시험에 불합격했다)라고 했으므로 시험에 통과하지 못했다는 내용인 A가 정답이다.

어휘 求情 qiúqíng 동 사정하다, 인정에 매달리다 软磨硬泡 ruǎn mó yìng pào 성 목적 달성을 위해 여러 가지로 사람을 귀찮게 하다, 여러가지로 생떼를 부리다 口才 kǒucái 명 말재간 一绝 yìjué 형 유일무이하다, 제일이다

★★☆ 하

3	
我们买药服用前一定要认真阅读药品说明书上的用药禁忌和注意事项。如果同时服用两种以上的药物，还需注意这些药的成份是否相同，以避免重复用药。	약을 구입하고 복용하기 전에 약품 설명서의 투약 금기사항과 주의사항을 반드시 꼼꼼하게 읽어야 한다. 만약에 동시에 두 종류 이상의 약물을 복용한다면, 약물의 중복 사용을 피하기 위해 이들 약품의 성분이 혹시 서로 같은지 주의해야 한다.
A 买药时要去指定的药店 B 重复用药有助于加强药效 **C 服药前应阅读药品说明书** D 产生副作用应当及时就医	A 약을 구입할 때는 지정된 약국에 가야 한다 B 약물의 중복 사용은 약효를 강화하는 데 도움이 된다 **C 약을 복용하기 전에 약품 설명서를 읽어야 한다** D 부작용이 생기면 제때에 의사의 진찰을 받아야 한다

해설 보기에 药(약), 服药(약 복용)가 공통적으로 있고 당위를 나타내는 要(~해야 한다)와 应该(~해야 한다)가 있으므로 약의 복용 관한 견해를 보기와 대조한다. 보기의 키워드로 A는 指定的药店(지정된 약국), B는 重复用药(약물의 중복 사용), C는 阅读药品说明书(약품 설명서를 읽는다), D는 副作用(부작용)을 삼고 대조하며 듣는다. 녹음의 시작 부분에서 我们买药服用前一定要认真阅读药品说明书上的用药禁忌和注意事项(약을 구입하고 복용하기 전에 약품 설명서의 투약 금기사항과 주의사항을 반드시 꼼꼼하게 읽어야 한다)이라고 했으므로 일치하는 내용은 C이다.

어휘 服用 fúyòng 동 약 등을 먹다, 복용하다　用药 yòngyào 동 약을 쓰다, 투약하다　禁忌 jìnjì 명 금기 동 꺼리다　指定 zhǐdìng 동 지정하다　副作用 fùzuòyòn 명 부작용　就医 jiùyī 동 의사에게 보이다, 진찰을 받다

★★☆ 중

4	
孔子所修订的《春秋》到了后世仍然有很多人进行研究并注解和阐述。唐代柳宗元形容这一状况写到："处则充栋宇，出则汗牛马。"意思是用屋子放书，要放满整个屋子；用牛车运书，牛也累得出汗。后来人们就用"汗牛充栋"来形容藏书很多。	공자가 수정한 「춘추」는 후대에 이르러서도 여전히 많은 이들이 연구하여 주석과 풀이를 하였다. 당대 유종원은 이 상황을 다음과 같이 기록했다. '처즉충동우, 출즉한우마.' 이것은 집에 책을 쌓아 두니 온 집안을 가득 채울 정도이며, 수레로 책을 운반하니 소도 힘들어 땀을 흘린다는 뜻이다. 훗날 사람들은 '한우충동'을 사용하여 장서가 많음을 묘사하게 되었다.
A 孔子为了修订《春秋》看了很多书 B 柳宗元也参与了《春秋》的研究 C 人们用汗牛充栋来纪念孔子 **D 汗牛充栋源于柳宗元的文章**	A 공자는 「춘추」를 수정하기 위해 수많은 책을 읽었다 B 유종원도 「춘추」의 연구에 참여하였다 C 사람들은 '한우충동'을 사용하여 공자를 기념한다 **D '한우충동'은 유종원의 글에서 기원하였다**

해설 보기에 《春秋》(「춘추」)와 柳宗元(유종원), 汗牛充栋(한우충동)이 있으므로 이에 관한 정보를 보기와 대조한다. 보기의 키워드로 A는 孔子看了很多书(공자는 수많은 책을 읽었다), B는 参与了《春秋》的研究(「춘추」의 연구에 참여하였다), C는 纪念孔子(공자를 기념하다), D는 源于柳宗元的文章(유종원의 글에서 기원하였다)을 삼고 대조하며 듣는다. 녹음에서 唐代柳宗元形容这一状况写到："处则充栋宇，出则汗牛马。"(당대 유종원은 이 상황을 다음과 같이 기록했다. '처즉충동우, 출즉한우마.')라고 하며 이어 后来人们就用"汗牛充栋"来形容藏书很多(훗날 사람들은 '한우충동'을 사용하여 장서가 많음을 묘사하게 되었다)라고 했으므로 정답은 D이다.

어휘 孔子 Kǒngzǐ 인명 공자 [BC 551~479, 고대 사상가]　修订 xiūdìng 동 (서적 등을) 수정하다　后世 hòushì 명 후세, 후대　注解 zhùjiě 명 동 주석(을 달다)　阐述 chǎnshù 동 상세히 논술하다　唐代 Tángdài 명 당 왕조　柳宗元 LiǔZōngyuán 인명 유종원 (773~819, 당대 문학가)　汗牛充栋 hàn niú chōng dòng 성 책을 운반할 때 소가 힘들어서 땀이 나고, 책을 쌓으면 지붕에 닿을 정도이다, 매우 많은 장서, 한우충동　藏书 cángshū 명 장서 동 책을 소장하다　源于 yuányú 동 ~에서 기원하다

★★☆ 중

5

文与可为了画竹在家周围种上了各种竹子，并时常去观察、研究，一有新的感受就马上画下来，因此他画的竹子逼真传神。很多人称赞他，但他总是谦虚地说："我只不过是画了我最熟悉的而已。"	원위커는 대나무를 그리기 위해 집 근처에 다양한 대나무를 심고 자주 관찰하고 연구했다. 새로운 느낌이 들면 그 즉시로 그려 두었다. 이 때문에 그가 그린 대나무는 마치 진짜처럼 생생했다. 많은 사람들이 그를 칭찬했지만 그는 늘 겸손하게 말했다. "저는 그저 제가 제일 잘 아는 것을 그렸을 뿐인걸요."
A 文与可不愿与外界交流 **B 文与可擅长画竹** C 文与可骄傲自满 D 文与可种的竹子长势很好	A 원위커는 바깥 세상과 교류하기를 원하지 않는다 **B 원위커는 대나무를 그리는 데에 능하다** C 원위커는 교만하다 D 원위커가 심은 대나무는 성장세가 좋다

해설 보기에 공통적으로 文与可(원위커)가 있으므로 원위커에 관한 정보를 보기와 대조한다. 보기의 키워드로 A는 不愿与外界交流(바깥 세상과 교류하기를 원하지 않는다), B는 擅长画竹(대나무를 그리는 데에 능하다), C는 骄傲自满(교만하다), D는 长势很好(성장세가 좋다)를 삼고 대조하며 듣는다. 녹음에서 因此他画的竹子逼真传神。很多人称赞他(이 때문에 그가 그린 대나무는 마치 진짜처럼 생생했다. 많은 사람들이 그를 칭찬했다)라고 했으므로 文与可가 대나무를 잘 그렸음을 알 수 있다. 따라서 일치하는 내용은 B이다.

어휘 文与可 Wényǔkě 인명 원위커(1018~1079, 송나라의 저명한 시인이자 화가) 时常 shícháng 부 늘상 逼真 bīzhēn 형 마치 진짜와 같다 传神 chuánshén 형 (문학 · 예술 작품의 묘사 등이) 생생하다 外界 wàijiè 명 외부 长势 zhǎngshì 명 (식물의) 성장 상황, 성장세

★★☆ 중

6

在购物时，理性的分析虽然可以使人们对高品质的东西产生好感，但是人们会很容易凭直觉选一个更美好的外表。也就是说，产品本身的品质并不能完全影响我们的购物决策，其外包装也同样起着很大的作用。	물건을 구매할 때, 이성적인 분석이 사람들로 하여금 고품질의 물건에 호감을 갖게 하지만, 사람들은 직감에 의해 더 예쁜 외관을 선택하게 된다. 즉, 제품 자체의 품질이 우리의 구매 결정에 결코 전적으로 영향을 주는 것이 아니며, 그것의 겉포장도 마찬가지로 커다란 영향을 준다는 것이다.
A 外表比内在更加重要 B 不要冲动购物 C 我们应当学会理性购物 **D 产品包装影响人们购物选择**	A 외관이 내면보다 더 중요하다 B 충동구매를 하지 말라 C 이성적으로 구매할 줄 알아야 한다 **D 제품의 포장이 사람들의 구매 선택에 영향을 준다**

해설 보기에 购物(구매)가 공통적으로 있으므로 구매에 관한 정보를 보기와 대조한다. 보기의 키워드로 A는 外表更加重要(외관이 더 중요하다), B는 冲动购物(충동구매하다), C는 学会理性购物(이성적으로 구매할 줄 알다), D는 产品包装影响购物选择(제품의 포장이 구매 선택에 영향을 준다)를 삼고 대조하며 듣는다. 녹음은 제품의 품질이 구매 결정에 전적인 영향을 주는 게 아니라고 하면서 外包装也同样起着很大的作用(겉포장도 마찬가지로 커다란 영향을 준다)이라고 했으므로 일치하는 내용은 D이다.

어휘 理性 lǐxìng 명 형 이성(적이다) 直觉 zhíjué 명 직감 外表 wàibiǎo 명 외관, 겉모양 决策 juécè 명 결정된 책략이나 방법 동 (방법 · 책략을) 결정하다 冲动 chōngdòng 동 충동하다

★★★ 하

7

被人们称作“敲不碎、砸不烂的玻璃之王”的金属玻璃又称非晶态合金。它不仅同时具有金属和玻璃的优点，又克服了两者的弊病。它的强度比普通钢材要高，硬度也高于工具钢，具有一定的韧性。	'부서지지 않고 으스러지지 않는 유리의 왕'이라고 불리는 금속유리는 '비결정성 금속'이라고도 불린다. 이것은 금속과 유리의 장점을 동시에 지니고 있고, 둘의 결함도 극복했다. 이것의 강도는 일반 강철보다 높고, 경도 역시 공구강보다 높으며, 어느 정도의 유연성을 지니고 있다.
A 金属玻璃是可以敲碎的 B 金属玻璃不具有金属的特点 **C 金属玻璃的硬度高于工具钢** D 金属玻璃还有很多缺点	A 금속유리는 부서뜨릴 수 있다 B 금속유리는 금속의 특징을 지니지 않는다 **C 금속유리의 경도는 공구강보다 높다** D 금속유리는 여전히 많은 결점을 지니고 있다

해설 보기에 金属玻璃(금속유리)가 공통적으로 있으므로 금속유리에 관한 정보를 보기와 대조한다. 보기의 키워드로 A는 可以敲碎(부서뜨릴 수 있다), B는 不具有金属的特点(금속의 특징을 지니지 않는다), C는 硬度高于工具钢(경도는 공구강보다 높다), D는 很多缺点(많은 결점)을 삼고 대조하며 듣는다. 녹음은 금속유리에 관해 설명하면서 硬度也高于工具钢(경도 역시 공구강보다 높다)이라고 했다. 따라서 키워드가 일치하는 C가 정답이다.

어휘 砸 zá 동 무거운 것으로 찧다, 으스러뜨리다　非晶态 fēijīngtài 비결정성　合金 héjīn 명 합금　弊病 bìbìng 명 결함, 폐단　工具钢 gōngjùgāng 명 공구강　硬度 yìngdù 명 (고체의) 경도, 굳기　韧性 rènxìng 명 유연성

★★☆ 상

8

夏利汽车曾在中国的轿车市场上辉煌一时，而如今却正逐渐淡出市场。它曾经占据几乎整个中国出租车市场，并连续多年蝉联自主品牌轿车销量冠军，目前却面临着资不抵债的危机。	샤리 자동차는 중국 승용차 시장에서 한때 휘황찬란했지만, 지금은 점차 시장에서 그 모습이 희미해져가고 있다. 샤리 자동차는 예전에는 거의 전체 중국 택시 시장을 장악하며 수년간 자체 브랜드 승용차 판매 1위를 계속해왔지만, 지금은 채무가 자산 총액을 초과하는 위기에 처해 있다.
A 夏利汽车面临着资金危机 B 夏利汽车已经停产了 C 出租车市场一直被垄断 D 夏利汽车调整了营销策略	**A 샤리 자동차는 자금 위기에 처해 있다** B 샤리 자동차는 이미 생산을 중단했다 C 택시 시장은 줄곧 독점되어 왔다 D 샤리 자동차는 마케팅 전략을 조정했다

해설 보기에 夏利汽车(샤리 자동차)가 공통적으로 있으므로 夏利汽车에 관한 정보를 보기와 대조한다. 보기의 키워드로 A는 面临着资金危机(자금 위기에 처해 있다), B는 已经停产了(이미 생산을 중단했다), C는 出租车市场一直被垄断(택시 시장은 줄곧 독점되어 왔다), D는 营销策略(마케팅 전략)를 삼고 대조하며 듣는다. 녹음은 夏利汽车가 예전에는 승용차 판매 1위를 했지만 지금은 目前却面临着资不抵债的危机(지금은 채무가 자산 총액을 초과하는 위기에 처해 있다)라고 했으므로 일치하는 내용은 A이다.

어휘 轿车 jiàochē 명 승용차　辉煌 huīhuáng 형 휘황찬란하다　占据 zhànjù 동 차지하다　蝉联 chánlián 동 연속되다, 내내 이어지다　冠军 guànjūn 명 우승, 1등　资不抵债 zī bù dǐ zhài 성 채무가 자산총액을 초과하다　危机 wēijī 명 위기　停产 tíngchǎn 동 (공장에서) 생산을 중지하다　垄断 lǒngduàn 동 독점하다　营销策略 yíngxiāo cèlüè 마케팅 전략

★★★ 하

9

土沉香又被称做“女儿香”，香味独特，可以用来制作香料。另外，它的药用价值极高，是中国特有的药用植物。不过由于近年来开采过度，林木破坏极为严重，“女儿香”已经所剩无几了。	침향은 '뉘얼샹'으로도 불리는데, 향이 독특하여 향료를 만드는 데 쓰인다. 그 밖에, 이것의 약용 가치는 매우 높고, 중국 고유의 약용 식물이다. 하지만 최근 들어 과도한 채굴로 숲의 훼손이 심각하여 '뉘얼샹'은 이미 얼마 남지 않았다.
A 土沉香是女人的名字 B 土沉香遍布全球 **C 土沉香具有药用价值** D 土沉香已被大范围种植	A 침향은 여자의 이름이다 B 침향은 전세계적으로 분포하고 있다 **C 침향은 약용 가치를 지니고 있다** D 침향은 이미 광범위하게 재배된다

해설 보기에 土沉香(침향)이 공통적으로 있으므로 침향에 관한 정보를 보기와 대조한다. 보기의 키워드로 A는 女人的名字(여자의 이름), B는 遍布全球(전세계적으로 분포하다), C는 药用价值(약용 가치), D는 被大范围种植(광범위하게 재배되다)를 삼고 대조하며 듣는다. 녹음에서 它的药用价值极高(이것의 약용 가치는 매우 높다)라고 했으므로 일치하는 내용은 C이다.

어휘 土沉香 tǔchénxiāng 명 침향(침향나무에 수지가 굳어 덩어리를 이루고 있는 부분) 香料 xiāngliào 명 향료 开采 kāicǎi 동 채굴하다, 발굴하다 过度 guòdù 형 과도하다 林木 línmù 명 수림, 숲 所剩无几 suǒ shèng wú jǐ 성 얼마 남지 않다 遍布 biànbù 동 도처에 널리 분포하다 种植 zhòngzhí 동 심다, 재배하다

★★☆ 하

10

侗族大歌是由多人合唱的一种古老的侗族歌曲，侗语中把它称为“噶老”。侗族大歌的主要特点有声部多、无指挥、无伴奏。另外一个特色就是可以模拟鸟叫虫鸣、高山流水等大自然之音。	동족대가는 많은 사람이 합창을 하는 오랜 동족의 노래이다. 동족 말에서 이것을 '가라오'라고 부른다. 동족대가의 주된 특징은 성부(목소리 파트)가 많고, 지휘와 반주가 없다는 것이다. 그 밖의 특징은 새와 곤충의 울음 소리와 높은 산과 흐르는 물 등의 대자연의 소리를 모방한다는 것이다.
A 侗族大歌由多人合唱 B 侗族大歌的编舞很有特色 C 侗族大歌由侗族特制乐器伴奏 D 侗族大歌只有一个声部	**A 동족대가는 많은 사람이 합창을 한다** B 동족대가의 안무는 아주 특색이 있다 C 동족대가는 동족이 특별 제작한 악기로 반주한다 D 동족대가는 하나의 성부만 있다

해설 보기에 侗族大歌(동족대가)가 공통적으로 있으므로 동족대가에 관한 정보를 보기와 대조한다. 보기의 키워드로 A는 由多人合唱(많은 사람이 합창을 한다), B는 编舞很有特色(안무가 아주 특색이 있다), C는 由侗族特制乐器伴奏(동족이 특별 제작한 악기로 반주한다), D는 只有一个声部(하나의 성부만 있다)를 삼고 대조하며 듣는다. 녹음의 시작 부분에서 동족대가에 대해 설명하면서 侗族大歌是由多人合唱的一种古老的侗族歌曲(동족대가는 많은 사람이 합창을 하는 오랜 동족의 노래이다)라고 했다. 따라서 일치하는 내용은 A이다.

어휘 侗族 Dòngzú 명 동족(중국 소수 민족의 하나) 歌曲 gēqǔ 명 노래, 가곡 声部 shēngbù 명 성부, 목소리 파트 伴奏 bànzòu 명 동 반주(하다) 模拟 mónǐ 동 모방하다, 본뜨다 鸣 míng 동 (동물, 벌레 등이) 울다 高山流水 gāo shān liú shuǐ 성 고산유수 编舞 biānwǔ 명 동 안무(하다)

★★★ 중

11

人在极度口渴或大量流汗后，如果一次性快速而大量地饮用水，可能会导致水中毒。这种现象是肾脏不能及时排出过剩水分导致的，轻微时会头疼、恶心、呕吐，严重时甚至会造成昏迷或死亡。	사람이 극도로 목이 마르거나 땀을 많이 흘린 뒤 한 번에 빠르게 많은 물을 마시면 물 중독을 일으킬 수 있다. 이런 현상은 신장이 제때에 과잉 수분을 배출하지 못해서 일어나는 것이다. 경미한 경우에는 두통, 오심, 구토가 날 수 있으며, 심각한 경우에는 심지어 정신이 혼미해지거나 사망에 이를 수도 있다.
A 流汗后最好补充丢失的水分 B 饮用大量凉水后要立即就医 C 多喝水对肾脏有好处 **D 过度喝水容易引起水中毒**	A 땀을 흘린 뒤 잃어버린 수분을 보충하는 것이 가장 좋다 B 차가운 물을 많이 마신 뒤 즉시 의사에게 보여야 한다 C 물을 많이 마시면 신장에 좋다 **D 과도하게 물을 마시면 물 중독을 일으키기 쉽다**

해설 보기에 喝水(물을 마시다)가 있으므로 물 마시기에 관한 정보를 보기와 대조한다. 보기의 키워드로 A는 补充丢失的水分(잃어버린 수분을 보충하다), B는 饮用大量凉水后立即就医(차가운 물을 많이 마신 뒤 즉시 의사에게 보이다), C는 对肾脏有好处(신장에 좋다), D는 引起水中毒(물 중독을 일으키다)를 삼고 대조하며 듣는다. 녹음에서 如果一次性快速而大量地饮用水，可能会导致水中毒(한 번에 빠르게 많은 물을 마시면 물 중독을 일으킬 수 있다)라고 했으므로 일치하는 내용은 D이다.

어휘 肾脏 shènzàng 명 신장, 콩팥　排出 páichū 동 배출하다　过剩 guòshèng 명 형 과잉(되다)　轻微 qīngwēi 형 경미하다　恶心 ěxin 명 동 구역질(이 나다)　呕吐 ǒutù 명 동 구토(하다)　昏迷 hūnmí 형 혼미하다　死亡 sǐwáng 명 동 사망(하다)　过度 guòdù 형 과도하다　昏迷 hūnmí 형 혼미하다, 의식 불명이다　水分 shuǐfèn 명 수분　就医 jiùyī 동 의사에게 보이다, 진찰을 받다　肾脏 shènzàng 명 신장, 콩팥

★★☆ 상

12

有一次，苏东坡与佛印禅师打赌输了，将自己的玉带给了佛印。佛印如获至宝，常拿出来供人观赏，但佛印担心玉带被弄坏，就命人仿照玉带的式样建造了一座桥，名叫玉带桥。这座桥至今仍坐落于江苏金山的白龙洞前。	한번은 소동파가 불인선사와 내기를 해서 지자, 자신의 옥대를 불인선사에게 주었다. 불인선사는 귀한 물건을 얻은 것처럼 늘 사람들에게 꺼내어 구경을 시켜주었다. 하지만 불인선사는 옥대가 망가질 것을 걱정하여 사람들을 시켜 옥대의 모양대로 다리를 짓게 하고 이름을 옥대교라고 불렀다. 옥대교는 오늘날까지 여전히 강소성 금산의 백룡동굴 앞에 자리하고 있다.
A 佛印输给了苏东坡 B 玉带桥是用玉来修建的 **C 玉带桥得名于其外形** D 苏东坡不喜欢打赌	A 불인선사는 소동파에게 졌다 B 옥대교는 옥을 사용해서 지었다 **C 옥대교는 그 외형에서 이름을 지었다** D 소동파는 내기를 좋아하지 않는다

해설 보기에 玉带桥(옥대교)와 苏东坡(소동파)가 공통적으로 있으므로 이들에 관한 에피소드임을 예상한다. 보기의 키워드로 A는 输给了苏东坡(소동파에게 졌다), B는 用玉来修建(옥을 사용해서 짓다), C는 得名于其外形(그 외형에서 이름을 지었다), D는 不喜欢打赌(내기를 좋아하지 않는다)를 삼고 대조하며 듣는다. 녹음에서 就命人仿照玉带的式样建造了一座桥，名叫玉带桥(사람들을 시켜 옥대의 모양대로 다리를 짓게 하고 이름을 옥대교라고 불렀다)라고 하여 옥대교라는 이름의 유래를 설명했다. 따라서 일치하는 내용은 C이다.

어휘 苏东坡 Sūdōngpō 인명 소동파(북송 시인 문학가, 화가, 정치가)　佛印 Fóyìn 인명 불인(1032년~1098년, 송나라 승려)　禅师 chánshī 명 선사(중의 존칭)　打赌 dǎdǔ 동 내기를 하다　玉带 Yùdài 명 옥대　如获至宝 rú huò zhì bǎo 성 진귀한 물을 얻은 것 같다　观赏 guānshǎng 동 감상하다, 보면서 즐기다　仿照 fǎngzhào 동 원형대로 모방하다, 본뜨다　式样 shìyàng 명 양식, 모양, 스타일　建造 jiànzào 동 짓다, 세우다, 건축하다　坐落于 zuòluòyú ~에 자리 잡다

★★☆ 하

13 有一天我感冒了，赶紧发了一条信息给好朋友求安慰，半个小时后她回复了：开门。我感动极了，以为是她来看我了。于是，马上去开门，可打开门后发现外面并没有人。这时手机又收到一条短信：怎么样？多呼吸点儿新鲜空气感觉好吧？	어느날 나는 감기에 걸려서 서둘러 친구에게 위문해 달라고 메시지를 보냈다. 30분 뒤 그녀가 답을 했다. '문 열어.' 나는 친구가 나를 보러 온 줄 알고 너무 감동했다. 그래서 바로 문을 열러 갔다. 문을 열었지만 밖에 사람이 없었다. 이때, 핸드폰에 또 메시지가 왔다. '어때? 신선한 공기를 많이 마시니 좋지?'
A 好友约我去逛街 **B 好友没有来看望** C 我要带她去医院 D 要多呼吸新鲜空气	A 친한 친구가 나와 구경 다니기로 약속했다 **B 친한 친구가 찾아오지 않았다** C 나는 그녀를 데리고 병원에 가려고 한다 D 신선한 공기를 많이 마셔야 한다

해설 보기에 好友(친한 친구)와 我(나)가 공통적으로 있으므로 친구와 나에 관한 에피소드임을 예상한다. 보기의 키워드로 A는 约我去逛街(나와 구경 다니기로 약속했다), B는 没有来看望(찾아오지 않았다), C는 带她去医院(그녀를 데리고 병원에 간다), D는 多呼吸新鲜空气(신선한 공기를 많이 마시다)를 삼고 대조하며 듣는다. 녹음에서 以为是她来看我了(나는 친구가 나를 보러 온 줄 알았다), 可打开门后发现外面并没有人(문을 열었지만 밖에 사람이 없었다)이라고 했으므로 일치하는 내용은 B이다.

어휘 回复 huífù 명 동 (주로 글로) 회답하다　看望 kànwàng 동 방문하다, 문안하다, 찾아가 보다

★★★ 중

14 调查显示，冲动消费真正的赢家竟然是平时最不起眼的食品类。由于食品的单价偏低，外观或促销活动十分容易吸引消费者。甚至有多数人只是受其它消费者的影响，面对自己并不需要的产品也掏了腰包。	조사에서 다음과 같이 밝혔다. 충동 소비의 진정한 승자는 뜻밖에도 평소 가장 주의를 끌지 못한 식품류였다. 식품의 단가가 너무 낮기 때문에 겉모양 혹은 판촉 이벤트가 쉽게 소비자들을 끌어들인다. 심지어 많은 사람들은 단지 다른 소비자들의 영향을 받아 자신에게 절대 필요하지 않은 상품에도 지갑을 꺼냈다.
A 食品是需求量最大的商品 B 食品类严重供过于求 **C 买食品时易冲动消费** D 要注意不必要的消费	A 식품은 수요량이 가장 많은 상품이다 B 식품류가 심각하게 공급 과잉이다 **C 식품 구매 시 충동 소비를 하기 십상이다** D 불필요한 소비에 주의해야 한다

해설 보기에 食品(식품)과 消费(소비하다)가 공통적으로 있으므로 식품과 소비에 관한 정보를 보기와 대조한다. 보기의 키워드로 A는 需求量最大(수요량이 가장 많다), B는 供过于求(공급 과잉이다), C는 易冲动消费(충동 소비를 하기 십상이다), D는 不必要的消费(불필요한 소비)를 삼고 대조하며 듣는다. 녹음에서 冲动消费真正的赢家竟然是平时最不起眼的食品类(충동 소비의 진정한 승자는 뜻밖에도 평소 가장 주의를 끌지 못한 식품류였다)라고 했으므로 일치하는 내용은 C이다.

어휘 冲动 chōngdòng 동 충동하다　赢家 yíngjiā 명 승자, 이긴 사람　不起眼 bù qǐyǎn 주의를 끌지 못하다, 눈에 띄지 않다　单价 dānjià 명 단가　偏 piān 형 치우치다, 편향되다　外观 wàiguān 명 겉모양　促销 cùxiāo 동 판촉하다　掏 tāo 동 꺼내다　腰包 yāobāo 명 허리춤에 차는 돈주머니　需求量 xūqiúliàng 명 수요량　供过于求 gōng guò yú qiú 성 공급이 수요를 초과하다

★★★ 중

15 "新飞"作为电器品牌曾响誉全国，后由于资金链断裂等原因导致负债累累，经过司法拍卖之后，最终被康佳集团收购了。这个老牌家电业巨头近日在河南新乡举行了复产启动仪式，做好重新起航的准备。

'Xinfei'는 가전제품 브랜드로 일찍이 전국에 명성을 떨치다가 후에 자금줄이 끊기는 등의 원인으로 부채가 누적되었다. 법정 관리와 경매를 거쳐 최종적으로 콘카(KONKA) 그룹에 팔렸다. 이 유서 깊은 가전업계 거대 기업은 최근 허난성의 새로운 고향에서 생산 재개 발대식을 열고 새롭게 출항할 준비를 마쳤다.

A 该公司目前在国内规模最大
B 该品牌即将重新投入生产
C 该公司的经营策略有问题
D 该公司的主要业务是航空货运

A 이 회사는 현재 국내 최대 규모이다
B 이 브랜드는 다시 생산에 돌입할 것이다
C 이 회사의 경영 전략에 문제가 있다
D 이 회사의 주된 업무는 항공 화물 운송이다

해설 보기에 该公司(이 회사)가 공통적으로 있으므로 이 회사에 관한 정보를 보기와 대조한다. 보기의 키워드로 A는 国内规模最大(국내 최대 규모이다), B는 重新投入生产(다시 생산에 돌입하다), C는 经营策略有问题(경영 전략에 문제가 있다), D는 航空货运(항공 화물 운송)을 삼고 대조하며 듣는다. 녹음에서 这个老牌家电业巨头近日在河南新乡举行了复产启动仪式，做好重新起航的准备(이 유서 깊은 가전업계 거대 기업은 최근 허난성의 새로운 고향에서 생산 재개 발대식을 열고 새롭게 출항할 준비를 마쳤다)라고 했으므로 일치하는 내용은 B이다.

어휘 响誉 xiǎngyù (신조어) 칭송되다 全国 quánguó 명 전국 断裂 duànliè 동 끊어져 갈라지다, 단절되다 负债 fùzhài 명 빚, 부채 累累 lěilěi 형 쌓이고 쌓인 모양 司法 sīfǎ 명 사법 拍卖 pāimài 명 동 경매(하다) 电器 diànqì 명 가전제품 康佳集团 Kāngjiā jítuán 콘카(KONKA) 그룹 收购 shōugòu 동 사들이다, (대량으로) 구입하다 老牌 lǎopái 명 신용 있고 오래된 상표 巨头 jùtóu 명 거두, 거물 复产 fùchǎn 생산을 재개하다 启动 qǐdòng 동 (계획 · 공사를) 시작하다 仪式 yíshì 명 의식 [행사] 起航 qǐháng 동 출항하다 货运 huòyùn 명 화물 운송

듣기 제2부분

[풀이전략] 녹음을 듣기 전에 보기의 핵심 키워드를 파악하여 인터뷰 분야를 예상한다. 사회자의 질문과 전문가의 대답을 연결시켜 주의깊게 들으며, 들리는 내용을 각 문제의 보기에 메모한다. 녹음의 끝부분에 나오는 질문들을 듣고 각 문제에 알맞은 정답을 고른다.

16-20

男：繁忙的赛季结束了，终于可以跟您坐下来聊聊了。我听说当时女排联赛四强转会的时候，邀请您加盟的球队特别多，是什么原因让你最终选择了上海队呢？

女：其实理由并没有那么复杂，16很多昔日的老队友都在上海队，打法上也可以相互配合。而且我也想多一些并肩作战的机会，当时转会时间也比较紧张，出于这些考虑，我就过去了。

男：17跟随上海队的这几场比赛打得都比较艰难，最后一场比赛你拿到全队最高的31分，对你个人来说，是否已经发挥了自己的全部能力了？

남: 정신없이 바쁜 시즌이 막을 내렸습니다. 드디어 선수님과 앉아서 이야기를 나눌 수 있게 되었네요. 여자배구 리그전 4강에서 이적을 할 때, 입단을 원하는 팀들이 굉장히 많았어요. 어떤 이유로 최종적으로 상하이팀을 선택하게 되었나요?

여: 사실 이유가 그리 복잡하진 않아요. 16예전의 팀원들이 모두 상하이팀에 있다 보니 기술면에 있어서도 서로 호흡을 잘 맞출 수 있거든요. 게다가 어깨를 맞대고 함께 경기할 수 있는 기회가 많았으면 했거든요. 당시에 이적 시간도 비교적 빠듯해서 이런 생각으로 넘어가게 된 거죠.

남: 17상하이팀과 함께한 이 몇 차례 경기가 모두 비교적 힘들었지요. 마지막 경기에서는 팀에서 가장 높은 31점을 득점했는데, 개인적으로 자신의 모든 능력을 이미 다 발휘한 건가요?

女：就当时来说，无论是精神状态，还是技术方面，我确实是倾尽全力了。20但是排球毕竟是集体项目，个人发挥再好，输了比赛也是于事无补。 男：确实，那场比赛你们其实只差一点就拿不到冠军了，这可能和心态也有关系吧？ 女：是的，18离冠军或者期待的目标越近，心态反而越难控制。变得容易急躁、急于求成。这种情绪带到赛场上，就会影响发挥。 男：作为资深队员，在关键点上，你想给球队提些什么建议？ 女：主要有两点，19一是球队的打法要有明确的定位。不仅是赛场上，平时的训练也要围绕着它展开。这样，到了比赛中才能有一招制胜的把握。另一个就是球队的核心，我说的核心并不一定是得分的核心队员，而是在场上节奏混乱的时候，可以控制住场面的人。她能稳住大家的心态，提供有效的办法。这些都要靠平常的训练来培养。	여: 그 당시만 보면, 정신상태나 기술에 있어서나 저는 확실히 모두 최선을 다했어요. 20하지만 배구라는 것이 어쨌든 단체경기이다 보니 개인이 아무리 실력 발휘를 잘해도 경기가 지는 것은 어쩔 도리가 없는 것 같아요. 남: 확실히 그 경기에서 사실 단 1점으로 우승을 놓쳤죠. 아마 심리 상태와도 관련이 있겠죠? 여: 네, 18우승이나 기대했던 목표와 가까워질수록, 심리상태는 오히려 컨트롤하기 어려워지는 것 같습니다. 쉽게 조급해하고, 앞뒤 안 가리고 급급하게 돼요. 이런 정서로 경기장에 가면 실력 발휘에 영향을 줍니다. 남: 베테랑 팀원으로서, 가장 중요한 부분에서는 팀원들에게 어떤 제안을 하고 싶은가요? 여: 크게 두 가지가 있어요. 19하나는 팀의 기술에는 분명한 포지셔닝이 있어야 합니다. 비단 경기장에서뿐만 아니라 평소 훈련시에도 그것을 중심에 두고 경기를 펼쳐야 해요. 이렇게 해야 경기에서 승기를 잡을 수 있는 방법이 생깁니다. 또 다른 하나는 팀의 핵심인데요. 제가 말하는 핵심은 핵심 득점 선수가 아니라 경기 흐름이 혼란할 때 그 상황을 컨트롤할 수 있는 사람입니다. 모두의 마인드를 안정시켜주고 효과적인 방법을 제시해줄 수 있는 사람이요. 이런 것들은 모두 평소 훈련을 통해서 배양되어야 해요.

어휘 繁忙 fánmáng 형 번거롭고 바쁘다 赛季 sàijì 명 시합 시즌 联赛 liánsài 명 리그(league)전 转会 zhuǎnhuì 동 프로선수가 소속팀을 옮기다, 이적하다 加盟 jiāméng 동 운동선수가 입단하다 昔日 xīrì 명 옛날, 이전 并肩作战 bìng jiān zuò zhàn 함께 싸우다 倾尽全力 qīng jǐn quán lì 최선을 다하다, 심혈을 기울이다 于事无补 yú shì wú bǔ 성 일에 아무런 도움이 안되다 急躁 jízào 형 조급해하다, 초조해하다 急于求成 jí yú qiú chéng 성 목적을 달성하기에 급급하다 情绪 qíngxù 명 정서, 기분 资深 zīshēn 형 경력과 자격이 풍부하다 定位 dìngwèi 명 확정된 위치, 정해진 자리 围绕 wéirào 동 (시간이나 일 등을) 둘러싸다, ~을 중심에 놓다 一招 yìzhāo 명 방법, 수완 节奏 jiézòu 명 박자, 템포 混乱 hùnluàn 형 혼란하다

★★★ 하

16 女的为什么选择上海队？	여자는 왜 상하이팀을 선택하였나?
A 待遇优厚 B 阵容强大 C 转会相对容易 **D 想与老队员并肩作战**	A 대우가 좋다 B 선수 라인업이 막강하다 C 이적이 상대적으로 쉽다 **D 예전 팀원들과 어깨를 나란히 하고 경기를 하고 싶다**

해설 보기가 모두 좋은 점을 나타내므로 이에 관한 내용을 주목해서 듣는다. 사회자가 여자에게 왜 상하이팀을 선택했는지 물었고 이에 여자는 很多昔日的老队友都在上海队，打法上也可以相互配合。而且我也想多一些并肩作战的机会(예전의 팀원들이 모두 상해팀에 있다 보니 기술면에 있어서도 서로 호흡을 잘 맞출 수 있거든요. 게다가 어깨를 맞대고 함께 경기할 수 있는 기회가 많았으면 했거든요)라고 했다. 따라서 정답은 D이다.

어휘 优厚 yōuhòu 형 (대우나 물질적 조건이) 좋다, 후하다 阵容 zhènróng 명 단체의 구성원들의 짜임새, 라인업

★★☆ 중

17 上海队那几场比赛打得怎么样？	상하이팀은 그 여러 경기에서 활약이 어떠했나?
A 很失常 B 很过瘾 C 很谨慎 **D 很吃力**	A 정상적인 상태가 아니다 B 유감없다 C 신중하다 **D 힘겹다**

해설 보기가 모두 태도 및 상태를 나타내므로 이에 관한 내용을 주목해서 듣는다. 사회자의 두 번째 질문 跟随上海队的这几场比赛打得都比较艰难(상하이팀과 함께한 이 몇 차례 경기가 모두 비교적 힘들었지요)에 보기 D의 키워드가 언급됐다. 질문에서 상하이팀은 그 여러 경기에서 활약이 어땠는지 물었으므로 정답은 D이다.

어휘 失常 shīcháng 형 정상적인 상태가 아니다 过瘾 guòyǐn 형 유감없다, 실컷하다 谨慎 jǐnshèn 형 신중하다 吃力 chīlì 형 힘들다, 힘겹다

★★★ 하

18 最后一场比赛没拿冠军，可能与什么有关？	마지막 경기에서 우승하지 못한 것은 무엇과 관련이 있는가?
A 不是主场 **B 心态没控制好** C 实力悬殊大 D 队员之间缺乏默契	A 홈그라운드가 아니다 **B 마인드 컨트롤을 잘 못했다** C 실력이 크게 차이가 난다 D 팀원들 간에 호흡이 맞지 않다

해설 보기가 부정적인 내용이므로 이에 관한 내용을 주목해서 듣는다. 사회자가 1점으로 우승을 놓친 경기에 대해 묻자 여자는 离冠军或者期待的目标越近，心态反而越难控制(우승이나 기대했던 목표와 가까워질수록, 심리상태는 오히려 컨트롤하기 어려워지는 것 같습니다)이라고 대답했다. 질문에서 마지막 경기에서 우승하지 못한 이유를 물었으므로 정답은 B이다.

어휘 主场 zhǔchǎng 명 홈그라운드 悬殊 xuánshū 형 큰 차이가 있다 默契 mòqì 형 손발이 잘 맞다, 호흡이 잘 맞다

★★★ 중

19 下面哪项是女的给球队的建议？	다음 중 여자가 팀에 한 건의는 무엇인가?
A 要改进训练方式 B 平常训练要劳逸结合 **C 技法要有明确定位** D 加强团结协作	A 훈련 방식을 개선해야 한다 B 평소 훈련시 훈련과 휴식이 병행되어야 한다 **C 기술에 명확한 포지셔닝이 있어야 한다** D 팀워크를 강화해야 한다

해설 보기에 당위를 나타내는 要(~해야 한다)가 있으므로 견해 및 주장을 주목해서 듣는다. 사회자는 여자에게 팀원들에게 어떤 제안을 하고 싶으냐고 물었고 이에 여자는 一是球队的打法要有明确的定位(하나는 팀의 기술에는 분명한 포지셔닝이 있어야 합니다)라고 대답했다. 질문에서 여자가 팀에 한 건의가 무엇인지 물었으므로 알맞은 정답은 C이다.

어휘 劳逸 láoyì 명 작업과 휴식

★★☆ 상

20 根据对话，可以知道什么？	대화를 통해 무엇을 알 수 있나?
A 球队的核心是选手 B 女的因为转会想了很多 C 女的打排球时间不长 **D 个人得分不能决定队的胜负**	A 팀의 핵심은 선수이다 B 여자는 이적 때문에 생각이 많다 C 여자는 배구를 한 지 오래되지 않았다 **D 개인의 득점이 팀의 승패를 결정지을 수 없다**

해설 보기의 키워드로 A는 选手(선수), B는 转会(이적하다), C는 时间不长(시간이 오래되지 않다), D는 队的胜负(팀의 승패)를 삼는다. 여자의 말 但是排球毕竟是集体项目，个人发挥再好，输了比赛也是于事无补(하지만 배구라는 것이 어쨌든 단체경기이다 보니 개인이 아무리 실력 발휘를 잘해도 경기가 지는 것은 어쩔 도리가 없는 것 같아요)에 보기 D의 키워드가 언급됐다. 질문에서 대화를 통해 알 수 있는 내용을 물었으므로 정답은 D이다.

어휘 胜负 shèngfù 명 승부, 승패

21-25

女：今天我们请到著名摄影师吴锋。您好，作为一名出色的摄影师，请您谈谈摄影是什么？	여: 오늘은 저명한 사진작가 우펑 선생님을 모셨습니다. 안녕하세요. 뛰어난 사진작가로서 촬영이 무엇이라고 생각하시나요?
男：大多数人都认为摄影是留影，21而我认为摄影是记录，为时代写真，为历史写真。	남: 대부분의 사람들이 촬영은 기념을 남기는 것이라고 생각하시는데요. 21저는 촬영이란 기록이라고 생각합니다. 시대와 역사를 위해 생생하게 그려내는 것이죠.
女：您主要选择人像摄影有什么特殊理由吗？与其他类型的摄影比起来，人像摄影又有什么不同？	여: 선생님이 주로 인물 사진을 선택하게 된 특별한 이유가 있나요? 다른 타입의 촬영과 비교해서 인물 사진은 또 어떠한 다른 점이 있나요?
男：起初就是为了谋生，家人也支持。22人像摄影与其他类型的不同点应该是拍摄对象要以人为主。	남: 처음에는 생계를 위해서였어요. 가족들도 지지해주었고요. 22인물 촬영이 다른 타입과 다른 점은 촬영의 대상이 인물 위주여야 한다는 것이죠.
女：摄影已经从传统的胶片时代过渡到了如今的数码时代，那么在您看来这两个时代最大的不同是什么？	여: 사진 촬영은 이미 전통적인 필름 시대에서 지금의 디지털 시대로 넘어왔습니다. 그렇다면 선생님이 보시기에 이 두 시대의 가장 큰 다른 점은 무엇인가요?
男：可以说数码时代改变了摄影本身，拍过胶片的人基本功都很扎实，对于角度、光影、情感的把握都很到位，而现在，很多摄影师会说："稍差一点无所谓，可以后期处理。"但我感觉一张真正的好照片是拍出来的，不是修出来的。如果摄影师拍不出来好的效果、意境，那么技术再先进也无济于事。23但是确实有很多前期的难题在数码时代得到了解决，可以使拍出来的照片变得更美，这一点是毋庸置疑的。	남: 디지털 시대가 촬영 자체를 바꿔버렸다고 말할 수 있겠습니다. 필름으로 촬영을 했던 사람들은 그 기초 실력이 탄탄합니다. 촬영 각도와 조명과 감정을 잡아내는 것이 이미 어느 정도 수준에 도달해 있죠. 반면 현재 많은 사진작가들은 "약간 차이나고 떨어지는 건 상관없어요. 후반 작업으로 처리하면 되니까요"라고들 말합니다. 하지만 저는 진정으로 좋은 사진은 찍어내는 것이나 수정해서 나오는 것이 아니라고 생각해요. 만약에 사진작가가 좋은 사진과 분위기를 담아내지 못한다면 기술이 아무리 좋아도 소용이 없어요. 23하지만 확실히 이전의 수많은 문제들이 디지털 시대에 해결되기도 했습니다. 찍어낸 사진을 더욱 아름답게 변화시킬 수 있다는 점은 의심의 여지가 없지요.

실전모의고사 3

女：关于情感摄影您能具体说一说吗？ 男：24情感摄影最大的特点就是要抓住被拍摄者内心深处最真实的东西，强调自然。若被摄者的心理状态不佳，还要扮演心理医生的角色，引导他让他忘记或者帮他纠正。 女：那么作为情感摄影师，怎么能激发客人内心最深的情感呢？ 男：25两个字——沟通。我有自己的方法，先让被摄者给我一个字。通过这个字对他进行一个简单的了解，之后加以引导，直到他说出内心最真实的感受。	여: 감성 촬영에 대해 구체적으로 말씀해주실 수 있을까요? 남: 24감성 촬영의 가장 큰 특징은 바로 피사체의 내면 깊은 곳에 있는 진실된 것을 캐치하고 자연스러움을 강조하는 것이죠. 피사체의 마음 상태가 좋지 못하다면 심리학 의사의 역할이라도 해서 피사체로 하여금 잊게 해주고 혹은 교정도 도와주어야 해요. 여: 그렇다면 감성 사진작가로서, 어떻게 고객 내면의 가장 깊은 감성을 끌어낼 수 있을까요? 남: 25두 글자로 말할 수 있겠네요. 바로 '소통'입니다. 저는 저만의 방법이 있는데요. 우선 고객에게 한 글자를 달라고 합니다. 이 글자를 통해서 고객에 대한 간단한 이해가 생기면 내면의 가장 진실된 느낌을 말할 때까지 유도를 합니다.

어휘 摄影 shèyǐng 명 동 촬영(하다)　留影 liúyǐng 동 기념 촬영하다　写真 xiězhēn 동 사람의 모습을 그리다 명 생동적인 묘사　起初 qǐchū 부 최초에, 처음　谋生 móushēng 동 생계를 도모하다, 살 궁리를 하다　拍摄 pāishè 동 촬영하다, 사진을 찍다　胶片 jiāopiàn 명 필름(film)　过渡 guòdù 동 한 단계에서 점점 발전하여 다음 단계로 바뀌어 가다, 넘어가다　扎实 zhāshi 형 견고하다, 견실하다　光影 guāng yǐng 빛과 그림자, 조명　到位 dàowèi 동 요구하는 수준에 도달하다, 딱 들어맞다, 절묘하다　意境 yìjìng 명 정취, 정서, 무드　无济于事 wú jì yú shì 성 아무 쓸모없다　毋庸 wúyōng 부 ~할 필요가 없다, ~하지 마라　置疑 zhìyí 동 회의하다, 의심하다　扮演 bànyǎn 동 ~의 역을 맡아 하다, 출연하다　纠正 jiūzhèng 동 교정하다, 바로잡다　激发 jīfā 동 감정을 불러일으키다　沟通 gōutōng 동 교류하다, 소통하다　加以 jiāyǐ 동 ~을 가하다, ~하다

★★★ 중

21 男的认为摄影是什么？	남자는 촬영이 무엇이라고 여기는가?
A 留下纪念 B 个人的表达 C 情绪的宣泄 **D 时代的记录**	A 기념을 남기다 B 개인의 표현 C 감정의 발산 **D 시대의 기록**

해설 보기가 짧은 단어이므로 각 단어가 녹음에 언급되면 관련 정보를 수집하며 듣는다. 사회자는 남자에게 촬영을 무엇이라고 생각하는지 물었고 이에 남자는 而我认为摄影是记录，为时代写真，为历史写真(저는 촬영이란 기록이라고 생각합니다. 시대와 역사를 위해 생생하게 그려내는 것이죠)이라고 말했다. 따라서 알맞은 정답은 D이다.

어휘 宣泄 xuānxiè 동 누설하다, 발산하다

★★☆ 하

22 男的认为人像摄影与其他摄影的不同之处在哪儿？	남자는 인물 촬영과 그 밖의 촬영의 다른 점이 어디에 있다고 여기는가?
A 拍摄光线 B 修图技巧 **C 以人为主** D 背景效果	A 촬영 광선 B 사진 수정기술 **C 인물 위주이다** D 배경 효과

해설 보기를 보고 촬영에 관한 인터뷰임을 예상한다. 사회자가 인물 촬영이 다른 촬영과 다른 점이 무엇인지 물었고 남자는 人像摄影与其他类型的不同点应该是拍摄对象要以人为主(인물 촬영이 다른 타입과 다른 점은 촬영의 대상이 인물 위주여야 한다는 것이죠)라고 대답했다. 따라서 키워드가 그대로 언급된 C가 정답이다.

★☆☆ 하

23 关于数码时代的摄影，下列哪项正确？	디지털 시대의 촬영에 관해 다음 중 옳은 것은?
A 可以使照片变得更美 B 设备投入的成本高 C 摄影师需要功底扎实 D 对光线的要求更苛刻	**A 사진을 더 아름답게 변화시킬 수 있다** B 설비 투자 원가가 높다 C 촬영 기사의 기초가 탄탄해야 한다 D 빛에 대한 요구가 더 가혹하다

해설 보기의 키워드로 A는 更美(더 아름답다), B는 成本高(원가가 높다), C는 需要功底扎实(기초가 탄탄해야 한다), D는 对光线的要求(빛에 대한 요구)를 삼는다. 사회자는 디지털 시대의 특징을 물었고 이에 남자는 但是确实有很多前期的难题在数码时代得到了解决，可以使拍出来的照片变得更美，这一点是毋庸置疑的(하지만 확실히 이전의 수많은 문제들이 디지털 시대에 해결되기도 했습니다. 찍어낸 사진을 더욱 아름답게 변화시킬 수 있다는 점은 의심의 여지가 없지요)라고 했다. 따라서 디지털 시대의 촬영에 관해 옳은 내용은 A이다.

어휘 功底 gōngdǐ 명 기초, 기본 扎实 zhāshi 형 견고하다, 착실하다 苛刻 kēkè 형 지나치다, 가혹하다

★★★ 중

24 男的认为情感摄影最重要的是什么？	남자는 감성 촬영의 가장 중요한 것이 무엇이라고 여기는가?
A 纠正对方的错误 B 提高对方的自信心 **C 抓住真实的内心** D 给对方充分的空间	A 상대방의 오류를 바로잡는다 B 상대방의 자신감을 높인다 **C 진실된 속마음을 캐치한다** D 상대에게 충분한 공간을 준다

해설 보기의 키워드로 A는 纠正错误(오류를 바로잡다), B는 提高自信心(자신감을 높이다), C는 抓住内心(속마음을 캐치하다), D는 给空间(공간을 주다)을 삼는다. 사회자가 감성 촬영에 대해 물었고 남자는 情感摄影最大的特点就是要抓住被拍摄者内心深处最真实的东西，强调自然(감성 촬영의 가장 큰 특징은 바로 피사체의 내면 깊은 곳에 있는 진실된 것을 캐치하고 자연스러움을 강조하는 것이죠)이라고 했다. 질문에서 감성 촬영의 가장 중요한 것이 무엇이냐고 물었으므로 정답은 C이다.

★★★ 하

25 男的通过什么与客人沟通？	남자는 무엇을 통해 고객과 소통하는가?
A 一个汉字 B 一个微笑 C 一段音乐 D 一瓶好酒	**A 하나의 한자** B 미소 C 음악의 한 소절 D 한 병의 좋은 술

해설 보기가 명사이므로 각 단어가 녹음에 언급되면 관련 정보를 수집하며 듣는다. 사회자가 고객의 감성을 어떻게 끌어내는지 물었고 이에 남자는 两个字——沟通。我有自己的方法，先让被摄者给我一个字(두 글자로 말할 수 있겠네요. 바로 '소통'입니다. 저는 저만의 방법이 있는데요. 우선 고객에게 한 글자를 달라고 합니다)라고 말했다. 질문에서 남자가 무엇을 통해 고객과 소통하는지 물었으므로 정답은 A이다.

26-30

男：恭喜你，在这次国际服装秀中你设计的系列服装斩获大奖，这让更多的外国人了解到了中国的服装。您认为具有中国气质的服装应该是什么样的呢？

女：起初，新中装的设计是我和其他三十多个设计师一起进行的，里面加入了一些长衫的元素。26新中装既蕴含了中国古典的一些哲学思想，又体现了现代中国人的生活精神。所以我觉得它是最能代表中国的设计。

男：在你设计的作品中，能看到很多东西方的融合之美，其中苏绣给人们的印象尤其深刻。为何会选择苏绣呢？

女：因为我母亲是苏绣的家族传人，所以在母亲的耳濡目染下我也开始学习了苏绣。虽然不是主动去学的，但是27它对我性格有很大的影响，比如说不怕吃苦、任劳任怨。绣一幅苏绣起码要半年到一年左右，这一点让我对于未来的目标更有耐心。

男：对于那些负面评价作品的人，你是怎么看的呢？

女：首先我会尊重各方面的声音。因为这些评价在时刻提示我作品可能存在哪些问题。28如果发现有道理的评论，我就会按照那个方向去思考并改进，以求设计出更加完美的作品。如果思考后觉得评价完全没有道理，那我就坚持自己的想法。

男：商人还是艺术家，你怎样给自己定位？

女：30其实艺术和商业在我心里是不冲突的，现在从艺术家转型成为商人的例子不占少数，还有本身就具备艺术家气质的商人也很多。比如说乔布斯，他既是一个设计师，一个践行于生活的艺术家，又是一个成功的商人。可以说，设计恰恰就是艺术和商业的完美结合。

男：你怎么理解美？

女：我想世界上各个国家，各个民族的美都有其独到之处。从中华民族的角度来说，我觉得它的美就是内敛和善良。因此我在设计当中也是考虑到了这一点，一件美的时装，首先制作它的材料质地要非常好。其次，它的颜色、花纹一定是你心怀喜悦设计而成的。所以29作为一个设计师，如果想创造出真正的美，保持一个美好的心灵是非常重要的。

남: 선생님, 축하드립니다. 이번 국제 패션쇼에서 디자인한 의상들이 대상을 받으셨어요. 이로써 더 많은 외국인들이 중국의 의복에 대해 알게 되었는데요. 중국의 풍격을 갖춘 의상은 어떠해야 한다고 생각하십니까?

여: 처음에 새로운 타입의 중국 전통복은 저를 비롯한 30여 명의 디자이너들이 함께 진행했는데요. 그 안에 장삼의 요소를 가미했어요. 26새로운 타입의 중국 전통복은 중국의 고전 철학 사상들을 담고 있고, 또한 현대 중국인들의 정신을 구현했어요. 그래서 저는 이 의복이 중국의 디자인을 대변할 수 있다고 생각해요.

남: 선생님의 작품에서 동서양의 한데 합쳐진 아름다움을 많이 볼 수 있는데, 특히 쑤저우 자수의 인상이 매우 깊습니다. 왜 쑤저우 자수를 선택하셨는지요?

여: 저희 어머니께서 쑤저우 자수의 전승자세요. 어머니 곁에서 항상 보다 보니 저도 쑤저우 자수를 배우게 되었죠. 비록 자발적으로 배운 것은 아니지만 27쑤저우 자수가 제 성격에 커다란 영향을 주었어요. 예를 들어, 고생도 겁내지 않고, 힘들어도 원망하지 않는 것이랄까요. 한 폭의 쑤저우 자수를 완성하는 데 적어도 반년 내지는 일년 정도가 소요됩니다. 이 점이 저에게는 미래의 목표에 인내심을 갖게 해주었죠.

남: 작품에 부정적인 평가를 하는 사람들은 어떻게 보십니까?

여: 일단 저는 다양한 방면의 목소리들을 존중합니다. 이러한 평가들이 수시로 저에게 작품에 어떤 문제가 있음을 일깨워주기 때문입니다. 28만약 일리가 있는 평론을 발견하면, 보다 더 완벽한 작품을 디자인하기 위해 저는 그 방향대로 생각하고 개선을 할 수 있잖아요. 만약 평가가 완전히 일리가 없다고 생각되면 저는 자신의 생각을 고수할 수 있는 것이고요.

남: 사업가와 예술가 중 자신의 포지션은 무엇이라고 생각하나요?

여: 30사실 예술과 상업은 제 마음 속에서는 충돌하지 않습니다. 현재 예술가에서 사업가로 전향한 케이스가 적지 않고요. 그리고 워낙 예술가적 기질을 지닌 사업가들도 많고요. 예를 들어, 스티브 잡스는 생활 속에서 예술을 이행하는 디자이너이자 성공한 사업가이기도 하죠. 그러니 디자인이 예술과 상업의 완벽한 결합이라고 말할 수 있겠지요.

남: 아름다움을 어떻게 이해하시나요?

여: 세상의 많은 나라와 민족들의 아름다움은 다 그들만의 독특함이 있다고 생각해요. 중화민족의 아름다움은 바로 내적인 아름다움이라고 생각해요. 때문에 저는 디자인을 하면서 이 점을 염두에 둡니다. 한 벌의 아름다운 유행복은 우선 재질이 매우 좋아야 하고요. 다음으로 색상과 무늬는 반드시 마음에 기쁨을 품고 디자인해서 만들어야 하는 것이죠. 그래서 29한 명의 디자이너로서 진정한 아름다움을 창조하고 싶다면 아름다운 영혼을 유지하는 것이 굉장히 중요합니다.

어휘 服装秀 fúzhuāng xiù 패션쇼 斩获 zhǎnhuò 동 획득하다 [메달이나 상을 타거나 순위권에 들었음을 말함] 气质 qìzhì 명 기질, 자질, 풍격 中装 zhōngzhuāng 명 중국 전통 복장 长衫chángshān 명 장삼, 두루마기 元素 yuánsù 명 요소 蕴含 yùnhán 동 포함하다, 내포하다 融合 rónghé 동 융합하다 苏绣 sūxiù 쑤저우 자수 家族 jiāzú 명 가족, 동족 传人 chuánrén 동 (학문 · 기술 따위를) 남에게 전수하다 耳濡目染 ěr rú mù rǎn 성 항상 보고 들어서 익숙하고 습관이 되다 任劳任怨 rèn láo rèn yuàn 성 열심히 일하면서도 불평하지 않다 负面 fùmiàn 명 나쁜 면, 부정적인 면 冲突 chōngtū 명 동 충돌(하다) 乔布斯 Qiáobùsī 스티브 잡스 [애플사 공동창립자] 践行 jiànxíng 동 실행하다, 이행하다 恰恰 qiàqià 부 딱, 바로, 마침 独到之处 dú dào zhī chù 성 (학식 · 견해 · 기예 따위가) 남달리 뛰어난 점 内敛 nèiliǎn 형 내향적이다, 함축적이다 花纹 huāwén 명 장식용의 도안이나 무늬 喜悦 xǐyuè 명 희열, 기쁨 心灵 xīnlíng 명 정신, 영혼, 마음

★★☆ 중

26 关于女的设计的新中装，可以知道什么？	여자가 디자인한 새로운 타입의 중국 전통복에 관해 무엇을 알 수 있는가?
A 可以同时代表中西方设计 **B 蕴含古典哲学思想** C 不能体现中国精神 D 没有获得国际大奖	A 동시에 중국과 서양의 디자인을 나타낼 수 있다 **B 고전 철학 사상을 내포하고 있다** C 중국 정신을 구현할 수 없다 D 국제적으로 큰 상을 받지 못했다

해설 보기의 키워드로 A는 中西方设计(중국과 서양의 디자인), B는 古典哲学思想(고전 철학 사상), C는 中国精神(중국 정신), D는 国际大奖(국제적으로 큰 상)을 삼는다. 사회자는 중국 풍격을 갖춘 의상은 어떠해야 하는지 물었고 이에 여자는 新中装既蕴含了中国古典的一些哲学思想(새로운 타입의 중국 전통복은 중국의 고전 철학 사상들을 담고 있다)이라고 대답했다. 따라서 알맞은 정답은 B이다.

★☆☆ 하

27 学苏绣培养了女的什么样的性格？	쑤저우 자수를 배우는 것이 여자의 어떤 성격을 길러 주었나?
A 不怕吃苦 B 刚柔并济 C 很快放弃 D 谦逊谨慎	**A 고생도 겁내지 않는다** B 강함과 부드러움을 두루 갖추다 C 포기가 빠르다 D 겸손하고 신중하다

해설 보기가 인물의 성격을 나타내므로 이에 관한 내용을 주목해서 듣는다. 사회자가 여자에게 왜 쑤저우 자수를 선택했는지 물었고 이에 여자는 它对我性格有很大的影响，比如说不拍吃苦、任劳任怨(쑤저우 자수가 제 성격에 커다란 영향을 주었어요. 예를 들어, 고생도 겁내지 않고, 힘들어도 원망하지 않는 것이랄까요)이라고 대답했다. 질문에서 쑤저우 자수를 배우는 것이 여자의 어떤 성격을 길러 주었는지 물었으므로 알맞은 정답은 A이다.

어휘 刚柔并济 gāng róu bìng jì 성 강함과 부드러움이 적절하게 공존하다 谦逊 qiānxùn 형 겸손하다

★★★ 중

28 女的如何看待那些负面评价？	여자는 부정적인 평가를 어떻게 보는가?
A 不屑一顾 **B 会尊重并改进** C 影响了她的正常生活 D 会限制她的创造力	A 거들떠볼 가치도 없다 **B 존중하며 개선한다** C 정상적인 삶에 지장을 주었다 D 그녀의 창조력을 제한한다

해설 보기의 내용이 영향 및 결과에 대한 내용이다. 사회자가 부정적인 평가를 하는 사람들을 어떻게 보느냐고 물었고 이에 여자는 如果发现有道理的评论，我就会按照那个方向去思考并改进，以求设计出更加完美的作品(만약 일리가 있는 평론을 발견하면, 보다 더 완벽한 작품을 디자인하기 위해 저는 그 방향대로 생각하고 개선을 할 수 있잖아요)이라고 했다. 질문에서 여자가 부정적인 평가를 어떻게 보는지 물었으므로 정답은 B이다.

어휘 不屑一顾 bú xiè yí gù 성 거들떠볼 가치도 없다

★☆☆ 하

29 设计师怎样才能创造出真正的美？	디자이너는 어떻게 진정한 아름다움을 만들어낼 수 있는가?
A 要保持美好的心灵 B 专业知识要扎实 C 要懂得颜色和花纹的搭配 D 要有极高的创作热情	**A 아름다운 영혼을 유지해야 한다** B 전문 지식이 탄탄해야 한다 C 색상과 무늬를 조합할 줄 알아야 한다 D 매우 높은 창조 열정을 갖춰야 한다

해설 보기에 당위를 나타내는 要(~해야 한다)가 있으므로 견해와 주장을 주의해서 듣는다. 사회자가 여자에게 아름다움을 어떻게 이해하느냐고 물었고 이에 여자는 作为一个设计师，如果想创造出真正的美，保持一个美好的心灵是非常重要的(한 명의 디자이너로서 진정한 아름다움을 창조하고 싶다면 아름다운 영혼을 유지하는 것이 굉장히 중요합니다)라고 대답했다. 질문에서 디자이너가 어떻게 아름다움을 만들어내는지 물었으므로 정답은 A이다.

어휘 扎实 zhāshi 형 견실하다, 착실하다

★★★ 하

30 下列哪项是女的的观点？	다음 중 여자의 관점은 무엇인가?
A 商人应该有艺术气质 B 设计不能称为艺术 **C 艺术和商业并不冲突** D 传统服装不够现代化	A 비즈니스맨은 예술적 기질을 갖춰야 한다 B 디자인은 예술이라 말할 수 없다 **C 예술과 상업은 결코 충돌되지 않는다** D 전통복은 현대화가 부족하다

해설 보기에 艺术(예술), 商业(비즈니스)가 있으므로 이에 관한 정보를 확인하며 듣는다. 사회자가 사업가와 예술가 중 어느 포지션에 해당하느냐고 물었고 이에 여자는 其实艺术和商业在我心里是不冲突的(사실 예술과 상업은 제 마음 속에서는 충돌하지 않습니다)라고 대답했다. 질문에서 여자의 관점을 물었으므로 알맞은 정답은 C이다.

어휘 冲突 chōngtū 명 동 충돌(하다)

듣기 제3부분

[풀이전략] 녹음을 듣기 전에 보기의 핵심 키워드를 파악하여 글의 종류와 소재를 파악한다. 녹음을 들으면서 들은 내용을 보기에 메모하고, 각 질문에 알맞은 정답을 고른다. 일반적으로 주제/제목을 묻는 문제가 가장 마지막에 등장한다.

31-33

据消息，联合国教科文组织经过一系列评审，通过决议，31将中国申报的“藏医药浴法”列入联合国教科文组织人类非物质文化遗产代表作	소식에 따르면, 유네스코는 일련의 심사를 거친 후 결의를 통해 31 중국이 신청한 '장의 약욕법'을 유네스코 인류 무형 문화유산 목록에 등재할 것이라고 한다. 장의 약욕법은 티벳어로 '룽무'라고 하며, 티벳

名录。藏医药浴法，藏语称“泷沐”，是藏医内病外治方法之一，32将人体全身或腿足局部浸泡于藏药液中，在水的热能和药物的药力作用下，打开人体的毛孔、打通经络，药物的有效成分通过皮肤毛孔透皮渗透，被毛细血管吸收进体内，迅速直达病所，起效快。藏医药浴法对风湿、类风湿性关节炎以及各种皮肤病等方面都有显著的疗效，深受患者青睐。据了解，北京藏医院的药浴科是国家中医药管理局重点专科科室，以其显著的疗效在患者中备受好评，看病时必须提前预约。在接受此治疗之前，首先要对患者进行一些基础检查，33是因为高烧、严重高血压、严重心肾疾病患者用此方法治疗会有危险。如今，31申遗成功对保护并继承这一传统医药文化具有深远的意义。	전통 의학으로 내과 질환을 외부에서 치료하는 방법 중 하나이다. 32전신 혹은 다리와 발만 장약에 담그면, 물의 열에너지와 약물의 효력으로 모공을 열어 경락을 소통시켜, 약물의 유효 성분이 모공을 통해 피부에 스며들게 되어 모세 혈관에 의해 체내로 흡수된다. 신속하게 병이 있는 곳까지 도달하기 때문에 효과가 빠르다. 장의 약욕법은 류마티즘, 류마티스 관절염 및 각종 피부 질환 분야에 모두 현저한 치료 효과가 있어 환자들에게 크게 환영받는다. 북경 · 티벳 약욕과는 국가중의약관리국의 중점 전문 진료과로서, 뚜렷한 치료 효과로 인해 환자들에게 호평을 받아 진료 시 사전 예약은 필수라고 한다. 해당 치료를 받기에 앞서 우선 환자에게 몇 가지 기본 검사를 진행하는데, 33고열, 중증 고혈압, 중증 심신질환을 겪고 있는 환자들은 이 방법으로 치료하게 되면 위험이 따르기 때문이다. 오늘날, 31 세계문화유산 등재 신청의 성공은 이 전통의약 문화를 보호하고 계승하는 데 있어 커다란 의의가 있다.

어휘 联合国教科文组织 Liánhéguó Jiàokēwén Zǔzhī 유네스코(UNESCO) [联合国教育科学及文化组织의 준말] 评审 píngshěn 동 심사 · 평정하다 决议 juéyì 명 동 결의(하다) 申报 shēnbào 동 상급 기관이나 관련 기관에 보고하다 藏医 Zàngyī 티베트족의 전통 의학, 장의 [티베트족 전통 의학과 방법으로 병을 고치는 의사] 药浴 yàoyù 명 약욕 人类非物质文化遗产 rénlèi fēiwùzhì wénhuà yíchǎn 인류 무형 문화유산 浸泡 jìnpào 동 물 속에 담그다 毛孔 máokǒng 명 모공 经络 jīngluò 명 경락 [经脉와 络脉의 통칭, 인체 내의 기혈이 운행하는 통로의 줄기와 갈래] 渗透 shèntòu 동 스며들다 毛细血管 máoxì xuèguǎn 명 모세 혈관 风湿 fēngshī 명 류마티즘 类风湿性关节炎 lèifēngshīxìng guānjiéyán 명 류마티스 관절염 疗效 liáoxiào 명 치료 효과 青睐 qīnglài 명 특별한 주목, 호감 专科 zhuānkē 명 전문 분야 备受 bèishòu 동 실컷 받다, 빠짐없이 받다 高烧 gāoshāo 명 고열 肾 shèn 명 콩팥, 신장 申遗 shēnyí 동 세계문화유산 등재를 신청하다 继承 jìchéng 동 계승하다 深远 shēnyuǎn 형 (영향 · 의의 등이) 깊고 크다

★★★ 하

31 关于藏医药浴法，可以知道什么？	장의 약욕법에 관하여 무엇을 알 수 있는가?
A 气味难闻 **B 申遗成功** C 对慢性病有效 D 使用药物十分罕见	A 냄새가 고약하다 **B 세계문화유산 등재 신청에 성공하였다** C 만성 질환에 효과적이다 D 사용 약물이 매우 희귀하다

해설 보기의 키워드로 A는 难闻(고약하다), B는 申遗(세계문화유산 등재 신청), C는 慢性病(만성 질환), D는 药物罕见(약물이 희귀하다)을 삼는다. 녹음은 장의 약욕법에 관한 설명으로 시작 부분에서 将中国申报的“藏医药浴法”列入联合国教科文组织人类非物质文化遗产代表作名录(중국이 신청한 ‘장의 약욕법’을 유네스코 인류 무형 문화유산 목록에 등재할 것이라고 한다)라고 했고, 마지막 부분에서 申遗成功对保护并继承这一传统医药文化具有深远的意义(세계문화유산 등재 신청의 성공은 이 전통의약 문화를 보호하고 계승하는 데 있어 커다란 의의가 있다)라고 했다. 따라서 장의 약욕법에 관해 알 수 있는 내용으로 옳은 것은 B이다.

어휘 罕见 hǎnjiàn 형 보기 드물다

★★★ 중

32 下列哪项不属于藏医药浴法的过程?

다음 중 어느 것이 장의 약욕법 과정에 속하지 않는가?

A 药液需要空腹服用	**A 약물을 공복에 복용한다**
B 打通经络	B 경락을 소통시킨다
C 药物被毛细血管吸收	C 약물이 모세 혈관에 의해 흡수된다
D 把全身浸泡在药液中	D 전신을 약물에 담근다

해설 보기가 약물과 그 사용법에 관한 내용이므로 이를 주목해서 듣는다. 녹음의 将人体全身或腿足局部浸泡于藏药液中，在水的热能和药物的药力作用下，打开人体的毛孔、打通经络，药物的有效成分通过皮肤毛孔透皮渗透，被毛细血管吸收进体内(전신 혹은 다리와 발만 장약에 담그면, 물의 열에너지와 약물의 효력으로 모공을 열어 경락을 소통시켜, 약물의 유효 성분이 모공을 통해 피부에 스며들게 되어 모세 혈관에 의해 체내로 흡수된다)에 보기 B, C, D의 키워드가 언급되었다. 질문에서 장의 약욕법에 속하지 않는 것을 물었으므로 정답은 A이다.

어휘 空腹 kōngfù 명 공복, 빈속

★★★ 하

33 哪些人不适合使用藏医药浴法?

어떤 사람들이 장의 약욕법을 사용하기에 적합하지 않은가?

A 风湿患者	A 류마티즘 환자
B 皮肤病患者	B 피부 질환 환자
C 严重高血压患者	**C 중증 고혈압 환자**
D 有外科手术史者	D 외과 수술 이력이 있는 사람

해설 보기가 환자의 질병을 나타내므로 각 단어가 녹음에 언급되면 관련 정보를 수집하며 듣는다. 녹음에서 是因为高烧、严重高血压、严重心肾疾病患者用此方法治疗会有危险(고열, 중증 고혈압, 중증 심신질환을 겪고 있는 환자들은 이 방법으로 치료하게 되면 위험이 따르기 때문이다)이라고 했다. 질문에서 장의 약욕법을 사용하기에 적합하지 않은 환자를 물었으므로 정답은 C이다.

34-36

36清代短篇小说家蒲松龄从小受到严格的家教。父亲除了让他广读经史外，也很注重对他的德行教育。有一天，父亲带着蒲松龄到友人李贤家做客。蒲松龄走进院子时，不由得皱起眉头，院子虽然不小，但杂乱不堪。他们到时李贤正在藤椅上躺着休息，看到他们进来也未起身，只是摆手招呼他们坐下来，让他们自己倒杯茶水喝。回家的路上，34蒲松龄一直跟父亲抱怨李贤太敷衍他们了，父亲毫不在意地说："我和李贤是多年的好朋友了，何必在意这些小节呢。"几天后，蒲松龄打算在家宴请好友。父亲问他是否准备妥当，他一脸轻松地回答："不用特意准备，大家彼此很熟悉，随便吃点儿就行。"35父亲马上反问道："那怎么行啊？我们要真诚地对待客人，

36청나라 시대 단편 소설가인 푸송링은 어려서부터 엄격한 가정교육을 받았다. 그의 아버지는 그에게 경서와 사서 등 많은 책을 두루 섭렵하게 하였을 뿐만 아니라 그의 품행 교육도 대단히 중시하였다. 하루는 아버지의 벗인 리시엔의 집을 방문하였다. 리시엔은 그들 부자가 들어오는 것을 보고도 일어서지도 않고 손짓으로만 그들에게 앉을 것을 권하고 차도 알아서 마시라고 했다. 돌아오는 길에 34푸송링은 아버지에게 리시엔이 너무 무성의하게 그들을 대했다며 불평했다. 아버지는 대수롭지 않게 말했다. "나와 리시엔은 수년지기 친구인데 구태여 이런 사소한 일을 마음에 담을 필요가 뭐 있겠느냐." 며칠 후, 푸송링은 친구들을 집으로 초청해서 잔치를 하려고 했다. 아버지가 준비는 알맞게 되었는지를 묻자, 푸송링은 가볍게 답했다. "특별히 준비할 필요가 있나요. 다들 서로 잘 아는 걸요. 아무거나 먹으면 되죠." 35아버지는 당장에 반문하며 말했다. "어떻게 그럴 수 있느냐? 손님을 진심으로 대해야지. 아무렇게나 대강 때운다니 도리에 어긋나는

随便应付成何体统？” 蒲松龄很困惑，为何父亲的态度与前几天大相径庭呢？父亲解释道：“别人的‘不拘小节’我们要理解包容，这是对朋友个性的尊重，但同时要严格要求自己，尊重朋友的感受。”此后，蒲松龄待人接物更有分寸了，从而结下了很好的人缘。	것이 아니냐?" 푸송링은 당혹스러웠다. 아버지의 태도가 어째서 며칠 전과 이렇게나 동떨어진단 말인가? 아버지가 설명해 주셨다. "다른 사람이 사소한 일에 신경쓰지 않아도 우리는 이해하고 포용해야 하는 법이란다. 이것이 친구에 대한 존중이지. 하지만 동시에 자신에게는 엄격하게 하여 친구의 기분을 존중해줘야 해." 그 이후로, 푸송링은 사람을 대함에 있어 더욱 분별력이 생겼으며 좋은 사람들과 인연을 맺게 되었다.

어휘 经史 jīngshǐ 명 경서와 사서　德行 déxing 명 덕행　不由得 bùyóude ~하지 않을 수 없다　皱 zhòu 동 찌푸리다, 찡그리다　眉头 méitóu 명 양미간　杂乱 záluàn 형 난잡하다　不堪 bùkān 형 심하다　藤椅 téngyǐ 명 등나무 의자　敷衍 fūyǎn 동 성실하지 않게 대강대강 하다, (사람을) 무성의하게 대하다　毫不 háobù 부 조금도 ~않다　何必 hébì 부 구태여 ~할 필요가 있는가　小节 xiǎojié 명 사소한 일　宴请 yànqǐng 동 잔치를 베풀어 손님을 초대하다　妥当 tuǒdang 형 알맞다, 적절하다　成何体统 chéng hé tǐtǒng 예의에 어긋나다, 말이 되니?　困惑 kùnhuò 명 형 곤혹(하다)　大相径庭 dà xiāng jìng tíng 성 현저한 차이가 있다, 매우 동떨어지다　不拘小节 bù jū xiǎo jié 성 사소한 일에 주의를 돌리지 않다　包容 bāoróng 동 수용하다　接物 jiēwù 동 남과 교제하다　分寸 fēncun 명 (일이나 말의) 적당한 정도나 범위, 한도, 분수　人缘 rényuán 명 남과의 관계 [주로 좋은 관계]

★★☆ 중

34 李贤是怎么招待蒲松龄和他父亲的？	리시엔은 푸송링과 그의 아버지를 어떻게 접대했는가?
A 盛情款待 B 盛气凌人 C 以礼待人 **D 敷衍了事**	A 정중하고 극진하게 대접하다 B 오만한 기세로 깔보다 C 예로 대하다 **D 겉치레로 대강대강 해치우다**

해설 보기가 인물의 태도를 나타내므로 이에 관한 내용을 주목해서 듣는다. 녹음에서 蒲松龄一直跟父亲抱怨李贤太敷衍他们了(푸송링은 아버지에게 리시엔이 너무 무성의하게 그들을 대했다며 불평했다)라고 했다. 질문에서 리시엔이 푸송링과 그의 아버지를 어떻게 접대했는지 물었으므로 정답은 D이다.

어휘 盛情 shèngqíng 명 두터운 정, 친절　款待 kuǎndài 동 환대하다, 정성껏 대접하다　盛气凌人 shèng qì líng rén 성 오만한 기세로 남들을 깔보다, 매우 거만스럽다　敷衍了事 fū yǎn liǎo shì 성 얼렁뚱땅 해치우다, 겉치레로 대강대강 해치우다

★★★ 중

35 听到蒲松龄打算和李贤一样招待客人，父亲是什么反应？	푸송링이 리시엔처럼 손님을 대한다고 하자 아버지의 반응은 어떠했는가?
A 对他大加赞赏 B 听之任之 C 首肯心折 **D 坚决反对**	A 그에게 격찬을 하다 B 마음대로 하게 내버려두다 C 진심으로 수긍하다 **D 단호하게 반대하다**

해설 보기가 인물의 태도를 나타내므로 이에 관한 내용을 주목해서 듣는다. 녹음에서 父亲马上反问道："那怎么行啊？我们要真诚地对待客人，随便应付成何体统？"(아버지는 당장에 반문하며 말했다. "어떻게 그럴 수 있느냐? 손님을 진심으로 대해야지. 아무렇게나 대강 때운다니 도리에 어긋나는 것이 아니냐?")이라고 했다. 따라서 아버지의 반응으로 알맞은 것은 D이다.

어휘 赞赏 zànshǎng 동 상찬하다, 높이 평가하다 听之任之 tīng zhī rèn zhī 성 마음대로 하게 내버려두다 首肯心折 shǒu kěn xīn zhé 성 진심으로 수긍하다 坚决 jiānjué 형 단호하다, 결연하다

★★☆ 하

36	
关于蒲松龄，下列哪项正确？	푸송링에 관하여 다음 중 올바른 것은?
A 家教严格 B 人脉很差 C 脾气暴躁 D 擅长书法	**A 가정 교육이 엄격하다** B 인맥이 나쁘다 C 성질이 거칠고 급하다 D 서예에 능하다

해설 보기가 인물의 특징을 나타내므로 이에 관한 내용을 주목해서 듣는다. 녹음에서 清代短篇小说家蒲松龄从小受到严格的家教(청나라 시대 단편 소설가인 푸송링은 어려서부터 엄격한 가정 교육을 받았다)라고 했다. 질문에서 푸송링에 관한 옳은 내용을 물었으므로 정답은 A이다.

어휘 人脉 rénmài 명 인맥 暴躁 bàozào 형 성미가 거칠고 급하다

37-39

近日，瑞典医学研究团队成功开发出了一种能快速黏合骨骼的"胶水"。研究人员在发表报告时说，37他们受到补牙技术的启发开发出黏合骨骼的材料和技术。

研究人员在发表报告时说，他们在老鼠身上进行了试验，效果十分理想。目前，他们正准备第二步研究，就是要确定这种胶水对人类骨骼能否起到修复作用。研究人员在分开的两段老鼠骨骼表面涂上一层他们称作"胶水"的酸性涂料，在上面铺上一层纤维，然后再涂一层"胶水"，最后再用发光二极管灯光照射，就可以使两段骨骼坚固地黏合在一起，整个过程所需时间不到5分钟。而且38这种骨骼黏合技术不受湿润环境的影响，不会引起排异反应。这种技术改变了现有的治疗骨裂的思路，39有望将来可以取代金属片、螺丝钉一类的治疗材料。

최근, 스웨덴 의학 연구팀이 빠르게 골격을 접합시킬 수 있는 '풀' 개발에 성공했다. 연구진들은 리포트를 발표할 때, 37그들이 치아를 때우는 데서 힌트를 얻어 골격을 접합하는 재료와 기술을 개발하게 되었다고 밝혔다.

연구진들은 보고서를 발표하며 밝혔다. 그들은 실험용 쥐에게 실험을 진행했으며, 효과가 대단히 이상적이었다. 현재 그들은 이 '풀'이 인간의 골격에도 복원 작용을 일으킬 수 있는지 확인하기 위한 제 2단계 연구를 준비 중이다. 연구진은 분리한 쥐의 골격 양끝에 그들이 '풀'이라고 하는 산성 도료를 바른 뒤, 그 위에 섬유를 깔고 다시 '풀'을 한 겹 더 바르고 LED 조명을 비추면, 양끝의 골격을 단단하게 붙일 수 있었다. 전 과정에 소요되는 시간은 5분이 채 되지 않았다. 게다가 38이 골격 접합술은 습한 환경의 영향을 받지도 않고 거부 반응을 일으키지도 않았다. 이 기술은 현재의 골렬 치료에 대한 생각을 바꾸어 주었으며, 39앞으로 금속 조각과 나사못 같은 치료 재료를 대체할 것으로 전망되었다.

어휘 黏合 niánhé 동 접착하다 骨骼 gǔgé 명 골격 胶水 jiāoshuǐ 명 고무풀 补牙 bǔyá 동 충치 먹은 이를 때우다 修复 xiūfù 동 수리하여 복원하다, 재생하다 酸性 suānxìng 명 산성 涂料 túliào 명 도료 纤维 xiānwéi 명 섬유 发光二极管 fāguāng èrjíguǎn 명 LED 排异反应 páiyì fǎnyìng [의학] 거부 반응 骨裂 gǔliè [의학] 골렬, 뼈에 금이 가다 有望 yǒuwàng ~할 가능성이 있다, 희망적이다 取代 qǔdài 동 (다른 사람이나 사물로) 대체하다 螺丝钉 luósīdīng 명 나사못

★★☆ 하

37	
瑞典医学研究团队开发出了那种胶水是从什么受到了启发？	스웨덴 의학 연구팀이 그 풀을 개발해내는 데 어떤 것으로부터 힌트를 얻었는가?

A 补牙技术	**A 치아 때우기 기술**
B 实验老鼠	B 실험용 쥐
C 化工领域	C 화공 분야
D 用胶水代替金属片	D 풀로 금속 조각을 대신하다

해설 보기의 단어를 키워드로 삼고 각 단어가 녹음에 언급되면 관련 정보를 수집하며 듣는다. 녹음의 他们受到补牙技术的启发开发出黏合骨骼的材料和技术(그들이 치아를 때우는 데서 힌트를 얻어 골격을 접합하는 재료와 기술을 개발하게 되었다고 밝혔다)에 보기 A의 키워드가 언급되었다. 질문에서 풀 개발을 하는 데에 어디에서 힌트를 얻었는지 물었으므로 정답은 A이다.

★★☆ 중

38	
关于那个试验，下列哪项正确？	그 실험에 관하여 다음 중 올바른 것은?
A 长期进行	A 장기간 진행하다
B 过程复杂	B 과정이 복잡하다
C 正处于初步阶段	C 초기 단계에 있다
D 没有排异反应	**D 거부 반응이 없다**

해설 보기의 단어를 키워드로 삼고 각 단어가 녹음에 언급되면 관련 정보를 수집하며 듣는다. 녹음에서 실험을 소개하며 这种骨骼黏合技术不受湿润环境的影响，不会引起排异反应(이 골격 접합술은 습한 환경의 영향을 받지도 않고 거부 반응을 일으키지도 않았다)이라고 했다. 질문에서 실험에 관한 옳은 내용을 물었으므로 정답은 D이다.

★★★ 중

39	
关于那项新技术，可以知道什么？	그 신기술에 관하여 무엇을 알 수 있는가?
A 不能用于人类骨骼	A 인체 골격에는 사용할 수 없다
B 有望代替螺丝钉等治疗材料	**B 나사못 등 치료 재료를 대체할 수 있을 것으로 기대된다**
C 与现有的治疗思路一致	C 현재의 치료 개념과 일치한다
D 已经开始了人体实验	D 인체 실험을 이미 시작했다

해설 보기의 키워드로 A는 人类骨骼(인체 골격), B는 螺丝钉(나사못), C는 现有的治疗思路(현재의 치료 개념), D는 人体实验(인체 실험)을 삼는다. 녹음의 마지막 부분에서 有望将来可以取代金属片、螺丝钉一类的治疗材料(앞으로 금속 조각과 나사못 같은 치료 재료를 대체할 것으로 전망되었다)라고 했다. 질문에서 그 신기술에 관해 알 수 있는 것을 물었으므로 정답은 B이다.

40-42

旧塑料材料被回收后还有什么可用之处呢？哥伦比亚一群年轻创新工作者想到了好办法。40他们将这些废弃塑料和橡胶溶化后注入模具并加入添加剂，制成可防火的轻质建筑材料，然后使用这些材料建造环保房屋。41这些材料不是传统样式的砖块，有固定的凹槽和插孔，因此在建房的	낡은 플라스틱은 수거된 후 또 어떤 쓸모가 있는 것일까? 콜롬비아의 젊은 크리에이터들이 좋은 방법을 떠올렸다. 40그들은 폐기된 플라스틱과 고무를 용해시킨 후, 모형 틀에 주입한 뒤 첨가제를 추가하여, 방화 기능이 있는 경량 건축 자재를 제작했다. 그리고 이 자재를 사용하여 친환경 하우스를 지었다. 41이 자재는 전통적인 양식의 벽돌이 아니라 고정된 홈과 구멍이 있어 주택 건축 과정에서 어떠한

过程中，不需要任何黏合剂。就算是普通人经过简单的培训也能自己建成。建好的房屋可以移动，也可以随时拆卸，所以搬运或重建都十分便捷。目前，这群年轻人已经用塑料回收材料建成了100套环保房屋，并把它们提供给了当地的废品处理机构。这些住房的室内面积虽然不到50平方米，但42"麻雀虽小，五脏俱全"，里面基本设施一应俱全。开发者表示，他们希望这一创新可以有助于解决危害地球的白色污染和贫困人口住房短缺的问题。	접착제도 필요로 하지 않는다. 일반인도 간단한 교육만 받으면 스스로 건축이 가능하다. 다 지어진 주택은 이동이 가능하며 어느 때고 해체도 가능하여 운반과 재건축이 모두 간편하다. 현재, 이 청년들은 이미 플라스틱 재활용 자재로 100채의 주택을 완공하여 현지 폐기물 처리 기관에 제공해 주었다. 이들 주택의 실내 면적은 비록 50평방미터가 채 되지 않지만, 42참새가 비록 작아도 오장육부를 다 갖추고 있듯이, 내부 기본 설비가 모두 갖추어져 있다. 개발자는 그들이 이 혁신이 지구를 위협하는 플라스틱 오염과 빈곤한 인구의 주택 부족 문제를 해결에 도움이 되길 바란다고 밝혔다.

어휘 回收 huíshōu 동 (폐품이나 오래된 물건을) 회수하다, 재활용하다 废弃 fèiqì 동 폐기하다 橡胶 xiàngjiāo 명 고무 溶化 rónghuà 동 (고체가) 용해되다, 녹다 注入 zhùrù 동 주입하다 模具 mújù 명 생산용 모형 添加剂 tiānjiājì 명 첨가제 砖块 zhuānkuài 명 벽돌 凹槽 āocáo 명 홈, 오목하고 길게 패인 부분 插孔 chākǒng 명 삽입할 수 있는 작은 구멍 黏合剂 niánhéjì 명 접착제 拆卸 chāixiè 동 분해하다, 해체하다 便捷 biànjié 형 간편하다 麻雀虽小，五脏俱全 máquè suī xiǎo, wǔzàng jù quán 성 참새가 비록 작아도 오장육부는 다 갖추고 있다, 작더라도 모두 갖추고 있다 一应俱全 yì yīng jù quán 성 모두 갖추어져 있다 贫困 pínkùn 명 형 빈곤(하다), 곤궁(하다)

★★★ 하

40

制作轻质建筑材料主要的原料是什么？	경량 건축 자재 제작의 주원료는 무엇인가?
A 普通水泥 B 破碎的玻璃 C 特制的防火材料 **D 废弃的塑料和橡胶**	A 보통 시멘트 B 부서진 유리 C 특별 제작한 방화 소재 **D 폐기된 플라스틱과 고무**

해설 보기가 건축 재료에 관한 내용이므로 각 단어가 녹음에 언급되면 관련 정보를 수집하며 듣는다. 녹음에서 他们将这些废弃塑料和橡胶溶化后注入模具并加入添加剂，制成可防火的轻质建筑材料(그들은 폐기된 플라스틱과 고무를 용해시킨 후, 모형 틀에 주입한 뒤 첨가제를 추가하여, 방화 기능이 있는 경량 건축 자재를 제작했다)라고 했다. 질문에서 경량 건축 자재 제작의 주원료를 물었으므로 정답은 D이다.

어휘 水泥 shuǐní 명 시멘트

★★☆ 하

41

关于环保房屋的建造过程，下列哪项正确？	친환경 하우스의 건축 과정으로 다음 중 올바른 것은?
A 建造工期长 **B 不需要黏合剂** C 过程十分复杂 D 要经过专业培训	A 건축 공사 기간이 길다 **B 접착제가 불필요하다** C 과정이 대단히 복잡하다 D 전문적인 양성 과정을 거쳐야 한다

해설 보기가 건축 특징을 나타내므로 이에 관한 정보를 주목해서 듣는다. 녹음에서 친환경 하우스에 사용한 자재에 대해 설명하면서 这些材料……在建房的过程中，不需要任何黏合剂(이 자재는…… 주택 건축 과정에서 어떠한 접착제도 필요로 하지 않는다)라고 했다. 질문에서 친환경 하우스의 건축 과정으로 옳은 것을 물었으므로 정답은 B이다.

어휘 工期 gōngqī 명 작업 기일, 공사 기일 培训 péixùn 동 (기술자 · 전문간부 등을) 훈련 · 양성하다

★★☆ 상

42 那100套环保房屋有什么特点？	그 100채의 친환경 하우스는 어떤 특징이 있는가?
A 不含卫生间 B 复式结构 C 不可拆卸 **D 应有尽有**	A 화장실은 포함되어 있지 않다 B 복층 구조 C 해체가 불가능하다 **D 있어야 할 것은 모두 다 있다**

해설 보기가 집의 특징을 나타내므로 이에 관한 정보를 주목해서 듣는다. 녹음에서 주택의 실내 면적이 50평방미터가 되지 않지만 "麻雀虽小，五脏俱全"，里面基本设施一应俱全(참새가 비록 작아도 오장육부를 다 갖추고 있듯이, 내부 기본 설비가 모두 갖추어져 있다)이라고 했다. 질문에서 100채의 친환경 하우스에 어떤 특징이 있는지 물었으므로 정답은 D이다.

어휘 复式 fùshì 형 복식의 应有尽有 yīng yǒu jìn yǒu 성 있어야 할 것은 모두 다 있다

43-46

春秋时期齐国有一位宰相叫晏子，他有一名下属叫高缭。高缭为人谦和，也从未犯过错误。但是，46晏子却在三年后辞掉了高缭。

43其他官员听说这件事后都百思不得其解，也有很多人来劝晏子说："高缭侍奉了三年宰相大人，三年中也没有犯过任何错误，大人您不仅没有奖赏他，反倒将他辞掉了。这实在有些不合情理。"

晏子听了官员们的话，叹了口气说道："想要打磨出一件精美的器具，应该先在原始木料上用画图工具来画出规范的形状，然后再用斧子、刨子等工具对其进行加工。44我手下的人应该像这些制作工具一样，改掉我不足的地方，在我辅佐齐王的事业上助我一臂之力，而不是像高缭那样，对我的缺点了如指掌，却从不在我面前提过任何意见。无论我做任何决定，他都附和着我表示同意。45他因为担心犯错，一味地顺从我、称赞我，这对我有百害而无一利，也是我决定辞退高缭的理由。"

晏子的一番话让那些为高缭说情的人都无言以对。

춘추시대 제나라의 재상 옌즈에게는 까오랴오라고 부르는 신하가 있었다. 까오랴오는 됨됨이가 겸손하고 실수를 저지르는 법이 없었다. 하지만, 46옌즈는 3년 후 까오랴오를 해고했다.

43다른 관료들은 이 사건을 듣고 도무지 이해할 수 없었다. 많은 이들이 옌즈를 권하여 말했다. "까오랴오가 3년간 재상 어르신을 받들며 그 3년간 어떠한 실수도 범하지 않았거늘 대인께서는 그에게 상을 내리기는커녕 되려 해고를 하셨으니, 이는 정말이지 도리에 어긋나는 것입니다."

옌즈는 관료들의 말을 듣고 난 뒤 한숨을 쉬며 말했다. "정교한 기구를 갈아 만들려면, 우선은 원목 위에 제도 공구로 규격에 맞는 형상을 그려내고 도끼와 대패를 이용해서 가공을 해야 하는 법일세. 44내 수하의 사람이라면 마땅히 이런 제작 도구처럼 나의 부족한 부분을 고치게 해서 내가 제나라 왕을 보필하는 데 미약한 힘이라도 보태야 해. 까오랴오처럼 그렇게 내 결점을 훤히 알면서도 내 앞에서 그 어떤 의견도 제시하지 않아서는 안 되네. 내가 어떤 결정을 하든지 까오랴오는 내게 맞춰 동의만 할 뿐이었네. 45그는 실수할까 봐 걱정되어 덮어놓고 내게 순종하고 나를 칭찬한 것일세. 이는 내게 백해 무익한 것이지. 또한 내가 까오랴오를 해고한 이유이기도 하네."

옌즈의 말을 듣고 나니 까오랴오의 사정을 봐 달라고 청하던 사람들은 모두 할 말이 없었졌다.

어휘 宰相 zǎixiàng 명 재상 下属 xiàshǔ 명 부하, 아랫사람 谦和 qiānhé 형 겸허하며 온화하다 辞掉 cídiào 동 사직하다 百思不得其解 bǎi sī bù dé qí jiě 아무리 생각해도 이해가 되지 않는다 侍奉 shìfèng 동 (윗사람을) 섬기다, 모시다 奖赏 jiǎngshǎng 명 동 상(을 주다), 포상(하다) 情理 qínglǐ 명 정리, 사리, 도리 打磨 dǎmó 동 갈다, 갈아서 윤을 내다 器具 qìjù 명 기구, 용구 规范 guīfàn 형 규범에 맞다 斧子 fǔzi 명 도끼 刨子 bàozi 명 대패 辅佐 fǔzuǒ 동 보좌하다 一臂之力 yí bì zhī lì 성 조그마한 힘, 보잘 것 없는 힘 了如指掌 liǎo rú zhǐ zhǎng 성 손바닥을 가리키듯 확실히 알다, 제 손금을 보듯 훤하다 附和 fùhè 동 남의 언행을 따라하다, 부화하다 一味地 yíwèi de 부 덮어놓고 顺从 shùncóng 동 순종하다, 순순히 따르다 有百害而无一利 yǒu bǎi hài ér wú yī lì 백해무익하다 辞退 cítuì 동 그만두게 하다, 해고하다 说情 shuōqíng 동 사정을 봐 달라고 부탁하다 无言以对 wú yán yǐ duì 성 대답할 말이 없다

★★★ 중

43

官员们一开始怎样看待晏子辞退高缭的事情？	관료들은 처음에 옌즈가 까오랴오를 해고한 사건을 어떻게 대했는가?
A 口是心非 **B 十分不解** C 不知所措 D 坐视不理	A 겉과 속이 다르다 **B 매우 이해할 수 없다** C 어찌할 바를 모르다 D 모르는 척하다

해설 보기가 태도를 나타내는 사자성어이므로 각각의 의미를 파악하고, 녹음에 관련 내용이 언급되는지 주목해서 듣는다. A 口是心非는 '겉과 속이 다르다', B 十分不解는 '이해할 수 없다', C 不知所措는 '어찌할 바를 모르다', D 坐视不理는 '모르는 척하다'를 나타낸다. 녹음에서 옌즈가 까오랴오를 해고했다고 언급한 후 其他官员听说这件事后都百思不得其解(다른 관료들은 이 사건을 듣고 도무지 이해할 수 없었다)라고 했다. 질문에서 이 사건에 관한 관료들의 처음 태도를 물었으므로 정답은 B이다.

어휘 口是心非 kǒu shì xīn fēi 셍 겉과 속이 다르다, 표리부동하다　不知所措 bù zhī suǒ cuò 셍 어찌할 바를 모르다　坐视不理 zuò shì bù lǐ 셍 다른 사람이 곤란이 있는 것을 알면서도 모르는 척함을 이르는 말

★★★ 중

44

晏子举制作器具的例子，是为了说明什么？	옌즈가 제작 기구의 예를 든 것은 무엇을 설명하고자 한 것인가?
A 能纠错的人才有价值 B 做事公道不搀杂私念 C 工欲善其事，必先利其器 D 器具的制作过程十分严格	**A 잘못을 바로잡을 수 있는 사람이 비로소 가치가 있다** B 일을 공정하게 하고 사념을 뒤섞지 않는다 C 일을 잘하려면 먼저 공구를 날카롭게 갈아야 한다 D 기구의 제작 과정이 매우 엄격하다

해설 보기가 일을 대하는 태도에 관한 내용이므로 이에 관한 내용을 주목해서 듣는다. 녹음에서 옌즈는 我手下的人应该像这些制作工具一样，改掉我不足的地方。……而不是像高缭那样，对我的缺点了如指掌，却从不在我面前提过任何意见(내 수하의 사람이라면 마땅히 이런 제작 도구와 같이 나의 부족한 부분을 고치게 해야 하네. ……까오랴오처럼 그렇게 내 결점을 훤히 알면서도 내 앞에서 그 어떤 의견도 제시하지 않아서는 안 되네)이라고 했다. 질문에서 옌즈가 제작 기구의 예를 든 이유를 물었으므로 정답은 A이다.

어휘 纠错 jiūcuò 동 잘못을 바로잡다　搀杂 chānzá 동 뒤섞다, 뒤섞이게 하다　私念 sīniàn 명 사념, 이기적인 생각　工欲善其事，必先利其器 gōng yù shàn qí shì, bì xiān lì qí qì[속담] 일을 잘 하려면 우선 좋은 도구가 필요하다

★★☆ 중

45

晏子认为高缭是什么样的人？	옌즈는 까오랴오를 어떤 사람이라고 여기는가?
A 很有教养 **B 只知顺从** C 贪赃枉法 D 循规蹈矩	A 매우 교양이 있다 **B 순종할 줄만 안다** C 뇌물을 받고 법을 어긴다 D 규율을 잘 지킨다

해설 보기가 인물의 평가를 나타내므로 이에 관한 내용을 주목해서 듣는다. 녹음에서 他因为担心犯错，一味地顺从我、称赞我，这对我有百害而无一利(그는 실수할까 봐 걱정되어 덮어놓고 내게 순종하고 나를 칭찬한 것일세. 이는 내게 백해무익한 것이지)라고 했다. 질문에서 옌즈가 까오랴오를 어떤 사람이라고 여기는지 물었으므로 정답은 B이다.

어휘 教养 jiàoyǎng 명 교양　贪赃枉法 tān zāng wǎng fǎ 성 뇌물을 받아 먹고 법을 어기다　循规蹈矩 xún guī dǎo jǔ 성 규율을 잘 지키다

★★☆ 하

46

根据这段话，下列哪项正确？	본문을 근거로 다음 중 올바른 것은?
A 晏子把高缭辞退了 B 没有人替高缭求情 C 高缭很有自知之明 D 高缭频繁犯相同的错误	**A 옌즈가 까오랴오를 해고했다** B 아무도 까오랴오를 위해 사정해 주지 않았다 C 까오랴오는 자신의 능력을 정확히 안다 D 까오랴오는 빈번히 동일한 실수를 저지른다

해설 보기에 高缭(까오랴오)가 반복되므로 이 인물에 관한 내용을 주목해서 듣는다. 키워드로 A는 辞退(해고하다), B는 没有求情(사정하지 않다), C는 自知之明(자신의 능력을 알다), D는 犯错误(실수를 저지르다)를 삼는다. 녹음의 晏子却在三年后辞掉了高缭(옌즈는 3년 후 까오랴오를 해고했다)에 보기 A의 키워드가 언급되었다. 질문에서 본문에 근거하여 옳은 내용을 물었으므로 정답은 A이다.

어휘 求情 qiúqíng 동 사정하다, 용서나 도움을 바라다　自知之明 zì zhī zhī míng 성 자기의 능력(결점)을 정확히 알다

47-50

新疆伊犁哈萨克自治州每到冬天温度骤降、食物短缺。50可哪怕环境再恶劣，牧民们也得拉家带口、赶着牲畜，往水草丰盛的草场迁徙。47这种游牧生活，叫做转场。每当转场的季节来临时，牧民便会分工合作，打包家当和食物、清点牲畜和驮具等，一切都准备就绪后，开始上路。48由于每年都要迁徙，哈萨克人被称为世上走路最多的人，也是搬家最勤的人。因此，有人把哈萨克族人称为永远在路上的马背民族。

牧民转场既是出于生存的本能，49也是对大自然的一种敬畏。哈萨克族人在沿着牧道前进时，绝不随意踩踏或破坏草地。传说曾有一只燕子在牧民的毡房上筑窝孵蛋，为了不破坏燕子窝，他们不得不推迟转场时间，直到草场上的草消耗殆尽，牧民不得不用木杆给燕子窝架了个支架，然后才心慌慌地走上转场之路。

如今，随着时代的发展，越来越多的牧民定居了下来，“哪里有草场，家就在哪里”的生活将被定格成影像，成为无法复原的记忆。

신장 이리하싸커 자치주는 겨울마다 온도가 급격히 내려가고 먹을 거리가 부족하다. 50하지만 환경이 아무리 열악해도 유목민들은 가족을 데리고 가축을 몰며 수풀이 풍성한 목초지를 향해 이주해야 한다. 47이러한 유목 생활을 주완창(가을 목장 이동)이라 일컫는다. 매번 가을 목장 이동 계절이 다가오면, 유목민들은 분업하고 협력하여 가재 도구와 먹거리를 싸고 가축들과 가축용 등지게 등을 철저하게 점검하고 모든 준비가 갖추어지면 길을 떠나기 시작한다. 48매년 이주를 하기 때문에 카자흐족은 세계적으로 가장 많이 걷는 사람들이자 이사를 가장 부지런히 하는 사람으로 불리운다. 그래서 어떤 이들은 카자흐족을 영원히 길을 떠나는 말 등의 민족이라고도 부른다.

유목민들의 이동은 생존 본능에서 비롯된 것이기도 하며 49또한 대자연에 대한 일종의 경외이기도 하다. 카자흐족은 방목 경로를 따라 전진할 때 절대로 풀밭을 함부로 밟거나 훼손하지 않는다. 전설에 따르면 일찍이 한 마리 제비가 유목민들의 이동 가옥인 파오 위에 둥지를 짓고 알을 낳았다고 한다. 제비 둥지를 파괴하지 않으려고 그들은 어쩔 수 없이 이동 시간을 미뤘다가 목초지의 풀들이 다 사라지자 어쩔 수 없이 나뭇가지로 제비 둥지에 버팀목을 만들어 주고 그제서야 마음 부산히 길을 떠났다고 한다.

오늘날, 시대가 발전함에 따라, 점점 더 많은 유목민들이 정착하고 있어 '목초지가 있는 곳이 집이다'라는 생활도 장차 영상의 한 장면으로 남겨지고 복원할 수 없는 기억이 될 것이다.

어휘 新疆 Xīnjiāng 지명 신장　伊犁哈萨克自治州 Yīlí Hāsàkè Zìzhìzhōu 지명 이리하싸커 자치주　骤降 zhòujiàng 동 갑자기 내리다, 급락하다　拉家带口 lā jiā dài kǒu 성 가족을 데리고 떠나다　牲畜 shēngchù 명 가축, 집짐승　迁徙 qiānxǐ 동 이주하다, 옮겨 가다　游牧生活 yóumù shēnghuó 유목 생활　转场 zhuǎnchǎng 동 (목장·훈련장 등의) 장소를 바꾸다　家当 jiādàng 명 가재도구　清点 qīngdiǎn 동 철저하게 점검하다, 하나하나 조사하다　驮 tuó 동 등에 지우다　就绪 jiùxù 동 준비를 끝내다, 준비

가 갖추어지다 哈萨克(族) Hāsàkè(zú) 명 카자흐족 敬畏 jìngwèi 명 동 경외(하다) 踩踏 cǎità 동 밟다 毡房 zhānfáng 명 파오 [몽골인이 사는 천막으로 만든 이동 가옥] 孵 fū 동 알을 까다 消耗 xiāohào 동 (정신 · 힘 · 물자 등을) 소모하다 殆尽 dàijìn 동 거의 다하다 定居 dìngjū 동 정착하다 定格 dìnggé 동 (화면 등이) 한 곳에 정지되다 复原 fùyuán 동 복원하다

★★☆ 중

47 关于转场，下列哪项正确？	주완창에 관해 다음 중 올바른 것은?
A 多在冬末春初 B 枉费财力物力 C 行程十分艰险 **D 牧民间相互帮助**	A 대부분 겨울 끝자락 봄 초입이다 B 재력과 물력을 허비한다 C 여정이 매우 험난하다 **D 유목민 간에 서로 돕는다**

해설 보기의 키워드로 A는 冬末春初(겨울 끝자락 봄 초입), B는 枉费(허비하다), C는 艰险(험난하다), D는 相互帮助(서로 돕다)를 삼는다. 녹음에서 주완창에 대해 这种游牧生活，叫做转场。每当转场的季节来临时，牧民便会分工合作(이러한 유목 생활을 주완창이라 일컫는다. 매번 가을 목장 이동 계절이 다가오면, 유목민들은 분업하고 협력한다)라고 했다. 따라서 정답은 D이다.

어휘 枉费 wǎngfèi 동 낭비하다, 허비하다 艰险 jiānxiǎn 형 험난하다

★★☆ 중

48 哈萨克族为什么被称为永远在路上的马背民族？	카자흐족은 왜 영원히 길을 떠나는 말 등의 민족이라고 불리우는가?
A 酷爱骑马 **B 走路多搬家勤** C 经常举办赛马盛会 D 每年都要迁徙数次	A 승마를 너무 좋아한다 **B 길을 많이 걷고 이사를 자주 한다** C 자주 경마 대회를 연다 D 매년 수차례 이동해야 한다

해설 보기가 특징적 행동을 나타내므로 관련 내용을 주목해서 듣는다. 녹음에서 由于每年都要迁徙，哈萨克人被称为世上走路最多的人，也是搬家最勤的人。因此，有人把哈萨克族人称为永远在路上的马背民族(매년 이주를 하기 때문에, 카자흐족은 세계적으로 가장 많이 걷는 사람들이자 이사를 가장 부지런히 하는 사람으로 불리운다. 그래서 어떤 이들은 카자흐족을 영원히 길을 떠나는 말 등의 민족이라고도 부른다)라고 했다. 질문에서 카자흐 민족이 왜 말 등의 민족이라고 불리우는지 물었으므로 정답은 B이다.

어휘 酷 kù 부 매우, 심히 勤 qín 형 부지런하다, 근면하다 盛会 shènghuì 명 성대한 모임

★★★ 중

49 这段话最后举燕子的例子是为了说明什么？	글의 마지막 부분에서 제비의 예시를 든 것은 무엇을 설명하고자 한 것인가?
A 燕子是转场的最大阻碍 B 哈萨克人十分喜欢燕子 **C 哈萨克人敬畏大自然** D 转场会影响鸟类的繁殖	A 제비가 가을 목장 이동의 최대 장애물이다 B 카자흐 사람은 제비를 매우 좋아한다 **C 카자흐 사람은 자연을 경외한다** D 가을 목장 이동은 조류의 번식에 영향을 미칠 수 있다

해설 보기에 燕子(제비)와 哈萨克人(카자흐 사람)이 있으므로 이에 관한 내용을 주목해서 듣는다. 녹음에서 유목민들의 이동을 설명하면서 也是对大自然的一种敬畏(또한 대자연에 대한 일종의 경외이기도 하다)라고 하며 제비 예시를 들었다. 자연에 대한 경외를 설명하기 위해 제비 예시를 든 것이므로 알맞은 정답은 C이다.

어휘 阻碍 zǔ'ài 명 동 방해(하다), 지장(이 되다) 敬畏 jìngwèi 명 동 경외(하다) 繁殖 fánzhí 명 동 번식(하다)

★★☆ 상

50 根据这段话，可以知道什么？	본문을 토대로 무엇을 알 수 있는가?
A 草原天气变幻莫测	A 초원의 날씨는 변화무쌍하여 예측할 수 없다
B 哈萨克人能歌善舞	B 카자흐 사람은 노래도 잘하고 춤도 잘 춘다
C 从事牧业的人逐渐减少	C 목축업에 종사하는 사람들이 점차 줄어든다
D 转场是指迁徙到水草丰美的地方	**D 주완창은 수풀이 풍성한 곳으로 이동하는 것을 가리킨다**

해설 보기의 키워드로 A는 变幻莫测(변화무쌍하다), B는 能歌善舞(노래도 잘하고 춤도 잘 추다), C는 从事牧业的人(목축업에 종사하는 사람), D는 水草丰美的地方(수풀이 풍성한 곳)을 삼는다. 녹음의 可哪怕环境再恶劣，牧民们也得拉家带口、赶着牲畜，往水草丰盛的草场迁徙。这种游牧生活，叫做转场(하지만 환경이 아무리 열악해도 유목민들은 가족을 데리고 가축을 몰며 수풀이 풍성한 목초지를 향해 이주해야 한다. 이러한 유목 생활을 주완창이라 일컫는다)에 보기 D의 키워드가 언급되었다. 질문에서 본문에 근거하여 알 수 있는 내용을 물었으므로 정답은 D이다.

어휘 变幻莫测 biàn huàn mò cè 성 변화무쌍하여 예측할 수 없다 能歌善舞 néng gē shàn wǔ 성 노래도 잘하고 춤도 잘 춘다 丰美 fēngměi 형 푸짐하다

독해 제1부분

[풀이전략] 보기 문장에서 수식 성분(관형어, 부사어, 보어)을 제외한 핵심 성분(주어, 술어, 목적어)을 위주로 먼저 분석한다. 문장 성분의 결여와 잉여, 어순 오류, 어휘의 호응 및 문맥의 논리성에 오류가 있는 문장을 정답으로 고른다.

★★★ 상

51

A 一般来说，越 | 是 | 质量好的 | 产品， | 销路 | 越 | 好。
부사어 / 술어 / 관형어 / 목적어 / 주어 / 부사어 / 술어
일반적으로 말해서 퀄리티가 좋은 제품일수록 판로가 좋다.

B 长久以来， | 人们 | 习惯于 | 将智商作为衡量人才的标准。
부사어 / 주어 / 술어 / 목적어
오랫동안 사람들은 IQ를 인재를 평가하는 기준으로 여기는 데에 익숙하다.

C 全脂牛奶 | 含有 | 大量的 | 饱和脂肪酸和胆固醇， | 这 | 对心血管健康比较 | 不利。
주어 / 술어 / 관형어 / 목적어 / 주어 / 부사어 / 술어
전지 우유는 대량의 불포화 지방산과 콜레스테롤을 함유하고 있는데 이것은 심혈관 건강에는 다소 좋지 않다.

D 不管 | 气候条件 | 极端 | 不利， | 登山队员 | 仍然 | 克服了 | 困难， | 胜利 | 攀登 | 到了 | 顶峰。
접속사 / 주어 / 부사어 / 술어 / 주어 / 부사어 / 술어 / 목적어 / 부사어 / 술어 / 보어 / 목적어
기후 조건이 극도로 불리함을 막론하고 등산 대원들은 어려움을 극복하고 성공적으로 정상에 올랐다.

실전모의고사 3

(O) 尽管 | 气候条件 | 极端 | 不利， | 登山队员 | 仍然 | 克服了 | 困难， | 胜利 | 攀登 | 到了 | 顶峰。
접속사 주어 부사어 술어 주어 부사어 술어 목적어 부사어 술어 보어 목적어

기후 조건이 극도로 불리함에도 불구하고 등산 대원들은 어려움을 극복하고 성공적으로 정상에 올랐다.

해설 보기 D의 접속사 不管(~을 막론하고)은 '不管A, 都/也B'의 형식으로 쓰이며 A는 일반적으로 '의문대사, 정반의문문, 선택의문문(是A还是B), 반대말 나열, 多么'를 사용하여 조건의 의미를 나타내기 때문에 이 문장에는 어울리지 않는다. 전후 문맥상 '기후 조건이 극도로 불리함'에도 '어려움을 극복하고 성공적으로 정상에 올랐다'라는 전환/역접 관계로 전개됨을 알 수 있다. 따라서 이 문장은 '尽管/虽然A, 还是/仍然B'의 형식으로 바꿔주어야 한다.

TIP ▶ 전환/역접을 나타내는 접속사 尽管은 '尽管/虽然A, 但是(주어)却B(비록 A하지만 그러나 B하다)'의 형태로 쓰일 뿐만 아니라, 또한 '尽管/虽然A, 但是(주어)还是/仍然B(비록 A하지만 그럼에도 불구하고 여전히 B하다)'의 형식으로도 쓰인다.

어휘 智商 zhìshāng 명 지능 지수(IQ) 衡量 héngliang 동 따져보다, 평가하다 全脂牛奶 quánzhī niúnǎi 명 전지 우유 脂肪酸 zhīfángsuān 명 지방산 胆固醇 dǎngùchún 명 콜레스테롤 极端 jíduān 명 극단 부 극단적으로, 극도로 攀登 pāndēng 동 등반하다 顶峰 dǐngfēng 명 최고봉

★★★ 상

52

A 公益广告 | 是 | 不以营利为目的而为社会提供免费服务的广告 | 活动。
주어 술어 관형어 목적어

공익 광고는 영리를 목적으로 하지 않고 사회에 무료 서비스를 제공하는 광고 활동이다.

B 健美操 | 是 | 一项将体操、舞蹈、音乐融为一体的新兴体育 | 项目。
주어 술어 관형어 목적어

에어로빅은 체조, 댄스, 음악을 하나로 융합시켜 새롭게 떠오르는 스포츠 종목이다.

C 这样的 | 工具 | 让 | 搜索 | 变得 | 更简单， | 普通 | 用户 | 也能快速 | 找 | 到 | 想要的 | 信息。
관형어 주어1 술어1 목1/주2 술어2 목적어2 관형어 주어 부사어 술어 보어 관형어 목적어

이러한 도구는 검색을 보다 더 간단하게 만들어 일반 유저들도 빠르게 원하는 정보를 찾을 수 있다.

D 所谓 | "蝴蝶效应" | 是指， | 微小的变化会整个系统带来长期而巨大的连锁 | 反应。
관형어 주어 술어 관형어 목적어

이른바 '나비 효과'란 아주 작은 변화가 전체 시스템 초래하는 장기적이고 거대한 연쇄 반응을 가리킨다.

(O) 所谓 | "蝴蝶效应" | 是指， | 微小的变化会给整个系统带来长期而巨大的连锁 | 反应。
관형어 주어 술어 관형어 목적어

이른바 '나비 효과'란 아주 작은 변화가 전체 시스템에 초래하는 장기적이고 거대한 연쇄 반응을 가리킨다.

해설 보기 D의 뒷절에 개사가 누락되었다. 문장의 구조가 [관형어(微小的)+주어(变化)+조동사(会)+관형어(整个)+명사(系统)+술어(带来)+관형어(长期而巨大的连锁)+목적어(反应)]인데, 부사어는 문장에서 '부사+조동사+개사구(개사+명사)'의 순서로 쓰인다. 따라서 조동사 会 뒤에 위치한 명사구 整个系统(전체 시스템)이 개사구가 되어야함을 알 수 있다. 문장의 술어가 带来(가져오다)이므로 이와 호응하여 쓰이는 개사 给를 整个系统 앞에 놓아야 한다.

어휘 公益广告 gōngyì guǎnggào 명 공익 광고 营利 yínglì 동 영리를 꾀하다 融 róng 동 융합하다, 어우러지다 搜索 sōusuǒ 동 (인터넷에) 검색하다 蝴蝶效应 húdié xiàoyìng 명 나비 효과 连锁反应 liánsuǒ fǎnyìn 명 연쇄 반응

★★★ 하

53 A 云南的 | 咖啡豆 | 是 | 中国境内产量最高的 | 地区。
관형어 주어 술어 관형어 목적어
운남의 원두는 중국 내에서 생산량이 가장 많은 지역이다.

(O) 云南 | 是 | 中国境内咖啡豆产量最高的 | 地区。
주어 술어 관형어 목적어
운남은 중국 내에서 원두 생산량이 가장 많은 지역이다.

B 中国 | 是 | 杜鹃花分布最多的 | 国家， | 约 | 有 | 530余 | 种 。
주어 술어 관형어 목적어 부사어 술어 관형어 목적어
중국은 진달래가 가장 많이 분포한 국가로, 약 530여 종이 있다.

C 《史记》和《资治通鉴》 | 素有 | 中国史学"双璧"的 | 美誉。
주어 술어 관형어 목적어
「사기」와 「자치통감」은 예로부터 중국 역사학계의 '쌍벽'이라는 명성을 지닌다.

D 世界 | 虽然 | 残酷， | 但 | 只要 | 你 | 勇敢往前 | 走， | 总会 | 有 | 路 | 的。
주어 접속사 술어 접속사 접속사 주어 부사어 술어 부사어 술어 목적어 조사
세상은 비록 혹독하지만 용감히 앞으로 나아가기만 하면 틀림없이 길이 있을 것이다.

해설 보기 A에서 주어와 목적어의 의미 관계에 논리적인 모순이 발생했다. 주술목만 그대로 해석해보면 '咖啡豆是地区(원두가 지역이다)'이므로 주어와 목적어의 의미가 어색하다. 따라서 주술목이 '云南是地区(운남은 지역이다)'가 되도록 云南 뒤의 구조조사 的를 삭제하고, 咖啡豆를 产量(생산량) 앞에 배치하여 地区(지역)를 수식하는 관형어로 만들어주어야 한다.

TIP▶ 是자문에서 출제 1순위는 주어와 목적어 관계의 오류이므로, 是자문이 출제되면 주어와 목적어의 관계가 올바른지 점검하자.

어휘 杜鹃花 dùjuānhuā 명 진달래 史记 Shǐjì 명 사기 [한대(汉代)의 사마천이 쓴 역사서] 资治通鉴 Zīzhì Tōngjiàn 명 자치통감 [송대(宋代) 사마광 등이 편찬한 편년체 역사서] 素有 sùyǒu 동 종래로 있다, 원래부터 있다 残酷 cánkù 형 잔혹하다, 혹독하다

★★★ 중

54 A 居民委员会 | 在城市社区中 | 发挥着 | 极其重要的。
주어 부사어 술어 관형어
주민 위원회는 도시 지역 사회에서 지극히 중요한 발휘하고 있다.

(O) 居民委员会 | 在城市社区中 | 发挥着 | 极其重要的 | 作用。
주어 부사어 술어 관형어 목적어
주민 위원회는 도시 지역 사회에서 지극히 중요한 역할을 발휘하고 있다.

B 弹性工作制的 | 实施 | 可以 | 让 | 员工 | 灵活 | 安排 | 工作时间。
관형어 주어1 부사어 술어1 목1/주2 부사어 술어2 목적어2
탄력 근무제의 시행은 근로자들이 근무 시간을 유연하게 안배할 수 있게 해 준다.

C 便利店 | 由于受空间大小的限制， | 无法 | 获得 | 规模效应。
주어 부사어 부사어 술어 목적어
편의점은 공간 크기의 제약을 받기 때문에 규모의 효과(size effect)를 얻을 수 없다.

D 如今， | 以人工智能为代表的第四次工业革命的 | 浪潮 | 已经 | 滚滚而来。
부사어 관형어 주어 부사어 술어
오늘날, 인공지능(AI)으로 대표되는 제4차 산업 혁명의 물결이 거세게 밀려오고 있다.

해설 보기 A에서 주요 문장성분 중 목적어가 결여되었다. 문장을 분석해보면 [주어(社区居委会)+부사어(在城市社区中)+술어(发挥)+着+관형어(极其重要的)]이므로 관형어가 수식하는 목적어가 결여되었다. 동사 发挥(발휘하다)는 주로 水平(실력), 作用(역할/작용) 등을 목적어로 취하므로 관형어의 의미와 어울리는 作用이 목적어 자리에 와야 한다.

어휘 居民委员会 jūmín wěiyuánhuì 주민 위원회 社区 shèqū 명 공동체, 지역 사회 弹性工作制 tánxìng gōngzuòzhì 탄력 근무제 规模效应 guīmó xiàoyìng 규모의 효과(size effect) 人工智能 réngōng zhìnéng 인공지능, AI 浪潮 làngcháo 명 파도, 물결 滚滚而来 gǔn gǔn ér lái 세차게 밀려오다

★★★ 하

55

A 普洱茶 | 富含 | 茶多酚， | 具有 | 抗衰老的 | 功效。
주어 / 술어 / 목적어 / 술어 / 관형어 / 목적어
보이차는 폴리페놀을 풍부하게 함유하여 안티에이징 효과를 지닌다.

B 花园里那几朵美丽的 | 玫瑰花 | 被人 | 摘 | 走 | 了。
관형어 / 주어 / 부사어 / 술어 / 보어 / 조사
정원의 그 아름다운 장미꽃 몇 송이를 누군가가 꺾어갔다.

C 为了避免今后不再发生类似的事件， | 我们 | 都应该 | 提高 | 安全 | 意识。
부사어 / 주어 / 부사어 / 술어 / 관형어 / 목적어
앞으로 이와 같은 사건이 재발하지 않는 것을 피하려면, 우리는 안전 의식을 높여야 한다.

(O) 为了避免今后再次发生类似的事件， | 我们 | 都应该 | 提高 | 安全 | 意识。
부사어 / 주어 / 부사어 / 술어 / 관형어 / 목적어
앞으로 이와 같은 사건이 거듭 발생하는 것을 피하려면, 우리는 안전 의식을 높여야 한다.

D 每一种 | 选择 | 都 | 有 | 不同的 | 结局， | 就 | 如 | 走不同的路就会有不同的风景。
관형어 / 주어 / 부사어 / 술어 / 관형어 / 목적어 / 부사어 / 술어 / 목적어
모든 선택에는 각기 다른 결과가 존재한다. 마치 각기 다른 길을 걸어가면 서로 다른 경치가 있는 것과 같다.

해설 보기 C의 문장은 논리적으로 모순이 발생하였다. 앞절에 사용된 동사 避免은 '나쁜 일을 피하다/면하다'라는 뜻이기 때문에 뒤에 이어지는 내용은 부정적이고 좋지 않은 상황이어야 한다. 그런데 뒤의 不再发生(재발하지 않는다)은 긍정적이고 좋은 상황이므로 의미상 모순이 된다. 따라서 不再发生을 再次发生(거듭 발생하다)으로 바꿔주어야 한다.

어휘 普洱茶 pǔ'ěrchá 명 보이차 富含 fùhán 동 다량 함유하다 茶多酚 cháduōfēn 명 폴리페놀 衰老 shuāilǎo 형 노쇠하다 摘 zhāi 동 따다, 꺾다 结局 jiéjú 명 결말, 결과

★☆☆ 하

56

A 每一个成功人士的 | 背后 | 都 | 有着 | 无数个不为人知的 | 努力。
관형어 / 주어 / 부사어 / 술어 / 관형어 / 목적어
성공한 인사들의 이면에는 남들이 모르는 무수히 많은 노력들이 있다.

B 聪明的 | 人 | 善于 | 把复杂的事情简单化， | 而 | 愚蠢的 | 人 | 却把简单的事情 | 复杂化。
주어 / 술어 / 목적어 / 접속사 / 관형어 / 주어 / 부사어 / 술어
똑똑한 사람은 복잡한 일을 간단하게 만들지만, 어리석은 사람은 간단한 일을 복잡하게 만든다.

C 在这个快节奏的社会中， | 拖延症 | 已经 | 困扰现代人精神健康的重大 | 疾病 | 成为了。
부사어 / 주어 / 부사어 / 관형어 / 목적어 / 술어
이렇게 빠른 리듬의 사회에서, 미루는 버릇은 이미 현대인들의 정신 건강을 괴롭히는 중대 질병이 되었다.

(O) 在这个快节奏的社会中， | 拖延症 | 已经 | 成为了 | 困扰现代人精神健康的重大 | 疾病。
부사어 / 주어 / 부사어 / 술어 / 관형어 / 목적어
이렇게 빠른 리듬의 사회에서, 미루는 버릇은 이미 현대인들의 정신 건강을 괴롭히는 중대 질병이 되었다.

D 枸杞中所含的 | 甜菜碱，| 可以 | 促进 | 脂肪 | 代谢；| 坚持饮用枸杞茶，| 有利于 |
관형어 주어 부사어 술어 관형어 목적어 주어 술어

减少体内脂肪含量。
목적어

구기자에 함유된 베타인(Betaine)은 지방 대사를 촉진시켜 구기자차를 꾸준히 마시면 체지방 함량을 감소시키는 데 도움이 된다.

해설 보기 C의 뒷절에서 동사 술어의 위치가 잘못되었다. 중국어 문장의 기본 어순은 '주어+술어+목적어'이다. 뒷절을 분석해보면 [주어(拖延症)+부사어(已经)+관형어(困扰现代人精神健康的)+목적어(重大疾病)+술어(成为了)]가 되므로 술어가 목적어 뒤에 있어 어순이 잘못되었음을 알 수 있다. 따라서 成为了를 已经 뒤에 배치해야 한다. 동사 成为는 반드시 목적어를 갖는 동사임을 꼭 기억하도록 하자.

Tip ▶ **주술목 어순 오류 문제**

: 독해 제1부분에서 주술목 어순 오류 문제는 관형어를 '동사 술어+목적어+的'와 같은 형식으로 출제하여 관형어에 사용된 동사를 전체 문장의 술어처럼 착각하게 유도하거나, 반대로 전체 문장의 술어를 관형어로 오인하게 유도하는 경우가 있다. 보기 C를 다시 분석해 보자.

예 拖延症 | 已经 | (困扰+现代人精神健康+的) | 重大疾病 | 成为了。 (×)
주어 부사어 (동사 술어+목적어+的) 목적어 술어

→ 보기 C가 주술목 어순 오류의 전형적인 문장이다. 관형어에 사용된 困扰(괴롭히다)를 전체 문장의 술어로 오인하지 않도록 주의해야 한다. 이를 위해 '동사술어+동태조사(了/着/过)'와 '관형어(동사+명사+的)+목적어'의 형태 분석에 주의하자.

어휘 愚蠢 yúchǔn 형 어리석다, 미련하다 节奏 jiézòu 명 리듬 拖延症 tuōyánzhèng 미루는 버릇 [지연 행동, procrastination] 困扰 kùnrǎo 동 성가시게 하다, 괴롭히다 疾病 jíbìng 명 질병 枸杞 gǒuqǐ 명 구기자 甜菜碱 tiáncàijiǎn 명 베타인(betaine) 脂肪 zhīfáng 명 지방 代谢 dàixiè 명 동 신진대사(하다)

★★★ 하

57

A 马太效应，| 是指 | 强者愈强、弱者愈弱的 | 现象，| 即 | 两级分化 | 现象。
주어 술어 관형어 목적어 술어 관형어 목적어

마태 효과(Matthews effect)란 강자는 더 강해지고 약자는 더 약해지는 현상, 즉 양극화 현상을 가리킨다.

B 壁球 | 是 | 一种对墙击球的室内 | 运动，| 因球在触及墙壁时发出的声音 | 而 | 得名。
주어 술어 관형어 목적어 부사어 접속사 술어

스쿼시는 벽에 공을 치는 실내 스포츠로, 공이 벽에 닿을 때 내는 소리 때문에 이름이 붙여졌다.

C 酸奶的营养 | 价值 | 主要 | 体现 | 在蛋白质含量上，| 而 | 与酸奶的浓稠度 | 关系不大。
관형어 주어 부사어 술어 보어 접속사 부사어 술어

요구르트의 영양가는 주로 단백질 함량에서 드러나는 것으로 요구르트의 농도와는 관계가 크지 않다.

D 书中的 | 故事 | 全部均 | 为 | 作者亲身经历过的，| 不但 | 真实可靠，| 而且 | 生动有趣，|
관형어 주어 부사어 술어 목적어 접속사 술어 접속사 술어

能 | 让 | 读者 | 易于 | 接受。
부사어 술어1 목1/주2 부사어 술어2

책 속의 이야기는 전부 다 작가가 직접 겪은 것으로 믿을만한 데다가 생동감과 재미까지 있어 독자들이 쉽게 받아들일 수 있다.

(O) ① 书中的 | 故事 | 全部 | 为 | 作者亲身经历过的，| 不但 | 真实可靠，| 而且 | 生动有趣，|
관형어 주어 부사어 술어 목적어 접속사 술어 접속사 술어

能 | 让 | 读者 | 易于 | 接受。
부사어 술어1 목1/주2 부사어 술어2

책 속의 이야기는 전부 작가가 직접 겪은 것으로 믿을만한 데다가 생동감과 재미까지 있어 독자들이 쉽게 받아들일 수 있다.

② 书中的 | 故事 | 均 | 为 | 作者亲身经历过的，| 不但 | 真实可靠，| 而且 | 生动有趣，|
관형어 주어 부사어 술어 목적어 접속사 술어 접속사 술어

能 | 让 | 读者 | 易于 | 接受。
부사어 술어1 목1/주2 부사어 술어2

책 속의 이야기는 다 작가가 직접 겪은 것으로 믿을 만한 데다가 생동감과 재미까지 있어 독자들이 쉽게 받아들일 수 있다.

해설 보기 D에서 같은 의미를 가진 어휘가 중복 사용됐다. 全部와 均은 '모두/다/전부'를 나타내므로 둘 중 하나만 사용해야 한다.

어휘 马太效应 Mǎtài xiàoyìng 명 마태 효과(Matthews effect) 愈 yù 부 더욱, 더더욱 壁球 bìqiú 명 스쿼시(squash) 触及 chùjí 동 닿다, 건드리다 得名 démíng 동 이름을 얻다 酸奶 suānnǎi 명 요구르트, 요거트 蛋白质 dànbáizhì 명 단백질 浓稠度 nóng chóu dù 명 농도 均 jūn 부 모두, 다 生动 shēngdòng 형 생동감 있다, 생생하다

★★★ 중

58

A 既然 | 现实 | 无法 | 改变，| 那么 | 只能 | 改变 | 自己。| 这样 | 既 | 可以 | 调整 | 好 |
접속사 주어 부사어 술어 접속사 부사어 술어 목적어 주어 접속사 부사어 술어 보어

心态，| 也能 | 保持 | 饱满的 | 心情，| 活 | 得更快乐。
목적어 부사어 술어 관형어 목적어 술어 보어

현실을 바꿀 수 없다면 자기 자신을 바꿀 수밖에 없다. 이렇게 해야 심리 상태를 잘 조절할 수 있고 만족감을 유지하여 더 즐겁게 살 수 있다.

B 共享经济 | 并 | 非 | 起源于中国，| 而 | 却在中国以最快的速度 | 发展 | 起来。|
주어 부사어 술어 목적어 접속사 부사어 술어 보어

据统计，| 参与共享经济活动 | 人数 | 已 | 超过 | 5亿 。
부사어 관형어 주어 부사어 술어 목적어

공유 경제는 중국에서 시작한 것은 아니고 오히려 중국에서 가장 빠른 속도로 발전하고 있다. 통계에 따르면 공유 경제에 동참하는 사람들이 이미 5억을 넘어섰다.

(O) 共享经济 | 虽然 | 不是 | 起源于中国，| 但 | 却在中国以最快的速度 | 发展 | 起来。|
주어 접속사 술어 목적어 접속사 부사어 술어 보어

据统计，| 参与共享经济活动 | 人数 | 已 | 超过 | 5亿 。
부사어 관형어 주어 부사어 술어 목적어

공유 경제는 비록 중국에서 시작한 것이 아니지만 오히려 중국에서 가장 빠른 속도로 발전하고 있다. 통계에 따르면 공유 경제에 동참하는 사람들이 이미 5억을 넘어섰다.

C 可燃冰 | 分布 | 于深海沉积物或陆域的永久冻土中，| 是 | 由天然气与水在高压低温条件下
주어 술어 보어 술어 관형어

形成的类冰状的结晶 | 物质。
목적어

메탄 하이드레이트는 심해의 퇴적물 혹은 육지의 영구 동토대에 분포하고 있으며, 천연가스와 물이 저온 고압 상태에서 형성한 얼음 같은 형태의 결정체 물질이다.

D 扬子鳄 | 是 | 世界上最小的鳄鱼品种之 | 一 。| 在它身上，还可以 | 找 | 到 |
주어 술어 관형어 목적어 부사어 술어 보어

早先恐龙类爬行动物的许多 | 特征。| 因此，| 人们 | 称之为 | "活化石"。
관형어 목적어 접속사 주어 술어 목적어

양쯔강 악어는 세계에서 가장 작은 악어 중 하나이다. 양쯔강 악어에게서 공룡류(Dinosauria) 파충류의 많은 특징을 발견할 수 있다. 이 때문에 '살아있는 화석'이라 불리운다.

해설 보기 B에서 접속사의 오류가 발생했다. 앞절의 并非는 并不是(꼭 ~한 것은 아니다)로, 뒷절의 而과 '不是A, 而是B(A가 아니라 B이다)'의 선택 관계 호응 구조로 쓰였다. 하지만 앞절(공유 경제가 중국에서 시작된 것이 아니다)과 뒷절(중국에서 가장 빠른 속도로 발전하고 있다)의 의미를 살펴보면 서로 전환/역접 관계임을 알 수 있다. 따라서 이 문장은 '비록 ~하지만 (그래도) ~하다'라는 뜻이 되도록 전환/역접 관계를 나타내는 접속사 '虽然A, 但是/却B(비록 A하지만 그러나 B하다)'를 사용해야 한다.

어휘 饱满 bǎomǎn 형 포만하다, 충만하다　共享经济 gòngxiǎng jīngjì 명 공유 경제(Sharing Economy)　起源 qǐyuán 명 동 기원(하다)　可燃冰 kěránbīng 명 메탄 하이드레이트(methane hydrate), 가연성 얼음　沉积物 chénjīwù 명 퇴적물, 침전물　陆域 lùyù 명 육지의 일정한 범위　永久冻土 yǒngjiǔ dòngtǔ 명 영구 동토　类 lèi 명 종류 동 유사하다, ~같다　结晶 jiéjīng 명 결정, 크리스털　扬子鳄 yángzǐ'è 명 양쯔강 악어　鳄鱼 èyú 명 악어　早先 zǎoxiān 명 이전, 옛날　恐龙 kǒnglóng 명 공룡　爬行动物 páxíng dòngwù 명 파충류　化石 huàshí 명 화석

★★★ 상

59

A 时间，抓起来(주어) | 是(술어) | 黄金(목적어)，| 抓不起来(주어) | 就(부사어) | 是(술어) | 流水(목적어)。| 是否能(부사어) | 取得(술어) | 成功(목적어)，| 就得(부사어) | 懂得(술어) | 合理利用时间(목적어)。

시간은 잡으면 금이나 잡지 못하면 흐르는 물과 같다. 성공할 수 있는지 없는지는 시간을 합리적으로 이용할 줄 알아야 한다.

(O) 时间，抓起来(주어) | 是(술어) | 黄金(목적어)，| 抓不起来(주어) | 就(부사어) | 是(술어) | 流水(목적어)。| 是否能(부사어) | 取得(술어) | 成功(목적어)，| 取决于(술어) | 是否懂得合理利用时间(목적어)。

시간은 잡으면 금이나 잡지 못하면 흐르는 물과 같다. 성공할 수 있는지 없는지는 시간을 합리적으로 이용할 줄 아는지 없는지에 달려 있다.

B 报道(주어) | 称(술어)，| 由于全球气候变暖，到2050年(부사어)，| 全球适合种植咖啡的土地(관형어) | 面积(주어) | 可能会(부사어) | 减少(술어) | 一半(목적어)。

보도에 따르면, 지구온난화로 인해 2050년까지 전세계적으로 커피 재배에 적합한 토지 면적의 절반이 줄어들 것이라고 한다.

C 一种(관형어) | 观念(주어) | 只有(접속사) | 被人们普遍(부사어) | 理解、接受和掌握(술어) | 并(접속사) | 转化(술어) | 为整个社会的群体意识(보어)，| 才能(부사어) | 成为(술어) | 人们自觉遵守和奉行的(관형어) | 准则(목적어)。

하나의 관념은 사람들이 이해하고 받아들이며 숙달시켜서 사회 전체의 집단의식으로 바꾸어야만 비로소 자발적으로 지키고 따르는 준칙이 될 수 있다.

D 青岛海湾大桥(주어) | 位于(술어) | 山东省青岛市(목적어)，| 又(부사어) | 称(술어) | 胶州湾跨海大桥(목적어)，| 全长(주어) | 36.48公里(술어)，| 投资额(주어) | 将近(술어) | 100亿(목적어)，| 历时(술어1) | 4年(보어) | 完工(술어2)。

칭다오만 대교는 산동성 칭다오시에 위치하며, 자오저우만 대교라고도 부르며, 총 길이 36.48km로, 투자액만 100억 가까이 되며 4년에 걸쳐 완공되었다.

해설 보기 A에서 是否(~인지 아닌지) 사용에 오류가 발생했다. 是否는 두 가지 면을 나타내는 단어로 호응하는 문장도 이와 같이 양면적 의미를 나타내야 한다. 앞문장은 是否能取得成功(성공할 수 있는지 없는지)을 나타내므로 뒷문장에도 '시간을 합리적으로 이용할 수 있는지 없는지'에 해당하는 양면성이 언급되어야 한다. 따라서 就得(~해야 한다)가 아니라 取决于是否(~인지 아닌지에 달려 있다)가 와야 한다.

Tip ▶ 두 가지 면을 나타내는 단어인 양면사(两面词)에는 '是否(~인지 아닌지), 能否(~할 수 있는지 없는지), 高低(높고 낮음), 成败(성공과 실패)' 등이 있다. 이들이 앞절에 있으면 호응하는 뒷절에도 양면을 나타내는 단어 또는 상황이 와야 한다. 단 质量(품질), 影响(영향)과 같은 단어들은 이미 양면성을 내포하고 있으므로 양면사를 투입하거나 대체할 필요가 없다.

예 对工程施工是否认真负责，关系到工程的质量。

공사 시공에 대해 성실하게 책임을 지는지 지지 않는지는 공사의 품질과 관계된다.

(质量: 품질이 좋을 수도 좋지 않을 수도 있음을 모두 포함함)

어휘 气候变暖 qìhòu biànnuǎn 명 기후 온난화　奉行 fèngxíng 동 명령을 받들어 시행하다, 신봉하다　准则 zhǔnzé 명 준칙, 규범　海湾 hǎiwān 명 만　跨海 kuàhǎi 동 바다를 건너다　历时 lìshí 동 시일이 걸리다　完工 wángōng 동 완공하다

★★☆ **상**

60

A 大型情景剧《天安门》，| 就 | 采用 | "幻影成像"与舞台真人演员互动的 | 方式，| 营造 | 出了 | 远古"北京人"穿越时空向人们跑来。

(주어 | 부사어 | 술어 | 관형어 | 목적어 | 술어 | 보어 | 관형어?)

대형 시트콤「티엔안먼」은 '홀로그램 영상'과 무대 위 실제 연기자들의 소통 방식을 채택하여, 먼 옛날의 '베이징 사람'이 시공을 넘어 사람들을 향해 달려오는 만들어냈다.

(O) 大型情景剧《天安门》，| 就 | 采用 | "幻影成像"与舞台真人演员互动的 | 方式，| 营造 | 出了 | 远古"北京人"穿越时空向人们跑来的 | 情景。

(주어 | 부사어 | 술어 | 관형어 | 목적어 | 술어 | 보어 | 관형어 | 목적어)

대형 시트콤「티엔안먼」은 ……, 먼 옛날의 '베이징 사람'이 시공을 넘어 사람들을 향해 달려오는 장면을 만들어냈다.

B 最近几年，| 从中央到地方各级 | 政府 | 出台了 | 一系列新能源汽车扶持 | 政策，| 节能环保、经济实惠的 | 新能源汽车 | 逐渐 | 进入 | 老百姓的 | 生活。

(부사어 | 관형어 | 주어 | 술어 | 관형어 | 목적어 | 관형어 | 주어 | 부사어 | 술어 | 관형어 | 목적어)

최근 몇 년간, 중앙정부에서 지방정부까지 일련의 하이브리드 자동차 지원정책을 내놓았다. 에너지 절약과 환경보호, 경제적 실속까지 있는 하이브리드 자동차는 점차 시민들의 생활 속으로 들어가고 있다.

C 在古代，| "算" | 指 | 一种竹制的计算 | 器具，| "算术" | 是指 | 操作这种计算器具的 | 技术，| 也 | 泛指 | 当时一切与计算有关的数学知识。

(부사어 | 주어 | 술어 | 관형어 | 목적어 | 주어 | 술어 | 관형어 | 목적어 | 부사어 | 술어 | 목적어)

고대에 '算(산)'이란 일종의 대나무로 만든 계산기를 가리켰으며 '算术(산수)'란 이 계산기를 조작하는 기술을 일컬었다. 또 그 당시 계산과 관련 있는 모든 수학적 지식을 광범위하게 지칭하기도 했다.

D 别把工作 | 当 | 负担，| 与其 | 生气埋怨，| 不如 | 积极快乐地 | 去 | 面对，| 当你把工作当作生活和艺术，| 你 | 就会 | 享受 | 到 | 工作中的 | 乐趣。

(부사어 | 술어 | 목적어 | 접속사 | 술어 | 접속사 | 부사어 | 술어1 | 술어2 | 부사어 | 주어 | 부사어 | 술어 | 보어 | 관형어 | 목적어)

일을 부담으로 여기지 말라. 화내고 원망하기 보다는 적극적이고 낙관적으로 직면하는 것이 좋다. 당신이 일을 삶과 예술로 여기면 일 가운데 즐거움을 누릴 수 있다.

해설 보기 A의 문장에 목적어가 누락되었다. 문장을 분석해보면 [주어(大型情景剧《天安门》)+술어(营造出了)+관형어(远古"北京人"穿越时空向人们跑来)]의 구조로 술어 营造(만들다)의 목적어가 없음을 알 수 있다. 따라서 술어 营造와 호응할 수 있으며 의미상 적합한 情景(광경/상황)을 목적어로 투입해야 한다.

어휘 情景剧 qíngjǐngjù 명 시트콤 幻影 huànyǐng 명 환영 互动 hùdòng 상호 작용 营造 yíngzào 동 (분위기 · 기풍 등을) 만들다, 조성하다 出台 chūtái 동 (정책 · 조치 등을) 공포하거나 실시하다 新能源汽车 xīnnéngyuán qìchē 신재생에너지 자동차, 하이브리드 자동차 扶持 fúchí 동 지원하다, 원조하다 器具 qìjù 명 기구, 용구 埋怨 mányuàn 동 불평하다, 원망하다

독해 제2부분

[풀이전략] 빈칸의 위치를 파악하여 앞뒤에 어떤 단어가 있는지 파악한다. 보기 중 각 빈칸 문장에 가장 어울리는 단어를 정답으로 고른다.

★★★ 중

61

人在生物学意义上是"未完成"的生物。人类来到这个世界时的 **姿态** 是极为孱弱而无力的。与其他动物相比，人体生理 **器官** 的完善需要更长的时间。此外，人类还要从环境中不断地学习那些自然与本能所没有 **赋予** 的生存技能。	인간은 생물학적 의미에서는 '미완성'의 동물이다. 인류가 이 세상에 왔을 때의 **모습**은 지극히 연약하고 무력했다. 다른 동물에 비해, 인체의 생리 **기관**이 완벽해 지는 데 더 오랜 시간이 필요했다. 이 밖에도 인간은 자연과 본능이 **부여해** 주지 않은 생존 기술을 환경으로부터 끊임없이 배워야 했다.
A 形式 | 功能 | 传授 B 造型 | 细胞 | 继承 **C 姿态 | 器官 | 赋予** D 容貌 | 知觉 | 授予	A 형식 | 기능 | 전수하다 B 조형 | 세포 | 계승하다 **C 모습 | 기관 | 부여하다** D 용모 | 지각 | 수여하다

해설

첫 번째 빈 칸	形式 xíngshì 명 형식 造型 zàoxíng 명 (만들어낸 물체의) 형상, 조형, 이미지 姿态 zītài 명 자태, 모습 容貌 róngmào 명 용모, 모습, 생김새

빈칸은 [관형어(人类来到这个世界时的)+___+(是)+목적어(极为孱弱而无力)+(的)]의 구조로 주어 자리이다. 의미상 '인류가 이 세계에 왔을 때의 ~은 지극히 연약하고 무력했다'에 어울리는 것은 姿态이다.

두 번째 빈 칸	功能 gōngnéng 명 기능 细胞 xìbāo 명 세포 器官 qìguān 명 (생물의) 기관 知觉 zhījué 명 감각, 지각, 의식

빈칸은 [人体生理+___]의 구조로 인체 생리(人体生理)와 결합할 수 있는 명사가 들어가야 한다. 의미상 生理(생리)와 어울리는 细胞 또는 器官이 들어가야 한다.

세 번째 빈 칸	传授 chuánshòu 동 전수하다, 가르치다 继承 jìchéng 동 계승하다, 이어받다, 물려받다 赋予 fùyǔ 동 (중대한 임무나 사명 등을) 부여하다, 주다 授予 shòuyǔ 동 수여하다

빈칸은 [주어(自然与本能)+부정부사(没有)+___+的+명사(生存技能)]의 구조로 동사 술어 자리이다. 의미상 '자연과 본능이 ~하지 않은 생존 기술'이라는 뜻이므로 赋予가 적합하다. 传授도 生存技能(생존 기술)과 호응하지만 전체 문맥상 교육을 통한 전수가 아닌 동물과 비교하여 선천적으로 타고 났다는 뜻이므로 赋予가 들어가는 것이 적합하다.

어휘 孱弱 chánruò 형 신체가 허약하다, 연약하고 무능하다 本能 běnnén 명 본능 技能 jìnéng 명 기능, 기술

★★★ 중

62 《坡芽歌书》是以原始的图画文字将壮族民歌记录于土布上的民歌集，也是国家级非物质文化 **遗产** 之一。它由81个图画文字 **构成** ，每一个图画文字代表一首歌。它集中了壮族民歌的 **精华** ，是壮族最优美的篇章。

「파아가서(坡芽歌书)」는 원시 그림 문자를 이용하여 장족의 민요를 무명천에 기록한 민요집으로, 국가 무형 문화 **유산** 가운데 하나이기도 하다. 이것은 81개의 그림 문자로 **구성되어 있으며** 하나의 그림 문자가 한 곡을 나타낸다. 이것은 장족 민요의 **정수**를 모아 놓은 장족 최고의 글이다.

A 遗产 | 构成 | 精华
B 遗物 | 组成 | 精神
C 遗失 | 构造 | 渣滓
D 财产 | 营造 | 精髓

A 유산 | 구성하다 | 정수
B 유물 | 조성하다 | 정신
C 유실하다 | 짓다 | 찌꺼기
D 재산 | 만들다 | 정수

해설

첫 번째 빈 칸	遗产 yíchǎn 명 유산 遗物 yíwù 명 유물, 유품 遗失 yíshī 동 유실하다, 분실하다, 잃다 财产 cáichǎn 명 재산, 자산

빈칸은 [非物质文化+___+之一]의 구조이므로 文化(문화)의 수식을 받을 수 있는 명사 遗产이 들어가야 한다.

두 번째 빈 칸	构成 gòuchéng 동 구성하다, 형성하다 组成 zǔchéng 동 조성하다, 결성하다, 구성하다 构造 gòuzào 명 구조 동 짓다, 세우다 营造 yíngzào 동 (분위기 · 기풍 · 건축물 등을) 만들다, 조성하다

빈칸은 [주어(它)+개사구(由81个图画文字)+___]의 구조로 동사 술어 자리이다. 의미상 '그것(「파아가서」)은 81개의 그림 문자가 ~한다'의 뜻이므로 构成이 들어가는 것이 가장 적합하다. 组成은 주로 내각, 기구, 조직, 단체를 조직할 때 쓰인다.

세 번째 빈 칸	精华 jīnghuá 명 정화, 정수 精神 jīngshén 명 정신, 주요 의미 渣滓 zhāzǐ 명 찌꺼기, 앙금, (비유) 사회에 해를 끼치는 쓸모없는 인간 精髓 jīngsuǐ 명 정수, 진수, 정화

빈칸은 [주어(它)+술어(集中了)+관형어(壮族民歌的)+___]의 구조로 목적어 자리이다. 의미상 '그것은 장족 민요의 ~을 모아 놓았다'는 뜻이므로 精华 또는 精髓가 들어갈 수 있다.

어휘 原始 yuánshǐ 명 형 원시(의)　壮族 Zhuàngzú 명 장족 [중국 소수민족의 하나, 광시 · 윈난 · 광둥 · 구이저우 · 후난성 일대에 분포함]　土布 tǔbù 명 수직기로 짠 무명　篇章 piānzhāng 명 문장, 글

★★★ 중

63 中国众多名牌大学，还保留着许多美轮美奂、历史 **悠久** 的建筑。这些建筑大多在建校之初就存在， **见证** 了无数历史性的时刻。目前，这种 **饱经沧桑** 的校园建筑有20多处，均被确认为中国重点保护文物，堪称国宝建筑。

중국의 유수의 명문 대학들은 여전히 아름답고 역사가 **유구한** 건축물들을 많이 간직하고 있다. 이 건축물들은 대부분이 개교 초기에 있던 것으로 무수히 많은 역사적 순간을 **증명하고 있다**. 현재, 이렇게 **산전수전을 다 겪은** 캠퍼스 건축물은 20여 곳이 있으며 모두 국가 중점 보호 문화재로 지정되었고 심지어 국보급 건물이라고 불린다.

A 漫长 ｜ 还原 ｜ 无与伦比	A 길다 ｜ 환원하다 ｜ 견줄 데가 없다
B 持久 ｜ 目睹 ｜ 名副其实	B 오래 지속되다 ｜ 목도하다 ｜ 명성과 실제가 부합하다
C 遥远 ｜ 曝光 ｜ 雪中送炭	C 아득히 멀다 ｜ 노출하다 ｜ 다른 사람이 급할 때 도움을 주다
D 悠久 ｜ 见证 ｜ 饱经沧桑	**D 유구하다 ｜ 증명하다 ｜ 세상사의 온갖 변천을 다 겪다**

해설

첫 번째 빈 칸	漫长 màncháng 형 (시간 · 길 등이) 멀다, 길다, 지루하다 持久 chíjiǔ 형 오래 지속되다, 오래 유지되다 遥远 yáoyuǎn 형 아득히 멀다 悠久 yōujiǔ 형 유구하다, 장구 하다

빈칸은 [관형어{历史+___+的}+建筑]의 구조로 历史(역사)과 어울리는 悠久가 들어가야 한다.

두 번째 빈 칸	还原 huányuán 동 환원하다, 원상회복하다, 복원하다 目睹 mùdǔ 동 직접 보다, 목도하다 曝光 bàoguāng 동 노출하다 见证 jiànzhèng 동 (눈으로 직접 보아) 증명할 수 있다

빈칸은 [___+了+관형어(无数历史性的)+목적어(时刻)]의 구조로 동사 술어 자리이다. 목적어인 时刻(순간)와 호응하는 동사는 见证과 目睹이다.

세 번째 빈 칸	无与伦比 wú yǔ lún bǐ 성 견줄 데가 없다, 뛰어나다, 탁월하다 名副其实 míng fù qí shí 성 명실상부하다, 명성과 실제가 부합되다 雪中送炭 xuě zhōng sòng tàn 성 다른 사람이 급할 때 도움을 주다 饱经沧桑 bǎo jīng cāng sāng 성 세상사의 온갖 변천을 다 겪다

빈칸은 [___+的+명사(校园建筑)]의 구조로 관형어 자리이다. 의미상 校园建筑(캠퍼스 건축물)를 수식할 수 있는 성어는 饱经沧桑과 无与伦比이다.

어휘 美轮美奂 měi lún měi huàn 성 새 집이 높고 크고 아름답다　堪称 kānchēng 동 ~라고 할 만하다　国宝 guóbǎo 명 국보

★★★ 하

64

随着煤炭、石油等矿物燃料日趋 **枯竭** ，环境 **恶化** 也日趋严重。一些科学家为了开发更多的新能源，已把研究课题转向人类自身的生物能这一 **领域** ，利用人体生物能发电已初见成效。据专家介绍，人体中存在着一些化学物质，它们之间在发生反应时会产生化学能量。这种能量就可以 **转化** 为电能，根据这一原理，科学家开始了关于人体生物电池的研究。	석탄, 석유 등 화석 연료가 나날이 **고갈되어** 감에 따라 환경 **악화**도 점차 심각해지고 있다. 몇몇 과학자들은 더 많은 신에너지를 개발하고자 인간 자체의 생물 에너지라는 이 **영역**으로 과제를 이미 전환했다. 인체 생물 에너지는 이미 초기 성과를 거두었다. 전문가에 따르면, 인체의 화학 성분들 간에 반응이 일어나면 화학 에너지가 발생하는데, 이러한 에너지는 전기 에너지로 **전환시킬** 수 있다는 원리를 근거로 과학자들은 인체 생물 건전지에 관한 연구를 시작했다.
A 枯萎 ｜ 衰退 ｜ 框架 ｜ 转让 **B 枯竭 ｜ 恶化 ｜ 领域 ｜ 转化** C 落后 ｜ 恶劣 ｜ 区域 ｜ 转移 D 撤退 ｜ 颓废 ｜ 规范 ｜ 变迁	A 마르다 ｜ 쇠퇴하다 ｜ 프레임 ｜ 양도하다 **B 고갈되다 ｜ 악화되다 ｜ 영역 ｜ 전환하다** C 낙후되다 ｜ 열악하다 ｜ 구역 ｜ 전이하다 D 철수하다 ｜ 의기소침하다 ｜ 규범 ｜ 변천하다

해설

첫 번째 빈 칸	枯萎 kūwěi 형 (꽃 · 잎이) 마르다, 시들다 枯竭 kūjié 동 형 고갈되다 落后 luòhòu 형 동 낙오하다, 뒤떨어지다, 일의 진척이 뒤처지다, 늦어지다, 낙후되다 撤退 chètuì 동 철수하다

실전모의고사 3

빈칸은 [주어(矿物燃料)+부사어(日趋)+___]의 구조로 동사 술어 자리이다. 주어인 矿物燃料(화석 연료)와 호응할 수 있는 단어는 枯竭뿐이다.

두 번째 빈 칸	衰退 shuāituì 동 (신체 · 능력 · 경제 등이) 쇠퇴하다, 감퇴하다 恶化 èhuà 명 악화 동 악화되다, 악화시키다 恶劣 èliè 형 아주 나쁘다, 열악하다 颓废 tuífèi 형 의기소침하다, 퇴폐적이다

빈칸은 [관형어(环境)+___+부사어(也日趋)+술어(严重)]의 구조로 빈칸은 주어 자리이다. 앞부분에서 화석 연료가 언급되었고, 술어가 严重(심각하다)이므로 恶化가 가장 적합하다.

세 번째 빈 칸	框架 kuàngjià 명 (건축에서) 틀, 골조, 프레임 (사물의) 조직, 구조 领域 lǐngyù 명 분야, 영역 区域 qūyù 명 구역, 지구, 존(zone) 规范 guīfàn 명 본보기, 규범, 모범

빈칸은 [부사어(把研究课题)+술어(转)+기타성분{向+관형어(人类自身的生物能这一)+___}]의 구조로 人类自身的生物能(인간 자체의 생물 에너지)과 동격이 되는 명사 자리이다. 의미상 '연구 과제를 인류 자신의 생물 에너지라는 이 ~으로 전환했다'라는 뜻이므로 领域가 가장 적합하다.

네 번째 빈 칸	转让 zhuǎnràng 동 (물건이나 권리를) 넘겨 주다, 양도하다 转化 zhuǎnhuà 동 바꾸다, 변경하다, 전환하다 转移 zhuǎnyí 동 (시선 · 화제 등을) 옮기다, 전이하다 变迁 biànqiān 동 (사회 · 시대 등이) 변천하다

빈칸은 [주어(这种能量)+조동사(可以)+___+보어(为)+목적어(电能)]의 구조로 동사 술어 자리이다. 의미상 '이런 에너지를 전기 에너지로 ~할 수 있다'를 나타내므로 转化가 가장 적합하다.

어휘 煤炭 méitàn 명 석탄 矿物燃料 kuàngwù ránliào 명 화석 연료 日趋 rìqū 부 날로, 나날이, 더더욱 成效 chéngxiào 명 성과, 효과, 효능

★★★ 중

65 一般人总是把人生的愉悦 **寄托** 在地位、财产、待遇或名誉等这些外界的事物上，依附于世俗的认同上。所以，自己一旦失去这些，就像遭受了沉重的 **打击** 一般，常会痛不欲生，能带给他幸福和快乐的来源也一同 **消失** 。如果人们都是这样过生活的话，那么我们和幸福的距离是相当 **遥远** 的。

보통 사람들은 지위, 재산, 대우 및 명예 등 외부적인 것에 인생의 즐거움을 **두고** 세속의 인정에 의존한다. 그래서 자신이 일단 이러한 것을 잃게 되면 엄청난 **공격**을 받은 것처럼 슬퍼하며 살고 싶지 않다고 생각하기도 하고, 그들에게 행복과 즐거움을 주던 근원도 함께 **사라져 버린다**. 만약에 사람들이 모두 이렇게 산다면 우리와 행복의 거리는 상당히 **요원해질** 것이다.

A 衬托 | 挫折 | 消除 | 宽敞
B 委托 | 障碍 | 毁灭 | 宽阔
C 嘱托 | 阻碍 | 消灭 | 广阔
D 寄托 | 打击 | 消失 | 遥远

A 두드러지게 하다 | 좌절 | 없애버리다 | 넓다
B 위탁하다 | 장애 | 섬멸하다 | 폭이 넓다
C 일을 부탁하다 | 방해 | 소멸하다 | 광활하다
D 두다 | 공격 | 사라지다 | 요원하다

해설

첫 번째 빈 칸	衬托 chèntuō 동 (다른 사물에 의하여) 두드러지게 하다 委托 wěituō 동 위탁하다, 의뢰하다 嘱托 zhǔtuō 동 (다른 사람에게) 일을 부탁하다, 당부하다 寄托 jìtuō 동 (기대 · 희망 · 감정 등을) 걸다, 두다, 담다

빈칸은 把자문인 [把人生的愉悦+___+기타성분(在……外界的事物上)]의 구조로 동사 술어 자리이다. 의미상 '인생의 즐거움을 외부 사물에 ~하다'를 나타내므로 寄托가 들어가야 한다. 寄托는 주로 '기대 · 희망 · 감정 등을 어떤 대상에게 건다'는 의미로 쓰인다.

두 번째 빈 칸	挫折 cuòzhé 명 동 좌절(시키다) 障碍 zhàng'ài 명 동 장애(하다), 방해(하다) 阻碍 zǔ'ài 명 동 방해(하다), 지장(이 되다) 打击 dǎjī 명 동 공격(하다), 타격(을 주다)

빈칸은 [술어(遭受)+관형어(沉重的)+___]의 구조로 목적어 자리이다. 의미상 관형어 沉重的(엄청난)의 수식을 받을 수 있으며 술어인 遭受와 호응할 수 있는 단어는 挫折 또는 打击이다.

세 번째 빈 칸	消除 xiāochú 동 (걱정이나 장애 등을) 제거하다, 없애버리다 毁灭 huǐmiè 동 섬멸하다, 박멸하다, 파멸시키다 消灭 xiāomiè 동 소멸하다, 없어지다, 멸망하다 消失 xiāoshī 동 사라지다, 없어지다

빈칸은 [관형어(能带给他幸福和快乐的)+주어(来源)+부사어(也一同)+___]의 구조로 동사 술어 자리이다. 문장이 '행복과 즐거움을 주던 근원도 함께 ~하다'를 나타내고, 앞부분에 失去(잃다)가 이미 언급되었으며 부사어 也(~도)의 수식을 받으므로, 문맥상 消失가 들어가는 것이 가장 적합하다.

네 번째 빈 칸	宽敞 kuānchang 형 넓다, 널찍하다 宽阔 kuānkuò 형 (강 · 도로 · 어깨 등의) 폭이 넓다 广阔 guǎngkuò 형 넓다, 광활하다 遥远 yáoyuǎn 형 (시간 · 공간적으로) 아득히 멀다, 요원하다

빈칸은 [관형어(我们和幸福的)+주어(距离)+(是)+관형어(相当)+___+(的)]의 구조로 형용사 술어 자리이다. 주어인 距离(거리)와 호응하는 형용사는 遥远뿐이다.

어휘 愉悦 yúyuè 형 유쾌하고 기쁘다 名誉 míngyù 명 평판, 명성 依附 yīfù 동 의지하다, 의존하다 世俗 shìsú 명 세속 세상에 유행하는 풍속 认同 rèntóng 명 승인, 인정 遭受 zāoshòu 동 (불행 또는 손해를) 입다, 당하다 沉重 chénzhòng 형 (무게 · 기분 · 부담 등이) 무겁다 痛不欲生 tòng bú yù shēng 성 너무도 슬픈 나머지 죽고 싶은 생각뿐이다 来源 láiyuán 명 원천, 출처 一同 yìtóng 부 같이, 함께

★★☆ 중

66

"季节性情绪失调症"是指每到冬季，很多人都会出现的一种情绪 **低落** 、精力不足、易怒、希望独处等现象。造成这种失调症的主要原因是冬季日照时间短，褪黑激素的 **分泌** 紊乱，使得能产生"愉悦感"的血清素含量发生了变化。尤其是天气 **寒冷** 的时候，人们的活动、社交减少，因此易于使人心情 **压抑** 。

'계절성 우울증'은 겨울이 올 때마다 많은 사람들에게 나타나는 기분의 **저조**, 에너지 부족, 쉽게 분노하는 것, 혼자 있고 싶어 하는 것 등의 현상을 말한다. 이러한 우울증을 유발하는 주된 원인은 겨울철 일조 시간이 짧아, 멜라토닌의 **분비**가 흐트러져 '즐거움'을 만드는 혈청소의 함량에 변화가 생기기 때문이다. 특히 날씨가 **추울** 때 사람들의 활동과 사교가 줄어들어 이로 인해 쉽사리 마음이 **답답해진다**.

A 低落 | 分泌 | 寒冷 | 压抑
B 低调 | 造就 | 干燥 | 堕落
C 低贱 | 制造 | 严酷 | 低沉
D 贬低 | 培育 | 冷酷 | 衰落

A 떨어지다 | 분비하다 | 몹시 춥다 | 마음이 답답하다
B 저조하다 | 육성하다 | 건조하다 | 타락하다
C 비천하다 | 제조하다 | 가혹하다 | 저조하다
D 낮게 평가하다 | 양성하다 | 냉혹하다 | 쇠락하다

해설

첫 번째 빈 칸	低落 dīluò 동 형 (정서 · 사기 등이) 저하하다, 떨어지다 低调 dīdiào 형 저자세의, 소극적인, 저조하다 低贱 dījiàn 형 (신분 등이) 낮다, 비천하다 贬低 biǎndī 동 낮게 평가하다, 얕잡아보다, 헐뜯다

빈칸은 [주어(情绪)+___]의 구조로 동사/형용사 술어 자리이다. 보기 중 情绪(기분)와 호응하는 단어는 低落이다. 低调는 他做事非常低调，解决了很多困难却鲜为人知(그는 일 처리를 남모르게 조용히 해서 많은 어려움을 해결했지만 아는 사람이 많지 않다)와 같이 이목을 끌지 않도록 '억제된/절제하는'이라는 의미로 사용된다.

두 번째 빈 칸	分泌 fēnmì 명 동 분비(하다) 造就 zàojiù 동 (인재 등을) 육성하다, 양성하다 制造 zhìzào 동 제조하다, 만들다 培育 péiyù 동 (초목 등을) 기르다, 재배하다, (인재 등을) 양성하다

빈칸은 [관형어(褪黑激素的)+___+술어(紊乱)]의 구조로 褪黑激素(멜라토닌)의 수식을 받는 주어 자리이다. 보기 중 激素와 호응할 수 있는 단어는 分泌이다.

세 번째 빈 칸	寒冷 hánlěng 형 한랭하다, 몹시 춥다 干燥 gānzào 형 건조하다 严酷 yánkù 형 가혹하다, 모질다, 잔혹하다 冷酷 lěngkù 형 (주로 성격 · 태도 등이) 냉혹하다, 냉담하다

빈칸은 [명사(天气)+___]의 구조로 형용사 술어 자리이다. 지문이 겨울철에 발생하는 심리 질환을 소개하고 있으므로 天气(날씨)와 호응하는 寒冷이 가장 적합하다. 冷酷는 주로 성격/태도 등을 묘사한다.

네 번째 빈 칸	压抑 yāyì 형 마음이 답답하다 堕落 duòluò 형 (사상 · 행동이) 타락하다, 부패하다 低沉 dīchén 형 (날씨가) 우중충하다, (정서가) 저조하다 衰落 shuāiluò 형 (경제, 세력 등이) 쇠락하다, 쇠퇴하다

빈칸은 [주어(心情)+___]의 구조로 형용사 술어 자리이다. 보기 중 주어 心情(마음)과 호응할 수 있는 형용사는 压抑와 低沉이다.

어휘 季节性情绪失调症 jìjiéxìng qíngxù shītiáozhèng 계절성 우울증, 계절성 정동 장애(SAD) 失调 shītiáo 동 평형을 잃다, 균형이 맞지 않다 褪黑激素 tuìhēi jīsù 멜라토닌 紊乱 wěnluàn 형 문란하다, 흐트러지다 愉悦 yúyuè 명 유쾌 형 유쾌하고 기쁘다 血清素 xuèqīngsù 명 혈청소, 세로토닌

★★★ 중

67

海啸，通常是由海底地震引起的。海啸所 **掀起** 的波浪，是破坏力极强。海啸的波长最长可达几百公里， **周期** 比较长，很难在第一时间 **觉察** 到，只有快 **接近** 海岸时形成的巨浪才具有破坏力。因此，经验丰富的船长在遇到海啸时，往往会迅速把船驶离海岸，离岸越远越好。	해일은 통상적으로 해저 지진으로 유발된다. 해일이 **일으키는** 파도는 파괴력이 엄청나다. 해일의 파장은 최대 수백 Km에 이르며 **주기**가 비교적 길어, 처음에는 **알아차리기**가 쉽지 않다. 해안에 거의 **접근했을** 때 형성되는 거대한 파도가 있어야만 파괴력을 지닌다. 이 때문에 경험이 풍부한 선장들은 해일을 만나면 빠른 속도로 배를 해안에서 떨어뜨리는데 해안에서 멀면 멀수록 좋다.
A 掀起 | 周期 | 觉察 | 接近 B 冲浪 | 期限 | 查核 | 逼近 C 汹涌 | 日期 | 觉悟 | 聚拢 D 冲击 | 日程 | 发觉 | 抵达	**A 물결치다 | 주기 | 알아차리다 | 접근하다** B 파도를 향해 돌진하다 | 기한 | 조사 확인하다 | 바싹 접근하다 C 위로 치솟다 | 특정한 날짜 | 깨닫다 | 한 곳에 모이다 D 충돌하다 | 일정 | 알게 되다 | 도달하다

해설

첫 번째 빈 칸	掀起 xiānqǐ 동 물결치다, 넘실거리다, 일다 冲浪 chōnglàng 동 파도를 향해 돌진하다 명 파도타기, 서핑 汹涌 xiōngyǒng 동 (물이) 세차게 위로 치솟다, 용솟음치다 冲击 chōngjī 동 (흐르는 물 등이) 세차게 부딪치다, 충돌하다

빈칸은 [주어(海啸)+所+___+的+명사(波浪)]의 구조로 동사 술어 자리이다. 주어인 海啸(해일)와 중심어인 波浪(파도)과 호응할 수 있는 掀起 또는 汹涌가 들어가야 한다.

Tip ▶ 掀起는 파도(巨浪)뿐만 아니라 추상적인 현상인 열기(热潮), 붐(高潮) 등을 불러일으킨다는 의미로도 쓰인다.
예 全国各地陆续掀起了植树造林的热潮。 전국 각지에 잇따라 나무를 심고 숲을 조성하는 붐이 일었다.

두 번째 빈 칸	周期 zhōuqī 명 주기 期限 qīxiàn 명 기한, 예정된 시한 日期 rìqī 명 특정한 날짜 日程 rìchéng 명 일정

빈칸은 [___+부사어(比较)+술어(长)]의 구조로 주어 자리이다. 전체 문장의 주어는 海啸的波长(해일의 파장)이므로 자연 현상에 쓸 수 있는 周期가 가장 적합하다.

세 번째 빈 칸	觉察 juéchá 동 알아차리다, 감지하다 查核 cháhé 동 조사 확인하다, 장부를 대조검토하다 觉悟 juéwù 동 깨닫다, 자각하다, 인식하다 发觉 fājué 동 (이전에 몰랐던 일을) 알아차리다, 깨닫다, 알게 되다

빈칸은 [부사어(很难在第一时间)+___+보어(到)]의 구조로 동사 술어 자리이다. 글에서 소개하고 있는 해일은 시각적으로 눈에 보이는 것이므로 觉察가 들어가야 한다.

네 번째 빈 칸	接近 jiējìn 동 접근하다, 가까이하다 逼近 bījìn 동 바싹 접근하다, 바싹 다가서다 聚拢 jùlǒng 동 한 곳에 모이다 抵达 dǐdá 동 도달하다, 도착하다

빈칸은 [부사어(快)+___+목적어(海岸)]의 구조로 동사 술어 자리이다. 목적어 海岸(해안)과 호응할 수 있는 동사는 接近, 逼近, 抵达이다.

어휘 海啸 hǎixiào 명 해일 地震 dìzhèn 명 지진 波浪 bōlàng 명 파랑, 파도, 물결 波长 bōcháng 명 파장 海岸 hǎi'àn 명 해안 巨浪 jùlàng 명 거대한 파도 驶 shǐ 동 (차 · 배 등을) 운전하다, 몰다

★☆☆ 하

68

"封笔"之说，由来已久。古时候，文人——即以写字为谋生 **手段** 的人，如作家、诗人、律师（古为状师）等，决定不再从事与文字相关的行业，就会亲自在高处 **悬挂** 一支笔，或者直接把笔给折 **断** ，以示 **众人** 。可如今，封笔大多是针对于作家，意思是这个作家不再出版作品了。	'절필'이란 표현은 그 유래가 매우 오래되었다. 고대에 문인들 즉, 작가, 시인, 변호사(옛날에는 '소장 대서인'이라 부름) 등 글쓰기로 생계 **수단**을 삼았던 사람들이 더 이상 문자와 관련된 업에 종사하지 않기로 결정했을 때 **사람들에게** 보이기 위해, 손수 높은 곳에 붓을 **매달거나** 직접 붓을 **부러뜨렸다**. 그러나 오늘날 절필은 대부분이 작가들에 대한 것으로 이 작가가 더 이상 작품을 출간하지 않는다는 의미이다.
A 资源 | 摇晃 | 坠 | 祖宗 **B 手段 | 悬挂 | 断 | 众人** C 渠道 | 放置 | 裂 | 后人 D 方式 | 悬吊 | 碎 | 群众	A 자원 | 흔들다 | 떨어지다 | 조상 **B 수단 | 매달다 | 끊다 | 많은 사람** C 경로 | 방치하다 | 갈라지다 | 후인 D 방식 | 매달다 | 부서지다 | 군중

해설

첫 번째 빈 칸	资源 zīyuán 명 자원 手段 shǒuduàn 명 수단, 방법, 수법 渠道 qúdào 명 관개수로, 방법, 경로, 루트 方式 fāngshì 명 방식

빈칸은 [관형어(以写字为谋生+__+的)+人]의 구조로 명사 자리이다. 谋生(생계를 도모하다)과 호응하는 명사는 手段이나 渠道 또는 方式이다.

두 번째 빈 칸	摇晃 yáohuàng 동 흔들다, 흔들흔들하다 悬挂 xuánguà 동 걸다, 매달다 放置 fàngzhì 동 방치하다, 그대로 버려두다 悬吊 xuándiào 동 매달다, 매달리다

빈칸은 [부사어(在高处)+___+목적어(一支笔)]의 구조로 동사 술어 자리이다. 빈칸 앞에 在高处(높은 곳에)가 있으므로 '매달다'라는 뜻의 단어가 들어가야 한다. 悬挂 또는 悬吊가 적합하다.

세 번째 빈 칸	坠 zhuì 동 떨어지다, 낙하하다 断 duàn 동 (두 도막 또는 몇 도막으로) 끊다, 자르다 裂 liè 동 갈라지다, 찢어지다, 쪼개지다, 금가다 碎 suì 동 부서지다, 깨지다

빈칸은 [부사어(把笔)+给+술어(折)+___]의 구조로 결과보어 자리이다. 의미상 술어 折(부러뜨리다)의 결과보어로 알맞은 것은 断이 유일하다.

네 번째 빈 칸	祖宗 zǔzong 명 선조, 조상 众人 zhòngrén 명 많은 사람, 뭇사람, 군중 后人 hòurén 명 후인, 후세의 사람 群众 qúnzhòng 명 군중, 민중, 대중

빈칸은 [접속사(以)+술어(示)+___]의 구조로 목적어 자리이다. 의미상 '절필했음을 ~에게 보여주기 위해서'라는 뜻이므로 众人 또는 群众이 적합하다.

어휘 封笔 fēngbǐ 동 절필하다, 작가나 화가들이 창작을 중지하다 由来已久 yóulái yǐ jiǔ 유래가 깊다 谋生 móushēng 동 생계를 도모하다 状师 zhuàngshī 옛날 소장의 대서인, 변호사 折 zhé 동 꺾다, 부러뜨리다 针对 zhēnduì 동 겨누다, 대하다

★★★ 하

69

阆中古城位于四川盆地北缘，截至2020年，古城已有2,300多年的建城历史，是中国 **保存** 最为完好的四大古城之一。阆中古城的 **格局** 呈棋盘式，融合了南北两地的建筑风格， **体现** 了中国古代的居住风水观。这里山川形势独特，山、水、城融为一体，享有"天下第一江山"的 **美誉**。

랑중 고성은 사천 분지 북쪽 언저리에 위치하고 있으며, 2020년까지 이미 2,300여 년의 역사를 지니고 있는, 중국에서 **보존**이 가장 완벽하게 된 4대 고성 중 하나이다. 랑중 고성의 **구조**는 바둑판 형식을 보이며, 남북 양쪽의 건축 스타일을 융합하였고, 중국 고대 민간 거주의 풍수 지리관을 **구현했다**. 이곳은 산천의 형세가 독특하며, 산과 물과 도시가 하나로 융합된 '천하제일의 강산'이라는 **명성**을 가지고 있다.

A 保存 | 格局 | 体现 | 美誉
B 遗留 | 规格 | 表达 | 盛誉
C 遗失 | 布置 | 展现 | 之称
D 维持 | 局势 | 展示 | 荣誉

A 보존하다 | 구조 | 구현하다 | 명성
B 남겨놓다 | 규격 | 표현하다 | 성대한 영예
C 유실하다 | 배치 | 드러내다 | ~라는 칭호
D 유지하다 | 정세 | 전시하다 | 영예

해설

첫 번째 빈 칸	保存 bǎocún 동 보존하다 遗留 yíliú 동 남겨놓다, 남기다, 남아있다 遗失 yíshī 동 유실하다, 분실하다 维持 wéichí 동 (질서 · 현상황 · 생계 · 생명 등을) 유지하다

빈칸은 [관형어{___+最为完好的}+]의 구조로 주어 자리이다. 문맥상 '중국에서 ~이 가장 완벽하게 됐다'를 나타내므로 保存이 가장 적합하다.

두 번째 빈 칸	格局 géjú 명 (건물의) 구조와 장식 规格 guīgé 명 규격 布置 bùzhì 명 (물건의) 배치, 배열 동 (물건을) 배치하다, (작업 · 활동 등을) 안배하다 局势 júshì 명 (정치 · 군사 등의) 정세, 형세

빈칸은 [관형어(阆中古城的)+___+술어(呈)+목적어(棋盘式)]의 구조로 주어 자리이다. '고성의 ~이 바둑판 형식을 보인다'고 했으므로 格局가 가장 적합하다.

세 번째 빈 칸	体现 tǐxiàn 동 구체적으로 드러내다, 구현하다 表达 biǎodá 동 (생각 · 감정을) 표현하다 展现 zhǎnxiàn 동 전개하다, (눈앞에) 펼쳐지다, 드러내다 展示 zhǎnshì 동 전시하다

빈칸은 [___+了+관형어(中国古代的居住)+목적어(风水观)]의 구조로 전체 문장의 주어가 古城(고성)이므로 '풍수 지리 가치관(风水观)'을 잘 드러내고 있는 의미인 体现이 들어가야 한다.

네 번째 빈 칸	美誉 měiyù 명 명성, 명예 盛誉 shèngyù 명 성대한 영예 之称 zhī chēng 명 ~라는 칭호 荣誉 róngyù 명 영예, 명예

빈칸은 [술어(享有)+관형어("天下第一江山"的)+___]의 구조로 목적어 자리이다. 빈칸 앞의 '천하제일의 강산'의 수식을 받으며 술어 享有(향유하다)와 호응할 수 있는 단어는 美誉, 盛誉이다. 之称은 的称号(~라는 칭호)와 같은 뜻으로 빈칸 앞에 이미 구조조사 的가 있어서 들어갈 수 없으며, 荣誉는 주로 사람과 관련해서 사용된다.

어휘 阆中古城 Lángzhōng gǔchéng 랑중 고성 [쓰촨(四川)성 난충(南充)시에 있는 AAAAA등급의 관광지] 盆地 péndì 명 분지 截至 jiézhì 동 (시간적으로) ~에 이르다 棋盘 qípán 명 바둑판 融合 rónghé 동 융합하다 居住 jūzhù 동 거주하다 명 거주지 风水观 fēngshuǐguān 명 풍수

★★☆ 중

70 石炭纪是指地球上一个主要的造煤时期，开始于三亿多年前，一直 **延续** 了6,500万年。这一时期气候温暖 **湿润** ，有利于植物生长，因此，蕨类植物繁盛，裸子植物出现，原始爬行类频繁出现。此外，在陆地面积不断 **扩大** 的同时，很多植物也从沿海延伸到了陆地，形成了大 **规模** 的森林，为煤炭的形成 **创造** 了极为有利的条件。

석탄기는 지구상의 석탄이 만들어진 주요 시기를 가리킨다. 3억여 년 전에 시작하여 6,500만 년 동안 계속 **지속되었다**. 이 시기는 기후가 온난하고 **다습하여** 식물의 생장에 유리했다. 이 때문에 양치식물이 번성하고, 겉씨 식물이 출현했으며, 원시 파충류가 빈번히 출현하게 되었다. 이 밖에 육지의 면적이 끊임없이 **확대됨**과 동시에, 수많은 식물 역시 해안에서 육지로 뻗어나와 대**규모** 삼림을 형성하여 석탄의 형성에 엄청나게 유리한 조건을 **만들었다**.

A 总计 | 潮湿 | 扩散 | 局面 | 改造
B 延续 | 湿润 | 扩大 | 规模 | 创造
C 推迟 | 干脆 | 扩张 | 体积 | 创办
D 延期 | 干旱 | 扩充 | 阶段 | 创立

A 합계 | 축축하다 | 확산하다 | 국면 | 개조하다
B 지속되다 | 습윤하다 | 확대하다 | 규모 | 창조하다
C 미루다 | 간단명료하다 | 확장하다 | 부피 | 창립하다
D 연기하다 | 가물다 | 확충하다 | 단계 | 창립하다

해설

첫 번째 빈 칸	总计 zǒngjì 명 동 총계(하다), 합계(하다) 延续 yánxù 동 (상태가) 지속되다, 계속하다, 이어지다 推迟 tuīchí 동 미루다, 연기하다 延期 yánqī 동 연기하다

빈칸은 [부사어(一直)+___+시량보어(6,500万年)]의 구조로 동사 술어 자리이다. 문맥상 '석탄기가 이어진 기간이 6,500만 년'이라는 뜻이므로 延续가 들어가야 한다.

두 번째 빈 칸	潮湿 cháoshī 형 축축하다, 눅눅하다 湿润 shīrùn 형 (토양 · 공기 등이) 습윤하다, 축축하다 干脆 gāncuì 형 명쾌하다, 간단명료하다 부 차라리, 시원스럽게 干旱 gānhàn 명 가뭄 형 가물다

빈칸은 [주어(气候)+술어(温暖)+___]의 구조이며, 뒷부분에 식물에 생장에 적합한 기후라는 설명이 있다. 따라서 온난다습한 기후라는 뜻이 되도록 湿润이 들어가야 한다. 潮湿는 일반적인 상황에서 수분이 과하게 많은 상태를 의미한다.

세 번째 빈 칸	扩散 kuòsàn 명 동 (물질 · 기체 · 소식 등이) 확산하다 扩大 kuòdà 동 확대하다, 넓히다 扩张 kuòzhāng 명 동 (세력 · 범위 · 영토 · 혈관 등을) 확장(하다), 확대(하다) 扩充 kuòchōng 동 (시설 · 업무 · 실력 등을) 확충하다, 늘리다

빈칸은 [주어(陆地面积)+부사어(不断)+___]의 구조로 동사 술어 자리이다. 주어인 面积(면적)와 호응하는 단어는 扩大이다.

네 번째 빈 칸	局面 júmiàn 명 국면, 형세, 상태 规模 guīmó 명 규모 体积 tǐjī 명 체적, 부피 阶段 jiēduàn 명 단계, 계단

빈칸은 [大+___+的+명사(森林)]의 구조로 관형어 자리이다. 형용사 大(크다)와 결합하여 森林(삼림)을 수식할 수 있는 명사는 规模이다.

다섯 번째 빈 칸	改造 gǎizào 동 개조하다 创造 chuàngzào 동 창조하다, 만들다 创办 chuàngbàn 동 (기업 등을) 창립하다 创立 chuànglì 동 (학설 · 조직 · 기업 · 국가 등을) 창립하다, 세우다

빈칸은 [___+了+관형어(极为有利的)+목적어(条件)]의 구조로 동사 술어 자리이다. 문맥상 기존에 없던 조건을 만들었다는 뜻이므로 创造가 들어가야 한다. 创造는 주로 새롭게 만들어진 조건, 기적, 신기록, 미래, 행복, 환경 등과 호응한다.

어휘 石炭纪 shítànjì 지질시대 중 석탄기　煤 méi 명 석탄　蕨类植物 juélèi zhíwù 명 양치 식물　繁盛 fánshèng 형 (초목이) 무성하다, 번성하다, 번창하다　裸子植物 luǒzǐ zhíwù 명 겉씨 식물　原始爬行类 yuánshǐ páxíng lèi 명 원시 파충류　频繁 pínfán 형 잦다, 빈번하다　延伸 yánshēn 동 뻗어나가다

독해 제3부분

[풀이전략] 먼저 보기 문장에서 연결 단서(접속사/부사/대사/의문대사/핵심 키워드)가 있는지 찾는다. 지문 속 빈칸의 앞뒤 문맥을 파악하여, 보기 문장의 연결 단서가 연결되는 곳에 해당 보기 문장을 정답으로 고른다.

71-75

孙东远和范长杰是长春大学特殊教育学院针灸推拿学专业的大一学生，(71) A 同时也是学校盲人足球队的队员。虽然两人均患有先天性视力障碍，但他们对足球的热爱并没受到阻挡。“加入国家队，为国争光一直是我的梦想。但由于种种现实原因最终无法实现，(72) D 但这些并没有阻挡我对足球的热爱。”孙东远说。

有别于传统足球，盲人足球采取5人赛制，除守门员外，(73) C 其他四名选手都完全丧失视力。比赛时使用的足球也是特制的，里面藏有多个响铃。听声辨位，引导射门，(74) B 这些都是盲人足球的基本要领。这些动作在健全人看来十分简单，但对于盲人足球运动员来说往往要经过数年的苦练才能达成。他们要克服的不仅是身体上的缺陷，还有心理上的恐惧。

停球、转身、运球、突破、射门……动作一气呵成，(75) E 足球伴随着叮铃铃的响声进入球网，孙东远射门后站在原地侧耳倾听，直到听到队友们“好球！进了！”的呼喊后，才振臂欢呼。

쑨뚱위안과 판창지에는 장춘대 특수교육대학의 침술-지압 전공 1학년으로, (71) A 동시에 교내 시각장애인 축구팀의 팀원이기도 하다. 비록 두 사람 모두 선천성 시력 장애가 있지만 그들의 축구에 대한 열정은 결코 막을 수 없었다. "국가대표팀에 들어가서 우리나라를 위해 영예를 빛내는 것이 줄곧 저의 꿈이었어요. 하지만 이런 저런 현실적인 이유로 결국 실현되지 못했지요. (72) D 하지만 이런 것들이 결코 저의 축구에 대한 열정을 가로 막을 수는 없었어요."라며 쑨뚱위안이 말했다.

전통적인 축구와 달리, 시각장애인 축구는 5인 체제로 골키퍼를 제외하고 (73) C 나머지 4명의 선수들은 모두 시력을 완전히 상실한 이들이다. 경기에 사용하는 축구공 역시 특별 제작된 것으로 공 속에 여러 개의 벨이 담겨 있다. 소리를 듣고 위치를 판별하고, 골문으로 슛을 하는 것, (74) B 이것들은 모두 다 시각장애인 축구의 기본적인 요령이다. 이 동작들은 건강한 일반인이 보기에는 매우 쉽지만, 시각장애인 축구 선수들에게는 보통 수년간 고된 훈련을 거쳐야만 이룰 수 있는 것들이다. 그들이 극복해야 하는 것은 비단 신체적인 장애뿐만이 아니라, 심리적인 공포심도 있다.

트래핑, 터닝, 드리블, 돌파, 슛…… 일련의 동작들을 단숨에 해내고 (75) E 축구공이 따르릉거리는 벨 소리를 따라 골대 그물 안으로 들어가자, 쑨뚱위안은 슛을 한 후 그 자리에 서서 귀 기울여 팀원들이 "나이스 슛! 골인이야!"하는 환호성을 듣고 그제서야 두 팔을 휘두르며 환호성을 질렀다.

A 同时也是学校盲人足球队的队员
B 这些都盲人足球的基本要领
C 其他四名选手都完全丧失视力
D 但这些并没有阻挡我对足球的热爱
E 足球伴随着叮铃铃的响声进入球网

A 동시에 교내 시각장애인 축구팀의 팀원이기도 하다
B 이것들은 모두 다 시각장애인 축구의 기본적인 요령이다
C 나머지 4명의 선수들은 모두 시력을 완전히 상실한 이들이다
D 하지만 이런 것이 결코 저의 축구에 대한 열정을 가로 막을 수 없었어요
E 축구공이 따르릉거리는 벨 소리를 따라 골대 그물 안으로 들어가자

해설 **Step1 보기를 분석해서 연결 단서 찾기**

A 주어 + 同时也是 / 学校盲人足球队的队员
→ 주어가 없는 문장이며, 同时也是(동시에 ~이기도 하다)가 있으므로 앞절에 주어가 있는 비슷한 형식의 문장이 있음을 알 수 있다.

B 2개 이상의 기본 요령 + 这些 / 都是 / 盲人足球的基本要领
→ 지시대사 这些(이것들)가 있으므로 앞문장에서 두 가지 이상의 기본 요령을 언급했음을 알 수 있다.

C 4명을 제외한 인원 + 其他四名选手 / 都完全丧失 / 视力
→ 주어가 其他四名(나머지 4명)이므로 앞문장에 '나머지 4명'이 아닌 인원이 등장함을 알 수 있다.

D 열정을 꺾는 요소들 + 但这些 / 并没有阻挡 / 我对足球的热爱
→ 역접을 나타내는 접속사 但(그러나)이 있으므로 앞부분에 나의 축구에 대한 열정을 방해하는 요소들이 등장함을 알 수 있다. 또한 주어가 我(나)이므로 직접화법의 일부임을 알 수 있다.

E 足球 / 伴随着叮铃铃的响声 / 进入 / 球网
→ 주/술/목으로 이루어진 문장으로, 골인하는 장면을 서술하는 내용이다.

Step2 빈칸의 앞뒤 파악하여 알맞은 문장 넣기

★★★ 하

71. 빈칸 앞문장은 是자문으로 '쑨똥위안과 판창지에가 특수교대 1학년이다'는 내용이다. 따라서 보기 A의 '동시에 축구팀 팀원이기도 하다'가 연결되는 것이 가장 적합하다.

★★★ 중

72. 빈칸은 직접화법 멘트에 포함되었으므로 인칭대사 我(나)가 있는 보기 D가 연결될 수 있다. 또한 접속사 但(그러나)이 있으므로 앞 문장에서 꿈이 실현되기는 어렵지만 열정을 포기할 수 없다는 내용의 전개가 알맞다. 보기 D의 지시대사 这些는 앞 문장의 种种现实(이런 저런 현실들)를 지칭한다.

★★★ 하

73. 빈칸 앞부분에 '시각장애인 축구는 5인 체제로 골키퍼를 제외하고'라는 내용이 있으므로 나머지 4명의 선수들에 관한 내용인 보기 C가 연결되는 것이 가장 적합하다.

★★★ 중

74. 빈칸 앞부분에 听声辨位，引导射门(소리를 듣고 위치를 판별하고, 골문으로 슛을 하는 것)이라는 축구 방법에 관한 설명이 있다. 盲人足球的基本要领(시각장애인 축구의 기본적인 요령)이 이들을 지칭하는 것으로 보기 B가 연결되는 것이 가장 적합하다.

★★☆ 하

75. 빈칸 앞부분에 드리블, 슛 등의 동작이 등장하고, 뒷부분에 골인과 환호가 등장하므로 빈칸은 중간 과정에 해당하는 '골이 그물 안에 들어간다'라는 내용이 와야 한다. 따라서 E가 연결되는 것이 가장 적합하다.

어휘 针灸 zhēnjiǔ 명 침구, 침질과 뜸질　推拿 tuīná 동 안마하다　障碍 zhàng'ài 명 동 장애(하다)　阻挡 zǔdǎng 동 저지하다, 가로막다　有别 yǒubié 동 서로 다르다, 차이가 있다　赛制 sàizhì 명 경기 규칙과 제도　守门员 shǒuményuán 명 골키퍼　丧失 sàngshī 동 상실하다, 잃다　射门 shèmén 명 동 슛(하다)　要领 yàolǐng 명 요령, 요점　缺陷 quēxiàn 명 결함, 결점, 신체적 장애　恐惧 kǒngjù 명 공포　一气呵成 yí qì hē chéng 성 단숨에 일을 해치우다　侧耳倾听 cè ěr qīng tīng 성 남의 말에 귀를 기울여 들음을 이르는 말　呼喊 hūhǎn 동 외치다, 큰 소리로 부르다　振臂 zhènbì 동 팔을 휘두르다

76-80

药丸大多是五颜六色的，这并不单纯是为了好看，而是为了便于保存和治疗。不过，也有些人担心，药品上的色素是否会对身体产生不利影响。实际上，药品常用的色素分为天然色素和人工合成色素两大类，(76) B 常用的天然色素有焦糖、叶绿素和胡萝卜素等，这些对人体是无害的；而合成色素只有在经过严格的安全性测试，证明对人体没有副作用后，才能被批准为药剂上色用料，一般对身体影响不大。

大多数可食用的合成色素都是水溶性色素，故遇水溶解属于正常现象。色素或多或少有遮光作用，胶囊中常加入着色剂防止光线透过，(77) E 这对提高光敏感成分的稳定性有益。

알약은 대부분 다양한 색상으로 되어 있는데, 이것은 결코 단순히 보기 좋은 외관을 위한 것이 아닌 보존과 치료의 편의를 위함이다. 하지만, 약품의 색소가 인체에 좋지 않은 영향을 미칠까 우려하는 이들도 있다. 실제로 약에 자주 사용되는 색소는 천연색소와 인공 합성색소 둘로 나뉘며, (76) B 자주 사용되는 천연색소는 캐러멜, 엽록소 및 카로틴 등으로 이들은 인체에 무해하다. 반면 합성색소는 엄격한 안전성 검사를 거쳐 인체에 부작용이 없다는 것을 증명해야만 비로소 약품의 색소로 비준을 받을 수 있기 때문에 일반적으로 인체에 미치는 영향이 크지 않다.

대다수의 식용 가능한 합성색소는 모두 수용성 색소라서 물에 닿으면 용해되는 것이 정상적인 현상이다. 색소는 많던 적던 빛을 가리는 기능이 있어 캡슐에는 착색제를 넣어 빛이 투과되는 것을 방지하는데, (77) E 이는 빛에 민감한 성분의 안정성을 높이는 데 도움이 된다.

不少患者，(78) A 尤其是慢性病患者和老年患者，可能需要长期服用各种药品，不同的颜色能帮助他们区分不同的药，从而避免漏服或误服。 此外，药品上色可以使药物更容易被患者接受。某些供儿童服用的药物，有浅黄、橘黄等颜色，甚至有小动物图案，(79) C 看起来像糖果一样，目的是增加对儿童的吸引力，以减少他们的畏惧感。 最后，药品的颜色还可以帮助我们判断药品是否过期。如果药品本来鲜艳的颜色变淡或变色，(80) D 那么它可能已经变质或者过了保质期，此时建议停止使用，并咨询医生或药师。	적지 않은 환자들, (78) A 특히 만성질환 환자들과 노인 환자들은 장기간 여러 종류의 약을 복용할 필요가 있는데, 서로 다른 색상은 그들이 종류가 다른 약을 구분하여 약을 빼먹거나 잘못 복용하는 것을 피하는 데 도움을 준다. 이 밖에도, 약품의 색은 환자에게 보다 쉽게 받아들여질 수도 있다. 어린이가 복용하는 몇몇 약품들은 옅은 노란색, 오렌지색 등의 색이고, 심지어 작은 동물 그림도 있어 (79) C 사탕처럼 보인다. 그 목적은 아이들에 대한 흡인력을 높여 그들의 공포심을 줄여주는 것이다. 마지막으로, 약품의 색상은 유통기한 초과 여부를 판단하는 데에도 도움이 된다. 만약 본래 선명했던 색상이 옅어지거나 변색되었다면 (80) D 그럼 그것은 이미 변질되었거나 유통기한을 넘긴 것이다. 이때는 사용을 중지하고 의사 및 약사에게 문의해야 한다.
A 尤其是慢性病患者和老年患者 B 常用的天然色素有焦糖、叶绿素和胡萝卜素等 C 看起来像糖果一样 D 那么它可能已经变质或者过了保质期 E 这对提高光敏感活性成分的稳定性有益	A 특히 만성질환 환자들과 노인 환자들은 B 상용되는 천연색소로는 캐러멜, 엽록소 및 카로틴 등으로 C 사탕처럼 보인다 D 그 약은 이미 변질되었거나 유통기한을 넘긴 것이다 E 이는 빛에 민감한 성분의 안정성을 높이는 데 도움이 된다

해설 **Step1 보기를 분석해서 연결 단서 찾기**

A **환자들** + 尤其是 / 慢性病患者和老年患者

→ 주어가 없는 문장으로, 尤其는 '그 중에서도 특히나'라는 뜻을 나타내어 앞에서 제시한 범위 중 한 가지를 부각시키는 수단이다. 따라서 앞에는 복수의 '환자들'이 제시되어야 한다.

B **천연색소에 관한 포괄적 설명** + 常用的天然色素 / 有 / 焦糖、叶绿素和胡萝卜素等

→ '자주 사용하는 천연색소'를 구체적으로 나열하고 있으므로 앞에는 색소 사용에 관한 포괄적인 언급이 등장해야 한다.

C **주어** + 看起来像 / 糖果一样

→ 주어가 없는 문장으로, '사탕처럼 보인다'는 뜻이다.

D **가정/조건** + 那么它 / 可能已经变质或者过了 / 保质期

→ 접속사 那么(그러면)로 시작하므로 앞에는 가정(如果)하거나 조건적인 내용이 와야 한다.

E **这가 가리키는 대상** + 这 / 对提高光敏感活性成分的稳定性 / 有益

→ 지시대사 这(이)가 있으므로 这가 지칭하는 구체적인 대상이 앞에 등장해야 한다. 또한 이것이 빛에 민감한 성분의 안정성을 높이는 데 유익한 것임을 알 수 있다.

Step2 빈칸의 앞뒤 파악하여 알맞은 문장 넣기

★★☆ 중

76. 빈칸 앞에서 자주 사용하는 색소로 천연색소와 인공 합성색소를 언급했으므로 빈칸에는 천연색소의 구체적인 예가 등장한 보기 B가 연결되어야 한다. 또한 빈칸 뒷부분에 접속사 而(그러나)이 있어 '인체에 무해한 천연색소 + 而 + 인체 무해성 입증이 필요한 합성색소'의 의미 관계를 이루고 있음을 확인할 수 있다.

★★☆ 중

77. 빈칸 앞부분에서 색소가 빛을 차단하는 기능이 있어서 캡슐에 착색제를 넣어 빛의 투과를 방지한다고 했다. 따라서 这(이것)가 빛에 민감한 성분의 안정성을 높이는 데 도움이 된다는 보기 E가 연결되는 것이 적합하다.

★★★ 하

78. 빈칸 앞에 不少患者(적지 않은 환자들)가 있으므로 보기 A의 尤其是(특히)로 시작하는 절이 이 환자들을 더 구체적으로 설명한 내용이므로 연결되는 것이 적합하다.

★★★ 하

79. 빈칸이 포함된 전체 문장의 주어는 某些供儿童服用的药物(어린이가 복용하는 몇몇 약품들)이고, 이것이 노란색, 작은 동물 모양이라고 앞부분에 설명되었다. 또한 뒷부분에는 以减少他们的畏惧感(그들의 공포심을 줄여주기 위함이다)이라고 했으므로 보기 C가 연결되는 것이 가장 적합하다.

★★★ 하

80. 빈칸의 앞절에 접속사 如果(만약에)가 있으므로, 이와 호응하는 那么(그러면)가 있는 보기 D가 연결되는 것이 가장 적합하다.

어휘 药丸 yàowán 명 환약, 알약 色素 sèsù 명 색소 焦糖 jiāotáng 명 캐러멜 叶绿素 yèlǜsù 명 엽록소 胡萝卜素 húluóbosù 명 카로틴 批准 pīzhǔn 동 비준하다, 허가하다 上色 shàngsè 명 형 상등(의), 고급(의) 用料 yòngliào 명 사용 재료 水溶性 shuǐróngxìng 명 수용성 溶解 róngjiě 명 동 용해(하다) 遮光 zhēguāng 동 빛을 가리다, 빛을 차단하다 胶囊 jiāonáng 명 캡슐 着色 zhuósè 동 착색하다 畏惧感 wèijùgǎn 두려움 鲜艳 xiānyàn 형 (색이) 산뜻하고 아름답다 咨询 zīxún 동 자문하다, 의견을 구하다

독해 제4부분

[풀이전략] 한 지문에 출제되는 4개 문제의 핵심 키워드를 파악한다. 지문에서 각 문제의 핵심 키워드가 등장한 부분을 찾아 문제의 보기와 대조한 뒤 질문에 알맞은 정답을 고른다.

81-84

中国古人送别时，常常送给远行的友人一截新折的柳枝。《三浦黄图·桥》中曾记载："灞桥在长安东，跨水作桥"。汉人送客至此，折柳赠别。后来，81人们在表达送别情怀、抒写离情别绪的古诗词中，便经常用"折柳"一词。

那么"折柳"为何要在离别时相送呢？一是因为"柳"与"留"谐音，含"留恋"、"留别"之意，且柳条随风摆动的样子就像在牵住别人的衣服一样，来表达离别前依依不舍的心情。二是因为杨柳生在春季，春风中摇曳的杨柳，84会给人一种生机勃勃的感觉。因此，"折柳赠别"就蕴涵着"春常在"的祝愿。三是因为柳树是中国古老的原产树种之一，它的生命力较其它树种要强得多，可谓"插柳成荫"。柳树也是古代行道树的主要树种，也多见于路边河畔。古人送别亲友，多会从路边充满生机的柳树上折一枝柳条相送，意味着亲人离乡正如离枝的柳条，82希望他到新的地方，能很快生根发芽，像柳枝一样随处可活。

중국 고대인들은 송별할 때, 종종 멀리 떠나는 벗에게 새로 꺾은 버들가지를 선물했다. 「싼푸황투 · 치아오」에는 일찍이 다음과 같이 기록되었다. '파교재장안동, 과수작교'. 한 나라 사람들은 이곳까지 손님을 배웅하여 버들가지를 꺾어 정표로 주고 헤어졌다. 훗날, 81사람들은 송별의 정을 표현하고, 이별의 아쉬움을 나타내는 고전 시가에서 '절류(=버들가지를 꺾다)'라는 단어를 자주 사용하게 되었다.

그렇다면 '절류'는 왜 이별할 때 준 것일까? 첫째로 '柳(liǔ 버드나무 류)'는 '留(liú 머무를 류)'와 음이 비슷하여, '떠나기 서운해하다', '이별 기념을 남기다'라는 의미를 내포한다. 또한 버들가지가 바람에 흔들리는 모습이 마치 다른 사람의 옷을 끌어당기는 것과 같았기 때문에 이것으로 이별 전 아쉬운 마음을 표현했다. 둘째로 버들가지는 봄철에 나는데, 봄바람에 흔들거리는 버들가지가 84사람들에게 생기가 넘치는 느낌을 주기 때문이다. 때문에, '버들가지를 꺾어 정표로 주는 것'은 '늘상 봄 같기를'이라는 축원의 의미를 내포하고 있다. 셋째로 버드나무는 중국이 원산지인 오래된 수종 가운데 하나로, 그 생명력이 다른 수종에 비해 훨씬 강하여 '무심코 꽂은 버들이 녹음을 이루었다'라고 할 정도이다. 버드나무 역시 고대 가로수의 주요 수종으로 길가와 강변에서 자주 볼 수 있다. 고대인들은 친척과 친구를 송별할 때, 길가의 생기 넘치는 버드나무에서 가지를 꺾어 선물했는데 친우가 고향을 떠나는 것이 꼭 가지에서 떨어져 나온 버들가지 같아서, 82그가 새로운 곳에 가서도 하루 빨리 뿌리가 나고 싹이 터 버들가지처럼 어디에서든지 잘 살아가기를 기원하는 것이다.

其实，古人折柳赠别，给柳树赋予种种感情，都源于古人们对于柳的崇拜。在中国古人看来，青青的柳树不只是一种单纯的自然界的植物，它还是一种象征。83中国古代的神话中，夕阳西下的地方被称为柳谷。古人认为正是山谷里的柳树给了太阳生气和力量，才使它可以那么新鲜、光明、温暖，第二天清晨得以再从东方升起。	사실, 고대인들이 버들가지를 꺾어 이별 선물로 주는 것은 버드나무에 다양한 감정을 부여하기 때문인데 이것은 모두 고대인들의 버드나무에 대한 숭배에서 기원했다. 중국의 고대인들이 보기에 푸른 버드나무는 그저 단순한 자연 식물이 아니라 일종의 상징이었던 것이다. 83중국 고대 신화에서는 석양이 서쪽으로 저물어가는 곳을 유곡(= 버드나무 골짜기)이라고 불렀다. 고대인들은 이 유곡에 있는 버드나무들이 태양에게 생기와 힘을 주어 비로소 신선하고 밝고 따스해져서 다음 날 이른 새벽에 다시 동쪽으로부터 떠오를 수 있게 된다고 믿었다.

어휘 截 jié 동 자르다, 끊다 양 토막, 마디　折 zhé 동 꺾다, 끊다, 부러뜨리다　柳枝 liǔzhī 명 버드나무 가지, 버들가지　赠别 zèngbié 동 증별하다　抒写 shūxiě 동 표현하다, 묘사하다　离情别绪 lí qíng bié xù 성 이별의 아쉬움　谐音 xiéyīn 동 음을 맞추다 명 한자에서 같거나 비슷한 음　留恋 liúliàn 동 차마 떠나지 못하다, 떠나가서 서운해하다　留别 liúbié 동 이별 기념을 남기다　柳条 liǔtiáo 명 버드나무 가지　随风 suífēng 동 바람에 따르다　摆动 bǎidòng 동 흔들거리다　牵 qiān 동 잡아당기다, 잡아끌다　依依不舍 yī yī bù shě 성 차마 떠나지 못하다, 헤어지기 섭섭해하다　杨柳 yángliǔ 명 수양 버들　摇曳 yáoyè 동 흔들리다, 흔들흔들하며 늘어지다　生机勃勃 shēng jī bó bó 성 생기발랄하다, 생기가 넘쳐흐르다　蕴涵 yùnhán 동 (글 · 말 등에 의미 · 가치 · 감정 등을) 담다, 내포하다　成荫 chéngyīn 동 녹음이 우거지다, 그늘지다　行道树 xíngdàoshù 명 가로수　河畔 hépàn 명 강변, 강가　生机 shēngjī 명 생기, 활기　发芽 fāyá 동 발아하다, 싹이 트다　赋予 fùyǔ 동 부여하다, 주다　崇拜 chóngbài 명 동 숭배(하다)

★★☆ 상

81 “折柳”一词表达什么样的情感？ / '절류'라는 단어는 어떤 감정을 표현하는가?

A 对未知事物的敬畏	A 미지의 사물에 대한 경외
B 对父母的思念之情	B 부모님에 대한 그리움
C 离别的不舍之情	**C 이별의 아쉬움**
D 对国家的忠心	D 나라에 대한 충성심

해설 질문의 키워드인 折柳(절류)가 언급된 첫 번째 단락에서 人们在表达送别情怀、抒写离情别绪的古诗词中，便经常用“折柳”一词(사람들은 송별의 정을 표현하고, 이별의 아쉬움을 나타내는 고전 시가에서 '절류'라는 단어를 자주 사용하게 되었다)라고 하여 송별의 정에 대해 설명했으므로 정답은 C이다.

어휘 敬畏 jìngwèi 명 동 경외(하다)　思念 sīniàn 동 그리워하다　不舍 bùshě 동 (이별을) 아쉬워하다　忠心 zhōngxīn 명 충성심

★★☆ 상

82 古人在分别时为什么相送“折柳”？ / 고대인들은 이별할 때 왜 '버드나무를 꺾어서' 선물했는가?

A 希望他们一路平安	A 그들이 가는 내내 평안하길 바라다
B 希望很快可以再见面	B 빠른 시일 내에 다시 만날 수 있기를 바라다
C 可以顺利达成所愿	C 순조롭게 원하는 바를 이루다
D 祝愿他们尽快适应新生活	**D 새로운 생활에 하루 빨리 적응하기를 바라다**

해설 고대인들이 이별할 때 버드나무를 꺾어서 선물하는 이유를 묻고 있다. 두 번째 단락의 끝부분에서 希望他到新的地方，能很快生根发芽，像柳枝一样随处可活(그가 새로운 곳에 가서도 하루 빨리 뿌리가 나고 싹이 터 버들가지처럼 어디에서든지 잘 살아가기를 기원하는 것이다)라고 했으므로 선물의 이유가 새로운 곳에서도 버드나무처럼 잘 살아가길 바라기 때문이었음을 알 수 있다. 따라서 정답은 D이다.

★★☆ 중

83 "柳谷"在中国古代神话中是指：

'유곡'은 중국 고대 신화에서 무엇을 지칭하는가?

A 盘古开天的地方	A 반고가 하늘을 연 곳
B 太阳落山的地方	**B 태양이 지는 곳**
C 柳树的原产地	C 버드나무의 원산지
D 河流的发源地	D 하류의 발원지

해설 질문에서 유곡이 고대 신화에서 무엇을 지칭하는지 묻고 있다. 마지막 단락에서 柳谷(유곡)가 언급된 부분에서 中国古代的神话中，夕阳西下的地方被称为柳谷(중국 고대 신화에서는 석양이 서쪽으로 저물어가는 곳을 유곡이라고 불렀다)라고 했으므로 석양이 서쪽으로 지는 곳을 지칭한다는 것을 알 수 있다. 따라서 정답은 B이다.

어휘 盘古 Pángǔ 인명 반고 [중국의 신화에서, 천지개벽의 시조로 전해지는 인물]

★★★ 하

84 关于柳树，下列哪项正确？

버드나무에 관하여, 다음 중 옳은 것은?

A 生长在秋天	A 가을에 자란다
B 象征着多产	B 다산을 상징한다
C 原产于希腊	C 그리스가 원산지이다
D 给人生机勃勃的感觉	**D 생기 넘치는 느낌을 준다**

해설 버드나무에 관해 옳은 것을 묻고 있다. 보기의 키워드로 A는 秋天(가을), B는 多产(다산), C는 希腊(그리스), D는 生机勃勃(생기 넘치다)를 삼고 지문과 대조한다. 두 번째 단락에서 会给人一种生机勃勃的感觉(사람들에게 생기가 넘치는 느낌을 주기 때문이다)라고 했으므로 키워드가 일치하는 D가 정답이다.

어휘 希腊 Xīlà 지명 그리스(Greece) 生机勃勃 shēng jī bó bó 성 생기발랄하다, 생기가 넘쳐흐르다

85-88

唐朝后期"安史之乱"后，唐王朝陷入严重的通货膨胀之中，京城长安米价飙升到每斗1,000文，是战前的50倍，百姓无米下锅，甚至连皇宫也到了吃了上顿没下顿的程度。唐太宗为此坐立不安，把所有的希望都寄托到了漕运上，想从江南调运粮食来解决这个燃眉之急。

当时的宰相刘晏，善于理财，被称为"大唐财相"，唐太宗命他接办漕运。然而，长达八年的战争使运河年久失修、河道淤积，无法行船，而漕运里程长达三千里。朝廷上上下下都认为这毕竟不是一趟好差事，85但刘晏却似乎胸有成竹，沿途做了一番考察后，便开始准备起来。

당 나라 후기 '안사의 난' 이후 당 왕조는, 심각한 통화팽창에 빠지게 되었다. 경성인 장안의 쌀 값이 한 말에 1,000문까지 폭등하였는데, 이는 전란 이전의 50배로 백성들은 밥을 지을 쌀마저 없게 되었다. 심지어 황궁에서조차 한 끼를 먹으면 다음 한 끼가 없을 정도였다. 당 태종은 이에 좌불안석하며 모든 희망을 조운에 걸고 강남으로부터 운송되는 식량으로 급한 불을 끄고자 하였다.

당시의 재상인 리우옌은 재정에 능하여 '대당의 재상'이라 불려 당 태종은 그에게 조운을 인수하여 담당하게 하였다. 그러나, 무려 8년에 걸친 전쟁으로 운하를 오랫동안 수리하지 못해, 수로에 토사가 쌓여 배가 다닐 수 없게 되었다. 게다가 조운은 무려 3,000리 길이었다. 조정의 모든 이들이 이는 필시 좋은 임무가 아니라고 여겼다. 85하지만 리우옌은 마치 마음속에 이미 모든 계산이 선 것 같았다. 수로를 따라 한 차례 현지 조사를 한 후, 바로 준비를 시작했다.

刘晏的第一步便是造运输船，他一次拨款开设了十个船厂；又87雇佣了船工和装卸工。86这一举动遭到了一些大臣的反对，认为他在国家财政如此紧张之时，花钱如流水，不计算成本。刘晏说："凡事必须考虑到长久的利益。斤斤计较，岂能长久行事？"

他效仿前人，直运法改为段运法，87将全程分成四个运输段，并在每段边界处设立转运站。每艘运粮的船只需要运到本段的边界，然后将粮食交给转运站，再由转运站安排新的船运送下一段，这样也可以防止翻船事故的发生。他将原来的散装运输改为袋装运输，大大减少了运输过程中的损耗。另外，他还专门训练士兵运粮，每十船为一队，每队由一名军官负责押运。

采用分段接运和包工制之后，不仅船舶安全得到了保障，工人积极性也很好地调动了起来。刘晏开通的漕运，一年可运110万石粮食到长安。88解决了粮荒后，长安的米价逐渐稳定，又重现往日的繁荣。

리우옌의 첫 번째 행보는 수송선을 건조하는 것이었다. 그는 첫 번째 예산으로 열 개의 조선소를 지었다. 또한 87선원과 항만 노동자들을 고용하였다. 86이 행동은 몇몇 대신들의 반대에 부딪쳤다. 그들은 리우옌이 국가의 재정을 이렇게 빠듯한 시기에 원가 계산도 하지 않고 물처럼 쓴다고 여겼다. 이에 리우옌은 "모든 일은 장기적인 이익을 고려해야 한다. 자질구레한 것을 지나치게 따지면 어찌 장기적으로 일을 할 수 있겠는가?"라고 말했다.

그는 선조들을 따라 '직통 운송'을 '구간별 운송'으로 바꾸어, 87전 구간을 4개의 운송 구간으로 나누고 매 구간마다 환적항을 설치하였다. 모든 양곡을 운반하는 선박들은 해당 구간의 경계 지점까지만 운송한 뒤 식량을 환적항에 넘겨주면, 환적항에서 배정된 새로운 선박이 다음 구간까지 운송을 하게 하였다. 이렇게 하여 선박이 전복되는 사고도 예방하였다. 그는 기존의 벌크식 운송도 개별 포장식 운송으로 변경하여 운송 과정에서 발생하는 소모를 크게 줄였다. 이 밖에도 병사들을 훈련시켜 열 척마다 한 팀으로 하여 모든 팀엔 한 명의 군관이 운송을 책임지게 하였다.

'구간별 운송'과 '도급제'를 도입한 후 선박의 안전을 확보함은 물론, 노동자들의 적극성도 불러일으키게 되었다. 리우옌이 개통한 조운은 일 년에 110만 석의 양식을 장안까지 운반할 수 있게 되었다. 88식량난을 해결하자 장안의 쌀값은 점차 안정되었고 또 다시 이전의 번영을 되찾게 되었다.

어휘 安史之乱 Ān Shǐ zhī luàn 명 안사의 난 [당(唐) 현종(玄宗) 대, 안록산과 사사명이 일으킨 반란] 陷入 xiànrù 동 (불리한 상황에) 빠지다 通货膨胀 tōnghuò péngzhàng 명 통화 팽창, 인플레이션 飙升 biāoshēng 동 (가격이나 수량 등이) 급증하다, 급등하다 坐立不安 zuò lì bù ān 성 서도 앉아도 편안하지 않다, 안절부절 못하다 寄托 jìtuō 동 (기대 · 희망 등을) 걸다 漕运 cáoyùn 동 조운하다, (배로) 운송하다 [국가가 수로를 통해 양식을 운송함을 가리킴] 调运 diàoyùn 동 이동하여 운반하다, 옮겨 실어 보내다 燃眉之急 rán méi zhī jí 성 초미지급, 아주 급한 일 宰相 zǎixiàng 명 재상 理财 lǐcái 명 동 재정(을 관리하다) 接办 jiēbàn 동 인수하여 경영하다 失修 shīxiū 동 수리를 하지 않다, 수리를 등한히 하다 淤积 yūjī 동 토사가 물 밑에 가라앉아 쌓이다 差事 chāishi 명 파견되어 수행하는 일, 공무 胸有成竹 xiōng yǒu chéng zhú 성 대나무를 그리기 전에 마음속에는 이미 대나무의 형상이 있다, 속에 이미 타산이 있다 沿途 yántú 명 도로변 부 길을 따라 拨款 bōkuǎn 명 지출금, 예산 동 (정부 · 상급 조직이) 돈을 지급하다 雇佣 gùyōng 명 동 고용(하다) 装卸工 zhuāngxiègōng 명 하역 노동자, 부두 일꾼 举动 jǔdòng 명 거동, 행동 财政 cáizhèng 명 재정 斤斤计较 jīn jīn jì jiào 성 (자질구레하거나 중요하지 않은 일을) 지나치게 따지다 岂能 qǐnéng 어찌 ~할 수 있겠는가? 效仿 xiàofǎng 동 흉내내다, 모방하다 艘 sōu 양 척 [선박을 세는 단위] 袋装 dàizhuāng 동 봉지에 넣다 损耗 sǔnhào 명 동 소모(하다), 손실(보다) 押运 yāyùn 동 화물을 호송하다 船舶 chuánbó 명 배, 선박 往日 wǎngrì 명 이전, 지난날

★★☆ 상

85 文中划线部分"胸有成竹"最可能是什么意思？

본문에 밑줄 친 '胸有成竹'는 어떤 뜻으로 쓰인 것인가?

A 狂妄自大
B 信心满满
C 心胸开阔
D 胸怀大志

A 오만하여 눈에 보이는 게 없다
B 자신만만하다
C 도량이 넓다
D 가슴에 큰 뜻을 품다

해설 밑줄 친 단어가 언급된 두 번째 단락의 끝부분에서 但刘晏却似乎胸有成竹，沿途做了一番考察后，便开始准备起来(하지만 리우옌은 마치 마음속에 이미 모든 계산이 선 것 같았다. 수로를 따라 한 차례 현지 조사를 한 후, 바로 준비를 시작했다)라고 했다. 마음속에 이미 모든 계산이 섰고 바로 준비를 했다는 내용을 통해 자신만만하다는 뜻임을 유추할 수 있다. 따라서 정답은 B이다.

어휘 狂妄自大 kuáng wàng zì dà 성 거만하다, 오만하여 눈에 보이는 게 없다 心胸 xīnxiōng 명 도량, 마음 开阔 kāikuò 형 넓다, 광활하다 胸怀大志 xiōng huái dà zhì 가슴에 큰 뜻을 품다

★★☆ 중

86 大臣们为什么反对刘晏的做法？	대신들은 왜 리우옌의 방법에 반대했는가?
A 浪费大量时间 B 百姓们都表示反对 **C 国家财政经费不足** D 威胁中央统治	A 많은 시간을 낭비한다 B 백성들이 모두 반대한다 **C 국가 재정 경비가 부족하다** D 중앙 통치를 위협한다

해설 질문에서 대신들이 리우옌의 방법에 반대한 이유를 묻고 있다. 세 번째 단락에서 反对(반대하다)가 언급된 부분에서 这一举动遭到了一些大臣的反对，认为他在国家财政如此紧张之时，花钱如流水，不计算成本(이 행동은 몇몇 대신들의 반대에 부딪쳤다. 그들은 리우옌이 국가의 재정을 이렇게 빠듯한 시기에 원가 계산도 하지 않고 물처럼 쓴다고 여겼다)이라고 했으므로 리우옌이 빠듯한 시기에 국가 재정을 물처럼 쓴다고 생각했기 때문임을 알 수 있다. 따라서 알맞은 정답은 C이다.

어휘 威胁 wēixié 명 동 위협(하다) 统治 tǒngzhì 명 동 통치(하다)

★★☆ 하

87 下列哪项不属于刘晏改革的内容？	다음 중 리우옌의 개혁 내용에 속하지 않는 것은?
A 分四个运输段 B 设立转运站 **C 统一货船规格** D 雇佣装卸工	A 4개의 운송 구간을 나누다 B 환적항을 세우다 **C 화물선 규격을 통일시키다** D 항만 노동자를 고용하다

해설 리우옌의 개혁 내용에 속하지 않는 것을 묻고 있다. 보기의 키워드로 A는 运输段(운송 구간), B는 转运站(환적항), C는 货船(화물선), D는 装卸工(항만 노동자)을 삼고 지문과 대조한다. 세 번째 단락의 雇佣了船工和装卸工(선원과 항만 노동자들을 고용하였다), 네 번째 단락의 将全程分成四个运输段，并在每段边界处设立转运站(전 구간을 4개의 운송 구간으로 나누고 매 구간마다 환적항을 설치하였다)에 A, B, D의 내용이 모두 언급되었다. 따라서 개혁 내용에 속하지 않는 것은 C이다.

★★★ 중

88 根据上文，正确的一项是？	본문을 토대로, 옳은 것 하나는?
A 唐太宗决定扩大粮食生产规模 B 刘晏反对新的漕运计划 **C 刘晏解决了粮荒问题** D 押运粮食的人都是民间力工	A 당 태종은 식량 생산 규모를 확대하기로 했다 B 리우옌은 새로운 조운 계획에 반대했다 **C 리우옌은 식량난 문제를 해결했다** D 식량을 호송한 사람들은 모두 민간 노동자들이다

해설 보기의 키워드로 A는 粮食生产规模(식량 생산 규모), B는 漕运计划(조운 계획), C는 粮荒问题(식량난 문제), D는 民间力工(민간 노동자들)을 삼고 지문과 대조한다. 마지막 단락에서 解决了粮荒后(식량난을 해결하자)라고 했으므로 옳은 내용은 C임을 알 수 있다.

어휘 粮荒 liánghuāng 명 식량 결핍

89-92

清朝诗人袁枚写过一首小诗《苔》："白日不到处，青春恰自来。苔花如米小，也学牡丹开。"表达了即使如米粒一般微小的苔花，也要象牡丹一样自豪地绽开。近来，因央视《经典咏流传》的热播，这首沉寂了300年的小诗被乡村教师梁俊和大山里的孩子小梁唤醒后，瞬间被刷屏，89感动了亿万观众。

苔花开得悄无声息，无人关注，更无人喝彩。90即使这样，它仍然执著地开放，毫无保留地绽放，认真地向这个世界展示着自己最美的瞬间。正因为这一点，苔花依靠自己生命的力量自强，争得和百花一样开放的权利。

"苔花如米小，也学牡丹开"。牡丹的开放是高贵的，非凡的，而苔花的开放是安然的，自在的。虽然它没有牡丹那么典雅，91但作为一朵花，它一定要尽全力地把自身那微弱的能量，全部释放出来，积极地展现自己。这不也是我们生活中最需要的一种境界吗?

做人做事都要向苔花学习，我们也要拥有能屈的本领与姿态，但不主张让人安于现状，甘心做小人物。不管是谁，他们都是昂扬向上的，积极进取的。

人也好，花也罢，都作为这个世界最纯粹的生命拥有独一无二的价值，要共同分享着这世界的乐趣与意趣。92我们每个人都不要辜负生命，辜负自己的美好时光，做好自己，不改初心，不忘梦想，勇敢地向着心中最圣洁的地方前进。

청나라 시인 위안메이는 「타이(=이끼)」라는 시를 한 수 지었다. '백일부도처, 청춘흡자래. 태화여미소, 야학모단개'는 '설사 쌀알처럼 작은 이끼꽃일지라도, 목란처럼 자랑스럽게 피어야 한다'를 나타낸다. 최근 들어, CCTV의 「경전영류전」이 인기리에 방영됐는데, 300년간 잠잠하던 이 시가 시골 선생님 량쥔과 산골 마을 아이 샤오량을 눈뜨게 하면서, 순식간에 스크린을 장악하고 89무수히 많은 시청자들을 감동시켰다.

이끼꽃은 소리소문없이 피어 관심을 갖는 사람이 없으니 갈채를 보낼 사람은 더욱 없다. 90설령 이렇다고 해도 이끼꽃은 여전히 고집스레 피어나고 남김없이 피어나 착실하게 이 세상에 자신의 가장 아름다운 순간을 보여준다. 바로 이 점 때문에 이끼꽃은 자신의 생명력에 의존해 스스로 노력하여 자신을 강하게 만들고 수많은 꽃들과 마찬가지로 피어날 권리를 쟁취하는 것이다.

'이끼꽃은 쌀알처럼 작아도 목란꽃처럼 피어난다'. 목란의 개화는 고귀하고 비범하다. 하지만 이끼꽃의 개화는 태연하고 자유롭다. 비록 이끼꽃은 목란처럼 그렇게 우아하지는 않지만, 91한 떨기 꽃송이로서 반드시 전력을 다해 자신의 그 미약한 능력으로나마 전부 방출시켜 적극적으로 자신을 펼쳐보이려 한다. 이는 또한 우리가 삶 속에서 가장 필요로 하는 경지가 아닌가?

처세에 있어서 우리는 이끼꽃을 본받아야 하고, 굽힐 줄 아는 능력과 자세를 가져야 한다. 하지만 사람들에게 현실에 안주하고 기꺼이 변변찮은 사람이 되라 주장하지는 않겠다. 누구나 다 적극적으로 진취적으로 세차게 위를 향하여 나아가야 한다.

사람도 좋고 꽃도 좋다. 모두 다 이 세상의 가장 순수한 생명으로서 유일무이한 가치를 지니고 있으니 함께 이 세상의 즐거움과 재미를 누려야 한다. 92우리 모두는 삶을, 자신의 아름다운 시절을 헛되게 해서는 안 된다. 자기자신이 되어 초심을 바꾸지 말고 꿈을 잊지 않고, 마음속 가장 성결한 곳을 향해 용감하게 전진하라.

어휘 苔花 táihuā 명 이끼꽃(이끼포자), 모스플라워(moss flower) 牡丹 mǔdān 명 모란꽃 绽开 zhànkāi 동 (꽃망울이) 피다, 터지다 沉寂 chénjì 형 고요하다, 적막하다 唤醒 huànxǐng 동 불러서 깨우다 刷屏 shuāpíng (인터넷 용어) 스크린 등을 도배하다 瞬间 shùnjiān 명 순간, 눈깜짝할 사이 绽放 zhànfàng 동 꽃이 피다 悄无声息 qiǎo wú shēng xī 성 쥐 죽은 듯 기척이 없다, 고요하다 喝彩 hècǎi 동 갈채하다 执著 zhízhuó 동 집착하다, 고수하다 安然 ānrán 형 무사하다, 평온하다 释放 shìfàng 동 (에너지 등을) 방출하다 安于现状 ān yú xiàn zhuàng 성 현상에 안주하다, 매너리즘에 빠지다 甘心 gānxīn 동 만족해하다, 흡족해하다 昂扬 ángyáng 형 (정신 · 기개 등이) 드높다, 앙양되다 进取 jìnqǔ 동 진취하다, 향상하려 노력하다 意趣 yìqù 명 의지와 취향 辜负 gūfù 동 (호의 · 기대 · 도움 등) 헛되게 하다, 저버리다 圣洁 shèngjié 형 성결하다, 거룩하고 깨끗하다

★★☆ 중

89

关于那首诗，可以知道什么？	그 시에 관하여 무엇을 알 수 있는가?
A 这首诗的作者大名鼎鼎 **B 打动了很多观众** C 消除了人们的恐惧之心 D 评委的点评十分感人	A 이 시의 작가가 유명하다 **B 수많은 시청자들을 감동시켰다** C 사람들의 두려움을 없애주었다 D 심사 위원의 논평이 매우 감동적이다

해설 시가 등장한 첫 번째 단락에서 이 시간 TV프로그램에 소개되었다고 한 뒤, 끝부분에서 感动了亿万观众(무수히 많은 시청자들을 감동시켰다)이라고 하여 수많은 시청자들을 감동시켰음을 알 수 있다. 따라서 정답은 B이다.

어휘 大名鼎鼎 dà míng dǐng dǐng 성 명성이 높다, 이름이 높이 나다　恐惧 kǒngjù 명 공포 동 두려워하다

★★☆ 상

90

第二段的“这一点”，主要是指：	두 번째 단락의 '이 점'이 주로 가리키는 것은?
A 雍容华贵 **B 积极向上** C 获得尊重 D 赢得赞美	A 온화하고 점잖으며 귀한 티가 나다 **B 긍정적이며 진취적이다** C 존중을 받다 D 칭송을 받다

해설 두 번째 단락의 '이 점'이 가리키는 것을 묻고 있다. 这一点의 앞부분에서 即使这样，它仍然执著地开放,毫无保留地绽放，认真地向这个世界展示着自己最美的瞬间(설령 이렇다고 해도 이끼꽃은 여전히 고집스레 피어나고 남김없이 피어나 착실하게 이 세상에 자신의 가장 아름다운 순간을 보여준다)이라고 했고, 여기에서 언급된 执著는 끝까지 끈기 있게 긍정적인 태도를 갖는 자세를 나타내므로 알맞은 정답은 B이다.

어휘 雍容华贵 yōng róng huá guì 성 온화하고 점잖으며 귀한 티가 나다

★★☆ 상

91

第三段中“也学牡丹开”，说明“苔花”：	세 번째 단락의 '야학모단개'는 '이끼꽃'의 무엇을 설명하는가?
A 个体价值 B 过于安逸 C 善于模仿 D 找到了方向	**A 개체의 가치** B 지나치게 안일하다 C 모방에 능하다 D 방향을 찾았다

해설 세 번째 단락의 '야학모단개'가 '이끼꽃'의 무엇을 설명하는지 묻고 있다. 지문의 但作为一朵花，它一定要尽全力地把自身那微弱的能量，全部释放出来，积极地展现自己(한 떨기 꽃송이로서 반드시 전력을 다해 자신의 그 미약한 능력으로나마 전부 방출시켜 적극적으로 자신을 펼쳐보이려 한다)를 통해 보기 B, C, D의 내용은 관련이 없음을 알 수 있다. 보잘 것 없어도 '한 송이 꽃으로서 최선을 다한다'는 의미로 가장 알맞은 정답은 A이다.

Tip▶ **정답에 대한 확신이 부족할 때**

: 문제의 정답을 고를 때 보기에서 유사한 표현으로 제시된 경우 정답에 대한 확신이 부족할 수 있다. 이때는 오답 3개를 먼저 소거하는 방법, 즉 '3(오답)+1(정답)' 기법으로 문제를 풀도록 한다. 최근 들어 유사한 표현이 출제되는 경우가 많으므로 이런 방법을 전략적으로 활용하자.

어휘 安逸 ānyì 형 안일하다

★★★ 상

92 通过这篇文章，作者想告诉我们什么？	이 글을 통해, 작가가 우리에게 알려주고자 하는 것은?
A 要坚守本色自我 B 要懂得安于现状 C 要给自己留条退路 D 要懂得能屈能伸	**A 본연의 자신을 굳게 지켜야 한다** B 현실에 안주할 줄 알아야 한다 C 자신에게 물러설 여지를 남겨야 한다 D 적절하게 순응할 줄 알아야 한다

해설 글의 주제 및 교훈을 묻는 문제이다. 마지막 단락에서 我们每个人都不要辜负生命，辜负自己的美好时光，做好自己，不改初心，不忘梦想，勇敢地向着心中最圣洁的地方前进(우리 모두는 삶을, 자신의 아름다운 시절을 헛되게 해서는 안 된다. 자기자신이 되어 초심을 바꾸지 말고 꿈을 잊지 않고, 마음속 가장 성결한 곳을 향해 용감하게 전진하라)이라고 했으므로 가장 알맞은 정답은 A이다.

Tip▶ **주제 및 교훈을 찾는 문제**

: 주제나 교훈을 찾는 문제는 각 소단락의 주제들과 앞서 푼 3개의 문제를 종합하여 찾을 수 있다. 또는 강조하는 표현(要、应该、最重要的是……)을 통해서도 중심 내용을 파악할 수 있다.

어휘 安于 ānyú 동 ~에 만족하다 退路 tuìlù 명 퇴로, 물러설 여지, 빠져나갈 구멍 能屈能伸 néng qū néng shēn 성 실의했을 때 인내할 줄 알고 뜻을 이루었을 때 재주와 포부를 펼칠 줄 알다, 환경에 적절하게 순응하다

93-96

月面巡视探测器就是我们熟知的月球车，它能够在月球表面行驶并完成月球探测、考察、收集和分析样品等复杂任务。月球车分为无人驾驶月球车和有人驾驶两种。无人驾驶月球车由轮式底盘和仪器舱组成，由太阳能电池和蓄电池联合供电。而93有人驾驶的月球车的每个轮子上各有一台发动机，动力由蓄电池提供。它让宇航员的活动范围得以扩大、体力消耗也降低了。

月球车是一种机器人技术。无论是轮式的还是腿式，前进、后退、转弯和采样等基本功能都具备，甚至94具有识别、攀爬、绕过障碍物等初级人工智能，这些功能都与现在的机器人相似。但是，作为一种在太空特殊环境下执行探测任务的机器人，只有这些功能是远远不够的。月球车既有机器人的属性，更具有航天器的特点。

95 96在航天器的设计中，一直遵循着质量轻、体积小、耗功低的金科玉律。航程越远，对月球探测器的质量、体积和功耗要求就越高，要发射一台月球车需要比它重300倍的运载火箭。所以，月球车的质量绝对不能太大。另外，为了缩小发射体积，可以将月球车制成可折叠式。此外，由于月球车的电源比较稀缺，所以降低功耗也

달 표면 순시 탐사기는 우리가 익히 알고 있는 달 탐사차이다. 이것은 달 표면에서 운행하며 달 탐사, 현지 조사, 샘플 수집 및 분석 등 복잡한 임무를 완수할 수 있다. 달 탐사차는 무인 탐사차와 유인 탐사차인 2 종류로 나뉜다. 무인 달 탐사차는 바퀴식 차대와 계기실로 구성되어 있으며 태양 전지와 축전기가 함께 전기를 공급한다. 반면 93 유인 달 탐사차는 모든 바퀴마다 한 대의 발전기가 있어 동력은 축전기가 공급한다. 유인 달 탐사차는 우주인의 활동 범위를 확대시켜주고, 체력 소모를 줄여준다.

달 탐사차는 일종의 로봇 기술이다. 바퀴식이든 다리식이든 전진, 후퇴, 방향 틀기 및 샘플 채집 등 기본적인 기능은 모두 갖추고 있으며, 심지어 94장애물을 식별하고, 타고, 넘고, 돌아가는 등의 초보적인 인공 지능을 갖추고 있다. 이 기능들은 모두 다 현재의 로봇과 비슷하다. 하지만 일종의 우주라는 특수한 환경에서 탐사 미션을 수행하는 로봇으로서는 그저 이들 기능만으로는 한참 부족하다. 달 탐사차는 로봇의 속성을 지닐 뿐만 아니라, 우주 설비의 특징도 갖추고 있다.

95 96우주 설비의 설계에서는 줄곧 질량이 가볍고, 부피가 작으며, 에너지 소모가 낮은 절대 불변의 규칙을 준수해왔다. 항로가 길수록 달 탐사기의 질량, 부피 및 에너지 소모에 대한 요구치가 높아지는데, 달 탐사차 한 대를 발사하려면 그것보다 300배 무거운 적재 로켓이 필요하다. 따라서, 달 탐사차의 질량은 절대로 너무 무거워서는 안 된다. 또한, 발사 부피를 줄이기 위해 달 탐사차를 접이식으로 만들 수가 있다. 이 밖에, 달 탐사차의 전원이 비교적 부족하기 때문에, 에너지

是必须要考虑的问题。月球探测工程会在正式接受任务前提出月球车的质量、体积和功耗的指标要求，月球车才能按规定技术指标研制。据首席研究员介绍，目前已经做出来的月球车样机的质量比设想中的指标超出好多倍，甚至高出一个数量级。 要适应航天的特殊环境，包括力学环境和空间环境是月球车的首要任务，如月球车在发射上升过程中，运载火箭所产生的振动以及在月面降落时其所受到的冲击等。月球车必须经得起“摔、打、滚、爬”等多种考验。	소모량을 줄이는 것 역시 반드시 고려해야 할 문제이다. 달 탐사 프로젝트는 임무를 받기에 앞서 달 탐사차의 질량, 부피 및 에너지 소모 지표 요구치를 먼저 제시해야만 달 탐사차를 규정된 기술 지표대로 연구 제작할 수 있다. 수석 연구원의 소개에 따르면, 현재 이미 제작한 달 탐사차 견본 차량의 질량은 예상한 지표를 몇 배나 초과하여 심지어 한 자릿수가 더 높다고 한다. 예를 들어, 달 탐사차가 발사 상승하는 과정에서 적재 로켓이 발생시키는 진동 및 달 표면에 착륙할 때 받게 되는 충격 등, 역학 환경과 공간 환경을 포함하여 우주의 특수한 환경에 적응해야 하는 것은 달 탐사차의 우선적인 임무이다. 달 탐사차는 반드시 '떨어지고, 치고, 구르고, 기는' 등 다양한 어려움을 감당해야 한다.

어휘 巡视 xúnshì 동 순시하다, 사방을 살피다　探测 tàncè 명 동 탐측(하다), 관측(하다)　行驶 xíngshǐ 동 (차 · 배 등이) 다니다, 통행하다　考察 kǎochá 동 현지조사하다, 시찰하다　样品 yàngpǐn 명 견본(품)　底盘 dǐpán 명 섀시(chassis), 차대　仪器舱 yí qì cāng 계기함　蓄电池 xùdiànchí 명 축전지　消耗 xiāohào 동 소모하다　转弯 zhuǎnwān 동 모퉁이를 돌다　采样 cǎiyàng 동 (검사를 위하여) 견본이나 표본을 추출하다　识别 shíbié 동 식별하다, 가려내다　攀爬 pānpá 동 붙잡고 기어오르다　执行 zhíxíng 동 집행하다, 실시하다　属性 shǔxìng 명 속성　遵循 zūnxún 동 따르다　金科玉律 jīn kē yù lǜ 성 금과옥조, 반드시 지켜야 하며 변경할 수 없는 법칙이나 규정　运载 yùnzài 동 실어 나르다, 탑재 운반하다　火箭 huǒjiàn 명 로켓　折叠式 zhédiéshì 접이식　稀缺 xīquē 동 희소하다, 결핍하다　振动 zhèndòng 명 진동　经得起 jīng de qǐ 견디어 내다, 이겨 내다

★★☆ 중

93

有人驾驶月球车：	유인 달 탐사차는?
A 耗电量特别大 B 功能限制了活动范围 **C 靠蓄电池发电** D 仅靠两个轮子行动	A 전기 소모량이 유난히 많다 B 기능이 활동 범위를 제한한다 **C 축전기로 발전한다** D 오로지 2개의 바퀴에 의존하여 움직인다

해설 질문의 키워드 有人驾驶月球车(유인 달 탐사차)가 언급된 첫 번째 단락에서 有人驾驶的月球车的每个轮子上各有一台发动机，动力由蓄电池提供(유인 달 탐사차는 모든 바퀴마다 한 대의 발전기가 있어 동력은 축전기가 공급한다)이라고 했으므로 유인 달 탐사차에 관한 옳은 내용이 C임을 알 수 있다.

어휘 发电 fādiàn 명 동 발전(하다)

★★★ 하

94

根据第2段，月球车：	두 번째 단락을 근거로, 달 탐사차는?
A 没有攀爬功能 B 将被机器人取代 C 很难跨越障碍物 **D 具有初级人工智能**	A 등반 기능이 없다 B 로봇에 대체되었다 C 장애물을 넘기 어렵다 **D 초보적인 인공 지능을 지니고 있다**

해설 두 번째 단락에서 달 탐사차에 관한 옳은 내용을 고르는 문제이다. 具有识别、攀爬、绕过障碍物等初级人工智能(장애물을 식별하고, 타고, 넘고, 돌아가는 등의 초보적인 인공 지능을 갖추고 있다)이라고 했으므로 달 탐사차에 초보적인 인공 지능이 장착되어 있음을 알 수 있다. 따라서 알맞은 정답은 D이다.

★★☆ 상

95

第3段中的画线词语是什么意思?	세 번째 단락의 밑줄 친 어휘는 어떤 뜻인가?
A 贵重的物品 B 用于开发的经费 **C 必须遵守的原则** D 不可企及的目标	A 귀중품 B 개발에 쓰는 경비 **C 반드시 지켜야 하는 원칙** D 따라잡을 수 없는 목표

해설 세 번째 단락의 밑줄 친 어휘의 뜻을 묻고 있다. 밑줄 친 어휘가 포함된 부분 在航天器的设计中，一直遵循着质量轻、体积小、耗功低的金科玉律(우주 설비의 설계에서는 줄곧 질량이 가볍고, 부피가 작으며, 에너지 소모가 낮은 절대 불변의 규칙을 준수해왔다)에서 '규칙, 규율을 준수하다'는 뜻인 遵循이 언급됐으므로 C가 정답임을 알 수 있다.

TIP ▶ **특정 어휘의 의미를 묻는 문제**

: 특정 어휘의 의미를 유추해야 하는 경우 해당 어휘가 포함된 문장을 통해 최대한 그 뜻을 파악해야 한다. 특히 부연 설명과 묘사하는 수식어 등이 직접적인 힌트가 되는 경우가 많다.

어휘 不可企及 bù kě qǐ jí 성 따라잡을 수 없다

★★☆ 중

96

根据上文，下列哪项正确?	본문을 토대로, 다음 중 옳은 것은?
A 月球车尚无折叠式 B 无人驾驶月球车已被淘汰 C 折叠式月球车只是空想 **D 月球车的体积不能过大**	A 달 탐사 차량은 접이식이 아직 없다 B 무인 달 탐사 차량은 이미 도태되었다 C 접이식 달 탐사 차량은 공상일 뿐이다 **D 달 탐사 차량의 부피는 너무 커서는 안 된다**

해설 보기의 키워드로 A는 折叠式(접이식), B는 被淘汰(도태되다), C는 空想(공상), D는 不能过大(너무 커서는 안 되다)를 삼고 지문과 대조한다. 세 번째 단락에서 在航天器的设计中，一直遵循着质量轻、体积小、耗功低的金科玉律(우주 설비의 설계에서는 줄곧 질량이 가볍고, 부피가 작으며, 에너지 소모가 낮은 절대 불변의 규칙을 준수해왔다)라고 했으므로 부피가 작은 것이 절대 불변의 규칙이었음을 알 수 있다. 따라서 정답은 D이다.

어휘 淘汰 táotài 동 도태하다, 추려내다

97-100

西藏有一种特有的文化产品——藏纸，它在记录西藏历史的同时见证了西藏的文明进程。 藏纸的制造过程很复杂，先将采好的木料浸泡在一个大的容器里，在浸泡到24小时左右时，用小刀将最外层的黑色树皮和杂质刮除。 之后就要"煮料"了，将木料撕成细丝后放入锅中，煮的时候要加土碱。下一道工序就是捶打。捶打过程中要注意不断添水，这样才能避免纸料变干。然后，在陶罐中打成纸浆。	티벳에는 특유의 문화 상품인 창즈(티벳 종이)가 있다. 이것은 티벳의 역사를 기록함과 동시에 티벳 문명의 발전 과정을 증명한다. 창즈의 제작 과정은 아주 복잡하다. 우선 채집한 목재를 커다란 용기에 담아 불린다. 24시간 정도까지 불리고 난 후 작은 칼로 가장 바깥쪽의 검은색 나무 껍질과 잡다한 성분들을 깎아버린다. 그리고 나서 '재료를 끓인다'. 목재를 가느다란 실로 찢어 솥에 집어 넣고 끓일 때 천연 소다를 넣어야 한다. 그 다음 공정은 바로 '두드리기'이다. 두드리는 과정에서는 반드시 끊임없이 물을 부어야 한다. 이렇게 해야 종이 원료가 건조해지는 것을 피할 수 있다. 그리고 난 후, 항아리에 넣고 펄프가 될 때까지 찧는다.

接下来就是将用木框、纱网做的纸帘轻轻放在清澈且流动水中，用瓢将搅拌均匀的纸浆浇在纸帘上，之后用双手反复揉搓，然后将水中的纸帘平稳地端起进行抄纸，这时，水会慢慢地从纸帘中渗出。

水基本渗干的时候，要把刚抄起的纸帘拿到宽敞的地方支起来，在日光下进行晾晒。晾晒的过程中要不断地上下调换，以防纸浆堆积滑流。在西藏要晒干这些纸帘大概需要一个小时左右，晒干后的纸呈现白色。97在纸晾到九成干的时候，便可以从纸帘的一角开始揭纸，98手背朝纸手心朝帘，插入纸与纸帘之间慢慢地揭下来，最后将揭下来的纸叠起收好整个造纸工序就完成了。

100最后是给纸染色，在盆里倒入适量的水，倒入调好的颜料，让颜料与水充分融合，将白色的成品藏纸放入盆里。等到纸的颜色与颜料的颜色完全一样时再取出，然后将纸张折叠，把水挤掉，再次在阳光下晾晒。

99虽然制作工序与一般纸张相似，但藏纸所用的材料都是青藏高原上的特有植物，特别是它的主要原料“狼毒草”，具有一定的毒性。也正因为如此，藏纸还具有不怕虫蛀、鼠咬、不腐烂、不变色、不易撕破等特点。

이어서 깨끗한 흐르는 물에 나무틀과 가늘게 짠 그물로 만든 지렴을 조심히 넣어 표주박으로 고르게 반죽한 펄프를 지렴 위에 뿌리고 두 손으로 반복해서 주무른다. 그리고 난 뒤 물 속의 지렴을 안정적으로 받쳐들고 종이를 뜬다. 이때 물은 지렴에서 서서히 배어나온다.

물이 거의 다 배어나와 마를 무렵, 갓 뜬 지렴을 넓은 장소에 괴어 햇빛 아래에서 말린다. 볕에 말리는 과정에서 끊임없이 위아래를 바꿔줘야 펄프가 미끄러져 흘러가는 것을 방지할 수 있다. 티벳에서는 이들 지렴을 볕에 다 말리는 데 대략 한 시간이 소요된다. 말린 후의 종이는 백색을 띤다. 97종이를 90%가량 바람에 말렸을 때 지렴의 한쪽 끝에서부터 종이를 떼어 낸다. 98손등은 종이를 향하고 손바닥은 지렴을 향하도록 종이와 지렴 사이에 넣어 천천히 떼어 내고 마지막으로 떼어 낸 종이를 잘 접어두면 전체 종이를 만드는 과정이 끝난다.

100마지막으로 종이에 염색을 하는데, 대야에 적당량의 물을 붓고, 잘 조제된 염료를 부어 염료와 물이 충분히 섞이도록 한 후 흰색의 완성된 창즈를 대야에 넣는다. 종이색과 염료의 색이 완전히 같아졌을 때 꺼내어 종이를 접고 물을 짜내고 다시 햇빛에 널어말린다.

99비록 제작 공정은 일반 종이와 비슷하지만, '창즈'가 사용하는 재료는 모두 칭창 고원 특유의 식물로, 특히 주원료인 '랑두챠오'는 어느 정도의 독성이 있다. 바로 이 때문에 창즈는 곤충이 쏠아먹고, 쥐가 갉아먹을 걱정이 없으며, 부패하지 않고 변색되지 않고 쉽게 찢어지지 않는 특징이 있다.

어휘 见证 jiànzhèng 명 목격자 동 목격하다, 증언하다　浸泡 jìnpào 동 물 속에 담그다　撕 sī 동 (천종이 등을 손으로) 찢다, 뜯다　土碱 tǔjiǎn 명 정제되지 않은 천연 소다　捶打 chuídǎ 동 가볍게 두드리다　纸浆 zhǐjiāng 명 펄프　瓢 piáo 명 표주박　搅拌 jiǎobàn 동 휘저어 섞다, 반죽하다　抄纸 chāozhǐ 동 종이를 뜨다　抄 chāo 동 베끼다, 베껴 쓰다　宽敞 kuānchang 형 널찍하다　晾晒 liàngshài 동 물건을 햇볕에 널어말리다　堆积 duījī 동 쌓아올리다, 쌓이다　揭 jiē 동 벗기다, 떼다　颜料 yánliào 명 안료, 염료, 물감　挤掉 jǐdiào 동 줄이다, 배제해버리다　虫蛀 chóngzhù 동 좀먹다, 벌레 먹다　腐烂 fǔlàn 동 문드러지다, 부식하다　撕破 sīpò 동 찢다, 잡아 찢다

★★☆ 중

97 关于藏纸的制作过程，不正确的一项是？

창즈의 제작 과정에 관하여 옳지 않은 하나는?

A 纸浆要反复揉搓
B 要先煮再捶打纸料
C 干透后才能挪动
D 捶打纸料时要加水

A 펄프를 반복적으로 주무른다
B 지료는 우선 먼저 삶고 나서 두들긴다
C 바싹 말린 후에나 옮길 수 있다
D 지료를 두들길 때는 물을 부어야 한다

해설 질문에서 창즈의 제작 과정에서 옳지 않은 것을 묻고 있다. 다섯 번째 단락에서 在纸晾到九成干的时候，便可以从纸帘的一角开始揭纸(종이를 90%가량 바람에 말렸을 때 지렴의 한쪽 끝에서부터 종이를 떼어 낸다)이라고 하여 90%가량 말렸을 때 종이를 떼어낸다고 했으므로 '바싹 말린 후'라고 한 C가 옳지 않은 내용임을 알 수 있다.

어휘 揉搓 róucuo 동 손으로 주무르다, 문지르다, 비벼 구기다 挪动 nuódong 동 옮기다, 이동하다

★★☆ 중

98 揭纸时要注意：	종이를 벗길 때 무엇에 주의해야 하는가?
A 手背面向纸 B 纸变黄才能揭 C 干了以后才能揭 D 从纸帘两边同时揭	**A 손등이 종이를 향한다** B 종이가 누렇게 변해야 떼어낼 수 있다 C 마르고 난 후에야 떼어낼 수 있다 D 지렴의 양쪽 끝에서부터 동시에 떼어낸다

해설 질문의 키워드 揭纸(종이를 벗기다)가 언급된 다섯 번째 단락의 手背朝纸手心朝帘，插入纸与纸帘之间慢慢地揭下来(손등은 종이를 향하고 손바닥은 지렴을 향하도록 종이와 지렴 사이에 넣어 천천히 떼어낸다)라는 부분에서 '손등은 종이를 향하고'라고 했으므로 주의해야 할 점이 A임을 알 수 있다.

★★☆ 중

99 与其他纸类相比，藏纸有什么不同?	다른 지류와 비교하여, 창즈는 무엇이 다른가?
A 浸泡时间很短 **B 原料有毒** C 颜色发红 D 不需要晾干	A 물에 담가 놓는 시간이 짧다 **B 원료에 독이 있다** C 색이 붉어진다 D 바람에 말릴 필요가 없다

해설 창즈가 다른 지류와 비교하여 다른 점을 묻고 있다. 마지막 단락에서 虽然制作工序与一般纸张相似，但……特别是它的主要原料"狼毒草"，具有一定的毒性(비록 제작 공정은 일반 종이와 비슷하지만, ……특히 주원료인 '랑두차오'는 어느 정도의 독성이 있다)이라고 했으므로 창즈가 독성이 있음을 알 수 있다. 따라서 정답은 B이다.

Tip▶ **질문이 반대말로 표현된 경우**

: 질문이 '창즈는 어떤 특징이 있는가?'가 아니라 '창즈는 다른 지류와 비교해서 무엇이 다른가?'라고 반대말로 제시된 경우가 있다. 이런 경우 질문의 뜻을 파악하는 데 시간을 들이기보다는 각각의 보기를 키워드로 삼아 지문과 1:1로 대조하여 정답을 고르는 것이 시간을 절약하는 방법이 된다.

★★★ 중

100 根据上文，下列哪项正确?	본문을 토대로, 다음 중 옳은 것은?
A 藏纸在全国各地都生产 B 晾干藏纸需要一个星期 **C 藏纸染色后要晾干** D 藏纸容易被虫子蛀	A 창즈는 전국 각지에서 생산된다 B 창즈를 바람에 말리려면 일주일이 필요하다 **C 창즈는 염색 후 말려야 한다** D 창즈는 쉽게 좀이 쏜다

해설 보기의 키워드로 A는 全国各地(전국 각지), B는 一个星期(일주일), C는 染色后(염색 후), D는 被虫子蛀(좀이 쏠다)를 삼고 지문과 대조한다. 여섯 번째 단락에서 最后是给纸染色……等到纸的颜色与颜料的颜色完全一样时再取出，然后将纸张折叠，把水挤掉，再次在阳光下晾晒(마지막으로 종이에 염색을 하는데 ……종이색과 염료의 색이 완전히 같아졌을 때 꺼내어 종이를 접고 물을 짜내고 다시 햇빛에 널어말린다)라고 하여 염색 후 말린다고 했으므로 옳은 내용은 C이다.

어휘 蛀 zhù 동 좀 먹다, 좀이 쏠다

쓰기 101. ★★★ 상

[풀이전략] 첫 번째로 읽으면서 인물과 주요 사건을 중심으로 빠르게 읽는다. 두 번째로 읽으면서 사건을 기/승/전/결/(주제)로 나누어 스토리를 만들고, 사건 서술에 필요한 표현들을 '주어–술어–목적어'를 중심으로 암기한다. 문장의 기본 구조에 충실하게 작문하되, 생각나지 않는 표현은 비슷한 말로 바꾸고 정확한 메시지를 전달할 수 있도록 간단명료하게 작문한다.

| Step 1 | 인물과 사건을 중심으로 읽기

1단락 등장인물: 조조, 창고 관리를 맡은 사람
사건: 쥐들이 창고의 물품을 갉아먹었는데 조조가 가장 아끼는 말 안장까지 갉아먹음.

一天，曹操手下一个负责管理仓库的人发现仓库里不知为何，突然跑来很多老鼠，这些老鼠咬坏了不少物品，其中就有曹操最喜欢的马鞍。这副上等马鞍是曹操的心爱之物，平时舍不得用，只有在重要场合才用。	하루는, 조조의 수하 중 창고 관리를 맡은 사람이 어찌된 일인지 갑자기 엄청난 수의 쥐들이 창고로 몰려와 적잖은 물품들을 갉아먹어 못 쓰게 만든 것을 발견했다. 그 중에서는 조조가 가장 좋아하는 말 안장도 있었다. 이 최고급의 말 안장은 조조가 애지중지 하는 것으로 평소에는 아까워서 쓰지 않고 중요한 때만 사용하던 것이었다.

어휘 马鞍 명 mǎ'ān 말의 안장　舍不得 shě bu de (헤어지기) 아쉽다, 미련이 남다

2단락 사건: 창고 관리자는 이 일로 가족들까지 연루당할까 봐 걱정을 함.

看仓库的管理员看到马鞍被老鼠咬坏了，吓得胆战心惊，担心被曹操杀头。于是他想马上赶回家跟家人商量，但又转念一想，如果把事情告诉家人，恐怕会因此受到连累。他心想，是祸躲不过，反正都要死，不如自己去主动请罪，或许曹操能原谅自己的无心之失，免了死罪。	창고 관리자는 말 안장이 쥐들에게 갉아먹혀 못 쓰게 된 것을 보고는 놀라 벌벌 떨며 조조에게 목이 달아날까 걱정했다. 그는 서둘러 집으로 돌아가 가족들과 의논하려고 했다가 다시 생각을 바꿨다. 만약 가족들에게 이 일을 알리면 이로 인해 연루당할까 봐 걱정이 되었다. 그는 이판사판 어쨌든 죽게 생겼으니, 차라리 자진해서 용서를 비는 것이 나을 거라고 속으로 생각했다. 또는 조조가 그가 저지른 실수가 고의가 아니니 용서하고 죽을 죄를 면해 줄지도 모를 거라고 생각했다.

어휘 胆战心惊 dǎn zhàn xīn jīng 성 놀라고 겁이 나서 벌벌 떨다　转念 zhuǎnniàn 동 생각을 바꾸다, 다시 생각하다　连累 동 liánlěi 연루하다, 말려들다　是祸躲不过 shì huò duǒ bu guò 화라면 피할 수 없다 [속담 '是福不是祸, 是祸躲不过 복이 되든 화가 되든 간에 이판사판이다'의 한 구절]　请罪 qǐngzuì 동 죄를 자수하고 처분을 바라다, 용서를 빌다　无心之失 wú xīn zhī shī 무심코 한 잘못, 고의가 아닌 실수

3단락 등장인물: 조충(조조의 아들)
사건: 창고 관리자는 용서를 구하러 갔지만 문 앞에서 서성이며 들어가지 못함. 이때 조조의 아들 조충을 만남.

仓库管理员战战兢兢地来到曹操门口，徘徊了许久都不敢进。恰好遇到曹操的儿子曹冲。曹冲见管理员满面愁容，便上前询问："看你一副忧心忡忡、魂不守舍的样子，发生什么事了吗？"	창고 관리자는 전전긍긍하며 조조의 문 앞에 이르렀지만 한참을 서성이며 감히 들어가지 못했다. 그러다 마침 조조의 아들 조충과 우연히 마주쳤다. 조충은 창고 관리자의 얼굴이 온통 수심이 가득한 것을 보고는 다가가 물었다. "근심이 태산같고 넋이 나간 모습을 보아하니 무슨 일이 생긴 건가?"

어휘 战战兢兢 zhàn zhàn jīng jīng 성 전전긍긍하다　徘徊 páihuái 동 배회하다, 왔다 갔다 하다　愁容 chóuróng 근심스러운 얼굴, 수심 어린 얼굴　忧心忡忡 yōu xīn chōng chōng 성 근심 걱정이 태산 같다　魂不守舍 hún bù shǒu shè 성 혼이 몸에서 떠나다, 넋이 나가다

4단락 사건: 창고 관리자는 조충에게 자초지종을 설명함.

管理员见是曹冲，赶紧行礼说道："大人最喜欢的马鞍让老鼠给咬破了，是我没能看管好。小人知道自己犯下了大错，所以特意来向大人负荆请罪，希望大人能看我一直忠心耿耿的份上，原谅我的过失，可以从轻发落。"	창고 관리자는 조충을 보고는 서둘러 예를 갖추고 말했다. "대인이 가장 아끼는 말 안장을 쥐들이 갉아먹어 못 쓰게 되었습니다. 제가 관리를 잘 못한 까닭이지요. 소인이 스스로도 큰 실수를 저질렀음을 알기에 특별히 대인에게 직접 죄를 청하러 온 것 입니다. 대인께서는 저의 변함없는 충성을 감안하시어 제 실수를 용서하시고 가볍게 벌하시면 좋겠습니다."

어휘 行礼 xínglǐ 동 경례하다, 인사하다 负荆请罪 fù jīng qǐng zuì 성 가시나무를 지고 죄를 청하다, 스스로 잘못을 뉘우치고 죄를 청하다 忠心耿耿 zhōng xīn gěng gěng 성 지극히 충성스럽다, 충성심에 불타다 从轻发落 cóng qīng fā luò 성 가볍게 책벌(責罰)하다

5단락 사건: 조충은 이야기를 듣고 창고 관리자에게 걱정하지 말고 돌아가서 아무에게도 이야기하지 말고 있으라고 당부함.

曹冲听了管理员的话，稍作思考说："不必为此烦恼，你先回去，此事不要声张，三天过后，一切将安然无恙。"管理员听后虽有些半信半疑，但他知道曹冲是个足智多谋的人，既然他这样说，就一定有息事宁人的好办法。于是，就放心地回去了。	조충은 창고 관리자의 말을 듣고, 잠시 생각한 뒤 말했다. "그로 인해 걱정할 필요 없네. 자네는 먼저 돌아가서 이 일을 떠벌리지 말고 있게. 3일 후면 걱정할 일이 없어질 게야." 창고 관리자는 비록 반신반의 했지만, 조충이 지혜롭고 지략이 뛰어나다는 것을 알고 있었다. 그가 그리 말했다면 틀림없이 사고를 수습할 좋은 방법이 있을 것이라 여겨 마음을 놓고 돌아갔다.

어휘 声张 shēngzhāng 동 (소식 · 사건 · 소문 등을) 널리 퍼뜨리다 安然无恙 ān rán wú yàng 성 평안하고 근심 · 걱정이 없다 足智多谋 zú zhì duō móu 성 지혜가 풍부하고 계략이 많다 息事宁人 xī shì níng rén 성 분쟁을 그치고 서로 편안히 지내다, 스스로 양보하여 분쟁을 없애다

6단락 사건: 조충은 자신의 옷을 쥐가 갉아먹은 모양으로 만든 뒤 조조에게 보이러 갔고, 이것이 매우 불길한 징조라고 말함.

曹冲回到房间，把自己的衣服挑破，再弄成被老鼠咬破的样子，然后穿着破衣服去见曹操。曹操见了曹冲穿破衣前来先是一怔，接着问他："你的衣服怎么弄成这样？这是怎么回事？"曹冲回答道："禀告父亲，是老鼠咬破了我的衣服，听说，被老鼠咬破衣服是不祥之兆，对主人有很不好的影响，心里非常烦恼。"	조충은 방으로 돌아와 자신의 옷을 뚫고는 쥐가 갉아먹어 못 쓰게 된 모양으로 만들었다. 그리고 그 옷을 입고 조조를 보러 갔다. 조조는 조충이 뚫어진 옷을 입고 오자 일단은 어리둥절해 하더니 이어 조충에게 물었다. "네 옷이 어찌 그리 된 것이냐? 어찌된 일이야?" 조충이 대답했다. "아버지께 아뢰니다. 쥐들이 제 옷을 갉아먹어서 구멍을 냈습니다. 듣자하니, 쥐가 옷을 물어 뜯으면 불길한 징조라 옷 주인에게 좋지 않은 영향이 있다고 하여, 마음을 매우 졸이고 있습니다."

어휘 挑破 tiǎopò 동 (물건을) 쑤셔 뚫다, 찔러 터뜨리다 怔 zhèng 동 얼이 빠지다, 어리둥절 해하다 禀告 bǐnggào 동 관청이나 윗사람에게 보고하다 不祥之兆 bù xiáng zhī zhào 성 불길한 징조

7단락 사건: 조조는 조충의 말에 근거없는 이야기라고 말했고, 이 틈을 타 조충은 창고 관리자에게 조조에게 와서 용서를 빌라고 함. 조조는 이야기를 듣고 벌할 수가 없었음.

曹操听了曹冲的话哈哈大笑："这些都是无根无据的谣言，你是我的儿子，怎么能信呢？这只是老鼠破坏而已，与不祥之事毫无关系。是你太多虑了。衣服破了再做就是。"听完曹操说的话，曹冲马上派人去告诉管理员，让他来找曹操请罪。于是管理员马上跑来向曹操禀告了仓库里的老鼠咬坏了曹操最喜欢的马鞍这件事。曹操听后，虽然觉得可惜，但看到吓得战战兢兢的管理者，又想到自己刚才对曹冲说的话，便安慰他说道："你不必太过担心，我不会责罚你，我儿子的衣服都被老鼠咬破了，何况马鞍呢？既然破了就扔了吧。"	조조는 조충의 말을 듣고는 박장대소를 했다. "이것은 모두 다 근거 없는 헛소문일 뿐이다. 너는 내 아들인데 어찌 그런 것을 믿느냐? 그저 쥐들이 망가뜨린 것에 불과할 뿐 불길한 일과는 무관한 것이야. 네가 쓸데없는 걱정을 너무 많이 한 것이다. 옷이 망가지면 다시 만들면 될 일이지." 조조의 말을 듣고 조충은 즉시 사람을 보내 창고 관리자에게 조조에게 찾아와 용서를 빌라고 알렸다. 창고 관리자는 당장 달려와 조조에게 창고의 쥐들이 조조가 가장 아끼는 말 안장을 갉아먹어 망가뜨린 사건을 고했다. 조조는 듣고 나니 비록 아까웠으나, 전전긍긍하는 창고 관리자와 방금 전 아들인 조충과의 대화를 떠올리며 창고 관리자를 위로하며 말했다. "너무 걱정할 것 없다. 내 너를 벌하지 않을 것이야. 내 아들이 옷도 쥐들에게 뜯겨 구멍이 났는데 말 안장은 오죽했겠느냐? 이미 망가졌으니 버리도록 해라."

어휘 谣言 yáoyán 명 유언비어, 풍설, 헛소문 多虑 duōlǜ 동 쓸데없는 걱정을 하다 战战兢兢 zhàn zhàn jīng jīng 성 두려워서 벌벌 떠는 모양, 전전긍긍하다 责罚 zéfá 동 처벌하다, 징벌하다

8단락 사건: 은혜를 입은 창고 관리자는 더욱 열심히 일하게 됨.

从此以后，这位仓库管理员更加尽职尽责地管理仓库了。	이때 이후로, 창고 관리자는 더욱 자신의 직무와 책임을 다해 창고를 관리하게 되었다.

어휘 尽职尽责 jǐn zhí jǐn zé 직무와 책임을 다하다

| Step 2 | 요약하고 중국어로 익히기

기

1단락

一天，曹操手下一个负责管理仓库的人发现仓库里不知为何，突然跑来很多老鼠，这些老鼠咬坏了不少物品，其中就有曹操最喜欢的马鞍。这副上等马鞍是曹操的心爱之物，平时舍不得用，只有在重要场合才用。

2단락

看仓库的管理员看到马鞍被老鼠咬坏了，吓得胆战心惊，担心被曹操杀头。于是他想马上赶回家跟家人商量，但又转念一想，如果把事情告诉家人，恐怕会因此受到连累。他心想，是祸躲不过，反正都要死，不如自己去主动请罪，或许曹操能原谅自己的无心之失，免了死罪。

3단락 A

仓库管理员战战兢兢地来到曹操门口，徘徊了许久都不敢进。

바꿔쓰기 • 最喜欢 = 最爱惜
• 徘徊了许久都不敢进 = 犹豫不前

요약하기

一天，曹操的仓库管理员发现老鼠把曹操最爱惜的马鞍咬坏了，他担心被曹操杀头，又担心连累家人，于是决定主动去找曹操请罪，但到了门口却犹豫不前。

승

3단락 B

恰好遇到曹操的儿子曹冲。曹冲见管理员满面愁容，便上前询问："看你一副忧心忡忡、魂不守舍的样子，发生什么事了吗？"

4단락

管理员见是曹冲，赶紧行礼说道："大人最喜欢的马鞍让老鼠给咬破了，是我没能看管好。小人知道自己犯下了大错，所以特意来向大人负荆请罪，希望大人能看我一直忠心耿耿的份上，原谅我的过失，可以从轻发落。"

5단락

曹冲听了管理员的话，稍作思考说："不必为此烦恼，你先回去，此事不要声张，三天过后，一切将安然无恙。"管理员听后虽有些半信半疑，但他知道曹冲是个足智多谋的人，既然他这样说，就一定有息事宁人的好办法。于是，就放心地回去了。

바꿔쓰기 • 此事不要声张 = 不要把这件事告诉任何人

요약하기

这时，曹操的儿子曹冲也来找曹操，在门口遇见了愁容满面的仓库管理员，便上前询问，管理员向曹冲说明了来龙去脉后，曹冲听完后，让他先不要把这件事告诉任何人。

전

6단락

曹冲回到房间，把自己的衣服挑破，再弄成被老鼠咬破的样子，然后穿着破衣服去见曹操。曹操见了曹冲穿破衣前来先是一怔，接着问他："你的衣服怎么弄成这样？这是怎么回事？"曹冲回答道："禀告父亲，是老鼠咬破了我的衣服，听说，被老鼠咬破衣服是不祥之兆，对主人有很不好的影响，心里非常烦恼。"

7단락 A

曹操听了曹冲的话哈哈大笑："这些都是无根无据的谣言，你是我的儿子，怎么能信呢？这只是老鼠破坏而已，与不祥之事毫无关系。是你太多虑了。衣服破了再做就是。"

바꿔쓰기 • 一怔 = 觉得很奇怪
• 无根无据 = 没有根据

요약하기

曹冲回房后把自己的衣服挑破，弄成被老鼠咬破的样子，然后穿着破衣服去见了曹操。曹操见状觉得很奇怪，就问他的衣服怎么破成这样。曹冲说衣服是被老鼠咬破的，他听说这是一种不祥之兆，为此十分烦恼。曹操听后笑着说："这些谣言都是没有根据的，你作为我的儿子，怎么能相信呢？衣服破了重做就是。"

결

7단락 A

听完曹操说的话，曹冲马上派人去告诉管理员，让他来找曹操请罪。于是管理员马上跑来向曹操禀告了仓库里的老鼠咬坏了曹操最喜欢的马鞍这件事。曹操听后，虽然觉得可惜，但看到吓得战战兢兢的管理者，又想到自己刚才对曹冲说的话，便安慰他说道："你不必太过担心，我不会责罚你，我儿子的衣服都被老鼠咬破了，何况马鞍呢？既然破了就扔了吧。"

8단락

从此以后，这位仓库管理员更加尽职尽责地管理仓库了。

바꿔쓰기 • 可惜 = 心疼
• 尽职尽责地 = 努力地

요약하기
之后，曹冲让仓库管理员马上来请罪，仓库管理员跟曹操说了马鞍的事情后，曹操虽然心疼马鞍，但是看到战战兢兢的管理员，又想到刚刚自己跟儿子说过的话，决定不责罚仓库管理员。从此，仓库管理员也变得更加努力地工作了。

| Step 3 | 요약문 쓰기 (참고 답안)

曹冲智解危机

一天，曹操的仓库管理员发现老鼠把曹操最爱惜的马鞍咬坏了，他担心被曹操杀头，又担心连累家人，于是决定主动去找曹操请罪，但到了门口却犹豫不前。

这时，曹操的儿子曹冲也来找曹操，在门口遇见了愁容满面的仓库管理员，便上前询问，管理员向曹冲说明了来龙去脉后，曹冲听完后，让他先不要把这件事告诉任何人。

曹冲回房后把自己的衣服挑破，弄成被老鼠咬破的样子，然后穿着破衣服去见了曹操。曹操见状觉得很奇怪，就问他的衣服怎么破成这样。曹冲说衣服是被老鼠咬破的，他听说这是一种不祥之兆，为此十分烦恼。曹操听后笑着说："这些谣言都是没有根据的，你作为我的儿子，怎么能相信呢？衣服破了重做就是。"

之后，曹冲让仓库管理员马上来请罪，仓库管理员跟曹操说了马鞍的事情后，曹操虽然心疼马鞍，但是看到战战兢兢的管理员，又想到刚刚自己跟儿子说过的话，决定不责罚仓库管理员。从此，仓库管理员也变得更加努力地工作了。(396字)

조충이 위기를 슬기롭게 해결하다

하루는, 조조의 창고 관리인이 쥐들이 조조가 가장 아끼는 말 안장을 갉아먹어 못쓰게 만든 것을 발견했다. 그는 조조에게 목이 달아날까, 또 가족들이 연루될까 걱정되어 자진해서 조조를 찾아가 용서를 빌려고 했으나 문 앞에 도착해서는 망설이며 들어가지 못했다.

이 때, 조조의 아들 조충도 조조를 찾아 왔다가 문 앞에서 얼굴에 수심이 가득한 창고 관리인을 보고는 다가와 물었다. 관리인은 조충에게 사건의 전후 사정을 설명했다. 조충은 다 들은 후, 그에게 우선은 이 일을 아무에게도 알리지 말라고 했다.

조충은 방으로 돌아와 자신의 옷에 구멍을 내어 쥐에게 물어뜯긴 모양으로 만든 후 헤진 옷을 입고 조조를 만나러 갔다. 조조는 상황을 보고는 이상하게 여겨 그의 옷이 어쩌다 그렇게 된 것인지 물었다. 조충은 옷이 쥐에게 물어뜯긴 것인데, 이는 불길한 징조라 걱정이라고 말했다. 조조는 듣고 웃으며 말했다. "이런 유언비어는 모두 근거가 없는데, 너는 내 아들이면서 어떻게 믿는 것이냐? 옷이야 망가지면 다시 만들면 되는 것이지."

그 후, 조충은 창고 관리인에게 당장 와서 용서를 빌라고 했다. 창고 관리인이 조조에게 말 안장 사건을 말하고 나자 조조는 비록 말 안장을 아까워했지만, 전전긍긍하는 창고 관리인을 보고는, 방금 자신이 아들에게 한 말을 떠올리며 창고 관리인을 벌하지 않기로 결정했다. 이때부터 창고 관리인은 더욱 열심히 일하게 되었다.

어휘 愁容满面 chóu róng mǎn miàn 얼굴에 수심이 꽉 차다 来龙去脉 lái lóng qù mài 성 산의 지세가 용트림치며 뻗어 나가 이룬 맥, (일의) 경위, 전후 사정

실전모의고사

4회 한눈에 정답 확인하기

듣기

제1부분	1. C	2. A	3. D	4. C	5. A	6. D	7. A	8. D	9. B	10. D
	11. C	12. A	13. D	14. A	15. C					
제2부분	16. B	17. C	18. A	19. A	20. A	21. D	22. C	23. D	24. A	25. B
	26. A	27. D	28. D	29. B	30. B					
제3부분	31. C	32. A	33. B	34. A	35. B	36. B	37. D	38. C	39. D	40. D
	41. D	42. B	43. C	44. D	45. A	46. B	47. C	48. B	49. B	50. C

독해

제1부분	51. A	52. D	53. B	54. C	55. C	56. A	57. B	58. B	59. A	60. C
제2부분	61. C	62. B	63. A	64. B	65. A	66. D	67. C	68. A	69. D	70. B
제3부분	71. D	72. C	73. A	74. B	75. E	76. D	77. C	78. A	79. E	80. B
제4부분	81. D	82. A	83. C	84. D	85. A	86. C	87. B	88. D	89. B	90. C
	91. C	92. B	93. C	94. D	95. B	96. A	97. A	98. D	99. B	100. C

쓰기

101. 참고 답안 → p269

자가진단 나의 학습 취약점 & 보완점 체크하기

문제별 중요도와 난이도를 보고 자신의 학습 취약점을 파악할 수 있게 하였습니다. 정답을 확인하여 반복적으로 틀리는 문제를 체크하고 어떤 부분(어휘력, 독해력, 청취력)을 보완해야 할지 진단해 봅시다.

틀린문제에 √표시 / 난이도(상, 중, 하)

문제 번호 ← 00 □ ★★ 상 | 형용사, 명사 키워드 듣기 → 문제 공략 포인트

중요도(★★★)

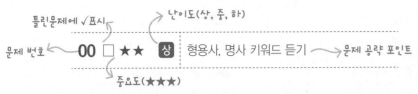

번호	체크	중요도	난이도	문제 공략 포인트
듣기 제1부분				
1	□	★★★	하	설명문의 정보 대조하기
2	□	★	중	설명문의 정보 대조하기
3	□	★★★	중	설명문의 정보 대조하기
4	□	★★★	중	설명문의 정보 대조하기
5	□	★★★	중	설명문의 정보 대조하기
6	□	★★★	중	설명문의 정보 대조하기
7	□	★★	하	설명문의 정보 대조하기
8	□	★★★	중	논설문의 주장 파악하기
9	□	★★★	중	설명문의 정보 대조하기
10	□	★★	하	설명문의 정보 대조하기
11	□	★★	하	설명문의 정보 대조하기
12	□	★★★	하	설명문의 정보 대조하기
13	□	★★	하	논설문의 주장 파악하기
14	□	★★★	하	설명문의 정보 대조하기
15	□	★★	하	설명문의 정보 대조하기
듣기 제2부분				
16	□	★★★	중	동기/원인 듣기
17	□	★★★	상	태도/견해 듣기
18	□	★★★	하	태도/견해 듣기
19	□	★★★	중	옳은 내용 고르기
20	□	★★★	중	태도/견해 듣기
21	□	★	중	태도/견해 듣기
22	□	★	하	세부사항 듣기
23	□	★★★	하	태도/견해 듣기
24	□	★★★	중	태도/견해 듣기

번호	체크	중요도	난이도	문제 공략 포인트
25	□	★★★	중	태도/견해 듣기
26	□	★★★	중	동기/원인 듣기
27	□	★★	중	세부사항 듣기
28	□	★	하	세부사항 듣기
29	□	★★★	하	태도/견해 듣기
30	□	★★	중	옳은 내용 고르기
듣기 제3부분				
31	□	★★	하	세부사항 듣기
32	□	★★	하	세부사항 듣기
33	□	★★★	하	중심내용/교훈 파악하기
34	□	★★	중	세부사항 듣기
35	□	★★	하	세부사항 듣기
36	□	★★	하	세부사항 듣기
37	□	★★	하	세부사항 듣기
38	□	★★	하	세부사항 듣기
39	□	★★	상	세부사항 듣기
40	□	★★★	중	특정 키워드의 옳은 내용 고르기
41	□	★★	중	세부사항 듣기
42	□	★★★	중	세부사항 듣기
43	□	★★★	중	옳지 않은 내용 고르기
44	□	★★	중	세부사항 듣기
45	□	★★★	중	세부사항 듣기
46	□	★★★	상	세부사항 듣기
47	□	★★★	중	옳은 내용 고르기
48	□	★★	하	세부사항 듣기
49	□	★★	하	세부사항 듣기

50 □ ★★★ 중	중심내용/교훈 파악하기	79 □ ★★★ 하	핵심 키워드로 연결시키기
독해 제1부분		80 □ ★★ 중	비슷한 형태로 연결시키기
51 □ ★★★ 상	문장 성분의 결여	**독해 제4부분**	
52 □ ★★★ 중	어휘의 호응 오류	81 □ ★★ 중	세부사항 파악하기
53 □ ★★★ 중	문장 성분의 결여	82 □ ★★ 중	특정 키워드의 옳은 내용 고르기
54 □ ★★★ 하	논리적 의미의 오류	83 □ ★★★ 상	세부사항 파악하기
55 □ ★★★ 하	문장 성분의 결여	84 □ ★★ 중	옳은 내용 고르기
56 □ ★★ 하	어휘의 호응 오류	85 □ ★★ 하	세부사항 파악하기
57 □ ★★★ 상	접속사의 오류	86 □ ★★★ 중	세부사항 파악하기
58 □ ★★★ 중	문장 성분의 잉여	87 □ ★★★ 하	특정 단락의 세부사항 파악하기
59 □ ★★ 하	어휘의 오용	88 □ ★★ 하	세부사항 파악하기
60 □ ★★★ 하	의미 중복	89 □ ★★★ 하	특정 키워드의 옳은 내용 고르기
독해 제2부분		90 □ ★★★ 중	특정 단락의 세부사항 파악하기
61 □ ★★ 중	빈칸 채우기	91 □ ★★ 중	옳지 않은 내용 고르기
62 □ ★★★ 중	빈칸 채우기	92 □ ★★★ 중	중심내용/교훈 파악하기
63 □ ★★ 중	빈칸 채우기	93 □ ★★ 하	세부사항 파악하기
64 □ ★★ 상	빈칸 채우기	94 □ ★★★ 중	특정 키워드의 옳은 내용 고르기
65 □ ★★★ 중	빈칸 채우기	95 □ ★★★ 상	중심내용/교훈 파악하기
66 □ ★★★ 중	빈칸 채우기	96 □ ★★ 하	옳은 내용 고르기
67 □ ★★ 상	빈칸 채우기	97 □ ★★★ 상	특정 단락의 옳은 내용 고르기
68 □ ★★★ 상	빈칸 채우기	98 □ ★★★ 하	중심내용/교훈 파악하기
69 □ ★★ 중	빈칸 채우기	99 □ ★★★ 중	어휘의 뜻 파악하기
70 □ ★★★ 하	빈칸 채우기	100 □ ★★★ 중	중심내용/교훈 파악하기
독해 제3부분		**쓰기**	
71 □ ★★★ 중	핵심 키워드로 연결시키기	101 □ ★★★ 중	현대 인물의 성공담
72 □ ★★★ 중	논리적 의미로 연결시키기		
73 □ ★★ 하	논리적 의미로 연결시키기		
74 □ ★★★ 중	논리적 의미로 연결시키기		
75 □ ★★ 상	비슷한 형태로 연결시키기		
76 □ ★★ 하	핵심 키워드로 연결시키기		
77 □ ★★★ 하	접속사/부사로 연결시키기		
78 □ ★★★ 중	논리적 의미로 연결시키기		

점수 확인

듣기	(　　/50문항) × 　2점 = ________ 점/100점
독해	(　　/50문항) × 　2점 = ________ 점/100점
쓰기	(　　/ 1문항) × 100점 = ________ 점/100점

총점 : ________ 점
(만점 300점)

※ 주의: 위의 영역별 문항 점수는 만점을 기준으로 하여 산출한 가상 점수로 실제 HSK 성적과 계산 방식이 상이할 수 있습니다.

듣기 제1부분

[풀이전략] 녹음을 듣기 전에 보기의 핵심 키워드를 분석하여 녹음의 내용을 예상한다. 녹음을 들으면서 보기의 내용과 일치하는지 일치하지 않는지를 판단한다.

★★★ 하

1 所谓科幻作品是指，在尊重科学结论的基础上进行合理设想而创作出的文艺。逻辑自洽、科学元素、人文思考是科幻小说的三大要素。一位著名科幻小说家曾经说过："科幻小说中涉及的是未来科学家将要工作的领域"。	이른바 SF작품이란 과학적 결론을 존중하는 것을 토대로 합리적으로 구상하고 창작하는 문학을 가리킨다. 논리적 자기 일관성, 과학적 요소, 인문학적 사고는 SF소설의 3대 요소이다. 유명한 SF소설가는 이렇게 말했다. "SF소설은 다가올 미래에 과학자들이 작업해야 할 영역과 관련이 있습니다."
A 科幻小说没有科学依据 B 科幻和科普是两回事 **C 科幻小说涉及未来科学领域** D 科研不能跟科幻作品相提并论	A SF소설은 과학적 근거가 없다 B SF와 과학의 보급은 다른 일이다 **C SF소설은 미래의 과학 영역과 관련이 있다** D 과학 연구와 SF작품을 한데 놓고 논할 수 없다

해설 보기에 科幻小说(SF소설)가 공통적으로 있으므로 SF소설에 관한 정보를 보기와 대조한다. 보기의 키워드로 A는 没有科学依据(과학적 근거가 없다), B는 和科普是两回事(과학의 보급과는 다른 일이다), C는 涉及未来科学领域(미래의 과학 영역과 관련이 있다), D는 不能相提并论(한데 놓고 논할 수 없다)을 삼고 대조하며 듣는다. 녹음에서 유명 SF소설가의 말을 소개하며 科幻小说中涉及的是未来科学家将要工作的领域(SF소설은 다가올 미래에 과학자들이 작업해야 할 영역과 관련이 있습니다)라고 했으므로 일치하는 내용은 C이다.

어휘 科幻 kēhuàn 명 SF, 공상 과학 设想 shèxiǎng 명 동 구상(하다), 상상(하다) 文艺 wényì 명 문예(문학과 예술) 逻辑自洽 luójí zìqià 논리적 일관성 元素 yuánsù 명 요소, 원소 人文 rénwén 명 인문, 인류의 문화 思考 sīkǎo 동 사고하다, 사유하다 要素 yàosù 명 요소, 요인 涉及 shèjí 동 언급하다, 관련되다 依据 yījù 명 근거, 증거 科研 kēyán 명 과학연구 [科学研究의 준말] 相提并论 xiāng tí bìng lùn 성 (성질이 다른 것을) 한데 섞어 논하다

★☆☆ 중

2 有不少人分不清堂亲和表亲。一般情况下，堂亲是和自己同姓的，而表亲往往和自己姓氏不同。通俗来讲，堂亲是爸爸的兄弟的子女；而表亲是爸爸的姐妹的子女和妈妈的兄弟姐妹的子女。	적지 않은 사람들이 종형제자매와 표형제자매를 잘 구분하지 못한다. 일반적으로 종형제자매는 자신과 성씨가 같으며, 표형제자매는 보통 자신과 성씨가 다르다. 쉽게 말하자면 종형제자매는 아버지의 형제의 자녀이고, 표형제자매는 아버지의 자매의 자녀와 어머니의 형제자매의 자녀이다.
A 堂亲与自己姓氏相同 B 传统亲属称谓逐渐消失 C 中国人非常重视血缘关系 D 姓氏一样的人都是亲戚	**A 종형제자매는 자신과 성씨가 같다** B 전통적인 친족 호칭이 점차 사라진다 C 중국인들은 혈연 관계를 매우 중시한다 D 성씨가 같은 사람은 모두 친척이다

해설 보기에 姓氏(성씨), 亲属(친족)가 있으므로 성씨와 친족에 관한 내용을 보기와 대조한다. 보기의 키워드로 A는 姓氏相同(성씨가 같다), B는 亲属称谓消失(친족 호칭이 사라지다), C는 重视血缘关系(혈연 관계를 중시한다), D는 姓氏一样的人都是亲戚(성씨가 같은 사람은 모두 친척이다)를 삼고 대조하며 듣는다. 녹음에서는 종형제자매와 표형제자매를 비교하

며 종형제자매에 대해 堂亲是和自己同姓的(종형제자매는 자신과 성씨가 같다)라고 했으므로 일치하는 내용은 A이다.

어휘 堂亲 tángqīn 명 종형제자매 表亲 biǎoqīn 명 표형제자매 姓氏 xìngshì 명 성씨 通俗 tōngsú 형 통속적이다 亲属 qīnshǔ 명 친족, 친척 称谓 chēngwèi 명 명칭, 호칭 血缘关系 xuèyuán guānxì 명 혈연 관계 亲戚 qīnqī 명 친척

★★★ 중

3

据调查结果，倾向于凭借理性思考来做决定的人常说“我认为”；而倾向于根据情感来做判断的人常说“我感觉”。前者给人留下果断、自信的印象，会显得更理性，因此在职场中更容易升职。	조사 결과에 따르면, 이성적 사고에 기반하여 결정하는 사람들은 '제 생각에는'을 자주 말하는 반면, 감정에 기반하여 결정하는 사람들은 '제 느낌에는'을 자주 말했다. 전자는 사람들에게 과단성이 있고 자신감 있는 인상을 주어 훨씬 이성적으로 보였으며, 이로 인해 직장에서 훨씬 쉽게 승진을 했다.
A 职场中不能乱说话 B 公司不需要高情商的员工 C 不应该根据情感做判断 **D 常说“我认为”的人更理性**	A 직장 내에서는 말을 함부로 해서는 안 된다 B 회사는 감성지수가 높은 직원을 필요로 하지 않는다 C 감정에 기반하여 판단해서는 안 된다 **D '제 생각에는'을 자주 말하는 사람이 더 이성적이다**

해설 보기의 키워드로 A는 不能乱说话(말을 함부로 해서는 안 된다), B는 不需要高情商的员工(감성지수가 높은 직원을 필요로 하지 않는다), C는 根据情感做判断(감정에 기반하여 판단을 해서는 안 된다), D는 常说"我认为"的人更理性('제 생각에는'을 자주 말하는 사람이 더 이성적이다)을 삼고 대조하며 듣는다. 녹음에서 倾向于凭借理性思考来做决定的人常说"我认为"(이성적 사고에 기반하여 결정하는 사람들은 '제 생각에는'을 자주 말한다)라고 했으므로 일치하는 내용은 D이다.

어휘 倾向于 qīngxiàngyú ~로 마음이 쏠리다, ~로 기울다 凭借 píngjiè 동 ~을 기반으로 하다, 의지하다 果断 guǒduàn 형 과단성이 있다 职场 zhíchǎng 명 직장, 일터 升职 shēngzhí 동 승진하다 情商 qíngshāng 명 감성지수(EQ)

★★★ 중

4

熬夜是不是影响大脑？一项研究显示，熬夜后男性的记忆和信心基本上没受到影响；与此相反，女性却明显受到熬夜的影响，但她们并没有意识到这一点，信心依然没有下降，这可能会使女性熬夜后在工作和生活中增大出错的几率。	밤을 새면 대뇌에 영향이 있을까? 한 연구에서 다음과 같이 밝혔다. 밤을 샌 뒤 남성의 기억력과 자신감은 기본적으로 영향을 받지 않았다. 이와 반대로, 여성은 확실히 밤샘의 영향을 받았다. 하지만 이 점을 인식하지 못했고 자신감도 여전히 떨어지지 않았다. 이것이 아마도 여성들이 밤샘 후 업무와 일상에서 실수하는 확률을 높이는 듯하다.
A 男性一般高估自己的能力 B 熬夜带来的损害难以弥补 **C 熬夜对女性的影响更大** D 男性熬夜后出错几率减小	A 남성은 일반적으로 자신의 능력을 높이 평가한다 B 밤샘이 초래하는 손실은 보완하기 어렵다 **C 밤샘이 여성에게 미치는 영향이 더 크다** D 남성은 밤샘 후 실수할 확률이 감소한다

해설 보기에 熬夜(밤을 새다)가 공통적으로 있으므로 밤샘에 관한 정보를 보기와 대조한다. 보기의 키워드로 A는 高估自己的能力(자신의 능력을 높이 평가하다), B는 带来的损害(초래하는 손실), C는 对女性的影响更大(여성에게 미치는 영향이 더 크다), D는 出错几率减小(실수할 확률이 감소하다)를 삼고 대조하며 듣는다. 녹음에서 熬夜后男性的记忆和信心基本上没受到影响；与此相反，女性却明显受到熬夜的影响(밤을 샌 뒤 남성의 기억력과 자신감은 기본적으로 영향을 받지 않았다. 이와 반대로, 여성은 확실히 밤샘의 영향을 받았다)이라고 했으므로 일치하는 내용은 C이다.

어휘 熬夜 áoyè 동 밤을 새우다 增大 zēngdà 동 증대하다 出错 chūcuò 동 실수를 하다 几率 jīlǜ 명 확률 高估 gāogū 동 높이 평가하다 弥补 míbǔ 동 메우다, 보충하다

★★★ 중

5

春秋战国时期的蜀国就以盛产“布帛金银”闻名天下。西汉初年，蜀地的丝织匠人以织帛技艺为基础，发明了织锦。用不同颜色的丝织成的提花织物被称为“锦”，这种织锦盛产于蜀地，因此称之为“蜀锦”。	춘추전국 시기의 촉나라는 '포백금은'을 생산하기로 유명했다. 서한 초기에 촉 지역의 직물 장인이 견직물을 짜는 기술을 토대로 채색무늬 비단을 발명하였다. 다양한 색상의 견사로 직물을 짠 자카드 직물을 일컬어 '금(채색비단)'이라고 했고, 이 채색무늬 비단이 촉 지역에서 생산되기 때문에 이를 일컬어 '촉금'이라고 했다.
A 蜀锦因产地而得名 B 蜀国以盛产茶叶出名 C 锦通常仅用一种颜色 D 蜀国商贸非常繁荣	**A 촉금은 생산지 때문에 이름이 지어졌다** B 촉나라는 찻잎 생산으로 유명하다 C 금은 보통 한 가지 색상만 사용한다 D 촉나라는 상업과 무역이 굉장히 번창했다

해설 보기에 蜀(촉나라)와 锦(금)이 공통적으로 있으므로 촉나라와 금에 관한 정보를 보기와 대조한다. 보기의 키워드로 A는 因产地而得名(생산지 때문에 이름이 지어지다), B는 盛产茶叶(찻잎을 많이 생산하다), C는 仅用一种颜色(한 가지 색상만 사용하다), D는 商贸非常繁荣(상업과 무역이 굉장히 번창하다)을 삼고 대조하며 듣는다. 녹음에서 这种织锦盛产于蜀地，因此称之为“蜀锦”(이 채색무늬 비단이 촉 지역에서 생산되기 때문에 이를 일컬어 '촉금'이라고 했다)이라고 하여 촉금이라는 이름의 유래를 설명했다. 따라서 일치하는 내용은 A이다.

어휘 春秋战国时期 Chūnqiū zhànguó shíqī 춘추전국 시기 蜀国 Shǔguó 명 촉나라 盛产 shèngchǎn 동 많이 생산하다 布帛 bubo 명 직물, 면과 실크 闻名天下 wénmíng tiānxià 세계적으로 유명하다 丝织 sīzhī 동 견사로 직물을 짜다 匠人 jiàngrén 명 장인 技艺 jìyì 명 기예 织锦 zhījǐn 명 채색무늬 비단 提花 tíhuā 명 자카드로 짠 도드라진 무늬 织物 zhīwù 명 직물 锦 jǐn 명 비단 蜀锦 shǔjǐn 명 촉금(사천성에서 나는 채색 비단) 得名 démíng 동 이름을 얻다 商贸 shāngmào 명 상업과 무역

★★★ 중

6

海驴岛坐落于山东省威海市西北方向的大海中，由于远远看上去酷似一只卧于海中的驴而得名。每逢春季，数不清的海鸥都会来海驴岛栖息产卵，无数的鸟巢搭在岩缝中，所以海驴岛又被称为海鸥王国。	해려도는 산동성 위해시 북서쪽 바다에 위치하고 있다. 멀리서 바라보면 바닷속에 드러누운 당나귀를 닮았다 하여 이름이 붙었다. 매년 봄철이면 셀 수 없이 많은 갈매기들이 해려도에 와서 서식하고 알을 낳는데 무수히 많은 새 둥지가 바위 틈에 지어져서 해려도를 갈매기 왕국이라고 부르기도 한다.
A 海驴岛位于威海中东部 B 海驴岛是威海的旅游景点 C 海鸥的鸟巢大多建在树上 **D 海驴岛因其外形而得名**	A 해려도는 위해시 중동부에 위치하고 있다 B 해려도는 위해시의 관광 명소이다 C 갈매기 둥지가 대부분 나무 위에 지어진다 **D 해려도는 그 모양대로 이름을 지었다**

해설 보기에 海驴岛(해려도)가 공통적으로 있으므로 해려도에 관한 정보를 보기와 대조한다. 보기의 키워드로 A는 威海中东部(위해시 중동부), B는 旅游景点(관광 명소), C는 鸟巢大多建在树上(둥지가 대부분 나무 위에 지어진다), D는 因其外形而得名(그 모양대로 이름을 지었다)을 삼고 대조하며 듣는다. 녹음은 해려도에 관한 설명문으로 해려도의 이름 유래에 관해 由于远远看上去酷似一只卧于海中的驴而得名(멀리서 바라보면 바닷속에 드러누운 당나귀를 닮았다 하여 이름이 붙었다)이라고 했으므로 일치하는 내용은 D이다.

어휘 海驴岛 Hǎilǘdǎo 지명 해려도 坐落于 zuòluò yú ~에 자리잡다 威海市 Wēihǎishì 지명 웨이하이시, 위해시 酷似 kùsì 동 매우 비슷하다, 닮다 驴 lǘ 명 당나귀 每逢 měiféng ~때가 되면 数不清 shǔbùqīng 이루 다 셀 수 없다 海鸥 hǎi'ōu 명 갈매기 栖息 qīxī 동 서식하다 产卵 chǎnluǎn 동 산란하다, 알을 낳다 鸟巢 niǎocháo 명 새 둥지 搭 dā 동 세우다, 둥지를 치다 岩缝 yánféng 바위 틈새

★★☆ 하

7 白鲸是一种海洋动物，由于身体颜色为独特的白色，而且游动的速度相对缓慢，所以它在海浪和浮冰中难以辨识。白鲸十分擅长潜水，同时也喜欢生活在海面或贴近海面的地方。	흰고래는 해양 동물로, 몸 색깔이 독특한 흰색이고 헤엄치는 속도가 상대적으로 느려서 파도와 유빙 속에 있으면 식별하기가 어렵다. 흰고래는 잠수를 굉장히 잘하고 해수면 혹은 해수면과 가까운 곳에서 생활하기를 좋아한다.
A 白鲸游动速度比较慢 B 白鲸是群居动物 C 白鲸有很好的适应力 D 白鲸多活动在深海	**A 흰고래의 헤엄치는 속도는 비교적 느리다** B 흰고래는 군집 동물이다 C 흰고래는 훌륭한 적응력을 가지고 있다 D 흰고래는 대부분 깊은 바다에서 활동한다

해설 보기에 白鲸(흰고래)이 공통적으로 있으므로 흰고래에 관한 정보를 보기와 대조한다. 보기의 키워드로 A는 游动速度比较慢(헤엄치는 속도가 비교적 느리다), B는 群居动物(군집 동물), C는 适应力(적응력), D는 深海(깊은 바다)를 삼고 대조하며 듣는다. 녹음은 흰고래의 특징에 관한 글로 흰고래가 游动的速度相对缓慢(헤엄치는 속도가 상대적으로 느리다)이라고 했다. 따라서 일치하는 내용은 A이다.

어휘 白鲸 báijīng 명 흰고래 缓慢 huǎnmàn 형 느리다, 더디다 海浪 hǎilàng 명 파도 浮冰 fúbīng 명 유빙 [표류하는 해빙] 辨识 biànshí 동 식별하다 擅长 shàncháng 동 뛰어나다 潜水 qiánshuǐ 동 잠수하다 贴近 tiējìn 동 아주 가까이 접근하다 群居动物 qúnjū dòngwù 명 군집 동물

★★★ 중

8 抱着10公斤重的石头，你坚持不了多久；但抱着你自己10公斤重的孩子，你不觉得累，是因为你喜欢。如果一个人对某件事不感兴趣，就算他才华出众，也无法发挥正常。因此一个人在某方面没有做出成绩，不一定是他没有能力，很可能是因为他不喜欢。	10킬로짜리 돌을 안고 있으면 당신은 얼마 버티지 못하지만, 자신의 10킬로짜리 아이를 안고 있으면 힘들다고 느끼지 않는다. 왜냐하면 당신이 좋아하기 때문이다. 만약 어떤 일에 흥미를 느끼지 못하면, 그가 설령 아무리 재능이 뛰어나도 제대로 발휘할 수가 없다. 이 때문에 어떤 분야에서 성적을 내지 못하는 것은 그가 능력이 없기 때문이 아니라 아마도 좋아하지 않기 때문일 것이다.
A 兴趣决定一个人的职业 B 能力往往和成绩成正比 C 做事不能急于求成 **D 能力的发挥与情感偏好有关**	A 흥미가 사람의 직업을 결정한다 B 능력은 보통 성과와 정비례한다 C 일을 할 때 목적 달성에만 급급해서는 안 된다 **D 능력 발휘는 감정의 선호와 관련이 있다**

해설 보기의 키워드로 A는 兴趣(흥미)와 职业(직업), B는 能力(능력)와 成绩(성과), C는 不能急于求成(목적 달성에만 급급해서는 안 된다), D는 能力的发挥(능력 발휘)와 情感偏好(감정상의 기호)를 삼고 대조하며 듣는다. 녹음에서 因此一个人在某方面没有做出成绩，不一定是他没有能力，很可能是因为他不喜欢(이 때문에 어떤 분야에서 성적을 내지 못하는 것은 그가 능력이 없기 때문이 아니라 아마도 좋아하지 않기 때문일 것이다)이라고 했으므로 능력 발휘가 감정과 관련이 있다고 말한 D가 정답이다.

어휘 才华 cáihuá 명 밖으로 드러난 재능 出众 chūzhòng 형 남보다 뛰어나다, 출중하다 急于求成 jí yú qiú chéng 성 목적을 달성하기에 급급하다 情感 qínggǎn 명 감정, 느낌 偏好 piānhào 동 특히 좋아하다

★★★ 중

9

人类的智商是在不断变化的，新西兰科学家通过调查发现，至少从20世纪30年代年以来，地球上所有人类的平均智商以十年为单位在逐渐提高。这种现象被称为福林效应。	인간의 지능지수는 끊임없이 변하고 있다. 뉴질랜드의 과학자가 조사를 통해 발견했다. 적어도 20세기 30년대 이래로 지구상의 모든 인간의 평균 지능지수가 10년 단위로 점차 높아지고 있다는 것이다. 이러한 현상을 일컬어 플린 효과라 한다.
A 人类的大脑已经停止进化 **B 人类的智商逐渐提高了** C 情商没有智商发展得快 D 人类目前只能发挥大脑功能的10%	A 인간의 대뇌는 이미 진화를 멈췄다 **B 인간의 지능지수는 점차 높아졌다** C 감성지수는 지능지수만큼 발달이 빠르지 않다 D 인류는 현재 대뇌 기능의 10%밖에 발휘하지 못한다

해설 보기에 人类(인류), 大脑(대뇌), 智商(지능지수)이 있으므로 이에 관한 내용을 보기와 대조한다. 보기의 키워드로 A는 大脑停止进化(대뇌가 진화를 멈췄다), B는 智商逐渐提高(지능지수는 점차 높아진다), C는 情商没有智商发展得快(감성지수는 지능지수만큼 발달이 빠르지 않다), D는 只能发挥大脑功能的10%(현재 대뇌 기능의 10%밖에 발휘하지 못한다)를 삼고 대조하며 듣는다. 녹음은 인간의 지능지수가 끊임없이 변하고 있다고 하면서 至少从20世纪30年代年以来，地球上所有人类的平均智商以十年为单位在逐渐提高(적어도 20세기 30년대 이래로 지구상의 모든 인간의 평균 지능지수는 10년 단위로 점차 높아지고 있다)라고 했다. 따라서 일치하는 내용은 B이다.

어휘 智商 zhìshāng 명 지능지수(IQ)　新西兰 Xīnxīlán 지명 뉴질랜드　福林效应 fúlín xiàoyìng 플린 효과(Flynn Effect)　情商 qíngshāng 명 감성지수(EQ)

★★☆ 하

10

中国有句俗话，叫“没有金刚钻，别揽瓷器活儿。”意思是不要勉强去做自己力所不逮的事。其实，这句俗话与宋代修复瓷器的技艺——锔瓷有关。锔瓷就是将破碎的瓷器用金刚钻钻孔，再用锔钉钉起来，使其恢复原样的技艺。	중국 속담에 '능력이 없으면 함부로 일을 맡지 말라'라는 말이 있다. 이 뜻은 억지로 자신의 능력으로 해낼 수 없는 일을 하지 말라는 것이다. 사실, 이 말은 송나라 때 도자기를 복원하는 기술인 국자와 관련이 있다. 국자는 깨지고 조각난 도자기를 금강석으로 된 송곳으로 구멍을 뚫고 '국정'으로 못질을 하여 그 원래의 모양을 복원하는 기술이다.
A 锔瓷技艺源于明朝 B 锔瓷是一种修复铁器的技艺 C 那句俗话的意思是抓住机遇 **D 那句俗话与锔瓷有关**	A 국자 기술은 명나라 때 기원하였다 B 국자는 철기를 복원하는 기술이다 C 그 속담의 뜻은 기회를 잡으라는 것이다 **D 그 속담은 국자와 관련 있다**

해설 보기에 锔瓷(국자), 俗话(속담)가 공통적으로 있으므로 국자와 속담에 관한 정보를 보기와 대조한다. 보기의 키워드로 A는 源于明朝(명나라 때 기원하였다), B는 修复铁器(철기를 복원하다), C는 抓住机遇(기회를 잡다), D는 与锯瓷有关(국자와 관련 있다)을 삼고 대조하며 듣는다. 녹음에서 这句俗话与宋代修复瓷器的技艺——锔瓷有关(이 말은 송나라 때 도자기를 복원하는 기술인 국자와 관련이 있다)이라고 하여 속담이 국자와 관련이 있음을 말하고 있다. 따라서 일치하는 내용은 D이다.

어휘 俗话 súhuà 명 속담　没有金刚钻，别揽瓷器活儿 méiyǒu jīngāngzuàn, bié lǎn cíqìhuór 능력이 없으면 함부로 일을 맡지 마라　勉强 miǎnqiǎng 부 억지로, 간신히　力所不逮 lì suǒ bú dài 성 자신의 능력으로 해낼 수 없다　修复 xiūfù 동 수리하여 복원하다　锔 jū 동 거멀못으로 깨진 금속 · 도자기 등을 때우다　瓷器 cíqì 명 도자기　技艺 jìyì 명 기예　金刚钻 jīngāngzuàn 명 금강석으로 된 송곳　钻孔 zuānkǒng 동 구멍을 뚫다　锔钉 jūdīng 명 국정(꺽쇠 모양으로 생긴 못)　钉 dìng 동 못을 박다　源于 yuányú 동 ~에서 기원하다　铁器 tiěqì 명 철기　机遇 jīyù 명 좋은 기회

★★☆ 하

11 我们都知道奥林匹克的格言是"更快、更高、更强"，同时也知道它是根据奥林匹克之父顾拜旦的提议所拟定的。但这句话并不是顾拜旦创作的，这句话原来是一所体校的校训。顾拜旦看到后对这句话颇为赞赏，因此向国际奥委会正式提议将它定为奥林匹克格言。	우리는 올림픽의 표어가 '더 빠르게, 더 높이, 더 힘차게'라는 것을 알고 있다. 또한 이 말이 올림픽의 아버지 쿠베르탱이 제안하고 초안을 만든 것이라는 것도 알고 있다. 하지만 이 말은 쿠베르탱이 만든 것은 아니라 이 말은 원래 한 체육학교의 교훈이었다. 쿠베르탱이 본 뒤 굉장히 극찬했고, 이 말을 올림픽 표어로 정할 것을 국제 올림픽위원회에 정식으로 제의했다.
A 顾拜旦原是体校校长 B 奥林匹克格言不包括"更快" **C 奥林匹克格言原是体校校训** D 顾拜旦的提议多次被否决	A 쿠베르탱은 원래 체육학교의 교장이었다 B 올림픽 표어에 '더 빠르게'는 포함되지 않는다 **C 올림픽 표어는 원래 체육학교의 교훈이었다** D 쿠베르탱의 제의는 여러 차례 부결되었다

해설 보기에 奥林匹克(올림픽)와 顾拜旦(쿠베르탱)이 공통적으로 있으므로 이들에 관한 정보를 보기와 대조한다. 보기의 키워드로 A는 体校校长(체육학교 교장), B는 不包括"更快"('더 빠르게'는 포함되지 않는다), C는 体校校训(체육학교의 교훈), D는 多次被否决(여러 차례 부결되다)를 삼고 대조하며 듣는다. 녹음은 올림픽 표어의 유래를 설명하면서 这句话原来是一所体校的校训(이 말은 원래는 한 체육학교의 교훈이었다)이라고 했으므로 일치하는 내용은 C이다.

어휘 奥林匹克 Àolínpǐkè 명 올림픽 格言 géyán 명 격언 顾拜旦 Gùbàidàn 인명 쿠베르탱 提议 tíyì 명 동 제의(하다) 拟定 nǐdìng 동 초안을 세우다 校训 xiàoxùn 명 교훈 颇为 pōwéi 부 꽤, 상당히 赞赏 zànshǎng 동 상찬하다, 칭찬하며 높이 평가하다 否决 fǒujué 동 (의안 등을) 부결하다, 거부하다

★★★ 하

12 河北省承德市有一处被誉为"天然汽水"的河流——热河泉，它是世界上最短的河流。据说，热河泉的河水味道甘甜，清凉可口，就像汽水一样。研究发现，热河泉之所以好喝是其水中含有大量可溶性二氧化碳的缘故。	허베이성 청더시에는 '천연 탄산수'라고 불리는 하천인 열하천이 있는데, 세계적으로 가장 짧은 하천이다. 열하천의 물은 맛이 달고 청량하고 맛이 좋은 것이 마치 사이다 같다고 한다. 연구를 통해 열하천의 물맛이 좋은 것은 그 속에 대량의 가용성 이산화탄소가 함유되어 있는 까닭임이 밝혀졌다.
A 热河泉的水味道甘甜 B 热河泉绵延数十里 C 热河泉不对外开放 D 热河泉的河水清澈见底	**A 열하천의 물맛이 달다** B 열하천은 수십 리에 길게 이어져 있다 C 열하천은 외부 개방을 하지 않는다 D 열하천의 물은 바닥이 보일 정도로 맑다

해설 보기에 热河泉(열하천)이 공통적으로 있으므로 열하천에 관한 정보를 보기와 대조한다. 보기의 키워드로 A는 水味道甘甜(물맛이 달다), B는 绵延数十里(수십 리에 길게 이어져 있다), C는 不对外开放(외부 개방을 하지 않다), D는 清澈见底(바닥이 보일 정도로 맑다)를 삼고 대조하며 듣는다. 녹음에서 열하천을 소개하면서 이곳 물에 대해 热河泉的河水味道甘甜(열하천의 물은 맛이 달다)이라고 했으므로 일치하는 내용은 A이다.

어휘 河北省承德市 Héběishěng Chéngdéshì 지명 허베이성 청더시, 하북성 승덕시 被誉为 bèiyùwéi ~라고 칭송받다, ~라고 불리다 汽水 qìshuǐ 명 사이다, 탄산수 河流 héliú 명 하류 热河泉 Rèhéquán 열하천(承德避暑山庄의 주요 명소) 甘甜 gāntián 형 달다 清凉 qīngliáng 형 시원하다, 상쾌하다 可口 kěkǒu 형 입에 맞다, 맛있다 可溶性二氧化碳 kěróngxìng èryǎnghuàtàn 명 가용성 이산화탄소 缘故 yuángù 명 원인, 이유 绵延 miányán 동 길게 이어져 있다, 끊임이 없다 清澈见底 qīngchè jiàndǐ 밑바닥이 환히 보이도록 물이 맑다

★★☆ 하

13

木筷子用了几个月后颜色就会发生变化，那是细菌堆积的原因，出现这种情况，就说明更换筷子的时候到了。如果想延长木筷子的使用寿命，那么尽量不要将它放在潮湿的环境中，并要定期消毒杀菌。	나무 젓가락은 몇 개월 사용하고 나면 색이 변하는데, 그것은 세균이 쌓이기 때문이다. 이러한 상황이 생긴다는 것은 젓가락을 교체할 때가 되었다는 뜻이다. 만약 나무 젓가락의 사용 수명을 연장하고 싶다면 되도록 습한 환경에 두지 말고 정기적으로 소독하고 살균해야 한다.
A 筷子更换周期很长 B 木筷子不易清洗 C 一次性筷子不卫生 **D 木筷子要定期消毒**	A 젓가락의 교체 주기는 길다 B 나무 젓가락은 깨끗이 닦기가 쉽지 않다 C 일회용 젓가락은 비위생적이다 **D 나무 젓가락은 정기적으로 소독해야 한다**

해설 보기에 筷子(젓가락)가 공통적으로 있으므로 젓가락에 관한 정보를 보기와 대조한다. 보기의 키워드로 A는 更换周期(교체 주기), B는 不易清洗(깨끗이 닦기가 쉽지 않다), C는 一次性(일회용), D는 要定期消毒(정기적으로 소독해야 한다)를 삼고 대조하며 듣는다. 녹음은 나무 젓가락의 사용법에 관한 설명으로 마지막 부분에서 要定期消毒杀菌(정기적으로 소독하고 살균해야 한다)이라고 했다. 따라서 일치하는 내용은 D이다.

어휘 细菌 xìjūn 명 세균　堆积 duījī 명 동 퇴적(되다)　寿命 shòumìng 명 수명　消毒 xiāodú 동 소독하다　杀菌 shājūn 동 살균하다　更换 gēnghuàn 동 교체하다　周期 zhōuqī 명 주기　卫生 wèishēng 형 위생적이다, 깨끗하다

★★★ 하

14

海牛是一种海洋哺乳动物。据考证，海牛原是陆地上的草食动物，可近亿年前，由于大自然的变迁而被迫下海谋生。进入海洋后，它们依旧保持食草的习性，每天能吃的水草相当于体重的5-10%。海牛喜欢生活在温暖、平静且水生植被丰富的较浅水域。	바다소는 해양 포유동물이다. 고증에 따르면 바다소는 원래 육지의 초식동물이었는데 거의 일억 년 전, 대자연의 변천으로 인해 어쩔 수 없이 살길을 도모하기 위해 바다로 들어갔다고 한다. 바다로 들어간 후에도 그들은 여전히 초식하는 습성을 유지했고 매일 체중의 5~10%에 맞먹는 풀을 먹는다. 바다소는 따듯하고 고요하면서 수중식생이 풍부한 비교적 얕은 수역을 좋아한다.
A 海牛是哺乳动物 B 海牛喜欢寒冷的环境 C 海牛属于两栖类 D 海牛改变了饮食习性	**A 바다소는 포유동물이다** B 바다소는 추운 환경을 좋아한다 C 바다소는 양서류에 속한다 D 바다소는 먹이에 대한 습성을 바꾸었다

해설 보기에 海牛(바다소)가 공통적으로 있으므로 바다소에 관한 정보를 보기와 대조한다. 보기의 키워드로 A는 哺乳动物(포유동물), B는 寒冷的环境(추운 환경), C는 两栖类(양서류), D는 饮食习性(먹이에 대한 습성)을 삼고 대조하며 듣는다. 녹음은 바다소에 관한 설명문으로 시작 부분에서 海牛是一种海洋哺乳动物(바다소는 해양 포유동물이다)라고 했으므로 일치하는 내용은 A이다.

어휘 海牛 hǎiniú 명 해우, 바다소　哺乳动物 bǔrǔ dòngwù 명 포유동물　考证 kǎozhèng 명 동 고증(하다)　陆地 lùdì 명 육지, 뭍　草食动物 cǎoshí dòngwù 명 초식 동물　变迁 biànqiān 명 동 변천(하다)　被迫 bèipò 동 강요 당하다　谋生 móushēng 동 생계를 도모하다, 살 길을 찾다　习性 xíxìng 명 습성　水生植被 shuǐshēng zhíbèi 수중식생　水域 shuǐyù 명 수역　两栖类 liǎngqīlèi 명 양서류

실전모의고사 4

★★☆ 하

15

紫砂茶具始于宋代，盛于明清，如今是江苏宜兴的地方传统工艺品。它质地坚硬，耐寒耐热，能保真香，且传热缓慢，不易烫手。但美中不足的是色泽暗淡，用它较难欣赏到茶叶的美姿和汤色。	즈샤 다기는 송나라 때 시작하여 명·청 시기에 성행하였고, 오늘날 강소성 의흥의 지방 전통 공예품이다. 즈샤 다기는 재질이 단단하고 열과 추위에 강하며, 향을 유지시켜 주고 열 전도가 느려 손을 쉽게 데이지 않는다. 옥의 티라고 할 것은 빛깔과 색채가 어두워서 즈샤 다기를 사용하면 찻잎의 아름다움과 우려낸 찻물의 색을 감상하기가 어렵다는 것이다.
A 紫砂茶具在江苏一带盛行 B 紫砂茶具没有收藏价值 **C 紫砂茶具传热很慢** D 紫砂茶具一般用来欣赏茶叶	A 즈샤 다기는 강소성 일대에서 성행한다 B 즈샤 다기는 소장 가치가 없다 **C 즈샤 다기는 열 전도가 느리다** D 즈샤 다기는 보통 찻잎을 감상하는 데 쓴다

해설 보기에 紫砂茶具(즈샤 다기)가 공통적으로 있으므로 즈샤 다기에 관한 정보를 보기와 대조한다. 보기의 키워드로 A는 在江苏一带盛行(강소성 일대에서 성행하다), B는 收藏价值(소장 가치), C는 传热很慢(열 전도가 느리다), D는 用来欣赏茶(찻잎을 감상하는 데 쓰다)를 삼고 대조하며 듣는다. 녹음은 즈샤 다기의 특징을 설명하는 글로 중간 부분에서 传热缓慢(열 전도가 느리다)이라고 했다. 따라서 일치하는 내용은 C이다.

어휘 紫砂茶具 Zǐshā chájù 명 자사 다기, 즈샤 다기　宋代 Sòngdài 명 송대, 송나라 시대　盛于 shèngyú ~에 성행하다　明清 Míng Qīng 명·청 시기　江苏宜兴 Jiāngsū Yíxīng 지명 강소성 의흥　工艺品 gōngyìpǐn 명 공예품　质地 zhìdì 명 재질, 품질　坚硬 jiānyìng 형 단단하다　耐寒 nàihán 형 내한성이 있다, 추위에 강하다　耐热 nàirè 형 내열성이 있다, 열에 강하다　传热 chuánrè 동 열을 전도하다　缓慢 huǎnmàn 형 느리다, 완만하다　烫手 tàngshǒu 동 손을 데이다　美中不足 měi zhōng bù zú 성 옥의 티　色泽 sèzé 명 빛깔과 광택　暗淡 àndàn 형 (색 등이) 어둡다　美姿 měizī 명 아름다운 자태　汤色 tāngsè 명 차를 우려낸 물의 색깔　盛行 shèngxíng 동 성행하다, 널리 유행하다　收藏 shōucáng 동 소장하다, 수집하여 보관하다　欣赏 xīnshǎng 동 감상하다

듣기 제2부분

[풀이전략] 녹음을 듣기 전에 보기의 핵심 키워드를 파악하여 인터뷰 분야를 예상한다. 사회자의 질문과 전문가의 대답을 연결시켜 주의깊게 들으며, 들리는 내용을 각 문제의 보기에 메모한다. 녹음의 끝부분에 나오는 질문들을 듣고 각 문제에 알맞은 정답을 고른다.

16-20

女：作为一名导演，你如何看待电视剧和社会现实之间的关系？ 男：电视剧是真实的社会现实的缩影，无论是我自己的作品还是其他人的作品，无论是古装戏还是现代题材的戏都要关注社会现实。就算是古装戏，也能从中看到很多现代社会的元素。 女：您当导演已经快20年了，依您看拍电视剧和拍电影有什么区别？	여: 감독으로서 TV 드라마와 사회 현실 간의 관계를 어떻게 보시나요? 남: TV드라마는 리얼한 사회 현상의 축소판입니다. 제 작품이거나 아니면 다른 사람의 작품이든지, 고전 시대극이거나 현대물이든지, 모두 사회 현실에 관심을 가져야 하죠. 설사 고전 시대극이라고 할지라도 그 가운데 수많은 현대 사회의 요소들을 찾아볼 수 있습니다. 여: 감독이 되신 지 벌써 20년이 다 되어 가시는데요. TV드라마 촬영과 영화 촬영에는 어떠한 다른 점이 있다고 보십니까?

男：它们之间的区别相当多。打个比方说，论时长，电视剧就像长篇小说，电影是短篇小说；论盈利，电视剧要靠收视率，电影要靠票房。但16最大的区别是，拍电影对手艺的要求更高、更严格，这一点是我一直想要挑战的。

女："没有艺术，只有艺术家"是您十分欣赏的一句话，这句话对您的创作来说有什么特别的意义？

男：我们这一行常被人说成"搞艺术的"，我自己反倒羞于开口。"艺术"这个词在当下早已成为了贩卖的商品和装裱自己的手段。有人说艺术这种东西根本不存在，有的只是艺术家而已，17因为作品永远不会独立于人而存在。当然，说我自己是艺术家我觉得还没有资格，倒不如说自己是一个影视圈里的手艺人。

女：您多年从事这一行业，有什么特别感受？

男：就像大多数人猜测的那样，我的导演之路很坎坷，也走过不少弯路，但人生没有白走的路。上北京电影学院时，19我的专业不是导演，而是表演。毕业后，我虽然没有成为演员，但表演专业知识可以让我透彻地了解演员的心理状态。后来有一段时间我写了小说和诗歌，这段经历又在剧本创作方面特别有帮助。20我认为每一段经历都是值得的，直到今天我仍能从中受益。

女：您觉得怎么做才能算是一个优秀的影视剧导演？

男：18首先要有坚持，不轻易放弃的精神，总有一天你会知道你的心血并没有白白付出。另外，不要太注重结果，因为越注重结果，往往越做不好事情，关键是把自己的基本功练好，要好好享受拍摄的过程。

남: 차이가 상당히 많지요. 비유를 들어 말하자면, 러닝타임에 있어서 TV드라마는 장편소설 같고, 영화는 단편소설 같습니다. 수익을 말하자면 TV드라마는 시청률에 의존하고, 영화는 흥행 성적에 의존해야 하죠. 하지만 16가장 커다란 차이점은 영화 제작에 투입되는 기술에 대한 요구치가 훨씬 높고 더 엄격합니다. 저도 줄곧 도전해보고 싶었던 것이기도 하고요.

여: '예술은 없고, 예술가만 있다'는 감독님이 굉장히 즐겨 쓰는 표현인데요. 이 말은 창작에 어떤 특별한 의미가 있나요?

남: 저희 직업을 흔히 '예술한다'라고 많이 말하는데, 저 자신이 입을 열기는 좀 부끄럽네요. '예술'이라는 단어는 현재 이미 상품을 팔고 자신을 포장하는 수단이 되었죠. 어떤 사람은 예술이라는 것이 전혀 존재하지 않는다고도 하고 어떤 사람은 그저 예술가일 뿐이라고도 합니다. 17작품은 사람을 벗어나서는 절대 독립적으로 존재할 수 없는 것이기 때문이죠. 당연히, 저 자신을 예술가라고 말하기에는 저는 아직은 자격이 없고, 차라리 영화드라마 분야의 수공예자라고 하는 게 맞을 것 같습니다.

여: 수년간 이 업계에 종사해 오셨는데 특별한 감상이 있을까요?

남: 많은 분들이 추측하는 대로 제 감독으로서의 길은 매우 파란만장했어요. 많은 길을 돌아오기도 했고요. 하지만 인생에 헛걸음은 없는 것 같아요. 북경 영화 대학교에 재학 시, 19제 전공은 연출이 아닌 연기였어요. 졸업 후 비록 저는 연기자가 되지는 못했지만, 연기 전공 지식이 저로 하여금 배우들의 심리 상태를 깊이 이해할 수 있게 해주었어요. 후에 얼마동안 소설과 시를 썼는데, 이때의 경험이 또 극본 창작에 굉장히 도움이 많이 되었습니다. 20저는 이 모든 경험들이 다 가치가 있다고 생각하고, 지금까지도 여전히 그 덕을 보고 있습니다.

여: 어떻게 해야만 비로소 뛰어난 영화드라마 감독이라고 할 수 있을까요?

남: 18우선은 꾸준히 하면서 쉽게 포기하지 않는 정신이 필요합니다. 언젠가는 반드시 당신의 노력이 결코 헛되지 않았음을 알게 될 거예요. 또한 결과에 너무 얽매이지 마세요. 결과를 신경 쓸수록 일을 더 잘못하게 되거든요. 중요한 것은 자신의 기본기를 잘 닦고 촬영하는 과정을 즐기는 겁니다.

어휘 缩影 suōyǐng 명 축소판 古装戏 gǔzhuāngxì 명 시대극, 사극 题材 tícái 명 제재 元素 yuánsù 명 요소 盈利 yínglì 명 수익 收视率 shōushìlǜ 명 시청률 票房 piàofáng 명 매표소, 흥행 수입, 흥행 성적 反倒 fǎndào 부 오히려, 도리어 羞于 xiūyú 동 ~을 부끄러워하다 贩卖 fànmài 동 사들여 판매하다 装裱 zhuāngbiǎo 동 표구하다, 표장하다 影视圈 yǐngshìquān 영화와 드라마 분야 手艺人 shǒuyìrén 명 수공예자 坎坷 kǎnkě 형 순탄하지 못하다, 울퉁불퉁하다 弯路 wānlù 명 굽은 길, 우회로 透彻 tòuchè 형 사리가 밝고 확실하다 受益 shòuyì 동 이익을 얻다 心血 xīnxuè 명 심혈, 지성과 정력 基本功 jīběngōng 명 기초적인 지식과 기능, 기본기

★★★ 중

16

男的为什么想挑战拍电影？	남자는 왜 영화 제작에 도전하고 싶어 하는가?
A 想要一举成名 **B 对手艺的要求更高** C 更忠实于原著 D 有良好的群众基础	A 단번에 성공하여 명성을 얻고 싶다 **B 수작업에 대한 요구가 훨씬 높다** C 원작에 더 충실하다 D 좋은 대중적 기반이 있다

해설 보기에 更(더욱)이 반복되므로 두 대상을 비교하는 내용을 주목해서 듣는다. 사회자가 TV드라마와 영화 촬영의 다른 점을 물었고 이에 남자는 最大的区别是，拍电影对手艺的要求更高、更严格，这一点是我一直想要挑战的(가장 커다란 차이점은 영화 제작에 투입되는 기술에 대한 요구치가 훨씬 높고 더 엄격합니다. 저도 줄곧 도전해보고 싶었던 것이기도 하고요)라고 대답했다. 질문에서 남자가 왜 영화 제작에 도전하고 싶어 하는지 물었으므로 키워드가 그대로 언급된 B가 정답이다.

어휘 一举成名 yì jǔ chéng míng 성 단번에 과거에 급제하여 이름을 날리다, 일거에 성공하여 명성을 얻다　忠实 zhōngshí 형 충실하다

★★★ 상

17

男的怎么理解"没有艺术，只有艺术家"这句话？	남자는 '예술은 없고 예술가만 있다'라는 말을 어떻게 생각하는가?
A 艺术一词有双重意义 B 自己已经成为了艺术家 **C 作品由人创作，不能单独存在** D 艺术只是装裱的手段	A 예술이라는 단어는 중의적 의미가 있다 B 자신은 이미 예술가가 되었다 **C 작품은 사람이 창작하는 것으로 단독으로 존재할 수 없다** D 예술은 단지 자신을 포장하는 수단이다

해설 보기에 艺术(예술)가 공통적으로 있으므로 예술의 정의에 관한 내용을 주목해서 듣는다. 사회자가 감독의 말이 어떤 의미인지 물었고 이에 남자는 因为作品永远不会独立于人而存在(작품은 사람을 벗어나서는 절대 독립적으로 존재할 수 없는 것이기 때문이죠)라고 대답했다. 따라서 알맞은 정답은 C이다.

★★★ 하

18

怎样才能成为一名优秀的影视剧导演？	어떻게 해야 뛰어난 영화드라마 감독이 될 수 있는가?
A 有不放弃的精神 B 尝试各种挑战 C 不能只专注一个领域 D 要不耻下问	**A 포기하지 않는 정신을 가진다** B 각종 도전을 시도해본다 C 하나의 영역에만 집중해서는 안 된다 D 아랫사람에게 묻는 것을 부끄러워하지 않아야 한다

해설 보기가 개인의 태도 및 조건에 관한 내용이므로 이에 관한 내용을 주목해서 듣는다. 사회자가 영화드라마 감독의 조건을 물었고 이에 남자는 首先要有坚持，不轻易放弃的精神(우선은 꾸준히 하면서 쉽게 포기하지 않는 정신이 필요합니다)이라고 대답했다. 따라서 키워드가 그대로 언급된 A가 정답이다.

어휘 专注 zhuānzhù 동 집중하다, 전념하다　不耻下问 bù chǐ xià wèn 성 아랫사람에게 묻는 것을 부끄럽게 생각하지 않다

★★★ 중

19 关于男的，可以知道什么？

남자에 관하여 무엇을 알 수 있는가?

A 曾学过表演	**A 예전에 연기를 배운 적이 있다**
B 做导演前曾做过演员	B 감독이 되기 전 연기자를 했다
C 剧本创作方面没有经验	C 대본 창작 분야에는 경험이 없다
D 大学学的就是导演专业	D 대학 전공이 연출이다

해설 보기의 키워드로 A는 学过表演(연기를 배운 적이 있다), B는 作过演员(연기자를 했다), C는 剧本创作方面(대본 창작 분야), D는 导演专业(연출 전공)를 삼는다. 남자는 자신의 대학 시절을 언급하면서 我的专业不是导演，而是表演(제 전공은 연출이 아닌 연기였어요)이라고 했다. 질문에서 남자에 관해 알 수 있는 내용을 물었으므로 정답은 A이다.

★★★ 중

20 下面哪项是男的的观点？

다음 중 남자의 관점은?

A 人生经历都有益	**A 인생 경험은 모두 유익하다**
B 拍古装剧成本过高	B 고전 시대극의 제작 원가가 지나치게 높다
C 电视剧的真实性较差	C TV드라마는 리얼리티가 비교적 떨어진다
D 导演应该注重结果	D 감독은 결과를 마땅히 중시해야 한다

해설 보기의 키워드로 A는 人生经历(인생 경험), B는 拍古装剧成本(고전 시대극의 제작 원가), C는 真实性(리얼리티), D는 注重结果(결과를 중시하다)를 삼는다. 남자의 말 我认为每一段经历都是值得的，直到今天我仍能从中受益(저는 이 모든 경험들이 다 가치가 있다고 생각하고, 지금까지도 여전히 그 덕을 보고 있습니다)에 보기 A의 키워드가 언급됐다. 질문에서 남자의 관점을 물었으므로 정답은 A이다.

21-25

男：现在很多人都说游戏充满负能量。你作为一名游戏主播，怎么看待游戏产业呢？	남: 현재 많은 사람들이 게임은 부정적 에너지로 넘친다고 말합니다. 게임 진행자로서 게임 산업을 어떻게 보시나요?
女：游戏是一种媒介，同时也和电影戏剧一样，是一种艺术形式。21它承载了制作者自我表达和实现世界观的功能，也叫第九艺术。我从小就热爱游戏，但爱之有度，很多人一味地将责任推到某种媒介形式上，其实只是自己与之相处的方式不正确。所以呢，与其责怪某种媒介形式本身，不如去改变自己与之相处的方式。选择休闲娱乐还是沉溺得无法自拔，这往往都掌握在玩家手中。	여: 게임은 일종의 매체이고 동시에 영화 연극과 마찬가지로 일종의 예술 형식이기도 합니다. 21게임은 제작자의 자기 표현과 세계관을 실현시키는 기능을 담고 있기에 '제9의 예술'이라고도 하죠. 저는 어려서부터 게임을 좋아했어요. 하지만 좋아하는 것도 정도가 있어야 합니다. 많은 사람들이 자꾸 어떤 매체 형식에 책임을 미루는데 사실 자신과 그것이 만나는 방식이 옳지 않은 것뿐입니다. 그래서 어떤 매체 형식 자체를 탓하기 보다는 자신과 그것이 만나는 방식을 바꿔나가는 게 낫지요. 한가하게 즐기는 오락으로서 선택을 할지 아니면 헤어나올 수 없을 정도로 빠지든지 이것은 보통 게이머 자신에게 달려있어요.
男：对于你选择这项职业，你的家人有什么看法？	남: 이 직업을 선택한 것에 대해 가족들은 어떤 생각을 가지고 있나요?

女：我最早跟父亲提出要进入游戏公司工作时，只是说这是我喜欢的工作，他说要是想清楚了那就去试试吧。22其实他只是担心我的收入没有保障。后来父亲知道我已经在某游戏公司得到了编导的工作职位时就不再担心了。

男：上次你接受媒体的采访后，持不理解态度的网友不占少数，你对此怎么看？

女：我其实在争议中听到了支持的声音，同时也看到了社会的包容和新观念。目前有很多人对游戏行业以及新兴的直播行业可能不了解，偏见是不可避免的，这是所有新事物的必经之路。直播行业发展太过迅速，有很多五花八门的现象，但这并不能代表整个直播行业，只是它的一小部分，并且23它也在不断地规范化以及进步当中。从纸媒到电视，从点播到直播，媒体在不断地更迭。而直播只是一种新的媒体形式，它和其他媒体一样都是人们看世界的新窗口。新形式的出现总会伴随新的声音，有的时候我们只需要一些耐心。

男：你有什么话想对大学生、青年人说吗？

女：人们常问我，读了那么多年书，结果跑来做游戏主播，会不会觉得可惜了。我的答案一直是否定的。24学校带给我的，除了专业技能，更有开阔的眼界、学习的能力和不服输的精神，它潜移默化地改变人生。也正是因为有了这些，我才能大胆地去追寻自己所爱的事业。我相信自己无论做什么行业，哪怕自己不喜欢，也会尽可能做到最好。25对工作来说，认真和热爱缺一不可：认真但不热爱，难以持续；热爱但不认真，荒废了年华，两者都有最完美的状态。愿大家都能找到这种状态，勇敢地去追寻自己的梦。

여: 제일 처음 아버지께 게임 회사에 들어가겠다고 말씀드렸을 때, 그냥 제가 이 일을 좋아해서라고 말씀드렸는데, 아버지께서 잘 생각한 거라면 한번 해보라고 말씀하셨어요. 22사실 제 수입이 보장받지 못할까 봐 걱정을 하셨던 거죠. 나중에 제가 모 게임 회사에서 디렉터가 된 걸 아시고 나서는 더 이상 걱정하지 않으셨어요.

남: 지난번 언론과의 인터뷰가 있고 나서 이해하지 못하겠다는 태도를 보인 네티즌들이 적지 않았어요. 이에 대해 어떻게 생각하시나요?

여: 사실 저는 논란 가운데에서도 저를 지지해주는 목소리도 들었습니다. 동시에 사회적 포용과 새로운 발상도 발견했습니다. 현재 많은 분들이 게임업계와 새롭게 떠오르는 라이브 방송업계에 대해서 잘 모르고 계시니 편견은 피할 수 없을 것 같아요. 이런 건 새로운 사물이 반드시 겪어야 하는 과정이죠. 라이브 방송업계가 너무나 빠른 속도로 발전하고 있다 보니 다양한 현상들도 생겨났습니다. 하지만 이것이 결코 전체 라이브 방송업계를 대변할 순 없지요. 그저 일부분에 그칠 뿐이고 23라이브 방송업계 역시 끊임없이 규범화되고 진보하는 과정에 있습니다. 인쇄 매체에서 TV방송에 이르기까지, 리퀘스트 방송에서 라이브 방송에 이르기까지 매체는 끊임없이 교체되어 왔습니다. 그러니 라이브 방송도 그저 일종의 새로운 타입의 미디어 형식일 뿐이죠. 다른 미디어와 마찬가지로 사람들이 세상을 바라보는 새로운 창문입니다. 새로운 형식의 출현은 늘 새로운 목소리를 수반하는데요. 때때로 우리는 약간의 인내심만 있으면 됩니다.

남: 대학생과 청년들에게 하고 싶은 말이 있나요?

여: 사람들이 자주 저에게 묻습니다. 공부를 그렇게 수년 동안 해놓고 결국 게임방송 진행자나 하느냐고, 아깝지 않냐고 하세요. 제 답은 줄곧 '아니요'였습니다. 24학교 교육은 저에게 전공 지식 외에도 넓은 시야와 공부하는 능력과 굴복하지 않는 정신을 주었고 어느새 인생을 바꿔주었습니다. 이런 것들이 갖추어졌기 때문에 제가 비로소 과감하게 제가 좋아하는 일을 추구할 수 있게 되었어요. 저는 자신이 어떤 업계에서 일을 하든지 설령 자신이 좋아하지 않더라도 최선을 다 해낼 수 있다고 믿어요. 25일을 하는 데 있어서 성실함과 애착은 하나라도 없어서는 안 됩니다. 성실하긴 하지만 좋아하지 않으면 지속하기 어렵고, 좋아하지만 성실하지 못하다면 역시 시간을 허비하는 것이죠. 이 둘 모두를 갖추는 것이 최고인 것입니다. 모두들 이런 상태를 찾을 수 있길 바랍니다. 용감하게 자신의 꿈을 쫓으세요.

어휘 负能量 fùnéngliàng 부정적 에너지 主播 zhǔbō 명 메인 아나운서 媒介 méijiè 명 매개자, 매개물, 매체 承载 chéngzài 동 지탱하다, 견디다 一味地 yíwèi de 덮어놓고 责怪 zéguài 동 책망하다, 원망하다 沉溺 chénnì 동 (술 · 노름 따위에) 빠지다, 탐닉하다 自拔 zìbá 동 스스로 벗어나다 保障 bǎozhàng 명 동 보장(하다), 보증(하다) 编导 biāndǎo 동 각색하고 연출하다 职位 zhíwèi 명 직위 争议 zhēngyì 동 논쟁하다 包容 bāoróng 동 포용하다 直播 zhíbō 명 동 생방송(하다) 偏见 piānjiàn 명 편견 必经之路 bì jīng zhī lù 반드시 거쳐야 하는 길 五花八门 wǔ huā bā mén 성 형형색색, 여러 가지 모양 规范化 guīfànhuà 동 규범화하다 更迭 gēngdié 동 교체하다, 갈다 伴随 bànsuí 동 동행하다, 수반하다 开阔 kāikuò 동 넓히다 眼界 yǎnjiè 명 시계, 시야 服输 fúshū 실패를 인정하다 潜移默化 qián yí mò huà 성 모르는 사이에 감화하다 大胆 dàdǎn 형 대담하다 追寻 zhuīxún 동 추구하다 荒废 huāngfèi 동 (시간을) 낭비하다, 허비하다 年华 niánhuá 명 세월, 시간

★☆☆ 중

21 女的怎么看待游戏?	여자는 게임을 어떻게 대하는가?
A 耽误学习和工作 B 充满了正能量 C 是缓解压力的最佳手段 **D 承载着制作者的世界观**	A 학업과 일을 그르친다 B 긍정적 에너지가 넘친다 C 스트레스를 해소하는 가장 좋은 수단이다 **D 제작자의 세계관을 담고 있다**

해설 보기의 키워드로 A는 学习和工作(학업과 일), B는 正能量(긍정적 에너지), C는 缓解压力(스트레스 해소), D는 制作者的世界观(제작자의 세계관)을 삼는다. 사회자가 여자에게 게임을 어떻게 보는지 물었고 여자는 它承载了制作者自我表达和实现世界观的功能(게임은 제작자의 자기 표현과 세계관을 실현시키는 기능을 담고 있어요)이라고 대답했다. 따라서 키워드가 일치하는 D가 정답이다.

★☆☆ 하

22 女的从事游戏行业，父亲最担心的是什么?	여자가 게임업계에 종사하는 것에 대해 아버지가 가장 걱정하는 것은 무엇인가?
A 很难升职 B 没有前途 **C 收入没有保障** D 出差比较频繁	A 승진이 어렵다 B 전망이 없다 **C 수입이 보장되지 않는다** D 출장이 비교적 빈번하다

해설 보기가 부정적인 내용이므로 녹음에 이에 관한 내용을 주목해서 듣는다. 사회자가 이 직업을 선택한 것에 대한 가족의 견해를 묻자 여자는 其实他只是担心我的收入没有保障(사실 제 수입이 보장받지 못할까 봐 걱정을 하셨던 거죠)이라고 대답했다. 질문에서 여자의 아버지가 무엇을 걱정하는지 물었으므로 정답은 C이다.

어휘 升职 shēngzhí 통 승진하다 前途 qiántú 명 전도, 전망 频繁 pínfán 형 잦다, 빈번하다

★★★ 하

23 对于迅速发展的直播行业，女的有什么看法?	빠르게 발전하는 라이브 방송업계를 여자는 어떻게 보는가?
A 前景不容乐观 B 有合理的监管制度 C 对社会各方面都有好的影响 **D 在规范化和进步中**	A 전망을 낙관할 수 없다 B 합리적인 관리 감독 제도가 있다 C 사회 각 분야에 좋은 영향이 있다 **D 규범화되고 발전하는 중에 있다**

해설 보기의 키워드로 A는 不容乐观(낙관할 수 없다), B는 监管制度(관리 감독 제도), C는 好的影响(좋은 영향), D는 进步中(발전하는 중)을 삼는다. 세 번째 인터뷰 대화에서 여자는 라이브 방송업계가 빠르게 발전하고 있다고 하면서 它也在不断地规范化以及进步当中(라이브 방송업계 역시 끊임없이 규범화되고 진보하는 과정에 있습니다)이라고 했다. 질문에서 라이브 방송업계를 바라보는 여자의 관점을 물었으므로 키워드가 일치하는 D가 정답이다.

어휘 不容乐观 bù róng lè guān 성 낙관할 수 없다 合理 hélǐ 형 도리에 맞다, 합리적이다 监管 jiānguǎn 통 감독 관리하다

★★★ 중

24 除了能学习专业技能，女的认为上大学还有什么意义？

전공 지식을 배우는 것을 제외하고 여자는 대학을 다니는 것이 어떤 의의가 있다고 여기는가?

A 开拓视野
B 获得文凭
C 积累人脉
D 就业机会多

A 시야를 넓힌다
B 스펙을 얻는다
C 인맥을 쌓는다
D 취업 기회가 많다

해설 보기가 어떤 것에 대한 좋은 점을 나타내므로 녹음에 장점이 언급되는 부분을 주목해서 듣는다. 녹음에서 학교 교육에 대해 여자가 学校带给我的，除了专业技能，更有开阔的眼界、学习的能力和不服输的精神(학교 교육은 저에게 전공 지식 외에도 넓은 시야와 공부하는 능력과 굴복하지 않는 정신을 주었다)이라고 말했다. 질문에서 대학을 다니는 것에 어떤 의의가 있다고 생각하는지 물었으므로 정답은 A이다.

어휘 开拓 kāituò 동 개척하다, 확장하다　视野 shìyě 명 시야　文凭 wénpíng 명 자격증, 졸업장　人脉 rénmài 명 인맥

★★★ 중

25 下列哪项是女的所持的观点？

다음 중 여자가 지니고 있는 관점은?

A 工作要有主动性
B 对工作要认真而热情
C 忙碌是最舒服的状态
D 父母不应干涉子女的选择

A 업무에 있어서 자발성이 있어야 한다
B 일에 성실함과 애착을 가져라
C 바쁜 것이 가장 편안한 상태다
D 부모님은 자녀의 선택에 간섭해서는 안 된다

해설 보기에 당위를 나타내는 要(~해야 한다)가 있으므로 주장 및 견해를 주목해서 듣는다. 녹음의 마지막 부분에 여자가 对工作来说，认真和热爱缺一不可(일을 하는 데 있어서 성실함과 애착은 하나라도 없어서는 안 됩니다)라고 했다. 질문에서 여자가 지닌 관점을 물었으므로 정답은 B이다.

어휘 忙碌 mánglù 형 바쁘다　干涉 gānshè 명 동 간섭(하다)

26-30

女：欢迎，魏老师！您是风筝魏的第四代传人，您是不是从小就喜欢风筝？
男：是。我从小就开始画小人儿书，26我爷爷觉得我画得还可以，就开始教我制作风筝。开始的时候我不觉得做风筝有什么了不起的，老人教的要领也就没往心里去，自己想怎么做就怎么做。结果做出来的风筝漂亮是漂亮，就是不会飞。我这才去请教父亲，也明白了做风筝其实很有讲究。从那以后，我严格按照父亲教导，努力学习家传技艺。
女：您能简单介绍一下风筝魏的一些独特之处吗？

여: 어서오세요. 웨이 선생님! 선생님께서는 펑정웨이 네 번째 전승자이신데요. 어려서부터 연을 좋아하신 건가요?
남: 네. 어려서부터 이야기 그림책에 그림을 그렸는데 26할아버지께서 보시고 그림 솜씨가 괜찮다고 생각하셔서 저에게 연을 제작하는 법을 가르쳐주기 시작하셨어요. 처음에는 연 만드는 게 뭐가 그리 대단한가 싶어 할아버지께서 가르쳐주시는 요령이 하나도 마음에 들어오지 않았어요. 그냥 만들고 싶은 대로 만들었죠. 결과적으로 만들어낸 연이 예쁘기는 했지만 날지는 못 했어요. 저는 그제서야 할아버지께 가르침을 청했죠. 연을 만드는 것에 사실 꼼꼼한 법칙이 있다는 것도 알게 되었어요. 그때 이후로, 저는 엄격하게 아버지의 가르침을 따라, 열심히 집안 대대로 내려오는 기예를 배웠답니다.
여: 펑정웨이의 몇 가지 독특한 특징들을 소개해주실까요?

男：风筝魏的独特之处首先在于选材，30多选生长期两年以上的福建毛竹，再进行风干、热火处理、祛虫等一系列工序。其次是绘画材料，选用不易破、不易跑色的绢、皮纸等材料。放风筝也有技巧，普通风筝要飞起来需要跑动，我们的风筝则不用。27我们先观察风势，如果是二级风就拿二级风筝放，是三级风就拿三级风筝放。放风筝时只要站在原地，手上一松一紧，风筝就飞起来了。

女：风筝魏已有百年多的历史，那么在风筝制作方面，您在继承传统的基础上有什么创新吗？

男：当然有。老式风筝都是平面的，28现在我们把中间改成了鼓的，使风筝看上去更加逼真、立体。对风筝的骨架也进行了改进，使其飞到一定高度时可以像鹰那样在空中盘旋。另外还新创作了剪纸风筝、室内太极风筝等。风筝的发展既要继承传统又要与现代融合。造型色彩上要传统，骨架和画法上应该现代，骨架要更加精美，画法上也应体现现代的绘画水平，更加精细。

女：现在风筝魏的传承情况如何呢？

男：有很多人慕名前来学做风筝，其中有的人只关心这一技术能挣多少钱，也有一些人半途而废。29我觉得对待事业、对待艺术需要一颗执着的心，坚持祖辈传下来的精神。我相信无论什么行业，只要努力就能成功，这也是支撑我坚持不放弃的信念。我这样做也给我的孩子树立了一个榜样，我现在正在教他制作风筝。我希望他能把这门传统艺术继承下去，也希望有更多的人向往传统艺术。只要他们喜欢并愿意努力学习，我会毫无保留，倾囊相授。

남: 펑쩡웨의 독특한 점은 우선 재료 선택에 있습니다. 30주로 2년생 푸지엔 죽순대를 선택하여 바람에 말리고 열처리를 하고, 벌레를 제거하는 일련의 공정을 진행합니다. 다음으로 회화 재료로는 쉽게 닳거나 색이 빠지지 않는 비단, 피지 등을 선택합니다. 연을 날리는 데에도 기술이 있는데, 보통 연은 날라올리려면 달리기가 필요하지만 저희 연은 그럴 필요가 없어요. 27우선 바람의 세기를 관찰하고 만약 2급 바람이 불면 2급 연을 날리고, 3급 바람이면 3급 연을 날리죠. 연을 날릴 때 제자리에 서 있기만 해도 손으로 한 번은 느슨하게 한 번은 타이트하게 잡아주면 연이 바로 날아오르죠.

여: 펑쩡웨이는 이미 백여 년의 역사를 가지고 있습니다. 그렇다면 연의 제작에 있어서 전통을 계승하는 것에 어떠한 혁신이 있나요?

남: 당연히 있지요. 옛날 연은 모두 평면인데요. 28현재 저희들은 중간 부분을 북처럼 볼록하게 바꾸어서 보기에 훨씬 더 진짜 같고 입체적으로 보이게 만들었어요. 연의 뼈대도 개선하여 일정 고도까지 날아오르면 매처럼 하늘을 빙글빙글 선회하게 했어요. 그 밖에 새롭게 종이 공예 연도 창작하고, 실내 태극연도 만드는 등 연의 발전은 전통도 계승해야 하고 현대와 융합도 해야 합니다. 만들어낸 모양과 색상이 전통적이어야 하고, 뼈대와 그림 기법도 현대적이어야 하는데 뼈대는 더욱 정밀하고 아름다워야 하고, 그림 기법은 당연히 현대적인 회화 수준을 구현하여 더욱 섬세해야 하죠.

여: 현재 펑쩡웨이의 전승 상황은 어떠한가요?

남: 많은 분들이 명성을 듣고 찾아와 연을 만듭니다. 그중 몇은 그저 이 기술이 돈을 얼마나 벌 수 있는가에만 관심이 있기도 하고, 또 어떤 사람은 중도에 포기하기도 합니다. 29저는 일을 대할 때, 예술을 대할 때 모두 고집스런 마음이 필요하다고 생각해요. 선조들이 물려준 정신을 간직하는 것인데요. 어떤 업계이든지 노력만 하면 성공할 수 있다고 믿어요. 이는 또한 제가 포기하지 않고 꿋꿋이 버틸 수 있게 받쳐 주는 신념이기도 합니다. 제가 이렇게 하면 제 아이에게 하나의 귀감이 되어주는 것이죠. 지금 저는 아이에게 연 제작하는 법을 가르치고 있는 중이거든요. 저는 제 아이가 이 전통 예술을 계승해 나가길 바라고, 또한 더 많은 사람들이 전통 예술을 동경하길 원합니다. 그들이 좋아하고 또 열심히 배우려고만 하면 저는 하나도 남김없이 몽땅 다 가르쳐드릴 수 있어요.

어휘 风筝魏 fēngzhēng wèi 명 펑쩡웨이 [천진의 연날리기 장인 웨이위안타이(魏元泰)가 제작한 연] 传人 chuánrén 동 남에게 전수하다 명 계승자, 후계자 风筝 fēngzheng 명 연 要领 yàolǐng 명 요령, 요점 家传 jiāchuán 명 대대로 집안에 전해 내려오는 것 毛竹 máozhú 명 죽순대 风干 fēnggān 동 바람에 말리다 祛 qū 동 제거하다 工序 gōngxù 명 제조공정 绘画 huìhuà 동 그림을 그리다 绢 juàn 명 얇은 비단, 명주, 견직물 皮纸 pízhǐ 명 피지 跑动 pǎodòng 동 뛰어다니다, 사람이나 물건을 옮기다 鼓 gǔ 명 북 逼真 bīzhēn 형 마치 진짜와 같다 骨架 gǔjià 명 뼈대 鹰 yīng 명 (동물) 매 盘旋 pánxuán 동 선회하다, 빙빙 돌다 继承 jìchéng 동 계승하다, 이어받다 融合 rónghé 동 융합하다 造型 zàoxíng 명 조형 传承 chuánchéng 명 전수와 계승 慕名 mùmíng 동 명성을 선망하다· 半途而废 bàn tú ér fèi 성 중도에서 그만두다 执着 zhízhuó 명 동 고집(하다), 고수(하다) 祖辈 zǔbèi 명 조상, 선조 树立 shùlì 명 세우다, 수립하다 榜样 bǎngyàng 명 본보기, 모범 向往 xiàngwǎng 동 동경하다, 지향하다 倾囊 qīngnáng 동 주머니에 있는 돈을 다 털어내다, 모두 쏟아내다

★★★ 중

26	
男的开始学做风筝的契机是什么？	남자가 연을 만들기 시작한 계기는 무엇인가?
A 他画画儿好 B 想挣一些外快 C 受家庭熏陶 D 看了一次风筝展	**A 그가 그림을 잘 그린다** B 약간의 부수입을 벌고 싶다 C 집안의 영향을 받았다 D 연 전시회를 한 번 보았다

해설 보기의 키워드로 A는 画画儿好(그림을 잘 그리다), B는 外快(부수입), C는 家庭熏陶(집안의 영향), D는 风筝展(연 전시회)을 삼는다. 사회자가 남자에게 어려서부터 연을 좋아했는지 물었고 이에 남자는 我爷爷觉得我画得还可以，就开始教我制作风筝(할아버지께서 보시고 그림 솜씨가 괜찮다고 생각하셔서 저에게 연을 제작하는 법을 가르쳐주기 시작하셨어요)이라고 대답했다. 질문에서 남자가 연을 만든 계기를 물었으므로 정답은 A이다.

어휘 契机 qìjī 명 계기, 동기 外快 wàikuài 명 부수입 熏陶 xūntáo 동 훈도하다, 긍정적이고 건전한 영향을 끼치다

★★☆ 중

27	
风筝魏的风筝在放的时候有什么技巧？	펑쩡웨이의 연을 날릴 때에는 어떤 테크닉이 있는가?
A 风筝偏重要慢跑 B 在起风前放线 C 要顺着风向跑 **D 要根据风势选风筝**	A 연이 무거우면 천천히 달려야 한다 B 바람이 일기 전에 연끈을 푼다 C 바람의 방향을 따라 달려야 한다 **D 바람의 세기에 따라 연을 선택해야 한다**

해설 보기의 내용이 연을 날리는 방법에 관한 것이므로 이에 관한 내용을 주목해서 듣는다. 남자는 펑쩡웨이 연의 특징에 대해 말하면서 我们先观察风势，如果是二级风就拿二级风筝放，是三级风就拿三级风筝放(우선 바람의 세기를 관찰하고 만약 2급 바람이 불면 2급 연을 날리고, 3급 바람이면 3급 연을 날리죠)이라고 했다. 바람의 세기에 따라 연의 종류가 다르다는 내용이므로 정답은 D이다.

어휘 技巧 jìqiǎo 명 기교, 테크닉 起风 qǐfēng 동 바람이 일다 风势 fēngshì 명 바람의 기세, 바람의 강약

★☆☆ 하

28	
风筝魏是如何对风筝进行改良的？	펑쩡웨이는 연을 어떻게 개량했는가?
A 造型上与现代相融合 B 更换了骨架材料 C 借鉴了油画画法 **D 把风筝中间改成鼓的**	A 조형에 있어 현대와 서로 융합시켰다 B 뼈대 재료를 새롭게 바꾸었다 C 유화의 그림 기법을 거울로 삼았다 **D 연의 중간 부분을 북 모양으로 바꾸었다**

해설 보기의 내용이 연을 만드는 방법에 관한 것이므로 이에 관한 내용을 주목해서 듣는다. 사회자가 남자에게 연의 제작에 어떤 혁신이 있느냐고 물었고 남자는 现在我们把中间改成了鼓的(현재 저희들은 중간 부분을 북처럼 볼록하게 바꾸었다)라고 대답했다. 질문에서 펑쩡웨이 연을 어떻게 개량했는지 물었으므로 정답은 D이다.

어휘 借鉴 jièjiàn 동 참고로 하다, 거울로 삼다

★★★ 하

29 根据对话，下列哪项是男的的观点？	대화를 근거로 다음 중 남자의 관점인 것은?
A 老手艺都会被淘汰 **B 对艺术要执着** C 传统艺术的传承很难 D 祖传的技艺不可外传	A 오랜 기법들이 도태될 것이다 **B 예술에 대해 고집스러워야 한다** C 전통 예술의 전승이 어렵다 D 조상 대대로 내려오는 기예를 외부에 전해서는 안 된다

해설 보기가 모두 예술과 기법에 관한 태도와 관점을 나타내므로 이에 관한 내용을 주목해서 듣는다. 사회자가 펑쩡웨이의 전승 상황에 대해 물었고 이에 남자는 我觉得对待事业、对待艺术需要一颗执着的心(저는 일을 대할 때, 예술을 대할 때 모두 고집스런 마음이 필요하다고 생각해요)이라고 대답했다. 질문에서 대화에 나타나는 남자의 관점을 물었으므로 정답은 B이다.

어휘 淘汰 táotài 동 도태하다, 추려내다

★★☆ 중

30 关于风筝魏，下列哪项正确？	펑쩡웨이에 관해 다음 중 옳은 내용은?
A 比一般风筝飞得高 **B 毛竹会经风干处理** C 以做收藏用风筝为主 D 放风筝时需要跑动	A 일반 연보다 높게 난다 **B 죽순대는 바람에 말리는 처리 과정을 거친다** C 소장용 연 제작이 위주다 D 연을 날리려면 뛰어다녀야 한다

해설 보기의 키워드로 A는 比一般风筝飞得高(일반 연보다 높게 날다), B는 风干(바람에 말리다), C는 收藏用风筝(소장용 연), D는 需要跑动(뛰어다녀야 한다)을 삼는다. 남자는 펑쩡웨이의 특징이 재료 선택에 있다고 하면서 多选生长期两年以上的福建毛竹，再进行风干(주로 2년생 푸지엔 죽순대를 선택하여 바람에 말린다)이라고 했다. 질문에서 펑쩡웨이에 관한 옳은 내용을 물었으므로 키워드가 일치하는 B가 정답이다.

듣기 제3부분

[풀이전략] 녹음을 듣기 전에 보기의 핵심 키워드를 파악하여 글의 종류와 소재를 파악한다. 녹음을 들으면서 들은 내용을 보기에 메모하고, 각 질문에 알맞은 정답을 고른다. 일반적으로 주제/제목을 묻는 문제가 가장 마지막에 등장한다.

31-33

社交媒体已经占据了我们生活中大部分的时间，31把自己的生活晒在微博、微信朋友圈中，以此来刷存在感已经成了常态，有人热衷于晒孩子，有人喜欢晒美食，还有人爱晒旅游照。在各式各样的“晒”生活中，晒书单是后起之秀。晒书单分为两种，一种是转发别人推荐的好书书目，表示自己认同并有阅读该书的意向；另一种是把自己读过或准备阅读的书推荐给别人。这两种方	SNS는 이미 우리 삶의 대부분의 시간을 차지하고 있다. 31자신의 일상을 미니 블로그, 위챗 모먼트에 공개하고 이를 통해 존재감을 어필하는 것은 이미 일상이 되었다. 어떤 이들은 아이들을 올리는 데 열중하고, 어떤 이들은 음식을 게시하길 좋아하고, 또 어떤 이들은 여행 사진을 공유하길 좋아한다. 다양한 형식으로 일상을 공유하는 중에, 도서 목록 공유가 새롭게 부상하고 있다. 도서 목록의 공유는 두 부류로 나뉘는데, 하나는 다른 사람이 추천한 양서 목록을 퍼가며 자신도 공감하고 해당 도서들을 읽을 의향이 있음을 시사하는 것이다. 다른

式无论哪一种，32都能起到分享知识、鼓励阅读的作用。这样的晒，的确是多多益善。不过，其中只想以此来炫耀自己有文化的大有人在。其实，仅仅晒书单并不等同于真正意义上的阅读，33只有把晒转化为现实的阅读才能体现出晒书单的真正价值。	하나는 자신이 읽거나 읽으려 하고 있는 도서를 다른 이들에게 추천하는 것이다. 이 두 가지 방식은 어떤 방식이든 32지식을 공유하고, 독서를 장려하는 작용을 일으킬 수 있다. 이러한 공유는 확실히 많을수록 좋다. 하지만 그중 자신이 문화 수준이 있음만을 과시하려는 사람도 많다. 사실, 도서 목록만 공유하는 것은 진정한 의미의 독서와 결코 같을 수는 없다. 33공유를 현실로 바꾸는 독서만이 도서 목록 공유의 진정한 가치를 실현할 수 있다.

어휘 社交媒体 shèjiāoméitǐ 소셜미디어 占据 zhànjù 동 차지하다 晒 shài 동 홈페이지나 웹상에 공개하다, 공유하다 [share에서 따옴] 微博 wēibó 명 블로그 [微型博客(마이크로 블로그)의 준말] 微信 wēixìn 명 위챗 [WeChat, 메신저 프로그램] 朋友圈 péngyouquān 위챗의 Moment [중국판 카카오 스토리] 刷存在感 shuā cúnzàigǎn 존재감을 어필하다 热衷 rèzhōng 동 열중하다 后起之秀 hòu qǐ zhī xiù 성 새로 나타난 우수한 인재, 신예 转发 zhuǎnfā 동 (인터넷) 타인의 게시물을 퍼가다, 리트윗하다 认同 rèntóng 동 인정하다 多多益善 duō duō yì shàn 성 다다익선, 많으면 많을수록 좋다 炫耀 xuànyào 동 자랑하다, 뽐내다 大有人在 dà yǒu rén zài 성 그와 같은 사람은 많이 있다 转化 zhuǎnhuà 동 전환하다

★★☆ 하

31	
现代人在晒中寻找的是什么？	현대인들이 SNS 공유를 통해 갈구하는 것은 무엇인가?
A 自尊感 B 别人的尊重 **C 存在感** D 志同道合的好朋友	A 자존감 B 타인의 존중 **C 존재감** D 잘 통하는 절친한 벗

해설 보기가 감정 및 심리에 관한 표현이므로 이에 관한 내용이 녹음에 언급되는지 주의해서 듣는다. 녹음의 시작 부분에서 把自己的生活晒在微博、微信朋友圈中，以此来刷存在感已经成了常态(자신의 일상을 미니 블로그, 위챗 모먼트에 공개하고 이를 통해 존재감을 어필하는 것은 이미 일상이 되었다)라고 하여 存在感(존재감)이 언급되었다. 질문에서 현대인들이 SNS 공유를 통해 갈구하는 것이 무엇인지 물었으므로 정답은 C이다.

어휘 志同道合 zhì tóng dào hé 성 의기가 투합하고 지향하는 바가 같다

★★☆ 하

32	
晒书单有什么好处？	도서 목록의 SNS 공유는 어떤 장점이 있나?
A 鼓励阅读 B 免费获得新书 C 体会书的价值 D 炫耀自己有文化	**A 독서를 장려한다** B 무료로 신간 서적을 받는다 C 책의 가치를 체득한다 D 자신이 문화 수준이 있음을 과시한다

해설 보기에 阅读(읽다), 书(책)가 있으므로 도서에 관한 내용임을 예상하고 듣는다. 녹음은 SNS에 도서 목록을 공유하는 현상을 설명하면서 都能起到分享知识、鼓励阅读的作用(지식을 공유하고, 독서를 장려하는 작용을 일으킬 수 있다)이라고 했다. 질문에서 도서 목록의 SNS의 공유가 어떤 장점이 있는지 물었으므로 정답은 A이다.

★★★ 하

33	
下列哪项是说话人的观点？	다음 중 어느 것이 화자의 관점인가?

A 晒书单并不能分享知识 **B 现实的阅读才是有价值的** C 社交媒体改变了人们的生活 D 朋友圈是得到认同的最佳渠道	A 도서 목록 공유로 결코 지식을 나눌 수 없다 **B 현실적인 독서만이 가치가 있다** C SNS가 사람들의 생활을 변화시켰다 D 위챗 모먼트는 인정을 받는 최고의 루트이다

해설 보기의 키워드로 A는 不能分享知识(지식을 나눌 수 없다), B는 现实的阅读(현실적인 독서), C는 改变了生活(생활을 변화시키다), D는 朋友圈(위챗 모먼트)을 삼는다. 녹음의 마지막 부분 只有把晒转化为现实的阅读才能体现出晒书单的真正价值(공유를 현실로 바꾸는 독서만이 도서 목록 공유의 진정한 가치를 실현할 수 있다)에서 보기 B의 키워드가 언급되었다. 질문에서 화자의 관점을 물었으므로 정답은 B이다.

어휘 渠道 qúdào 명 방법, 루트

34-36

作为公司一名管理者，你心中的想法和思路或许很完美，但下属执行起来确可能差之千里，这是为什么呢？这其实是“沟通漏斗效应”在作怪。这一效应是说，信息传递者传达的信息会呈现一种由上至下的衰减趋势。如果领导想要传达100%的信息，其实只有80%能表达出来；而对于员工来说，受到知识背景、理解能力等的制约，能够真正理解的只有40%；34最后落实到行动时，便可能仅剩20%了。导致沟通漏斗效应的产生有多方面的原因。首先，讲话者表达能力有限；其次，听者会按照自己的喜好对信息进行筛选；最后，35噪音等外部干扰会分散人们的注意力。那么，如何能打破这一效应，让沟通效率得到提高呢？首先，在沟通前，讲话者应写下要点，讲话时语速尽量减慢，重点内容应多次强调；其次，36听者要勤动笔，做好记录；最后，讲话地点最好要保持安静，周围尽量不要出现与沟通内容无关的、引人注意的装饰。	기업의 관리자로서 당신의 마음속에 있는 생각과 사고의 루트는 어쩌면 완벽할 것이다. 하지만 부하 직원들이 실행할 때에는 엄청난 차이가 발생할 수도 있다. 왜 그런 것일까? 이것은 사실 '깔때기 효과'가 말썽을 부리는 것이다. 이 효과는 전달자의 정보가 위에서 아래로 내려갈수록 점차 줄어드는 경향을 보임을 말한다. 경영자는 100%의 정보를 전달하려 하지만 사실 80%밖에 표현해내지 못하고, 직원들은 배경지식, 이해력 등의 제약으로 실제로 이해하는 것이 40%밖에 되지 않으며 34결국 시행 단계에 이르러서는 겨우 20%만 남게 될 수 있다는 것이다. '깔때기 효과'를 불러일으키는 데에는 다방면의 원인이 있다. 우선, 화자의 표현력에 한계가 있으며, 다음으로 청자가 자신의 기호에 따라 정보에 대해 선별하기도 하며, 마지막으로 35소음 등 외부적 방해 요소가 주의력을 분산시킬 수도 있다. 그렇다면, 어떻게 해야 이 효과를 돌파하고 소통의 효율을 제고시킬 수 있을까? 우선, 소통에 앞서 화자는 요점을 기록해 두었다가 발화 시 말하는 속도를 가능한 늦추고, 중점적인 내용은 여러 차례 강조한다. 다음으로 36청자는 부지런히 펜을 움직여 기록해야 한다. 마지막으로 말하는 장소에서는 가급적이면 정숙을 유지하고 주변에 되도록 소통의 내용과는 무관하고 주의를 끄는 장식품이 없는 것이 좋다.

어휘 差之千里 chà zhī qiān lǐ 일 마일이나 벗어난 것과 같다, 큰 잘못을 초래하다 [속담 失之毫厘，差之千里의 한 구절] 漏斗 lòudǒu 명 깔때기 效应 xiàoyìng 명 효과 作怪 zuòguài 동 방해하다, 훼방을 놓다 衰减 shuāijiǎn 동 약해지다, 감퇴하다 制约 zhìyuē 명 동 제약(하다) 落实 luòshí 동 수행하다, 실시하다 筛选 shāixuǎn 동 체로 치다, 선별하다 干扰 gānrǎo 명 동 방해(하다)

★★☆ 중

34

根据沟通漏斗效应，最终落实到行动的信息，会变成多少？	'깔때기 효과'에 따르면, 최종적으로 시행 단계에 이르면 정보는 얼마가 되는가?
A 20%　　B 40% C 80%　　D 100%	**A 20%**　　B 40% C 80%　　D 100%

해설 보기가 모두 백분율이므로 녹음에서 수치 정보를 주의해서 듣는다. 녹음에는 보기 A, B, C, D의 키워드가 모두 언급되었다. 녹음에서 最后落实到行动时，便可能仅剩20%了(결국 시행 단계에 이르러서는 겨우 20%만 남게 될 수 있다는 것이다)라고 했고 질문에서 최종 시행 단계에서의 정보량을 물었으므로 정답은 A이다.

★★☆ 하

35 产生沟通漏斗效应的外部干扰是什么？	'깔때기 효과'를 일으키는 외부적 방해 요소는 무엇인가?
A 心态　　**B 噪音** C 装饰品　　D 表达能力	A 마음가짐　　**B 소음** C 장식품　　D 표현 능력

해설 보기가 모두 명사형이므로 녹음에 그대로 언급되는지 주의해서 듣는다. 녹음에서 噪音等外部干扰会分散人们的注意力(소음 등 외부적 방해 요소가 주의력을 분산시킬 수도 있다)라고 했으므로 '깔때기 효과'를 일으키는 외부 방해 요소는 B이다.

★★☆ 하

36 能打破沟通漏斗效应的最好办法是什么？	'깔때기 효과'를 타개할 수 있는 가장 좋은 방법은 무엇인가?
A 听者要保持沉默 **B 听者要及时记录** C 讲话者要提高语速 D 在讲话地点要布置装饰品	A 청자는 침묵을 유지해야 한다 **B 청자는 적시에 기록을 해야 한다** C 화자는 말하는 속도를 높여야 한다 D 말하는 장소에 장식품을 배치해야 한다

해설 보기에 听者(청자)와 讲话者(화자)가 있고 要(~해야 한다)가 있으므로 청자와 화자의 태도에 관한 내용을 주의해서 듣는다. 녹음의 听者要勤动笔，做好记录(청자는 부지런히 펜을 움직여 기록해야 한다)에서 요점을 기록한다는 내용이 있으므로 '깔때기 효과'를 타개할 수 있는 가장 좋은 방법은 B이다.

어휘 布置 bùzhì 동 설치하다, 배치하다

37-39

人工智能时代的到来，让很多人为自己的工作即将被人工智能取代而焦虑。37不过，至少对同传译者来说，短时间内还不用为此担忧。“将来人们需要的不是翻译官，而是翻译机。”在最近网络上热传的一封署名信件中，国内某著名高校英语系新生向校长提出转专业的要求，理由是人工智能正在入侵翻译领域，自己的梦想也马上就会毫无价值了。之前，该学生一直认为机器翻译远远比不上人类，38可最近，人工智能翻译机的准确度让她焦虑起来了。此外，一些互联网公司大肆宣传，自己的翻译软件准确度极高，固然不少业内人士对此表示怀疑，仍然让多少从事者担心失业。英汉和汉英的机器翻译，目前在日常对话方面确实已经达到了实用水平。但在专业领域，差得不是一星半点儿。术语的翻译经常出现	AI 시대의 도래로 많은 사람들이 자신의 일이 머잖아 AI에 대체될까봐 마음을 졸이게 되었다. 37하지만, 적어도 동시 통역사라면 가까운 시일 내에 이 때문에 걱정할 필요는 없겠다. '앞으로 사람들에게 필요한 것은 통역사가 아니라 번역기이다'라는 최근 인터넷상에서 빠르게 퍼진 한 통의 '유명한 서신'에서 국내 모 유명 대학의 영문과 신입생이 교장에게 전과를 요청하였다. 그 이유로는 AI가 번역 분야에 침입하고 있어 자신의 꿈도 곧 일말의 가치가 없어질 것이라는 내용이었다. 이전에 해당 학생은 줄곧 기계 번역이 인간에게 한참 미치지 못한다고 여겼다. 38하지만 최근 들어 AI 번역기의 정확도가 그녀로 하여금 마음을 졸이게 만들기 시작한 것이다. 이 밖에도 몇몇 인터넷 기업들이 자신들의 번역 프로그램이 정확도가 매우 높다면서 함부로 공언하고 있다. 물론, 적잖은 인사들이 이에 대해 회의적인 태도를 보이나 그럼에도 여전히 어느 정도의 사람들이 실업을 걱정하게 만들었다. 영중 · 중영의 기계 번역은 현재 일상생활 회화 방면에서는 확실이 실용 수준에 도달했다. 하지만, 전문 분야에서는 이만 저만 격차가

错误，文学作品中讽刺、比喻等翻译，也往往对不上号。39在小语种翻译方面，由于语料库资源匮乏，机器翻译的准确度明显很低。总之，人类语言具有特殊性、模糊性和创造性，机器翻译想要完全取代人类翻译还要走很长一段路。	있는 것이 아니다. 전문 기술 용어의 번역은 늘상 오류가 발생하며, 문학작품의 풍자, 비유 등의 번역 역시 말이 맞지 않는다. 39국제 통용어를 제외한 나머지 언어 방면에서는 언어 데이터 부족으로 기계 번역의 정확성이 확연히 낮다. 한 마디로 인간의 언어는 특수성, 모호성 그리고 창조성을 지니고 있어 기계 번역이 인간 번역을 완벽하게 대체하기에는 여전히 가야할 길이 멀다.

어휘 人工智能 réngōng zhìnéng 인공 지능 取代 qǔdài 동 자리를 빼앗아 대신 들어서다, 대치하다 焦虑 jiāolǜ 동 마음을 졸이다, 애타게 근심하다 担忧 dānyōu 동 걱정하다, 근심하다 入侵 rùqīn 동 침입하다 大肆 dàsì 부 제멋대로, 마구 固然 gùrán 접 물론 ~지만 一星半点儿 yìxīng bàndiǎnr 아주 조금, 약간 术语 shùyǔ 명 전문 용어 讽刺 fěngcì 명 동 풍자(하다) 比喻 bǐyù 명 동 비유(하다) 对不上号 duì bu shàng hào 말이 맞지 않다 小语种 xiǎoyǔzhǒng 국제 통용어가 아닌 언어 语料库 yǔliàokù 언어 자료 보관소 匮乏 kuìfá 형 결핍하다, 부족하다 模糊 móhu 형 모호하다

★★☆ 하

37

对于同声传译者将被人工智能替代这一说法，说话人是什么观点？	동시 통역이 AI에 대체될 것이라는 말에 대해 화자는 어떤 관점인가?
A 近在咫尺 B 是当务之急 C 是大势所趋 **D 不必担忧**	A 매우 가까운 곳에 있다 B 급선무이다 C 대세이다 **D 걱정할 필요가 없다**

해설 보기를 보고 어떤 현상에 대한 입장을 주의해서 들어야 함을 알 수 있다. 녹음에서 不过，至少对同传译者来说，短时间内还不用为此担忧(하지만, 적어도 동시 통역사라면 가까운 시일 내에 이 때문에 걱정할 필요는 없겠다)라고 했으므로 AI에 대한 화자의 관점이 D임을 알 수 있다.

어휘 近在咫尺 jìn zài zhǐ chǐ 성 매우 가까운 곳에 있다, 지척에 있다 当务之急 dāng wù zhī jí 성 급선무, 당장 급한 일 大势所趋 dà shì suǒ qū 성 대세의 흐름, 대세 担忧 dānyōu 동 걱정하다

★★☆ 하

38

那位英语系新生的焦虑来自于什么？	영문과 신입생의 걱정은 무엇에서 기인하였는가?
A 专家的预测 B 严峻的就业压力 **C 翻译机的准确度** D 网络谣言的流传	A 전문가의 예측 B 가혹한 취업난 **C 번역기의 정확도** D 인터넷 유언비어의 유포

해설 보기가 모두 명사 단어이므로 녹음에 그대로 언급되거나 관련된 내용이 언급되는지 듣는다. 녹음에서 可最近，人工智能翻译机的准确度让她焦虑起来了(하지만 최근 들어 AI 번역기의 정확도가 그녀로 하여금 마음을 졸이게 만들기 시작한 것이다)라고 했으므로 신입생의 걱정은 AI 번역기의 정확도 때문임을 알 수 있다. 따라서 정답은 C이다.

어휘 预测 yùcè 명 동 예측(하다) 严峻 yánjùn 형 혹독하다, 심각하다 谣言 yáoyán 명 유언비어

★★☆ 상

39	
小语种的机器翻译为什么水平还很低？	국제 통용어를 제외한 나머지 언어의 기계 번역은 어째서 수준이 낮은가?
A 开发人员不够 B 投入资金不足 C 市场需求不高 **D 语料库资源匮乏**	A 개발자가 부족하다 B 투입할 자금이 부족하다 C 시장 수요가 많지 않다 **D 언어 데이터가 부족하다**

해설 보기가 공통적으로 무엇이 부족하다는 내용이므로 보기의 키워드로 A는 开发人员(개발자), B는 资金(자금), C는 需求(수요), D는 语料库(언어 데이터)를 삼고 듣는다. 녹음에서 在小语种翻译方面，由于语料库资源匮乏，机器翻译的准确度明显很低(국제 통용어를 제외한 나머지 언어 방면에서는 언어 데이터 부족으로 기계 번역의 정확성이 확연히 낮다)라고 하여 보기 D의 키워드가 언급됐다. 질문에서 나머지 언어의 기계 번역이 왜 수준이 낮은지 물었으므로 정답은 D이다.

40-43

近期，40一档叫《奇遇人生》的综艺节目倍受欢迎，在大部分评论网站上获得了9.0以上的高分，好评如潮，成为了关注的焦点。《奇遇人生》第一季一共有10集，每一集主持人阿雅都会陪同一位嘉宾经历一段奇妙的历程。

41首期节目是前往风景优美的赞比亚，访问非洲大象孤儿院，这集的宗旨是对自然的生命的反思。第二集以大自然为主题，节目组到了美国中西部的龙卷风走廊去追风。《奇遇人生》与其它节目不同，它最大的特别之处在于没有剧本，43D嘉宾在录制过程中的各种突发情况和真实反应都会被直接记录下来。该节目的导演赵琦说：“42每一次录制最大的乐趣就在于要面对很多未知世界，与其说这是一档综艺节目，43B不如说是一部令人深思的纪录片。43C 但节目又没有记录片中大量的解说，完全通过场景和人物来推动情节，43A使观众在不知不觉中忘记了这是一档综艺节目，慢慢地被吸引、被打动。”

최근, 40「기우인생」이라는 버라이어티 쇼가 엄청난 인기를 끌고 있다. 대부분의 평론 사이트에서 9.0이상의 높은 평점을 받으면서 호평이 쏟아지고 관심의 초점이 되었다. 「기우인생」 시즌1은 총 10부작이며, 매회 MC 아야와 게스트가 함께 신기한 여정을 떠난다.

41첫 회에서는 아름다운 풍경의 잠비아에서 아프리카 코끼리 고아원을 방문하였다. 이 회차의 주지는 자연과 생명에 대한 반성이었다. 2회에서는 대자연을 주제로 제작팀은 미국 중서부의 토네이도 앨리에서 토네이도를 쫓았다. 「기우인생」은 여타 다른 프로그램과 달리 프로그램의 최대 특징이 대본이 없다는 것이다. 43D게스트의 녹화 중 발생하는 각종 돌발 상황과 리얼한 반응들이 다 직접 기록된다. 해당 프로그램의 PD 짜오치는 다음과 같이 말했다. “42매회 녹화를 진행할 때마다 가장 커다란 즐거움은 수많은 미지의 세계와 직접 대면한다는 것입니다. 그래서 저희 프로그램은 버라이어티쇼라기 보다는 43B사람들을 생각하게 만들어 주는 한 편의 다큐에 가까워요. 43C하지만 프로그램에 다큐처럼 대량의 나레이션은 없고 전적으로 경치와 인물을 통해 감성을 자극하여 43A시청자들로 하여금 은연중에 저희 프로가 버라이어티쇼라는 것을 잊게 만들고 서서히 매료되고 감동받게 만드는 것이죠.”

어휘 档 dàng 양 건, 가지　综艺节目 zōngyì jiémù 버라이어티 쇼　倍受 bèishòu 동 한층 더 받다, 더욱더 받다　评论 pínglùn 명 동 평론(하다)　潮 cháo 명 조수, 조류　焦点 jiāodiǎn 명 초점　奇妙 qímiào 형 신기하다　赞比亚 Zànbǐyà 지명 잠비아(Zambia)　宗旨 zōngzhǐ 명 종지, 주지　反思 fǎnsī 명 반성　龙卷风走廊 lóngjuǎnfēng zǒuláng 지명 토네이도 앨리　剧本 jùběn 명 각본, 대본　嘉宾 jiābīn 명 귀한 손님, 내빈　推动 tuīdòng 동 추진하다, 촉진하다　打动 dǎdòng 동 감동시키다

★★★ 중

40	
关于《奇遇人生》，可以知道什么？	「기우인생」에 관하여, 무엇을 알 수 있는가?

A 播出后反响平平	A 방송 후 반응이 평범했다
B 是一种美食节目	B 일종의 맛방이다
C 内容富含神秘色彩	C 내용에 신비로운 색채가 풍부하게 담겨 있다
D 赢得了很高的评价	**D 매우 높은 평가를 받았다**

해설 보기의 키워드로 A는 反应平平(반응이 평범하다), B는 美食节目(맛방), C는 神秘色彩(신비로운 색채), D는 很高的评价(높은 평가)를 삼고 녹음을 듣는다. 녹음의 一档叫《奇遇人生》的综艺节目倍受欢迎，在大部分评论网站上获得了9.0以上的高分，好评如潮，成为了关注的焦点(「기우인생」이라는 버라이어티 쇼가 엄청난 인기를 끌고 있다. 대부분의 평론 사이트에서 9.0이상의 높은 평점을 받으면서 호평이 쏟아지고 관심의 초점이 되었다)에서 보기 D의 키워드가 언급되었다. 따라서 「기우인생」에 관해 알 수 있는 내용은 D이다.

어휘 反响 fǎnxiǎng 명 동 반향(하다) 神秘 shénmì 명 형 신비(하다) 色彩 sècǎi 명 색채 赢得 yíngdé 동 이기다, 얻다

★★☆ 중

41	
前两集节目的主题是什么？	처음 두 프로그램의 주제는 무엇인가?
A 信仰	A 신앙
B 尊严	B 존엄
C 自由与约束	C 자유와 구속
D 生命与自然	**D 생명과 자연**

해설 보기가 모두 명사형이므로 녹음에 그대로 언급되거나 관련 내용이 나오는지 주의해서 듣는다. 녹음에서 首期节目是前往风景优美的赞比亚，访问非洲大象孤儿院，这集的宗旨是对自然的生命的反思。第二集以大自然为主题，节目组到了美国中西部的龙卷风走廊去追风(첫 회에서는 아름다운 풍경의 잠비아에서 아프리카 코끼리 고아원을 방문하였다. 이 회차의 주지는 자연과 생명에 대한 반성이었다. 2회에서는 대자연을 주제로 제작팀은 미국 중서부의 토네이도 앨리에서 토네이도를 쫓았다)이라고 하여 처음 1, 2회 프로그램의 주제가 생명과 자연임을 알 수 있다. 따라서 정답은 D이다.

어휘 信仰 xìnyǎng 명 신조, 신앙, 믿음 尊严 zūnyán 명 존엄, 존엄성 约束 yuēshù 명 제약, 구속

★★★ 중

42	
导演认为，该节目最大的乐趣是什么？	PD는 이 프로그램의 가장 흥미로운 점을 뭐라고 생각하는가?
A 拍摄地遍布全球	A 촬영지가 전 세계에 퍼져 있다
B 拍摄过程充满未知	**B 촬영 과정이 미지로 가득하다**
C 揭露明星嘉宾真实的一面	C 연예인 게스트의 진면목을 폭로하다
D 可以了解世界各地的风土人情	D 세계 각지의 특색과 풍습을 파악할 수 있다

해설 보기의 키워드로 A는 遍布全球(전 세계에 퍼져 있다), B는 充满未知(미지로 가득하다), C는 真实的一面(진면목), D 风土人情(특색과 풍습)을 삼고 녹음을 듣는다. 녹음에서 每一次录制最大的乐趣就在于要面对很多未知世界(매회 녹화를 진행할 때마다 가장 커다란 즐거움은 수많은 미지의 세계와 직접 대면한다는 것입니다)라고 하여 보기 B의 키워드가 언급되었다. 따라서 PD가 생각하는 프로그램의 흥미로운 점은 B이다.

어휘 遍布 biànbù 동 도처에 널리 분포하다 揭露 jiēlù 동 폭로하다, 까발리다 风土人情 fēngtǔ rénqíng 명 지방의 특색과 풍습

실전모의고사 4

★★★ 중

43 关于该节目，下列哪项是错误的？

이 프로그램에 대하여, 다음 중 어떤 것이 틀렸는가?

A 能让观众感动	A 시청자를 감동시킬 수 있다
B 与纪录片相似	B 다큐와 비슷하다
C 加入了大量的解说	**C 대량의 나레이션이 투입되었다**
D 真实反应都被记录下来	D 리얼한 반응이 기록되었다

해설 보기의 키워드로 A는 让观众感动(시청자를 감동시키다), B는 纪录片(다큐), C는 解说(나레이션), D는 真实反应(리얼한 반응)을 삼고 녹음을 듣는다. 녹음의 嘉宾在录制过程中的各种突发情况和真实反应都会被直接记录下来(게스트의 녹화 중 발생하는 각종 돌발 상황과 리얼한 반응들이 다 직접 기록된다)에 보기 D가 언급되었고, 不如说是一部令人深思的纪录片(사람들을 생각하게 만들어 주는 한 편의 다큐에 가까워요)에 보기 B의 내용이 언급되었으며, 使观众在不知不觉中忘记了这是一档综艺节目，慢慢地被吸引、被打动(시청자들로 하여금 은연중에 저희 프로가 버라이어티쇼라는 것을 잊게 만들고 서서히 매료되고 감동 받게 만드는 것이죠)에 보기 A의 내용이 언급되었다. 또한 但节目又没有记录片中大量的解说(하지만 프로그램에 다큐처럼 대량의 나레이션은 없어요)라고 했으므로 보기 C가 틀린 내용임을 알 수 있다. 따라서 정답은 C이다.

44-47

44古代人格外重视先人的经验。当时人类的活动范围狭小，一生都没有出过远门的人比比皆是，44这就导致了人类只能靠口耳相传的方式获取资讯。哪怕是改朝换代，也要很久以后才能知道。所以，在那个时期长辈在教训晚辈时说的："我过的桥比你走的路还多。"这句话很有说服力。但是到了现代社会，人们可以通过很多渠道获取信息，如手机、电脑等。一天获取的信息量甚至超过了古代人一辈子的信息量。45如果现代人还和古代人一样只靠经验，忽视这个世界发展的速度，那就意味着落后了。因此，在大数据时代，有两件事是必须要做的：一是收集数据，二是忘记经验。有人甚至认为，最大的经验就是没有经验。这也许与人才市场的现状不符，是因为有许多企业招聘时特别要求有工作经验。可是，46我们可以通过对那些新行业、新企业的观察发现，经验根本不是创新的前提，自己的经验不管用了，有时甚至会成为一种阻碍。47真正让"经验"二字完全失效的是那些新行业，而且他们所说的这种"新"往往是全方位的，不仅是行业和项目本身，有时连理念乃至办公室人际关系都是一种全新的状态。

44고대인들은 선조들의 경험을 각별히 중시했다. 그 당시에는 인간의 활동 범위가 좁아 평생 동안 문 밖으로 멀리 나서지 못한 사람들이 많았다. 44이것이 인류를 귀와 입을 통해 서로 전하는 방식으로만 정보를 얻을 수 있게 만들었다. 설사 시대가 바뀌고 왕조가 바뀌어도 오랜 시일이 지난 후에야 비로소 알 수 있었다. 그래서, 그런 시절엔 연장자들이 손 아랫사람들에게 훈계를 할 때, "내가 건넌 다리가 네 녀석이 가 본 길보다도 많다"라는 말이 설득력이 있었다. 하지만 현대 사회에 이르러 사람들은 핸드폰, TV 등 다양한 루트를 통해 정보를 얻을 수 있게 되었다. 하루에 얻는 정보량이 심지어 고대인들이 평생에 얻는 정보량을 넘어섰다. 45만약 현대인들이 고대인들처럼 경험에만 의존하여 이 세계의 발전 속도를 간과한다면 이는 낙오를 의미한다. 때문에, 빅데이터 시대에, 반드시 해야 할 두 가지가 있다. 첫 번째는 데이터 수집이며, 두 번째는 경험을 잊는 것이다. 혹자는 심지어 가장 큰 경험은 바로 경험이 없는 것이라고까지 말한다. 이는 어쩌면 인재 시장의 현 상황과는 맞지 않을지도 모른다. 수많은 기업들이 모집 시 특별히 업무 경험을 요구하기 때문이다. 하지만 46새로운 직종과 기업에 대한 관찰을 통해 우리는 경험이 혁신의 전제가 전혀 아니며, 자신의 경험은 더 이상 쓸모가 없고 심지어 걸림돌이 되기도 한다는 것을 발견할 수 있다. 47'경험'이라는 두 글자가 효력을 잃게 만드는 것은 바로 이들 새로운 직종으로, 그들이 말하는 '새로움'이란 보통 전방위적인 것으로 업종과 프로젝트 자체뿐만이 아닌 어떤 때는 이념 더 나아가 대인 관계까지도 모두 다 참신한 상태를 말한다.

어휘 狭小 xiáxiǎo 형 좁고 작다　出远门(儿) chū yuǎnmén(r) 먼 길을 떠나다　比比皆是 bǐ bǐ jiē shì 성 도처에 있다, 아주 흔하다　口耳相传 kǒu'ěrxiāngchuán 문화가 한 세대 한 세대 전해짐　资讯 zīxùn 명 정보　改朝换代 gǎi cháo huàn dài 성 조대가 바

뀌다, 세상이 바뀌다 教训 jiàoxun 명 동 교훈(하다) 渠道 qúdào 명 경로, 루트 落后 luòhòu 동 낙오하다, 뒤떨어지다 创新 명 동 창조(하다) 不管用 bùguǎnyòng 소용없다, 도움이 되지 않는다 阻碍 zǔ'ài 명 동 방해(하다) 失效 shīxiào 동 효력을 잃다 全方位 quán fāngwèi 명 전방위 理念 lǐniàn 명 이념, 구상 乃至 nǎizhì 접 더 나아가서 全新 quánxīn 형 완전히 새롭다

★★☆ 중

44 古代人为什么格外重视先人的经验?	고대인들은 왜 선조들의 경험을 각별히 중시했는가?
A 长辈的要求 B 印刷术还没发明 C 封建社会的特点 **D 获得信息的渠道少**	A 연장자의 요구 B 인쇄술이 아직 발명되지 않았다 C 봉건 사회의 특징 **D 정보를 얻는 루트가 적다**

해설 보기의 키워드로 A는 长辈的要求(연장자의 요구), B는 印刷术(인쇄술), C는 封建社会(봉건 사회), D는 信息(정보)와 渠道(루트)를 삼고 녹음을 듣는다. 녹음의 시작 부분에서 古代人格外重视先人的经验(고대인들은 선조들의 경험을 각별히 중시했다)이라고 질문이 언급되었고, 이어서 그 이유가 这就导致了人类只能靠口耳相传的方式获取资讯(이것이 인류를 귀와 입을 통해 서로 전하는 방식으로만 정보를 얻을 수 있게 만들었다)이라고 했다. 따라서 선조들의 경험을 중시한 이유는 D이다.

어휘 封建社会 fēngjiàn shèhuì 명 봉건 사회

★★★ 중

45 在现代社会，人们如果只靠经验会变得怎么样?		현재 사회에서 사람들이 만약 경험에만 의존한다면 어떻게 되는가?	
A 落后	B 勤奋	**A 뒤떨어지다**	B 근면하다
C 振奋	D 时尚	C 분발하다	D 트렌디하다

해설 보기가 모두 상태 및 상황에 관한 어휘이다. 녹음의 如果现代人还和古代人一样只靠经验，忽视这个世界发展的速度，那就意味着落后了(만약 현대인들이 고대인들처럼 경험에만 의존하여 이 세계의 발전 속도를 간과한다면 이는 낙오를 의미한다)에 보기 A의 단어가 언급되었다. 질문에서 사람들이 경험에만 의존한다면 어떻게 되는지 물었으므로 정답은 A이다.

어휘 振奋 zhènfèn 형 분기하다, 분발하다

★★★ 상

46 在大数据时代，人们为什么需要忘记经验?	빅데이터 시대에 사람들은 어째서 경험을 잊을 필요가 있는가?
A 容易出现错误 **B 经验反而阻碍创新** C 数据与信息普遍存在 D 信息可以存储在手机里	A 쉽사리 실수가 나온다 **B 경험이 오히려 혁신을 방해한다** C 데이터와 정보는 보편적으로 존재한다 D 정보를 핸드폰에 저장할 수 있다

해설 보기의 키워드로 A는 错误(실수), B는 阻碍创新(혁신을 방해하다), C는 数据与信息(데이터와 정보), D는 存储(저장하다)를 삼고 녹음을 듣는다. 녹음의 我们可以通过对那些新行业、新企业的观察发现，经验根本不是创新的前提，自己的经验不管用了，有时甚至会成为一种阻碍(새로운 업종과 기업에 대한 관찰을 통해 우리는 경험이 혁신의 전제가 전혀 아니며, 자신의 경험은 더 이상 쓸모가 없고 심지어 걸림돌이 되기도 한다는 것을 발견할 수 있다)에 보기 B의 키워드가 언급되었다. 경험이 혁신에 걸림돌이 될 수 있다고 했으므로 정답은 B이다.

실전모의고사 4

★★★ 중

47 根据上文，下列哪项正确？

본문에 근거하여 다음 중 옳은 것은?

A 收集数据很容易	A 데이터 수집이 용이하다
B 年轻人缺少经验	B 젊은이들은 경험이 부족하다
C 新行业让经验失效	**C 새로운 업종은 경험이 효력을 잃게 만든다**
D 经验可以支撑创新	D 경험은 혁신을 뒷받침해 줄 수 있다

해설 보기의 키워드로 A는 收集数据(데이터 수집), B는 缺少经验(경험 부족), C 经验(경험)과 失效(효력을 잃다), D는 支撑创新(혁신을 뒷받침하다)을 삼고 녹음을 듣는다. 녹음에서 真正让"经验"二字完全失效的是那些新行业('경험'이라는 두 글자가 효력을 잃게 만드는 것은 바로 이들 새로운 직종이다)라고 했으므로 보기 C의 키워드가 모두 언급되었다. 따라서 옳은 내용은 C이다.

어휘 支撑 zhīchēng 동 받치다, 지탱하다

48-50

在20世纪70年代，印度的拉贾斯坦邦掀起了轰轰烈烈的植树造林活动。为此，当地政府制定了一项制度，每栽一棵树，就给予一定的现金奖励。此政策一出台，很多农民主动加入到了植树的行列，不分地点见缝插针地种。然而，48政府不久后就发现一个问题，种下的树苗成活率普遍很低。原因显而易见，农民只顾数量，而不顾后期管理，种完后不浇水、施肥。后来，49政府对原有的奖励制度进行修改，将"栽一棵树奖励"，改为"一年后活一棵树奖励"。从此以后，农民不仅认真植树，还加强了后期管理，植树的成活率直线上升。50这就说明，制度决定了事物的发展方向，建立一个优秀的制度，就能让人主动、自发地工作，可以使工作效率大幅提升。

20세기 70년대 인도의 라자스탄 주에서는 나무를 심고 숲을 조성하는 활동이 엄청난 기세로 일어났다. 이를 위해 현지 정부에서는 제도를 세워 한 그루의 나무를 심을 때마다 일정 금액을 상금으로 주기로 했다. 해당 정책이 공표되자 수많은 농민들이 자발적으로 식목의 대열에 합류하여 틈만 보이면 나무를 심었다. 하지만, 48정부는 오래지 않아 한 가지 문제점을 발견했다. 심겨진 묘목의 생존률이 보편적으로 낮았던 것이다. 원인은 명백했는데, 농민들이 그저 수량에만 급급할 뿐 후처리는 뒷전이었기 때문에, 묘목을 심고 난 뒤 물도 주지 않고 비료를 뿌려 주지도 않았다. 훗날, 49정부는 기존의 장려금 제도를 수정하여, '한 그루 심으면 상금'이었던 것을 '1년 후 살아남은 한 그루당 상금'으로 변경하였다. 이후로 농민들은 나무 심기에 열심일 뿐만 아니라 사후 관리도 강화하여, 수목의 생존률이 수직 상승하였다. 50이것은 제도가 사물의 발전 방향을 결정한다는 것을 말해준다. 훌륭한 제도를 세우면 사람들을 스스로 자발적으로 일하게 만들 수 있고 업무 효율을 큰 폭으로 상승시킬 수 있다.

어휘 拉贾斯坦邦 Lājiǎsītǎnbāng 지명 라자스탄 주 [인도에서 가장 면적이 넓은 주] 掀起 xiānqǐ 동 불러일으키다, 일다 轰轰烈烈 hōng hōng liè liè 형 스케일이 크다, 기세가 대단하다 栽 zāi 동 심다 奖励 jiǎnglì 명 동 장려(하다) 出台 chūtái 동 정책이나 조치 등을 공포하거나 실시하다 见缝插针 jiàn fèng chā zhēn 성 틈만 보이면 바늘을 꽂다, 이용할 수 있는 시간이나 기회 · 공간을 모두 이용하다 树苗 shùmiáo 명 묘목 成活率 chénghuólǜ 명 활착율, 생존율 显而易见 xiǎn ér yì jiàn 성 똑똑히 보이다, 명백히 알 수 있다 施肥 shīféi 동 비료를 주다 自发 zìfā 형 자발적인 大幅 dàfú 형 대폭적인

★★☆ 하

48 当地政府发现了什么问题？

현지 정부는 어떤 문제를 발견했는가?

A 没有地方植树	A 나무를 심을 곳이 없다
B 树苗成活率低	**B 묘목의 생존률이 낮다**
C 农民不认真植树	C 농민들이 열심히 나무를 심지 않는다
D 种树的成本太高	D 식목 원가가 너무 높다

해설 보기의 植树(나무를 심다), 树苗(묘목)를 보고 나무에 관한 내용임을 예상할 수 있고, 보기는 모두 문제점에 관한 내용이다. 녹음에서 政府不久后就发现一个问题，种下的树苗成活率普遍很低(정부는 오래지 않아 한 가지 문제점을 발견했다. 심겨진 묘목의 생존률이 보편적으로 낮았던 것이다)라고 했으므로 현지 정부가 발견한 문제점은 B이다.

★★☆ 하

49 发现问题后，政府采取了什么措施？ 문제 발견 후, 정부는 어떤 조치를 취했는가?

A 派出官员监督	A 관료들을 보내 감독했다
B 修改了奖励制度	**B 상금 제도를 수정했다**
C 组织农民进行培训	C 농민들에게 양성 과정을 조직해 주었다
D 由政府进行后期管理	D 정부가 사후 관리를 한다

해설 보기가 방법과 변화에 관한 내용이다. A는 监督(감독하다), B는 奖励制度(상금 제도), C는 培训(양성 과정), D는 后期管理(사후 관리)를 삼고 녹음을 듣는다. 녹음에서 政府对原有的奖励制度进行修改(정부는 기존의 장려금 제도를 수정했다)라고 했으므로 정부가 취한 조치는 B이다.

★★★ 중

50 下列哪项是说话人的观点？ 다음 어떤 것이 화자의 관점인가?

A 赏罚要分明	A 상벌이 분명해야 한다
B 要有效降低成本	B 효과적으로 원가를 낮춰야 한다
C 制度能改变事情的结果	**C 제도가 일의 결과를 바꿀 수 있다**
D 成功在于百折不挠的精神	D 성공은 불굴의 정신에 달려 있다

해설 보기에 要(~해야 한다)가 있고 교훈적인 내용임으로 이에 관한 내용을 주의해서 듣는다. 녹음은 나무 심는 제도를 소개하면서 마지막 부분에서 这就说明，制度决定了事物的发展方向(이것은 제도가 사물의 발전 방향을 결정한다는 것을 말해 준다)이라고 하여 화자의 관점을 제시했다. 따라서 정답은 C이다.

어휘 赏罚 shǎngfá 명 상벌 百折不挠 bǎi zhé bù náo 성 수없이 꺾여도 결코 굽히지 않다

독해 제1부분

[풀이전략] 보기 문장에서 수식 성분(관형어, 부사어, 보어)을 제외한 핵심 성분(주어, 술어, 목적어)을 위주로 먼저 분석한다. 문장 성분의 결여와 잉여, 어순 오류, 어휘의 호응 및 문맥의 논리성에 오류가 있는 문장을 정답으로 고른다.

★★★ 상

51 A 新能源电动 | 汽车 | 是 | 以电力为主要能源。
관형어 / 주어 / 술어 / 관형어
하이브리드 자동차는 전력을 주요 에너지원으로 삼는 이다.

(O) 新能源电动 | 汽车 | 是 | 以电力为主要能源的 | 汽车。
관형어 / 주어 / 술어 / 관형어 / 목적어
하이브리드 자동차는 전력을 주요 에너지원으로 삼는 자동차이다.

실전모의고사 4

B 超声波 | 是 | 一种频率高于20,000赫兹的 | 声波。
주어 술어 관형어 목적어
초음파는 주파수가 20,000Hz보다 높은 음파이다.

C 洛阳 | 是 | 中国历史上建都朝代最多、时间最长的 | 古都。
주어 술어 관형어 목적어
뤄양은 중국 역사상 가장 많은 왕조가 있었고 가장 오랜 시간 동안 도읍이었던 옛도시이다.

D 小睡 | 可以有效 | 缓解 | 疲劳 | 状况，| 改善 | 睡眠剥夺后的认知 | 功能。
주어 부사어 술어 관형어 목적어 술어 관형어 목적어
쪽잠은 피로한 상태를 효과적으로 완화시켜서 수면 부족 후의 인지 기능을 개선시켜 준다.

해설 보기 A는 목적어가 누락되었다. 문장을 분석해보면 [주어(新能源电动汽车)+술어(是)+관형어(以电力为主要能源)]의 구조이므로 'A是B(A는 B이다)'의 형식이 되도록 汽车(자동차)를 목적어에 두어야 한다.

어휘 超声波 chāoshēngbō 명 초음파 频率 pínlǜ 명 주파수 赫兹 hèzī 명 헤르츠(Hz) 剥夺 bōduó 동 박탈하다, 빼앗다

★★★ 중

52 A 相信自己的判断力，| 比盲目相信权威更加 | 重要。
주어 부사어 술어
자신의 판단력을 믿는 것이 맹목적으로 권위자를 믿는 것보다 훨씬 더 중요하다.

B 疲劳驾驶 | 已 | 成为 | 引发交通事故的主要 | 原因。
주어 부사어 술어 관형어 목적어
졸음 운전은 이미 교통사고를 유발하는 주요 원인이 되었다.

C 中国古籍《山海经》| 充满了 | 天马行空的 | 幻想。
주어 술어 관형어 목적어
중국의 고서 「산해경」은 허무맹랑한 환상이 가득하다.

D 采取各种办法培养餐饮业服务人员的水平 | 是 | 当务之急。
주어 술어 목적어
각종 방법을 사용해서 요식업계 서비스 종사자의 수준을 배양하는 것이 급선무이다.

(O) 采取各种办法提高餐饮业服务人员的水平 | 是 | 当务之急。
주어 술어 목적어
각종 방법을 사용해서 요식업계 서비스 종사자의 수준을 향상시키는 것이 급선무이다.

해설 보기 D의 주어 부분에서 술어와 목적어가 서로 어울리지 않는다. 문장은 [주어(采取各种办法培养餐饮业服务人员的水平)+술어(是)+목적어(当务之急)]의 구조인데, 주어 부분만 다시 분석해 보면 [술어1(采取)+목적어1(办法)+술어2(培养)+목적어2(水平)]의 구조로, 목적어2인 水平(수준)이 培养(배양하다)과 호응하지 않는다. 따라서 培养을 提高(향상시키다)로 바꿔주어야 한다.

어휘 权威 quánwēi 명 권위(자) 疲劳驾驶 píláo jiàshǐ 졸음 운전 古籍 gǔjí 명 고서 天马行空 tiān mǎ xíng kōng 성 실제와 동떨어지다, 허무맹랑하고 터무니없다 当务之急 dāng wù zhī jí 성 급선무, 당장 급한 일

★★★ 중

53 A 河南省济源市 | 是 | 遐迩闻名的愚公 | 故里。
주어 술어 관형어 목적어
허난성 지위안시는 유명한 우공의 고향이다.

B 这则新产品 | 广告 | 一经 | 登出， | 立刻 | 很多企业的 | 关注。
관형어 주어 부사어 술어 부사어 관형어 목적어
이 신제품 광고가 게재되자마자, 즉시 수많은 기업들의 관심.

(O) 这则新产品 | 广告 | 一经 | 登出， | 立刻 | 引起了 | 很多企业的 | 关注。
관형어 주어 부사어 술어 부사어 술어 관형어 목적어
이 신제품 광고가 게재되자마자, 즉시 수많은 기업들의 관심을 불러일으켰다.

C 地理位置 | 往往会对一个地区的经济发展 | 起着 | 决定性的 | 作用。
주어 부사어 술어 관형어 목적어
지리적 위치는 왕왕 한 지역의 경제 발전에 결정적 역할을 하기도 한다.

D 有 | 很多 | 鸟 | 会随着季节的变化 | 而 | 南北 | 迁徙， | 这种 | 鸟 | 被称为 | "候鸟"。
술어 관형어 주어 부사어 접속사 부사어 술어 관형어 주어 술어 목적어
수많은 새들이 계절의 변화에 따라 남북으로 이동하는데, 이러한 새를 일컬어 '철새'라고 한다.

해설 보기 B에 술어가 누락되었다. 뒷절의 문장은 [부사(立刻)+관형어(很多企业的)+명사(关注)]의 구조로 부사 立刻(즉시)와 목적어 关注(관심) 사이에 술어가 들어가야 한다. 목적어 关注(관심)와 어울리는 술어로 引起(불러일으키다)를 넣는다.

어휘 遐迩闻名 xiá ěr wén míng 성 명성이 자자하다 一经 yìjīng 부 ~하자마자 迁徙 qiānxǐ 동 이주하다, 옮겨가다 候鸟 hòuniǎo 명 철새

★★★ 하

54

A 五羊石像 | 堪称 | 广州城的第一 | 标志。
주어 술어 관형어 목적어
오양 석상은 광저우성의 으뜸가는 상징이라고 할 만하다.

B 众所周知， | 山东曲阜 | 是 | 儒家学派创始人孔子的 | 故乡。
부사어 주어 술어 관형어 목적어
모두 알다시피 산둥 취푸는 유교학파 창시자인 공자의 고향이다.

C 该地区无公害蔬菜的 | 生产量， | 除供应本省外，还 | 销 | 往河北等地。
관형어 주어 부사어 술어 보어
이 지역의 무공해 채소 생산량은 소재지 성에 공급하는 것 외에도 허베이 등지로도 판매된다.

(O) 该地区生产的无公害 | 蔬菜， | 除供应本省外，还 | 销 | 往河北等地。
관형어 주어 부사어 술어 보어
이 지역에서 생산되는 무공해 채소는 소재지 성에 공급하는 것 외에도 허베이 등지로도 판매된다.

D 电影《芳华》 | 是 | 一部由同名小说改编的 | 电影， | 呈现了 | 那个年代每一个人心底的 | 记忆。
주어 술어 관형어 목적어 술어 관형어 목적어
영화 「팡화」는 동명소설을 각색한 영화로, 그 시대 각 사람들의 마음 속 기억을 드러냈다.

해설 보기 C에서 주어와 술어가 논리적으로 의미가 모순된다. 주어인 生产量(생산량)은 술어인 供应(공급하다)을 할 수 없으므로 주어를 蔬菜(채소)로 바꿔주어야 한다.

어휘 堪称 kānchēng 동 ~라고 할 만하다 儒家 rújiā 명 유가 呈现 chéngxiàn 동 나타내다, 나타나다

★★★ 하

55

A 经验多 | 固然 | 是 | 好事，| 但如果 | 一个 | 人 | 只 | 靠 | 经验 | 工作，| 也 | 是 | 不行 | 的。

주어 접속사 술어 목적어 접속사 관형어 주어 부사어 술어1 목적어1 술어2 부사어 是 술어 조사

경험이 많은 것은 물론 좋지만 만약 사람이 경험에만 의존해서 일한다면 그 역시 안 되는 것이다.

B 人生 | 就 | 是 | 一场单程的 | 旅行，| 即使 | 有 | 些 | 遗憾，| 我们 | 也 | 没有 | 从头再来的 | 机会。

주어 부사어 술어 관형어 목적어 접속사 술어 관형어 목적어 주어 부사어 술어 관형어 기회

인생은 편도 여행과 같아서 설령 아쉬움이 남더라도 우리는 처음부터 다시 시작할 기회가 없다.

C 他 | 非常 | 喜欢 | 少年儿童那种天真无邪的 | 热情，| 因此 | 最终 | 走 | 上了 | 儿童文学创作。

주어 부사어 술어 관형어 목적어 접속사 부사어 술어 보어 관형어

그는 아이들의 그 천진난만한 열정을 굉장히 좋아해서 결국 아동문학 창작을 걷게 되었다.

(O) 他 | 非常 | 喜欢 | 少年儿童那种天真无邪的 | 热情，| 因此 | 最终 | 走 | 上了 | 儿童文学创作之 | 路 。

주어 부사어 술어 관형어 목적어 접속사 부사어 술어 보어 관형어 목적어

그는 아이들의 그 천진난만한 열정을 굉장히 좋아해서 결국 아동문학 창작의 길을 걷게 되었다.

D 记忆 | 像是 | 倒在掌心的 | 水 ，| 不论 | 你 | 摊开 | 还是 | 握紧，| 终究还是会从指缝中一滴一滴 | 流淌 | 干净。

주어 술어 관형어 목적어 접속사 주어 술어 접속사 술어 부사어 술어 보어

기억은 손바닥에 있는 물과 같아서 당신이 손을 펼치던 꽉 쥐던 간에 결국 손가락 사이로 한 방울씩 깨끗하게 흘러가 버린다.

해설 보기 C의 뒷절에 목적어가 누락되었다. 문장은 [부사어(最终)+술어(走)+ 보어(上了)+儿童文学创作]의 구조로, 创作(창작)는 술어인 走(걷다)의 목적어가 될 수 없다. 따라서 走의 목적어가 될 수 있는 路(길)를 목적어 자리에 두어야 한다.

어휘 固然 gùrán 접 물론 ~지만 单程 dānchéng 명 편도 无邪 wúxié 동 사심이 없다, 악이 없다 掌心 zhǎngxīn 명 손바닥 摊开 tānkāi 동 고르게 펴다 终究 zhōngjiū 부 결국, 필경 指缝 zhǐfèng 명 손아귀, 손가락 사이 流淌 liútǎng 동 액체가 흐르다

★★☆ 하

56

A 关于普通工薪阶层来说，| 贷款购房、按揭付款的方式 | 压力并不小。

부사어 주어 술어

일반 샐러리맨들에게 있어서 주택 마련 대출, 담보 등의 방식은 압박이 결코 작지 않다.

(O) 对普通工薪阶层来说，| 贷款购房、按揭付款的方式 | 压力并不小。

부사어 주어 술어

일반 샐러리맨들에게 있어, 주택 마련 대출, 담보 등의 방식은 압박이 결코 작지 않다.

B 肢体语言 | 是指 | 通过人体各部位的活动来传达思想的一种沟通 | 方式。

주어 술어 관형어 목적어

바디랭귀지는 인체 각 부위의 활동을 통해 생각을 전달하는 일종의 소통 방식이다.

C 菠萝中富含的 | 维生素B1, | 不仅 | 能够 | 促进 | 新陈代谢, | 还能 | 帮助 | 孕妇 | 消除 | 疲劳。
관형어 주어 접속사 부사어 술어 목적어 부사어 술어1 목1/주2 술어2 목적어2

파인애플에는 비타민 B1이 풍부하게 함유되어 있어 신진대사를 촉진시킬 뿐만 아니라 임산부가 피로를 없애는 데에도 도움을 줄 수 있다.

D 冬季 | 是 | 最适合喝红茶的 | 季节, | 这 | 是 | 因为红茶茶性温和，还能起到暖胃的作用。
주어 술어 관형어 목적어 주어 술어 목적어

겨울철은 홍차를 마시기에 가장 적합한 계절로, 이는 홍차의 성질이 따뜻하여 위장을 따뜻하게 해주는 작용을 하기 때문이다.

해설 보기 A의 개사구 고정격식에 오류가 발생했다. 来说와 호응하는 개사는 关于(~에 관하여)가 아닌 对(对于)로, '对/对于……来说/而言(~에 대해 말하자면/~에게 있어서는)'의 형식으로 쓰인다.

어휘 工薪阶层 gōngxīn jiēcéng 명 샐러리맨 계층, 월급쟁이 贷款 dàikuǎn 동 대출하다 명 대출금 按揭 ànjiē 모기지론, 담보대출 肢体语言 zhītǐ yǔyán 보디랭귀지(body language) 菠萝 bōluó 명 파인애플

★★★ 상

57

A 中国古代的 | 地图 | 大多数以山水画的形式 | 出现。
관형어 주어 부사어 술어

중국의 고대 지도는 대다수가 산수화의 형식으로 나타난다.

B 孟子 | 曾 | 说过, | 即使 | 在什么情况下, | 我们 | 都要 | 保持 | 本心。
주어 부사어 술어 접속사 부사어 주어 부사어 술어 목적어

맹자는 일찍이 설령 어떤 상황일지라도 모두 양심을 유지해야 한다고 말했다.

(O) 孟子 | 曾 | 说过, | 不论 | 在什么情况下, | 我们 | 都要 | 保持 | 本心。
주어 부사어 술어 접속사 부사어 주어 부사어 술어 목적어

맹자는 일찍이 설령 어떤 상황일지라도 모두 양심을 유지해야 한다고 말했다.

C 小湖 | 清澈见底, | 如同 | 一块透明的 | 玻璃, | 静静地 | 躺 | 在大自然的怀里。
주어 술어 술어 관형어 목적어 부사어 술어 보어

작은 호수는 바닥이 보일 정도로 물이 맑아서 마치 투명한 유리가 가만히 대자연의 품에 누워 있는 것만 같다.

D 如果 | 没有 | "破釜沉舟"的 | 决心, | 你 | 就永远不会 | 知道 | 自己的极限在哪儿。
접속사 술어 관형어 목적어 주어 부사어 술어 목적어

만약 '파부침주'의 결심이 없다면 당신은 절대로 자신의 한계가 어디인지 알 수 없을 것이다.

해설 보기 B에서 접속사의 호응 관계에 오류가 있다. 앞절에 의문대사가 있고 뒷절에 부사 都가 있으며, 조건에 관계 없이 결과가 같다는 뜻을 나타내므로 即使(설사 ~하더라도)가 아닌, 无论/不论/不管(~을 막론하고)이 사용되어야 한다.

어휘 本心 běnxīn 명 본심, 양심, 참마음 清澈见底 qīngchè jiàndǐ 밑바닥이 환히 보이도록 물이 맑다 破釜沉舟 pò fǔ chén zhōu 성 출진할 때 밥솥을 부수고 배를 침몰시키다, 결사의 각오로 출진하다

★★★ 중

58

A 最让人疲惫不堪的, | 并不 | 是 | 将要跨过的 | 高山大河, | 而 | 是 | 正处于脚下的 |
주어 부사어 술어 관형어 목적어 접속사 술어 관형어

一些琐事。
목적어

사람을 가장 피곤하게 만드는 것은 앞으로 넘어야 할 높은 산 넓은 강이 아니라, 발 아래 놓여있는 자질구레한 일들이다.

B 四川省汶川县 | 发生了 | 里氏8.0级大 | 地震，| 给当地人民的生命和财产 | 造成了 | 巨大的 |
주어 술어 관형어 목적어 부사어 술어 관형어

损失 | 严重。
목적어 ?

쓰촨성 원촨현에서 발생한 리히터 규모 8.0의 대지진은 현지 사람들의 생명과 재산에 엄청난 손실을 초래했다 심각하다.

(O) 四川省汶川县 | 发生了 | 里氏8.0级大 | 地震，| 给当地人民的生命和财产 | 造成了 | 巨大的 |
주어 술어 관형어 목적어 부사어 술어 관형어

损失。
목적어

쓰촨성 원촨현에서 발생한 리히터 규모 8.0의 대지진은 현지 사람들의 생명과 재산에 엄청난 손실을 초래했다.

C 人们 | 喜欢 | 通过炫耀来展示自己最好的一面，| 而 | 爱炫耀 | 是 | 人们内心渴求被关注
주어 술어 목적어 접속사 주어 술어 관형어

和肯定的 | 表现。
목적어

사람들은 과시를 통해 자신의 가장 좋은 면을 드러내길 좋아하는데, 과시하기를 좋아하는 것은 마음 속으로 사람들에게 관심을 받고 인정을 받고자 하는 표현이다.

D 电子表 | 是 | 根据电能转换为磁能，再由磁能转换为机械能的物理现象设计而成的。
주어 술어 목적어

전자 손목시계는 전기 에너지가 자기 에너지로 전환되고, 다시 자기 에너지가 역학적 에너지로 전환되는 물리현상을 토대로 설계된 것이다.

해설 보기 B의 뒷절에 불필요한 문장 성분이 쓰였다. 뒷절의 문장은 [부사어(给当地人民的生命和财产)+술어(造成了)+관형어(巨大的)+목적어(损失)+严重]의 구조로 맨뒤의 严重이 불필요한 성분이다. 따라서 严重을 소거해야 한다.

어휘 疲惫不堪 píbèi bùkān 참지 못할 정도로 피곤하다 琐事 suǒshì 명 자질구레한 일, 번거로운 일 炫耀 xuànyào 동 자랑하다, 뽐내다 磁能 cínéng 명 자기 에너지 机械能 jīxiènéng 명 역학 에너지

★★☆ 하

59

A 生物科学家的调研结果 | 显示，| 如今 | 生物物种消亡的 | 速度 | 比以往任何时候都相当 | 快。
주어 술어 부사어 관형어 주어 부사어 술어

생물학자의 조사 연구 결과, 오늘날 생물종의 멸종 속도는 예전 그 어느 때보다도 상당히 빠르다고 나타났다.

(O) 生物科学家的调研结果 | 显示，| 如今 | 生物物种消亡的 | 速度 | 比以往任何时候都要 | 快。
주어 술어 부사어 관형어 주어 부사어 술어

생물학자의 조사 연구 결과, 오늘날 생물종의 멸종 속도는 예전 그 어느 때보다도 더 빠르다고 나타났다.

B 植物油中 | 含 | 大量不饱和脂肪酸，| 它们 | 在烹饪中很容易 | 被氧化，| 进而 | 形成 |
주어 술어 목적어 주어 부사어 술어 접속사 술어

黑色的有害 | 成分。
관형어 목적어

식물성 기름에는 다량의 불포화 지방산이 함유되어 있어 조리 과정에서 쉽게 산화되고 더 나아가 검은색 유해 성분을 형성하기도 한다.

C 战国水晶 | 杯 | 为 | 战国晚期水晶 | 器皿，| 于1990年 | 出土 | 于杭州市半山镇石塘村，|
관형어 주어 술어 관형어 목적어 부사어 술어 보어

现 | 藏 | 于杭州博物馆。
부사어 술어 보어

전국 시기의 크리스탈잔은 전국시대 말기 크리스탈 그릇으로, 1990년 항저우시 반산전 스탕촌에서 출토되었으며 현재 항저우 박물관에 소장되어 있다.

D 在人生的几个阶段中，| 青春时期 | 无疑 | 是 | 其中最 | 耀眼 | 的，| 它 | 宛如 | 美丽的 |
부사어 주어 부사어 是 부사어 술어 조사 주어 술어 관형어

鲜花，| 让 | 人生 | 绚丽多姿。
목적어 술어1 목1/주2 술어2

인생의 몇 단계에서 청춘 시기는 의심의 여지 없이 가장 눈부신 때로 마치 아름다운 생화처럼 인생을 다채롭고 아름답게 해 준다.

해설 보기 A의 뒷절은 비교문인데, 비교문에는 일반적으로 很/非常/十分/相当/特别 등과 같은 정도부사를 사용하지 않고, '더/더욱'이라는 뜻으로 비교의 정도를 나타내는 更/更加/还/还要/要 등을 사용한다. 따라서 相当을 제거하고 要를 넣는다.

어휘 不饱和脂肪酸 bù bǎohé zhīfángsuān 불포화 지방산　烹饪 pēngrèn 명 동 요리(하다)　氧化 yǎnghuà 명 산화　器皿 qìmǐn 명 그릇, 식기　耀眼 yàoyǎn 형 눈부시다　宛如 wǎnrú 동 마치 ~같다　绚丽多姿 xuàn lì duō zī 성 눈부시게 아름답고 다채롭다

★★★ 하

60

A 中国最早的花鸟图 | 并不 | 是 | 出现在纸上，| 而 | 出现 | 在四五千年以前制造的陶器上。
주어 부사어 술어 목적어 접속사 술어 보어

중국 최초의 화조화는 종이 위가 아닌 4, 5천 년 전에 만들어진 도자기에 나타났다.

B 榴莲 | 在泰国最 | 负有 | 盛名，| 被誉为 | "水果之王"。| 它的 | 气味 | 浓烈，| 爱之 | 者 |
주어 부사어 술어 목적어 술어 목적어 관형어 주어 술어 관형어 주어

赞 | 其 | 香，| 厌之 | 者 | 怨 | 其 | 臭。
술어 관형어 목적어 관형어 주어 술어 관형어 목적어

두리안은 태국에서 가장 유명한 과일로 '과일의 왕'이라고 불린다. 그 냄새가 짙어 좋아하는 사람은 향기롭다고 칭찬하는 반면에, 싫어하는 사람은 역겹다고 불평한다.

C 父母 | 是 | 孩子的第一任 | 老师，| 父母的任何不起眼的 | 小行为 | 都可能对孩子的未来 |
주어 술어 관형어 목적어 관형어 주어 부사어

产生 | 有 | 深远的 | 影响。
술어 관형어 목적어

부모는 아이들 최초의 선생님으로, 부모의 어떠한 사소한 행동도 아이들의 미래에 엄청난 영향이 있음을 일으킬 수 있다.

(O) 父母 | 是 | 孩子的第一任 | 老师，| 父母的任何不起眼的 | 小行为 | 都可能对孩子的未来 |
주어 술어 관형어 목적어 관형어 주어 부사어

产生 | 深远的 | 影响。
술어 관형어 목적어

부모는 아이들 최초의 선생님으로, 부모의 어떠한 사소한 행동도 아이들의 미래에 엄청난 영향을 일으킬 수 있다.

D 为纪念故宫博物院成立80周年，| 由中央电视台、故宫博物院联合拍摄的12集大型 | 纪录片
부사어 관형어 주어

《故宫》，| 在央视一套 | 播出。
부사어 술어

고궁 박물관 건립 80주년을 기념하기 위해, 중국 관영 CCTV와 고궁 박물관이 공동으로 찍은 12부작 대형 다큐멘터리 「고궁」이 CCTV 채널1에서 방영되었다.

해설 보기 C의 뒷절에서 불필요하게 동사가 중복됐다. 문장은 [주어(父母的任何不起眼的小行为)+부사어(都可能对孩子的未来)+술어(产生/有)+관형어(深远的)+목적어(影响)]인데, 술어가 产生(발생하다)과 有(있다) 두 개이므로 产生을 남겨두고 有를 없애야 한다.

어휘 陶器 táoqì 명 도기, 도자기　榴莲 liúlián 명 두리안　盛名 shèngmíng 명 훌륭한 명성　浓烈 nóngliè 형 (냄새 등이) 농후하다, 강렬하다　不起眼 bù qǐyǎn 눈에 띄지 않다, 남의 주의를 끌지 못하다

독해 제2부분

[풀이전략] 빈칸의 위치를 파악하여 앞뒤에 어떤 단어가 있는지 파악한다. 보기 중 각 빈칸 문장에 가장 어울리는 단어를 정답으로 고른다.

★★☆ 중

61

求职过程中，简历与职位只要有60%是契合的，获得面试机会的 **概率** 就会大幅上升，排除那些 **极其** 专业的工作，比如医学、法学，入职标准基本上都可以 **协商** ，招聘公司只在乎你是否能为他们带来商业价值。	구직 과정에서, 이력과 직위가 60%만 일치하면 면접 기회를 얻을 수 있는 **확률**이 대폭 상승한다. 의학, 법학과 같이 **지극히** 전문적인 일을 제외하면, 입사 기준은 기본적으로 **협상**이 가능하다. 채용 기업들은 단지 당신이 그들에게 상업적 가치를 창출해줄 수 있는지 여부에만 관심이 있을 뿐이다.
A 成效 ㅣ 过分 ㅣ 协议 B 几率 ㅣ 万万 ㅣ 处置 **C 概率 ㅣ 极其 ㅣ 协商** D 频率 ㅣ 过度 ㅣ 协助	A 성과 ㅣ 지나치게 ㅣ 협의하다 B 확률 ㅣ 결코 ㅣ 처분하다 **C 확률 ㅣ 지극히 ㅣ 협상하다** D 빈도 ㅣ 과도하게 ㅣ 협조하다

해설

첫 번째 빈 칸	成效 chéngxiào 명 성과, 효과, 효능 几率 jīlǜ 명 확률 概率 gàilǜ 명 확률 频率 pínlǜ 명 빈도

빈칸은 [관형어(获得面试机会的)+___+술어(上升)]의 구조로 명사 주어 자리이다. 의미상 '면접 기회를 얻을 수 있는 ~이 크게 상승한다'를 나타내므로 几率 또는 概率가 적합하다.

두 번째 빈 칸	过分 guòfèn 형 (말이나 행동이) 지나치다 부 지나치게 万万 wànwàn 부 결코, 절대로, 도저히 [부정형으로만 씀] 极其 jíqí 부 지극히, 매우 过度 guòdù 형 (정도를) 지나치다, 과도하다 부 과도하게

빈칸은 [___+형용사(专业)+的+工作]의 구조로 형용사 专业(전문적인)를 수식할 수 있는 정도부사 자리이다. 보기 중 极其가 가장 적합하다. 过分과 过度는 '과하다'라는 부정적인 뉘앙스이며, 万万은 '万万+没/不……'의 부정형식으로만 사용한다.

세 번째 빈 칸	协议 xiéyì 명 동 협의(하다), 합의(하다) 处置 chǔzhì 동 처분하다, 처벌하다 协商 xiéshāng 명 동 협상(하다), 협의(하다) 协助 xiézhù 명 도움, 조력 동 협조하다, 협력하고 원조하다

빈칸은 [주어(入职标准)+부사어(基本上都可以)+___]의 구조로 동사 술어 자리이다. 주어인 入职标准(입사 기준)과 호응할 수 있는 协议 또는 协商이 적합하다.

어휘 契合 qìhé 동 부합하다, 일치하다　排除 páichú 동 장애를 제거하다, 배제하다　入职 rùzhí 동 입사하다

★★★ 중

62 "旅商(TQ)"全称"旅行商数"，它评测的内容 **包含** 旅途规划、行程管理、应对突发问题等方面。旅商可以用于 **衡量** 旅行者在旅行过程中产生幸福感的程度。同样的旅行目的地，旅商高的人如鱼得水，产生的幸福感很高；而旅商低的人很可能 **手忙脚乱** ，产生的幸福感则很低。

'TQ'의 총칭은 '여행 지수'로, 이것이 평가 추산한 내용에는 여행 루트 계획, 일정 관리, 돌발 문제 대처 등의 방면을 **포함한다**. 여행 지수는 여행자가 여행하는 과정에서 생겨나는 행복감의 정도를 **가늠하는** 데 사용할 수 있다. 여행 목적지가 동일하더라도 여행 지수가 높은 사람은 물만난 물고기마냥 행복감이 높지만, 여행 지수가 낮은 사람은 **허둥지둥해서** 생기는 행복감도 낮다.

A 包庇 | 权衡 | 不知所措
B 包含 | 衡量 | 手忙脚乱
C 包容 | 斟酌 | 有条不紊
D 包括 | 评判 | 津津有味

A 감싸주다 | 가늠하다 | 갈팡질팡하다
B 포함하다 | 가늠하다 | 허둥지둥하다
C 포용하다 | 헤아리다 | 조리정연하다
D 포함하다 | 판정하다 | 흥미진진하다

해설

첫 번째 빈 칸
包庇 bāobì 동 (나쁜 사람이나 나쁜 일을) 감싸주다, 은폐해주다
包含 bāohán 동 (의의 · 도리 · 내용 등을) 포함하다
包容 bāoróng 동 포용하다, 관용하다
包括 bāokuò 동 (수량 · 범위 등을) 포괄하다, 포함하다

빈칸은 [주어(内容)+___+목적어(旅途规划、行程管理、应对突发问题等方面)]의 구조로 동사 술어 자리이다. 목적어가 구체적인 예시의 나열이므로 주어인 内容(내용)에 포함된다는 의미가 적합하다. 따라서 包含 또는 包括가 적합하다.

두 번째 빈 칸
权衡 quánhéng 동 (득실 · 이해 관계 등을) 가늠하다, 평가하다
衡量 héngliang 동 따져보다, 평가하다, 가늠하다
斟酌 zhēnzhuó 동 짐작하다, 헤아리다, 고려하다
评判 píngpàn 명 동 판정(하다), 심사(하다)

빈칸은 [___+……的+목적어(程度)]의 구조로 동사 술어 자리이다. 목적어인 程度(정도)와 호응하면서 측정/평가하는 의미인 衡量이 가장 적합하다.

세 번째 빈 칸
不知所措 bù zhī suǒ cuò 성 어찌할 바를 모르다, 갈팡질팡하다
手忙脚乱 shǒu máng jiǎo luàn 성 몹시 바빠서 이리 뛰고 저리 뛰다, 허둥지둥하다
有条不紊 yǒu tiáo bù wěn 성 조리정연하다
津津有味 jīn jīn yǒu wèi 성 흥미진진하다, 아주 맛있다

빈칸은 [주어(旅商低的人)+부사어(很可能)+___]의 구조로 술어 자리이며 앞부분과 유사한 형식을 갖는다. 의미상 '여행 지수가 높은 사람은 여행 행복감이 높아지는 반면 여행 지수가 낮은 사람은 ~하다'라는 뜻이므로, 여행 루트와 일정 계획이 미비해서 허둥지둥하게 된다는 뜻으로서 手忙脚乱이 들어가야 한다.

어휘 评测 píngcè 동 평가하여 추산하다 如鱼得水 rú yú dé shuǐ 성 물고기가 물을 만난 것 같다

★★☆ 중

63 苏州山水秀丽，又以盛产太湖石而闻名，自然条件可谓 **得天独厚** 。再加上苏州历代百业 **兴旺** ，生活富足，上至官衙，下至民居，苏州建筑物大都经过 **精心** 的设计和建造。这些都成了促进苏州古典园林发展的基本因素。

쑤저우는 산수가 수려한데, 태호석의 생산지로도 유명하며, 자연 조건은 **특히 좋다**고 말할 수 있다. 게다가 쑤저우는 역대 수많은 업종이 **흥했던** 곳으로, 생활이 풍족하여 위로 관아로부터 아래로 민가에 이르기까지 쑤저우의 건축물은 대부분이 **정성껏** 설계되고 지어졌다. 이러한 것들이 쑤저우의 고전 원림의 발전을 촉진시킨 기본 요소들이 되었다.

실전모의고사 4

A 得天独厚 | 兴旺 | 精心 B 空前绝后 | 盛行 | 谨慎 C 彬彬有礼 | 繁华 | 挑剔 D 巧夺天工 | 隆重 | 郑重	**A 특히 좋은 조건을 갖추다 | 번창하다 | 정성들이다** B 전무후무하다 | 성행하다 | 신중하다 C 점잖고 예절이 밝다 | 번화하다 | 까다롭다 D 인공적인 것이 천연적인 것보다 낫다 | 성대하고 장중하다 | 태도가 정중하다

해설

첫 번째 빈 칸	得天独厚 dé tiān dú hòu 성 특히 좋은 조건을 갖추다 空前绝后 kōng qián jué hòu 성 전무후무하다 彬彬有礼 bīn bīn yǒu lǐ 성 점잖고 예절이 밝다 巧夺天工 qiǎo duó tiān gōng 성 인공적인 것이 천연적인 것보다 낫다, 기술(기교)이 훌륭하다

빈칸은 [주어(自然条件)+술어(可谓)+___]의 구조로 목적어 자리이다. 주어인 自然条件(자연 조건)과 호응하여 쓸 수 있는 단어는 得天独厚가 유일하다.

두 번째 빈 칸	兴旺 xīngwàng 형 왕성하다, 흥성하다, 번창하다 盛行 shèngxíng 형 성행하다, 매우 널리 유행하다 繁华 fánhuá 형 (거리 · 도시가) 번화하다 隆重 lóngzhòng 형 성대하고 장중하다

빈칸은 [주어(百业)+___]의 구조로 형용사 술어 자리이다. 문맥상 각종 업종의 발전을 뜻하므로 兴旺이 들어가야 한다.

세 번째 빈 칸	精心 jīngxīn 형 공들이다, 정성들이다 谨慎 jǐnshèn 형 (일처리 등이) 신중하다 挑剔 tiāotī 형 가리는 것이 많다, 까다롭다 郑重 zhèngzhòng 형 태도가 정중하다

빈칸은 [___+的+명사(设计和建造)]의 구조로 관형어 자리이다. 뒷부분에 '원림의 발전을 촉진시킨 기본 요소'가 언급되었으므로 문맥상 '정성껏 건축되다'라는 의미를 이루어야 한다. 따라서 精心이 들어가야 한다.

어휘 秀丽 xiùlì 형 수려하다, 아름답다 可谓 kěwèi 동 ~라고 말할 수 있다 富足 fùzú 형 풍족하다, 넉넉하다 官衙 guānyá 명 관아, 관청

★★☆ 상

64

机票和酒店的预定还在通过旅行社吗？那您就 **落伍** 了。年轻人旅行 **凭** 一部智能手机就能解决所有问题，足不出户就可完成行程 **规划** 。游客消费行为也逐渐受到科技的影响，越来越多的游客会因为 **搜索** 到一单划算的机票或酒店，而决定来一场“说走就走”的旅行。	비행기표와 호텔을 예약하는 데 아직도 여행사를 통해서 하는가? 그렇다면 당신은 **시대에 뒤떨어진 것이다**. 젊은 사람들은 여행할 때 한 대의 스마트폰**으로** 모든 문제를 해결한다. 집 밖에 나가지 않아도 여행루트 **계획**을 완성할 수 있다. 여행 소비 행위도 점차 과학 기술의 영향을 받게 되었다. 점점 더 많은 여행객들이 수지타산이 맞는 비행기표와 호텔을 **검색할** 수 있기 때문에 '간다고 하면 바로 가는' 여행을 결정하게 됐다.
A 领先 | 按 | 策略 | 探察 **B 落伍 | 凭 | 规划 | 搜索** C 落后 | 趁 | 决策 | 检测 D 掉队 | 持 | 策划 | 考察	A 앞서다 | ~에 따라서 | 책략 | 탐사하다 **B 낙오하다 | ~에 근거해서 | 계획 | 검색하다** C 낙후되다 | ~을 틈타서 | 방법 | 검측하다 D 낙오하다 | 가지다 | 기획 | 고찰하다

해설

첫 번째 빈 칸	领先 lǐngxiān 동 앞서다, 리드하다 落伍 luòwǔ 동 형 낙오하다, 시대에 뒤떨어지다 落后 luòhòu 동 형 낙후되다, 뒤쳐지다 掉队 diàoduì 동 ~에 뒤떨어지다, 낙오하다

빈칸은 [주어(您)+부사어(就)+___+了]의 구조로 동사 술어 자리이다. 문맥상 앞에서 비행기와 호텔 예약을 할 때 아직도 여행사를 통해서 하느냐고 반문했고 뒤에서는 대조적으로 젊은 사람들은 스마트폰을 사용한다고 했다. 따라서 문맥상 '뒤쳐지다'라는 뜻이 적합하므로 落伍나 落后 또는 掉队가 들어가야 한다.

두 번째 빈 칸	按 àn 개 ~에 따라서, ~에 의해서, ~에 비추어 凭 píng 개 ~에 근거해서, ~에 따라서 동 의지하다 趁 chèn 개 (때 · 기회를) 이용해서, 빌어서, 틈타서 持 chí 동 가지다, 지키다

빈칸은 [주어(年轻人旅行)+___+명사(一部智能手机)+부사어(就能)+술어(解决)+목적어(所有问题)]의 구조로 개사 자리이다. 의미상 一部智能手机(스마트폰 한 대)가 解决所有问题(모든 문제를 해결)의 수단이 되므로 수단/방법에 사용하는 凭이 들어가야 한다.

세 번째 빈 칸	策略 cèlüè 명 책략, 전술 规划 guīhuà 명 계획, 기획 [비교적 종합적이고 장기적인] 决策 juécè 명 방법, 정책 동 방법 · 정책을 결정하다 策划 cèhuà 명 동 기획(하다)

빈칸은 [관형어(行程)+___]의 구조로 중심어 자리이다. 보기 중 行程(여행루트)과 호응할 수 있는 명사로 规划가 들어가야 한다.

네 번째 빈 칸	探察 tànchá 동 살피다, 탐사하다 搜索 sōusuǒ 동 검색하다, 자세히 뒤지다 检测 jiǎncè 동 검측하다 考察 kǎochá 동 고찰하다, 현지 조사하다

빈칸은 [___+보어(到)+목적어(一单划算的机票或酒店)]의 구조로 동사 술어 자리이다. 의미상 스마트폰을 활용해서 '검색하는' 행위를 나타내므로 搜索가 적합하다. 探察와 检测는 주로 과학, 실험, 수치, 데이터와 함께 쓰인다.

★★★ 중

65

"话太多"和"会聊天"之间有天壤之别。前者是指说话时插话太快，让人没时间 **慎重** 思考，总是一个人夸夸其谈，不给对方 **表达** 的余地；话说得越多， **不见得** 越受欢迎。与此相反，聊天时，只有心里装着对方，对对方有足够的了解，才能说到对方的心坎里，此人更愿意和他聊天，这就是 **所谓** 的"会聊天"。

'말이 많다'와 '담소를 나눌 줄 안다' 사이에는 하늘과 땅 만큼 차이가 있다. 전자는 말할 때에 말 참견이 너무 빨라 다른 사람들이 **신중하게** 생각할 시간이 없게 만들고 늘상 혼자서 큰 소리를 치며 상대방에게 **표현할** 여지를 주지 않는다. 말이 많다고 **꼭 환영받는 것은 아니다**. 이와 반대로, 담소를 나눌 때는 마음속에 상대방을 담아두고 상대방에 대해 충분히 이해해야만 상대방의 마음속까지 말하게 되고 그 사람도 더 대화하기를 바라게 된다. 이것이 바로 **이른바** '담소를 나눌 줄 안다'이다.

A 慎重 | 表达 | 不见得 | 所谓
B 详细 | 交流 | 怪不得 | 所有
C 积极 | 沟通 | 巴不得 | 不愧
D 沉稳 | 发言 | 说不准 | 不屑

A 신중하다 | 표현하다 | 반드시 ~한 것은 아니다 | 이른바
B 상세하다 | 교류하다 | 어쩐지 | 모든
C 적극적이다 | 소통하다 | 간절히 바라다 | ~답다
D 침착하다 | 발언하다 | 아마 ~일지도 모른다 | ~할 가치가 없다고 생각하다

해설

첫 번째 빈 칸	慎重 shènzhòng 형 신중하다 详细 xiángxì 형 상세하다, 자세하다 积极 jījí 형 적극적이다 沉稳 chénwěn 형 (사람, 태도, 행동 등이) 침착하다, 신중하다, 듬직하다

빈칸은 [___+동사(思考)]의 구조로 동사를 수식할 수 있는 부사어가 들어가야 한다. 보기 중 思考(생각하다)를 수식할 수 있는 단어로 慎重이 적합하다.

두 번째 빈 칸	表达 biǎodá 동 (생각 · 감정을) 표현하다 交流 jiāoliú 동 교류하다, 왕래하다, 오고 가다 沟通 gōutōng 동 교류하다, 소통하다 发言 fā yán 동 발언하다

빈칸은 [부사어(不)+술어(给)+목적어1(对方)+___+的+목적어2(余地)]의 구조로 관형어 자리이다. 의미상 '상대방에게 ~할 여지를 주지 않는다'는 뜻이므로 '말로 생각, 감정을 표현한다'는 表达가 가장 적합하며 发言도 들어갈 수 있다.

세 번째 빈 칸	不见得 bújiàndé 반드시 ~한 것은 아니다 怪不得 guàibude 그러기에, 어쩐지 巴不得 bābude 간절히 바라다, 몹시 ~를 바라다 说不准 shuōbuzhǔn 아마 ~일지도 모른다

빈칸은 [주어(话)+술어(说)+得+보어(越多), ___+越+술어(受)+목적어(欢迎)]의 구조로 의미상 '말이 많을수록 더욱 인기를 얻는 것이 ~하다'의 뜻이다. 앞부분에서 '말이 많은' 폐해를 언급했으므로 이에 대한 부정적인 내용이 이어져야 한다. 따라서 不见得가 들어가야 한다.

네 번째 빈 칸	所谓 suǒwèi 동 소위, 이른바, ~라는 것은 所有 suǒyǒu 명 동 소유(하다) 형 모든 不愧 búkuì 동 ~답다, 손색없다 [대개 '为' 또는 '是'과 함께 사용] 不屑 búxiè 동 ~할 가치가 없다고 생각하다

빈칸은 [这就是+___+的+"会聊天"]의 구조로 관형어 자리이다. 빈칸 뒤에 큰따옴표(" ")로 단어가 제시되었으므로, 앞에서 설명한 내용을 다시 특정 어휘로 설명하는 표현임을 알 수 있다. 따라서 所谓가 들어가야 한다.

어휘 天壤之别 tiān rǎng zhī bié 성 하늘과 땅 차이 插话 chāhuà 동 말참견하다 夸夸其谈 kuā kuā qí tán 성 호언장담하다, 큰소리 치다 余地 yúdì 명 여지 心坎 xīnkǎn 명 마음속

★★★ 중

66

葫芦画是一种古老的传统工艺美术，**起源** 于宋代，盛行于清朝康熙年间。在中国民间，葫芦 **素有** "宝葫芦"的美誉。它一直被人们视为 **吉祥** 之物，因此，以葫芦为题材的传统民间故事不胜枚举。古代，在吉祥物上赋诗作画，是人们 **喜闻乐见** 的形式。	조롱박 그림은 오래된 전통 공예 예술로, 송대에 **기원했고**, 청대 강희 연간에 성행하였다. 중국 민간에 조롱박은 **원래부터** '요술 호리병'이라는 아름다운 이름**이 있었다**. 이것은 줄곧 **길한** 물건으로 여겨져 왔다. 이 때문에 조롱박을 소재로 한 전통 민간 고사도 셀 수 없이 많다. 고대에는 길한 물건에 시와 그림을 그려 넣는 것이 사람들이 **즐겨 듣고 보는** 형식이었다.
A 设立 | 分享 | 繁华 | 一如既往 B 启蒙 | 享有 | 和谐 | 独一无二 C 创造 | 所有 | 和睦 | 见多识广 **D 起源 | 素有 | 吉祥 | 喜闻乐见**	A 설립하다 | 함께 나누다 | 번화하다 | 지난 날과 다름없다 B 계몽하다 | 누리다 | 잘 어울리다 | 유일무이하다 C 창조하다 | 소유하다 | 화목하다 | 박식하고 경험이 많다 **D 기원하다 | 원래부터 있다 | 길하다 | 즐겨 듣고 즐겨 보다**

해설

첫 번째 빈 칸	设立 shèlì 동 (회사 · 기구 등을) 세우다, 설립하다 启蒙 qǐméng 명 동 계몽(하다) 创造 chuàngzào 동 창조하다 起源 qǐyuán 명 동 기원(하다)

빈칸은 [___+于+시기(宋代)]의 구조로 동사 술어 자리이다. 뒷부분에 盛行于(~에 성행했다)가 있으므로 문맥상 시작 시기를 나타내는 것이 적합하다. 따라서 起源이 들어가야 한다.

두 번째 빈 칸	分享 fēnxiǎng 동 (행복 · 기쁨 등을) 함께 나누다 享有 xiǎngyǒu 동 (권리 · 명예 등을) 향유하다, 누리다 所有 suǒyǒu 명 동 소유(하다) 素有 sùyǒu 동 원래부터 있다

빈칸은 [주어(葫芦)+___+관형어("宝葫芦"的)+목적어(美誉)]의 구조로 동사 술어 자리이다. 목적어인 美誉(아름다운 이름)와 고정적으로 결합하는 동사는 享有와 素有이다.

세 번째 빈 칸	繁华 fánhuá 형 (거리 · 도시 등이) 번화하다 和谐 héxié 형 (배합 · 가락 등이) 잘 어울리다, 조화하다, 맞다 和睦 hémù 형 (가정이) 화목하다 吉祥 jíxiáng 형 상서롭다, 운수가 좋다, 길하다

빈칸은 [___+之物]의 구조로 관형어 자리이다. 보기 중 物(물건)와 호응할 수 있는 형용사는 吉祥뿐이다.

네 번째 빈 칸	一如既往 yì rú jì wǎng 성 지난 날과 다름없다 独一无二 dú yī wú èr 성 유일무이하다 见多识广 jiàn duō shí guǎng 성 보고 들은 것이 많고 식견이 넓다, 박식하고 경험이 많다 喜闻乐见 xǐ wén lè jiàn 성 기쁜 마음으로 듣고 보다, 즐겨 듣고 즐겨 보다

빈칸은 [술어(是)+관형어{주어(人们)+___+的}+명사(形式)]의 구조로 人们(사람들)의 술어이자 중심어 形式(형식)를 수식할 수 있는 관형어 자리이다. 앞부분에서 셀 수 없을 정도로 많은 작품이 있다고 했으므로 사람들이 좋아하는 대상이었음을 알 수 있다. 따라서 의미상 喜闻乐见이 들어가야 한다.

어휘 葫芦 húlu 명 조롱박, 표주박 盛行 shèngxíng 동 성행하다, 널리 유행하다 美誉 měiyù 명 명성과 명예 不胜枚举 bú shèng méi jǔ 성 너무 많아서 일일이 다 들 수 없다 赋诗 fùshī 동 시를 짓다

★★☆ 상

67

货币基金是聚集社会闲散资金，由基金管理人 **运作**，基金托管人保管的一种开放式基金，专门投向 **风险** 小的货币市场工具。与其他类型的开放式基金相比，货币基金具有安全度高、流动性好、收益 **稳定** 等特征，可与活期存款 **媲美**。	머니 마켓 펀드(Money Market Fund, MMF)는 사회 유휴 자금을 모은 것으로, 펀드 매니저가 **운용하고**, 펀드 수탁자가 보관하는 개방적 펀드로, 전문적으로 **리스크**가 작은 화폐 시장 도구이다. 다른 유형의 개방적 펀드와 비교 시 머니 마켓 펀드는 안전성이 높고, 유동성이 좋으며, 수익이 **안정적인** 특성을 지녀 보통 예금과 **견줄 만하다**.
A 预料 | 隐患 | 镇定 | 攀比 B 运算 | 隐私 | 安定 | 胜过 **C 运作 | 风险 | 稳定 | 媲美** D 运行 | 损失 | 固定 | 相当	A 예상하다 | 폐해 | 침착하다 | 허세를 부리다 B 연산하다 | 사생활 | 안정되고 정상적이다 | ~보다 낫다 **C 운용하다 | 리스크 | 안정되다 | 견줄 만하다** D 운행하다 | 손실 | 고정된 | 맞먹다

해설

첫 번째 빈 칸	预料 yùliào 명 동 예상(하다), 전망(하다), 예측(하다) 运算 yùnsuàn 명 동 연산(하다) 运作 yùnzuò 동 (조직 · 기구 등이) 활동하다, (시스템 등을) 운용 · 운영하다 运行 yùnxíng 동 (주로 행성 · 차량 등이) 운행하다

빈칸은 [주어(货币基金)+由+基金管理人+___]의 구조로 동사 술어 자리이다. 의미상 '머니 마켓 펀드는 펀드 매니저가 ~한다'라는 뜻이므로 运作가 들어가야 한다.

두 번째 빈 칸	隐患 yǐnhuàn 명 잠복해 있는 병, 겉에 드러나지 않은 폐해 또는 재난 隐私 yǐnsī 명 사생활, 사적인 비밀, 프라이버시 风险 fēngxiǎn 명 위험, 리스크 损失 sǔnshī 명 동 손실(하다), 손해(보다)

빈칸은 [관형어(___+술어(小)+的)+중심어(货币)]의 구조이다. 문맥상 MMF의 장점을 설명하고 있으므로 '리스크가 작다'라는 뜻이 되도록 风险이 들어가는 것이 적합하다.

세 번째 빈 칸	镇定 zhèndìng 형 (다급한 상황에서도) 침착하다, 냉정하다, 차분하다 安定 āndìng 형 (생활이나 형세 등이) 안정되고 정상적이다 稳定 wěndìng 형 (형세 · 물가 · 질량 · 일 · 정서가) 변화가 없다, 안정되다 固定 gùdìng 형 고정되다, 일정하다

빈칸은 [명사(安全度)+형용사 술어(高), 명사(流动性)+형용사 술어(好), 명사(收益)+___]의 구조로 형용사 술어 자리이다. 전체 문장이 MMF의 특장점을 설명하면서 안전성이 높다는 내용이 언급됐으므로 稳定이 들어가는 것이 적합하다.

네 번째 빈 칸	攀比 pānbǐ 동 (자기보다 나은 사람과) 비교하다, 허세를 부리다 胜过 shèngguo 동 ~보다 낫다, ~보다 우수하다 媲美 pìměi 동 아름다움을 겨루다, 필적하다, 견줄 만하다 相当 xiāngdāng 동 맞먹다, 대등하다 ['相当于A'의 형식으로 쓰임]

빈칸은 [조동사(可)+개사구(与活期存款)+___]의 구조로 동사 술어가 들어가야 한다. 문맥상 안전성이 높아 보통 예금에 필적한다는 의미가 적합하므로 媲美가 들어가야 한다.

어휘 货币基金 huòbì jījīn 머니 마켓 펀드(Money Market Fund, MMF)　闲散资金 xiánsǎn zījīn 유휴 자금　基金管理人 jījīn guǎnlǐrén 펀드 매니저　基金托管人 jījīn tuōguǎnrén 펀드 수탁자　收益 shōuyì 명 동 수익 · 수입(을 올리다)　活期存款 huóqī cúnkuǎn 명 보통 예금

★★★ 상

68 明清500年间的山西商人 **通常** 被称为晋商。早在春秋 **时期** 就有关于山西商人的记载，晋商经营的范围很广，其中 **包括** 盐业、票号等商业，并以票号最为出名。同时，晋商也为中国留下了丰富的建筑 **遗产** ，例如著名的乔家大院、常家庄园、曹家三多堂等等。	명청 시기 500년간 산시 상인들은 **일반적으로** '찐상'이라 불렸다. 일찍이 춘추 전국 **시기**에 산시 상인들에 관한 기록이 있다. '찐상'의 취급 범위는 아주 넓었는데, 그중 제염업과 표호 등의 상업을 **포함하며**, 표호로 가장 유명했다. 동시에 '찐상' 또한 챠오지아 따위안, 창지아 쫭위안, 차오지아싼뚜어탕 등등 중국에 풍부한 건축 **유산**을 남겨주었다.
A 通常 | 时期 | 包括 | 遗产 B 一般 | 时代 | 提及 | 财富 C 曾经 | 年代 | 包含 | 遗物 D 宏观 | 岁月 | 涉及 | 遗迹	**A 일반 | 시기 | 포함하다 | 유산** B 일반적이다 | 시대 | 언급하다 | 부 C 일찍이 | 연대 | 포함하다 | 유물 D 거시적인 | 세월 | 관련되다 | 유적

해설

첫 번째 빈 칸	通常 tōngcháng 명 통상, 일반, 보통 一般 yìbān 형 보통이다, 일반적이다 曾经 céngjīng 부 일찍이, 이미, 벌써 宏观 hóngguān 형 거시적인, 매크로(macro)

빈칸은 [주어(山西商人)___+술어(被称为)+목적어(晋商)]의 구조로 부사어 자리이다. '~이라고 불리다'라는 일반적인 호칭을 설명하고 있으므로, '보통, 일반적으로'라는 뜻의 通常 또는 一般이 사용되어야 한다.

두 번째 빈 칸	时期 shíqī 명 시기, 특정한 때 时代 shídài 명 (역사상의) 시대 年代 niándài 명 연대, 시기, 시대 岁月 suìyuè 명 세월

빈칸은 [개사(在)+명사(春秋)+___]의 구조로 명사 자리이다. 春秋(춘추)는 역사적 시기에 해당하므로 时期가 들어가야 한다.

세 번째 빈 칸	包括 bāokuò 동 포괄하다, 포함하다 提及 tíjí 동 언급하다 包含 bāohán 동 포함하다 涉及 shèjí 동 관련되다, 연관되다

빈칸은 [___+목적어(盐业、票号等商业)]의 구조로 동사 술어 자리이다. 목적어가 구체적인 예시로 되어 있고 앞부분에서 취급 범위가 넓다고 했으므로 包括가 들어가야 한다. 包括는 구체적인 사물과 추상 명사를 목적어로 갖는다.

TIP▶ 包含은 사물에 내재하고 있는, 그것이 함유하고 있는 내용을 설명한다. 주로 의의, 도리, 내용, 성질, 특징, 요소 등의 추상 명사를 목적어로 갖는다.
这篇文章包含着很深刻的道理。 이 글은 깊은 이치를 담고 있다.
礼物虽小，却包含着朋友的一份深情。 선물이 비록 작긴 해도 친구의 깊은 정이 담겨 있다.

네 번째 빈 칸	遗产 yíchǎn 명 유산 财富 cáifù 명 부, 재산 遗物 yíwù 명 유물, 유품 遗迹 yíjì 명 유적

빈칸은 [술어(留下了)+관형어(丰富的建筑)+___]의 구조로 목적어 자리이다. 의미상 '풍부한 건축 ~을 남겼다'라는 뜻이므로 遗产이 들어가야 한다.

어휘 晋商 Jìnshāng 명 산시 상인, 산서 지역 상인　记载 jìzǎi 명 기록, 문장　范围 fànwéi 명 범위　盐业 yányè 명 제염업　票号 piàohào 명 표호 [옛날의 금융 신용 기관의 하나]　庄园 zhuāngyuán 명 장원, 농장

★★☆ 중

69

在适应生存环境的过程中，动物的眼睛变得各有特点。其中，马的瞳孔左右宽上下扁，这是因为马生活在 **辽阔** 草原上，这种眼睛能让它们发现两侧较远距离的 **敌人** 。而猫的瞳孔在阳光刺激下会缩成一条线；在晚间 **昏暗** 的情况下又会像满月一样圆。可见， **不论** 生物界的何种生物，它们的身体构造都是为了适应自然界的生存环境。	생존 환경에 적응하는 과정에서 동물들의 눈은 각기 특징있게 변모하였다. 그중, 말은 동공이 좌우로 넓고 위아래로는 납작한데, 이것은 말이 **끝없이 넓은** 초원에서 생활하기 때문으로 이러한 눈은 그들로 하여금 양쪽으로 비교적 먼 거리의 **적**을 발견하게 해준다. 반면 고양이의 동공은 햇빛의 자극의 받으면 한 가닥으로 작아지고, 저녁에 **어두운** 상황에서는 만월처럼 동그랗게 된다. 이로써, 동물의 세계에서는 어떤 생명체**든지** 그들의 신체 구조는 모두 자연 생존 환경을 적응하기 위한 것임을 알 수 있다.

A 宽阔 | 猎物 | 阴郁 | 固然	A 폭이 넓다 | 사냥감 | 우울하다 | 물론 ~지만
B 开阔 | 食物 | 沉闷 | 就算	B 넓다 | 음식물 | 울적하다 | 설령 ~이라도
C 广阔 | 生物 | 阴沉 | 与其	C 광활하다 | 생물 | 어둡다 | ~하기 보다는 차라리
D 辽阔 | 敌人 | 昏暗 | 不论	**D 끝없이 넓다 | 적 | 어둡다 | ~든지**

해설

첫 번째 빈 칸

宽阔 kuānkuò 형 (강 · 도로 · 어깨 등의) 폭이 넓다
开阔 kāikuò 형 (면적 혹은 공간 범위가) 넓다, 광활하다
广阔 guǎngkuò 형 넓다, 광활하다
辽阔 liáokuò 형 아득히 멀고 광활하다, 끝없이 넓다

빈칸은 [개사(在)+___+명사(草原)+上]의 구조로 관형어 자리이다. 보기 중 草原(초원)을 수식하기에 알맞은 형용사는 开阔, 广阔, 辽阔이다.

두 번째 빈 칸

猎物 lièwù 명 포획물, 사냥감
食物 shíwù 명 음식물
生物 shēngwù 명 생물
敌人 dírén 명 적

빈칸은 [술어(发现)+관형어(两侧较远距离的)+___]의 구조로 목적어 자리이다. 의미상 '양쪽으로 비교적 먼 거리의 ~을 발견하다'라는 뜻이므로 敌人이 들어가야 한다. 말은 猎物(사냥감)와 어울리지 않고, 비교적 먼 거리라고 했으므로 食物(음식물)도 적합하지 않다.

세 번째 빈 칸

阴郁 yīnyù 형 (날씨나 분위기가) 음울하다, (기분 등이) 우울하다
沉闷 chénmèn 형 (날씨 · 분위기 등이) 음울하다, (기분이) 울적하다
阴沉 yīnchén 형 (표정이) 어둡다, 침울하다
昏暗 hūn'àn 형 어둡다, 어두컴컴하다

빈칸은 [在+{晚间+___+的}+情况+下]의 구조이다. 앞부분에서 햇빛으로 인한 동공의 모양을 언급했으므로 빈칸은 이와 대조를 이루며 晚间과 호응할 수 있는 昏暗이 들어가야 한다.

네 번째 빈 칸

固然 gùrán 접 물론 ~지만 [固然A,但是B]
就算 jiùsuàn 접 설령 ~이라도 [就算A,也B]
与其 yǔqí 접 ~하기보다는 차라리 [尤其 A,不如B]
不论 búlùn 접 ~을 막론하고, ~든지 [不论A, 都B]

빈칸은 [+生物界的何种生物, 都……)]의 구조로 문장을 연결하는 접속사 자리이다. 뒷절에 都(모두)가 있고 빈칸의 문장에 의문대사 何种(어떤 종류)이 있으므로 不论을 넣어 '不论A, 都B'가 되도록 한다.

Tip▶ **不论/不管/无论A，都B** A를 막론하고/A에 관계없이/A에도 불구하고, 모두 B하다
: 접속사 不论/不管/无论은 A에 '의문대사, 정반의문문, 선택의문문, 반대말의 나열, 多(么)+형' 형식의 문장을 사용한다는 것을 꼭 기억해 두자.

어휘 瞳孔 tóngkǒng 명 눈동자, 동공 扁 biǎn 형 평평하다, 납작하다 构造 gòuzào 명 구조

★★★ 하

70

岭南建筑自古以低调、内敛而著称，透着轻盈自在、朴实规整的美感。这种含蓄的美感 **充分** 体现在了外表的色彩上，在色彩选择上往往喜欢用 **明朗** 的浅色，从而减轻建筑的重量感，在 **整体**	링난 건축은 자고로 온화하고 함축적인 것으로 유명하다. 경쾌하고 자유로우며, 소박하고 일정한 규칙의 미를 잘 반영하였다. 이렇게 함축적인 미적 감각은 겉표면의 색상으로 **충분히** 구현되는데, 색조 선택에 있어서 종종 **환한** 옅은 색을 좋아하여 건축물의 무게감을

上给人以轻巧的感觉。此外，在装修上则坚持按原材料、原构造略加色彩、线脚进行 **处理**。	줄여주고, **전체적으로** 사람들에게 가벼우면서도 정교한 느낌을 선사한다. 이 밖에 인테리어에서는 기존의 재료와 구조에 약간의 색채와 스티치만 가하여 **처리하였다**.
A 充满 | 鲜艳 | 造型 | 修葺 **B 充分 | 明朗 | 整体 | 处理** C 饱满 | 明亮 | 布置 | 修理 D 充实 | 典雅 | 根基 | 监督	A 충만하다 | 산뜻하고 아름답다 | 조형 | 보수하다 **B 충분히 | 환하다 | 전체 | 처리하다** C 포만하다 | 환하다 | 배치 | 수리하다 D 충실하다 | 우아하다 | 기초 | 감독하다

해설

첫 번째 빈 칸	充满 chōngmǎn 동 충만하다, 가득하다 充分 chōngfèn 부 충분히, 완전히, 십분 형 충분하다 [주로 추상적인 사물에 쓰임] 饱满 bǎomǎn 형 포만하다, 풍만하다, 옹골지다 充实 chōngshí 형 충실하다, 알차다 동 충실히 하다, 충원하다

빈칸은 [관형어(这种含蓄的)+주어(美感)+___+술어(体现)]의 구조로 부사어 자리이다. 따라서 体现(구현하다)을 수식할 수 있는 充分이 들어가야 한다.

두 번째 빈 칸	鲜艳 xiānyàn 형 (색이) 산뜻하고 아름답다 明朗 mínglǎng 형 빛이 밝다, 환하다 (분위기 · 성격 등이) 명랑하다 明亮 míngliàng 형 빛이 밝다, 환하다 典雅 diǎnyǎ 형 우아하다

빈칸은 [술어(用)+___+的+목적어(浅色)]의 구조로 관형어 자리이다. 따라서 浅色(옅은 색)를 수식하는 형용사로 明朗이 들어가야 한다. 明朗은 빛깔(하늘 색, 달빛), 마음, 날씨 등에 쓰인다. 鲜艳은 색상이 또렷하고 강렬한 경우에 쓰인다.

세 번째 빈 칸	造型 zàoxíng 명 조형, 형상, 이미지 整体 zhěngtǐ 명 (집단이나 사물의) 전체, 총체 布置 bùzhì 명 동 배치(하다), 배열(하다) 根基 gēnjī 명 기초, 근원, 토대

빈칸은 [在+___+上]의 구조로 보기 4개의 단어가 모두 들어갈 수 있다. 하지만 문맥상 건물이 주는 느낌을 나타내고 있으므로 整体가 가장 적합하다.

네 번째 빈 칸	修葺 xiūqì 동 (건축물을) 보수하다, 개축하다 处理 chǔlǐ 동 처리하다 修理 xiūlǐ 동 수리하다, 수선하다 监督 jiāndū 동 감독하다

빈칸은 [동사(进行)+___]의 구조로 목적어 자리이다. 进行(진행하다)은 동사를 목적어로 갖는 동사인데, 문맥상 '약간의 색채와 스티치만 가하여 ~했다'라는 뜻이므로 处理가 들어가는 것이 적합하다.

어휘 低调 dīdiào 명 부드럽거나 무기력한 논조　内敛 nèiliǎn 형 내성적이다, 함축적이다　轻盈 qīngyíng 형 경쾌하다, 가뿐하다, 나긋나긋하다　自在 zìzài 형 자유롭다　朴实 pǔshí 형 검소하다, 꾸밈이 없다　规整 guīzhěng 형 일정한 규격에 맞다, 정연하다　含蓄 hánxù 명 동 포함(하다), 함축(하다)　轻巧 qīngqiǎo 형 가볍고 정교하다, 깜찍하다　构造 gòuzào 명 구조　线脚 xiànjiǎo 명 바늘땀

독해 제3부분

[풀이전략] 먼저 보기 문장에서 연결 단서(접속사/부사/대사/의문대사/핵심 키워드)가 있는지 찾는다. 지문 속 빈칸의 앞뒤 문맥을 파악하여, 보기 문장의 연결 단서가 연결되는 곳에 해당 보기 문장을 정답으로 고른다.

71-75

随着网络直播平台的火爆，育儿视频的人气也水涨船高，网上直播养育孩子、与孩子互动的内容层出不穷，(71) D 这种教育方式还引来了一大波跟风模仿的家长。

养育孩子要用科学方式，首先应该明辩网络消息的真假，父母育儿切勿盲目模仿。有些不正确、不科学的方式很有可能给孩子带来伤害。前不久，就有一名武汉的父亲为模仿网上一段视频，跟孩子玩翻跟头的游戏，结果孩子脊髓严重受损，(72) C 导致下半身无法活动，毁了孩子的一生。

此外，现在有很多视频都宣称教育孩子要“散养”，只有给孩子自由才能让孩子快乐地成长。令人惊讶的是，很多父母盲目效仿，(73) A 就真的不去管教孩子。实际上，所谓的自由并不等同于放任。在孩子的成长过程中，父母一定要让孩子懂得规矩、学会自控，(74) B 否则这“散养”的旗号，很可能让孩子变成一个散漫、任性、没有自控能力的人。

如今，网络信息铺天盖地，谁真谁假很难分辩，作为父母，首先要有自己的分辨意识和能力，千万要避免被误导，(75) E 更不要拿自己的孩子“尝鲜”和冒险。儿童教育专家建议，每个孩子都是不一样的，父母的教育方式更要“因人而异”、“因材施教”，根据自己孩子的特点、秉性、生活环境等因素养育孩子。

인터넷 라이브 방송 플랫폼이 폭발적으로 증가하면서 육아 채널의 인기 역시 덩달아 상승했다. 인터넷에서 라이브로 아이를 교육하고 아이와 소통하는 컨텐츠들이 끊임없이 나타났다. (71) D 이러한 교육 방식은 또한 유행을 따라 모방하는 수많은 부모들을 양산했다.

육아는 과학적인 방식을 사용해야 한다. 우선 인터넷 정보의 진위 여부를 분별해야 하며 육아에 있어 맹목적인 모방은 절대 금물이다. 정확하지 않고 비과학적인 방식들은 아이들을 다치게 할 가능성이 높다. 얼마 전, 우한의 한 아빠가 인터넷상의 동영상을 따라 아이와 공중제비 돌기 놀이를 하다가 그만 아이의 척추에 심각한 손상을 입혔고, (72) C 하반신을 움직일 수 없게 되어 아이의 일생을 망치게 한 사건이 발생했다.

이 밖에, 현재 수많은 동영상에서 자녀에게 자유를 주어야 아이가 즐겁게 성장할 수 있다며, 자녀를 '방목'식으로 교육해야 한다고 공언하고 있다. 놀라운 것은 많은 부모들이 맹목적으로 모방하여 (73) A 정말로 아이를 통제하고 가르치지 않는다는 것이다. 사실, 자유란 결코 방임과 같지 않다. 아이의 성장 과정에서 부모는 반드시 아이들에게 규율을 알게 하고 스스로 통제하는 방법을 익히게 해야 한다. (74) B 그렇지 않으면 '방목'이라는 명목은 아이들을 산만하고 제멋대로의 자기 통제를 못하는 사람으로 성장하게 할 수 있다.

오늘날 인터넷 정보는 엄청나게 넘쳐나 진위 여부를 분별하기가 아주 어렵다. 부모로서 먼저 분별 의식과 능력을 갖춰야 하고, 절대로 잘못 인도 받아서는 안 되며, (75) E 더욱이 자신의 아이를 가지고 '맛보기'를 하고 위험을 무릅써서는 안 될 것이다. 아동 교육 전문가들은 모든 아이들은 서로 다르기 때문에 부모는 더욱 '사람에 따라 다르게', '재능에 따라 다르게 가르쳐야' 하며, 아이의 특징, 천성, 생활 환경 등에 따라 자녀를 교육해야 할 것을 지적했다.

A 就真的不去管教孩子
B 否则这“散养”的旗号
C 导致下半身无法活动
D 这种教育方式还引来了一大波跟风模仿的家长
E 更不要拿自己的孩子“尝鲜”和冒险

A 정말로 아이를 단속하고 가르치지 않는다는 것이다
B 그렇지 않으면 '방목'이라는 명목은
C 하반신을 움직일 수 없게 되어
D 이러한 교육 방식은 또한 유행을 따라 모방하는 수많은 부모들을 양산했다
E 더욱이 자신의 아이를 가지고 '맛보기'를 하고 위험을 무릅써서는 안 될 것이다

해설 **Step1 보기를 분석해서 연결 단서 찾기**

A 조건 + 就真的不去管教 / 孩子

→ 주어가 없는 문장이며, 부사 就가 있으므로 앞절의 조건에 대한 반응이라는 것을 알 수 있다. 또한 행동 管教孩子(아이를 가르치다)의 주체가 있는 문장이 앞에 와야 한다.

B 어떤 행동/방법 + 否则这"散养"的旗号 + 술어

→ 접속사 否则(만약 ~하지 않으면)가 있으므로 앞절의 행동/방법을 행하지 않을 경우 예상되는 결과를 나타낸다. 또한 보기가 명사형이므로 旗号(명목)가 뒷절의 주어가 되어야 하며, 지시대사 这(이)가 있으므로 앞에 散养(방목)이 등장해야 한다.

C 원인 + 导致 / 下半身无法活动

→ 주어가 없는 문장이며, 술어가 导致(~을 초래하다)이므로 하반신을 움직일 수 없는 결과를 초래한 원인이 앞에 와야 한다.

D 교육 방법에 관한 내용 + 这种教育方式 / 还引来了 / 一大波跟风模仿的家长

→ 주/술/목으로 이루어진 문장이며, 주어가 这种教育方式(이러한 교육 방법)이므로 앞에 이러한 교육 방법에 관한 내용이 등장해야 함을 알 수 있다.

E 금지하는 내용 + 更不要拿 / 自己的孩子"尝鲜"和冒险

→ 부사 更(더욱)이 있으므로 앞부분보다 점층되는 내용이다. 또한 不要(~하지 말라)가 있으므로 앞부분에도 금지를 주장하는 내용이 와야 한다.

Step2 빈칸의 앞뒤 파악하여 알맞은 문장 넣기

★★★ 중

71. 빈칸 앞부분에 라이브로 아이를 교육하고 아이와 소통하는 컨텐츠들이 끊임없이 나타났다고 했으므로 보기 D의 这种教育方式(이러한 교육 방식)가 이를 가리킨다는 것을 알 수 있다.

★★★ 중

72. 빈칸 앞부분에 '아이의 척추에 심각한 손상을 입혔다'는 내용이 있고, 뒷부분에 '아이의 일생을 망치게 했다'는 내용이 있으므로 보기 C의 '하반신을 움직일 수 없게 됐다'는 내용이 중간 부분인 빈칸에 들어가야 한다.

★★☆ 하

73. 빈칸 앞부분에 散养(방목)의 방식을 맹목적으로 모방하는 부모들이 등장했으므로 빈칸에는 이에 대한 부연 설명이나 결과가 나와야 한다. 따라서 '실제로 아이를 가르치지 않는다'는 내용인 A가 연결되는 것이 적합하다.

★★★ 중

74. 네 번째 단락은 散养(방목)에 대한 설명이 주를 이룬다. 또한 빈칸 뒤에 让(~하게 하다)이 있으므로 빈칸은 让의 주어이어야 한다. 빈칸 앞부분이 '부모가 아이들로 하여금 규율을 알고 스스로 통제하게 해야 한다'라는 내용이고, 빈칸 뒷부분이 그렇지 않은 경우 발생할 수 있는 결과를 설명하고 있으므로, 否则(그렇지 않으면)로 시작하는 보기 B의 내용이 연결된다. 또 보기 B의 散养(방목)이 빈칸 뒤의 让의 주어가 되므로 연결되는 문장이다.

★★☆ 상

75. 빈칸 앞부분에 부모의 주의 사항을 설명하면서 要(~해야 한다)가 반복되고 있다. 빈칸 앞절이 千万(절대로)으로 시작하므로 보기 E의 更(더욱이) 이하의 내용이 더 점층되는 내용으로 연결됨을 알 수 있다.

어휘 网络直播平台 wǎngluò zhíbō píngtái 인터넷 생방송 플랫폼 水涨船高 shuǐ zhǎng chuán gāo 성 물이 불어나면 배도 위로 올라가게 된다, 주위 환경의 변화에 따라 부수적인 상황도 변한다 层出不穷 céng chū bù qióng 성 차례차례로 나타나서 끝이 없다, 계속 일어나다 跟风 gēnfēng 동 시대의 조류를 따르다, 바람에 휩쓸리다 翻跟头 fān gēntou 공중회전하다, 공중제비하다 脊髓 jǐsuǐ 명 척수 宣称 xuānchēng 동 공언하다 效仿 xiàofǎng 동 흉내 내다, 모방하다 放任 fàngrèn 동 방임하다 散养 sǎnyǎng 동 방목해서 기르다 旗号 qíhào 명 깃발, 명목 散漫 sǎnmàn 형 산만하다 铺天盖地 pū tiān gài dì 성 천지를 뒤덮다, 기세가 대단히 맹렬한 모양 因人而异 yīn rén ér yì 성 사람에 따라 (대응책이) 다르다 因材施教 yīn cái shī jiào 성 그 인물에 맞게 교육하다, 상대에 따라 설법하다 秉性 bǐngxìng 명 천성

76-80

鸟巢被公认为鸟儿的家，每当风雨袭来，它们会躲进这个“避风港”，每当夜幕降临，它们会在这个“安乐窝”里睡觉。那么，事实果真如此吗？

科学家通过长期观察发现，狂风暴雨时，(76) D 许多鸟并不躲在窝里，还有许多也不在巢里过夜。野鸭和天鹅把脖子弯曲着，将头夹在翅膀间，漂浮在水面上入睡；鹤、鹳及鹭等长腿鸟类，更是站在地上睡觉。

既然不在巢里睡觉，(77) C 那么鸟儿辛辛苦苦地筑巢，到底是为了什么呢？原来，大多数鸟筑巢并不是为了在里面生活，而是作为它们的“产房”。雌鸟大都在巢中产卵，产卵以后，它们就呆在里面孵卵，有时雌鸟和雄鸟轮流伏在巢内孵卵。小鸟出壳后，鸟巢里便热闹起来，(78) A 随着小鸟逐渐长大，鸟巢的空间也逐渐不足，最终连爸爸、妈妈的立足之地都没有。等到小鸟飞离“产房”后，历经沧桑的鸟巢早已摇摇欲坠，这时，鸟儿也再不需要鸟巢，于是便弃它而去。

然而，并不是所有的鸟都筑巢，有些鸟孵卵时不需要“产房”。南极的企鹅，是雄企鹅把卵放在脚面上孵化的。那么，(79) E 有没有以巢为家的鸟呢？有，中国吉林省曾发现一个喜鹊窝，喜鹊在里面度过了9年时间。美国有一对秃鹫，在一个直径达2.47米的大巢里住了整整36年。为数不多的鸟确实以巢为家，(80) B 但对于大多数鸟来说，它们的巢只是“产房”和“育儿室”，而并不是家。

새둥지는 새들의 집으로, 비바람이 오면 새들이 이 '대피소'로 몸을 피하고, 밤의 장막이 내리면 이 '안락한 보금자리'에서 잠을 잔다고 여겨진다. 그렇다면 실제로도 정말 이와 같을까?

과학자들은 오랜 기간 관찰을 통해 다음과 같은 사실을 발견했다. 폭우가 몰려올 때, (76) D 수많은 새들이 결코 둥지 안으로 몸을 피하지 않았고, 또한 많은 새들이 둥지에서 밤을 지내지 않았다. 야생 오리와 백조는 목을 굽혀 날개 사이에 머리를 묻고 물에 둥둥 떠다니며 자고, 두루미, 황새 및 해오라기와 같이 다리가 긴 새들은 더욱이 선 채로 잠을 자기도 했다.

둥지에서 잠을 자지도 않는데 (77) C 그렇다면 새가 고생스럽게 둥지를 짓는 것은 도대체 왜일까? 알고 보니, 대부분의 새들이 둥지를 짓는 것은 그곳에서 생활하기 위함이 아니라, 그들의 '산실'로 삼기 위함이었다. 암컷은 대부분 둥지에서 알을 낳고, 알을 낳은 후에 그들은 둥지에 머물며 부화시킨다. 어떤 때는 암컷과 수컷이 돌아가며 둥지에 엎드려 부화시키기도 한다. 어린 새들이 알을 깨고 나오면, 둥지는 소란스러워진다. (78) A 어린 새들이 점점 자람에 따라, 둥지의 공간 역시 부족해진다. 결국 아빠 새, 엄마 새가 발 디딜 틈마저 없어진다. 어린 새들이 '산실'을 떠나고 나면, 세월의 풍파를 겪은 둥지는 이미 겨우겨우 매달려 있는 모양새가 되어 새들도 더 이상 둥지를 필요로 하지 않게 되고 그래서 둥지를 버리고 떠난다.

그러나, 모든 새들이 둥지가 필요한 것은 아니다. 어떤 새들은 부화 시에 '산실'이 필요하지 않다. 남극의 펭귄은 수컷이 알을 발 위에 올려놓고 부화시킨다. 그렇다면 (79) E 둥지를 집으로 삼는 새는 없는 걸까? 있다. 중국 지린성에서 일찍이 까치집을 하나 발견했는데 까치는 9년을 그 둥지에서 보냈다. 미국의 한 대머리독수리는 직경이 무려 2.47m에 달하는 거대한 둥지에서 36년간 생활했다. 많지 않은 새들이 확실히 둥지를 집으로 삼는다. (80) B 하지만 대부분의 새들에게 그들의 둥지는 그저 '산실'과 '육아실'에 불과할 뿐 '집'은 아니었다.

A 随着小鸟逐渐长大
B 但对于大多数鸟来说
C 那么鸟儿辛辛苦苦地筑巢
D 许多鸟并不躲在窝里
E 有没有以巢为家的鸟呢

A 어린 새들이 점점 자람에 따라
B 하지만 대부분의 새들에게
C 그러면 새가 고생스럽게 둥지를 짓는 것은
D 수많은 새들이 결코 둥지에 몸을 피하지 않았고
E 둥지를 집으로 삼는 새는 없는 걸까?

해설 **Step1 보기를 분석해서 연결 단서 찾기**

A 随着小鸟逐渐长大 + 변화/결과(주어+술어)

→ 개사 随着(~함에 따라서)가 있으므로 뒷부분에 이로 인한 변화된 결과가 와야 한다.

B 但对于大多数鸟来说 + '주어+술어'

→ 접속사 但(그러나)이 있으므로 앞의 내용과 역접/전환의 관계임을 알 수 있고, '对……来说'가 있으므로 뒤에 '주어+술어'의 형식이 와야 한다.

C 那么鸟儿辛辛苦苦地 / 筑巢

→ 접속사 那么(그러면)가 있으므로 앞문장에 호응 관계를 갖는 접속사 如果(만약)/既然(기왕 그렇게 된 이상) 등이 올 수 있다.

D 许多鸟 / 并不躲在窝里

→ 주/술로 이루어진 문장으로, 새들이 새둥지에 숨지 않는다는 내용이다.

E 주어 + 有没有 / 以巢为家的鸟呢

→ 주어가 없는 문장으로, 정반의문문의 형태이다.

Step2 빈칸의 앞뒤 파악하여 알맞은 문장 넣기

★★☆ 하

76. 빈칸 앞에 暴雨(폭우)가 있으므로 보기 D의 동사 躲(숨다)와 내용이 연결되고, 빈칸 뒤에 '또한 둥지에서 밤을 보내지 않는다'라는 내용이 있으므로 '둥지에 몸을 피하지 않는다'는 내용인 D가 연결되는 문장이다.

★★★ 하

77. 빈칸 앞의 접속사 既然은 '既然A, 那么B(기왕 A인 바에야 그러면 B한다)'의 호응 관계를 이루므로 那么(그러면)가 있는 보기 C가 연결된다. 의미상으로도 둥지에서 잠을 자지 않으면서 고생스럽게 둥지를 짓는 이유를 묻는 전개가 자연스럽다.

★★★ 중

78. 빈칸 뒷부분에 也逐渐不足(점차 부족해진다)가 있으므로 보기 A의 随着(~함에 따라) 이하 내용으로 인한 변화된 결과로 볼 수 있다. 또한 의미상 아기새의 성장에 따라 둥지가 좁아진다는 내용이므로 보기 A가 연결되는 문장이다.

★★★ 하

79. 빈칸 끝에 물음표(?)가 있으므로 의문문이 들어갈 자리임을 알 수 있다. 정반의문문 형식인 E가 적합하다. 또한 빈칸 뒤에 질문의 답으로 有가 등장했으므로 有자 의문문임을 다시 확인할 수 있다.

★★☆ 중

80. 빈칸 앞부분에서 둥지를 집으로 삼는 몇몇 새를 제시했고, 뒷부분에서는 둥지는 그저 산실일 뿐, 집은 아니라고 했으므로 빈칸 앞뒤 내용이 전환 관계임을 알 수 있다. 따라서 접속사 但이 있는 보기 B가 연결되는 문장이다. 또한 보기 B에 개사구인 '对于……来说'가 있으므로 뒷절의 '주어+술어' 형식의 문장과 문법적으로도 알맞게 연결된다.

어휘 巢 cháo 명 둥지 袭来 xílái 동 엄습하다, 파고들다 躲 duǒ 동 숨다, 피하다 避风港 bìfēnggǎng 명 대피소, 안전지대 夜幕 yèmù 명 밤의 장막, 땅거미 降临 jiànglín 동 강림하다, 내려오다 天鹅 tiān'é 명 백조 漂浮 piāofú 동 둥둥 뜨다 鹤 hè 명 두루미, 학 鹳 guàn 명 황새 鹭 lù 명 해오라기 产房 chǎnfáng 명 산실 产卵 chǎnluǎn 동 산란하다, 알을 낳다 伏 fú 동 엎드리다, 머리를 숙이다, 잠복하다 孵卵 fūluǎn 명 동 부화(하다) 立足之地 lì zú zhī dì 성 설 자리, 발 붙일 자리 沧桑 cāngsāng 명 세상의 온갖 풍파 摇摇欲坠 yáo yáo yù zhuì 성 흔들흔들하여 곧 떨어질 것 같은 모양 企鹅 qǐ'é 명 펭귄 喜鹊 xǐquè 명 까치 秃鹫 tūjiù 명 대머리 독수리 直径 zhíjìng 명 직경

독해 제4부분

[풀이전략] 한 지문에 출제되는 4개 문제의 핵심 키워드를 파악한다. 지문에서 각 문제의 핵심 키워드가 등장한 부분을 찾아 문제의 보기와 대조한 뒤 질문에 알맞은 정답을 고른다.

81-84

“清醒梦”一词由荷兰医生弗雷德里克•范伊登在1913年首次提出。清醒梦，顾名思义，就是指在做梦时保持意识的清醒，在梦中清楚地认识到自己在做梦，还可以拥有清醒时候的思考和记忆能力。

据研究，清醒梦与梦游并不相同。81人在做清醒梦时，仍然可以保持清醒的状态，与做梦有关的大脑部位异常活跃，同时与清醒意识有关的部位也显示了一定的活跃程度。

科学家为了证实清醒梦者的体验，让参加实验的人在知道身处梦境的情况下，有意识地操控自己的思维。通过这项研究发现，82在清醒梦中，梦者不仅可以自由控制自己的行动，甚至连梦境的内容以及梦中的其他人也可以任意控制。如果一个人在做清醒梦，却知道自己在梦中，那么哪怕身后有野兽在追赶，也根本不需要逃跑，完全可以选择与它对战。

清醒梦的出现，虽然是偶然的，但现在科学家已经找到人工诱导清醒梦的方法。研究人员认为，未来还可以利用清醒梦的好处为人类服务。83如患者在现实中难以面对的困境和挑战都可以通过清醒梦面对并克服，这样可以使他们心灵的创伤得以治愈，最终走出心理的阴影。清醒梦是一种介于清醒和睡眠之间的意识状态，这将为了解人类意识提供重要的信息，84特别是为揭示意识的神经机制提供绝好的机会。

'자각몽(Lucid Dreaming)'은 네덜란드의 의사 프레드릭 반 에덴(Frederick Van Eeden)이 1913년 최초로 언급하였다. 글자 그대로, 자각몽은 꿈을 꿀 때 여전히 의식을 맑은 상태로 유지하는 것으로, 꿈을 꾸는 사람은 자신이 꿈을 꾸고 있음을 명백하게 인식하며, 꿈속에서도 정신이 맑을 때의 사고력과 기억력을 지니고 있다.

연구에 따르면, 자각몽과 몽유는 결코 같지 않다. 81사람이 자각몽을 꿀 때는 여전히 맑게 깬 정신 상태를 유지하는데, 꿈과 관련된 대뇌 부위가 특히 활동적이고, 또한 맑게 깨었을 때의 의식과 관련된 부위 역시 어느 정도의 활동을 보여주었다.

과학자들은 자각몽을 꾸는 사람들의 체험을 검증하기 위해, 실험에 참가한 사람들에게 꿈속에 있을 때 의식적으로 자신의 사고를 조종하도록 하였다. 이 연구를 통해, 82자각몽을 꿀 때, 꿈을 꾸는 사람은 비단 자신을 행동을 컨트롤할 수 있음은 물론 심지어 꿈의 내용과 꿈속의 다른 사람들마저도 임의로 제어가 가능하다는 것을 발견했다. 만약 자각몽을 꾸는 사람이 자신이 꿈속에 있다는 것을 안다면, 뒤에서 야수가 추격을 해 와도 전혀 도망칠 필요가 없고 아예 야수와의 대적을 선택할 수도 있게 된다.

자각몽의 출현은 비록 우연이기는 하지만 ,현재 과학자들은 이미 인공적으로 자각몽을 유도할 수 있는 방법을 찾아냈다. 연구진들은 앞으로 자각몽의 장점을 이용하여 인류를 위한 서비스를 할 수 있을 거라고 생각했다. 83예를 들어, 환자는 현실에서 직면하기 어려운 문제와 도전을 자각몽을 통해서 대면하고 극복할 수 있으며, 이렇게 하여 그들의 마음속 트라우마를 치유하고 결국 마음속 어두운 그늘에서 벗어나게 된다. 자각몽은 또렷한 의식과 수면의 사이에 있는 의식 상태로, 이것은 앞으로 인간의 의식을 파악하는 데 중요한 정보를 제공해 줄 것이며, 84특히 의식의 신경 메커니즘을 밝혀내는 데 절호의 기회를 제공할 것이다.

어휘 清醒梦 qīngxǐngmèng 명 자각몽　顾名思义 gù míng sī yì 성 이름을 보고 그 뜻을 생각하다, 이름 그대로이다　清醒 qīngxǐng 형 머릿속이 맑고 깨끗하다　异常 yìcháng 형 이상하다　操控 cāokòng 동 조종하다, 제어하다　任意 rènyì 부 제멋대로, 임의대로　野兽 yěshòu 명 야수, 산짐승　诱导 yòudǎo 동 유도하다　心灵 xīnlíng 명 심령, 정신　创伤 chuāngshāng 명 외상, 상처　治愈 zhìyù 동 치유하다　阴影 yīnyǐng 명 음영, 그림자　揭示 jiēshì 동 드러내어 보이다, 명시하다　机制 jīzhì 명 메커니즘, 시스템

★★☆ 중

81

人在睡梦中为何能保持清醒？	사람이 꿈을 꾸면서 왜 맑게 깬 정신을 유지할 수 있는가?
A 是一种神经性疾病	A 일종의 신경성 질환이다
B 大脑神经过于紧张	B 대뇌 신경이 과도하게 긴장한다
C 现实中受到了强烈刺激	C 현실에서 강렬한 자극을 받았다
D 大脑相关区域处于活跃状态	**D 대뇌 관련 구역이 활동 상태에 놓여 있다**

해설 질문의 키워드 清醒(맑게 깬 정신)이 언급된 두 번째 단락에서 人在做清醒梦时，仍然可以保持清醒的状态，……同时与清醒意识有关的部位也显示了一定的活跃程度(사람이 자각몽을 꿀 때는 여전히 맑게 깬 정신 상태를 유지하는데…… 또한 맑게 깨었을 때의 의식과 관련된 부위 역시 어느 정도의 활동을 보여주었다)라고 했다. 사람이 꿈을 꿀 때 맑은 정신을 유지할 수 있는데 이 때 의식과 관련된 부위가 어느 정도의 활동 정도를 보였다고 했으므로 알맞은 정답은 D이다.

★★☆ 중

82

关于清醒梦，可以知道什么？	자각몽에 관하여 무엇을 알 수 있는가?
A 人可以掌控梦境	**A 사람이 꿈을 통제할 수 있다**
B 跟梦游一样	B 몽유와 같다
D 人在梦中难以思考	C 꿈속에서 사고하기 어렵다
D 都是被野兽追赶的噩梦	D 모두 다 야수에게 쫓기는 악몽이다

해설 보기의 키워드로 A는 掌控梦境(꿈을 통제하다), B는 梦游(몽유), C는 难以思考(사고하기 어렵다), D는 噩梦(악몽)을 삼고 지문과 대조한다. 在清醒梦中，梦着不仅可以自由控制自己的行动，甚至连梦境的内容以及梦中的其他人也可以任意控制(자각몽을 꿀 때, 꿈을 꾸는 사람은 비단 자신을 행동을 컨트롤할 수 있음은 물론 심지어 꿈의 내용과 꿈속의 다른 사람들마저도 임의로 제어가 가능하다는 것을 발견했다)라고 했으므로 자각몽을 꿀 때 행동뿐만 아니라 꿈의 내용도 통제할 수 있음을 알 수 있다. 따라서 정답은 A이다.

어휘 梦境 mèngjìng 명 꿈속, 꿈나라　梦游 mèngyóu 동 몽유하다 [수면 상태에서 일어나 걷거나 어떤 행동을 함]

★★★ 상

83

清醒梦有什么应用前景？	자각몽은 어떤 응용 전망이 있는가?
A 探究他人隐私	A 타인의 프라이버시를 탐구한다
B 揭露遗传秘密	B 유전의 비밀을 밝힌다
C 治疗心理疾病	**C 심리적 질병을 치료한다**
D 研究大脑构造	D 대뇌의 구조를 연구한다

해설 질문에서 자각몽이 앞으로 어떻게 응용될 수 있는지 전망을 묻고 있다. 마지막 단락에서 자각몽이 인류를 위한 서비스를 제공해줄 것이라고 했고, 如患者在现实中难以面对的困境和挑战都可以通过清醒梦面对并克服，这样可以使他们心灵的创伤得以治愈，最终走出心理的阴影(예를 들어, 환자는 현실에서 직면하기 어려운 문제와 도전을 자각몽을 통해서 대면하고 극복할 수 있으며, 이렇게 하여 그들의 마음속 트라우마를 치유하고 결국 마음속 어두운 그늘에서 벗어나게 된다)에서 자각몽이 마음속 트라우마를 치유하고 극복할 수 있게 해줄 것이라고 했다. 따라서 알맞은 정답은 C이다.

어휘 探究 tànjiū 동 탐구하다　隐私 yǐnsī 명 사생활, 사적인 비밀, 프라이버시　揭露 jiēlù 동 폭로하다, 까발리다　遗传 yíchuán 명 동 유전(하다)　构造 gòuzào 명 구조

★★☆ 중

84 根据上文，下列哪项正确？	본문을 토대로, 다음 중 옳은 것은?
A 清醒梦的出现具有周期性 B 清醒梦是科学家们假想出来的 C 清醒梦会给人带来心理创伤 **D 将能揭示意识的神经机制**	A 자각몽의 출현은 주기성을 지닌다 B 자각몽은 과학자들이 상상해낸 것이다 C 자각몽은 사람에게 심리적 트라우마를 줄 수 있다 **D 장차 의식의 신경 메커니즘을 밝힐 수 있다**

해설 보기의 키워드로 A는 周期性(주기성), B는 假想出来的(상상해낸 것), C는 心理创伤(심리적 트라우마), D는 神经机制(신경 매커니즘)를 삼고 지문과 대조한다. 마지막 단락에서 特别是为揭示意识的神经机制提供绝好的机会(특히 의식의 신경 메커니즘을 밝혀내는 데 절호의 기회를 제공할 것이다)라고 했으므로 의식의 신경 매커니즘을 밝히는 기회임을 알 수 있다. 따라서 정답은 D이다.

어휘 假想 jiǎxiǎng 동 가상하다, 상상하다

85-88

柔是水的主要特点之一，85我们平时接触到的水也总是“温柔”无比的，这是由于它处于静止状态或流速缓慢的缘故。然而，随着科学技术的发展，现代人已研发出一项新的加工技术，86这种技术就是利用高压水射流来切割材料的技术，被人们形象地称之为“水刀”，即以水为刀，本名为“高压水射流切割技术”。

科学家们曾经做过一次实验，他们迫使水以超过声速的速度通过极小的喷嘴，这时聚集成的高压水就具有了切割不同材料的能力，不仅是木材、布料、橡胶等软的材料，就算是陶瓷、金属等硬质材料，也可以切削如泥。倘若水流中掺以精细磨料，其效果就堪与金属刀具媲美。

87“水刀”的工作原理并不复杂。“水刀”的高压水射流的出口直径还不到0.5毫米，水从出口喷出时的压强非常大，相当于在一平方毫米的面积上放上5千克的物体所产生的压力。在如此大的压力作用下，被加工材料在受到超音速水流冲击的瞬间，水流突然受到阻碍，压力骤然增加，同时也产生巨大的力量。在这种力量的冲击下，受力的部位会在极小的面积上发生脆性断裂，达到切割的目的。

目前，“水切”以其冷切割不会改变材料的物理化学性质而备受青睐。它可以对任何材料进行任意曲线的一次性切割加工；切割时产生的热量会立即被高速流动的水射流带走，并且不产生有害物质，切割后不需要或易于二次加工，同时，

유연함은 물의 주된 특징 가운데 하나로, 85우리가 평소 접하는 물 역시 늘 견줄 바 없이 '온유'하다. 이것은 물이 정지 상태에 있거나 혹은 유속이 느린 까닭이다. 하지만 과학 기술이 발전함에 따라, 현대인들은 이미 새로운 가공 기술 하나를 연구개발했는데, 86이 기술은 바로 고압수 분사를 이용해 자재를 절단하는 기술로서 사람들은 그 이미지대로 '수도(워터젯 커팅)'라고 부르는데, 즉 '물로 칼을 삼는다'는 것이다. 원래 이름은 '고압수 분사 절단 기술'이다.

과학자들이 일찍이 한 차례 실험을 했다. 그들은 물을 음속을 뛰어넘는 속도로 지극히 작은 노즐을 통과시켰다. 이때 모여진 고압수는 다양한 재료를 절단하는 능력을 갖추게 되는데, 목재, 패브릭, 고무 등과 같이 연한 재료 뿐만 아니라 도자기, 금속 등과 같은 단단한 자재일지라도 마치 두부 썰듯 자를 수 있다. 만일 이 고압수에 연마제를 섞는다면 그 효과는 가히 금속 절삭 공구에 필적하게 된다.

87'워터젯 커팅'은 작동 원리가 복잡하지 않다. '워터젯 커팅'의 고압수가 분사되는 출구의 직경은 0.5 mm가 채 되지 않아 물이 출구를 거쳐 분출될 때 압력은 굉장히 강하여, 1mm²의 면적에 5Kg짜리 물체를 올려놓을 때 발생하는 압력에 맞먹는다. 이렇게 큰 압력의 작용으로 가공되는 재료가 초음속 물살의 충격을 받는 순간 물살이 방해를 받아 압력이 갑자기 증가함과 동시에 엄청난 파워가 발생한다. 이런 힘의 충격이 있으면 힘을 받는 부위가 지극히 작은 면적에서 부서지기 쉬운 분열이 발생하여 절삭 목적을 달성하게 된다.

현재, '워터젯 커팅'은 냉각 절삭의 방식으로, 재료의 물리화학 성질을 바꾸지 않아 인기가 많다. 이것은 모든 자재에 있어서 어떠한 곡선이라도 한 번에 절삭 가공이 가능하고, 절삭 시 발생하는 열은 즉시 고속으로 흐르는 물에 의해 씻겨나가며 게다가 유해 물질이 발생하지 않고 절삭 후 2차 가공은 불필요하거나 쉬워진다. 게다가 88'워터젯 커팅'이 일으키는 진동과 소음은 모두 작고, 발생되는 소량의 부스러기도

88 "水刀"所引起的振动和噪声都很小，所产生的少量切屑也会随水流走等，具有安全、环保，速度较快、效率较高、方便灵活、用途广泛的优势。另外，"水刀"不存在刀具磨损的问题，所产生的废水还可以回收利用，这样又达到了节约用水的目的。	물에 씻겨나가는 등, 안전하고 친환경적이며 속도가 빠르고 효율성이 높고, 편리하고 융통성 있으며 용도가 광범위하다는 강점을 지니고 있다. 그 밖에도 '워터젯 커팅'은 절삭 도구가 마모되는 문제가 없으며 발생되는 폐수 또한 수거 및 재활용이 가능하여 용수를 절약하는 목적을 이룰 수 있다.

어휘 无比 wúbǐ 형 견줄 바가 없다, 비할 바가 없다 静止 jìngzhǐ 동 정지하다 缘故 yuángù 명 연고, 원인 切割 qiēgē 동 절단하다 [공작 기계나 산소 아세틸렌 불꽃을 이용한 절단을 말함] 形象 xíngxiàng 명 형상, 이미지 형 구체적이다 切削 qiēxiāo 명 동 절삭(하다), 커팅(cutting)(하다) 磨料 móliào 명 연마재 堪 kān 동 ~할 수 있다, ~할 만하다 媲美 pìměi 동 필적하다 直径 zhíjìng 명 직경 毫米 háomǐ 양 밀리미터(mm) 喷出 pēnchū 동 분출하다 压强 yāqiáng 명 단위면적당 받는 압력 阻碍 zǔ'ài 명 동 방해(하다), 지장(이되다) 骤然 zhòurán 부 돌연히, 갑자기 脆性 cuìxìng 명 부스러지기 쉬운 성질 断裂 duànliè 동 끊어져 갈라지다, 단절되다 명 끊어져 갈라진 곳 切屑 qiēxiè 명 쇳밥 [금속을 절삭할 때 생기는 부스러기 또는 조각 磨损 mósǔn 동 닳다, 마모되다

★★☆ 하

85 根据第一段，"水"通常给人们的印象是：	첫 번째 단락을 근거로, '물'은 통상적으로 사람들에게 주는 인상이 어떠한가?
A 温柔无比 B 亲切和善 C 清秀 D 纯洁	**A 견줄 바 없이 온유하다** B 친절하고 사근사근하다 C 빼어나게 아름답다 D 순결하다

해설 질문에서 첫 번째 단락에서 '물'이 사람들에게 어떤 인상을 주는지 묻고 있다. 我们平时接触到的水也总是"温柔"无比的(우리가 평소 접하는 물 역시 늘 견줄 바 없이 '온유'하다)라고 했으므로 키워드가 그대로 일치하는 A가 정답이다.

어휘 和善 héshàn 형 온화하고 선량하다, 사근사근하다 清秀 qīngxiù 형 용모가 맑고 빼어나다, 뛰어나게 아름답다

★★★ 중

86 "水刀"的实质是什么？	'워터젯 커팅'의 본질은 무엇인가?
A 不锈钢材质 B 低温灭菌水 **C 高压水射流** D 超低速水流	A 스테인리스 재질 B 저온 살균수 **C 고압수 분사** D 초저속 물살

해설 첫 번째 단락의 水刀(워터젯 커팅)가 언급된 부분에서 这种技术就是利用高压水射流来切割材料的技术，被人们形象地称之为"水刀"，即以水为刀(이 기술은 바로 고압수 분사를 이용해 자재를 절단하는 기술로서 사람들은 그 이미지대로 '수도'라고 불렀는데, 즉 '물로 칼을 삼는다'는 것이다)라고 했다. 고압수 분사로 자재를 절단하는 기술이라고 했으므로 '워터젯 커팅'의 본질이 C임을 알 수 있다.

어휘 不锈钢 búxiùgāng 명 스테인리스 灭菌 mièjūn 동 멸균하다

★★★ 하

87 第三段主要谈“水刀”的：	세 번째 단락은 주로 '워터젯 커팅'의 무엇을 말하고 있는가?
A 优缺点 **B 工作原理** C 应用领域 D 注意事项	A 장단점 **B 작동 원리** C 응용 영역 D 주의 사항

해설 세 번째 단락은 “水刀”的工作原理并不复杂('워터젯 커팅'은 작동 원리가 복잡하지 않다)라고 시작하며 워터젯 커팅의 작동 원리에 대해 설명하고 있다. 따라서 정답은 B이다.

★★☆ 하

88 下列哪项是“水刀”的优点？	다음 중 '워터젯 커팅'의 장점은?
A 携带方便 B 造价很低 C 操作简单 **D 噪音较小**	A 휴대가 편리하다 B 제작 단가가 낮다 C 조작이 간단하다 **D 소음이 비교적 작다**

해설 질문에서 '워터젯 커팅'의 장점을 묻고 있다. 보기의 키워드로 A는 携带(휴대), B는 造价(제작 단가), C는 操作(조작), D는 噪音(소음)을 삼고 지문과 대조한다. 마지막 단락에서 “水刀”所引起的振动和噪声都很小，所产生的少量切屑也会随水流走等，具有安全、环保，速度较快、效率较高、方便灵活、用途广泛的优势('워터젯 커팅'이 일으키는 진동과 소음은 모두 작고, 발생되는 소량의 부스러기도 물에 씻겨나가는 등, 안전하고 친환경적이며 속도가 빠르고 효율성이 높고, 편리하고 융통성 있으며 용도가 광범위하다는 강점을 지니고 있다)라고 하여 워터젯 커팅의 장점을 나열하고 있다. 따라서 D가 알맞은 정답이다.

어휘 携带 xiédài 동 휴대하다

89-92

92马拉松是一项大众体育运动，近年来在中国备受青睐。据悉，2017年全国举办马拉松赛事达1,102场。业内预计，到2020年，全国马拉松赛事规模将超过1,900场，马拉松运动产业规模也将达到1,200亿元。 马拉松为什么如此受到人的关注，对于群众而言意味着什么？国家体育总局体育科学研究所体育社会科学研究中心主任鲍明晓表示：89马拉松具有的核心价值，在人的心智的层面，而不在人的身体的层面。通过马拉松，我们可以锻造人格，磨练意志，提升心智。换而言之，马拉松可以让我们通过设定一个目标来实现自我激励、自我肯定、自我管理，最终可以让我们完善自我，突破自我。依我看，这才是马拉松的核心价值。	92마라톤은 대중적인 스포츠로, 최근 들어 중국에서 각광받고 있다. 소식에 따르면, 2017년 전국에서 개최한 마라톤 경기는 1,102회에 달했다. 업계의 예측으로는 2020년이 되면 전국 마라톤 경기 규모는 1,900회를 넘어서고, 마라톤 스포츠 산업 규모 역시 1,200억 위안에 달할 것으로 보고 있다. 마라톤이 이렇게 사람들의 관심을 받는 이유는 무엇이고, 대중들에게 어떤 의미일까? 국가체육총국 체육과학연구소 체육사회과학 연구센터 주임 빠오밍시아오는 다음과 같이 밝혔다. “89마라톤의 핵심 가치는 마인드적인 면에 있지 피지컬적인 면에 있는 것이 아닙니다. 마라톤을 통해서 우리는 인격을 다듬고, 의지를 단련하고, 마인드를 키울 수 있어요. 바꾸어 말해서, 마라톤은 우리에게 하나의 목표 설정을 통해 자기 격려, 자기 인정, 자기 관리를 실현하게 해줍니다. 그리고 결국 자신을 보다 더 완벽하게 가꾸고 자신을 극복하게 해줍니다. 저는 이것이야말로 마라톤의 핵심 가치라고 생각합니다.”

他还称，马拉松除了与人们不断增长的健康意识和需求有关，90还受到国内消费升级趋势的影响。在这一背景下，马拉松赛事的整个过程背后都蕴藏着商机，逐渐形成了一条产业链。91B每场马拉松比赛都会带动一个巨大的消费市场，马拉松会为城市打造一个新的名片，进一步提升城市品位与国际影响力。这也是可以使马拉松发展的重要动力之一。 体育赛事可以整合举办城市的各类文化资源，逐渐形成了体育赛事的文化品牌。与此同时，体育赛事的举办提高了民众的健康水平，增强了城市的文明素质，逐渐改变了市民的生活方式和习惯，91A带动市民参与体育锻炼，增进了社会和谐。此外，91D举办赛事还可以在政府进行城市环境综合治理方面上提供极大的帮助。	그는 또 밝혔다. "마라톤은 사람들의 부단히 증가한 건강 인식 및 수요와도 관련이 있을 뿐만 아니라 90국내 소비 증가 추세의 영향도 받습니다. 이러한 배경에서 볼 때, 마라톤 경기의 전체 과정의 이면에는 비즈니스 기회가 잠재되어 있어 점차 서플라이 체인(supply chain)을 형성하고 있어요. 91B모든 마라톤 경기는 엄청난 소비 시장을 움직이게 해서 마라톤은 도시에 새로운 명함을 만들어 주고, 더 나아가 도시의 위상과 국제적인 영향력을 높여줍니다. 이 또한 마라톤이 발전하는 중요한 동력 가운데 하나이죠. 스포츠 경기는 개최 도시의 다양한 문화 자원을 융합시켜 점차 스포츠 경기의 문화 브랜드를 형성하고 있습니다. 이와 동시에 스포츠 경기의 개최는 대중들의 건강 수준을 높여 주고, 도시의 문화 소양을 강화시켜 주었으며, 점차적으로 시민들의 생활 방식과 습관을 변화시켜, 91A스포츠에 참여하게끔 이끌고 사회의 조화를 증진시켜주지요. 이 밖에도 91D경기 개최는 정부가 도시 환경의 종합적인 관리를 하는 부분에서도 상당한 도움이 됩니다."

어휘 马拉松 mǎlāsōng 명 마라톤 备受 bèishòu 동 실컷 받다, 빠짐없이 받다 青睐 qīnglài 명 특별한 주목, 호감, 총애 据悉 jùxī 아는 바에 의하면, 아는 바로는 赛事 sàishì 명 경기 사항 心智 xīnzhì 명 마음의 지혜 层面 céngmiàn 명 방면, 범위 锻造 duànzào 동 단조하다, 벼리어 모양을 만들다 磨练 móliàn 동 연마하다, 갈고 닦다 蕴藏 yùncáng 동 묻히다, 간직해두다, 매장되다 商机 shāngjī 명 상업 기회, 사업 기회 产业链 chǎnyèliàn 명 산업 사슬 [원재료의 구매, 가공, 판매 및 애프터 서비스 등으로 이루어진 순환 사슬 구조의 산업 체제] 带动 dàidòng 동 이끌어 움직이다, 선도하다 打造 dǎzào 동 만들다, 제조하다 素质 sùzhì 명 소양, 자질 和谐 héxié 형 잘 어울리다, 조화롭다 治理 zhìlǐ 동 다스리다, 통치하다

★★★ 하

89 关于马拉松的核心价值，下列正确的是：	마라톤의 핵심 가치에 관하여, 다음 중 옳은 것은?
A 可以消耗热量	A 칼로리를 소모할 수 있다
B 可以磨练意志	**B 의지를 단련시킬 수 있다**
C 低成本高效率	C 낮은 원가 높은 효율
D 可以增强体质	D 체질을 강화할 수 있다

해설 질문의 키워드 核心价值(핵심 가치)가 언급된 두 번째 단락에서 马拉松具的核心价值，在人的心智的层面，而不在人的身体的层面。通过马拉松，我们可以锻造人格，磨练意志，提升心智(마라톤의 핵심 가치는 마인드적인 면에 있지 피지컬적인 면에 있는 것이 아닙니다. 마라톤을 통해서 우리는 인격을 다듬고, 의지를 단련하고, 마인드를 키울 수 있어요)이라고 했다. 마라톤을 통해 인격을 다듬고 의지를 단련하고 마음의 지혜를 키울 수 있다고 했으므로 정답은 B이다.

어휘 消耗 xiāohào 동 (정신 · 힘 · 물자 등을) 소모하다

★★★ 중

90 根据第三段，促使马拉松发展的动力是什么？	세 번째 단락을 토대로, 마라톤을 발전시킨 동력은 무엇인가?
A 城市文化的发展	A 도시 문화의 발전
B 改善城市污染	B 도시 오염을 개선시키다
C 日益增长的市场	**C 나날이 커지는 시장**
D 关注绿地建设	D 친환경 건설을 주목하다

해설 세 번째 단락을 근거로 마라톤을 발전시킨 동력을 묻고 있다. 还受到国内消费升级趋势的影响……每场马拉松比赛都会带动一个巨大的消费市场(국내 소비 증가 추세의 영향도 받습니다.…… 모든 마라톤 경기는 엄청난 소비 시장을 움직이게 합니다)이라고 했으므로 동력이 거대한 소비 시장이라는 것을 알 수 있다. 따라서 정답은 C이다.

★★☆ 중

91 城市举办马拉松的好处不包括？ | 도시에서 마라톤을 개최하는 것의 장점으로 포함되지 않는 것은?

A 使市民锻炼更积极	A 시민들로 하여금 단련에 더욱 적극적이게 한다
B 推动相关产业发展	B 관련 산업의 발전을 촉진시킨다
C 改善市区道路规划	**C 도시 도로 계획을 개선시킨다**
D 督促政府治理环境	D 정부로 하여금 환경 관리를 하게끔 촉구한다

해설 질문에서 도시에서 마라톤을 개최하는 장점이 아닌 것을 묻고 있다. 보기의 키워드로 A는 锻炼(단련), B는 产业发展(산업의 발전), C는 道路规划(도로 계획) D는 治理环境(환경 관리)을 삼고 지문과 대조한다. 세 번째 단락의 每场马拉松比赛都会带动一个巨大的消费市场(모든 마라톤 경기는 엄청난 소비 시장을 움직이게 한다)을 통해 보기 B의 장점이 언급되었고, 마지막 단락의 带动市民参与体育锻炼，增进了社会和谐(스포츠에 참여하게끔 이끌고 사회의 조화를 증진시켜 준다)와 举办赛事还可以在政府进行城市环境综合治理方面上提供极大的帮助(이 밖에도 경기 개최는 정부가 도시 환경의 종합적인 관리를 하는 측면에서도 상당한 도움이 된다)에 보기 A, D의 장점이 언급되었다. 따라서 마라톤 개최의 장점으로 포함되지 않는 것은 C이다.

어휘 督促 dūcù 동 독촉하다, 재촉하다　治理 zhìlǐ 동 다스리다, 통치하다

★★★ 중

92 最适合上文的标题是： | 본문의 제목으로 가장 적합한 것은?

A 怎么备战马拉松	A 어떻게 마라톤을 준비하는가
B 马拉松热席卷中国	**B 마라톤 붐이 중국을 석권하다**
C 马拉松的由来	C 마라톤의 유래
D 马拉松的优缺点	D 마라톤의 장단점

해설 글의 제목을 묻는 문제이므로 각 단락의 주제 및 앞서 푼 세 문제를 통해 중심 내용을 파악한다. 첫 번째 단락의 시작 부분에서 马拉松是一项大众体育运动，近年来在中国备受青睐(마라톤은 대중적인 스포츠로, 최근 들어 중국에서 각광받고 있다)라고 했고 이 이후로 발전 전망, 발전 동력 및 배경에 관해 설명하고 있으므로 본문의 제목으로 가장 알맞은 것은 B이다.

어휘 备战 bèizhàn 동 전쟁에 대비하다　席卷 xíjuǎn 동 석권하다, 휩쓸다

93-96

在航天器上，完全杜绝使用可燃性材料几乎是不可能的，纸张、塑料等易燃材料随处可见。同时，93航天器到处布满了电子设备，这些电子设备一旦出现漏电或者短路，就会产生火花，引起火灾。因此，为了防止灾难的发生，在火灾发生前，通过热量增加时释放出的各种各样的信号提前预告航天员是必不可少的。

우주 설비에서 가연성 물질의 사용을 완벽하게 근절하기란 거의 불가능하다. 종이, 플라스틱 등 인화성 재료를 도처에서 볼 수 있다. 또한 93우주 설비의 곳곳에 퍼져 있는 전자 설비는 만일 누전 혹은 합선이 되면 불꽃이 생기면서 화재를 일으킨다. 이 때문에 재난 발생을 방지하기 위해, 화재가 발생하기 전에 열 에너지가 증가하고 방출되는 각종 신호를 통해 사전에 우주인에게 예고해주는 것은 필수적이다.

近日，一些科学家建议把“电子鼻”安装在航天器上，认为适当利用电子鼻很可能有助于防止灾难。他们所说的电子鼻就是一种小装置，它有着令人惊奇的功能，能够辨别几乎所有化合物，96比人类的鼻子灵敏得多，它甚至能够察觉到百万分之一电子的变化。

电子鼻中有一个特殊元件，它是由多种不同聚合物膜层组成的，这些薄膜可导电，各个薄膜仅对某种化合物敏感。当一种薄膜吸收了它所敏感的气体分子时，就会发生轻微膨胀，其导电性也会随之发生改变。不同的气体浓度引起不同程度的体积膨胀，有关数据也会产生不同的改变。通过电子鼻，人们不仅可以知道空气中哪种成分发生了改变，还可以了解变化的量的多少。

目前，94第二代电子鼻正在研制中。它的体积更小，只有7.60㎤，约是原有电子鼻的35%，使用起来更方便，只要将电子鼻像烟雾探测器一样固定到太空舱的四周就可以了。

95电子鼻作为一种智能安全系统的感应部分，电子鼻与电脑相连，可以记录下大气中的任何变化。如果检测到了温度变化，哪怕是极为细微的，电脑上也会显示火警信号，那么人们将立刻进行处理。如果火灾还没发生，那么电脑将会告诉你可能会发生什么情况，如是否发现了有毒物质，或发现了某种接近危险水平的物质以及在哪里发生的，这样，宇航员就可以提前排除隐患。

최근, 몇몇 과학자들은 '전자 코 센서(Electronic Noses)'를 우주 설비에 설치할 것을 제안하였다. 전자 코 센서를 적절히 이용하면 재난 방지에 도움된다고 여겼다. 그들이 말하는 전자 코 센서란 일종의 소형 장치로, 놀라운 기능을 가지고 있는데, 거의 모든 화합물을 판별할 수 있으며, 96인간의 코보다 훨씬 민감하여 심지어 백만 분의 일에 해당하는 전자의 변화까지도 알아차릴 수 있다.

전자 코 센서에는 특수한 부품이 있는데, 다양한 중합체 막으로 구성되어 있다. 이들 얇은 막은 전도가 가능한데 개별 막은 모종의 화합물에 민감하다. 한 얇은 막이 민감한 기체 분자를 흡수할 때, 경미하게 팽창하는데 이때 그 전도성도 그에 따라 변한다. 각기 다른 기체의 농도가 서로 다른 정도로 부피 팽챙을 일으켜, 관련 데이터 역시 각기 다르게 변한다. 전자 코 센서를 통해, 사람들은 공기 중 어떤 성분에 변화가 발생했으며, 변화된 양이 얼마인지도 알 수 있다.

현재 94제2세대 전자 코 센서가 한창 연구제작 중에 있다. 그 부피는 훨씬 작아져서 7.60㎤ 밖에 되지 않아 대략 기존의 전자 코 센서의 35% 정도이며, 사용하기에 훨씬 편리하여, 전자 코 센서를 연기 감지기처럼 우주선의 곳곳에 고정시켜 놓기만 하면 된다.

95전자 코 센서는 일종의 스마트 안전 시스템 감응 장치로서, 전자 코 센서와 컴퓨터를 서로 연결하면 대기 중의 어떠한 변화도 기록이 가능하다. 만약 온도 변화를 검측한다면, 설사 지극히 미세할지라도, 컴퓨터에는 화재 경보가 뜨게 되어 사람들이 즉각적으로 처리하게 된다. 만약 화재가 아직 발생하지 않았더라도 컴퓨터가 어떤 상황이 발생할 가능성이 있는지 당신에게 알려주게 된다. 예를 들어, 유독 물질인지 아닌지, 혹은 위험 수준에 가까운 물질인지 혹은 어디에서 발생했는지 등등. 이렇게 하면 우주인이 사전에 잠재적 위험을 제거할 수 있다.

어휘 航天器 hángtiānqì 명 우주 설비 [인공위성 · 우주선 · 우주 정거장 등] 杜绝 dùjué 동 철저히 막다, (나쁜 일을) 없애다 布满 bùmǎn 동 가득 널려 있다, 충만하다 漏电 lòudiàn 명 동 누전(되다) 短路 duǎnlù 명 동 합선되다, 단락(短絡)하다 释放 shìfàng 동 (에너지 등을) 방출하다 装置 zhuāngzhì 명 동 설치(하다), 장치(하다) 惊奇 jīngqí 형 놀랍고도 이상하다 辨别 biànbié 동 판별하다, 분별하다 灵敏 língmǐn 형 반응이 빠르다, 영민하다 元件 yuánjiàn 명 (기계 등의 교환할 수 있는) 부품, 부속품 聚合物 jùhéwù 명 중합체, 폴리머(polymer) 薄膜 báomó 명 박막, 얇은 막 导电 dǎodiàn 동 전기가 통하다, 전도하다 膨胀 péngzhàng 동 팽창하다 烟雾探测器 yānwù tàncèqì 연기 감지기 排除 páichú 동 장애를 제거하다, 배제하다 隐患 yǐnhuàn 명 잠복해 있는 병, 겉에 드러나지 않은 폐해 또는 재난

★★☆ 하

93 下列哪一项是引起太空火灾的原因?

다음 중 우주 화재를 유발하는 원인은?

A 开灯睡觉
B 修改电脑程序
C 电子设备短路
D 将纸和塑料放在一起

A 불을 켜놓고 잔다
B 컴퓨터 프로그램을 수정한다
C 전자 설비가 합선된다
D 종이와 플라스틱을 함께 놓아둔다

해설 질문의 키워드 引起火灾(화재를 유발하다)가 언급된 첫 번째 단락에서 航天器到处布满了电子设备，这些电子设备一旦出现漏电或者短路，就会产生火花，引起火灾(우주 설비의 곳곳에 퍼져 있는 전자 설비는 만일 누전 혹은 합선이 되면 불꽃이 생기면서 화재를 일으킨다)라고 했다. 전자 설비가 누전이나 합선되면 화재가 발생한다고 했으므로 우주 화재의 원인은 C임을 알 수 있다.

어휘 电脑程序 diànnǎo chéngxù 컴퓨터 프로그램

★★★ 중

94

关于“第二代电子鼻”下列哪项正确？	'2세대 전자 코 센서'에 관하여 다음 중 옳은 것은?
A 安装过程十分复杂 B 可以固定在宇航服上 C 已经研制成功并投入使用 **D 体积比第一代更小**	A 설치 과정이 매우 복잡하다 B 우주복에 고정시킬 수 있다 C 이미 연구개발에 성공하여 상용화에 돌입했다 **D 부피가 1세대보다 더 작다**

해설 질문의 키워드 第二代电子鼻(2세대 전자 코 센서)가 언급된 네 번째 단락에서 第二代电子鼻正在研制中。它的体积更小只有7.60㎤，约是原有电子鼻的35%(제2세대 전자 코 센서가 한창 연구제작 중에 있다. 그 부피는 훨씬 작아져서, 760㎤ 밖에 되지 않아 대략 기존의 전자 코 센서의 35% 정도이다)라고 했다. 2세대 전자 코 센서의 부피가 훨씬 작아졌다고 했으므로 옳은 내용은 D이다.

★★★ 상

95

最后一段主要讲了什么内容？	마지막 단락은 주로 어떤 내용을 다루고 있는가?
A 电脑处理有毒气体的过程 **B 电子鼻处理火灾隐患的过程** C 电子鼻的设计原理 D 宇航员的救火过程	A 컴퓨터가 유독 기체를 처리하는 과정 **B 전자 코 센서가 화재의 잠재적 위험 요소를 처리하는 과정** C 전자 코 센서의 설계 원리 D 우주인의 화재 진압 과정

해설 마지막 단락이 어떤 내용인지를 묻는 문제이다. 마지막 단락의 시작 부분에서 电子鼻与电脑相连，可以记录下大气中的任何变化(전자 코 센서는 일종의 스마트 안전 시스템 감응 장치로서, 전자 코 센서와 컴퓨터를 서로 연결하면 대기 중의 어떠한 변화도 기록이 가능하다)라고 했고 이어서 온도 및 화재 유발 성분, 유독 물질 등의 검측에 대한 내용이 나오므로 전자 코 센서가 화재의 잠재적인 위험 요소를 발견하는 것에 대해 말하고 있음을 알 수 있다. 따라서 정답은 B이다.

어휘 救火 jiùhuǒ 동 불을 끄다

★★☆ 하

96

根据上文，可以知道什么？	본문을 토대로 무엇을 알 수 있는가?
A 电子鼻比人类的鼻子更加灵敏 B 电子鼻不能探测有害气体 C 太空中发生火灾不能用水灭火 D 电子鼻是根据人类鼻子的特征研制的	**A 전자 코 센서가 인간의 코보다 더 민감하다** B 전자 코 센서는 유해 기체를 탐측할 수 없다 C 우주 화재는 물을 사용하여 소화시킬 수 없다 D 전자 코 센서는 인간의 코의 특징을 근거로 연구제작되었다

해설 보기의 키워드로 A는 灵敏(민감하다), B는 有害气体(유해 기체), C는 用水灭火(물로 소화시키다), D는 人类鼻子(인간의 코)를 삼고 지문과 대조한다. 두 번째 단락에서 比人类的鼻子灵敏得多(인간의 코보다 훨씬 민감하다)라고 했으므로 키워드가 그대로 일치하는 A가 정답이다.

어휘 灭火 mièhuǒ 동 불을 끄다, 소화하다

97-100

100中国山水画与中国园林被誉为"姊妹艺术"，它们的创作都基于人们要亲近自然的愿望与需求，在这一点它们绝对相通的。

临水而居，择水而憩，自古就是人类亲近自然的本性，也是人类亘古不变的梦想。然而，随着社会经济、政治、文化等方面的发展，人类逐渐离开森林原野而群居，从而形成了"城市"。城市里的建筑物日益增加，都市生活愈发拥挤、喧嚣、繁忙，这些都使人们感到厌倦。长期都市生活使人产生亲近自然的愿望。然而，郊游活动有一定的局限性，一些远离城市的名山大川，更难常往。山水画毕竟只是一张平面观赏的图画，只可"神游"。因此，97古代的达官贵人，为了更真切地感受自然气息，欣赏自然美景，便挖湖堆山，栽树植竹，养花种草，使经过提炼加工的自然山水景观再现于立体的三维空间中，这便是中国古典园林的由来。

98中国山水画与中国园林的艺术特征也具有许多共同点。中国山水画讲求神韵，提倡写实与写意并重；而中国园林讲求"寓诗情画意于自然景物之中"。由此可以看出，二者的追求是一致的。中国园林造园，以隔景、抑景、漏景、夹景等艺术手法为主，分隔空间，遮掩景物，有一种犹抱琵琶半遮面的朦胧感，这与山水画的艺术性不谋而合。这里所表现的正是"含蓄美"。"自然"是中国园林的精髓，植物配置不按直线排列植物，也不修剪，但整体感觉上却疏密有致，高低有情。中国山水画也讲究气韵生动，布局洒脱自然而忌讳刻板、规则。

99另外，利用文学形式来增强艺术感染力是中国山水画和中国园林常用的方式。中国山水画中题写诗歌赋予其上者，屡见不鲜。这些题词不仅能使增加"诗情"，还会加深画的意境。在中国园林中，各景区的题名、赋额、楹联，更是绝不可少的。如《红楼梦》中所论"佑大景致若干亭榭，无字标题，也觉寥落无趣，任有花柳山水，也断不能生色。"

100중국의 산수화와 원림은 '자매 예술'로 불리운다. 그들의 창작은 모두 사람들이 자연에 다가가고자 하는 바람과 필요를 토대로 한다는 점에서 상통한다.

'물과 가까이에 살고, 물이 있는 곳을 택해 쉰다'는 것은 자고로 인간의 자연친화적 본성이며 또한 자고로 변하지 않는 인간의 꿈이다. 하지만, 경제, 정치, 문화 각 방면으로 사회가 발전함에 따라, 인간은 숲과 초원을 떠나 무리를 지어 살게 되면서 '도시'를 형성하게 되었다. 도시의 건축물들은 나날이 증가하며, 도시의 생활은 점점 더 붐비고, 소란스러워지고, 바빠졌다. 이런 것들이 모두 사람들을 지치게 만들었다. 오랜 도시 생활은 자연 친화에 대한 바람을 불러일으켰다. 그러나, 교외 활동은 어느 정도 국한성이 있다. 도시에서 멀리 떨어져 있는 산과 들은 더욱이 자주 찾아가기가 어렵다. 산수화는 그저 한 장의 평면으로 된 감상하는 그림일 뿐이라서, 그저 '상상 속의 여행'만 가능하다. 때문에 97고대의 고관대작들은 보다 더 리얼하게 자연의 숨결을 느끼고, 자연의 아름다운 경관을 감상하고자, 호수를 파고 산을 쌓고, 나무를 심고 꽃을 길러, 정련하여 가공한 자연의 산수경관을 입체적인 3D 공간에 재현했는데, 이것이 바로 중국의 고전원림의 유래이다.

98중국 산수화와 원림의 예술적 특징 역시 수많은 공통점을 지닌다. 산수화는 고상한 운치를 중시하며, 사실적 묘사와 사의(=정교함을 추구하지 않고 간단하게 묘사하여 작가의 심경을 중점적으로 표현)의 공존을 제창한다. 그런데 중국 원림은 '시적인 정취와 아름다움이 자연 풍경에 깃드는' 것을 중시하였다. 이로써 이 둘의 추구하는 바가 일치함을 알 수 있다. 원림을 만들 때 격경, 억경, 누경, 협경 등 예술 기법을 위주로 하여, 공간을 분리하고 풍경을 덮어 가리우면, 비파를 품에 안고 얼굴을 반쯤 가린 은은한 느낌이 있는데, 이것이 산수화의 예술성과 약속이나 한 듯 일치한다. 여기에서 표현하고자 하는 바는 바로 '함축적 아름다움'이다. '자연'은 중국 원림의 정수이다. 식물의 배치도 직선으로 하지 않고 가위로 다듬지 않지만 전체적인 느낌은 모이고 흩어짐이 정취가 있고 높낮이가 제각기라는 것이다. 중국 산수화 역시 분위기의 생동감을 중시하여 시문의 구성이 대범하고 자연스러우며 판에 박힌 규칙은 기피하였다.

99그 밖에, 문학 형식을 빌어 예술 감화력을 강화시키는 것 또한 중국 산수화와 원림이 자주 사용하는 방식이다. 중국 산수화에서 시를 몇 수 적어 넣는 것은 흔한 일이다. 이 글들은 비단 '시적 정취'를 더해 줄 뿐만 아니라 그림의 분위기를 더 깊이 있게 해주기도 한다. 중국의 원림에서도 각 관광지의 제명, 과세액, 대련은 절대 빠져서는 안 된다. 예를 들어, 「홍루몽」에서 말하는 '우대경치약간정사, 무자표제, 야각요락무취, 임유화류산수, 야단부능생색'과 같다.

어휘 喧嚣 xuānxiāo 형 시끄럽다, 소란스럽다 栽树 zāishù 동 나무를 심다 植竹 zhízhú 대나무를 심다 提炼 tíliàn 동 정련하다, 추출하다 三维 sānwéi 명 3D 神韵 shényùn 명 신비롭고 고상한 운치 写实 xiěshí 동 있는 그대로를 쓰다 写意 xiěyì 동

실전모의고사 4

회화에서 사물의 형식보다도 그 내용 · 정신에 치중하여 그리는 일 寓 yù 동 함축하다, 빗대어 나타내다 诗情画意 shī qíng huà yì 성 시적인 정취와 그림 같은 아름다움, (풍경 등이) 시나 그림처럼 아름답다 隔 gé 동 (공간 · 시간적으로) 간격이 있다, 거리가 있다 抑 yì 동 누르다, 억압하다 漏 lòu 동 물체가 구멍이 나서 틈이 생겨 새다 夹 jiā 동 끼우다, 집다 遮掩 zhēyǎn 동 덮어 가리다 朦胧 ménglóng 형 경관이 어렴풋하다, 희미하다 不谋而合 bù móu ér hé 성 약속이나 한 듯이 의견이 일치하다 含蓄 hánxù 명 동 함축(하다) 精髓 jīngsuǐ 명 정수, 진수, 정화 配置 pèizhì 동 배치하다 气韵 qìyùn 명 (글씨 · 그림 · 글 등의) 기운, 기품 布局 bùjú 명 동 안배(하다), 배치(하다) 洒脱 sǎtuō 형 소탈하다, 시원스럽다, 대범하다 忌讳 jìhuì 명 금기, 터부 동 기피하다, 꺼리다 赋予 fùyǔ 동 (중대한 임무나 사명 등을) 부여하다, 주다 诗情 shīqíng 명 시정, 시적인 정취 意境 yìjìng 명 (문학 · 예술 작품에 표현된) 경지, 정취, 정서 题名 tímíng 명 표제를 붙이다, 이름을 써 붙이다 赋额 fù'é 명 일정한 과세 금액, 부과금 楹联 yínglián 명 기둥 위의 대련 寥落 liáoluò 형 희소하다, 드물다 无趣 wúqù 형 재미없다, 흥미없다

★★★ 상

97 根据第2段，可以知道什么？	두 번째 단락을 근거로 무엇을 알 수 있는가?
A 中国园林重视亲近自然	**A 중국의 원림은 자연친근감을 중시한다**
B 人类越来越喜欢独居	B 인간은 점점 홀로 사는 것을 좋아한다
C 城市让人们有归属感	C 도시가 사람들에게 귀속감을 갖게 한다
D 中国山水画有一定的局限性	D 중국의 산수화는 어느 정도 국한성이 있다

해설 두 번째 단락을 근거로 알 수 있는 내용을 묻고 있다. 단락의 끝부분에서 古代的达官贵人，为了更真切地感受自然气息，欣赏自然美景，便挖湖堆山，栽树植竹，养花种草，使经过提炼加工的自然山水景观再现于立体的三维空间中，这便是中国古典园林的由来(고대의 고관대작들은 보다 더 리얼하게 자연의 숨결을 느끼고, 자연의 아름다운 경관을 감상하고자, 호수를 파고 산을 쌓고, 나무를 심고 꽃을 길러, 정련하여 가공한 자연의 산수경관을 입체적인 3D 공간에 재현했는데, 이것이 바로 중국의 고전원림의 유래이다)라고 했으므로 중국 원림이 자연에 기초해서 만들어졌음을 알 수 있다. 따라서 알맞은 정답은 A이다.

★★★ 하

98 第3段主要谈的是：	세 번째 단락에서 주로 말하고자 하는 것은?
A 中国园林的发展过程	A 중국 원림의 발전 과정
B 中国山水画与园林的区别	B 중국 산수화와 원림의 차이
C 中国园林的形成原因	C 중국 원림의 형성 원인
D 中国山水画与园林的艺术特征	**D 중국 산수화와 원림의 예술적 특징**

해설 세 번째 단락의 중심 내용을 묻고 있다. 단락의 시작 부분에서 中国山水画与中国园林的艺术特征也具有许多共同点(중국 산수화와 원림의 예술적 특징 역시 수많은 공통점을 지닌다)이라고 했으므로 주로 말하고자 하는 것이 중국 산수화와 원림의 예술적 특징임을 알 수 있다. 따라서 정답은 D이다.

★★★ 중

99 《红楼梦》中的那句话说明的是：	「홍루몽」 속의 그 말은 무엇을 설명하는가?
A 中国园林与书法不合适	A 중국 원림과 서예는 어울리지 않는다
B 文学能增强园林的艺术感	**B 문학이 원림의 예술성을 강화할 수 있다**
C 中国诗人很喜欢歌颂山水	C 중국 시인들은 산수를 칭송하길 좋아했다
D 介绍园林的著作极多	D 원림을 소개하는 저작물이 매우 많다

해설 홍루몽 속의 말은 마지막 단락에 큰따옴표("")로 제시되었다. 이 말은 앞에서 설명한 내용을 예시로 보여주는 것이므로 앞의 내용을 살펴본다. 단락의 시작 부분에서 另外，利用文学形式来增强艺术感染力是中国山水画和中国园林常用的方式(그 밖에, 문학 형식을 빌어 예술 감화력을 강화시키는 것 또한 중국 산수화와 원림이 자주 사용하는 방식이다)라고 했으므로 문학이 예술 감화력을 강화시킨다는 것을 알 수 있다. 따라서 정답은 B이다.

TIP▶ 의미 파악형 문제

: 이와 같은 문제 유형은 인용부호 안의 제시된 문장 혹은 단어의 의미를 알지 못해도 전후 맥락을 통해 그 의미를 유추하는 문제이기 때문에 해석이 되지 않는다고 당황할 필요가 전혀 없다. 홍루몽의 경우 백화체로 쓰여졌기 때문에 현대 중국어만 학습한 HSK응시자(외국인)들에게 해석을 통한 의미 파악을 요구하지 않는다.

★★★ 중

100 下列哪项最适合做上文的标题？	다음 중 본문의 제목으로 가장 적합한 것은?
A 如何鉴赏中国山水画 B 中国园林的艺术特征 **C 充满诗情画意的“姐妹艺术”** D 论《红楼梦》中的中国园林	A 중국의 산수화를 어떻게 감상하는가 B 중국 원림의 예술적 특징 **C 시적 정취와 그림의 미감이 충만한 '자매 예술'** D「홍루몽」속의 중국 원림을 말하다

해설 글의 제목을 묻는 문제이다. 각 단락의 주제 및 앞서 푼 3문제를 통해 중심 내용을 파악한다. 첫 번째 단락에서부터 마지막 단락까지 도입에서 언급한 中国山水画与中国园林被誉为“姊妹艺术”(중국의 산수화와 원림은 '자매 예술'로 불린다)에 대한 구체적인 사례가 나열되고 있으므로 본문의 제목으로는 C가 가장 적합하다.

어휘 鉴赏 jiànshǎng 동 (예술품 · 문물 등을) 감상하다 诗情画意 shī qíng huà yì 성 시적인 정취와 그림 같은 아름다움. (풍경 등이) 시나 그림처럼 아름답다

쓰기 101. ★★★ 중

[풀이전략] 첫 번째로 읽으면서 인물과 주요 사건을 중심으로 빠르게 읽는다. 두 번째로 읽으면서 사건을 기/승/전/결/(주제)로 나누어 스토리를 만들고, 사건 서술에 필요한 표현들을 '주어-술어-목적어'를 중심으로 암기한다. 문장의 기본 구조에 충실하게 작문하되, 생각나지 않는 표현은 비슷한 말로 바꾸고 정확한 메시지를 전달할 수 있도록 간단명료하게 작문한다.

| Step 1 | 인물과 사건을 중심으로 읽기

1단락 등장인물: 타오화삐

사건: 타오화삐는 가난하고 학교도 다니지 못해 일찍 시집을 갔지만 남편을 잃게 되어 돈을 벌 수밖에 없었음.

陶华碧家境贫寒，没读过书，年轻时就嫁人了。中年的陶华碧失去了丈夫，家里只剩下她和两个孩子。为了生存，陶华碧不得不外出打工和摆地摊。靠着辛苦工作和省吃俭用，她攒了一点儿钱。	타오화삐는 집안 형편이 가난하고 학교도 다니지 못해서 젊었을 때 시집을 갔다. 중년에 타오화삐는 남편을 잃게 되어 집안에는 그녀와 두 아이만이 남게 되었다. 생존을 위해 타오화삐는 밖에 나가 아르바이트를 하고 길에서 물건도 팔았다. 고되게 일하고 적게 먹고 아껴 쓰며 그녀는 약간의 돈을 모았다.

어휘 家境 jiājìng 명 집안 형편 贫寒 pínhán 형 빈곤하다, 가난하다 地摊 dìtān 명 노점, 좌판 省吃俭用 shěng chī jiǎn yòng 성 아껴 먹고 아껴 쓰다

2단락 사건: 그녀는 모은 돈을 가지고 구이저우에 간이 식당을 차렸는데 고추장이 인기를 끔.

1989年，她用这些钱在贵州贵阳市南明区龙洞堡的一条街道边开了家专卖凉粉和冷面的小吃店。为了减少开资，作为主料的辣椒酱她决定自己做。没想到独特的口味吸引了大量的顾客前来光顾，生意很是兴隆。	1989년, 그녀는 이 돈을 가지고 구이저우 구이양시 난밍구 롱똥바오의 한 거리에 량펀과 렁미엔을 전문으로 하는 간이 식당을 열었다. 지출을 줄이고자 주재료인 고추장을 그녀가 직접 만들기로 했다. 뜻밖에도 독특한 맛으로 엄청나게 손님을 끌게 되었고 장사가 매우 잘되었다.

어휘 前来 qiánlái 동 저쪽으로부터 오다 兴隆 xīnglóng 형 번창하다, 흥하다

3단락 사건: 한번은 타오화삐가 몸이 아파 고추장을 만들지 못했는데 손님들이 예전의 고추장이 없는 것을 보고는 모두 돌아감. 이를 통해 그녀는 사람들이 그녀의 고추장을 좋아한다는 것을 알게 됨.

一次，陶华碧因为身体不适没有提前制作辣椒酱，她想：反正作佐料，除了辣椒酱，还有其他好几种，少了辣椒酱对生意应该不会有太大影响。哪知道，顾客来吃饭时，一看没有之前的辣椒酱，大部分竟然掉头就走。陶华碧十分纳闷：难道说他们不是喜欢凉粉、冷面的味道，而是只喜欢辣椒酱？之后，陶华碧与顾客多次交谈，她发现人们的确很喜欢自己做的辣椒酱。很多顾客在吃完凉粉、冷面后，还特意掏钱来买些辣椒酱带走，甚至有些顾客根本不吃凉粉、冷面，就是专门来买她的辣椒酱。	한 번은, 타오화삐가 몸이 불편하여 고추장을 미리 만들지 못했다. 그녀는 어차피 양념인데 고추장 말고도 다른 것이 여러 가지 있으니, 고추장 하나 빠졌다고 장사에 큰 지장은 없을 거라고 생각했다. 하지만 누가 알았겠는가. 손님들은 식사하러 와서 예전의 고추장이 없는 것을 보고는 뜻밖에도 대부분 되돌아갔다. 타오화삐는 이해가 되지 않았다. 설마 량펀, 렁미엔 맛을 좋아하는 게 아니라 고추장만 좋아한 것이란 말인가? 그 후, 타오화삐는 손님들과 여러 차례 대화를 나눴고, 확실히 사람들이 자신이 만든 고추장을 좋아한다는 것을 알게 되었다. 많은 손님들은 량펀, 렁미엔을 먹은 후 특별히 돈을 내고 고추장을 사갔고, 심지어 량펀, 렁미엔은 전혀 먹지 않고 일부러 그녀의 고추장을 사러 오는 손님도 있었다.

어휘 作料 zuǒliào 명 양념(장), 소스(sauce) 掉头 diàotóu 동 고개를 돌리다, 외면하다 纳闷 nàmèn 동 영문을 몰라 답답해하다 调制 tiáozhì 동 재료를 배합하여 만들다, 가공 제조하다

4단락 사건: 또 동종업자들이 그녀의 고추장을 사간다는 것을 알게 된 후 더 이상 고추장을 낱개로 팔지 않음. 동종업자들은 타오화삐에게 고추장 공장을 열 것을 권함.

无独有偶，陶华碧一次到同行店里去闲逛，想看看别人的生意怎么样，意外地发现，这些同行用的都是她制作的辣椒酱——原来，在一些顾客询问后，这些同行便派人偷偷地去陶华碧的小吃店里买辣椒酱！发现这种情况后，精明的陶华碧不再对顾客零售辣椒酱。然而，那些买不到辣椒酱的同行没几天就都跑过来求她，还开玩笑似地说："陶老板，你有这做辣椒酱的手艺，还卖什么凉粉、冷面啊？不如干脆开家辣椒酱工厂，不就行了吗？"说者或许无意，但听者却有心，这番话说到陶华碧心里去了，她心想："是啊，这么多顾客爱吃我的辣椒酱，我还卖凉粉、冷面，岂不是太傻了？"	비슷한 가게들도 많았던 터라, 타오화삐는 다른 사람들의 장사가 어떤가 보고 싶어 동종업 가게들을 한번 돌아다녔다. 뜻밖에도 이 가게들이 모두 그녀가 만든 고추장을 쓰고 있었다. 몇몇 손님들에게 물어보고 나니 동종업자들이 몰래 그녀의 식당으로 사람을 보내 고추장을 산다는 것이었다. 이런 상황을 발견하고 나서 타산이 밝은 타오화삐는 더 이상 손님들에게 고추장을 낱개로 팔지 않았다. 그런데 그 고추장을 사지 못한 동종업자들이 며칠이 되지 않아 그녀에게 와서 도움을 청하고 농담처럼 말했다. "타오 사장, 아니 그 고추장 만드는 솜씨도 있으면서 무슨 량펀, 렁미엔을 판다고 그러나? 아예 고추장 공장을 여는 게 낫지 않은가?" 말하는 사람이야 무심결일 수도 있지만 듣는 입장에서는 새겨 듣는다고, 타오화삐는 이 말을 가슴에 새겨 듣고는 생각했다. '맞아, 이렇게 많은 손님들이 내가 만든 고추장을 좋아하는데 내가 량펀, 렁미엔을 팔아 뭐하겠어. 너무 어리석은 거 아니야?'

어휘 无独有偶 wú dú yǒu ǒu 성 하나만 있는 것이 아니라 그 짝이 있다, 같은 패거리가 있다 精明 jīngmíng 형 영리하다 零售 língshòu 동 소매하다, 낱개로 팔다 无意 wúyì 동 ~할 생각이 없다 岂不是 qǐ bú shì 어찌 ~이 아니겠는가?

5단락 사건: 그래서 그녀는 구이양시에 '라오깐마'라는 고추장 공장을 세웠고 곧 시장의 인정을 받아 전국에까지 사업을 확장함.

就这样，在1996年7月，陶华碧把原有的小吃店关掉，经过一番疏通，借贵阳市南明区云关村委会的两间房子，招聘了40名工人，办起了辣椒酱加工厂，名为"老干妈"。1997年6月，不到一年的时间里，"老干妈"辣椒酱就得到了市场的认可，在贵阳市站稳了脚跟，并向贵州其他地区乃至全国市场推进。	이렇게 해서, 1996년 7월, 타오화삐는 기존의 작은 식당을 닫고, 구이양시 난밍구 윈꽌촌 위원회의 건물 두 채를 빌려, 40명의 직원을 뽑아 고추장 가공 공장을 세우고 이름을 '라오깐마'라고 했다. 1997년 6월, 1년도 채 되지 않아, '라오깐마' 고추장은 시장의 인정을 받아, 구이양시에 확실히 자리를 잡고 구이양시의 다른 지역과 더 나아가 전국 시장에까지 판로를 확장하였다.

어휘 疏通 shūtōng 동 소통하다(조정하다) 村委会 cūnwěihuì '村民委员会(촌민 위원회)'의 준말 站稳脚跟 zhànwěn jiǎogēn 입지를 굳히다, 자리잡다

6단락 사건: '라오깐마'는 유명 브랜드가 되었음.

直到今天，"老干妈"已经成为家喻户晓的中外知名品牌，公司累计产值已达数十亿，带动了800多万农民致富，名列中国私营企业50强的第五名。她的辣椒酱厂能走到今天这种程度，可以说创造了一个奇迹。她的成功，令人赞叹，也永远值得我们学习！	지금에 이르러, '라오깐마'는 이미 누구나 다 아는 지명도 있는 브랜드가 되었고, 누적 생산액은 이미 수십 억에 달하며, 800여만 명의 농민을 부유하게 해주었다. 중국 내 50대 민간기업에서 5위에 랭크되었다. 그녀의 고추장 공장이 오늘의 이런 수준이 된 것은 기적을 창조한 것이라고 말할 수 있을 것이다. 그녀의 성공은 감탄을 자아내며 영원히 우리가 본받을 만한 가치가 있다!

어휘 家喻户晓 jiā yù hù xiǎo 성 집집마다 알다 累计 lěijì 동 누계하다, 합계하다 产值 chǎnzhí 명 생산액, 생산고 致富 zhìfù 동 부자가 되다 前茅 qiánmáo 명 성적이 좋아서 상위에 속하는 것

| Step 2 | 요약하고 중국어로 익히기

기

1단락

陶华碧家境贫寒，没读过书，年轻时就嫁人了。中年的陶华碧失去了丈夫，家里只剩下她和两个孩子。为了生存，陶华碧不得不外出打工和摆地摊。靠着辛苦工作和省吃俭用，她攒了一点儿钱。

바꿔쓰기
- 年轻时 = 很早
- 失去了丈夫 = 丧夫

요약하기

陶华碧出身贫苦，没上过学，而且很早就嫁人了。她中年丧夫，为了养活两个孩子，她不得不外出打工。

실전모의고사 4

승

2단락

1989年，她用这些钱在贵州贵阳市南明区龙洞堡的一条街道边开了家专卖凉粉和冷面的小吃店。为了减少开资，作为主料的辣椒酱她决定自己做。没想到独特的口味吸引了大量的顾客前来光顾，生意很是兴隆。

바꿔쓰기
- 在贵州贵阳市南明区龙洞堡的一条街道 = 在贵州的街道
- 没想到 = 出乎意料

요약하기

1989年陶华碧用攒下来的钱在贵州的街道上开了一家专卖凉粉和冷面的小吃店。为了减少开资，主料中的辣椒酱她决定自己做。她亲手做的辣椒酱口味独特，出乎意料地大受欢迎，吸引了很多顾客。

전

3단락

一次，陶华碧因为身体不适没有提前制作辣椒酱，她想：反正作佐料，除了辣椒酱，还有其他好几种，少了辣椒酱对生意应该不会有太大影响。哪知道，顾客来吃饭时，一看没有之前的辣椒酱，大部分竟然掉头就走。陶华碧十分纳闷：难道说他们不是喜欢凉粉、冷面的味道，而是只喜欢辣椒酱？之后，陶华碧与顾客多次交谈，她发现人们的确很喜欢自己做的辣椒酱。很多顾客在吃完凉粉、冷面后，还特意掏钱来买些辣椒酱带走，甚至有些顾客根本不吃凉粉、冷面，就是专门来买她的辣椒酱。

4단락

无独有偶，陶华碧一次到同行店里去闲逛，想看看别人的生意怎么样，意外地发现，这些同行用的都是她制作的辣椒酱——原来，在一些顾客询问后，这些同行便派人偷偷地去陶华碧的小吃店里买辣椒酱！发现这种情况后，精明的陶华碧不再对顾客零售辣椒酱。然而，那些买不到辣椒酱的同行没几天就都跑过来求她，还开玩笑似地说："陶老板，你有这做辣椒酱的手艺，还卖什么凉粉、冷面啊？不如干脆开家辣椒酱工厂，不就行了吗？"说者或许无意，但听者却有心，这番话说到陶华碧心里去了，她心想："是啊，这么多顾客爱吃我的辣椒酱，我还卖凉粉、冷面，岂不是太傻了？"

바꿔쓰기
- 身体不适 = 身体不舒服
- 应该不会有太大影响 = 应该没关系
- 哪知道 = 万万没想到
- 掉头就走= 转身就走
- 还卖什么凉粉、冷面啊？= 你还开什么饭店啊？

요약하기

一天，她身体不舒服没能做辣椒酱，她想反正还有其它的调料，应该没关系。可她万万没想到，很多顾客因为没有辣椒酱而转身就走了。陶碧华后来经过调查才发现，很多顾客都是因为喜欢辣椒酱才来的，并且周围很多饭店用的也是她的辣椒酱，她就非常生气，决定不卖辣椒酱了。得知后其它饭店老板都来劝她，说："你的辣椒酱这么好吃，你还开什么饭店啊？你干脆开辣椒酱工厂吧！"

결

5단락

就这样，在1996年7月，陶华碧把原有的小吃店关掉，经过一番疏通，借贵阳市南明区云关村委会的两间房子，招聘了40名工人，办起了辣椒酱加工厂，名为"老干妈"。1997年6月，不到一年的时间里，"老干妈"辣椒酱就得到了市场的认可，在贵阳市站稳了脚跟，并向贵州其他地区乃至全国市场推进。

6단락

直到今天，"老干妈"已经成为家喻户晓的中外知名品牌，公司累计产值已达数十亿，带动了800多万农民致富，名列中国私营企业50强的第五名。她的辣椒酱厂能走到今天这种程度，可以说创造了一个奇迹。她的成功，令人赞叹，也永远值得我们学习!

바꿔쓰기 • 贵阳市南明区云关村委会的两间房子 = 贵阳市
• 推进 = 发展

요약하기

陶碧华觉得他们说得有道理，于是在贵阳市开办了一家食品加工厂，招聘了40名工人，专门生产辣椒酱，并给辣椒酱取名为"老干妈"。不到一年，"老干妈"就得到了当地市场的认可，并向全国发展。如今，"老干妈"已经成为了畅销国内外的知名品牌。陶华碧没有上过一天学，却能获得这么大的成功，非常值得我们学习。

| Step 3 | 요약문 쓰기 (참고 답안)

"老干妈"的由来

陶华碧出身贫苦，没上过学，而且很早就嫁人了。她中年丧夫，为了养活两个孩子，她不得不外出打工。

1989年陶华碧用攒下来的钱在贵州的街道上开了一家专卖凉粉和冷面的小吃店。为了减少开资，主料中的辣椒酱她决定自己做。她亲手做的辣椒酱口味独特，出乎意料地大受欢迎，吸引了很多顾客。

一天，她身体不舒服没能做辣椒酱，她想反正还有其它的调料，应该没关系。可她万万没想到，很多顾客因为没有辣椒酱而转身就走了。陶碧华后来经过调查才发现，很多顾客都是因为喜欢辣椒酱才来的，并且周围很多饭店用的也是她的辣椒酱，她非常生气，决定不卖辣椒酱了。其他饭店老板得知后都来劝她，说："你的辣椒酱这么好吃，还开什么饭店啊？干脆开辣椒酱工厂吧！"

陶华碧觉得他们说得有道理，于是在贵阳市开办了一家辣椒酱加工厂，招聘了40名工人，并给辣椒酱取名为"老干妈"。不到一年，"老干妈"就得到了当地市场的认可，并向全国发展。如今，"老干妈"已经成为了畅销国内外的知名品牌。她可以说创造了一个奇迹。她的成功，令人赞叹，也永远值得我们学习！(452字)

'라오깐마'의 유래

타오화삐는 출신이 가난하고 학교를 다니지 못한 데다가 시집까지 일찍 갔다. 그는 중년에 남편을 잃고 두 아들을 양육하기 위해 어쩔 수 없이 밖으로 일을 하러 나갔다.

1989년, 타오화삐는 모아온 돈으로 귀이저우 거리에 량펀과 렁미엔을 전문적으로 파는 간이 식당을 열었다. 지출을 줄이기 위해 주재료인 고추장을 그녀가 직접 만들기로 했다. 그녀가 손수 만든 고추장은 맛이 독특했는데, 뜻밖에도 엄청난 인기를 끌며 많은 손님들을 이끌었다.

하루는 그녀가 몸이 좋지 않아 고추장을 만들 수 없었다. 그녀는 어쨌든 다른 양념도 있으니 별 문제 없을 것이라 여겼다. 하지만 예상 밖에도 많은 손님들이 고추장이 없어서 돌아갔다. 타오화삐는 훗날 조사를 통해 발견하게 되었다. 많은 손님들이 고추장을 좋아해서 찾아왔고, 주변의 수많은 식당들이 사용하는 것 역시 그녀의 고추장이었던 것이다. 그녀는 매우 화가 나서 고추장을 팔지 않기로 했다. 다른 식당의 사장들은 소식을 듣고 찾아와 그녀에게 권했다. "자네 고추장이 이렇게 맛있는데, 뭐하러 식당을 여는가? 아예 고추장 공장을 열지!"

타오화삐는 그들의 말이 일리가 있다고 여겨, 구이저우시에 고추장 가공 공장을 열어 40명의 직원을 모집하고 고추장에 '라오깐마'라고 이름을 붙였다. 일 년도 채 되지 않아 '라오깐마'는 현지 시장의 인정을 받고, 전국적으로 발전해 나갔다. 오늘날, '라오깐마'는 이미 국내외로 히트를 치는 인지도가 있는 브랜드가 되었다. 그녀는 기적을 창조했다고 말할 수 있다. 그녀의 성공은 감탄을 자아내며 영원히 우리가 본받을 만한 가치가 있다!

실전모의고사 5회

한눈에 정답 확인하기

듣기

제1부분	1. A	2. A	3. D	4. A	5. C	6. D	7. D	8. C	9. A	10. D
	11. C	12. C	13. D	14. B	15. A					
제2부분	16. A	17. B	18. C	19. B	20. B	21. C	22. A	23. D	24. C	25. D
	26. B	27. C	28. B	29. A	30. B					
제3부분	31. B	32. B	33. C	34. A	35. D	36. B	37. D	38. C	39. D	40. B
	41. C	42. C	43. C	44. D	45. C	46. A	47. A	48. C	49. D	50. B

독해

제1부분	51. D	52. A	53. C	54. C	55. C	56. B	57. C	58. B	59. C	60. B
제2부분	61. D	62. B	63. A	64. D	65. B	66. A	67. D	68. A	69. A	70. A
제3부분	71. B	72. D	73. A	74. E	75. C	76. D	77. E	78. B	79. A	80. C
제4부분	81. B	82. B	83. C	84. D	85. B	86. D	87. D	88. A	89. D	90. B
	91. A	92. C	93. D	94. A	95. B	96. D	97. D	98. A	99. C	100. A

쓰기

101. 참고 답안 → p334

자가진단표를 뜯어서 사용할 수 있습니다.

자가진단 나의 학습 취약점 & 보완점 체크하기

문제별 중요도와 난이도를 보고 자신의 학습 취약점을 파악할 수 있게 하였습니다. 정답을 확인하여 반복적으로 틀리는 문제를 체크하고 어떤 부분(어휘력, 독해력, 청취력)을 보완해야 할지 진단해 봅시다.

틀린문제에 √표시 / 난이도(상, 중, 하)

문제 번호 ← 00 □ ★★ 상 | 형용사, 명사 키워드 듣기 → 문제 공략 포인트

중요도(★★★)

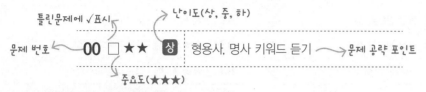

번호	중요도	난이도	문제 공략 포인트
듣기 제1부분			
1 □	★★★	하	기사문의 정보 대조하기
2 □	★★	중	에피소드의 인물의 행동 파악하기
3 □	★★★	중	논설문의 주장 파악하기
4 □	★★	중	논설문의 주장 파악하기
5 □	★★	중	에피소드의 인물의 행동 파악하기
6 □	★★	중	설명문의 정보 대조하기
7 □	★★★	중	논설문의 주장 파악하기
8 □	★★	상	설명문의 정보 대조하기
9 □	★★★	하	기사문의 정보 대조하기
10 □	★★★	중	설명문의 정보 대조하기
11 □	★★★	중	논설문의 주장 파악하기
12 □	★★	중	설명문의 정보 대조하기
13 □	★★	하	설명문의 정보 대조하기
14 □	★★	중	기사문의 정보 대조하기
15 □	★★	하	설명문의 정보 대조하기
듣기 제2부분			
16 □	★★★	하	옳은 내용 고르기
17 □	★★★	하	세부사항 듣기
18 □	★★	하	세부사항 듣기
19 □	★★★	중	태도/견해 듣기
20 □	★★★	중	옳은 내용 고르기
21 □	★★	하	태도/견해 듣기
22 □	★★★	하	세부사항 듣기
23 □	★	중	세부사항 듣기
24 □	★★★	하	태도/견해 듣기
25 □	★★	상	옳은 내용 고르기
26 □	★★	중	동기/원인 듣기
27 □	★	하	세부사항 듣기
28 □	★★	중	세부사항 듣기
29 □	★★★	상	세부사항 듣기
30 □	★★★	중	태도/견해 듣기
듣기 제3부분			
31 □	★★	중	세부사항 듣기
32 □	★	하	옳은 내용 고르기
33 □	★★	중	세부사항 듣기
34 □	★★	상	옳지 않은 내용 고르기
35 □	★★	상	세부사항 듣기
36 □	★★★	하	세부사항 듣기
37 □	★★	중	어휘의 뜻 파악하기
38 □	★★	중	특정 키워드의 옳은 내용 고르기
39 □	★★	중	세부사항 듣기
40 □	★★	중	세부사항 듣기
41 □	★★	하	옳지 않은 내용 고르기
42 □	★	하	세부사항 듣기
43 □	★★	중	세부사항 듣기
44 □	★★★	중	세부사항 듣기
45 □	★	중	세부사항 듣기
46 □	★★	중	특정 키워드의 옳은 내용 고르기
47 □	★★★	하	세부사항 듣기
48 □	★★★	하	세부사항 듣기
49 □	★★★	중	중심내용/교훈 파악하기

50 □	★★	하	옳은 내용 고르기	79 □	★★★	하	핵심 키워드로 연결시키기
독해 제1부분				80 □	★★★	하	논리적 의미로 연결시키기
51 □	★★★	상	의미 중복	**독해 제4부분**			
52 □	★★★	중	어휘의 호응 오류	81 □	★★★	중	중심내용/교훈 파악하기
53 □	★★★	중	문장 성분의 결여	82 □	★★	하	세부사항 파악하기
54 □	★★★	상	문장 성분의 결여	83 □	★★	중	특정 키워드의 옳은 내용 고르기
55 □	★★	중	어휘의 오용	84 □	★★★	하	옳은 내용 고르기
56 □	★★★	중	의미 중복	85 □	★★	중	특정 키워드의 옳은 내용 고르기
57 □	★★★	하	접속사의 오류	86 □	★★	중	중심내용/교훈 파악하기
58 □	★★★	중	문장 성분의 결여	87 □	★★	하	세부사항 파악하기
59 □	★★★	하	논리적 의미의 오류	88 □	★★	하	옳은 내용 고르기
60 □	★★	상	문장 성분의 잉여	89 □	★★	하	세부사항 파악하기
독해 제2부분				90 □	★★★	하	특정 단락의 옳은 내용 고르기
61 □	★★★	중	빈칸 채우기	91 □	★★★	하	중심내용/교훈 파악하기
62 □	★★	중	빈칸 채우기	92 □	★★	하	옳은 내용 고르기
63 □	★★★	중	빈칸 채우기	93 □	★★	하	특정 키워드의 옳은 내용 고르기
64 □	★★	중	빈칸 채우기	94 □	★★	중	특정 키워드의 옳은 내용 고르기
65 □	★★	상	빈칸 채우기	95 □	★★	하	중심내용/교훈 파악하기
66 □	★★	하	빈칸 채우기	96 □	★	하	옳은 내용 고르기
67 □	★★	상	빈칸 채우기	97 □	★★	중	어휘의 뜻 파악하기
68 □	★★	중	빈칸 채우기	98 □	★★	중	특정 키워드의 옳은 내용 고르기
69 □	★★★	하	빈칸 채우기	99 □	★★	하	옳지 않은 내용 고르기
70 □	★★★	중	빈칸 채우기	100 □	★★★	중	세부사항 파악하기
독해 제3부분				**쓰기**			
71 □	★★	하	논리적 의미로 연결시키기	101 □	★★	상	우화
72 □	★★	중	논리적 의미로 연결시키기				
73 □	★★	중	핵심 키워드로 연결시키기				
74 □	★★★	하	접속사/부사로 연결시키기				
75 □	★★★	하	접속사/부사로 연결시키기				
76 □	★★★	중	핵심 키워드로 연결시키기				
77 □	★★★	하	접속사/부사로 연결시키기				
78 □	★★	중	논리적 의미로 연결시키기				

점수 확인

듣기	(　　/50문항) × 　2점 = ________ 점/100점
독해	(　　/50문항) × 　2점 = ________ 점/100점
쓰기	(　　/ 1문항) × 100점 = ________ 점/100점

총점 : ____________ **점**
(만점 300점)

※ 주의: 위의 영역별 문항 점수는 만점을 기준으로 하여 산출한 가상 점수로 실제 HSK 성적과 계산 방식이 상이할 수 있습니다.

듣기 제1부분

[풀이전략] 녹음을 듣기 전에 보기의 핵심 키워드를 분석하여 녹음의 내용을 예상한다. 녹음을 들으면서 보기의 내용과 일치하는지 일치하지 않는지를 판단한다.

★★★ 하

1

气象局已经发布了第10号台风登陆的时间和路径。专家提醒，8月广东连遭台风侵袭，当地居民一定要提高警惕，时刻关注有关台风的信息，并提前做好防范准备。	기상청에서 제10호 태풍의 상륙 시간과 경로를 이미 발표했다. 전문가들은 광동성은 8월에 연이어 태풍이 올라오니, 현지 주민들은 반드시 경각심을 높이고 시시각각 태풍 관련 소식에 주의하여 미리 잘 대비해야 한다고 당부했다.
A 广东居民要防范台风 B 台风登陆前需撤离 C 台风信息很难预测 D 10月灾害天气频发	**A 광동성 주민들은 태풍에 방비를 해야 한다** B 태풍이 상륙하기 전에 철수해야 한다 C 태풍 정보는 예측하기 어렵다 D 10월에 재난성 기후가 자주 발생한다

해설 보기에 台风(태풍)이 공통적으로 있으므로 태풍에 관한 글임을 예상한다. 보기의 키워드로 A는 要防范台风(태풍에 방비를 해야 한다), B는 撤离(철수하다), C는 很难预测(예측하기 어렵다), D는 灾害天气(재난성 기후)를 삼고 대조하며 듣는다. 녹음은 기상청의 알림을 소개하며 8월에 연이어 광동성에 태풍이 올라오기 때문에 要提高警惕, ……提前做好防范准备(경각심을 높이고…… 미리 잘 대비해야 한다)라고 했다. 따라서 일치하는 내용은 A이다.

어휘 气象局 qìxiàngjú 명 기상국, 기상청 登陆 dēnglù 동 상륙하다 路径 lùjìng 명 경로, 길 侵袭 qīnxí 명 동 침입(하다) 警惕 jǐngtì 명 동 경계(하다) 防范 fángfàn 동 방비하다 撤离 chèlí 동 철수하다 预测 yùcè 명 동 예측(하다)

★★☆ 중

2

食品店里突然走进一位气势汹汹的母亲，质问店员："我儿子刚刚在这儿买的果酱为什么分量不够？"店员想起了那个男孩买果酱时的情形，便说："请回家称称你的孩子，看他有没有变重。"这位母亲恍然大悟，顿时就消气了。	식품점에 갑자기 한 엄마가 씩씩거리며 걸어 들어와서 점원을 질책하며 물었다. "제 아들이 방금 여기서 산 잼이 왜 양이 부족한 거죠?" 점원이 남자아이가 잼을 샀던 정황을 떠올리고는 말했다. "집에 돌아가셔서 아들 몸무게를 좀 재어 보세요. 혹시 무거워졌는지." 이 엄마는 갑자기 깨달은 듯 순식간에 화를 풀었다.
A 儿子偷吃了果酱 B 食品店偷工减料 C 店员十分生气 D 那位母亲不相信店员的话	**A 아들이 잼을 훔쳐 먹었다** B 식품점에서 몰래 적게 넣었다 C 점원은 굉장히 화가 났다 D 그 엄마는 점원의 말을 믿지 않았다

해설 보기에 店员(점원)과 儿子(아들), 母亲(엄마)이 있으므로 에피소드 글임을 예상한다. 보기의 키워드로 A는 偷吃了(훔쳐 먹었다), B는 偷工减料(몰래 적게 넣다), C는 店员生气(점원이 화가 났다), D는 不相信店员的话(점원의 말을 믿지 않다)를 삼고 대조하며 듣는다. 녹음에서 한 엄마가 마트의 잼에 대해 为什么分量不够?(왜 양이 부족한 거죠?)라고 하자 점원이 请回家称称你的孩子, 看他有没有变重(집에 돌아가셔서 아들 몸무게를 좀 재어 보세요. 혹시 무거워졌는지)이라고 했다. 아들이 잼을 먹어 잼의 양이 줄어든 것이므로 일치하는 내용은 A이다.

어휘 气势汹汹 qì shì xiōng xiōng 성 화가 나서 기세가 사납다, 서슬이 퍼렇다 质问 zhìwèn 동 힐문하다, 캐묻다 分量 fènliang 명 분량, 무게 情形 qíngxing 명 일의 상황, 정황 称 chēng 동 무게를 달다 恍然大悟 huǎng rán dà wù 성 갑자기 모두 알게 되다 顿时 dùnshí 부 문득, 갑자기 消气 xiāoqì 동 화를 풀다 偷工减料 tōu gōng jiǎn liào 성 (부당한 이익을 얻기 위해) 노력과 자재를 규정보다 적게 들이다 店员 diànyuán 명 점원

★★★ 중

3

人们常用"近朱者赤，近墨者黑"来比喻客观环境对人的影响很大。尤其是儿童身心都不成熟，更容易受外界环境的影响。好的环境会让孩子身心健康，而坏的事物则不利于成长。所以良好的成长环境对孩子来说至关重要。	사람들은 '주사를 가까이 하면 붉게 되고 먹을 가까이 하면 검어진다'를 가지고 객관적인 환경이 사람에게 미치는 영향이 크다는 것에 자주 비유한다. 특히 아동은 심신이 모두 성숙하지 않아서 더 쉽게 외부 환경의 영향을 받는다. 좋은 환경은 아이들의 심신을 건강하게 해주지만, 나쁜 환경은 성장에 좋지 않다. 그래서 좋은 성장 환경이 아이에게는 굉장히 중요하다.
A 儿童的认知能力差 B 无法克服外界环境的影响 C 后天努力能够弥补先天不足 **D 儿童易受环境影响**	A 아동의 인지 능력이 떨어진다 B 외부 환경의 영향을 극복할 수 없다 C 후천적 노력이 선천적 부족을 보완할 수 있다 **D 아동은 환경의 영향을 쉽게 받는다**

해설 보기에 儿童(아동)과 环境(환경)이 있으므로 아동과 환경에 관한 정보를 보기와 대조한다. 보기의 키워드로 A는 认知能力差(인지 능력이 떨어지다), B는 无法克服(극복할 수 없다), C는 弥补先天不足(선천적 부족을 보완하다), D는 受环境影响(환경의 영향을 받다)을 삼고 대조하며 듣는다. 녹음에서 儿童身心都不成熟，更容易受外界环境的影响(아동은 심신이 모두 성숙하지 않아서 더 쉽게 외부 환경의 영향을 받는다)이라고 했으므로 일치하는 내용은 D이다.

어휘 近朱者赤，近墨者黑 jìnzhūzhěchì, jìnmòzhěhēi 근주자적 근묵자흑, 사람은 가까이 하는 사람에 따라 그 영향을 받아서 변한다 比喻 bǐyù 명 동 비유(하다) 外界 wàijiè 명 외부, 바깥 세계 至关重要 zhìguān zhòngyào 매우 중요하다 认知能力 rènzhī nénglì 명 인지 능력 弥补 míbǔ 동 보충하다, 보완하다

★★☆ 중

4

提供真实信息是纪录片的首要任务。它作为文化消费品，制片人可以为了提高可看性来进行适当的技术创新。但这并不代表纪录片可以牺牲真实性，只是为了迎合观众的好奇心而使用虚构、造假等手段。	진실된 정보를 제공하는 것은 다큐멘터리의 가장 중요한 임무이다. 그것은 문화 소비품으로서, 제작자는 관객을 끄는 힘을 높이기 위해 적절한 기술적 창조를 할 수 있다. 하지만 이것은 결코 다큐멘터리가 진실성을 희생해도 된다는 것을 의미하지 않는다. 단지 관객의 호기심을 맞추기 위해서 허구와 위조 등의 수단을 사용하는 것이다.
A 纪录片要保证真实性 B 纪录片不重视可看性 C 纪录片并非文化消费品 D 纪录片的拍摄难度不高	**A 다큐멘터리는 진실성을 확보해야 한다** B 다큐멘터리는 관객을 끄는 힘을 중시하지 않는다 C 다큐멘터리는 문화 소비품이 절대 아니다 D 다큐멘터리의 촬영 난이도가 높지 않다

해설 보기에 纪录片(다큐멘터리)이 공통적으로 있으므로 다큐멘터리에 관한 정보를 보기와 대조한다. 보기의 키워드로 A는 保证真实性(진실성을 확보하다), B는 不重视可看性(관객을 끄는 힘을 중시하지 않다), C는 并非文化消费品(문화 소비품이 절대 아니다), D는 拍摄难度不高(촬영 난이도가 높지 않다)를 삼고 대조하며 듣는다. 녹음의 시작 부분에서 提供真实信息是纪录片的首要任务(진실된 정보를 제공하는 것은 다큐멘터리의 가장 중요한 임무이다)라고 하여 다큐멘터리의 가장 중요한 임무를 설명했다. 따라서 일치하는 내용은 A이다.

어휘 首要 shǒuyào 형 가장 중요하다 制片人 zhìpiànrén 명 제작자 可看性 kěkànxìng 명 관중을 끌어당기는 힘 创新 chuàngxīn 명 창의, 창조성 동 옛것을 버리고 새것을 창조하다 迎合 yínghé 동 영합하다 虚构 xūgòu 명 허구 동 꾸며대다 造假 zàojiǎ 동 거짓으로 꾸미다 拍摄 pāishè 명 동 촬영(하다)

★★☆ 중

5

爸爸心爱的茶壶被我打碎了，于是我花了几百块钱又买了个一模一样的放回去，几天过去了，爸爸并没发觉新壶的不同。一天，爸爸端着茶壶自言自语地说："想不到在地摊上买的便宜货还不错。"	아빠가 아끼는 찻주전자를 내가 깨뜨렸다. 그래서 나는 수백 원을 들여 똑같은 것을 사놓았다. 며칠이 지나도 아빠는 새 찻주전자의 다른 점을 전혀 눈치채지 못하셨다. 하루는 아빠가 찻주전자를 두 손으로 받쳐 드시고는 혼잣말을 하셨다. "노점에서 산 싸구려인데 썩 괜찮구먼."
A 爸爸的茶壶十分昂贵 B 新茶壶是在地摊上买的 **C 爸爸不知道茶壶被换了** D 便宜没好货	A 아빠의 찻주전자는 매우 비싸다 B 새 찻주전자는 노점에서 산 것이다 **C 아빠는 찻주전자가 바뀐 것을 모르신다** D 싼 게 비지떡이다

해설 보기에 茶壶(찻주전자)와 爸爸(아빠)가 공통적으로 있으므로 찻주전자와 아빠에 얽힌 에피소드 글임을 예상한다. 보기의 키워드로 A는 昂贵(매우 비싸다), B는 在地摊上买(노점에서 사다), C는 不知道茶壶被换了(찻주전자가 바뀐 걸 모르다), D는 便宜没好货(싼 게 비지떡이다)를 삼고 대조하며 듣는다. 녹음에서 爸爸并没发觉新壶的不同(아빠는 새 찻주전자의 다른 점을 전혀 눈치채지 못하셨다)이라고 했으므로 일치하는 내용은 C이다.

어휘 心爱 xīn'ài 동 애지중지하다 一模一样 yì mú yí yàng 성 모양이 완전히 같다 发觉 fājué 동 알아차리다 端 duān 동 두 손으로 받쳐 들다 自言自语 zì yán zì yǔ 성 혼잣말을 하다 昂贵 ángguì 형 값이 비싸다 地摊 dìtān 명 노점

★★☆ 중

6

地铁站的安全提示每天循环播放，但自动扶梯仍然事故频发。某市地铁管理部门突发奇想，让一名小女孩儿来录制安全提示。没想到这段安全提示播放后，事故发生率降低了不少，这或许是因为孩子的声音更具冲击力。	지하철역의 안전 방송은 매일 반복해서 방송한다. 하지만 에스컬레이터는 여전히 빈번하게 사고가 발생한다. 모 시(市)의 지하철 관리부서에서 기발한 아이디어를 내어, 여자아이에게 안전 방송을 녹음하게 했다. 이 녹음이 방송된 후 뜻밖에도 사고 발생률이 많이 감소하였다. 이것은 아마도 아이들의 목소리가 더 임팩트가 있기 때문일 것이다.
A 成人应照顾好随同孩子 B 自动扶梯经常出毛病 C 孩子属于事故多发人群 **D 女孩儿录安全提示更有效**	A 성인들은 동반한 아이를 잘 보살펴야 한다 B 에스컬레이터가 자주 고장이 난다 C 아이들은 사고 다발자에 속한다 **D 여자아이가 안전 방송을 녹음한 것이 더 효과가 있다**

해설 보기에 事故(사고), 安全(안전)이 있으므로 사고 및 안전에 관한 글임을 예상한다. 보기의 키워드로 A는 顾好随同孩子(동반한 아이를 보살피다), B는 出毛病(고장이 나다), C는 事故多发人群(사고 다발자), D는 女孩儿录更有效(여자아이가 녹음한 것이 더 효과가 있다)를 삼고 대조하며 듣는다. 녹음은 지하철역 안전 방송으로도 에스컬레이터 사고가 빈번하게 발생한다고 말하며 让一名小女孩儿来录制安全提示。没想到这段安全提示播放后，事故发生率降低了不少(여자아이에게 안전 방송을 녹음하게 했다. 이 녹음이 방송된 후 뜻밖에도 사고 발생률이 많이 감소하였다)라고 했으므로 일치하는 내용은 D이다.

어휘 安全提示 ānquán tíshì 안전 방송 循环 xúnhuán 명 동 순환(하다) 播放 bōfàng 동 방송하다 自动扶梯 zìdòng fútī 명 에스컬레이터 事故 shìgù 명 사고 频发 pínfā 동 빈발하다 突发奇想 tūfā qíxiǎng 기발한 아이디어를 갑자기 생각해내다 录制 lùzhì 동 녹음하다, 녹화하다 或许 huòxǔ 부 아마도, 어쩌면 冲击力 chōngjīlì 명 임팩트, 충격력 随同 suítóng 동 동반하다

★★★ 중

7 刚开始做销售工作时，我遭受了无数次挫折，而如今我可以十分轻松地和客户交流，沉稳地处理问题。依我看，成功销售的关键就是了解客户的需求，因为这样才能更好地为客户服务。	막 세일즈 업무를 시작했을 때 나는 무수히 많은 좌절을 겪었다. 하지만 지금은 수월하게 고객들과 대화하며 침착하게 문제를 해결한다. 내가 보기에 성공적인 세일즈의 관건은 고객의 니즈를 파악하는 것이다. 왜냐하면 이렇게 해야만 비로서 고객을 위해 더 나은 서비스를 할 수 있기 때문이다.
A 销售工作困难重重 B 作者想放弃销售工作 C 销售工作的关键是产品 **D 作者现在工作得很轻松**	A 세일즈 업무의 어려움이 산 넘어 산이다 B 저자는 세일즈 업무를 포기하고 싶어 한다 C 세일즈 업무의 관건은 상품이다 **D 저자는 현재 매우 수월하게 일하고 있다**

해설 보기에 销售工作(세일즈 업무)와 作者(저자)가 공통적으로 있으므로 이에 관한 정보를 보기와 대조한다. 보기의 키워드로 A는 困难重重(어려움이 산 넘어 산이다), B는 放弃销售工作(세일즈 업무를 포기하다), C는 关键是产品(관건은 상품이다), D는 工作得很轻(매우 수월하게 일하다)을 삼고 대조하며 듣는다. 녹음에서 막 세일즈 업무를 시작했을 때 좌절을 많이 겪었지만 지금은 如今我可以十分轻松地和客户交流，沉稳地处理问题(지금은 수월하게 고객들과 대화하며 침착하게 문제를 해결한다)라고 했으므로 현재 수월하게 일하고 있다는 내용인 D가 정답이다.

어휘 遭受 zāoshòu 동 (불행 · 손해를) 당하다, 입다　挫折 cuòzhé 명 동 좌절(하다)　沉稳 chénwěn 형 침착하다, 신중하다

★★☆ 상

8 鱼类营养丰富，是饭桌上的常客，但鱼刺是吃鱼时的一大难题。如果鱼刺卡在喉咙内，千万不可乱用喝醋或者大口吃饭等偏方，先用勺子压住舌头，再用镊子或手指取出来，而如果卡在食道里，则应及时去医院求助。	생선류는 영양이 풍부하여 밥상의 단골이다. 하지만 생선 가시는 생선을 먹을 때의 복병이다. 만약 생선 가시가 목구멍에 걸리면 절대로 식초를 마신다거나 밥을 많이 먹는 것 등의 민간 요법을 절대 함부로 쓰면 안 된다. 우선 커다란 숟가락으로 혀를 누르고 핀셋이나 손가락으로 끄집어 내라. 하지만 만일 식도에 걸려 있으면 재빨리 병원에 도움을 청하러 가야 한다.
A 鱼肉味美但没有营养 B 建议多使用偏方 **C 鱼刺卡食道要就医** D 吃醋可以软化鱼刺	A 생선살은 맛은 있지만 영양이 없다 B 민간 요법을 많이 사용할 것을 권한다 **C 생선 가시가 식도에 걸리면 의사에게 보여야 한다** D 식초를 먹으면 생선 가시를 연화시킬 수 있다

해설 보기에 鱼刺(생선 가시)와 偏方(민간요법), 就医(의사에게 보이다)가 있으므로 생선 가시와 치료에 관한 내용을 보기와 대조한다. 보기의 키워드로 A는 没有营养(영양이 없다), B는 偏方(민간 요법), C는 卡食道(식도에 걸리다), D는 吃醋(식초를 먹다)를 삼고 대조하며 듣는다. 녹음은 생선 가시가 목에 걸렸을 때의 대처법을 설명하면서 마지막 부분에서 如果卡在食道里，则应及时去医院求助(만일 식도에 걸려 있으면 재빨리 병원으로 도움을 청하러 가야 한다)라고 했다. 따라서 일치하는 내용은 C이다.

어휘 常客 chángkè 명 단골손님　鱼刺 yúcì 명 생선 가시　喉咙 hóulóng 명 목구멍　偏方 piānfāng 명 민간 요법　舌头 shétou 명 혀　镊子 nièzi 명 족집게, 핀셋　食道 shídào 명 식도　求助 qiúzhù 동 도움을 청하다　就医 jiùyī 동 의사에게 보이다, 진찰을 받다　软化 ruǎnhuà 명 동 연화(시키다)

★★★ 하

9	
随着网络的发展，一大批网络流行语也“应运而生”，比如脑补、脑洞就是网络新生词汇。脑补指围绕已有的内容用想象力进行补充，从而形成更加完整的情节。脑洞从字面上看就是脑袋破了一个洞，需要用想象力来填满。因此，脑洞很大通常用来形容人的想象力丰富。	인터넷이 발달함에 따라 한 무더기의 인터넷 유행어들도 '따라서 생겨났다'. 예를 들어 뇌보, 뇌동은 인터넷에서 새로 생겨난 어휘이다. 뇌보는 이미 있는 내용에 상상력을 이용해 보완하여 보다 더 완벽한 줄거리를 만드는 것이다. 뇌동은 문자적으로는 뇌에 구멍이 뚫려 상상력으로 채워 넣을 필요가 있다는 것이다. 때문에 뇌동이 크다는 것은 보통 상상력이 풍부함을 묘사한다.
A 脑洞很大指想象力丰富 B 脑洞是指一种脑部疾病 C 脑补指通过饮食补充大脑营养 D 脑补是一种脑部疾病的治疗方法	**A 뇌동이 크다는 것은 상상력이 풍부함을 가리킨다** B 뇌동은 일종의 뇌질환을 가리킨다 C 뇌보는 보통 음식물 섭취로 대뇌 영양을 보충하는 것을 가리킨다 D 뇌보는 일종의 뇌질환의 치료법이다

해설 보기가 脑洞(뇌동)과 脑补(뇌보)를 설명하는 내용이므로 이에 관한 내용을 지문과 대조한다. 보기의 키워드로 A는 想象力丰富(상상력이 풍부하다), B는 脑部疾病(뇌질환), C는 补充大脑营养(대뇌 영양을 보충하다), D는 治疗方法(치료법)를 삼고 대조하며 듣는다. 녹음은 두 가지 인터넷 유행어를 소개하면서 뇌동에 대해 脑洞很大通常用来形容人的想象力丰富(뇌동이 크다는 것은 보통 상상력이 풍부함을 묘사한다)라고 했다. 따라서 일치하는 내용인 A가 정답이다.

어휘 应运而生 yìng yùn ér shēng 성 시대의 요구에 의해서 나타나다, 기회와 시운에 따라 생겨나다 围绕 wéirào 동 (문제나 일을) 둘러싸다, ~을 중심에 놓다 情节 qíngjié 명 줄거리 字面 zìmiàn 명 문자의 표면적인 뜻

★★★ 중

10	
每次把巧克力在冰箱里存放一段时间后，拿出来却发现巧克力表面发白，像是起了一层白霜。巧克力表面起白霜是比较常见的现象，是由它所含的物质可可脂引起的，并不会影响巧克力的质量，但口感可能会不佳，所以尽快吃掉比较好。	매번 초콜릿을 냉장고에 얼마간 넣어 두었다가 꺼내면 초콜릿 표면에 흰서리가 한 겹 일어난 것처럼 하얗게 변한 것을 발견하게 된다. 초콜릿 표면에 흰서리가 생기는 것은 비교적 흔한 현상인데, 이것은 초콜릿에 함유된 코코아버터가 유발하는 것으로 결코 초콜릿의 품질에 영향을 미치지는 않는다. 하지만 식감은 좋지 않을 수 있기 때문에 가급적 빨리 먹는 것이 좋다.
A 白巧克力是已经变质的巧克力 B 新鲜的巧克力都有白霜 C 白巧克力不能食用 **D 白霜会使巧克力口感变差**	A 화이트 초콜릿은 이미 변질된 초콜릿이다 B 신선한 초콜릿은 다 흰 서리가 있다 C 화이트 초콜릿은 먹을 수 없다 **D 흰서리는 초콜릿의 식감을 떨어뜨린다**

해설 보기에 巧克力(초콜릿)가 공통적으로 있으므로 초콜릿에 관한 정보를 보기와 대조한다. 보기의 키워드로 A는 变质的巧克力(변질된 초콜릿), B는 都有白霜(다 흰서리가 있다), C는 不能食用(먹을 수 없다), D는 口感变差(식감을 떨어뜨리다)를 삼고 대조하며 듣는다. 녹음은 초콜릿 표현에 생긴 흰서리가 초콜릿의 품질에 영향을 미치지는 않지만 口感可能会不佳(식감은 좋지 않을 수 있다)라고 했다. 따라서 일치하는 내용은 D이다.

어휘 白霜 báishuāng 명 흰서리 可可脂 kěkězhī 명 코코아버터

★★★ 중

11

有很多人在做事之前总想做一个万全的准备，确保万无一失。可事实上，无论怎么准备都不可能"万全"。也就是说，与其等待万全的时机，不如大胆地放手去做，在做的过程中不断发现问题，解决问题。	많은 사람들이 어떤 일을 하기에 앞서 늘 만반의 준비를 하여 만에 하나의 실수도 없기를 바란다. 하지만 실제로 어떻게 준비를 해도 '만전'을 기할 수는 없다. 즉, 완벽한 기회를 기다리느니, 차라리 과감하게 행동하고 그 과정에서 끊임없이 문제를 발견하고 해결하는 것이 낫다.
A 很多人都想名利双收 B 要敢于面对困难 **C 等待不如大胆去做** D 做事前要做好充分的准备	A 많은 사람들이 명예와 재물을 함께 얻고 싶어 한다 B 용감하게 어려움에 맞서야 한다 **C 기다리는 것보다 과감하게 행동하는 것이 낫다** D 일을 하기 전에 충분한 준비를 해야 한다

해설 보기에 공통적으로 要(~해야 한다)가 있으므로 글의 견해와 주장을 확인한다. 보기의 키워드로 A는 名利双收(명예와 재물을 함께 얻다), B는 面对困难(어려움에 맞서다), C는 不如大胆去做(과감히 하는 것이 낫다), D는 充分的准备(충분한 준비)를 삼고 대조하며 듣는다. 녹음에서 与其等待万全的时机，不如大胆地放手去做，在做的过程中不断发现问题，解决问题(완벽한 기회를 기다리느니, 차라리 과감하게 행동하고 그 과정에서 끊임없이 문제를 발견하고 해결하는 것이 낫다)라고 했으므로 일치하는 내용은 C이다.

어휘 万全 wànquán 형 만전하다, 아주 완전하다　确保 quèbǎo 동 확보하다　万无一失 wàn wú yì shī 성 만에 하나의 실수도 없다　名利双收 míng lì shuāng shōu 성 명예와 재물을 함께 얻다　大胆 dàdǎn 형 대담하다

★★☆ 중

12

据估测，金星上的小火山多达100万个，是太阳系中拥有火山数量最多的行星。目前，尽管科学家尚未在金星上发现活火山，但不排除休眠火山再次活跃的可能性。	금성의 작은 화산은 100만 개에 달하여, 태양계에서 화산 보유수가 가장 많은 행성일 것으로 예측된다. 현재 비록 과학자들이 아직 활화산을 발견하지는 못했지만, 휴화산이 다시 활발해질 거라는 가능성을 배제하지 않았다.
A 金星上存在很多峡谷 B 金星上发现了活火山 **C 金星上的火山数目庞大** D 金星上的火山频繁爆发	A 금성에 수많은 협곡이 존재한다 B 금성에서 활화산을 발견했다 **C 금성의 화산은 그 수량이 엄청나다** D 금성의 화산은 빈번하게 폭발한다

해설 보기에 金星(금성)이 공통적으로 있으므로 금성에 관한 정보를 보기와 대조한다. 보기의 키워드로 A는 很多峡谷(수많은 협곡), B는 活火山(활화산), C는 火山数目庞大(화산은 그 수량이 엄청나다), D는 火山频繁爆发(화산은 빈번하게 폭발한다)를 삼고 대조하며 듣는다. 녹음의 시작 부분에서 据估测，金星上的小火山多达100万个，是太阳系中拥有火山数量最多的行星(금성의 작은 화산은 100만 개에 달하여, 태양계에 화산 보유수가 가장 많은 행성일 것으로 예측된다)이라고 했으므로 일치하는 내용은 C이다.

어휘 估测 gūcè 동 헤아려 짐작하다　太阳系 tàiyángxì 명 태양계　行星 xíngxīng 명 행성　尚未 shàngwèi 부 아직 ~하지 않다　排除 páichú 동 배제하다　休眠火山 xiūmián huǒshān 명 휴화산　峡谷 xiágǔ 명 골짜기, 협곡　数目 shùmù 명 숫자, 수량　庞大 pángdà 형 방대하다, 거대하다　频繁 pínfán 형 빈번하다　爆发 bàofā 동 폭발하다

★★☆ 하

13 杭州西溪园区东侧有一家未来酒店，它是阿里巴巴集团旗下的一家无人酒店。消费者先通过应用软件预订，机器人会对前来入住的客人进行脸部扫描以确定身份信息，此后包括退房等全过程，都通过刷脸完成。	항저우 서계 단지 동쪽에 미래 호텔이 있다. 이곳은 알리바바 그룹 산하의 무인 호텔이다. 소비자가 먼저 어플리케이션을 통해 예약을 하고, 로봇이 신분 정보를 확인하기 위해 투숙하러 온 손님의 얼굴을 스캔한다. 이후 체크아웃 등 모든 과정이 안면 인식을 통해 이루어진다.
A 未来酒店座落于上海 B 未来酒店是私人酒店 C 退房需通过大堂经理 **D 未来酒店是一家无人酒店**	A 미래 호텔은 상해에 위치하고 있다 B 미래 호텔은 개인 호텔이다 C 체크아웃은 홀지배인을 통해야 한다 **D 미래 호텔은 무인 호텔이다**

해설 보기에 未来酒店(미래 호텔)이 공통적으로 있으므로 미래 호텔에 관한 정보를 보기와 대조한다. 보기의 키워드로 A는 座落于上海(상해에 위치하고 있다), B는 私人酒店(개인 호텔), C는 大堂经理(홀지배인), D는 无人酒店(무인 호텔)을 삼고 대조하며 듣는다. 녹음에서 미래 호텔을 소개하면서 它是阿里巴巴集团旗下的一家无人酒店(이곳은 알리바바 그룹 산하의 무인 호텔이다)이라고 했다. 따라서 일치하는 내용은 D이다.

어휘 杭州西溪园区 Hángzhōu xīxīyuánqū 지명 항저우 서계 단지 东侧 dōngcè 명 동쪽, 동편 阿里巴巴集团 Ālǐbābā jítuán 알리바바 그룹 无人 형 무인의, 사람이 타지 않는 机器人 jīqìrén 명 로봇 前来 qiánlái 동 다가오다 入住 rùzhù 동 투숙하다 扫描 sǎomiáo 명 동 스캔(하다) 刷脸 shuāliǎn 안면 인식하다 大堂经理 dàtáng jīnglǐ 명 홀지배인

★★☆ 중

14 本杂志为扩大影响力，现在面向全国公开征稿。稿件字数控制在3,000字以内，要以文学、艺术、历史题材为主，另须附上100字左右的作者简介。稿件经审核采用后，立即支付稿酬8,000元，欢迎大家踊跃投稿。	본 잡지는 영향력 확대를 위해 전국적으로 공개 원고 모집을 진행합니다. 원고의 글자수는 3,000자 이내로 제한하며, 문학, 예술, 역사 소재를 위주로 하고, 별도로 100자 안팎의 작가 소개도 첨부해야 합니다. 원고는 심의를 거쳐 채택된 후 즉시 원고료 8,000위안이 지급됩니다. 여러분의 적극적인 투고를 환영합니다.
A 稿酬在采用后一个月内支付 **B 投稿时应附上作者简介** C 评委来自全国各地 D 该杂志社正面向全国公开招聘	A 원고료는 채택된 후 1개월 이내에 지급된다 **B 투고 시 작가 소개도 첨부해야 한다** C 심사 위원은 전국 각지에서 온다 D 이 잡지사는 전국적으로 공개 채용을 진행하고 있다

해설 보기에 稿(원고)가 공통적으로 있으므로 원고에 관한 정보를 보기와 대조한다. 보기의 키워드로 A는 稿酬(원고료), B는 附上作者简介(작가 소개 첨부), C는 评委(심사 위원), D는 面向全国公开招聘(전국적으로 공개 채용을 진행하다)을 삼고 대조하며 듣는다. 녹음은 잡지사의 공개 원고 모집을 소개하면서 중간 부분에서 另须附上100字左右的作者简介(별도로 100자 안팎의 작가 소개도 첨부해야 합니다)라고 했다. 따라서 작가 소개도 첨부해야 한다는 내용인 B가 정답이다.

어휘 面向 miànxiàng 동 ~로 향하다 征稿 zhēnggǎo 동 원고를 모집하다 稿件 gǎojiàn 명 원고, 작품 题材 tícái 명 소재, 제재 须 xū 동 반드시 ~해야 한다 附上 fùshàng 동 함께 동봉하여 보내다 简介 jiǎnjiè 명 간단한 소개, 프로필 审核 shěnhé 동 심사하여 결정하다 采用 cǎiyòng 동 채택하다 支付 zhīfù 동 지급하다, 지불하다 稿酬 gǎochóu 명 원고료 踊跃 yǒngyuè 형 열렬하다, 활기가 있다 投稿 tóugǎo 명 동 투고하다 评委 píngwěi 명 심사 위원 [评审委员의 준말]

★★☆ 하

15

一项研究显示，摄入少量酒精对提升外语表达能力有很大帮助。研究人员猜测，这可能跟酒精起到的提升信心、减轻社交焦虑的作用有关。不过研究人员同时强调，摄入的酒精量与效果并不成正比。	한 연구에서 소량의 알코올 섭취가 외국어 표현 능력을 높이는 데에 큰 도움이 된다고 밝혔다. 이것은 아마도 알코올이 자신감을 높이고, 사회적 불안을 경감시켜주는 기능과 관련이 있을 것이라고 연구원들은 추측했다. 하지만 알코올 섭취량과 효과가 결코 정비례하는 것이 아님을 연구원들은 동시에 강조했다.
A 少量酒精可提高外语表达能力 B 酒精没有减轻焦虑的作用 C 摄入酒精量越多表达能力越好 D 过量饮酒对身体有害	**A 소량의 알코올은 외국어 표현 능력을 높일 수 있다** B 알코올은 불안감을 줄이는 효과가 없다 C 알코올 섭취량이 많을수록 표현력이 좋아진다 D 과음은 몸에 해롭다

해설 보기에 酒精(알코올)이 공통적으로 있으므로 알코올에 관한 정보를 보기와 대조한다. 보기의 키워드로 A는 提高外语表达能力(외국어 표현 능력을 높이다), B는 没有减轻焦虑(불안감을 줄이지 못하다), C는 越多表达能力越好(많을수록 표현력이 좋아진다), D는 过量饮酒(과음)를 삼고 대조하며 듣는다. 녹음의 시작 부분에서 摄入少量酒精对提升外语表达能力有很大帮助(소량의 알코올 섭취가 외국어 표현 능력을 높이는 데에 큰 도움이 된다)라고 하며 알코올 섭취와 외국어 능력에 관한 관련성을 말했다. 따라서 일치하는 내용은 A이다.

어휘 摄入 shèrù 동 섭취하다 提升 tíshēng 동 높이다, 끌어올리다 猜测 cāicè 명 동 추측하다 酒精 jiǔjīng 명 알코올 减轻 jiǎnqīng 동 경감하다, 덜다 社交焦虑 shèjiāo jiāolǜ 명 사회 불안 正比 zhèngbǐ 명 정비례

듣기 제2부분

[풀이전략] 녹음을 듣기 전에 보기의 핵심 키워드를 파악하여 인터뷰 분야를 예상한다. 사회자의 질문과 전문가의 대답을 연결시켜 주의깊게 들으며, 들리는 내용을 각 문제의 보기에 메모한다. 녹음의 끝부분에 나오는 질문들을 듣고 각 문제에 알맞은 정답을 고른다.

16-20

女：16喜马拉雅FM已经成为中国最大的移动互联网音频平台，有几亿手机用户在使用。这些用户几乎每天都通过平台学习各种知识。对于做这个平台的初衷，您能简单谈谈吗？	여: 16히말라야FM은 이미 수억 명의 모바일 사용자가 사용하는 중국의 최대 모바일 인터넷 오디오 플랫폼입니다. 사용자들은 거의 매일 플랫폼을 통해 각종 지식을 학습합니다. 플랫폼을 만들 때의 초심에 대해 간단히 말씀해주시겠어요?
男：互联网创业是我们最初的目标，并没打算涉足文化方面，这算是无心插柳吧。20在这之前我先后四次创业，但都以失败告终，2012年智能手机开始普及，我当时就想，假如能把零散的时间利用起来听点东西、学点儿知识，那会十分有意义。正好智能手机可以为这个事情提供了可能性。	남: 인터넷 창업이 저희들의 가장 처음 목표였어요. 문화 콘텐츠 쪽으로 발을 들여놓을 계획은 전혀 아니었는데 '참새 그물에 기러기가 걸린' 격이랄까요. 20앞서 네 번의 창업을 모두 실패로 끝내고, 2012년 스마트폰이 보급되기 시작했어요. 당시에 저는 만약에 흩어져 있는 시간을 이용해서 뭘 좀 듣고, 지식도 좀 배워보고 하면 굉장히 의미가 있겠구나 싶었어요. 마침 스마트폰이 이 일에 가능성을 제공해주었죠.
女：事实证明你的第五次创业非常成功，可以分享一下诀窍吗？	여: 사실이 증명하듯 다섯 번째 창업은 굉장히 성공적입니다. 비결을 공유해주실 수 있나요?

男：17应该是目标定位明确，我们的目的就是要利用音频传递知识。其实我们身边有很多有才华的人，他们知识渊博，博览群书，只不过是没有一个可以展示自己的平台。我就想建一个像声音百货商店的线上平台，让所有有知识、有才华的人可以在这个舞台上展示自己，同时，还能让有需要的人在这个平台上有所收获。	남: 17목표 설정이 정확했기 때문인 것 같아요. 저희들의 목표는 소리를 통해 지식을 전달하려고 했죠. 사실 저희 주변에 재능이 있는 분들이 많았아요. 박식하고 독서량도 엄청난데 단지 자신을 내보일 수 있는 플랫폼이 없을 뿐이었어요. 저는 소리 백화점 같은 온라인 플랫폼을 세워서 지식과 재능이 있는 모든 인재들이 이 무대에서 자신을 드러내 보이길 원했어요. 동시에 니즈가 있는 사람들이 이 플랫폼에서 얻어갈 수 있게 해주고 싶었고요.
女：你会经常关注用户的收听体验吗？	여: 사용자들의 청취 후기는 자주 보시나요?
男：会的，客服团队会第一时间收集用户的各种意见，并给我反馈，之后我就会指派相应部门去解决。还有些微博留言的用户，我也会随时关注。	남: 네. 고객 서비스팀이 첫 번째로 사용자들의 의견을 수집해서 저에게 피드백을 주고, 그러면 제가 관련 부서에 해결하도록 보내줍니다. 그리고 웨이보에 글을 남기는 고객들 역시 제가 수시로 주시하고요.
女：你们怎么把关音频节目的内容呢？	여: 오디오 프로그램의 내용은 어떻게 점검하시나요?
男：我们的审核制度很严格。提交上来的每一个节目，都要15分钟后才能正式上线。我们有一个三审机制，18每一条音频的内容审查都由三位员工共同进行，上线后还会有一个团队对这些节目进行一个抽查，保证万无一失。	남: 저희는 심사 제도가 매우 엄격합니다. 제출된 모든 프로그램은 15분 후에야 비로소 정식으로 온라인에 게재됩니다. 저희는 3심 제도를 가지고 있어서 18모든 오디오 채널의 내용은 3명의 직원이 함께 심사를 진행하고 업로드 후에는 1개팀이 이 프로그램에 대해서 임의로 내용을 뽑아서 검사를 해서 만에 하나의 실수도 없도록 합니다.
女：你对公司未来有哪些计划？	여: 회사의 미래에 어떤 계획을 가지고 계십니까?
男：首先，我希望任何形式的文化内容都能用声音在我们的平台上进行分享；其次，最重要的是希望这个平台可以把中国的文化推向全世界，同时还19希望我们的平台也能开拓到国外去，给国外的用户提供帮助。	남: 우선, 저는 어떤 형식의 문화 콘텐츠라도 목소리로 저희 플랫폼에서 공유가 되길 바래요. 다음으로 가장 중요한 것은 이 플랫폼이 중국 문화를 전 세계로 전파해줄 수 있길 바라고 동시에 19저희 플랫폼 역시 해외로 확장되어 해외 유저들에게 도움을 제공해 줄 수 있길 바랍니다.

어휘 音频 yīnpín 명 가청 주파수 初衷 chūzhōng 명 맨 처음에 먹은 생각 涉足 shèzú 동 어떤 환경이나 생활 범위에 발을 들여놓다 无心 wúxīn 동 무심코하다 无心插柳 wú xīn chā liǔ 성 무심코 버드나무에 걸리다(有心栽花花不开, 无心插柳柳成荫의 일부분. 정작 하려고 노력하는 일은 되지 않고 다른 일이 성취되는 것을 비유함) 零散 língsǎn 형 흩어져 있다, 분산되어 있다 诀窍 juéqiào 명 비결, 요령 渊博 yuānbó 형 학식이 깊고 넓다, 해박하다 收听 shōutīng 동 라디오를 청취하다 反馈 fǎnkuì 명 피드백 동 (정보나 반응이) 되돌아오다 指派 zhǐpài 동 파견하다 把关 bǎguān 동 관문을 지키다, 엄밀히 점검하다 审核 shěnhé 동 심사하여 결정하다, 심의하다 抽查 chōuchá 명 동 추출검사(하다) 万无一失 wàn wú yì shī 성 만에 하나의 실수도 없다 开拓 kāituò 동 개척하다

★★★ 하

16 关于喜马拉雅音频平台，可以知道什么？ / 히말라야 오디오 플랫폼에 관해 무엇을 알 수 있는가?

A 拥有几亿用户	**A 수억 명의 유저를 보유하고 있다**
B 创建初期没有智能手机	B 창립 초기에는 스마트폰이 없었다
C 音频视频同时进行	C 오디오와 동영상을 동시에 진행한다
D 盈利渠道有待拓宽	D 이윤 루트가 확장될 것으로 전망된다

해설 보기의 키워드로 A는 几亿用户(수억 명의 유저), B는 创建初期(창립 초기), C는 音频视频(오디오와 동영상), D는 盈利渠道(이윤 루트)를 삼는다. 사회자의 첫 번째 질문에 보기 A의 키워드가 언급되며 喜马拉雅FM已经成为中国最大的移

실전모의고사 5

动互联网音频平台，有几亿手机用户在使用(히말라야FM은 이미 수억 명의 모바일 사용자가 사용하는 중국의 최대 모바일 인터넷 오디오 플랫폼입니다)이라고 했다. 질문에서 히말라야 오디오 플랫폼에 관해 알 수 있는 내용을 물었으므로 키워드가 일치하는 A가 정답이다.

어휘 盈利 yínglì 명 이윤 渠道 qúdào 명 경로, 루트 有待 yǒudài 동 ~이 기대되다, ~이 요구되다 拓宽 tuòkuān 동 넓히다, 확장하다

★★★ 하

17 男的认为喜马拉雅音频平台成功的秘诀是什么？	남자는 히말라야 오디오 플랫폼이 성공한 비결이 무엇이라 여기는가?
A 反馈及时 **B 目标明确** C 各部门分工明确 D 可进行在线检索	A 피드백이 빠르다 **B 목표가 분명하다** C 각 부서들의 분업이 명확하다 D 온라인 검색이 가능하다

해설 보기가 장점에 관한 내용이므로 이를 주목해서 듣는다. 사회자가 다섯 번째 창업의 성공 비결을 물었고 이에 남자는 应该是目标定位明确(목표 설정이 정확했기 때문인 것 같아요)라고 대답했다. 질문에서 히말라야 오디오 플랫폼의 성공 비결을 물었으므로 정답은 B이다.

어휘 检索 jiǎnsuǒ 동 검색하다

★★☆ 하

18 下列哪项属于喜马拉雅音频平台的审核制度？	다음 중 히말라야 오디오 플랫폼의 심사 제도로 맞는 것은?
A 邀请用户参与审核 B 上线前随便抽查几个音频 **C 三名员工审核同一条音频** D 加大对问题内容提供者的处罚	A 유저들에게 심의 참여를 청하다 B 업로드 전 임의로 몇 개의 오디오를 뽑아 검사한다 **C 3명의 직원이 동시에 하나의 오디오를 심의한다** D 문제적 내용을 제공한 유저에 대한 처벌을 강화한다

해설 보기에 审核(심의하다)가 공통적으로 있으므로 심의 방법에 관한 내용을 확인하며 듣는다. 사회자가 오디오 프로그램을 어떻게 점검하는지 물었고 이에 남자는 每一条音频的内容审查都由三位员工共同进行(모든 오디오 채널의 내용은 3명의 직원이 함께 심사를 진행한다)이라고 대답했다. 질문에서 히말라야 오디오 플랫폼의 심사 제도를 물었으므로 알맞은 답은 C이다.

어휘 审核 shěnhé 동 심의하다, 심사하여 결정하다 处罚 chǔfá 동 처벌하다

★★★ 중

19 男的对公司未来有什么计划？	남자는 회사의 미래에 어떤 계획이 있는가?
A 成立分公司 **B 开拓海外市场** C 推动企业上市 D 增加服务项目	A 지점을 세운다 **B 해외 시장을 개척한다** C 기업의 상장을 추진한다 D 서비스 항목을 늘린다

해설 보기가 발전 전망 및 계획을 나타내므로 이에 관한 내용을 주목해서 듣는다. 사회자가 회사의 미래 계획을 물었고 이에 남자는 希望我们的平台也能开拓到国外去(저희 플랫폼 역시 해외로 확장되길 바랍니다)라고 대답했다. 질문에서 남자가 어떤 계획을 가지고 있는지 물었으므로 알맞은 정답은 B이다.

어휘 推动 tuīdòng 동 밀고 나아가다, 추진하다 上市 shàngshì 동 상장되다

★★★ 중

20

关于男的，下列哪项正确？	남자에 관해 다음 중 옳은 것은?
A 当过客服经理 **B 曾四次创业失败** C 创业资金很少 D 一个人白手起家	A 고객 서비스 매니저를 역임했다 **B 예전에 네 차례 창업에 실패했다** C 창업 자금이 적다 D 홀로 자수성가했다

해설 보기가 인물의 경력에 관한 내용이므로 키워드를 파악하여 인물 소개를 주목해서 듣는다. 남자가 창업 당시의 경험을 말하면서 在这之前我先后四次创业，但都以失败告终(앞서 네 번의 창업을 모두 실패로 끝냈다)이라고 했다. 따라서 남자에 관해 옳은 내용은 B이다.

어휘 白手起家 bái shǒu qǐ jiā 셍 자수성가, 맨주먹으로 집안을 일으키다

21-25

女: 今天我们请到了中国树雕艺术创始人——李凌云。李先生，您好。您被称为中国树雕之父，那么您跟树雕之间一定有着极大的关联和渊源吧？请问您跟树雕是如何结缘的呢？

男: 那时候我正在四处游历，21途经一个边陲小镇的伐木场，里面有十几棵大树，我从没见过那样的大树，十几个人都不能环围，一棵树能有三四十吨。我当时看到那个场面十分痛心。那么宏伟、伟岸的躯干，旺盛的生命力，竟在一瞬间就被人们破坏了。我那个时候就下定决心，25一定要尽自己所能，将这些大树保存下来，让后代子孙看一看大自然馈赠给我们的宝贵资源。

女: 您曾经说过雕刻大师要以树为主，这句话怎么理解？

男: 22树雕的首要创作理念便是尊重自然，尊重大自然创造的生命，保护它原本的形态；其次是尊重大自然创造的艺术价值，你不能轻易动刀。23它和木雕不一样，木雕是先做成板，然后在板上随意雕刻。而在做树雕之前，要先观察这棵大树，观察它的一个树疤，一个树结的空洞，它的流线，根据你自身的艺术修养去判断可以把它变成什么。事实上，雄浑伟大的尊严和创造力是每一棵大树本身所具备的，它能使人产生心灵的震撼，树雕只不过是通过艺术表现去完善它、升华它，总之，是九分自然，一分雕琢。

여: 오늘은 중국 자연 나무 조각의 창시자 리링윈 선생님을 모셨습니다. 리 선생님, 안녕하세요. 선생님께서는 중국 자연 나무 조각의 아버지라고 불리우시니 그와 매우 깊은 연관이 있으시겠죠? 자연 나무 조각과는 어떻게 인연을 맺게 되셨나요?

남: 그 당시에 저는 한창 이곳저곳을 유랑하고 다녔어요. 21변두리 작은 도시의 벌목장을 지나게 되었는데 십여 개의 거목들이 있더군요. 저는 그렇게 커다란 나무는 본 적이 없었어요. 십수 명의 사람들이 다 감쌀 수 없을 정도로 한 그루가 3, 40톤은 되겠더군요. 그때 보았던 장면이 너무 가슴이 아팠어요. 그렇게 웅장하고 거대한 나무와 왕성한 생명력이 뜻밖에도 순식간에 인간에게 파괴되었어요. 저는 그때 결심을 했죠. 25반드시 내 모든 힘을 다해 이 거목들을 보존해서 우리 자손들이 대자연이 우리에게 선사한 귀중한 자원을 보게 해 주어야겠다고요.

여: 일찍이 조각의 대가는 나무를 주로 삼아야 한다고 말씀하셨는데, 어떤 의미인가요?

남: 22자연 나무 조각의 최우선 원칙은 자연을 존중하는 것입니다. 대자연이 창조한 생명을 존중하고, 그 본연의 형태를 보호하는 것이죠. 다음으로 대자연이 창조한 예술적 가치를 존중하여 경솔하게 칼을 대지 않는 것입니다. 23자연 나무 조각은 목각과는 다릅니다. 목각은 나무판을 먼저 제작하고, 그 다음으로 나무판 위에 자유롭게 조각하는 것이죠. 반면 자연 나무 조각은 조각을 하기에 앞서 나무를 관찰하며 그것의 '수파', '수결'의 빈 공간, 유선을 관찰하여, 자신의 예술적 수양으로 그 나무를 무엇으로 변화시킬 것인지 판단하는 것입니다. 사실, 장엄한 존엄과 창조력은 모든 거목들이 자체적으로 지니고 있어서 사람들에게 영혼의 울림을 줄 수 있습니다. 자연 나무 조각은 단지 예술적 표현을 통해서 그것을 완벽하게 만들어주고 승화시켜주는 것뿐입니다. 한 마디로 9할은 자연이, 1할만 조각이 하는 것이죠.

女：最近流行一个词叫匠人之心，从艺术方面来说的话，您怎么理解这个词呢？ 男：我认为艺术创作就是匠人之心的最高境界。比方说，匠人们制造了一种设备，上百年过去了，它都没有损坏，那么那时候它就已经成了一件艺术品了。再比如说一些桥，经过了几百年依然存在，那么它的艺术价值实际上已经远超过它的使用价值了。24匠人之心，是一种精益求精的精神，就是把自己奉献到他所从事的工作之中，做出优质的作品，回馈给社会。	여: 최근 장인 정신이라는 말이 유행인데요. 예술적인 면에서 이 단어를 어떻게 생각하시나요? 남: 저는 예술 창작이 바로 장인 정신의 최고 경지라고 생각합니다. 예를 들면, 장인들이 하나의 설비를 제작했는데 수백 년이 지나도 그것은 전혀 파손되지 않았다고 한다면 그때는 이미 하나의 예술품이 된 것이죠. 또 다른 예를 들자면, 몇몇 교각들은 수백 년이 지나도 여전히 존재하고 있죠. 그렇다면 그 예술적 가치는 실제로 이미 그 사용 가치를 한참 넘어선 것이죠. 24장인 정신은 이미 훌륭한 것을 더없이 훌륭하게 다듬는 정신이고, 자신을 본인이 종사하는 일에 헌신하여 양질의 작품을 만들어내고 사회에 되돌려주는 것입니다.

어휘 渊源 yuānyuán 명 연원, 사물의 근원 结缘 jiéyuán 동 인연을 맺다 游历 yóulì 동 두루 돌아다니다 途经 tújīng 동 ~을 경유하다 边陲小镇 biān chuí xiǎo zhèn 변경의 조그마한 소도시 伐木场 fámùchǎng 벌목장 宏伟 hóngwěi 형 웅대하다 伟岸 wěi'àn 형 위용이 있다 躯干 qūgàn 명 몸통, 동체 馈赠 kuìzèng 동 선물하다, 선사하다 空洞 kōngdòng 형 내용이 없다, 공허하다 雄浑 xiónghún 형 웅혼하다, 웅장하고 힘차다 尊严 zūnyán 명 형 존엄(하다) 震撼 zhènhàn 동 진동하다, 뒤흔들다 升华 shēnghuá 명 동 승화(하다) 雕琢 diāozhuó 동 옥석을 조각하다, 쪼고 다듬다 匠人 jiàngrén 명 장인 精益求精 jīng yì qiú jīng 성 훌륭한데도 더 훌륭하게 하려 하다 回馈 huíkuì 명 피드백, 보답

★★☆ 하

21 男的看到伐木场里的大树之后有什么感觉？	남자는 벌목장의 거대한 나무를 본 후 어떤 느낌을 받았는가?
A 惭愧 B 震惊 **C 痛心** D 欣慰	A 송구스럽다 B 경악하다 **C 마음이 아프다** D 기쁘고 위안이 된다

해설 보기가 느낌 및 감상에 관한 내용이므로 이에 관한 내용을 주목해서 듣는다. 남자의 첫 번째 대화에서 途经一个边陲小镇的伐木场，……我当时看到那个场面十分痛心(변두리의 작은 도시의 벌목장을 지나게 되었는데, ……그때 보았던 장면이 너무 가슴이 아팠어요)이라고 했다. 질문에서 남자가 벌목장의 거대한 나무를 본 느낌을 물었으므로 정답은 C이다.

어휘 惭愧 cánkuì 형 부끄럽다, 송구스럽다 震惊 zhènjīng 형 깜짝 놀라다, 경악하다 痛心 tòngxīn 형 상심하다, 가슴 아파하다 欣慰 xīnwèi 형 기쁘고 안심되다, 기쁘고 위안이 되다

★★★ 하

22 男的进行树雕创作时有什么原则？	남자는 자연 나무 조각을 할 때 어떤 원칙이 있는가?
A 要尊重自然 B 要注重作品完整 C 造型要有个性 D 要出于对艺术的热爱	**A 자연을 존중해야 한다** B 작품의 완전성을 중시한다 C 만들어낸 조형물에 개성이 있어야 한다 D 예술에 대한 깊은 사랑에서 비롯되어야 한다

해설 보기에 당위를 나타내는 要(~해야 한다)가 있으므로 주장 및 견해를 주목해서 듣는다. 사회자가 조각의 대가는 나무를 주로 삼는다는 말의 뜻을 물었고 이에 남자는 树雕的首要创作理念便是尊重自然(자연 나무 조각의 최우선 원칙은 자연을 존중하는 것입니다)이라고 대답했다. 질문에서 남자가 자연 나무 조각을 만들 때 어떤 원칙이 있는지 물었으므로 정답은 A이다.

어휘 出于 chūyú 동 ~에서 비롯되다(주로 원인을 나타냄)

★☆☆ 중

23 木雕区别于树雕的地方是什么?	목각이 자연 나무 조각과 다른 점은 무엇인가?
A 花纹更精细 B 融合了绘画画法 C 注重大树本身的形态 **D 在做好的板上进行雕刻**	A 무늬가 더 정교하다 B 회화 화법을 융합했다 C 거목 자체의 형태를 중시한다 **D 만들어진 목판에 조각한다**

해설 보기가 조각 기법에 관한 내용이므로 이에 관한 내용을 주목해서 듣는다. 남자의 말 它和木雕不一样，木雕是先做成板，然后在板上随意雕刻(자연 나무 조각은 목각과는 다릅니다. 목각은 나무판을 먼저 제작하고, 그 다음으로 나무판 위에 자유롭게 조각하는 것이죠)에 보기의 키워드가 등장했다. 질문에서 목각이 자연 나무 조각과 다른 점을 물었으므로 정답은 D이다.

★★★ 하

24 男的觉得匠人之心指的是什么?	남자는 장인 정신이 무엇을 가리킨다고 생각하는가?
A 艺术修养 B 超乎常人的天赋 **C 精益求精的精神** D 高超的技艺	A 예술적 소양 B 일반 사람을 넘어서는 천부적 소질 **C 더 완벽하게 만들고자 하는 정신** D 빼어난 기예

해설 보기가 인물의 능력 및 소양을 나타내므로 이에 관한 내용을 주목해서 듣는다. 사회자가 장인 정신이란 말에 대해 어떻게 생각하는지 물었고 이에 남자는 匠人之心，是一种精益求精的精神(장인 정신은 이미 훌륭한 것을 더없이 훌륭하게 다듬는 정신입니다)이라고 대답했다. 따라서 키워드가 그대로 일치하는 C가 정답이다.

어휘 超乎 chāohū 동 뛰어넘다, 넘어서다 天赋 tiānfù 명 타고난 자질, 천성 高超 gāochāo 형 빼어나다, 특출나다

★★☆ 상

25 根据对话，下列哪项正确?	대화를 토대로 다음 중 옳은 것은?
A 艺术品大都容易损坏 B 应该制止乱砍行为 C 做树雕是九分雕琢，一分自然 **D 做树雕是为将大树保存下来**	A 예술품은 대부분 쉽게 파손된다 B 함부로 벌목하는 행위는 제지해야 한다 C 자연 수목 조각의 9할은 조각, 1할은 자연이 한다 **D 자연 수목 조각은 거목을 보존하기 위함이다**

해설 보기의 키워드로 A는 容易损坏(쉽게 파손되다), B는 乱砍行为(벌목 행위), C는 雕琢(조각)와 自然(자연), D는 保存大树(거목을 보존하다)를 삼는다. 남자는 자연 나무 조각을 시작하게 된 이유를 설명하면서 一定要尽自己所能，将这些大树保存下来(반드시 내 모든 힘을 다해 이 거목들을 보존하겠다)라고 말했다. 질문에서 대화에 근거하여 옳은 것을 물었으므로 키워드가 일치하는 D가 정답이다.

실전모의고사 5

26-30

女：欢迎您来到我们的演播室！您当初选择房地产的理由是什么？

男：其实建筑学是我大学时期的本专业，毕业后很多同学都选择了设计方面的职业。但是这类工作要每天与电脑、图纸打交道，而26我更希望能做一个经常与人交流的工作。一次偶然的机会我进了房地产公司，这个行业以与人交流为主，又和我的专业相关，挺适合我的。

女：你觉得在做营销工作中，你的专业能发挥作用吗？

男：是的，营销需要与人沟通，了解客户的心理，在与客户沟通时，熟悉产品非常有帮助。27我有良好的建筑学基础，对产品的了解更加深入，在产品把握上，也就会比他人更有优势。

女：目前楼市情况十分不景气，而您负责的楼盘依然能够热销，能谈谈您取得成功的原因吗？

男：首先是产品本身的定位，产品永远是第一的。公司在产品设计上花了很多心血，特别是户型方面，经过不断地研究讨论，90平米的面积设计成三室两厅两卫的户型，样板房一经推出就得到了市场认可。28其次是产品的性价比，我们的定价相对划算，优惠的价格吸引了不少客户。

女：在你看来，做好营销工作，必须具备的素质有哪些？

男：首先29观察力要十分敏锐，在瞬息万变的市场中，要及时发现细节背后隐藏的问题，预测它将带来的影响；另外一点就是学习能力要强，现代社会的营销无论是理念还是手段都在不断更新，只能不断学习才能跟上它变化的节奏。

女：营销工作大都需要经常加班，你是如何平衡工作和生活之间关系的呢？

男：30工作和生活之间需要有一个平衡点，工作对大多数人来说只是一种谋生的手段，它虽然可以让人从中获得满足感和成就感，但却不能占据全部的生活，能把二者合理地结合起来是最好的。

여: 저희 스튜디오에 오신 것을 환영합니다! 애초에 부동산을 선택한 이유가 무엇인지요?

남: 사실 제 대학 전공은 건축학입니다. 졸업 후에 많은 동기들이 설계쪽 직업을 택했고요. 하지만 그쪽 일이 매일 컴퓨터나 도안과 얼굴을 맞대야 하는 건데, 26저는 사람들과 교류하는 일을 할 수 있길 바랬거든요. 우연한 기회에 저는 부동산 회사에 들어가게 되었는데, 이쪽 일은 사람들과 교류하는 것이 위주이고 또 제 전공과 관련도 있고 해서 저에게 꽤 잘맞았어요.

여: 영업하실 때 전공을 발휘할 수 있는 건가요?

남: 그렇습니다. 영업이라는 것이 사람들과의 소통을 필요로 하고 고객의 마음을 파악해야 하는 것인데요. 고객과 소통할 때 상품에 익숙한 것이 굉장히 도움이 많이 됩니다. 27저에게 좋은 건축학적 기초가 있다 보니 상품에 대한 이해가 더 깊고, 상품을 파악하는 것에도 역시 다른 사람들에 비해 더 강점을 가지게 되는 것이죠.

여: 현재 부동산 시장이 매우 불경기인데, 선생님이 담당하고 있는 매물은 여전히 히트하고 있죠. 성공의 이유에 대해 말씀을 좀 해주시겠어요?

남: 우선은 상품 자체의 포지셔닝입니다. 상품이 늘 1순위죠. 회사에서 상품의 설계에 엄청나게 심혈을 기울입니다. 특히나 주택 구조 측면에 있어서는 끊임없는 연구와 토론을 거쳐, 90평방 면적은 방3, 거실2, 욕실2의 구조로 설계했는데, 모델하우스가 공개되자마자 시장의 인정을 받았어요. 28다음으로는 상품의 가성비인데요. 정가가 상대적으로 수지타산이 잘 맞고, 우대가로 많은 고객을 유치했어요.

여: 영업 업무를 잘 해내기 위해 반드시 갖추어야 하는 자질은 어떤 것이 있다고 보십니까?

남: 일단 29관찰력이 매우 날카로워야 합니다. 시시각각으로 변하는 시장에서 디테일한 정보 이면에 감춰진 문제를 적시에 발견해서 장차 어떤 영향을 초래할지 예측해야 하죠. 다른 한 가지는 학습능력이 좋아야 한다는 겁니다. 현대 사회의 마케팅은 이론이든 수단과 방법이든 다 끊임없이 새롭게 바뀌고 있어요. 그래서 부단히 공부해야만 그 변화 속도를 따라잡을 수 있답니다.

여: 영업 업무가 대부분 자주 야근을 해야 하는데, 업무와 생활의 균형을 어떻게 맞추나요?

남: 30업무와 생활 간에는 균형점이 필요합니다. 업무는 많은 사람들에게 있어서 생계 수단일 뿐이라 비록 그 가운데 만족감과 성취감을 얻을 수 있어도 삶의 전부를 차지해서는 안 되겠죠. 이 둘을 합리적으로 결합할 수 있다면 가장 좋을 겁니다.

어휘 不景气 bùjǐngqì 형 경기가 나쁘다, 불경기이다　楼盘 lóupán 명 매물　热销 rèxiāo 동 (상품이) 잘 팔리다　户型 hùxíng 명 주택 구조　样板房 yàngbǎnfáng 명 모델하우스　推出 tuīchū 동 (시장에 신상품이나 새로운 아이디어를) 내놓다　性价比 xìngjiàbǐ 명 가성비　划算 huásuàn 동 수지가 맞다　敏锐 mǐnruì 형 예민하다　瞬息万变 shùn xī wàn biàn 성 변화가 아주 빠르다　节奏 jiézòu 명 리듬, 템포　平衡点 pínghéngdiǎn 명 균형점　谋生 móushēng 동 생계를 도모하다　占据 zhànjù 동 점거하다, 차지하다

★★☆ 중

26

男的为什么选择房地产行业？	남자는 왜 부동산업을 선택했는가?
A 为生活所迫 **B 乐于与人沟通** C 有发展空间 D 想挑战新的领域	A 생활고에 쫓기다 **B 사람들과 소통하길 좋아한다** C 발전 가능성이 있다 D 새로운 분야에 도전하고 싶다

해설 보기의 키워드로 A는 为生活所迫(생활고에 쫓기다), B는 沟通(소통하다), C는 发展空间(발전 가능성), D는 挑战(도전하다)을 삼는다. 사회자가 남자에게 부동산을 선택한 이유를 물었고 이에 남자는 我更希望能做一个经常与人交流的工作(저는 사람들과 교류하는 일을 할 수 있길 바랐거든요)라고 대답했다. 따라서 알맞은 정답은 B이다.

★☆☆ 하

27

男的觉得自己在工作上有什么优势？	남자는 자신이 업무적으로 어떤 강점이 있다고 여기는가?
A 外貌出众 B 是营销专业出身 **C 对产品了解更深入** D 对心理学颇有研究	A 외모가 출중하다 B 마케팅학과 출신이다 **C 상품에 대한 이해가 더 깊다** D 심리학에 조예가 꽤 깊다

해설 보기가 인물의 강점에 관한 내용이므로 이에 관한 내용을 주목해서 듣는다. 사회자는 영업할 때 전공을 발휘할 수 있는지 물었고 이에 남자는 我有良好的建筑学基础，对产品的了解更加深入，在产品把握上，也就会比他人更有优势(저에게 좋은 건축학적 기초가 있다 보니 상품에 대한 이해가 더 깊고, 상품을 파악하는 것에도 역시 다른 사람들에 비해 더 강점을 가지게 되는 것이죠)이라고 대답했다. 질문에서 남자는 자신의 업무에 어떤 강점이 있는지 물었으므로 정답은 C이다.

어휘 出众 chūzhòng 형 남보다 뛰어나다, 출중하다　颇 pō 부 꽤, 퍽

★★☆ 중

28

下列哪项是男的所负责的楼盘热销的原因？	다음 중 남자가 담당하는 매물이 잘 팔리는 원인은?
A 地理位置优越 **B 性价比非常高** C 品牌影响力强 D 宣传力度更强	A 지리적 위치가 우세하다 **B 가성비가 굉장히 좋다** C 브랜드 파워가 좋다 D 광고 파워가 더 강하다

해설 보기가 강점에 관한 내용이므로 이에 관한 내용을 주목해서 듣는다. 사회자가 남자에게 부동산 매물의 성공 이유에 대해 물었고 남자는 其次是产品的性价比，我们的定价相对划算，优惠的价格吸引了不少客户(다음으로는 상품의 가성비인데요. 정가가 상대적으로 수지타산이 잘 맞고, 우대가로 많은 고객을 유치했어요)라고 대답했다. 따라서 키워드가 언급된 B가 정답이다.

실전모의고사 5

★★★ 상

29 男的认为做好营销工作需要具备什么素质?	남자는 마케팅 업무를 잘해내려면 어떤 자질이 필요하다고 생각하는가?
A 洞察力要敏锐 B 要有良好的口才 C 要善于挖掘客户 D 要有独特的营销手段	**A 통찰력이 날카로워야 한다** B 훌륭한 말재주가 있어야 한다 C 고객 발굴을 잘해야 한다 D 독특한 마케팅 수단이 있어야 한다

해설 보기에 당위를 나타내는 要(~해야 한다)가 있으므로 주장 및 견해를 주목해서 듣는다. 사회자가 마케팅 업무를 잘하기 위한 자질을 물었고 남자는 观察力要十分敏锐，在瞬息万变的市场中，要及时发现细节背后隐藏的问题，预测它将带来的影响(관찰력이 매우 날카로워야 합니다. 시시각각으로 변하는 시장에서 디테일한 정보 이면에 감춰진 문제를 적시에 발견해서 장차 어떤 영향을 초래할지 예측해야 하죠)이라고 대답했다. 녹음에는 필요한 자질로 관찰력과 예측을 언급했으므로 이를 포괄하는 A가 정답이다.

Tip▶ 위의 29번 문제와 같이, 지문의 긴 문장을 보기에는 함축된 한 단어로 표현하기도 한다. 이러한 문제 유형에 대비하여 어휘력을 키우는 것이 중요하다. 6급 고득점을 목표로 한다면 중중 사전을 함께 보는 것을 추천한다.

어휘 洞察力 dòngchálì 명 통찰력 敏锐 mǐnruì 형 예민하다, 날카롭다 挖掘 wājué 동 캐다, 발굴하다

★★★ 중

30 男的怎么看待工作和生活的关系?	남자는 업무와 생활의 관계를 어떻게 보는가?
A 工作是生活的辅助 **B 二者需要一个平衡点** C 生活和工作只能选其一 D 不能把精力全部投入到工作上	A 업무는 생활의 보조이다 **B 양자 간에 균형점이 필요하다** C 생활과 업무 중 하나만 선택할 수 있다 D 에너지를 모두 업무에 쏟아부어서는 안 된다

해설 보기가 업무와 생활에 관한 내용이므로 이에 관한 내용을 주목해서 듣는다. 사회자가 업무와 생활의 균형을 어떻게 맞추는지 물었고 남자는 工作和生活之间需要有一个平衡点(업무와 생활 간에는 균형점이 필요합니다)이라고 대답했다. 질문에서 남자가 업무와 생활의 관계를 어떻게 보는지 물었으므로 키워드가 그대로 일치하는 B가 정답이다.

어휘 辅助 fǔzhù 동 거들어주다, 도와주다

듣기 제3부분

[풀이전략] 녹음을 듣기 전에 보기의 핵심 키워드를 파악하여 글의 종류와 소재를 파악한다. 녹음을 들으면서 들은 내용을 보기에 메모하고, 각 질문에 알맞은 정답을 고른다. 일반적으로 주제/제목을 묻는 문제가 가장 마지막에 등장한다.

31-33

快递行业是现代社会的热门行业，31它的主要竞争点就在于要和时间赛跑，为顾客提供高速、高效的服务。然而，在生活节奏快的时代，近日却出现了一种“慢生活”概念：一些人逐渐	택배업은 현대 사회의 인기 업종이다. 31이것의 주된 경쟁 포인트는 바로 시간과 경주하는 것으로, 고객에게 빠른 속도, 높은 효율의 서비스를 제공하는 데에 있다. 하지만, 이렇게 생활 리듬이 빠른 시대에 최근 일종의 '슬로우 라이프' 콘셉트가 등장했다. 몇몇 사람들이 '슬

加入到“慢餐饮”、“慢旅游”、“慢递”等行列。这完全违悖了高速高效的理念，但也吸引了不少人的眼球，有些人还看到了“慢”的商业价值。比如，一家慢递公司结合了时间胶囊和传统书信，所谓时间胶囊是指把现代发明创造的有代表意义的物品装入一个容器中，32密封后深埋到地下，并设置一个在未来能够打开“时间胶囊”的时间。33慢递公司投递的日期和地点由寄信人自己决定，而这个日期可以是几个月后、一年几年后，也可以是十年后、甚至几十年以后，公司帮助客户在指定的未来时间送出信件。	로우 푸드', '슬로우 여행', '슬로우 배송(지정일 배송)' 등과 같은 대열에 점차 합류하기 시작했다. 이는 고속 고효율의 개념에 완전히 위배되는 것이지만 또한 적지 않은 사람들의 시선을 끌었다. 어떤 이들은 '슬로우'의 상업적 가치를 매치하기도 했다. 예를 들어, 한 '만띠' 회사는 타임캡슐과 전통적인 편지를 결합시켰다. 이른바 '타임캡슐'이란 현재 문명의 창조물 중 대표성이 있는 물품을 용기에 담아 32밀봉 후 땅 속 깊이 묻었다가 미래에 '타임캡슐'을 개봉할 수 있는 시간을 설정해두는 것이다. 33'만띠' 회사가 물건을 전달하는 날짜와 장소는 보내는 사람이 스스로 결정한다. 이 날짜는 몇 달 후, 일 년 후 혹은 10년 후 심지어 수십 년 후일 수도 있다. 회사는 고객이 지정한 미래의 시간에 우편물을 배송해 준다.

어휘 赛跑 sàipǎo 동 경주하다 违悖 wéibèi 동 어긋나다, 저촉되다 时间胶囊 shíjiān jiāonáng 명 타임캡슐 容器 róngqì 명 용기, 그릇 密封 mìfēng 동 밀봉하다 设置 shèzhì 동 설치하다, 설정하다 投递 tóudì 동 (공문 · 서신 등을) 배달하다 指定 zhǐdìng 동 지정하다

★★☆ 중

31 快递公司的竞争力在于什么？	택배 회사의 경쟁력은 어디에 있는가?
A 免费配送 **B 短时高效** C 人员配置 D 路径优化	A 무료 배송 **B 단시간 고효율** C 인원 배치 D 경로 최적화

해설 보기가 모두 특장점과 관련된 내용으로 내용이 언급되는지 주의해서 듣는다. 녹음에서 它的主要竞争点就在于要和时间赛跑，为顾客提供高速、高效的服务(이것의 주된 경쟁 포인트는 바로 시간과 경주하는 것으로, 고객에게 빠른 속도, 높은 효율의 서비스를 제공하는 데에 있다)라고 했으므로 택배 회사의 경쟁력이 빠른 속도와 높은 효율의 서비스에 있음을 알 수 있다. 따라서 정답은 B이다.

어휘 人员配置 rényuán pèizhì 인원 배치 路径 lùjìng 명 경로, 루트 优化 yōuhuà 동 최적화하다

★☆☆ 하

32 关于时间胶囊，下列哪项正确？	타임캡슐에 관해 다음 중 옳은 것은?
A 有固定保质期 **B 需要密封深埋** C 可以让时间停滞 D 用胶囊充填的药物	A 고정된 유효 기간이 있다 **B 밀봉하여 깊이 묻을 필요가 있다** C 시간을 멈추게 할 수 있다 D 캡슐로 만든 약

해설 보기의 키워드로 A는 保质期(유효 기간), B는 密封深埋(밀봉하여 깊이 묻다), C는 让时间停滞(시간을 멈추게 하다), D는 药物(약)를 삼고 녹음을 듣는다. 녹음의 密封后深埋到地下(밀봉 후 땅 속 깊이 묻는다)에 보기 B의 내용이 언급되었다. 질문에서 타임캡슐에 관한 옳은 내용을 물었으므로 정답은 B이다.

어휘 停滞 tíngzhì 동 정체하다, 제자리 걸음하다

★★☆ 중

33 慢递公司的特色服务是什么？

'만띠' 회사의 특색있는 서비스는 무엇인가?

A 替顾客保密	A 고객을 위해 비밀을 유지한다
B 送货地点不限	B 상품 배송지에 제한이 없다
C 由顾客指定寄信日期	**C 고객이 발송 일자를 지정한다**
D 把信件传达到对方手中	D 서신을 상대방에게 직접 전달한다

해설 보기의 키워드로 A는 保密(비밀 유지), B는 不限(제한이 없다), C는 寄信日期(발송 일자), D는 传达信件(서신 전달)을 삼고 녹음을 듣는다. 녹음에서 慢递公司投递的日期和地点由寄信人自己决定('만띠' 회사가 물건을 전달하는 날짜와 장소는 보내는 사람이 스스로 결정한다)이라고 했으므로 '만띠' 회사의 특색있는 서비스는 C이다.

34-36

在移动互联网时代，我们每天都在通过网络、电视以及各种平台获取大量信息。然而，34这些信息通常不够全面，缺乏逻辑上的推导，不够严谨，因此被称为"碎片化信息"。这种片面但却新鲜的内容，让我们不需要付出多少时间和精力，就可以始终处在"又知道了新知识"的喜悦中。但是，这些碎片化信息的积累，只是在量的层面上得到扩充，35并没有挖掘信息之间的联系。因此，这些信息不能被大脑提取出来，致使它们很容易被遗忘。长期接受碎片信息，不仅对我们提高思考能力毫无帮助，相反，36还会导致我们用孤立的眼光看待问题。一旦适应了这种简单的思维方式，34会使我们难以对事物进行更深入的剖析。要想真正把这些碎得不能再碎的信息有效利用起来，我们就要学会对它们进行整理和深加工，而这需要我们具备并保持深度思考的能力。

모바일 인터넷 시대에, 우리는 매일 인터넷, TV 및 각종 플랫폼을 통해 대량의 정보를 얻는다. 하지만, 34이러한 정보들은 통상적으로 완전하지 않고, 논리적인 유도가 부족하고, 빈틈이 많다. 때문에 '파편화된 정보'라고 불리운다. 이렇게 단편적이지만 신선한 내용은 얼마간의 시간과 에너지를 들이지 않아도 바로 '새로운 지식을 또 알게 되었어'라는 기쁨 속에 우리를 놓아둘 수 있다. 하지만, 파편화 된 정보의 누적은 그저 양적인 측면에서의 확충일 뿐, 35정보 간의 연계성은 결코 알아내지 못한다. 이 때문에, 이 정보들은 대뇌가 추출하지 못해 결국 쉽게 망각되어 버린다. 장기간 파편화된 정보를 받아들이면 우리의 사고력을 향상시키는 데 도움도 되지 않을 뿐더러 반대로 36고립적인 시각으로 문제를 대하게 만들어버리는 결과를 초래하게 된다. 일단 이러한 간단한 사고 방식에 적응해 버리면 34우리는 사물에 대해 보다 더 깊이 있는 분석을 하기 어렵게 된다. 더 이상 쪼갤래야 더 쪼갤 수 없이 파편화된 정보를 효과적으로 이용하려면 우리는 이 정보들을 정리하고 가공할 줄 알아야 한다. 그래서 우리는 깊이 있는 사고력을 갖추고 유지할 필요가 있다.

어휘 推导 tuīdǎo 동 (논리적 추리나 수치 연산을 통하여 새로운 결론을) 이끌어내다　严谨 yánjǐn 형 치밀하다, 빈틈없다　喜悦 xǐyuè 명 희열, 기쁨　扩充 kuòchōng 동 확충하다　挖掘 wājué 동 캐다, 발굴하다　提取 tíqǔ 동 추출하다, 뽑아내다　遗忘 yíwàng 동 잊다, 잊어버리다　孤立 gūlì 형 고립되어 있다　剖析 pōuxī 명 동 (문제나 상황을) 분석(하다)

★★☆ 상

34 下列哪项不是碎片化信息的特征？

다음 중 파편화된 정보의 특징이 아닌 것은?

A 分析透彻	**A 분석이 명확하다**
B 不够严谨	B 치밀하지 않다
C 缺少推论	C 추론이 결여됐다
D 缺乏逻辑	D 논리가 부족하다

해설 보기에서 A는 긍정적인 내용, B, C, D는 부정적인 내용임을 알 수 있다. 녹음에서 这些信息通常不够全面，缺乏逻辑上的推导，不够严谨(이러한 정보들은 통상적으로 완전하지 않고, 논리적인 유도가 부족하고, 빈틈이 많다)이라고 하여 보기 B, C, D의 내용이 언급되었다. 질문에서 파편화된 정보의 특징이 아닌 것을 물었고 녹음의 마지막 부분에서 会使我们难以对事物进行更深入的剖析(우리는 사물에 대해 보다 더 깊이 있는 분석을 하기 어렵게 된다)라고 했으므로 정답은 A이다.

어휘 透彻 tòuchè 형 밝고 확실하다

★★☆ 상

35	
碎片化信息为什么容易被遗忘？	파편화된 정보는 왜 쉽게 망각되는가?
A 信息量太多 B 信息不够准确 C 信息更新换代过快 **D 信息之间缺乏联系**	A 정보량이 너무 많다 B 정보가 정확하지 않다 C 정보의 업데이트가 지나치게 빠르다 **D 정보 간에 연계성이 부족하다**

해설 보기가 모두 안 좋은 점에 관한 내용이고, 信息(정보)가 공통적으로 있으므로 정보에 관한 지문임을 알 수 있다. 녹음에서 并没有挖掘信息之间的联系。因此，这些信息不能被大脑提取出来，致使它们很容易被遗忘(정보 간의 연계성은 결코 알아내지 못한다. 이 때문에, 이 정보들은 대뇌가 추출하지 못해 결국 쉽게 망각되어 버린다)이라고 했으므로 파편화된 정보를 쉽게 망각하는 이유는 D이다.

어휘 更新换代 gēng xīn huàn dài 성 낡은 것을 새것으로 바꾸다, 갱신하다

★★★ 하

36	
碎片化信息对人们有什么影响？	파편화된 정보는 사람들에게 어떤 영향을 미치나?
A 丰富我们的知识库 **B 习惯用孤立的眼光看问题** C 善于挖掘信息之间的联系 D 有助于提高思考能力	A 우리의 지식 베이스를 풍부하게 해준다 **B 고립적인 시각으로 문제를 보는 데 익숙하다** C 정보 간의 연계성을 발굴하는 데 능하다 D 사고력을 높이는 데 도움이 된다

해설 보기의 키워드로 A는 知识库(지식 베이스), B는 孤立的眼光(고립적인 시각), C는 信息之间的联系(정보 간의 연계성), D는 思考能力(사고력)를 삼고 녹음을 듣는다. 녹음에서 还会导致我们用孤立的眼光看待问题(고립적인 시각으로 문제를 대하게 만들어버리는 결과를 초래하게 된다)라고 하여 보기 B의 키워드가 그대로 언급됐다. 질문에서 파편화된 정보가 어떤 영향을 주는지 물었으므로 정답은 B이다.

어휘 知识库 zhīshikù 명 지식 베이스

37-39

当前，共享经济正在全球高速发展，做到了"人尽其才，物尽其用"，取得了巨大成功。什么是共享经济，共享经济又有什么特征？首先，举几个例子看看。韩宁喜欢在一家社区交易平台上租借日常用品，像电锯、携带宠物的宠物包以及儿童滑雪服等这些微不足道的小物品。同时，她也同样通过网站把自己的电器租给别人，比如	현재, 공유 경제는 전 세계적으로 빠르게 발전하며, 사람은 저마다 제 능력을 충분히 발휘하고, 물건은 저마다 제 가치를 충분히 발휘하게 되면서 엄청나게 성공하였다. 공유 경제란 무엇인가, 공유 경제의 특징은 또 무엇이 있는가? 우선, 몇 가지 예시를 살펴보자. 한닝은 '우리 동네 거래' 플랫폼에서 전기 드릴, 애완동물을 넣어다닐 수 있는 가방 그리고 아동 스키복 등 소소한 아이템들을 빌려 쓴다. 또한 동시에 그녀도 웹 사이트를 통해 가습기, 젖병 소독기 등 자신의 전기

加湿器、奶瓶消毒器等。这种方式让她节省了一大笔开支。38陈婷经常要开车去另一个城市，她为自己“顺风车”上的闲置座位，通过一个拼车出行平台——滴滴出行找到目的地相同的人，这样就降低了出行的成本。37这些人都生活在一个新的商业模式变革的时期，即共享经济或合作式消费。这种新的商业模式依靠社交网络和移动通信技术的方式建立交互关系，通过共享或租赁的方式达到节省开支的目的。在这个过程中，物品所有者也可获得相应报酬。由此可以看出，在共享经济中，无论商品还是服务，相比拥有权，39人们更加看重使用权。共享经济中的交易可以依靠互联网平台实现，与此同时，近几年一些致力于打造共享服务平台的企业也都快速增加了起来。

제품을 다른 사람들에게 빌려주기도 한다. 이러한 방식으로 그녀는 큰 지출을 절약했다. 38천팅은 늘상 다른 도시로 차를 몰고 가는데, 그녀는 자신의 '순풍카(= 공유 차량의 한 종류)'의 빈 좌석을 위해, 카풀 플랫폼, 띠띠추싱을 통해 목적지가 같은 사람들을 찾는다. 이렇게 해서 외출할 때의 원가를 낮춘다. 37이 사람들은 모두 하나의 새로운 상업 모델 변혁의 시기, 즉 공유 경제 혹은 협력적 소비의 시대에 살고 있다. 이러한 새로운 상업 모델은 SNS와 이동 통신 기술의 방식으로 상호 관계를 구축하고, 공유 혹은 임대의 방식으로 지출을 줄이는 목적을 달성한다. 이 과정에서 물건의 소유주 또한 그에 상응하는 사례금을 받을 수 있다. 이로써 공유 경제에서는 상품이던 서비스이던 소유권에 비해 39사람들이 사용권을 더 중시한다는 것을 알 수 있다. 공유 경제 속 거래는 인터넷을 통해 실현된다. 따라서 이와 동시에 최근 몇 년간 공유 경제 서비스 플랫폼을 만드는 데 힘을 쏟고 있는 기업 역시 빠르게 증가하고 있다.

어휘 共享经济 gòngxiǎng jīngjì 공유 경제　物尽其用 wù jìn qí yòng 성 물건이 저마다 제 가치를 충분히 발휘하다　携带 xiédài 동 휴대하다　微不足道 wēi bù zú dào 성 하찮아서 말할 가치도 없다, 보잘 것 없다　电钻 diànzuàn 명 전기 드릴　开支 kāizhī 명 지출, 비용　拼车 pīnchē 동 카풀(car pool)을 하다　交互 jiāohù 부 교대로, 번갈아 가며　租赁 zūlìn 동 빌려쓰다, 세를 내고 빌리다　报酬 bàochou 명 보수, 사례금　交易 jiāoyì 명 동 교역(하다), 거래(하다)

★★☆ 중

37 关于韩宁和陈婷的例子，可以知道什么？

한닝과 천팅의 예시에 관하여 무엇을 알 수 있는가?

A 陈婷通过平台租了辆车
B 韩宁喜欢收集二手物品
C 韩宁建了一个社交网站
D 他们进行的是合作式消费

A 천팅은 플랫폼을 통해 차량을 렌트했다
B 한닝은 중고품 수집을 좋아한다
C 한닝은 SNS 웹사이트를 구축했다
D 그들이 진행하는 것은 협력적 소비이다

해설 보기에 陈婷(천팅)과 韩宁(한닝)이라는 인물이 있으므로 등장인물과 관련된 정보를 대조하며 듣는다. 녹음에서 这些人都生活在一个新的商业模式变革的时期，即共享经济或合作式消费(이 사람들은 모두 하나의 새로운 상업 모델 변혁의 시기, 즉 공유 경제 혹은 협력적 소비의 시대에 살고 있다)라고 했으므로 보기의 한닝과 천팅의 예시에 관해 알 수 있는 것은 D이다.

★★☆ 중

38 关于共享经济，下列哪项正确？

공유 경제에 관해, 다음 중 옳은 것은?

A 不需要无线网络
B 大多属于线下交易
C 能更好地利用闲置资源
D 无需第三方中介机构

A 무선 인터넷이 불필요하다
B 대다수가 오프라인 거래에 속한다
C 유휴 자원을 보다 효과적으로 이용할 수 있다
D 제 3의 중개 기관이 필요하지 않다

해설 보기의 키워드로 A는 无线网络(무선 인터넷), B는 线下交易(오프라인 거래), C는 闲置资源(유휴 자원), D는 中介机构

(중개 기관)를 삼고 녹음을 듣는다. 녹음에서 陈婷经常要开车去另一个城市，她为自己"顺风车"上的闲置座位，通过一个拼车出行平台——滴滴出行找到目的地相同的人(천팅은 늘상 다른 도시로 차를 몰고 가는데, 그녀는 자신의 '순풍카'의 빈 좌석을 위해 카풀 플랫폼, 띠띠추싱을 통해 목적지가 같은 사람들을 찾는다)이라고 했으므로 제한된 자원을 공유함으로써 자원을 효율적으로 이용한다는 것을 알 수 있다. 따라서 공유 경제에 관해 옳은 내용은 C이다.

어휘 线下 xiànxià 오프라인 中介机构 zhōngjiè jīgòu 중개 업체

★★☆ **중**

39 在共享经济模式中，人们更看重什么？	공유 경제 모델에서 사람들이 더 중시하는 것은 무엇인가?
A 商品质量 B 社会舆论 C 交易双方的诚信 **D 商品和服务的使用权**	A 상품 퀄리티 B 사회 여론 C 거래 양측의 신의 **D 상품과 서비스의 사용권**

해설 보기가 모두 명사형이므로 녹음에 그대로 언급되는지 또는 관련 내용이 언급되는지 주의해서 듣는다. 녹음에서 人们更加看重使用权(사람들이 사용권을 더 중시한다는 것을 알 수 있다)이라고 하여 보기 D의 키워드가 언급됐다. 질문에서 공유 경제 모델에서 사람들이 더 중시하는 것을 물었으므로 정답은 D이다.

어휘 舆论 yúlùn 명 여론

40-42

40在对陕西省米家崖遗址进行考古时，考古团队发现两个窑穴，里面留存着漏斗和酒罐等过去用来酿造啤酒的陶器残片。这两个窖坑的历史可以追溯到公元前3400年至公元前2900年。团队在这些陶器残片上发现了淡黄色的残渣。经过检测，41在这些残渣中检测出了大麦、小米、薯类和百合等成分。中国考古学教授刘莉在此次研究成果公开发表会上称，古代的中国人主要用大麦、小米等谷物酿造啤酒。她还让团队人员利用这个配方还原了5,000年前的啤酒。结果发现，相比现代的啤酒，古代人酿造的啤酒更甜，还有更加浓郁的果味儿。此外，42由于古代人不懂如何过滤掉用于发酵的原料残渣，所以酿出的啤酒外观与粥相似。	40산시성 미지아야 유적지에서 고고학 연구를 진행하면서 고고학 연구팀은 두 개의 동굴을 발견하였다. 내부에는 깔때기와 술독 등 과거에 맥주를 빚는 데 사용했던 자기 파편이 있었다. 이 두 동굴은 B.C 3400년부터 2900년까지 그 역사를 거슬러 올라간다. 팀은 이들 도기 파편에서 연노랑색의 찌꺼기를 발견하였다. 검측을 통해 41이 찌꺼기에서 보리, 좁쌀, 고구마 부류 그리고 백합 등의 성분을 발견하였다. 고고학 교수 료루리는 이번 연구 성과 공개 발표회에서 다음과 같이 밝혔다. 고대 중국인들은 주로 보리, 좁쌀 등의 곡물을 이용해 맥주를 빚었다. 그녀는 또한 팀원들에게 이 배합법을 사용해서 5,000년 전의 맥주를 복원 시켰다. 그 결과, 현대의 맥주와 비교시 고대인들이 빚은 맥주가 더 달고 과일 향이 더 진하다는 것을 발견했다. 이 밖에 42고대인들은 발효에 사용된 원료 찌꺼기를 어떻게 걸러내는지 몰라 빚어낸 맥주는 그 외관이 죽과 비슷했다.

어휘 米家崖 Mǐjiāyá 지명 미지아야 遗址 yízhǐ 명 유적 考古 kǎogǔ 동 유물이나 유적을 자료로 하여 연구하다 窑穴 yáoxué 명 동굴 留存 liúcún 동 보존하다, 남겨 두다 漏斗 lòudǒu 명 깔때기 酒罐 jiǔguàn 명 (도기로 된) 중형(中型)의 주기(酒器) 酿造 niàngzào 동 양조하다 陶器 táoqì 명 도기 残片 cánpiàn 명 남은 조각, 파편 窖坑 jiàokēng 명 땅굴 追溯 zhuīsù 동 거슬러 올라가다 残渣 cánzhā 명 잔재, 남은 찌꺼기 小米 xiǎomǐ 명 좁쌀 大麦 dàmài 명 보리 薏米 yìmǐ 명 율무 配方 pèifāng 명 배합 방법 还原 huányuán 동 복원하다 浓郁 nóngyù 형 짙다 过滤 guòlǜ 동 거르다, 여과하다 发酵 fājiào 동 발효시키다, 발효하다

★★☆ 중

40

在陕西省米家崖遗址，考古团队发现了什么？	산시성 미지아야 유적에서 고고학 연구팀은 무엇을 발견하였나?
A 酿制白酒的秘方 **B 古代酿酒用的器具** C 白酒原料的残渣 D 公元前5000年的啤酒	A 백주를 양조하는 비법 **B 고대 양조에 사용했던 기구** C 백주 원료의 찌꺼기 D B.C 5000년의 맥주

해설 보기의 키워드로 A는 白酒(백주), B는 器具(기구), C는 残渣(찌꺼기), D는 公元前5000年(B.C 5000)을 삼고 녹음을 듣는다. 녹음에서 在对陕西省米家崖遗址进行考古时，考古团队发现两个窑穴，里面留存着漏斗和酒罐等过去用来酿造啤酒的陶器残片(산시성 미지아야 유적지에서 고고학 연구를 진행하면서 고고학 연구팀은 두 개의 동굴을 발견하였다. 내부에는 깔때기와 술독 등 과거에 맥주를 빚는 데 사용했던 자기 파편이 있었다)이라고 했으므로 고고학 연구팀이 발견한 것은 B임을 알 수 있다.

어휘 秘方 mìfāng 명 비방, 비법

★★☆ 하

41

下列哪项不是考古团队发现的成分？		다음 중 고고학 연구팀이 발견한 성분이 아닌 것은?	
A 小米	B 薯类	A 좁쌀	B 고구마 종류
C 豆类	D 大麦	**C 콩 종류**	D 보리

해설 보기가 모두 곡물 종류이므로 녹음에 그대로 언급되는 것이 있는지 주의해서 듣는다. 녹음의 在这些残渣中检测出了大麦、小米、薯类和百合等成分(이 찌꺼기에서 보리, 좁쌀, 고구마 부류 그리고 백합 등의 성분을 발견하였다)에 보기 A, B, D의 키워드가 언급되었다. 따라서 고고학 연구팀이 발견한 성분이 아닌 것은 C이다.

★☆☆ 하

42

古代的啤酒有什么特点？	고대 맥주는 어떤 특징이 있나?
A 酒水清澈 B 味道苦涩 **C 外观与粥相似** D 大米是主要原料	A 술이 맑고 깨끗하다 B 맛이 쓰고 떫다 **C 외관이 죽 같다** D 쌀이 주원료이다

해설 보기가 모두 어떤 특징을 나타낸다. 녹음에서 由于古代人不懂如何过滤掉用于发酵的原料残渣，所以酿出的啤酒外观与粥相似(고대인들은 발효에 사용된 원료 찌꺼기를 어떻게 걸러내는지 몰라 빚어낸 맥주는 그 외관이 죽과 비슷했다)라고 했으므로 고대 맥주의 특징으로 알맞은 것은 C이다.

어휘 清澈 qīngchè 형 맑고 깨끗하다 苦涩 kǔsè 형 맛이 씁쓸하고 떫다

43-46

呼麦又称双声唱法，是蒙古族创造的一种神奇的歌唱艺术。一个歌手纯粹用自己的发声器官，在同一时间里唱出两个声部。一个人能同时	후마이(khoomei)는 '두 소리 창법'이라 불리는 몽고족이 만든 신기한 가창 예술이다. 한 명의 가수가 순수하게 자신의 발성 기관으로 동시에 두 개의 성부로 노래를 한다. 한 사람이 동시에 한 음은 높게

唱出一高一低两个声部本身就很神奇，而在呼麦唱法中，46这一高一低的两个声部之间的差别甚至能达到六个八度。43据传说，蒙古族的古代先民生活在深山中，听见瀑布飞泻于山谷之间的声音如惊雷一般，便开始模仿，经过不断改进，终于形成了呼麦唱法。呼麦除了模仿瀑布以外，对布谷鸟的叫声、狼嚎、虎啸也都有模仿。44古代蒙古族人认为，这是与自然、宇宙有效沟通，和谐相处的重要途径，也是呼麦的本质。由于演唱技巧十分特殊，呼麦的曲目并不丰富。呼麦一般和马头琴一起进行演奏，两者相互配合，错落有致。45尤其是呼麦的高音区，在马头琴声的映衬下悠扬而出，经常给人以错觉，以为那是行走草原牧人的笛音。	한 음은 낮게 두 개의 성부로 노래를 부르는 것 자체도 매우 신기한데, 46후마이 창법에서는 이 '일고일저'의 두 개의 성부 사이에 심지어 8옥타브의 차이가 나기도 한다. 43전설에 따르면, 몽고족의 고대 선조들은 깊은 숲에 살았는데 폭포수가 산골짜기 사이로 쏟아져 내리는 소리가 마치 엄청난 천둥 소리와 같아 모방하기 시작했다고 한다. 끊임없는 개선을 거쳐 마침내 후마이 창법이 이루어졌다. 후마이는 폭포를 모방하는 것 이외에도, 뻐꾸기 울음소리, 늑대, 호랑이가 우는 소리를 모방한 것도 있다. 44고대 몽고족은 이것을 자연, 우주와 효과적으로 소통하고 조화롭게 함께 하는 중요한 방법이자 후마이의 본질로 여겼다. 창법이 굉장히 특수하기 때문에 후마이의 곡목(레퍼토리)은 결코 풍부하지는 않다. 후마이는 일반적으로 마두금과 함께 연주하며 이 둘은 서로 앙상블을 이뤄 들거니 나거니 하여 운치가 있다. 45특히나, 후마이의 높은 음역대는 마두금과 대단히 잘 어울리고 조화를 이루는데 사람들에게 마치 목자가 초원을 거닐며 피리를 부는 듯한 착각을 하게 한다.

어휘 蒙古族 Měnggǔzú 명 몽골족 神奇 shénqí 형 신비롭고 기이하다 纯粹 chúncuì 형 순수하다, 깨끗하다 声部 shēngbù 명 성부 八度 bādù 명 옥타브 瀑布 pùbù 명 폭포 飞泻 fēixiè 동 쏟아져 내리다 惊雷 jīngléi 명 사람을 놀라게 하는 심한 천둥 布谷鸟 bùgǔniǎo 명 뻐꾸기 狼嚎 lángháo 동 이리가 울부짖다 虎啸 hǔxiào 동 범이 으르렁거리다 和谐 héxié 형 잘 어울리다, 조화롭다 途径 tújìng 명 경로, 절차 马头琴 mǎtóuqín 마두금[몽고족의 현악기] 演奏 yǎnzòu 명 동 연주(하다) 错落有致 cuò luò yǒu zhì 성 사물의 배열이 들쭉날쭉하면서 운치가 있다 映衬 yìngchèn 동 두드러지게 하다, 서로 잘 어울리다 悠扬 yōuyáng 형 (가락 등이) 높아졌다 낮아졌다 하며 조화롭다 错觉 cuòjué 명 착각 牧人 mùrén 명 목자 笛音 díyīn 피리 소리

★★☆ 중

43 在传说中，呼麦的产生与什么有关？

전설 속 후마이의 탄생은 무엇과 관련이 있는가?

A 打雷	B 草原	A 천둥	B 초원
C 瀑布	D 鸟	**C 폭포**	D 새

해설 보기가 모두 명사형이므로 녹음에 그대로 언급되는 것이 있는지 주의해서 듣는다. 녹음에서 据传说，蒙古族的古代先民生活在深山中，听见瀑布飞泻于山谷之间的声音如惊雷一般，便开始模仿(전설에 따르면, 몽고족의 고대 선조들은 깊은 숲에 살았는데 폭포수가 산골짜기 사이로 쏟아져 내리는 소리가 마치 엄청난 천둥 소리와 같아 모방하기 시작했다고 한다)이라고 했으므로 전설 속 후마이의 탄생과 관련이 있는 것은 C이다.

★★★ 중

44 古代蒙古族人认为，呼麦的本质是什么？

고대 몽고족은 후마이의 본질이 무엇이라 여겼나?

A 模仿逼真
B 真挚的情感
C 高超的唱歌技巧
D 与自然和谐相处

A 모방을 진짜처럼 하다
B 진실한 감정
C 높은 기술의 창법
D 자연과 조화롭게 함께 하다

해설 보기가 어떤 특징을 나타낸다. 보기의 키워드로 A는 逼真(진짜처럼 하다), B는 真挚(진실하다), C는 唱歌技巧(창법), D는 与自然相处(자연과 함께 하다)를 삼고 녹음을 듣는다. 녹음에서 古代蒙古族人认为，这是与自然、宇宙有效沟通，

和谐相处的重要途径，也是呼麦的本质(고대 몽고족은 이것을 자연, 우주와 효과적으로 소통하고 조화롭게 함께 하는 중요한 방법이자 후마이의 본질로 여겼다)이라고 하여 보기 D의 키워드가 언급되었다. 질문에서 후마이의 본질이 무엇인지 물었으므로 정답은 D이다.

어휘 逼真 bīzhēn 형 마치 진짜와 같다 真挚 zhēnzhì 형 진실하다

★☆☆ 중

45 呼麦和马头琴配合演奏，会让人产生什么错觉？ | 후마이와 마두금의 협연은 사람들에게 어떤 착각을 불러일으키는가?

A 农民在耕种	A 농민들이 땅을 갈고 파종하고 있다
B 在云海中遨游	B 구름 바다 속에서 노닐다
C 牧人在吹笛子	**C 목자가 피리를 불고 있다**
D 在草原上驰骋	D 초원에서 말을 타고 달리다

해설 보기가 모두 행동을 나타낸다. 보기의 키워드로 A는 耕种(땅을 갈고 파종하다), B는 遨游(노닐다), C는 吹笛子(피리를 불다), D는 驰骋(말을 타고 달리다)을 삼고 녹음을 듣는다. 녹음에서 尤其是呼麦的高音区，在马头琴声的映衬下悠扬而出，经常给人以错觉，以为那是行走草原牧人的笛音(특히나, 후마이의 높은 음역대는 마두금과 대단히 잘 어울리고 조화를 이루는데 사람들에게 마치 목자가 초원을 거닐며 피리를 부는 듯한 착각을 하게 한다)이라고 하여 보기 C의 키워드가 언급되었다. 따라서 후마이와 마두금의 협연이 일으키는 착각은 C이다.

어휘 耕种 gēngzhòng 동 땅을 갈고 파종하다 遨游 áoyóu 동 노닐다, 유력하다 驰骋 chíchěng 동 말을 타고 빨리 달리다

★★☆ 중

46 关于呼麦，可以知道什么？ | 후마이에 관하여 무엇을 알 수 있는가?

A 高低声部差异大	**A 고저 성부의 격차가 크다**
B 多于琵琶一起演奏	B 주로 비파와 함께 연주한다
C 音乐曲目丰富而多样	C 악곡이 풍부하고 다양하다
D 是由满族人创造的	D 만주족이 창조한 것이다

해설 보기의 키워드로 A는 高低声部(고저 성부), B는 琵琶(비파), C는 音乐曲目(악곡), D는 满族人(만주족)을 삼고 녹음을 듣는다. 녹음에서 这一高一低的两个声部之间的差别甚至能达到六个八度(후마이 창법에서는 이 '일고일저'의 두 개의 성부 사이에 심지어 8 옥타브의 차이가 나기도 한다)라고 하여 보기 A의 키워드가 언급되었다. 따라서 후마이에 관해 알 수 있는 것은 A이다.

어휘 琵琶 pípá 명 비파 [현악기의 일종]

47-50

在现代社会大多数的都市年轻人都处于亚健康状态，主要原因就是快节奏的生活。年轻人为生存早出晚归，连休息时间都抽不出来，更别提运动了，工作了一天回到家，即便有时间运动也不想动弹。于是，很多人选择在双休日进行健身。 49而这种突击式运动不仅不能强身健体，反而还会对身体造成损伤。47因为人在剧烈运动时，	현대 사회의 대다수 도시의 젊은이들은 서브헬스(Sub-Health) 상태에 놓여 있다. 그 주된 원인은 생활 리듬이 빠른 데 있다. 젊은이들은 생존을 위해 아침 일찍 집을 나서 저녁 늦게나 귀가한다. 휴식 시간조차 낼 수 없으니 운동은 말할 것도 없고, 하루종일 일하다 집에 돌아와서는 설사 시간이 있다고 해도 꿈쩍도 하기 싫어 한다. 그래서 많은 사람들이 주말을 이용해 헬스를 한다. 49하지만 이러한 기습적인 운동은 몸을 건강하게 해주기는 커녕 되려 손상을 입힐 수 있다. 47격렬한 운동을 하면 비교적 많은 양의

会产生较多的肾上腺素和皮质醇等激素，这些激素增加到一定水平，就会降低免疫器官产生白细胞的能力，50免疫力降低之后，再恢复还需要24个小时。这期间，人体很容易受到病菌、病毒的侵袭，进而引发感冒以及胃肠肠胃炎等感染性疾病。由此看来，锻炼不可过量且持续，否则过度的运动和暴饮暴食一样对身体有百害而无一利的。 48对于上班族而言，最重要的是培养日常运动意识。比如，适当调整工作和运动的时间，下班后坚持慢跑或散步等，最好每天运动半个小时，那就最好不过了。如果只能在周末运动的话，也要注意控制强度和时间，并在运动前要充分做好热身运动。	아드레날린과 코티솔 등 호르몬이 분비될 수 있는데, 이 호르몬들이 일정 수준까지 증가되면 면역 기관이 백혈구를 만드는 기능이 저하될 수 있다. 50면역력이 떨어지고 나면 다시 회복하기까지 24시간이 필요하다. 이 기간에 인체는 쉽사리 병원균, 바이러스 침입을 받아 감기 내지는 장염 등 감염성 질환이 유발될 수 있다. 이를 통해 운동은 적당량으로 유지해 주어야 함을 알 수 있다. 과도한 운동은 폭식과 같이 우리 몸에 백해무익하다. 48샐러리맨들에게 있어서 가장 중요한 것은 평소에 운동하는 의식을 기르는 것이다. 예를 들어, 업무와 운동 시간을 적절하게 조절하고 퇴근 후에는 꾸준히 조깅이나 산책 등을 하며, 가급적 매일 반 시간 정도 운동을 해주면 이보다 더 좋을 수는 없을 것이다. 만약 어쩔 수 없이 주말에만 운동이 가능하다면 강도와 시간에 주의해야 할 것이며 운동 전 워밍업을 충분히 하자.

어휘 动弹 dòngtan 동 움직이다　突击式 tūjī shì 기습적인　强身健体 qiáng shēn jiàn tǐ 신체를 건강하게 하다　分泌 fēnmì 명 동 분비(하다)　肾上腺素 shènshàngxiànsù 명 아드레날린　皮质醇 pízhìchún 명 코티솔(부신피질에서 생기는 스테로이드 호르몬의 일종)　激素 jīsù 명 호르몬　免疫器官 miǎnyì qìguān 면역 기관　白细胞 báixìbāo 명 백혈구　病菌 bìngjūn 명 병원균　侵袭 qīnxí 명 동 습격(하다), 침입(하다)

★★★ 하

47

根据这段话，人们在剧烈运动时，身体会怎么样？	본문에 따르면 격렬한 운동 시 몸은 어떻게 되는가?
A 分泌激素 B 高度紧张 C 肌肉痉挛 D 感到口渴	**A 호르몬을 분비한다** B 고도로 긴장한다 C 근육이 경련을 일으킨다 D 갈증을 느낀다

해설 보기가 신체 반응에 관한 내용이다. 보기의 키워드로 A는 激素(호르몬), B는 紧张(긴장하다), C는 痉挛(경련을 일으키다), D는 口渴(갈증)를 삼고 녹음을 듣는다. 녹음의 因为人在剧烈运动时，会产生较多的肾上腺素和皮质醇等激素(격렬한 운동을 하면 비교적 많은 양의 아드레날린과 코티솔 등 호르몬이 분비될 수 있다)에서 보기 A의 키워드가 언급되었다. 질문에서 격렬한 운동 시 몸이 어떻게 되는지 물었으므로 정답은 A이다.

어휘 痉挛 jìngluán 명 동 경련(을 일으키다)

★★★ 하

48

对于上班族而言，最重要的是什么？	샐러리맨들에게 있어서 가장 중요한 것은 무엇인가?
A 长期坚持晨炼 B 要做高强度锻炼 **C 平时要坚持锻炼** D 双休日集中锻炼	A 장기간 아침 운동을 꾸준히 한다 B 강도 높은 운동을 해야 한다 **C 평소에 꾸준히 운동을 해야 한다** D 주말에 집중적으로 운동한다

해설 보기에 锻炼(운동하다)이 공통적으로 있고 시간을 나타내는 어휘가 있으므로 시간 표현을 키워드로 삼고 녹음을 듣는다. 녹음에서 对于上班族而言，最重要的是培养日常运动意识(샐러리맨들에게 있어서 가장 중요한 것은 평소에 운동하는 의식을 기르는 것이다)라고 하여 보기 C의 내용과 질문의 키워드 上班族(샐러리맨)가 언급되었다. 따라서 정답은 C이다.

★★★ 중

49 下面哪项属于说话人的观点？	다음 중 화자의 관점에 속하는 것은?
A 最好找私人教练 B 空腹运动效率更高 C 锻炼必须借助器材 **D 突击性健身对身体有害**	A 가급적 개인 트레이너를 구하는 것이 좋다 B 공복에 운동하는 것이 효과가 더 좋다 C 운동은 반드시 기구의 도움을 받아야 한다 **D 기습적인 운동은 신체에 해롭다**

해설 보기에 最好(~하는 것이 좋다), 必须(반드시 ~해야 한다)가 있으므로 화자의 주장과 견해를 주의해서 듣는다. 녹음에서 사람들이 주말을 이용해서 헬스를 몰아서 한다고 하면서 이어 而这种突击式运动不仅不能强身健体，反而还会对身体造成损伤(하지만 이러한 기습적인 운동은 몸을 건강하게 해주기는 커녕 되려 손상을 입힐 수 있다)이라고 했다. 따라서 화자의 관점에 속하는 것은 D임을 알 수 있다.

어휘 空腹 kōngfù 명 공복　借助 jièzhù 동 ~의 힘을 빌리다　器材 qìcái 명 기재, 기구

★★☆ 하

50 根据这段话，可以知道什么？	본문을 토대로 무엇을 알 수 있나?
A 情绪会影响锻炼的效果 **B 免疫力的恢复需要一天左右** C 白细胞增多会引发炎症 D 运动前热身的注意事项	A 기분이 운동 효과에 영향을 줄 수 있다 **B 면역력 회복에 하루가 필요하다** C 백혈구가 증가하면 염증을 유발할 수 있다 D 운동 전 워밍업의 주의 사항

해설 보기의 키워드로 A는 情绪(기분), B는 免疫力的恢复(면역력 회복), C는 引发炎症(염증을 유발하다), D는 热身(워밍업)을 삼고 녹음을 듣는다. 녹음에서 免疫力降低之后，再恢复还需要24个小时(면역력이 떨어지고 나면 다시 회복하기까지 24시간이 필요하다)라고 하여 보기 B의 키워드가 언급되었다. 본문을 토대로 알 수 있는 것은 B이다.

독해 제1부분

[풀이전략] 보기 문장에서 수식 성분(관형어, 부사어, 보어)을 제외한 핵심 성분(주어, 술어, 목적어)을 위주로 먼저 분석한다. 문장 성분의 결여와 잉여, 어순 오류, 어휘의 호응 및 문맥의 논리성에 오류가 있는 문장을 정답으로 고른다.

★★★ 상

51

A 《现代汉语词典》 | 是 | 中国第一部规范性的语文 | 词典。
주어 / 술어 / 관형어 / 목적어
「현대 한어 사전」은 중국 제1의 표준 어문사전이다.

B 川菜， | 以其麻辣味 | 闻名于世， | 享有 | "烹饪天国"的 | 美誉。
주어 / 부사어 / 술어 / 술어 / 관형어 / 목적어
사천요리는 얼얼하게 매운 맛으로 세계적으로 유명하여 '요리의 천국'이라는 명성을 지니고 있다.

C 这座 | 公园 | 自上世纪初开放以来, | 一直 | 受到 | 人们的 | 关注。
관형어 주어 부사어 부사어 술어 관형어 목적어
이 공원은 지난 세기 초에 개방한 이래로 줄곧 사람들의 관심을 받고 있다.

D 每当母亲说到这个故事, | 我 | 就 | 想 | 起 | 很多过去的 | 往事。
부사어 주어 부사어 술어 보어 관형어 목적어
매번 어머니께서 이 이야기를 꺼낼 때마다 나는 지나간 많은 옛일들이 떠오른다.

(O) ① 每当母亲说到这个故事, | 我 | 就 | 想 | 起 | 很多过去的 | 事情。
부사어 주어 부사어 술어 보어 관형어 목적어
매번 어머니께서 이 이야기를 꺼내실 때마다 나는 지나간 많은 일들이 떠오른다.

② 每当母亲说到这个故事, | 我 | 就 | 想 | 起 | 很多 | 往事。
부사어 주어 부사어 술어 보어 관형어 목적어
매번 어머니께서 이 이야기를 꺼내실 때마다 나는 많은 옛일들이 떠오른다.

해설 보기 D에서 같은 의미인 단어가 중복 출현했다. 过去는 '과거', 往事는 '지난 일'을 나타내므로 过去的를 소거하거나 往事만 사용해야 한다.

어휘 闻名于世 wén míng yú shì 세계적으로 유명하다 美誉 měiyù 명 명성과 명예 往事 wǎngshì 명 지난 일, 옛일

★★★ 중

52

A 网络社交工具的广泛 | 使用, | 加快了 | 信息流通的 | 速度和规模。
관형어 주어 술어 관형어 목적어
SNS 툴의 광범위한 사용이 정보 소통의 속도와 규모를 빠르게 만들었다.

(O) 网络社交工具的广泛 | 使用, | 加快了 | 信息流通的 | 速度。
관형어 주어 술어 관형어 목적어
SNS 툴의 광범위한 사용이 정보 소통의 속도를 빠르게 만들었다.

B 国内飞机托运行李规定 | 每年都在 | 变化, | 请 | 留意 | 机场的 | 指标。
주어 부사어 술어 술어1 술어2 관형어 목적어2
국내 항공 수하물 운송 관련 규정이 매년 바뀌고 있으니 공항 가이드 라인에 유의해 주세요.

C 人类对时间的 | 认识 | 是 | 在进化的过程中逐渐 | 形成 | 的。
관형어 주어 (강조) 부사어 술어 (강조)
인류의 시간에 대한 인식은 진화 과정에서 점차적으로 형성되었다.

D 武汉铁路局 | 宣布 | 将加开5对临时客车, 用以疏通端午小长假的客流。
주어 술어 목적어
우한 철도국은 5량의 임시 객차를 증설하여 단오절 연휴 기간의 승객 유동량을 원활히 소통시키겠다고 밝혔다.

해설 보기 A에서 술어와 목적어의 호응에 오류가 발생했다. 술어 하나에 2개 이상의 목적어가 있거나 술어 2개에 하나의 목적어가 있을 때는 모두 호응 관계가 성립하는지 꼭 점검하도록 한다. 加快(빠르게 하다)는 목적어 중 速度(속도)와는 어울리지만 规模(규모)는 빠르게 하는 대상이 아니므로 삭제해야 한다.

어휘 托运 tuōyùn 동 탁송하다 疏通 shūtōng 동 소통시키다, 잘 통하게 하다

★★★ 중

53 A 针对 | 公司近期出现的种种 | 问题, | 他 | 在会上 | 提了 | 几条十分中肯的 | 建议。
술어 관형어 목적어 주어 부사어 술어 관형어 목적어
최근 회사에 나타난 각종 문제를 겨냥하여 그는 회의에서 몇 가지 정곡을 찌르는 건의를 했다.

B 老舍 | 一生为中国文学的改革和发展 | 做 | 出了 | 不可磨灭的 | 贡献。
주어 부사어 술어 보어 관형어 목적어
라오서는 한평생 중국 문학의 개혁과 발전을 위해 불멸의 업적을 세웠다.

C 在这春风沉醉的夜里, | 让 | 五颜六色的 | 烟火 | 将天空 | 点缀 | 得格外美丽。
부사어 술어1 관형어 목1/주2 부사어 술어2 보어
봄바람에 도취되는 이 깊은 밤에 오색찬란한 불꽃으로 하여금 밤하늘을 아름답게 수놓게 하였다.

(O) 在这春风沉醉的夜里, | 五颜六色的 | 烟火 | 将天空 | 点缀 | 得格外美丽。
부사어 관형어 주어 부사어 술어 보어
봄바람에 도취되는 이 깊은 밤에 오색찬란한 불꽃이 밤하늘을 아름답게 수놓았다.

D 红松的故乡——伊春, | 是 | 目前世界上拥有红松原始林面积最大的 | 地区。
주어 술어 관형어 목적어
잣나무의 고향 이춘은 현재 전 세계적으로 잣나무 원시림 면적이 가장 넓은 지역이다.

해설 보기 C의 문장에는 주어가 없다. 문장은 [부사어(在这春风沉醉的夜里)+술어1(让)+목적어1/주어2(五颜六色的烟火)+부사어(将天空)+술어(点缀)+보어(得格外美丽)]의 구조로 전체 문장의 주어가 결여되었다. 따라서 让을 제거하여 五颜六色的烟火(오색찬란한 불꽃)를 주어로 만들어주어야 한다.

어휘 中肯 zhòngkěn 형 딱 들어맞다, 정곡을 찌르다 不可磨灭 bù kě mó miè 성 영원히 사라지지 않다, 불멸하다 沉醉 chénzuì 동 도취하다, 심취하다 点缀 diǎnzhuì 동 장식하다 伊春 Yīchūn 지명 이춘 [헤이룽장(黑龙江)성 동부 신흥 임업 도시] 红松 hóngsōng 명 잣나무, 홍송

★★★ 상

54 A 不饱和脂肪酸的 | 化学性质 | 相对不 | 稳定, | 更容易 | 被氧化。
관형어 주어 부사어 술어 부사어 술어
불포화 지방산의 화학 성질은 상대적으로 불안정하여 더 쉽게 산화된다.

B 所有的 | 胜利, | 与征服自己的胜利 | 比 | 起来, | 都 | 是 | 微不足道的。
관형어 주어 부사어 술어 보어 부사어 술어 목적어
모든 승리는 자신을 정복한 승리와 비교하면 모두 다 보잘 것 없다.

C 成功 | 没有 | 捷径, | 如果 | 你 | 不肯一步一步 | 积累, | 那么 | 你 | 永远也无法 | 终点。
주어 술어 목적어 접속사 주어 부사어 술어 부사어 주어 부사어 ?
성공에는 지름길이 없다. 만약 당신이 한 걸음 한 걸음 쌓아가지 않으면 결코 결승점에 방법이 없다.

(O) 成功 | 没有 | 捷径, | 如果 | 你 | 不肯一步一步 | 积累, | 那么 | 你 | 永远也无法 | 到达 | 终点。
주어 술어 목적어 접속사 주어 부사어 술어 부사어 주어 부사어 술어 목적어
성공에는 지름길이 없다. 만약 당신이 한 걸음 한 걸음 쌓아가지 않으면 결코 결승점에 도달할 방법이 없다.

D 手机科技的 | 发展 | 是 | 一把 | “双刃剑”，| 它 | 在带来便利的同时，| 也 | 增添了 |
관형어 주어 술어 관형어 목적어 주어 부사어 부사어 술어

不少 | 烦恼。
관형어 목적어

모바일 기술의 발전은 '양날의 검'으로, 그것은 편리함을 가져다 줌과 동시에 적잖은 번거로움을 더해 주었다.

해설 보기 C의 뒷절에 술어가 누락됐다. 문장은 [주어(你)+부사어(永远也无法)+목적어(终点)]의 구조로 목적어 终点(결승점)과 어울리는 술어가 들어가야 한다. 의미상 到达(도달하다)가 들어가야 한다. 无法(~할 방법이 없다)는 부사어로 쓰이므로, 명사 앞에 배치할 수 없다.

어휘 氧化 yǎnghuà 동 산화하다　微不足道 wēi bù zú dào 성 하찮아서 말할 가치도 없다, 보잘 것 없다　捷径 jiéjìng 명 첩경, 빠른 길(방법)　双刃剑 shuāngrènjiàn 명 양날의 칼　增添 zēngtiān 동 더하다, 보태다

★★☆ 중

55

A 手游公司公布的 | 数据 | 显示，| 普通人 | 每天约110次 | 查看 | 手机。
관형어 주어 술어 주어 부사어 술어 목적어

모바일 게임 회사가 공개한 데이터에 따르면, 일반 사람은 매일 110번 가량 핸드폰을 살핀다.

B 过去的 | 就 | 让 | 它 | 过去，| 脚下的 | 路 | 再难 | 走，| 你 | 也要 | 勇往直前。
주어1 부사어 술어1 목1/주2 술어2 관형어 주어 부사어 술어 주어 부사어 술어

과거는 지나가게 내버려 두어라. 발밑의 길이 아무리 힘겨워도 너는 용감하게 앞으로 나아가야 한다.

C 他们的 | 努力 | 见效了，| 以致 | 新式花茶的 | 产业规模 | 不断 | 扩大。
관형어 주어 술어 접속사 관형어 주어 부사어 술어

그들의 노력이 효과가 나타났다. 새로운 방식의 화차 산업 규모가 끊임없이 확대됨을 초래했다.

(O) 他们的 | 努力 | 见效了，| 新式花茶的 | 产业规模 | 不断 | 扩大。
관형어 주어 술어 관형어 주어 부사어 술어

그들의 노력이 효과가 나타나 새로운 방식의 화차 산업 규모가 끊임없이 확대되었다.

D 从咿呀学语，到进入学校，再到步入社会，| 人的 | 一生 | 无时无刻不在 | 学习。
부사어 관형어 주어 부사어 술어

옹알이부터 시작하여 학교에 진학하고 다시 사회에 발을 들여 놓을 때까지 사람은 평생 언제나 끊임없이 공부를 한다.

해설 보기 C에서 불필요한 단어가 사용됐다. 以致는 앞절의 결과로 '나쁜 결과를 가져오다/초래하다'는 뜻이므로 以致 뒤에는 부정적인 결과가 와야 한다. 산업 규모가 확대되는 것은 좋은 상황이므로 以致를 삭제한다.

어휘 勇往直前 yǒng wǎng zhí qián 성 용감하게 앞으로 나아가다　咿呀学语 yīyā xué yǔ 옹알옹알 말을 배우다　无时无刻 wú shí wú kè 성 무시로, 언제나 [뒤에 '不'가 이어져야 '时时刻刻都'의 뜻을 나타냄]

★★★ 중

56

A 当你的脑海突然闪现出灵感时，| 最好立刻把它 | 记录 | 下来。
부사어 부사어 술어 보어

당신의 머리 속에서 갑자기 영감이 반짝할 때, 가급적 즉시 그것을 기록해 두어라.

B 杭州西湖风景 | 秀丽，| 向来总是 | 受到 | 古装电视剧剧组的 | 青睐。
주어 술어 부사어 술어 관형어 목적어

항저우 시후는 경치가 아름다워서 지금까지 늘 TV고전 드라마 제작팀의 사랑을 받았다.

(O) 杭州西湖风景 | 秀丽， | 向来 | 受到 | 古装电视剧剧组的 | 青睐。
주어 술어 부사어 술어 관형어 목적어
항저우 시후는 경치가 아름다워서 지금까지 TV고전 드라마 제작팀의 사랑을 받았다.

C 经过 | 不断的技术革新， | 我们厂今年的 | 产值 | 比往年 | 翻了 | 一倍。
술어 목적어 관형어 주어 부사어 술어 목적어
끊임없는 기술 개혁을 거쳐 우리 공장의 올해 생산액이 예년에 비해 배가 증가하였다.

D 每公斤体重 | 每小时可以 | 消耗 | 大约10大卡 | 热量， | 这 | 就 | 意味着 | 此人跑步1小时，可以消耗600大卡热量。
주어 부사어 술어 관형어 목적어 주어 부사어 술어 목적어
한 시간에 1킬로당 약 10킬로칼로리의 열량을 소모하는데 이것은 1시간 동안 조깅을 하면 600킬로칼로리를 소모할 수 있다는 것을 의미한다.

해설 보기 B에 비슷한 의미의 단어가 중복 출현했다. 向来(여태까지/줄곧)와 总是(늘, 언제나)는 '꾸준히, 줄곧'을 나타내는 시간 부사이므로 둘 중 하나만 사용해야 한다.

어휘 闪现 shǎnxiàn 동 언뜻 나타나다 灵感 línggǎn 명 영감 青睐 qīnglài 명 특별한 주목, 호의, 총애 消耗 xiāohào 동 소모하다

★★★ 하

57

A 研究 | 表明， | 支气管炎、过敏性鼻炎患者吃龙虾 | 会 | 导致 | 病情加重。
주어 술어 주어 부사어 술어 목적어
기관지염, 알러지성 비염 환자가 대하를 먹으면 병이 악화될 수 있음을 연구에서 밝혔다.

B 近年来， | 由酒驾引起的 | 交通事故 | 频繁 | 发生， | 为此 | 全国各地 | 加大了 | 对酒驾的惩处 | 力度。
부사어 관형어 주어 부사어 술어 부사어 주어 술어 관형어 목적어
최근 들어, 음주 운전으로 인한 교통사고가 빈번히 발생하여 전국 각지에서 음주 운전에 대한 처벌 강도를 강화하였다.

C 六朝古都南京， | 既然 | 有 | 自然山水之 | 胜 ， | 又 | 有 | 历史文物之 | 雅 ， | 是 | 一座兼具古今文明的园林化 | 城市。
주어 접속사 술어 관형어 목적어 부사어 술어 관형어 목적어 술어 관형어 목적어
6개 왕조의 고도인 남경은 아름다운 자연 환경을 기왕 지니고 있으니 물론 유구한 역사의 정취를 지녔으며, 고금의 문명을 모두 갖춘 정원 도시이다.

(O) 六朝古都南京， | 既 | 有 | 自然山水之 | 胜 ， | 又 | 有 | 历史文物之 | 雅 ， | 是 | 一座兼具古今文明的园林化 | 城市。
주어 접속사 술어 관형어 목적어 부사어 술어 관형어 목적어 술어 관형어 목적어
6개 왕조의 고도인 남경은 아름다운 자연 환경은 물론 유구한 역사의 정취를 지녔으며, 고금의 문명을 모두 갖춘 정원 도시이다.

D 时间的 | 概念 | 不仅 | 因人而异， | 还 | "因地而异"， | 冥王星上的 | 一天 | 如果 | 换算 | 成 | 地球时间 | 的话， | 相当于 | 一周。
관형어 주어 접속사 술어 부사어 술어 관형어 주어 접속사 술어 보어 목적어 조사 술어 목적어
시간 관념은 사람마다 다를 뿐만 아니라, '지역에 따라 다르기도 하다'. 명왕성에서의 하루를 만일 지구 시간으로 환산하면 일주일에 맞먹는다.

해설 보기 C는 접속사의 호응에 오류가 있다. 앞절에서 有自然山水之胜(아름다운 산수를 지니다)과 뒷절에 有历史文物之雅(역사의 우아한 정취를 지니다)라고 하여 주어 南京(남경)의 장점을 나열하고 있으므로 이 문장에서는 인과 관계를 나타내는 접속사 既然(기왕 이렇게 된 이상)이 아니라 병렬 관계를 나타내는 접속사인 既를 사용하여 '既A又B(A뿐만 아니라 B도 하다)'의 형식이 되게 해야 한다.

어휘 支气管炎 zhīqìguǎnyán 명 기관지염 龙虾 lóngxiā 명 랍스터, 닭새우, 대하 惩处 chéngchǔ 동 처벌하다 因人而异 yīn rén ér yì 성 사람에 따라 대응책이 다르다 冥王星 Míngwángxīng 명 명왕성

★★★ 중

58

A 早在公元前2800年，| 中国人 | 便 | 开始 | 栽培大豆了，| 距今 | 已 | 有 | 5,000年的 | 历史。
(부사어 / 주어 / 부사어 / 술어 / 목적어 / 술어 / 부사어 / 술어 / 관형어 / 목적어)

일찍이 B.C 2800년 전 중국인들은 콩을 재배하기 시작했으며, 오늘날까지 이미 5천 년의 역사를 가지고 있다.

B "冬虫夏草" | 又 | 被称为 | "冬虫草"，| 一种特殊的虫和真菌的 | 结合体。
(주어 / 부사어 / 술어 / 목적어 / 관형어 / 목적어)

'동충하초'는 '동충초'라고도 부르며, 일종의 특수한 벌레와 곰팡이 균의 결합체.

(O) "冬虫夏草" | 又 | 被称为 | "冬虫草"，| 是 | 一种特殊的虫和真菌的 | 结合体。
(주어 / 부사어 / 술어 / 목적어 / 술어 / 관형어 / 목적어)

'동충하초'는 '동충초'라고도 부르며, 일종의 특수한 벌레와 곰팡이 균의 결합체이다.

C "病从口入"的道理 | 人人皆知，| 因此，| 要养成勤洗手的好习惯从儿时做起 | 尤为 | 重要。
(주어 / 술어 / 접속사 / 주어 / 부사어 / 술어)

'병은 입으로 들어온다'라는 이치는 누구나 알고 있다. 때문에 부지런히 손을 씻는 좋은 습관 기르기를 어릴 때부터 시작하는 것이 대단히 중요하다.

D 外婆家的 | 屋后 | 是 | 一片茂密的 | 竹林。| 虽 | 是 | 冬日，| 竹林 | 依旧 | 青翠。| 一阵风 | 吹过，| 竹林 | 沙沙 | 作响，| 竟 | 带着 | 几分 | 神秘。
(관형어 / 주어 / 술어 / 관형어 / 목적어 / 접속사 / 술어 / 목적어 / 주어 / 부사어 / 술어 / 주어 / 술어 / 주어 / 부사어 / 술어 / 부사어 / 술어 / 관형어 / 목적어)

외갓집 뒤에는 울창한 대나무 숲이 있다. 비록 겨울철이지만 대나무는 변함없이 푸르르다. 바람이 한바탕 불고 가면 대나무에서 사락사락 소리를 내는 것이 의외로 신기하다.

해설 보기 B의 뒷절에 술어가 누락됐다. 문장은 [주어(冬虫夏草)+술어1(被称为)+목적어2("冬虫草"), 관형어(一种特殊的虫和真菌的)+목적어2(菌虫结合体)]의 구조로 목적어2의 술어가 없음을 알 수 있다. 따라서 一种 앞에 是를 넣어야 한다.

어휘 栽培 zāipéi 동 재배하다 真菌 zhēnjūn 명 진균, 곰팡이 作响 zuòxiǎng 동 소리를 내다 青翠 qīngcuì 형 새파랗다, 푸르다

★★★ 하

59

A 燕子 | 在冬天来临之前的秋季，| 总要 | 进行 | 每年一度的长途旅行——成群结队地由北方飞向遥远的南方。
(주어 / 부사어 / 부사어 / 술어 / 목적어)

제비는 겨울이 오기 전 가을에 늘 매년 한 차례 있는 장거리 여행, 즉 무리를 지어 북쪽에서 머나먼 남쪽으로 날아가는 여행을 한다.

B 人脑需要的 | 氧气 | 约 | 占 | 人体吸入氧气总量的 | 20%，| 运动 | 可以 | 促进 | 氧气的 |
(관형어 / 주어 / 부사어 / 술어 / 관형어 / 목적어 / 주어 / 부사어 / 술어 / 관형어)

실전모의고사 5

吸收，| 因此 | 多运动 | 可以 | 起 | 到 | 提高大脑活力的 | 作用。
목적어 접속사 주어 부사어 술어 보어 관형어 목적어

인간의 뇌가 필요로 하는 산소는 인체가 호흡하는 산소 총량의 약 20%를 차지한다. 운동이 산소의 흡수를 촉진시켜 운동을 많이 하는 것이 대뇌 활력을 향상시키는 기능을 한다.

C 大量研究 | 显示，| 苹果中 | 富含 | 叶酸，| 能有效地 | 防止 | 降低心脏病的发病率，|
주어 술어 주어 술어 목적어 부사어 술어 목적어

尤其 | 适合 | 中老年人群食用。
부사어 술어 목적어

수많은 연구에서, 사과에는 엽산이 풍부하게 함유되어 있어 효과적으로 심장병의 발병률을 낮추는 것을 방지할 수 있어, 특히 중장년층이 섭취하기에 적합함이 드러났다.

(O) 大量研究 | 显示，| 苹果中 | 富含 | 叶酸，| 能有效地 | 降低 | 心脏病的 | 发病率，|
주어 술어 주어 술어 목적어 부사어 술어 관형어 목적어

尤其 | 适合 | 中老年人群食用。
부사어 술어 목적어

수많은 연구에서, 사과에는 엽산이 풍부하게 함유되어 있어 효과적으로 심장병의 발병률을 낮출 수 있어, 특히 중장년층이 섭취하기에 적합함이 드러났다.

D 雁栖湖 | 位于 | 京郊怀柔城北8公里处的燕山脚下，| 水面 | 宽阔，| 湖水 | 清澈，|
주어 술어 목적어 주어 술어 주어 술어

每年春秋两季常 | 有 | 成群的 | 大雁 | 来 | 湖中 | 栖息，| 故而 | 得名。
부사어 술어1 관형어 목1/주2 술어2 목적어2 술어3 접속사 술어

옌치후는 북경 외곽 지역 화이로우성에서 북으로 8키로 떨어진 예산 자락에 위치하고 있다. 수면이 넓고 물이 맑아, 매년 봄가을 두 계절에는 기러기들이 무리 지어와 서식하는 까닭에 이런 이름이 지어졌다.

해설 보기 C에서 불필요한 동사가 출현하여 의미상 오류가 발생했다. 防止는 '안 좋은 상황을 방지하다'라는 뜻이고, 降低는 '낮추다'라는 뜻이므로 목적어인 发病率(발병률)와 어울리는 降低만 남기고 防止는 소거해야 한다.

어휘 燕子 yànzi 명 제비 成群结队 chéng qún jié duì 성 한 데 모여 무리를 이루다 叶酸 yèsuān 명 엽산 宽阔 kuānkuò 형 폭이 넓다 清澈 qīngchè 형 맑고 깨끗하다 大雁 dàyàn 명 기러기 栖息 qīxī 동 서식하다

★★☆ 상

60

A 人们 | 通常 | 认为 | 肠道只是负责消化吸收的器官，| 其实 | 它 | 还 | 是 | 人体重要的免疫 |
주어 부사어 술어 목적어 접속사 주어 부사어 술어 관형어

器官，| 发挥着 | 阻挡有害菌的"保卫" | 功能。
목적어 술어 관형어 목적어

사람들은 보통 장이 소화와 흡수만 하는 기관인 줄 알지만 사실 장은 인체의 중요한 면역 기관으로 유해한 균을 막는 '보호' 기능도 발휘한다.

B 一个人的 | 成就 | 是 | 难以 | 用 | 单一的 | 指标 | 衡量 | 来 | 完成 | 的，| 只要你不断地
관형어 주어 (강조) 부사어 술어 관형어 목적어 술어 来 술어 (강조)

完善自己本身 | 也 | 是 | 一种了不起的 | 成就。
주어 부사어 술어 관형어 목적어

한 사람의 성과는 단일한 지표만으로 평가하여 완성하기 어렵다. 단지 당신이 끊임없이 자기 자신을 완벽하게 만들어 가는 것 역시 대단한 성과이다.

(O) 一个人的 | 成就 | 是 | 难以 | 用 | 单一的 | 指标 | 来 | 衡量 | 的， | 只要你不断地完善
관형어 주어 (강조) 부사어 술어 관형어 목적어 来 술어 (강조)

自己本身 | 也 | 是 | 一种了不起的 | 成就。
주어 부사어 술어 관형어 목적어

한 사람의 성과는 단일한 지표만으로 평가하기 어렵다. 단지 당신이 끊임없이 자기 자신을 완벽하게 만들어 가는 것 역시 대단한 성과이다.

C 真正的 | 朋友， | 并不 | 是 | 在一起就有聊不完的话题， | 而 | 是 | 在一起，即使不说话也
관형어 주어 부사어 술어 목적어 접속사 술어 목적어

不会感到尴尬。

진정한 친구란 함께 있을 때 나눌 수 있는 화제가 끊임없는 것이 아니라, 함께 있을 때 설령 할 말이 없어도 어색함을 느끼지 않는 것이다.

D 实木家具 | 需要 | 一个湿润的 | 环境， | 最好不要 | 放 | 在暖气附近， | 更不要 | 放 |
주어 술어 관형어 목적어 부사어 술어 보어 부사어 술어1

在阳光下 | 暴晒， | 以 | 防 | 木材含水率变化过大而引起家具变形。
보어 술어2 접속사 술어 목적어

원목 가구는 습한 환경을 필요로 한다. 목재의 수분 함량 비율 변화가 너무 커서 가구가 변형되는 것을 방지하기 위해, 가급적 난방기 근처에 놓지 말아야 하며, 직사 광선 아래는 더더욱 놓아서는 안 된다.

해설 보기 B에서 불필요한 동사가 추가되었다. 문장은 [주어(一个人的成就)+술어(是)+목적어(难以用单一的指标来衡量的)]의 구조로 목적어 부분을 다시 분석해보면 [부사어(难以)+술어1(用)+관형어(单一的)+목적어(指标)+술어2(衡量)+来+술어3(完成)+的]의 구조이다. 연동문에서 술어1이 用일 때 '술어1(用)+목적어(수단/방법)+来+술어2'의 구조이며, 성취(成就)는 지표(指标)로 평가(衡量)하는 것이지 완성(完成)하는 것이 아니므로 完成을 소거해야 한다.

어휘 免疫器官 miǎnyì qìguān 면역 기관　阻挡 zǔdǎng 동 저지하다, 가로막다　衡量 héngliang 동 평가하다, 가늠하다　尴尬 gāngà 형 곤란하다, 어색하다　暴晒 bàoshài 동 햇볕에 오래 쪼이다

독해 제2부분

[풀이전략] 빈칸의 위치를 파악하여 앞뒤에 어떤 단어가 있는지 파악한다. 보기 중 각 빈칸 문장에 가장 어울리는 단어를 정답으로 고른다.

★★★ 중

61 汉语俗语中常说的"不分青红皂白"，比喻分不清是非，不问情由。**众所周知**，"青""红""白"都是**形容**颜色的，那"皂"是什么意思呢？其实"皂"指的是黑色。在**古代**，皂衣就是衙门中差役穿的黑布衣。

중국 속담에 '흑백을 가리지 않는다'는 말이 있다. 이것은 시시비비를 분명히 가리지 않는다는 것을 비유한다. **모두 다 알다시피**, '청', '홍', '백'은 모두 색상을 **형용한다**. 그렇다면 '皂'가 의미하는 것은 무엇일까? 사실, '皂'가 가리키는 것은 검은색이다. **고대**에, '皂衣'는 바로 관청의 심부름꾼이 입었던 검정색 무명옷이었다.

A 总而言之 | 拟人 | 以前
B 不言而喻 | 比喻 | 当今
C 莫名其妙 | 描述 | 先前
D 众所周知 | 形容 | 古代

A 요컨대 | 의인화하다 | 이전
B 말하지 않아도 알다 | 비유하다 | 현재
C 영문을 모르다 | 묘사하다 | 앞서
D 모든 사람이 다 알다시피 | 형용하다 | 고대

해설

첫 번째 빈 칸	总而言之 zǒng ér yán zhī 성 총괄적으로 말하면, 요컨대 不言而喻 bù yán ér yù 성 말하지 않아도 알다, 말할 필요도 없다 莫名其妙 mò míng qí miào 성 영문을 모르다 众所周知 zhòng suǒ zhōu zhī 성 모든 사람이 다 알다시피

빈칸이 끝나는 부분에 쉼표(,)가 있으므로 빈칸은 삽입어 자리이다. 문맥상 뒷부분이 객관적인 정보(청, 홍, 백은 색상을 형용한다)를 나타내므로 不言而喻 또는 众所周知가 들어가야 한다.

두 번째 빈 칸	拟人 nǐrén 명 동 의인화(하다) 比喻 bǐyù 명 동 비유(하다) 描述 miáoshù 명 동 묘사(하다), 서술(하다) 形容 xíngróng 동 형용하다, 묘사하다

빈칸은 [주어("青""红""白")+부사어(都)+술어(是)+___+명사(颜色)+的]의 구조로 동사 술어 자리이다. 의미상 '청, 홍, 백은 모두 색상을 ~한다'를 나타내므로 形容이 가장 적합하다.

세 번째 빈 칸	以前 yǐqián 명 이전 当今 dāngjīn 명 현재, 지금 先前 xiānqián 명 이전, 앞서, 종전 [在와 거의 결합하지 않음] 古代 gǔdài 명 고대

빈칸은 [개사(在)+___]의 구조로 개사의 목적어 자리이다. 뒷부분에 衙门(관청), 差役(관청 심부름꾼)이 있으므로 시기상 적절한 때는 古代임을 알 수 있다.

어휘 不分青红皂白 bù fēn qīng hóng zào bái 성 시비곡직을 따지지 않다, 흑백을 가리지 않다 俗语 súyǔ 명 속담 是非 shìfēi 명 시비, 옳음과 그름 情由 qíngyóu 명 사정, 내막 皂 zào 명 검은색 衙门 yámen 명 관아, 옛날 관공서 差役 chāiyì 명 관청의 심부름꾼 布衣 bùyī 명 무명옷

★★☆ 중

62	
鲎，亦称马蹄蟹，被称为现代活化石。鲎的血液可以制成专用于细菌内毒素检测的试剂LAL，目前这已发展为 **庞大** 的产业。马蹄蟹这一地球上 **生存** 了数亿年的古老动物，仍然可以趴在沙滩上， **悠闲** 地晒着太阳生活。	투구게는 말발굽게라고도 불리우며, 현대의 살아있는 화석이라 일컬어진다. 투구게의 혈액으로 세균 내의 독소를 검측할 수 있는 시약인 LAL을 만들 수가 있는데, 현재 이것은 이미 **엄청난 규모**의 산업으로 발전했다. 투구게라는 이 지구에서 수억 년을 **생존한** 오래된 동물은, 여전히 백사장 위로 올라와 **한가로이** 햇빛을 쬐이며 산다.
A 宏大 | 跟随 | 圆满 **B 庞大 | 生存 | 悠闲** C 可观 | 问世 | 融洽 D 艰巨 | 进化 | 坚实	A 거대하다 | 뒤따르다 | 원만하다 **B 방대하다 | 생존하다 | 한가롭다** C 훌륭하다 | 세상에 나오다 | 조화롭다 D 어렵고 막중하다 | 진화하다 | 견고하다

해설

첫 번째 빈 칸	宏大 hóngdà 형 웅대하다, 거대하다 庞大 pángdà 형 방대하다, 거대하다 可观 kěguān 형 (발전 · 전망 · 금액 등이) 훌륭하다, 상당하다 艰巨 jiānjù 형 (임무 등이) 어렵고 막중하다

빈칸은 [술어(发展)+보어(为)+___+的+목적어(产业)]의 구조로 관형어 자리이다. 보기 중 산업의 규모를 나타내는 말로 宏大 또는 庞大가 들어가야 한다.

두 번째 빈 칸	跟随 gēnsuí 동 뒤따르다, 동행하다, 따라가다 生存 shēngcún 명 동 생존(하다) 问世 wènshì 동 (저작물 등이) 세상에 나오다, 발표되다 进化 jìnhuà 명 동 진화(하다)

빈칸은 [___+了+시량보어(数亿年)]의 구조로 동사 술어 자리이다. 의미상 '투구게가 지구상에서 수억 년간 ~했다'는 뜻이므로 生存이 들어가야 한다.

세 번째 빈 칸	圆满 yuánmǎn 형 원만하다 [일이 잘 진행되고 순조롭다는 의미] 悠闲 yōuxián 형 한가롭다, 여유가 있다 融洽 róngqià 형 사이가 좋다, 조화롭다, 융화하다 坚实 jiānshí 형 견고하다, 튼튼하다

빈칸은 [___+地+술어1(晒)+동태조사(着)+목적어(太阳)]의 구조로 부사어 자리이다. 의미상 '햇빛을 ~하게 쬐이며 살아간다'는 뜻이므로 悠闲이 가장 적합하다.

어휘 鲎 hòu 명 투구게　细菌 xìjūn 명 세균　毒素 dúsù 명 독소　检测 jiǎncè 동 검사 · 측정하다　试剂 shìjì 명 시약

★★★ 중

63

每到年初，人们都会习惯性地为自己 **制定** 出很多目标，但到了年末才发现很多目标都没有开始。 **与其** 每天只在嘴上说锻炼，倒不如马上就行动起来。达成目标可能还需要走很远，但重要的是要 **迈** 出第一步。	연초마다 사람들은 습관적으로 자신을 위해 수많은 목표를 **만든다**. 하지만 연말이 되면 많은 목표들을 시작도 못했음을 발견한다. 매일 입으로 운동한다고 말하**기보다는** 당장 운동을 시작하는 것이 낫다. 목표를 달성하는 데에는 가야 할 길이 멀긴 하지만 중요한 것은 첫걸음을 **내딛는** 것이다.
A 制定 ｜ 与其 ｜ 迈 B 配置 ｜ 即使 ｜ 遛 C 确认 ｜ 倘若 ｜ 蹬 D 树立 ｜ 宁可 ｜ 逛	**A 만들다 ｜ ~하기보다는 ｜ 내딛다** B 배치하다 ｜ 설령 ~하더라도 ｜ 거닐다 C 확인하다 ｜ 만약 ~한다면 ｜ 오르다 D 수립하다 ｜ 오히려 ~할지언정 ｜ 한가롭게 거닐다

해설

첫 번째 빈 칸	制定 zhìdìng 동 (법규 · 계획 등을) 제정하다, 만들다 配置 pèizhì 동 (구체적인 위치에) 배치하다 确认 quèrèn 동 확인하다 树立 shùlì 동 (목표 · 귀감 · 풍조 · 이상 등을) 수립하다, 세우다, 확립하다

빈칸은 [___+보어(出)+관형어(很多)+목적어(目标)]의 구조로 동사 술어 자리이다. 보기 중 목적어 目标(목표)와 호응하는 동사는 制定과 树立이다.

두 번째 빈 칸	与其 yǔqí 접 ~하기보다는, ~하느니 차라리 [与其A，不如B] 即使 jíshǐ 접 설령 ~하더라도 [即使A也B] 倘若 tǎngruò 접 만약 ~한다면 [倘若A那么就B] 宁可 nìngkě 접 오히려 ~할지언정 [宁可A也不B] 차라리 ~하는 것이 낫다 [与其A宁可B]

빈칸은 [___+문장, 倒不如+문장]의 구조로 접속사 자리이다. 뒷절에 倒不如(~하는 것이 낫다)가 있으므로 与其가 들어가야 한다.

세 번째 빈 칸	迈 mài 동 큰걸음으로 걷다, (걸음 등을) 내딛다 遛 liù 동 거닐다, 어슬렁거리다, 가축을 천천히 끌고 다니다 蹬 dēng 동 (위로) 오르다 逛 guàng 동 한가롭게 거닐다, 산보하다

실전모의고사 5

빈칸은 [___+보어(出)+목적어(第一步)]의 구조로 동사 술어 자리이다. 보기 중 목적어 第一步(첫 걸음)와 호응하는 동사는 迈이다.

★★☆ 중

64	
酒在中国人眼里更多的是当作一种交际的 **工具**。“醉翁之意不在酒”说的就是人们本意不在喝酒，而是别的方面。古人往往借酒意来 **倾吐** 各种隐藏于胸臆中的某些话语。同样，酒也常常出现在现代人的交际 **场合** 中，“酒逢知己千杯少”正体现了酒在交际中的独特 **地位**。	술은 중국인들의 눈에는 교제의 **수단**으로 더 많이 보여진다. '취옹의 뜻은 술에 있는 것이 아니다'가 말하는 것은 바로 사람들의 뜻은 술 마시는 데에 있지 않고 다른 목적을 이루는 데 있다는 것이다. 고대 사람들은 종종 술기운을 빌어 마음속에 숨겨두었던 말을 **토로하기**도 했다. 마찬가지로, 현대인의 교제의 **상황**에서도 술이 종종 출현하는데, '지기를 만나 마시면 천 잔도 모자란다'는 말은 술의 교제에서의 독특한 **지위**를 구체적으로 나타낸다.
A 器具 | 阐述 | 局势 | 威望 B 手段 | 释放 | 局面 | 比重 C 仪器 | 表达 | 场地 | 职位 **D 工具 | 倾吐 | 场合 | 地位**	A 기구 | 명백히 논술하다 | 정세 | 위엄과 명망 B 수단 | 석방하다 | 국면 | 비중 C 측정 기구 | 표현하다 | 지정된 장소 | 직위 **D 도구 | 토로하다 | 경우 | 지위**

해설

첫 번째 빈 칸	器具 qìjù 명 기구, 용구 手段 shǒuduàn 명 수단, 방법, 수법 仪器 yíqì 명 측정 기구 工具 gōngjù 명 수단, 도구

빈칸은 [주어(酒)+술어(是当做)+관형어(一种交际的)+___]의 구조로 목적어 자리이다. 交际(교제하다)의 수식을 받고 是자문의 주어인 酒(술)를 가리킬 수 있는 단어로 手段과 工具가 적합하다.

두 번째 빈 칸	阐述 chǎnshù 동 (비교적 심오한 문제를) 명백히 논술하다 释放 shìfàng 동 석방하다, (에너지 등을) 방출하다 表达 biǎodá 동 (생각 · 감정을) 표현하다 倾吐 qīngtǔ 동 토로하다, 숨김없이 말하다

빈칸은 [___+관형어(各种隐藏于胸臆中的某些)+목적어(话语)]의 구조로 동사 술어 자리이다. 의미상 '마음속에 숨겨두었던 말을 ~했다'라는 뜻이므로 倾吐가 들어가야 한다.

세 번째 빈 칸	局势 júshì 명 (정치 · 군사 등의) 정세, 형세, 상태 局面 júmiàn 명 국면, 형세, 상태 场地 chǎngdì 명 (특정 용도로) 지정된 장소, 그라운드 场合 chǎnghé 명 경우, 상황 [때와 장소의 통칭]

빈칸은 [관형어(交际)+___]의 구조로 명사 자리이다. 빈칸 앞에 술어가 出现在(~에서 출현했다)이므로 장소를 나타내면서 交际(교제하다)와 호응하는 场合가 들어가야 한다. 场地는 주로 특정 목적을 위해 지정된 장소로, 比赛场地(경기 장소), 施工场地(공사장), 运动场地(운동 장소), 申请场地(신청 장소) 등으로 쓰인다.

네 번째 빈 칸	威望 wēiwàng 명 위엄과 명망 比重 bǐzhòng 명 비중 职位 zhíwèi 명 직위 地位 dìwèi 명 (개인이나 단체의 사회적) 위치, (사람이나 물건이 차지하는) 지위

빈칸은 [술어(体现)+관형어(酒在交际中的独特)+___]의 구조로 목적어 자리이다. 보기 중 관형어 酒在交际中的独特(술의 교제에서의 독특한)의 수식을 받기에 적합한 명사는 地位뿐이다.

어휘 醉翁之意不在酒 zuì wēng zhī yì bú zài jiǔ 취옹의 뜻은 술에 있는 것이 아니다, 본심은 다른 곳에 있다 酒意 jiǔyì 명 취기, 술기운 隐藏 yǐncáng 동 숨기다, 감추다, 비밀로하다 胸臆 xiōngyì 명 품고 있는 말이나 생각, 마음속, 내심 酒逢知己千杯少 jiǔ féng zhī jǐ qiān bēi shǎo 술은 지기를 만나 마시면 천 잔으로도 모자란다, 술은 마음이 맞는 사람과 마셔야 한다

★★☆ 상

65

"达芬奇睡眠法"也称"分段式睡眠法"，是为了达成减少睡眠时间而提出来的睡眠方式， **即** 将人类习惯的单次睡眠分散成多个睡眠周期进行。但是这种方式一经提出就 **被** 否定了。专家指出，随意改变人体生物钟的节奏是不可行的，如果 **违背** 了其运行规律，会影响身体健康，甚至威胁到生命。这个方法 **显然** 是得不偿失的。

'다빈치 수면법'은 또한 '분단식 수면법'이라고도 불리운다. 이 방법은 수면 시간을 줄이기 위해 제안된 수면 방식인데 **즉**, 인간에게 익숙한 일회성 수면을 여러 수면 주기로 나누어 진행하는 것이다. 하지만 이 방법은 제안되자마자 바로 반대**에 부딪혔다**. 전문가들은 임의로 인체 바이오 시계의 리듬을 바꾸는 것은 불가능하다고 지적했다. 만약 그 운행 규칙을 **위반하게** 되면 건강에 지장을 줄 수 있는데 심한 경우에는 생명까지 위협할 수 있다고 한다. 이 방법은 **명백히** 득보다 실이 많다.

A 称 | 将 | 抵抗 | 偏偏
B 即 | 被 | 违背 | 显然
C 皆 | 让 | 抵制 | 明显
D 亦 | 由 | 破坏 | 明明

A 불리우다 | ~을/를 | 저항하다 | 기어코
B 즉 | ~에게 ~당하다 | 위반하다 | 명백하다
C 모두 | ~하게 하다 | 배척하다 | 분명하다
D ~도 | ~이/가 | 파괴하다 | 분명히

해설

첫 번째 빈 칸

称 chēng 동 일컫다, 불리우다, 칭하다
即 jí 부 곧, 즉 동 바로 ~이다
皆 jiē 부 모두, 전부, 다
亦 yì 부 ~도, 역시, 또한

빈칸은 [……睡眠方式, ___+부연 설명(将人类习惯的单次睡眠分散成多个睡眠周期进行)]의 구조로 뒷절은 수면 방식에 대한 부연 설명이다. 따라서 빈칸에는 '就是(즉 ~이다)'에 해당하는 即가 들어가야 한다

두 번째 빈 칸

将 jiāng 개 ~을/를 ['把'처럼 목적어를 동사 앞에 전치시킬 때 쓰임]
被 bèi 개 ~당하다, ~에게 ~당하다
让 ràng 동 ~하도록 시키다, ~하게 하다
由 yóu 개 ~이/가, ~에서, ~으로부터 [동작의 주체, 원인, 구성원을 나타냄]

빈칸은 [주어(这种方式)……+부사어(就)+___+술어(否定)+了]의 구조이다. 의미상 '이 방법은 제안되자마자 바로 반대를 당했다'는 뜻이 알맞으므로 被가 들어가야 한다. 让(~하게 하다)도 피동의 의미로서 쓰이지만 被처럼 동작자를 생략하고 술어와 직접 연결하여 쓰지 않는다.

세 번째 빈 칸

抵抗 dǐkàng 명 동 저항(하다), 대항(하다)
违背 wéibèi 동 위반하다, 어기다
抵制 dǐzhì 동 보이콧하다, 배척하다
破坏 pòhuài 동 파괴하다, 훼손하다

빈칸은 [___+동태조사(了)+목적어(规律)]의 구조로 동사 술어 자리이다. 보기 중 规律(규율)와 호응할 수 있는 동사는 违背가 유일하다.

실전모의고사 5

네 번째 빈 칸	偏偏 piānpiān 부 기어코, 일부러, 억지로 显然 xiǎnrán 형 (상황이나 이치가) 명백하다, 분명하다 [부사어로도 쓰임] 明显 míngxiǎn 형 분명하다, 분명히 드러나다 [부사어로도 쓰임] 明明 míngmíng 부 분명히, 확실히, 명백히 [뒷구절은 대개 의미가 전환됨]

빈칸은 [주어(这个方法)+___+술어(是)]의 구조로 부사어 자리이다. 문장은 '이 방법은 ~하게 득보다 실이 많다'라는 뜻이고, 앞부분에서 다빈치 수면법의 단점을 언급했으므로 상황이나 이치가 명백하다는 뜻인 显然이 들어가야 한다.

어휘 周期 zhōuqī 명 주기 节奏 jiézòu 명 리듬 得不偿失 dé bù cháng shī 성 얻는 것보다 잃는 것이 많다

★★☆ 하

66

"黑科技"是目前在网络上流行的一个新词，通常是指 **一切** 超越现有的科技或一般想象 **范畴** 的新技术，同时还泛指一些 "**突破** 性科技"——新硬件、新软件、新材料等。这些 **不可思议** 的科技以前仅出现在游戏中，但是现在已经成为了现实。	'블랙테크'는 현재 인터넷에서 유행하는 새로운 단어이다. 주로 현존하는 과학 기술 혹은 상상의 **범주**를 초월하는 **모든** 신기술을 지칭하며, 넓게는 '**혁신**적 과학 기술' – 새로운 하드웨어, 새로운 소프트웨어, 신소재 등을 지칭한다. 이들 **불가사의한** 과학 기술은 이전에는 단지 게임속에서만 출현했지만 지금은 이미 현실이 되었다.
A 一切 | 范畴 | 突破 | 不可思议 B 唯一 | 师范 | 破绽 | 不择手段 C 一贯 | 典范 | 突出 | 层出不穷 D 一度 | 规范 | 冲突 | 不言而喻	**A 모든 | 범주 | 돌파하다 | 불가사의하다** B 유일한 | 본보기 | 허점 | 온갖 수단을 다 쓰다 C 일관된 | 본보기 | 부각시키다 | 계속 일어나다 D 한 번 | 규범 | 충돌하다 | 말하지 않아도 알다

해설

첫 번째 빈 칸	一切 yíqiè 대 일체의, 모든, 온갖 唯一 wéiyī 형 유일한, 하나밖에 없는 一贯 yíguàn 형 (사상 · 태도 · 정책 등이) 한결같은, 일관된 一度 yí dù 양 부 한 번, 일 회, 한 차례

빈칸은 [술어(是指)+___+목적어(……的新技术)]의 구조로 관형어 자리이다. 빈칸 뒷부분의 신기술이 다수를 나타내므로 의미상 一切가 들어갈 수 있다.

두 번째 빈 칸	范畴 fànchóu 명 유형, 범주 师范 shīfàn 명 모범, 본보기 典范 diǎnfàn 명 모범, 본보기 规范 guīfàn 명 본보기, 규범, 모범

빈칸은 [관형어(一般想象)+___+的+명사(新技术)]의 구조로 보기 중 想象(상상하다)의 수식을 받을 수 있는 것은 范畴이다.

세 번째 빈 칸	突破 tūpò 동 (한계 · 난관 등을) 돌파하다, 타파하다 破绽 pòzhàn 명 (옷 등의) 터진 부분, (말 · 행동의) 허점, 결점 突出 tūchū 동 두드러지게 하다, 부각시키다 형 돌출하다, 돋보이다 冲突 chōngtū 명 동 충돌(하다), 모순(되다)

빈칸은 [___+性+명사(科技)]의 구조로 관형어 자리이다. 뒷부분에 '新……' 형식의 사물이 나열되어 있으므로 '혁신적 기술'이 되도록 突破가 들어가야 한다.

네 번째 빈 칸	不可思议 bù kě sī yì 성 상상할 수 없다, 불가사의하다 不择手段 bù zé shǒuduàn 성 수단을 가리지 않다, 온갖 수단을 다 쓰다 层出不穷 céng chū bù qióng 성 나타나서 끝이 없다, 계속 일어나다 不言而喻 bù yán ér yù 성 말하지 않아도 알다, 말할 필요도 없다

빈칸은 [这些+___+的+주어(科技)]의 구조로 관형어 자리이다. 앞에서 언급한 '블랙테크'를 가리키는 과학 기술을 설명하는 말로 보기 중 不可思议가 가장 적합하다.

어휘 黑科技 hēi kējì 블랙테크(black tech), 아직 널리 알려지지 않은 첨단기술

★★☆ 상

67

心理学家提出，**驱使** 学生学习的基本动机有两种：社会交往动机和 **荣誉** 动机。社会动机指的是学生如果喜欢老师就会为他努力学习，从而得到老师的称赞，**增进** 师生感情等；另一种动机是说希望通过学习使别人尊重自己，获得他人 **肯定** 等。

심리학자들은 학생들을 공부하게 **부추기는** 기본적 동기는 두 가지인데, 사회 교류적 동기와 **명예적** 동기라고 말했다. 사회적 동기는 학생이 선생님을 좋아하면 그를 위해 노력해서 공부한다는 것이다. 따라서 선생님의 칭찬을 얻으면 선생님과 학생 간의 감정이 **증진될** 수 있다. 또 다른 동기는 공부를 통해 다른 사람이 자신을 존경하길 바라는 것을 말하는 것으로 타인의 **인정**을 얻는 것 등이다.

A 调动 | 信誉 | 递增 | 认可
B 鞭策 | 名誉 | 增添 | 信任
C 督促 | 声誉 | 增涨 | 鼓励
D 驱使 | 荣誉 | 增进 | 肯定

A 인사 이동하다 | 신용과 명예 | 점차 늘다 | 승낙하다
B 채찍질하다 | 명성 | 더하다 | 신임하다
C 독촉하다 | 명성과 명예 | 오르다 | 격려하다
D 부추기다 | 명예 | 증진하다 | 인정하다

해설

첫 번째 빈 칸	调动 diàodòng 동 (위치 · 용도 · 인원을) 옮기다, 인사 이동하다 鞭策 biāncè 동 채찍질하다, 편달하다 督促 dūcù 명 동 독촉(하다), 재촉(하다) 驱使 qūshǐ 동 부추기다, 재촉하다, 떠밀다

빈칸은 [___+목/주(学生)+술어(学习)]의 구조로 겸어문을 충족시키는 동사 술어 자리이다. 의미상 보기 중 鞭策, 督促, 驱使가 들어갈 수 있다.

두 번째 빈 칸	信誉 xìnyù 명 신용과 명예, 위신, 신망 名誉 míngyù 명 평판, 명성 声誉 shēngyù 명 명성과 명예 荣誉 róngyù 명 영예, 명예, 영광, 존경

빈칸은 [명사(社会交往动机)+和+명사[___+动机]]의 구조로 두 종류의 동기를 병렬로 나열했다. 지문에서 另一种动机是说希望通过学习使别人尊重自己(다른 동기는 공부를 통해 다른 사람이 자신을 존경하길 바라는 것을 말하는 것)라고 했으므로, 문맥상 명예와 관련된 동기임을 알 수 있다. 네 개의 보기 모두 들어갈 수 있다.

세 번째 빈 칸	递增 dìzēng 동 (지식 · 가치 · 수량 등이) 점차 늘다, 체증하다 增添 zēngtiān 동 (재미 · 빛 · 기운 · 색채 등을) 더하다, 늘리다, 보태다 增涨 zēngzhǎng 동 (수위 · 물가 등이) 오르다 增进 zēngjìn 동 (우정 · 믿음 · 지혜 · 이해 등을) 증진하다, 증진시키다, 돈독히 하다

빈칸은 [___+목적어(师生感情)]의 구조로 동사술어 자리이다. 목적어인 感情(감정)과 호응할 수 있는 동사로 增进이 들어가야 한다.

네 번째 빈 칸	认可 rènkě 명 동 승낙(하다), 인가(하다), 허가(하다) 信任 xìnrèn 명 동 신임(하다) 鼓励 gǔlì 동 격려하다, 북돋우다 肯定 kěndìng 동 긍정하다, 인정하다

빈칸은 [술어(获得)+______]의 구조로 목적어 자리이다. 앞부분에서 另一种动机是说希望通过学习使别人尊重自己(또 다른 동기는 공부를 통해 다른 사람이 자신을 존경하길 바라는 것을 말하는 것이다)라고 했으므로 信任과 肯定이 들어갈 수 있다.

★★☆ 중

68

因为坐船时会上下颠簸，这会使人体内耳前庭平衡感受器受到强烈刺激，从而影响神经中枢，使人觉得头晕、目眩、**恶心**。这就是人们常说的晕船。晕船药的作用是阻断向大脑传送这种晕的**信号**，让人不晕船。事实上，人的大脑会自动调节这种晕的感觉，如果长期通过药物**抑制**它，反而会减弱这种能力，即便不坐船，在走路的时候平衡的调节能力也会**降低**。	배를 타면 위아래로 배가 요동을 쳐서, 인체의 내이전정 기관 평형 감각기가 강렬한 자극을 받게 되어 신경 중추에 영향을 주게 된다. 그러면 사람은 머리가 어지럽고, 눈앞이 캄캄해 지며 **메스꺼움**을 느끼게 된다. 이것이 바로 흔히 말하는 배멀미이다. 멀미약의 역할은 대뇌로 전송되는 이러한 어지러운 **신호**를 차단하여 배멀미를 하지 않게 만드는 것이다. 사실, 사람의 대뇌는 자동으로 이러한 어지러운 감각을 조절할 수 있는데 만약 장기간 약물을 통해 이것을 **억제하게** 되면 오히려 이러한 능력이 약화되어 배를 타지 않고 길을 걸을 때에도 평형 감각 조절 능력이 **낮아질** 수도 있다.
A 恶心 | 信号 | 抑制 | 降低 B 呕吐 | 暗号 | 节制 | 下降 C 发烧 | 反应 | 克制 | 缩短 D 头疼 | 符号 | 抵制 | 减轻	**A 구역질이 나다 | 신호 | 억제하다 | 낮추다** B 구토하다 | 암호 | 절제하다 | 떨어지다 C 열이 나다 | 반응 | 자제하다 | 단축하다 D 머리가 아프다 | 부호 | 배척하다 | 경감하다

해설

첫 번째 빈 칸	恶心 ěxin 명 동 오심(이 일어나다), 구역질(이 나다) 呕吐 ǒutù 명 동 구토(하다) 发烧 fāshāo 동 열이 나다 头疼 tóuténg 명 두통 동 머리가 아프다

빈칸은 [술어(觉得)+목적어[头晕、目眩、+___]]의 구조로 명사 자리이다. 빈칸이 앞의 단어들과 모점(、)으로 연결되어 있으므로 의미상 멀미와 관련된 증상인 恶心 또는 呕吐가 들어갈 수 있다.

두 번째 빈 칸	信号 xìnhào 명 신호 暗号 ànhào 명 암호 反应 fǎnyìng 명 동 반응(하다) 符号 fúhào 명 부호, 기호

빈칸은 [부사어(向大脑)+술어(传送)+관형어(这种晕的)+___]의 구조로 목적어 자리이다. 술어 阻断(막다)과 호응하며 대뇌로 전송될 수 있는 목적어는 信号이다.

세 번째 빈 칸	抑制 yìzhì 동 (범위나 정도내에서) 제어하다, (자극이나 반응에 대해) 억제하다 节制 jiézhì 명 동 절제(하다) 克制 kèzhì 명 동 (감정 등을) 자제(하다), 억제(하다) 抵制 dǐzhì 동 보이콧(boycott)하다, 배척하다

빈칸은 [술어1(通过)+목적어1(药物)+___+목적어2(它)]의 구조로 동사 술어 자리이다. 목적어2인 它(그것)가 가리키는 것이 어지러움이므로 抑制가 가장 적합하다.

네 번째 빈 칸	降低 jiàngdī 동 낮추다, 내리다, 인하하다 下降 xiàjiàng 동 (등급 · 정도 · 수량 등이) 떨어지다, 낮아지다 缩短 suōduǎn 동 (길이 · 거리 · 시간 등을) 단축하다 减轻 jiǎnqīng 동 (무게 · 수량 · 정도 등을) 경감하다, 덜어서 가볍게 하다

빈칸은 [주어(调节能力)+부사어(也会)+___]의 구조로 동사 술어 자리이다. 주어인 调节能力(조절 능력)과 호응하는 동사는 降低 또는 下降이다.

어휘 颠簸 diānbǒ 동 뒤흔들리다, 요동하다 耳前庭 ěrqiántíng 전정기관[몸의 운동감각이나 위치감각을 감지하여 뇌에 전달하는 기관으로 특히 눈의 움직임에 의한 평형감각 담당] 平衡感受器 pínghéng gǎnshòuqì 평형 감각기 中枢 zhōngshū 명 중추 目眩 mùxuàn 형 눈앞이 캄캄해지다, 눈이 어지럽다 阻断 zǔduàn 동 (흐름 · 추세 등을) 저지하다, 막다

★★★ 하

69 当人们长期 **从事** 一个行业或在一家公司工作时，会在 **不知不觉** 中把现有的状态当作“常识”， **设定** 出一些潜意识的规则，不敢违反。这样只会 **压制** 自己的创造力，让自己不能打破常规， **错失** 改变的机会。

사람들이 장기간 하나의 업종 또는 한 회사에서만 **일할** 때, **부지불식 간에** 현재의 상태를 '상식'으로 여기게 되어 잠재 의식 속 규칙으로 **설정하고** 어길 수 없게 된다. 이렇게 되면 자신의 창의력을 **억누르게** 되어 관행을 부술 수 없게 되고 바꿀 수 있는 기회를 **놓치게** 된다.

A 从事 | 不知不觉 | 设定 | 压制 | 错失
B 担任 | 潜移默化 | 算计 | 压缩 | 中断
C 筹备 | 想方设法 | 拟定 | 阻碍 | 遗失
D 就业 | 理所当然 | 安置 | 掩盖 | 忽略

A 종사하다 | 부지불식 간에 | 설정하다 | 억제하다 | 놓치다
B 맡다 | 모르는 사이에 감화하다 | 셈을 하다 | 압축하다 | 중단하다
C 사전에 기획하다 | 온갖 방법을 생각하다 | 초안을 세우다 | 방해하다 | 유실하다
D 취업하다 | 당연하다 | 안치하다 | 덮어씌우다 | 소홀히 하다

해설

첫 번째 빈 칸	从事 cóngshì 동 종사하다, 일을 하다 担任 dānrèn 동 (직책을) 맡다, 담당하다 筹备 chóubèi 동 사전에 기획하다, 사전에 준비하다 就业 jiùyè 동 취직하다, 취업하다

빈칸은 [___+목적어(一个行业)]의 구조로 동사 술어 자리이다. 목적어인 行业(업종)와 호응하는 동사는 보기 중 从事이다.

두 번째 빈 칸	不知不觉 bù zhī bù jué 성 자기도 모르는 사이에, 부지불식 간에 潜移默化 qián yí mò huà 성 무의식 중에 영향을 받아 바뀌다, 모르는 사이에 감화하다 想方设法 xiǎng fāng shè fǎ 성 온갖 방법을 생각하다, 갖은 방법을 다하다 理所当然 lǐ suǒ dāng rán 성 도리로 보아 당연하다

빈칸은 [在+___+中]의 구조이다. 앞부분에서 '장기간 한 업종 또는 회사에서 일할 때'라고 했고, 뒷부분에서 '현재의 상태를 상식으로 여기게 된다'고 했으므로 인식할 수 없는 사이에 벌어진 상황이 되도록 不知不觉가 들어가야 한다.

세 번째 빈 칸	设定 shèdìng 동 설정하다, 규정을 세우다 算计 suànjì 동 셈을 하다, 궁리하다, 짐작하다, 음모를 꾸미다 拟定 nǐdìng 동 기초하고 제정하다, 초안을 세우다 安置 ānzhì 동 안치하다, 배치하다

빈칸은 [___+보어(出)+목적어(一些潜意识的规则)]의 구조로 동사 술어 자리이다. 보기 중 목적어 规则(규칙)와 호응할 수 있는 동사는 设定이 유일하다.

네 번째 빈 칸	压制 yāzhì 명 동 압제(하다), 억제(하다) 压缩 yāsuō 동 압축하다 阻碍 zǔ'ài 명 방해, 지장 동 방해하다, 지장이 되다, 저해하다 掩盖 yǎngài 동 덮어씌우다

빈칸은 [___+관형어(自己的)+목적어(创造力)]의 구조로 동사 술어 자리이다. 목적어 创造力(창의력)와 호응하면서 문맥상 '저해하다, 발휘할 수 없다'는 뜻이 되어야 하므로 压制 또는 阻碍가 들어갈 수 있다.

다섯 번째 빈 칸	错失 cuòshī 명 잘못, 실책 동 (시기 등을) 놓치다, 실수하다 中断 zhōngduàn 동 중단하다, 중단되다, 끊다 遗失 yíshī 동 유실하다, 분실하다, 잃다 忽略 hūlüè 동 소홀히 하다, 등한시하다

빈칸은 [___+관형어(改变的)+목적어(机会)]의 구조로 동사 술어 자리이다. 보기 중 机会(기회)와 호응하면서 의미상 '놓치다'라는 뜻을 가진 错失가 들어가야 한다.

어휘 潜意识 qiányìshí 명 잠재 의식　违返 wéifǎn 동 위반하다, 위반되다　常规 chángguī 명 관행, 일반적 조치

★★★ 중

70

在我们成长的岁月里，只有自己的经历才是最 **忠实** 于你的。那些你经历过的 **岁月** ，你所遇到的人和事，因而产生的 **悲欢** 感受和思考，这些都是只属于你自己，无法 **转让** 给任何人，哪怕是你最亲近的人也不可以。因为这是你最 **珍贵** 的财富。

우리가 성장하는 세월 속에서 자신의 경험이야말로 가장 당신에게 **충실하다**. 당신이 경험한 그 **세월들**, 당신이 만난 사람들과 일들이 만들어준 **슬픔과 기쁨**, 그리고 숙고, 이것들은 모두 당신 개인만의 것이기 때문에 어떠한 사람에게도 **양도할** 수 없다. 설사 당신의 가장 가까운 사람일지라도 불가능하다. 왜냐하면 이것이 당신의 가장 **진귀한** 재산이기 때문이다.

A 忠实 | 岁月 | 悲欢 | 转让 | 珍贵
B 诚实 | 瞬间 | 胜负 | 贩卖 | 辉煌
C 掌控 | 光阴 | 成败 | 传送 | 难得
D 遵循 | 刹那 | 苦乐 | 转移 | 永恒

A 충실하다 | 세월 | 슬픔과 기쁨 | 양도하다 | 진귀하다
B 성실하다 | 순간 | 승패 | 사들였다가 판매하다 | 휘황찬란하다
C 통제하다 | 시절 | 성패 | 전송하다 | 얻기 어렵다
D 따르다 | 찰나 | 고락 | 옮기다 | 영원하다

해설

첫 번째 빈 칸	忠实 zhōngshí 형 충실하다, 충직하고 성실하다 诚实 chéngshí 형 성실하다 掌控 zhǎngkòng 동 통제하다, 지배하다 遵循 zūnxún 동 (원칙 · 규정 등을) 따르다

빈칸은 [부사(最)+___+개사구(于你)]의 구조로 형용사 술어 자리이다. 보기 중 정도부사 最(가장)가 수식하는 것은 忠实과 诚实이고, 개사 于(~에)와 결합할 수 있는 것은 忠实이다.

두 번째 빈 칸	岁月 suìyuè 명 세월 瞬间 shùnjiān 명 순간, 눈 깜짝할 사이 光阴 guāngyīn 명 시간, 시절 刹那 chànà 명 찰나, 아주 짧은 시간, 순간

빈칸은 [관형어(那些你经历过的)+___]의 구조로 빈칸은 명사 자리이다. 보기 중 经历过的(경험한)가 꾸며줄 수 있는 명사는 岁月이다. 光阴은 주로 철학적 시간과 흘러간 세월, 인생 중 어떤 구간 등을 가리킬 때 사용한다.

세 번째 빈 칸	悲欢 bēihuān 명 비환(슬픔과 기쁨) 胜负 shèngfù 명 승패, 승부 成败 chéngbài 명 성패(성공과 실패) 苦乐 kǔlè 명 고락

빈칸은 [___+명사(感受和思考)]의 구조로 관형어 자리이다. 앞부분에서 사람들과 일들을 만나서 얻게 된 것을 가리키므로 悲欢이 가장 적합하다.

네 번째 빈 칸	转让 zhuǎnràng 통 (물건이나 권리를) 넘겨주다, 양도하다 贩卖 fànmài 통 사들였다가 판매하다 传送 chuánsòng 통 (물건 · 편지 · 소식 · 목소리 등을) 전달하여 보내다, 전송하다 转移 zhuǎnyí 통 옮기다, 이동하다

빈칸은 [부사어(无法)+___+보어(给任何人)]의 구조로 동사 술어 자리이다. 앞부분에서 '이것들은 모두 당신 개인만의 것이다'고 했으므로 '타인에게는 줄 수 없다'는 의미를 완성해야 한다. 따라서 转让이 들어가야 한다. 贩卖는 주로 도매를 나타내며, 转移는 转移话题(화제를 전환하다), 视线转移(시선이 이동하다) 등과 호응하여 방향, 위치, 관심 대상이 옮겨가다, 바뀐다는 뜻을 나타낸다.

다섯 번째 빈 칸	珍贵 zhēnguì 형 진귀하다, 보배롭고 귀중하다 辉煌 huīhuáng 형 휘황찬란하다, 눈부시다 难得 nándé 형 (귀한 물건 · 보배 · 기회 등을) 얻기 어렵다 永恒 yǒnghéng 형 영원히 변하지 않다, 영원하다, 항구하다

빈칸은 [정도부사(最)+___+的+명사(财富)]의 구조로 형용사 자리이다. 문맥상 '경험이 귀하다'는 뜻이므로 珍贵 또는 难得가 들어갈 수 있다.

어휘 遇到 yùdào 통 만나다, 마주치다 财富 cáifù 명 부, 재산

독해 제3부분

[풀이전략] 먼저 보기 문장에서 연결 단서(접속사/부사/대사/의문대사/핵심 키워드)가 있는지 찾는다. 지문 속 빈칸의 앞뒤 문맥을 파악하여, 보기 문장의 연결 단서가 연결되는 곳에 해당 보기 문장을 정답으로 고른다.

71-75

战国末期，秦国向魏国接连发动大规模的进攻，魏国无力抵抗，大片土地都被秦军占领了。公元前273年，秦国又一次发兵魏国，势头空前猛烈。(71) B 魏王把大臣们召来，愁眉苦脸地问大家是否有使秦国退兵的办法。大臣们由于经过多年的战乱，提起打仗就吓得哆嗦，(72) D 谁也不敢谈"抵抗"二字。在秦兵压境的危急时刻，多数大臣还和以往一样劝魏王把黄河以北和太行山以南的大片土地割给秦王求和。

谋士苏代听了这些大臣的话十分恼怒，忙上前对魏王说："大王，他们是因为自己胆小怕死，才让您去卖国求和，(73) A 根本不为国家着想。割地虽然能暂时让秦国不攻打我们，但秦国的野心绝不会就此得到满足，(74) E 只要魏国的土地没割完，秦军就肯定会再次出兵攻打我们。"说到这里，苏代讲了一个故事："从前有一个人，

전국 시기 말, 진나라는 위나라에 연이어 대규모 공격을 가하였다. 위나라는 저항할 힘이 없어 광활한 토지를 진나라 군대에 점령 당했다. B.C 273년, 진나라는 또 한 차례 위나라에 대규모 파병을 했는데 기세가 전에 없이 맹렬했다. (71) B 위나라 왕은 중신들을 소집하여 수심에 찬 얼굴로 모두에게 진나라가 군을 철수시킬 방법이 있는지 물었다. 중신들은 수년간 전란을 겪다 보니 전쟁 소리만 들어도 겁이나 벌벌 떨며, (72) D 아무도 '저항'이란 두 글자를 감히 꺼내지 못했다. 진나라 병사들이 국경까지 쳐들어 오는 위급한 순간에, 많은 중신들은 예전과 같이 위나라 왕에게 황하 이북과 태행산 이남의 넓은 토지를 진나라 왕에게 주어 화친을 맺을 것을 권했다.

책사인 쑤따이는 이러한 중신들의 말을 듣고는 분개하여 위나라 왕 앞에 나가 말했다. "왕이여, 저들은 자신의 죽음이 두려워 왕으로 하여금 나라를 팔아 화친할 것을 종용하는 것이고, (73) A 근본적으로 나라를 위한 생각을 하지 않습니다. 영토를 나누어 주면 비록 당분간은 진나라가 공격을 하지 않겠지만 진나라의 야욕은 절대로 이것으로 채워지지 않을 것입니다. (74) E 위나라의 영토를 다 나눠주지 않으면 진나라 군대는 틀림없이 또 다시 출병하여 우리를 칠 것입니다."

他的房子起火了，别人劝他快用水去浇灭大火，但他不听，偏要用柴草去灭火，最后火势越来越大，房屋被烧毁了。大王如果不起兵反抗，而是一直用魏国的土地去求和，这与抱着柴草救火又有何不同呢？” (75) C 尽管苏代讲得头头是道，但是胆小的魏王只顾眼前的太平，还是依大臣们的意见把魏国大片土地割让给秦国。到公元225年，秦军果然又向魏国大举进攻，包围了国都大梁，掘开黄河大堤让洪水淹没了大梁城，魏国最后被秦国灭掉了。	여기까지 말하자 쑤다이가 이야기 하나를 꺼냈다. “옛날에 어떤 사람이 있었습니다. 그의 집에 불이 나자 다른 사람이 그에게 얼른 물을 뿌려 큰 불을 끄라고 했지만, 그는 듣지 않고 기어코 장작과 건초로 불을 끄려고 했습니다. 결국 불길은 점점 더 거세져 집이 다 타버렸습니다. 대왕께서 만약 군사를 일으켜 대항하지 않고 위나라의 영토로 계속 화친하고자 하신다면 이것이 장작과 건초더미를 끌어 안고 불을 끄려 하는 것과 무엇이 다르겠습니까?” (75) C 비록 쑤따이는 구구절절 일리가 있는 말을 했으나 소심한 위나라 왕은 그저 눈앞의 평안만을 보고 중신들의 의견에 따라 엄청난 영토를 진나라에 내어 주었다. A.D 225년 진나라 군대는 아니나 다를까 또 위나라를 향해 대규모 공격을 해왔다. 수도인 따량을 포위하고 황하의 뚝을 뚫어 홍수를 일으켜 따량성을 수몰시켰다. 위나라는 결국 진나라에게 멸망 당했다.
A 根本不为国家着想 B 魏王把大臣们召来 C 尽管苏代讲得头头是道 D 谁也不敢谈“抵抗”二字 E 只要魏国的土地没割完	A 전혀 나라를 위한 생각을 하지 않고 있습니다 B 위나라 왕은 중신들을 소집하여 C 비록 쑤따이는 구구절절 일리가 있는 말을 했으나 D 아무도 '저항'이란 두 글자를 감히 꺼내지 못했다 E 위나라의 영토를 다 나눠주지 않으면

해설 **Step1 보기를 분석해서 연결 단서 찾기**

A **주어** + 根本不为 / 国家着想

→ 주어가 없는 문장으로, '주어'가 나라를 위해 생각하지 않는다는 내용이다.

B 魏王 / 把大臣们 / 召来

→ 주/술로 이루어진 문장으로, 위나라 왕이 신하들을 소집했다는 내용이다.

C 尽管苏代 / 讲得头头是道 + 但是……

→ 접속사 尽管(~에도 불구하고)이 있으므로 '尽管A, 但是B' 호응 관계를 이루는 문장을 찾는다.

D **두려움을 주는 상황** + 谁 / 也不敢谈 / "抵抗"二字

→ 谁也(누구도)를 이용해서 '저항'이라는 말을 감히 하지 못함을 강조하고 있으므로, 앞에는 사람들에게 두려움을 주는 상황이 올 수 있다.

E 只要魏国的土地 / 没割完 + 就……

→ 접속사 只要(~하기만 하면)가 있으므로 '只要A, 就B'의 호응 관계를 이루는 문장을 찾는다.

Step2 빈칸의 앞뒤 파악하여 알맞은 문장 넣기

★★☆ 하

71. 빈칸 뒤에 '수심이 가득하여 진나라 군을 철수시킬 방법을 물었다'고 했으므로, 물은 주체가 왕임을 알 수 있다. 또한 동작의 선후 관계상 소집 후 묻는 것이 논리적이므로 보기 B와 연결되는 것이 적합하다.

★★☆ 중

72. 빈칸 앞에 '수년간 전란을 겪어 겁을 먹었다'는 상황이 제시되었으므로 감히 '저항'이라는 단어를 꺼내지 못한다는 내용인 보기 D가 연결되는 문장이다.

★★☆ 중

73. 빈칸의 앞뒤로 책사가 진언을 하며 왕을 설득하는 상황이 펼쳐진다. 빈칸 앞의 他们(그들)에 대한 설명에서 '자신의 죽음이 두려워 왕에게 나라를 팔아 화친할 것을 종용한다'고 했으므로 보기 A의 내용이 연결된다. 즉, 빈칸에는 의미상 일신의 안위를 위해 나라를 생각하지 않는 신하들을 비판하는 내용인 보기 A가 들어가야 한다.

★★★ 하

74. 빈칸 뒷문장에 부사 就가 있으므로 보기 E와 '只要A, 就B(A하기만 하면 B하다)'의 호응 관계를 이룬다는 것을 알 수 있다. 의미상으로도 위나라의 영토를 다 나눠주지 않으면 또다시 우리를 칠 것이라는 내용이 자연스럽게 연결된다.

★★★ 하

75. 빈칸의 뒷문장에 접속사 但是(그러나)가 있으므로 '尽管A, 但是B(A에도 불구하고 B하다)'의 호응 관계를 이루도록 보기 C가 들어가야 한다. 의미상으로도 쑤따이는 일리있는 말을 했지만 소심한 위나라 왕이 말을 듣지 않았다는 내용이 자연스럽게 연결된다.

어휘 秦国 Qínguó 명 진나라 魏国 Wèiguó 명 위나라 接连 jiēlián 부 연속하여, 잇달아 发动 fādòng 동 개시하다, 개시하게 하다 进攻 jìngōng 동 진격하다, 공격하다 抵抗 dǐkàng 명 동 저항(하다), 대항(하다) 占领 zhànlǐng 동 점령하다 猛烈 měngliè 부 급격히, 맹렬히 大臣 dàchén 명 대신, 중신 愁眉苦脸 chóu méi kǔ liǎn 성 오만상을 찌푸리다, 수심에 찬 얼굴 打仗 dǎzhàng 동 전쟁하다, 싸우다 哆嗦 duōsuō 동 부들부들 떨다 压境 yājìng 동 적군이 국경까지 접근하다(쳐들어오다) 求和 qiúhé 동 화친하다 割 gē 동 떼어 내다, 분할하다 谋士 móushì 명 책사, 모사 恼怒 nǎonù 동 성내다, 노하다 胆小怕死 dǎn xiǎo pà sǐ 배짱이 없고 죽음을 두려워하다 野心 yěxīn 명 야망, 야욕 灭火 mièhuǒ 동 소화하다, 불을 끄다 反抗 fǎnkàng 명 동 반항(하다) 图 tú 동 계획하다, 도모하다 掘 jué 동 파다 堤 dī 명 뚝, 제방 洪水 hóngshuǐ 명 홍수 淹没 yānmò 동 물에 잠기다 着想 zhuóxiǎng 동 염두하다, 고려하다 头头是道 tóu tóu shì dào 성 말이나 행동이 하나하나 사리에 들어맞다

76-80

所谓"剧透"指的是自己先看完了某个影视剧以后，将剧情内容和结局告诉其他人。其实剧透被许多人深恶痛绝，居然有很多人喜欢做这种令人"讨厌"的事。

这是因为剧透者能收获某种心理满足。首先，从心理学的角度来看，每个人都有被人关注的渴望，有些人希望通过透露剧情这种方式来吸引他人注意，(76) D 并从中得到足够的满足。

其次，获得信息的优越感。"我知道你不知道的事"，这种想法会让人产生优越感，尤其是看到对方的反应时，(77) E 无论对方是兴趣盎然还是哑口无言，都会激发剧透者的成就感，这也是人类最原始、最基本的欲望之一。

这些心理满足感让一些人欲罢不能，甚至因此把剧透当成了一种习惯。可相对来说，(78) B 一部分被剧透者却饱受煎熬——在无剧透的观影过程中，观众能按照情节发展将自己带入到剧情中，从而收获观剧的乐趣，可一旦被剧透，(79) A 这种乐趣便荡然无存。从这个角度看，剧透是对观影体验的谋杀。而另外一种解释是，剧透能让人更容易跟上剧情变化。有些研究发现，人们更乐于欣赏那些易于理解的事物，"被剧透"扫清了对剧情的理解障碍，人们反而能获得其他的乐趣。由此看来，(80) C 剧透并非一无是处。

소위 '스포일링'이란 자신이 먼저 어떤 영화나 드라마를 본 후 극의 내용과 결말을 다른 사람에게 알려주는 것을 말한다. 사실 많은 사람들이 스포일링을 극도로 싫어하지만, 뜻밖에도 많은 이들이 사람들이 '싫어하는' 이 일을 즐긴다.

그 이유는 스포일러가 어떤 심리적인 만족을 얻기 때문이다. 우선, 심리학적인 측면에서 보면, 모든 사람들은 다 주목 받고자 하는 갈망이 있는데, 어떤 사람들은 극의 줄거리를 폭로하는 방식을 통해서 타인의 주의를 끌고, (76) D 그 속에서 충분한 만족감을 얻는다.

다음으로는 정보를 얻었다는 우월감이다. '나는 네가 모르는 것을 알고 있다'라는 생각은 사람에게 우월감이 생기게 하며, 특히 다른 사람의 반응을 볼 때, (77) E 상대방이 흥미진진해하거나 말문이 막히는 것에 관계없이 스포일러의 성취감을 마구 불러일으킬 수 있는데, 이것도 가장 원시적이고 가장 기본적인 인간의 욕망 가운데 하나이다.

이러한 심리적 만족감은 사람을 그만두지 못하게 만들고 심지어 스포일링을 습관이 되게 한다. 하지만 상대적으로, (78) B 스포일링을 당하는 일부 사람들은 오히려 고통을 겪는다. 스포 없이 영화를 관람하면 관객은 이야기의 진행에 따라 자신을 스토리 속으로 빠져들게 해 극을 보는 즐거움을 얻을 수 있다. 하지만 일단 스포 일링을 당하게 되면, (79) A 이러한 즐거움은 흔적도 없이 전부 사라지게 된다. 이러한 측면에서 보면 스포일링은 관람의 '살인자'다. 반면 또 다른 해석은 스포일링이 극의 변화를 더 잘 따라잡을 수 있도록 해 준다는 것인데, 어떤 연구에서 다음과 같은 사실을 발견했다. 사람들이 쉽게 이해할 수 있는 것을 감상하길 더 즐기기 때문에 '스포일링을 당하는 것'이 스토리 이해에 걸림돌을 깨끗이 없애서 사람들이 오히려 다른 즐거움을 얻을 수 있다는 것이다. 이렇게 보면, (80) C 스포일링이 좋은 점이 꼭 하나도 없는 것은 아니다.

A 这种乐趣便荡然无存	A 이러한 즐거움은 흔적도 없이 전부 사라지게 된다
B 一部分被剧透者却饱受煎熬	B 스포일링을 당하는 일부 사람들은 오히려 고통을 겪는다
C 剧透并非一无是处	C 스포일링이 좋은 점이 꼭 하나도 없는 것은 아니다
D 并从中得到足够的满足	D 그 속에서 충분한 만족감을 얻는다
E 无论对方是兴趣盎然还是哑口无言	E 상대방이 흥미진진해 하거나 말문이 막히는 것에 관계없이

해설 **Step1 보기를 분석해서 연결 단서 찾기**

A 즐거움에 관한 내용 + 这种乐趣 / 便荡然无存

→ 这种乐趣(이러한 즐거움)가 있으므로 앞에 乐趣(즐거움)에 관한 내용이 와야 한다.

B 반대되는 내용 + 一部分 / 被剧透者却 / 饱受 / 煎熬

→ 부사 却(그러나)가 있으므로 앞에 이와 반대되는 내용이 와야 한다.

C 剧透 / 并非 / 一无是处

→ 주/술/목으로 이루어진 문장으로 '스포일링이 장점이 하나도 없는 것은 아니다'는 내용이다.

D 병렬관계인 문장 + 并从中得到 / 足够的满足

→ 접속사 并(그리고)이 있으므로 병렬 관계를 이룰 수 있는 앞문장을 찾고, 또한 从中(그로부터)이 구체적으로 지칭하는 것을 찾는다.

E 无论对方是兴趣盎然还是哑口无言 + 都……

→ 접속사 无论(~을 막론하고)은 '无论A都B'의 호응 관계를 이루므로 뒷절에 부사 都가 있는 곳을 찾는다.

Step2 빈칸의 앞뒤 파악하여 알맞은 문장 넣기

★★★ 중

76. 빈칸 앞부분에서 '폭로하는 방식을 통해 타인의 주의를 끈다'고 했으므로 보기 D의 从中得到足够的满足에서 从中(그 속에서) 해당하는 내용임을 알 수 있다. 따라서 D가 연결되는 문장이다.

★★★ 하

77. 빈칸 뒷부분에 부사 都(모두)가 있으므로 접속사 无论(~을 막론하고)으로 시작하는 보기 E와 호응 관계로 연결된다. 또한 의미상으로도 상대방의 반응에 관계없이 스포일러가 성취감을 준다는 내용이므로 서로 연결된다.

★★☆ 중

78. 빈칸 앞부분에서 심리적 만족감이 스포일링을 습관이 되게 한다고 하며 스포일링을 하는 사람에 대해 설명했다. 그리고 이어서 可相对来说(하지만 상대적으로)가 빈칸 앞절에 제시되었으므로 빈칸은 이와 스포일링을 받는 사람에 관한 내용이 와야 한다. 보기 B가 스포일링으로 고통받는 사람들에 대한 내용이므로 연결되는 문장이다.

★★★ 하

79. 빈칸 앞부분에 乐趣(즐거움)가 등장하므로 这种乐趣(이러한 즐거움)로 시작하는 보기 A가 연결되는 문장이다.

★★★ 하

80. 빈칸 앞에 由此看来(이렇게 보면)가 있으므로 결론적인 내용이 와야 한다. 네 번째 단락에서 스포일링의 폐해와 장점을 모두 언급했으므로 보기 C가 들어가야 한다.

어휘 剧透 jùtòu 동 스포일하다 深恶痛绝 shēn wù tòng jué 성 극도로 미워하다, 원한과 증오가 극에 달하다 渴望 kěwàng 명 동 갈망(하다) 优越感 yōuyuègǎn 명 우월감 透露 tòulù 동 넌지시드러내다, 시사하다 激发 jīfā 동 감정을 불러일으키다, 끓어오르게 하다 欲罢不能 yù bà bù néng 성 그만두려 해도 그만둘 수 없다 煎熬 jiān'áo 동 마음을 졸이다 谋杀 móushā 동 모략을 꾸며 죽이다 扫清 sǎoqīng 동 쓸어서 깨끗이하다 障碍 zhàng'ài 명 장애, 방해 一无是处 yī wú shì chù 성 하나도 옳은 곳이 없다, 맞는 것이 하나도 없다 荡然无存 dàng rán wú cún 성 깡그리 사라지다, 하나도 남아 있지 않다 盎然 àngrán 형 기분이나 흥미 등이 넘쳐 흐르는 모양 哑口 yǎkǒu 동 입을 다물다, 말을 하지 않다

독해 제4부분

[풀이전략] 한 지문에 출제되는 4개 문제의 핵심 키워드를 파악한다. 지문에서 각 문제의 핵심 키워드가 등장한 부분을 찾아 문제의 보기와 대조한 뒤 질문에 알맞은 정답을 고른다.

81-84

81流星体是太阳系内颗粒状的碎片，其尺度可以小至沙尘，大至巨砾；更大的则被称为小行星，更小的则被称为星际尘埃。它们绕着太阳运动，84质量一般小于百吨，大多数流星体只是很小的固体颗粒。

有些流星体单独绕太阳公转；有些流星体成群地沿着相似的轨道公转，只是路过近日点的时间不同。

82流星体运行过程中经过地球附近时，地球的引力会影响它们，使它们以高速闯入地球大气层，在与大气摩擦的过程中动能转化为热能，流星体会烧蚀发光。因为绝大多数的流星都只是由沙子到谷粒大小的颗粒组成的，所以多数可以看见的光都来自于流星体被蒸发的原子和大气层内的成分碰撞时电子所释放的能量。几乎人人都见过这种现象：晴朗的夜晚，蓦地一条明亮的光芒划破夜幕。

天文学家们根据观测指出，每天大约有1亿个流星击中地球。流星分为两类：一类为偶发流星，它们出现的方位和地区是完全随机的，出现的时间更是难以预料，一般情况下，一个人凭肉眼在一夜之内能看见大约10颗左右的偶发流星。83另一类为流星群。它们常常成群出现，且有十分明显的规律性，出现在大致固定的日期、同样的天区范围，这就是我们通常所说的流星雨。

81유성체는 태양계 내의 알갱이 모양의 작은 조각들로, 크기가 작은 것은 모래 알갱이 만하고 큰 것은 큰 바위 만하기도 하다. 이보다 더 큰 것은 소행성이라고 불리우며, 더 작은 것은 성간 먼지라고 불리운다. 그들은 태양 주위를 운행하며, 84질량은 일반적으로 100톤보다는 작고, 대다수 유성체는 아주 작은 고체 알갱이다.

어떤 유성체들은 홀로 태양을 중심에 두고 공전하고 어떤 유성체들은 무리를 지어 비슷한 궤도를 따라 공전을 하는데 다만 근일점을 지나가는 시기만 다르다.

82유성체는 운행 과정에서 지구 근처를 지날 때, 지구 인력의 영향으로 고속으로 지구 대기권에 돌입하게 되는데, 대기와의 마찰 과정에서 운동 에너지를 열 에너지로 전환시켜 타오르며 빛을 낸다. 대다수의 유성체들이 그저 모래 알갱이에서 곡립 정도의 알갱이로 구성된 것이라 대부분 눈에 보이는 빛은 모두 유성체의 증발된 원자 및 대기층 내의 성분과 충돌할 때 전자가 방출하는 에너지로부터 기인한다. 쾌청한 날 밤 돌연 밤의 장막을 긋는 한 가닥 환한 빛줄기는 거의 모든 사람들이 본 적이 있다.

천문학자들은 관측을 근거로 다음과 같이 지적했다. 매일 대략 1억 개의 유성이 지구와 충돌한다. 유성체는 두 가지로 분류하여, 한 타입은 분산 별똥으로 그들이 출현하는 위치와 지역은 무작위라서 출현하는 시간을 더 예상하기 어렵다. 일반적으로 육안으로는 하룻밤 동안 대략 10개 정도의 분산 별똥을 볼 수 있다. 83다른 한 타입은 유성군이다. 그들은 종종 무리를 지어 출현하며 매우 분명한 규칙성을 지녀 대체적으로 고정적인 날짜, 같은 천구의 범위에서 출현한다. 이것이 우리가 흔히 말하는 유성우이다.

어휘 颗粒 kēlì 명 알, 과립　巨砾 jùlì 명 거력 [광물]　烧蚀 shāoshí 융제 [대기권으로 다시 들어올 때 발생하는 고온 현상]　星际尘埃 xīngjì chén'āi 성간 먼지　沿着 yánzhe ~을 따라서　轨道 guǐdào 명 궤도　近日点 jìnrìdiǎn 명 근일점　闯入 chuǎngrù 동 돌입하다, 느닷없이 뛰어들다　摩擦 mócā 명 동 마찰(하다)　谷粒 gǔlì 명 낟알　蒸发 zhēngfā 동 증발하다　碰撞 pèngzhuàng 동 충돌하다　释放 shìfàng 동 석방하다, 방출하다　晴朗 qínglǎng 형 구름 한 점 없이 쾌청하다　蓦地 mòdì 부 갑자기, 돌연히　光芒 guāngmáng 명 빛살, 빛　划破 huápò 동 그어 찢다, 째다　夜幕 yèmù 명 밤의 장막, 땅거미　天文学 tiānwénxué 명 천문학　观测 guāncè 명 동 (천문 · 지리 · 기상 · 방향을) 관측(하다)　击中 jīzhòng 동 명중하다　偶发流星 ǒufā liúxīng 분산 별똥(sporadic meteors)

실전모의고사 5

★★★ 중

81 第1段主要讲了什么内容？	첫 번째 단락에서 주로 어떤 내용을 말했는가?
A 流星体与彗星的区别 **B 流星体的定义** C 流星体的公转特征 D 流星体的运行规律	A 유성체와 혜성의 차이점 **B 유성체의 정의** C 유성체의 공전 특징 D 유성체의 운행 규칙

해설 첫 번째 단락의 중심 내용을 묻고 있다. 단락의 시작 부분에서 流星体是太阳系内颗粒状的碎片(유성체는 태양계 내의 알갱이 모양의 작은 조각들이다)이라고 했고 이어서 유성체의 크기와 또다른 이름, 운행하는 위치, 질량에 대해 설명하고 있으므로 알맞은 정답은 B이다.

★★☆ 하

82 流星体为什么会闯入地球大气层？	유성체는 왜 지구 대기권에 돌입하게 되는가?
A 脱离公转轨道 **B 受地球引力影响** C 受太空垃圾影响 D 受到太阳风暴的影响	A 공전 궤도를 벗어난다 **B 지구 인력의 영향을 받는다** C 우주 쓰레기의 영향을 받는다 D 태양풍의 영향을 받는다

해설 질문의 키워드 闯入地球大气层(지구 대기권에 돌입하다)가 언급된 세 번째 단락에서 流星体运行过程中经过地球附近时，地球的引力会影响它们，使它们以高速闯入地球大气层(유성체는 운행 과정에서 지구 근처를 지날 때, 지구 인력의 영향으로 고속으로 지구 대기권에 돌입하게 된다)이라고 했다. 지구 인력의 영향으로 지구 대기권에 돌입한다는 내용이므로 정답은 B이다.

어휘 脱离 tuōlí 동 이탈하다, 떠나다

★★☆ 중

83 关于流星雨正确是：	유성우에 관하여 옳은 것은?
A 一夜内肉眼可看到10颗 B 出现的方位是随机的 **C 在一定时间就会发生** D 出现的时间不可预测	A 하룻밤 새 육안으로 10개까지 볼 수 있다 B 출현하는 방향이 무작위이다 **C 일정한 시간에 발생한다** D 출현하는 시간은 예측이 불가능하다

해설 질문의 키워드 流星雨(유성우)가 언급된 마지막 단락에서 키워드의 앞부분에 另一类为流星群。它们常常成群出现，且有十分明显的规律性，出现在大致固定的日期、同样的天区范围，这就是我们通常所说的流星雨(다른 한 타입은 유성군이다. 그들은 종종 무리를 지어 출현하며 매우 분명한 규칙성을 지녀 대체적으로 고정적인 날짜, 같은 천구의 범위에서 출현한다. 이것이 우리가 흔히 말하는 유성우이다)라고 했다. 유성우가 고정적인 날짜, 동일한 천구에서 출현한다고 했으므로 옳은 내용은 C이다.

★★★ 하

84 根据上文，下列哪项正确？	본문을 토대로, 다음 중 옳은 것은?

A 偶发流星出现在固定的天区	A 분산 별똥은 고정적인 천구에서 출현한다
B 流星雨的出现没有规律	B 유성우의 출현은 규칙이 없다
C 流星体将太阳能转化为动能	C 유성체는 태양 에너지를 운동 에너지로 전환한다
D 流星体的质量一般在百吨以内	**D 유성체의 질량은 일반적으로 100톤 이내이다**

해설 보기의 키워드로 A는 固定的天区(고정적인 천구), B는 没有规律(규칙이 없다), C는 太阳能(태양 에너지), D는 质量(질량)을 삼고 지문과 대조한다. 첫 번째 단락에서 보기 D의 키워드가 언급된 부분에서 质量一般小于百吨，大多数流星体只是很小的固体颗粒(질량은 일반적으로 100톤보다는 작고, 대다수 유성체는 아주 작은 고체 알갱이다)라고 했으므로 옳은 내용은 D이다.

85-88

88人们常说的长城，其实是北方的万里长城，也就是“中国万里长城”。“万里长城”顾名思义，全长达1万里，西起临洮（今甘肃张掖）、东至辽东（今辽宁），是秦朝时期大将蒙恬北征匈奴后（公元前221年）开始修建的。然而，古建筑专家罗哲文经过多番实地考察研究后，85于2000年4月最终确定，史籍中记载的“南方长城”正是位于湖南凤凰县的“苗疆边墙”，它从明嘉靖十三年（1554年）开始修建，此后各朝均有填补。	88사람들이 흔히 말하는 장성이란 사실 북방의 만리장성으로, ‘중국 만리장성’이다. ‘만리장성’은 글자 그대로, 전체 길이가 1만 리에 달하여, 서쪽으로는 린타오현(오늘날의 간쑤성 장예)에서 시작하여, 동쪽으로는 랴오뚱(오늘날의 요녕)에 이르며, 진 나라 시기 대장군 멍티엔이 북벌하여 흉노족을 친 후(B.C 221년) 건설하기 시작한 것이다. 하지만, 고(古)건축전문가 뤄저원은 수차례 현지를 시찰하여 연구한 후, 85 2000년 4월에 최종적으로 다음을 확정하였다. 사적에 기록된 ‘남방장성’은 바로 후난 펑황현에 위치한 ‘미아오지앙삐엔치앙’으로, 명 나라 가정 13년(1554년)에 건설을 시작하여 이후 각 조대에 걸쳐 보완되었다.
86“长城”只是为了统治稳定而建。明朝时，湘黔地区的苗人分为“熟苗”及“生苗”，熟苗与汉人来往较多，生苗则不愿服从朝廷管辖，常常起兵叛乱。朝廷为加强边境制安管理，遂在湖南修筑起高高的边墙，将熟苗与生苗人为地分隔开来，这就是现在的“南方长城”。	86‘장성’은 단지 통치 안정을 위해서 건설한 것이다. 명나라 시기, 후난―구이저우성 지역의 묘족인들은 ‘슈미아오’와 ‘셩미아오’로 나뉘었는데, 슈미아오는 한족과 왕래가 비교적 빈번하였고, 셩미아오는 조정의 관할에 복종하길 원하지 않아 자주 군사를 일으켜 반란을 꾀하였다. 조정에서는 변경의 치안 관리를 강화하고자 후난에 아주 높은 삐엔치앙을 축조하여, 슈미아오와 셩미아오를 인위적으로 갈라놓았다. 이것이 지금의 ‘남방장성’이다.
然而，“南方长城”的修建却是利弊并存。87南方长城使苗疆的生存环境和状态都发生了改变，阻碍了苗族与各民族之间的交往、融合与发展，进而导致了湘西的落后和贫穷。但是客观上来说，它又为苗民的安全及安宁提供了保障，苗族的古老文化也更是因此才得以保存。现在，南方长城的历史使命早已完成，如今人们知道的“南方长城”也只是一个颇富有特色的旅游点而已。	그러나, ‘남방장성’의 축조는 이로움과 폐단이 함께 공존하였다. 87 남방장성은 미아오지앙의 생존 환경과 상태를 모두 바꾸어 묘족과 각 민족 간의 교류, 융합 그리고 발전을 가로막았고 더 나아가 상서지역(후난성 서부 지역)의 낙후와 빈곤을 초래하였다. 하지만 객관적으로 말하자면, 이것은 묘족의 안전과 안녕을 지켜주었으며 묘족의 오랜 문화 역시 이로 인해 비로소 보존될 수 있었다. 현재, 남방장성의 역사적 사명은 이미 완수되어 오늘날 사람들이 알고 있는 ‘남방장성’은 단순히 특색 넘치는 관광지일 뿐이다.

어휘 顾名思义 gù míng sī yì 성 이름을 보고 그 뜻을 생각하다, 이름 그대로이다 秦朝 Qíncháo 명 진나라 匈奴 Xiōngnú 명 흉노족 史籍 shǐjí 명 사적, 역사책 记载 jìzǎi 명 동 기재(하다), 기록(하다) 嘉靖 Jiājìng 가정 [명대(明代) 세종(世宗)의 연호(1522~1566)] 填补 tiánbǔ 동 빈 부분이나 모자란 곳을 메우다, 보충하다 湘 Xiāng 지명 후난(湖南)성의 다른 이름 黔 Qián 지명 구이저우(貴州) 성의 다른 이름 管辖 guǎnxiá 명 동 관할(하다) 起兵 qǐbīng 동 군대를 일으키다 叛乱 pànluàn 명 동 반란(을 일으키다) 分隔 fēngé 동 갈라놓다, 사이를 두다 利弊 lìbì 명 이로움과 폐단 并存 bìngcún 동 병존하다, 함께 존재하다 阻碍 zǔ'ài 동 방해하다 融合 rónghé 동 융합하다, 마음을 탁 터놓다 颇 pō 부 자못, 꽤, 상당히

★★☆ 중

85 关于南方长城，下列哪项正确？	남방장성에 관하여, 다음 중 옳은 것은?
A 全长一万里 **B 始建于明朝** C 是秦王主张修建的 D 是蒙恬发现的	A 총 길이가 1만 리이다 **B 명 나라 때 건설을 시작했다** C 진나라 왕이 건축을 하자고 주장했다 D 멍티엔이 발견했다

해설 남방장성에 관해 옳은 내용을 묻고 있다. 첫 번째 단락에서 于2000年4月最终确定，史籍中记载的"南方长城"……它从明嘉靖十三年(1554年)开始修建(2000년 4월에 최종적으로 다음을 확정하였다. 사적에 기록된 '남방장성'은 바로 후난 펑황현에 위치한 '미아오지앙삐엔치앙'으로, 명 나라 가정 13년(1554년)에 건설을 시작했다)이라고 했으므로 명나라 때 건설을 시작했음을 알 수 있다. 따라서 옳은 내용은 B이다.

★★☆ 중

86 第二段说明了南方长城：	두 번째 단락은 남방장성의 무엇을 설명했는가?
A 特殊的地理位置 B 修建的目的 C 历经了很多朝代 **D 解决了苗族的内部矛盾**	A 특수한 지리적 위치 B 건설 목적 C 수많은 조대를 거쳤다 **D 묘족의 내부 갈등을 해결했다**

해설 두 번째 단락이 남방장성의 무엇을 설명하는지 묻고 있다. 단락의 시작 부분에서 "长城"只是为了统治稳定而建('장성'은 단지 통치 안정을 위해서 건설한 것이다)이라고 했고 이어서 치안과 관리를 강화하기 위해 셩미아오와 슈미아오를 인위적을 갈라놓았다고 했으므로 알맞은 정답은 D이다.

★★☆ 하

87 南方长城的弊端在于：	남방장성의 폐단은 어디에 있는가?
A 耗费了大量的人力 B 使明朝经济发展落后 C 对苗族传统文化产生了冲击 **D 阻碍了苗族与各民族间的交流**	A 대량의 인력을 소모했다 B 명 왕조의 경제 발전을 낙후시켰다 C 묘족의 전통 문화에 타격을 주었다 **D 묘족과 각 민족 간의 교류를 막았다**

해설 질문에서 남방장성의 폐단을 묻고 있다. 세 번째 단락에서 利弊(이로움과 폐단) 이후로 南方长城使苗疆的生存环境和状态都发生了改变，阻碍了苗族与各民族之间的交往、融合与发展(남방장성은 미아오지앙의 생존 환경과 상태를 모두 바꾸어 묘족과 각 민족 간의 교류, 융합 그리고 발전을 가로막았다)이라고 했으므로 남방장성이 묘족과 각 민족 간의 교류를 가로막았음을 알 수 있다. 따라서 정답은 D이다.

★★☆ 하

88 根据上文，下列哪项正确？	본문을 통해, 다음 중 옳은 것은?

A 北方长城历史更悠久	**A 북방장성의 역사가 더 유구하다**
B “生苗”已被汉化	B '성미아오'는 이미 한화(汉化) 되었다
C 建南方长城的初衷是为观赏	C 남방장성의 건축의 처음 목적은 관상용이었다
D “熟苗”经常起兵叛乱	D '슈미아오'가 자주 군대를 일으켜 반란을 꾀하였다

해설 보기의 키워드로 A는 北方长城历史(북방장성의 역사), B는 汉化(한화), C는 观赏(관상용), D는 起兵叛乱(반란을 꾀하다)을 삼고 지문과 대조한다. 첫 번째 단락의 人们常说的长城，其实是北方的万里长城，也就是“中国万里长城”(사람들이 흔히 말하는 장성이란 사실 북방의 만리장성으로, '중국 만리장성'이다)과 是秦朝时期大将蒙恬北征匈奴后(公元前221年)开始修建的(진나라 시기 대장군 멍티엔이 북벌하여 흉노족을 친 후(B.C 221년) 건설하기 시작한 것이다)를 통해 북방 만리장성이 남방장성(1554년)보다 더 역사가 오래되었음을 알 수 있으므로 정답은 A이다.

어휘 汉化 Hànhuà 동 중국 문화에 동화되다 [한족의 언어 · 문화 · 풍속 · 습관에 융합되는 것]

89-92

人们通常认为鱼的大脑体积小，构造也很简单，因此，学习和记忆的能力非常差，更不会有像人类一样的情感，89但是最近西班牙研究人员发现，斑马鱼在受到压力时会出现体温升高的现象，这种现象被称为“情感发烧”，这与动物们感知外部刺激有关系。

到目前为止，我们可以在哺乳动物、鸟类以及一些爬行动物身上观察到情感发烧现象，但在鱼类中从未发现过这种现象。因此，鱼类一直被认为是一种低水平感知动物。

然而，这个实验颠覆了人们以往的观点。研究人员将72条斑马鱼分为两组，每组36条，把它们都放置在一个大水槽中。这个水槽是由很多相通的部分组成，且每个部分的温度都不同，从18-35摄氏度不等。先将其中一组不受外界干扰的斑马鱼，也叫对照组，这些斑马鱼倾向于选择呆在28 摄氏度的地方；另一组斑马鱼先被放在一个网中，然后置于27摄氏度的地方15分钟，使其受到外界压力，之后将它们释放出来。通过实验可以发现，对照组的斑马鱼主要呆在28摄氏度的部分，而受到外界压力的另一组斑马鱼更倾向于呆在温度较高的部分，不仅如此，90它们的体温也随之增加了2-4摄氏度。研究人员指出，这个证据说明这些鱼是有情感发烧的现象的。

91这个实验表明，鱼类也至少是拥有一定程度的意识和感知能力的。最重要的是，这一发现也影响我们对脊椎动物的情感和意识能力进化的理解。

사람들은 보통 물고기의 대뇌의 부피가 작고 구조도 간단해서 학습 능력과 기억력이 매우 떨어지고, 더욱이 인간처럼 감정을 가질 수 없다고 생각한다. 89하지만 최근 스페인의 연구자들은 제브라 다니오가 스트레스를 받으면 체온 상승이 발생함을 발견했다. 이러한 현상을 '심인성 발열'이라고 하는데 이것은 동물이 외부 자극을 감지하는 것과 관련이 있다.

현재까지 우리는 포유동물, 조류 및 몇몇 파충류에게서 심인성 발열 현상을 발견했지만, 어류에게서는 여태껏 이러한 현상을 발견한 적이 없었다. 이 때문에, 어류는 줄곧 감지 능력이 낮은 동물이라고 여겨졌다.

하지만 이 실험으로 사람들의 기존의 관점이 뒤집혔다. 연구진은 72마리 제브라 다니오를 각 조 당 36마리씩 2개 조로 나누어 그들을 커다란 수조에 넣었다. 이 수조는 여러 개의 서로 통하는 부분으로 이루어져 있으며 각 부분의 온도는 섭씨 18도에서 35도에 이르기까지 다 달랐다. 우선 그 중 1개 조는 외부의 간섭을 받지 않은 제브라 다니오로 대조군으로 불렀다. 이들은 섭씨 28도씨의 지역을 선택해 머무는 경향이 있었다. 또 다른 한 개 조의 제브라 다니오는 우선 그물에 넣어 섭씨 27도의 지역에 15분간 두고 외부 스트레스를 받게 한 뒤 풀어 주었다. 실험을 통해 대조군의 제브라 다니오는 주로 섭씨 28도 부분에 머무는 반면, 외부 스트레스를 받은 다른 한 개 조의 제브라 다니오는 비교적 더 온도가 높은 부분에 머물기를 선호했다. 이뿐 아니라, 90체온 역시 그에 따라 섭씨 2~4도가 증가했다. 연구진들은 이것이 이들 물고기가 심인성 발열 현상을 가지고 있음을 증명한다고 지적했다.

91이 실험은 어류 역시 최소한 어느 정도의 의식과 감지 능력이 있음을 시사했다. 가장 중요한 것은 이 발견 역시 척추 동물의 감정과 의식 능력의 진화에 대한 우리의 이해에 영향을 준다는 것이다.

어휘 构造 gòuzào 명 구조　斑马鱼 Bānmǎyú 제브라 다니오(Zebra fish)　情感发烧 qínggǎn fāshāo 심인성 발열 [심적 요인인 스트레스가 체온을 올리는 현상]　哺乳动物 bǔrǔ dòngwù 명 포유동물　爬行动物 páxíng dòngwù 명 파충류　颠覆 diānfù 동 전복하다　放置 fàngzhì 동 방치하다, 그대로 버려두다　水槽 shuǐcáo 명 물탱크, 수조　干扰 gānrǎo 명 동 교란(시키다), 방해(하다)　倾向 qīngxiàng 동 기울다, 치우치다　释放 shìfàng 동 석방하다, 방출하다

★★☆ 하

89 人类是怎么知道鱼类有情感发烧的？	인류는 어류가 '심인성 발열'이 있음을 어떻게 알게 되었나?
A 通过推理得出的 B 因为哺乳动物也有 C 科学家自己认为的 **D 通过实验发现的**	A 추리를 통해 얻었다 B 포유동물도 있기 때문에 C 과학자들이 그렇게 생각한다 **D 실험을 통해 발견했다**

해설 질문의 키워드 情感发烧(심인성 발열)가 언급된 첫 번째 단락에서 但是最近西班牙研究人员发现，斑马鱼在受到压力时会出现体温升高的现象，这种现象被称为"情感发烧"(하지만 최근 스페인의 연구자들은 제브라 다니오가 스트레스를 받으면 체온 상승이 발생함을 발견했다. 이러한 현상을 '심인성 발열'이라고 한다)라고 했다. 스페인의 연구자들이 이러한 현상을 발견했다고 했으므로 알맞은 정답은 D이다.

★★★ 하

90 根据第3段，下列哪项是正确的？	3번째 단락을 토대로 다음 중 옳은 것은?
A 两组斑马鱼都反应激烈 **B 第二组斑马鱼体温升高了** C 斑马鱼都喜欢28度以上的水温 D 每组里都有72条斑马鱼	A 두 개 조의 제브라 다니오 모두 반응이 격렬했다 **B 두 번째 조의 제브라 다니오의 체온이 상승했다** C 제브라 다니오는 모두 28도 이상의 수온을 좋아한다 D 모든 조에 72마리의 제브라 다니오가 있다

해설 세 번째 단락의 내용으로 옳은 것을 묻는 문제이다. 또 다른 한 개 조의 제브라 다니오를 실험하여 它们的体温也随之增加了2-4摄氏度(체온 역시 그에 따라 섭씨 2~4도가 증가했다)라고 했으므로 두 번째 조의 제브라 다니오의 체온이 증가했음을 알 수 있다. 따라서 옳은 내용은 B이다.

★★★ 하

91 最后一段想说明什么？	마지막 단락에서 설명하고자 하는 것은 무엇인가?
A 鱼类有感知能力 B 脊椎动物感知能力差 C 鱼类没有情感发烧现象 D 鱼类记性好	**A 어류는 감지 능력을 지니고 있다** B 척추 동물의 감지 능력이 떨어진다 C 어류는 심인성 발열 현상이 없다 D 어류는 기억력이 좋다

해설 마지막 단락에서 这个实验表明，鱼类也至少是拥有一定程度的意识和感知能力的(이 실험은 어류 역시 최소한 어느 정도의 의식과 감지 능력이 있음을 시사했다)라고 했으므로 어류도 최소한의 의식과 감지 능력이 있음을 알 수 있다. 따라서 알맞은 정답은 A이다.

★★☆ 하

92 根据上文，哪项正确？	본문을 토대로 다음 중 옳은 것은?

A 只有哺乳动物有感情	A 포유 동물만 감정이 있다
B 鱼类的大脑十分发达	B 어류의 대뇌는 매우 발달했다
C 斑马鱼也有感知能力	**C 제브라 다니오 역시 감지 능력이 있다**
D 爬行动物的体温一直下降	D 파충류의 체온은 계속 떨어진다

해설 보기의 키워드로 A는 感情(감정), B는 鱼类的大脑(어류의 대뇌), C는 感知能力(감지 능력), D는 爬行动物(파충류)를 삼고 지문과 대조한다. 기존의 인식은 어류가 감지 능력이 매우 낮다는 것이었지만 스페인의 연구진들을 통해 제브라 다니오에게 심인성 발열 현상이 나타나고 이것은 외부 자극을 감지하는 것이라고 했으므로 옳은 내용은 C이다.

93-96

荧光棒和夜光表被广泛使用，可它们的工作原理却鲜为人知。其实，荧光棒和夜光表是由一种叫发光粉的物质制成的，它包含了硫化锌、硫化钙、硅酸锌以及磷酸等多种物质，这些物质都有一种特性，就是当接受光能和其它形式的能量时，自身成分会出现不稳定状态，93在从这种不稳定的状态回归稳定的过程中会将多余的能量转化成光波的形式释放出来。这种光跟萤火虫一闪一闪的黄绿光很相像，因此称之为荧光。

不过，这类发光粉如果失去光源照射，荧光就会逐渐暗淡下去。若想让发光粉长久发光，需将某些放射性物质与其混合在一起，这种混合后的发光粉叫做“永久发光粉”。很多器械的仪表上使用的都是这种发光粉。

94 95原子灯也同样是利用了“永久发光粉”的原理，它又称同位素光源，也是一种微光光源，利用放射性同位素放出的射线激发发光粉而发光。原子灯一般包括灯体、磷光体和β放射性气体三部分：灯体是一个透光的密封外壳，多采用耐辐射的玻璃灯泡；内壁上涂满磷光体，发出绿色光；灯泡被抽成真空后充入β放射性气体再经密封就制成了原子灯。原子灯用途广泛，可以用于地下矿井、坑道照明及安全指示方面，也可用于高速公路的交通标志，同时航海时用的夜间照明也多为原子灯。

原子灯不消耗任何燃料，发光时也无需电源，使用寿命可达10年至20年。96较其它产品而言，安全性高，光线柔而持久，没有引起火灾和爆炸事故的隐患。另外，原子灯不需要维修，无论环境多么恶劣，它都能正常工作。因此，它常作为弹药仓库、易为燃易爆品仓库以及军队夜间训练、作战和指挥的照明工具使用。

야광 스틱과 야광 시계는 널리 사용되고 있지만 그들의 작동 원리는 많은 사람들이 알고 있지 않다. 사실, 야광 스틱과 야광 시계는 '야광 가루(축광 가루)'라고 하는 물질로 만들어지는데, 이것은 황화 아연, 황화 칼슘, 규산 아연 및 인산 등 다양한 물질을 포함한다. 이 물질들은 모두 같은 특성을 지니는데 바로 빛 에너지 혹은 기타 다른 형식의 에너지를 받을 때 자체 성분에 불안정한 상태가 나타나는 것이다. 93이렇게 불안정한 상태에서 다시 안정적인 상태로 돌아가려는 과정에서 남아 도는 에너지가 광파 형식으로 방출된다. 이 빛이 반딧불이가 반짝반짝하는 '황록색 빛과 닮았다고 해서 야광이라고 한다.

하지만, 이 야광 가루는 만약 광원의 불빛을 받지 못하면 형광이 점차 어두워진다. 만약 야광 가루가 오랜 시간 빛을 내게 하려면, 어떤 방사성 물질과 함께 혼합해야 한다. 이렇게 혼합된 물질을 '영구적 야광 가루(레진 야광 가루)'라고 한다.

94 95원자등(atomic lamp) 역시 마찬가지로 '영구적 야광 가루'의 원리를 이용하는데, 동위 원소 광원이라고도 불리며, 일종의 미광 광원(발광체)으로서 방사성 동위 원소가 방출하는 방사선을 이용해 야광 가루를 촉진시켜 빛을 낸다. 원자등은 일반적으로 램프 바디와 인광 물질과 베타 방사성 기체인 3부분을 포함한다. 램프 바디는 투광성 밀폐 용기이며, 열 복사에 강한 유리 전구를 사용하고 안쪽에 인광성 물질을 빈틈없이 발라 녹색빛을 낸다. 전구는 진공 상태로 만든 후 베타 방사성 기체를 채워 넣고 밀봉하여 원자등을 제작한다. 원자등은 용도가 광범위하여 광정과 갱도의 조명 및 안전 지시등 분야에 쓰이고 고속도로의 교통 표지에도 쓰인다. 또한 항해 시에 사용하는 야간 조명도 많은 수가 원자등이다.

원자등은 어떠한 연료도 소모하지 않으며, 빛을 낼 때에도 전원이 필요하지 않다. 사용 수명은 10년에서 20년에 달한다. 96다른 제품과 비교하면, 안정성이 높고, 광선이 부드럽고 오래가며, 화재와 폭발 등 사고의 잠재적 위험이 없다. 이 밖에 원자등은 유지 보수가 필요하지 않아 환경이 아무리 열악해도 정상적으로 작동할 수 있다. 이 때문에 원자등은 탄약 창고 및 인화성, 폭발성이 강한 물품을 저장하는 창고 및 군부대 야간 훈련, 전투 및 지휘 시의 조명 도구로도 자주 사용된다.

어휘 荧光棒 yíngguāng bàng 명 야광 스틱 夜光表 yèguāngbiǎo 명 야광 시계 发光粉 fāguāngfěn 명 발광분, 야광 가루 硫化锌 liúhuàxīn [화학] 황화아연(ZnS) 硫化钙 liúhuàgài [화학] 황화칼슘 硅酸锌 guīsuānxīn [화학] 규산아연 磷酸 línsuān [화학] 인산 光波 guāngbō 명 광파 释放 shìfàng 동 석방하다, 방출하다 萤火虫 yínghuǒchóng 명 반딧불이 照射 zhàoshè 동 밝게 비추다, 쪼이다 暗淡 àndàn 형 (빛·색 등이) 어둡다, 선명하지 않다 器械 qìxiè 명 기계, 기구 仪表 yíbiǎo 명 계기, 계량기 同位素 tóngwèisù 명 동위 원소 光源 guāngyuán 명 광원 激发 jīfā 동 불러일으키다, 끓어오르게 하다 磷光体 línguāngtǐ 인광 물질 密封 mìfēng 동 밀봉하다, 밀폐하다 矿井 kuàngjǐng 명 광정 [광산의 수갱] 坑道 kēngdào 명 갱도 消耗 xiāohào 동 (정신·힘·물자 등을) 소모하다 燃料 ránliào 명 연료 爆炸事故 bàozhà shìgù 폭발 사고 隐患 yǐnhuàn 명 잠복해 있는 병, 겉에 드러나지 않은 폐해 또는 재난 弹药仓库 dànyào cāngkù 명 탄약 창고

★★☆ 하

93 发光粉处于“不稳定的状态”时，会怎么样？	야광 가루가 '불안정한 상태'에 있을 때 어떻게 되는가?
A 会散发有毒气体 B 会爆炸 C 会引发火灾 **D 会释放光波**	A 유독 기체를 내뿜는다 B 폭발할 수 있다 C 화재를 유발할 수 있다 **D 광파를 방출할 수 있다**

해설 질문의 키워드 不稳定的状态(불안정한 상태)가 언급된 첫 번째 단락에서 在从这种不稳定的状态回归稳定的过程中会将多余的能量转化成光波的形式释放出来(이렇게 불안정한 상태에서 다시 안정적인 상태로 돌아가려는 과정에서 남아 도는 에너지가 광파 형식으로 방출된다)라고 했다. 불안정한 상태에서 안정적인 상태로 돌아가는 과정에서 에너지가 광파 형식으로 방출된다고 했으므로 정답은 D이다.

어휘 散发 sànfā 동 발산하다, 내뿜다

★★☆ 중

94 关于“原子灯”正确的是？	'원자등'에 관하여 옳은 것은?
A 有放射性同位素 B 状态十分不稳定 C 是一种强光光源 D 和永久发光粉的原理不一样	**A 방사성 동위 원소를 지니고 있다** B 상태가 매우 불안정하다 C 일종의 강력한 광원이다 D 영구적 야광 가루의 원리와 다르다

해설 질문의 키워드 原子灯(원자등)이 언급된 세 번째 단락에서 原子灯也同样是利用了“永久发光粉”的原理，它又称同位素光源，也是一种微光光源，利用放射性同位素放出的射线激发发光粉而发光(원자등 역시 마찬가지로 '영구적 야광 가루'의 원리를 이용하는데, 동위 원소 광원이라고도 불리며, 일종의 미광 광원으로서 방사성 동위 원소가 방출하는 방사선을 이용해 야광 가루를 촉진시켜 빛을 낸다)이라고 했으므로 옳은 내용이 A임을 알 수 있다.

★★☆ 하

95 第3段主要讲的是什么？	세 번째 단락에서 주로 말하는 것은 무엇인가?
A 原子灯的使用方法 **B 原子灯的作用和原理** C 原子灯会破坏环境 D 原子灯里面没有发光粉	A 원자등의 사용 방법 **B 원자등의 작용과 원리** C 원자등이 환경을 파괴할 수 있다 D 원자등 안에는 야광 가루가 없다

해설 세 번째 단락의 중심 내용을 묻고 있다. 단락의 시작 부분에서 原子灯也同样是利用了"永久发光粉"的原理(원자등 역시 마찬가지로 '영구적 야광 가루'의 원리를 이용한다)라고 했고 이어 성분, 구성 요소, 용도 등이 서술되므로 원자등의 작용과 원리에 대해 말하고 있음을 알 수 있다. 따라서 정답은 B이다.

★☆☆ 하

96 根据上文，下列哪一项是正确的？	본문을 근거로, 다음 중 옳은 것은?
A 原子灯只能用在军事上 B 发光粉自身发光不需要光源 C 原子灯能发出蓝光 **D 原子灯的安全性高**	A 원자등은 군사용으로만 쓰인다 B 야광 가루는 자체 발광하며 광원이 불필요하다 C 원자등은 푸른색 빛을 낼 수 있다 **D 원자등의 안전성이 높다**

해설 보기의 키워드로 A는 用在军事上(군사용으로 쓰이다), B는 自身发光(자체 발광하다), C는 蓝光(푸른색 빛), D는 安全性高(안전성이 높다)를 삼고 지문과 대조한다. 마지막 단락에서 较其它产品而言，安全性高(다른 제품과 비교하면, 안정성이 높다)라고 하여 보기 D의 키워드가 언급되었다. 따라서 옳은 내용은 D이다.

97-100

20世纪初，99一家采矿公司雇了一位叫威廉·麦克奈特的年轻人担任助理簿记员的职务。这家公司最初打算开采本地的刚玉矿石，用它来做砂轮。97只可惜，一连两年，他们没有挖到刚玉矿石，反而得到了一大堆毫无用处的钙长石，因此，公司欠下了很多外债，经营状况岌岌可危。

威廉向经理提出了一些降低成本的想法。公司采纳了他的意见，终于可以从低谷中走出来了。摆脱债务危机之后，公司渐渐向加工制造型企业转型。因为威廉的突出贡献，公司决定把年仅20多岁的威廉提升为总经理。

威廉刚一上任便投资500美元开辟了一个角落做储藏室，并把它作为公司的第一个实验室。100同时定了一个规则：研发人员每个星期可以拿出15%的时间来研究自己感兴趣的东西，这个规则被称为"15%规则"。

98公司对此并不看好，有很多同事甚至对他的15%规则冷嘲热讽："让研发人员每天躲在实验室浪费时间吗？有那个闲工夫，不如让他们在工业流水线上多拧几颗螺丝钉。"

可随后公司的快速发展，让大家对实验室的看法彻底改变。

在威廉的带领下，实验室"硕果"不断：1914年，实验室研制出一款研磨砂布，这也是这个实验室的第一个独家产品；1925年，一名叫理查

20세기 초, 99한 광산 회사가 윌리엄 맥나이트(William L. Mcknight)라고 하는 청년을 고용하여 보조로 부기 계원을 맡겼다. 이 회사는 처음에는 현지의 강옥석을 채굴하여 회전 숫돌을 만들려고 했다. 97하지만 안타깝게도, 연달아 2년간 그들은 강옥석은 커녕 대량의 아무 쓸모 없는 하장석만 얻었다. 이 때문에 회사는 엄청난 빚을 지게 되었고 경영 상태는 매우 위태롭게 됐다.

윌리엄은 사장에게 원가를 낮출 수 있는 방법을 제안했다. 회사는 그의 의견을 수렴했고 마침내 침체기에서 벗어날 수 있었다. 채무의 위기를 벗어난 후 회사는 점차 가공제조업으로 전향했다. 윌리엄의 돋보이는 공헌으로 회사는 겨우 20여 세에 불과한 그를 사장으로 승진시키기로 결정했다.

윌리엄은 취임하자마자 500달러를 투자하여 회사의 한 구석에 저장고를 만들고 회사 최초의 실험실로 삼았다. 100또한 규정을 하나 세웠는데, 연구진들은 매주 15%의 시간을 내어 자신이 관심을 가지고 있는 물건을 연구하는 것이었다. 이 규칙을 '15%의 규칙'이라고 불렀다.

98회사에서는 이것을 결코 좋게 보지 않았다. 많은 동료들이 심지어 그의 15% 규칙에 대해 차가운 조소와 신랄한 풍자를 날렸다. "연구원들에게 매일 실험실에 숨어서 시간을 낭비하라는 거야? 그렇게 한가로운 시간이 있으면, 차라리 그들에게 어셈블리 라인에서 나사나 몇 개 더 조이라고 해."

하지만 그 후로 회사가 빠르게 발전하자, 모두들 실험실에 대한 시각이 철저하게 바뀌었다.

윌리엄의 인솔하에, 실험실의 '업적'은 끊이지 않았다. 1914년 실험실에서 샌드페이퍼를 연구제작했는데, 이는 실험실의 첫 번째 독자적인 생산품이었다. 1925년, 리처드 드루(Richard Drew)라는 한 연구원이 독자적으로 '셀로판지+점착제'의 투명한 테이프를 연구개발했다.

실전모의고사 5

德・德鲁的员工独自研发了"玻璃纸+黏胶"的透明胶带。这种透明胶带既方便又实用，一经上市便马上成为家喻户晓的世界性产品；1940年代初，实验室又推出了用于高速公路标志的反光膜；之后又于1950年代，他们发明了录音磁带和录像带……如今，这家拥有百余年历史的公司已在60多个国家和地区设立了分支机构，成为世界500强企业，这家公司的名字叫3M。 100威廉对创新的定义是这样的：创新不仅仅是一种新的思想，而应该是一种能产生实际效果的思想。	이 테이프는 편리하고 실용적이어서 시장에 출시되자마자 누구나 다 아는 글로벌 상품이 되었다. 1940년대 초에는 고속도로 표지의 반사 필름을 출시했으며, 1950년대에는 녹음 테이프와 비디오 테이프를 발명했다…… 오늘날, 이 회사는 백여 년의 역사를 지닌 기업으로 전세계 60여 개 국가와 지역에 자회사를 설립하며 세계 500대 기업이 되었다. 이 회사가 바로 3M이다. 100윌리엄의 혁신에 대한 정의는 이러하다. 혁신이란 비단 일종의 새로운 사상에 그치는 것이 아니라 실질적인 효과를 만들어낼 수 있는 생각이어야 한다.

어휘 采矿 cǎikuàng 동 광석을 채굴하다　雇 gù 동 고용하다　助理 zhùlǐ 명 동 보조(하다)　簿记员 bùjìyuán 부기 계원　刚玉矿石 gāngyùkuàngshí 강옥석　砂轮 shālún 명 회전 숫돌　钙长石 gàichángshí 명 하장석　欠债 qiànzhài 명 부채 동 빚지다　岌岌可危 jíjíkěwēi 매우 위험하다, 아슬아슬하다　上任 shàngrèn 동 부임하다, 취임하다　开辟 kāipì 동 (길을) 열다, 창립하다, 개척하다　角落 jiǎoluò 명 구석, 모퉁이　储藏室 chǔcángshì 명 저장실, 보관실　冷嘲热讽 lěng cháo rè fěng 성 차가운 조소와 신랄한 풍자　流水线 명 어셈블리 라인(assembly line)　拧 nǐng 동 비틀다　螺丝钉 luósīdīng 명 나사　带领 dàilǐng 동 인솔하다, 영솔하다　硕果 shuòguǒ 명 큰 과실, 훌륭한 성적, 큰 업적　研磨砂布 yánmóshābù 명 사포　玻璃纸 bōlizhǐ 명 셀로판지　黏胶 niánjiāo 명 접착제　透明胶带 tòumíng jiāodài 명 셀로판 테이프　家喻户晓 jiā yù hù xiǎo 성 집집마다 알다　反光膜 fǎnguāngmó 명 반사필름, 미러 필름　录音磁带 lùyīn cídài 녹음 테이프　录像带 lùxiàngdài 명 비디오 테이프

★★☆ 중

97 第一段中的划线部分，"岌岌可危"的大致意思是：

첫 번째 단락에 밑줄 친 부분 '급급가위'의 대략적인 의미는?

A 无比坚固	A 견줄 바 없이 견고하다
B 因祸得福	B 화로 인해 복을 얻는다
C 环境适宜	C 환경이 적합하다
D 非常危险	**D 굉장히 위험하다**

해설 밑줄 친 단어의 앞부분을 보면 只可惜，一连两年，他们没有挖到刚玉矿石，反而得到了一大堆毫无用处的钙长石，因此，公司欠下了很多外债，经营状况岌岌可危(하지만 안타깝게도, 연달아 2년간 그들은 강옥석은 커녕 대량의 아무 쓸모 없는 하장석만 얻었다. 이 때문에 회사는 엄청난 빚을 지게 되었고 경영 상태는 매우 위태롭게 됐다)라고 했다. 2년간의 실패로 빚까지 진 상황이었으므로 경영 상태가 좋지 않음을 나타낸다는 것을 알 수 있다. 따라서 알맞은 정답은 D이다.

어휘 无比 wúbǐ 형 견줄 바가 없다, 비할 바가 없다　坚固 jiāngù 형 견고하다, 튼튼하다　因祸得福 yīn huò dé fú 성 화로 인하여 복을 얻다　适宜 shìyí 형 적당하다, 적합하다

★★☆ 중

98 下列关于"15% 规则"，正确的是：

'15% 규칙'에 관해 옳은 것은?

A 公司不看好	**A 회사에서 좋게 보지 않았다**
B 董事会对此表示默许	B 이 사회에서 이에 대해 묵인해 주었다
C 大部分职员都很支持他	C 대부분 직원들이 그를 지지했다
D 研究人员都适应不了	D 연구원들 모두 적응하지 못했다

해설 질문의 키워드 15%规则(15% 규칙)가 언급된 네 번째 단락에서 公司对此并不看好，有很多同事甚至对他的15%规则冷嘲热讽(회사에서는 이것을 결코 좋게 보지 않았다. 많은 동료들이 심지어 그의 15% 규칙에 대해 차가운 조소와 신랄한 풍자를 날렸다)이라고 했다. 회사에서 이것을 좋게 보지 않았고 많은 동료들도 차가운 조소와 풍자를 날렸다고 했으므로 옳은 내용은 A이다.

어휘 董事会 dǒngshìhuì 명 이사회

★★☆ 하

99

根据上文，下列哪项是错误的？	본문을 토대로 다음 중 잘못된 것은?
A 威廉制定了15%规则 B 公司有百余年历史 **C 原本是一家加工公司** D 研究人员发明了透明胶带	A 윌리엄은 15% 규칙을 세웠다 B 회사는 백여 년의 역사를 가졌다 **C 원래 가공업 회사였다** D 연구원이 투명 테이프를 발명했다

해설 본문을 근거로 잘못된 내용을 고르는 문제이다. 보기의 키워드로 A는 制定了15%规则(15% 규칙을 세웠다), B는 百余年历史(백여 년의 역사), C는 加工公司(가공업 회사), D는 发明了透明胶带(투명 테이프를 발명했다)를 삼고 지문과 대조한다. 첫 번째 단락에서 一家采矿公司(한 광산 회사)라고 했으므로 해당 기업이 광산 회사였음을 알 수 있다. 따라서 잘못된 내용은 C이다.

★★★ 중

100

文中威廉的看法是：	본문 중 윌리엄의 견해는?
A 要解放职工的思想 B 公司的发展要到头 D 公司应该继续采矿 D 公司该给职工更多福利	**A 직원들의 생각을 자유롭게 해준다** B 회사는 발전의 정점에 서야 한다 C 회사는 채굴을 계속해야 한다 D 회사는 직원들에게 더 많은 복지를 제공해야 한다

해설 질문에서 윌리엄의 견해를 묻고 있다. 세 번째 단락에서 同时定了一个规则：研发人员每个星期可以拿出15%的时间来研究自己感兴趣的东西，这个规则被称为"15%规则"(또한 규정을 하나 세웠는데, 연구진들은 매주 15%의 시간을 내어 자신이 관심을 가지고 있는 물건을 연구하는 것이었다)라고 했고, 마지막 단락에서 威廉对创新的定义是这样的：创新不仅仅是一种新的思想,而应该是一种能产生实际效果的思想(윌리엄의 혁신에 대한 정의는 이러하다. 혁신이란 비단 일종의 새로운 사상에 그치는 것이 아니라 실질적인 효과를 만들어낼 수 있는 생각이어야 한다)이라고 하여 자신의 견해를 나타낸다. 보기와 지문이 그대로 일치하지 않지만, 윌리엄이 연구진들에게 15%의 시간을 내어 자신이 관심있는 물건을 연구하게 했다는 것을 통해 A가 가장 알맞은 정답임을 알 수 있다.

어휘 解放 jiěfàng 동 해방하다, 자유롭게 되다　到头 dàotóu 동 정점에 이르다, 맨 끝에 이르다　福利 fúlì 명 복리, 복지, 후생

쓰기 101. ★★☆ 상

[풀이전략] 첫 번째로 읽으면서 인물과 주요 사건을 중심으로 빠르게 읽는다. 두 번째로 읽으면서 사건을 기/승/전/결/(주제)로 나누어 스토리를 만들고, 사건 서술에 필요한 표현들을 '주어-술어-목적어'를 중심으로 암기한다. 문장의 기본 구조에 충실하게 작문하되, 생각나지 않는 표현은 비슷한 말로 바꾸고 정확한 메시지를 전달할 수 있도록 간단명료하게 작문한다.

| Step 1 | 인물과 사건을 중심으로 읽기

1단락 등장인물: 호랑이, 여우
사건: 옛날에 날카로운 이빨과 발톱을 지닌 호랑이가 있었음.

从前，有一只老虎，它有着尖锐的牙齿，像刀一样锋利的爪子，走起路来威风凛凛。它住在森林的一个山洞里，这只老虎让森林里的其他动物闻风丧胆，每次远远地看见它，都会一溜烟儿跑掉。	옛날에 호랑이 한 마리가 있었다. 날카로운 이빨과 칼처럼 예리한 발톱을 지닌 호랑이는 걸음마저도 위풍당당했다. 호랑이는 숲 속의 동굴에 살았는데, 숲의 다른 동물들은 그를 두려워해 멀리 보이기만 해도 쏜살같이 도망쳤다.

어휘 尖锐 jiānruì 형 끝이 뾰족하고 날카롭다　锋利 fēnglì 형 예리하다　爪子 zhuǎzi 명 짐승의 발　威风凛凛 wēi fēng lǐn lǐn 성 위풍당당하다　闻风丧胆 wén fēng sàng dǎn 성 소문을 듣고 간담이 서늘해지다, 어떤 소문을 듣고 몹시 놀라고 두려워하다　一溜烟儿 yíliùyānr 부 쏜살같이, 재빨리

2단락 사건: 호랑이가 하루는 먹이를 찾다가 여우를 발견하고는 붙잡음.

一天，这只老虎觉得肚子饿，于是跑到洞外去觅食。走着走着，在前面的空地上发现了一只正在悠闲地晒着太阳的狐狸。老虎暗暗高兴，心想：今天运气真不错，这只狐狸可以让我美餐一顿了。于是，它纵身一跃，径直扑向狐狸，等狐狸意识到危险时已经为时已晚，老虎毫不费力地就擒住了狐狸。	하루는 호랑이가 배가 고파 동굴 밖으로 나가 먹이를 찾았다. 걷다 보니 앞 공터에 한가로이 햇빛을 쬐고 있는 여우 한 마리를 발견했다. 호랑이는 몰래 기뻐하며 속으로 생각했다. 오늘은 운이 정말 좋군. 이 여우로 한 끼를 해결하겠어. 그래서 호랑이는 여우를 향해 곧장 몸을 날렸다. 여우가 위험을 깨달았을 때는 이미 늦었다. 호랑이는 힘 하나 들이지 않고 여우를 붙잡았다.

어휘 觅食 mìshí 동 먹을 것을 찾다, 먹이를 구하다　纵身一跃 zòng shēn yí yuè 몸을 훌쩍 날리다　径直 jìngzhí 부 곧장, 곧바로　擒 qín 동 붙잡다, 생포하다

3단락 사건: 여우는 호랑이가 자신을 잡아먹으려 하자 자신을 잡아먹는 것은 천제의 명을 거역하는 것으로 벌을 받게 될 거라고 말함.

狐狸想，这下坏了，怎么才能让老虎放了我呢？它的脑子不停地在转，一直在盘算着活命的计策，就在老虎张大嘴巴，准备用狐狸饱腹的时候，狐狸突然叫道："哼！你以为你是百兽之王，就可以吃我吗？告诉你吧！我可是天神亲封的王中之王，吃我就等于违抗天神的命令，到时候一定会遭遇到世间最为严厉的惩罚。"听了狐狸的话，老虎心里一惊。狐狸说话时傲慢镇定的样子又不像是装出来的，老虎心想：我是百兽之王，	여우는 생각했다. 이번에는 망했다. 어떻게 해서 호랑이가 나를 풀어주게 만들지? 여우는 머리를 부단히 돌리며 살 계획을 궁리했다. 호랑이가 입을 크게 벌려 여우로 배를 채우려 할 때, 갑자기 여우가 외쳤다. "흥! 네 녀석이 백수의 왕이라 나를 먹어도 된다 이거냐? 알려주마! 나는 천제께서 친히 임명하신 왕 중의 왕이다. 나를 잡아먹는 것은 천제의 명을 거역하는 것과 다름없으니, 틀림없이 세상에서 제일 호된 벌을 받게 될 게야." 여우의 말을 듣고 호랑이는 깜짝 놀랐다. 여우가 말할 때 오만하면서도 침착한 것이 또 거짓으로 꾸며낸 것 같지 않아서 호랑이는 생각했다. 내가 백수의 왕인데, 천하에 어떤 동물도

天底下任何动物见了我都会害怕，唯有这个狐狸如此镇定自如，莫非它真是天神派来的王中之王？不行，我要好好问清楚。	나를 보면 두려워하거늘, 유독 이 여우만 이렇듯 침착하다니 설마 진짜 천제께서 보낸 왕 중의 왕이란 말인가? 안되겠다. 확실히 물어봐야겠어.

어휘 盘算 pánsuan 동 대략적으로 계산하다, 궁리하다 百兽之王 bǎishòu zhī wáng 명 백수의 왕 违抗 wéikàng 동 거역하다 惩罚 chéngfá 명 동 징벌(하다) 傲慢 àomàn 형 오만하다 镇定 zhèndìng 형 침착하다, 차분하다 莫非 mòfēi 부 설마 ~은 아니겠지?

4단락 사건: 호랑이는 여우의 말에 망설이게 됐고, 여우는 이에 확신을 더 가지고 천제가 보낸 증거를 보여주겠다고 말하자 호랑이는 여우의 말대로 행동함.

老虎的迟疑让狐狸确信它对自己刚才的那一番说辞有几分相信，便更加趾高气扬。狐狸挺起胸膛，毫无惧色地指着老虎的鼻子说：“你竟敢不相信我说的话？”这时，老虎早没有了刚开始的那股嚣张的气焰，它放下身段，小心翼翼地问道：“你说你是天神派来的，有什么证据吗？”狐狸说：“当然有，你只要乖乖地跟在我后面，到森林里走一圈儿，看看动物们见了我，会不会都吓得魂不附体，抱头鼠窜。”老虎觉得狐狸说得有道理，于是放开狐狸，照着它说的跟在它后面出发了。就这样，狐狸大摇大摆地在前面走，而老虎则小心翼翼地在后面跟着。	호랑이의 망설임은 여우로 하여금 방금 자신이 한 변명을 호랑이가 어느 정도 믿는다는 확신이 들게 했다. 그래서 여우는 더욱 의기양양해졌다. 여우는 가슴을 펴고 두려워하는 기색 하나 없이 호랑이의 코를 가리키며 말했다. “네 놈이 감히 내 말을 못 믿는 것이냐?” 이때, 호랑이는 이미 처음의 그 오만한 기세는 이미 사라지고 없었다. 호랑이는 몸을 낮추며 조심스럽게 물었다. “네 녀석이 천제가 보낸 것이라 말하는데 무슨 증거가 있느냐?” 여우는 말했다. “당연히 있지. 네가 얌전히 내 뒤를 따르며 숲을 한 바퀴 돌면서 동물들이 나를 보고는 혼비백산하여 쥐새끼처럼 도망치는지 아닌지 보면 될 게다.” 호랑이는 여우의 말이 일리가 있다고 여겨 여우를 풀어주고 그 말대로 여우의 뒤를 따라 출발했다. 이렇게 해서, 여우는 어깨를 으쓱거리며 앞에서 걷고 호랑이는 조심스럽게 뒤를 따라 걸었다.

어휘 迟疑 chíyí 동 망설이며 결정짓지 못하다 说辞 shuōcí 명 구실, 변명 趾高气扬 zhǐ gāo qì yáng 성 의기양양하다, 득의양양하다, 우쭐거리다, 잘난 체하다 嚣张 xiāozhāng 동 방자하고 오만하게 굴다 气焰 qìyàn 명 기염, 대단한 기세, 위세 小心翼翼 xiǎo xīn yì yì 성 거동이 신중하고 소홀함이 없다, 매우 조심스럽다 魂不附体 hún bú fù tǐ 성 겁에 질려 넋을 잃다, 혼비백산하다 抱头鼠窜 bào tóu shǔ cuàn 성 머리를 감싸 쥐고 쥐처럼 도망치다, 매우 낭패하여 급히 도망치다 大摇大摆 dà yáo dà bǎi 성 어깨를 으쓱거리며 걷다, 목에 힘주고 걷다

5단락 사건: 여우가 앞에서 걷고 호랑이가 뒤를 따라 걷자 동물들이 호랑이를 보고 놀라 도망침. 이를 보고 호랑이는 동물들이 여우를 보고 도망친 거라고 생각함.

没走多久，就看见了在森林深处玩耍、觅食的动物们。这些动物看到跟在狐狸身后的老虎后，大惊失色，纷纷逃窜。老虎目睹这种情形，并不知晓其中原由，也被吓得心惊胆战。而此时的狐狸则得意地回过头问老虎：“怎么样？我说的话是真的吧？正因为我是天神派来的，所以它们见到我才会逃走。”老虎连忙点头称是，放走了狐狸，但它并不知道，实际上那些动物真正害怕的是它自己，而不是狡猾的狐狸。	얼마 걷지 않아, 숲 속 저 멀리서 장난치고 먹이를 구하는 동물들이 보였다. 동물들은 여우 뒤의 호랑이를 보고는 대경실색하여 도망쳐 숨었다. 호랑이는 이런 상황을 보고는 진짜 이유는 모른 채, 놀란 나머지 두려움에 전전긍긍했다. 반면 이때 여우는 득의양양하게 고개를 돌려 호랑이에게 물었다. “어떠냐? 내 말이 맞지? 천제께서 나를 보내셨기에 그들이 나를 보고는 도망을 친 것이다.” 호랑이는 연신 고개를 끄덕이며 맞다고 하며 여우를 풀어주었다. 하지만 호랑이는 실제로 동물들이 두려워한 것이 교활한 여우가 아니라 자신이라는 걸 몰랐다.

어휘 大惊失色 dà jīng shī sè 동 대경실색하다 逃窜 táocuàn 동 도망치다, 도망쳐 숨다 知晓 zhīxiǎo 동 알다, 이해하다 心惊胆战 xīn jīng dǎn zhàn 성 매우 두려워 전전긍긍하다, 무서워서 벌벌 떨다

6단락 사건: 이 이야기가 성어 '호가호위'의 유래임.

那些动物之所以会吓得到处逃窜，并不是因为害怕狐狸，完全是因为狐狸假借了老虎的威势。这就是成语"狐假虎威"的来历。这个成语比喻凭借别人的势力欺压人，常用来讽刺那些招摇撞骗的人。	그 동물들이 놀라서 여기저기로 도망간 것은 결코 여우를 두려워해서가 아니라 완전히 여우가 호랑이의 위세를 빌었기 때문이었다. 이것이 바로 성어 '호가호위'의 유래이다. 이 성어는 다른 사람의 위세를 빌어 남을 억압하는 것을 비유하며, 허장성세로 협잡질하는 사람을 조롱하는 데 쓰인다.

어휘 假借 jiǎjiè 동 (명의 · 힘 등을) 빌다, 차용하다　威势 wēishì 명 위세　欺压 qīyā 동 권세를 믿고 남을 압박하다, 억압하다　招摇撞骗 zhāo yáo zhuàng piàn 성 남의 명의를 사칭하여 과시하며 공공연히 사기를 치다, 허장성세로 협잡질하다

| Step 2 | 요약하고 중국어로 익히기

기

1단락

从前，有一只老虎，它有着尖锐的牙齿，像刀一样锋利的爪子，走起路来威风凛凛。它住在森林的一个山洞里，这只老虎让森林里的其他动物闻风丧胆，每次远远地看见它，都会一溜烟儿跑掉。

바꿔쓰기
- 威风凛凛 = 威风
- 闻风丧失 = 害怕
- 一溜烟儿跑掉 = 四处逃窜

요약하기

从前有一只老虎，它的牙很尖，爪子也像刀一样，十分威风。它住在森林里的山洞中，是森林中的王，所有的动物都害怕它，每次看见它都会四处逃窜。

승

2단락

一天，这只老虎觉得肚子饿，于是跑到洞外去觅食。走着走着，在前面的空地上发现了一只正在悠闲地晒着太阳的狐狸。老虎暗暗高兴，心想：今天运气真不错，这只狐狸可以让我美餐一顿了。于是，它纵身一跃，径直扑向狐狸，等狐狸意识到危险时已经为时已晚，老虎毫不费力地就擒住了狐狸。

바꿔쓰기
- 毫不费力地 = 轻易
- 擒住 = 抓住

요약하기

一天，老虎因为肚子饿到山洞外觅食，走了一会儿，在不远处的空地上看见了一只狐狸，老虎心里想：今天的运气真好。由于狐狸正在晒太阳，不知道老虎来了，所以老虎轻易就把它抓住了。

전

3단락

狐狸想，这下坏了，怎么才能让老虎放了我呢？它的脑子不停地在转，一直在盘算着活命的计策，就在老虎张大嘴巴，准备用狐狸饱腹的时候，狐狸突然叫道："哼！你以为你是百兽之王，就可以吃我吗？告诉你吧！我可是天神亲封的王中之王，吃我就等于违抗天神的命令，到时候一定会遭遇到世间最为严厉的惩罚。"听了狐狸的话，老虎心里一惊。狐狸说话时傲慢镇定的样子又不像是装出来的，老虎心想：我是百兽之王，天底下任何动物见了我都会害怕，唯有这个狐狸如此镇定自如，莫非它真是天神派来的王中之王？不行，我要好好问清楚。

4단락

老虎的迟疑让狐狸确信它对自己刚才的那一番说辞有几分相信，便更加趾高气扬。狐狸挺起胸膛，毫无惧色地指着老虎的鼻子说："你竟敢不相信我说的话？"这时，老虎早没有了刚开始的那股嚣张的气焰，它放下身段，小心翼翼地问道："你说你是天神派来的，有什么证据吗？"狐狸说："当然有，你只要乖乖地跟在我后面，到森林里走一圈儿，看看动物们见了我，会不会都吓得魂不附体，抱头鼠窜。"老虎觉得狐狸说得有道理，于是放开狐狸，照着它说的跟在它后面出发了。就这样，狐狸大摇大摆地在前面走，而老虎则小心翼翼地在后面跟着。

바꿔쓰기 • 用狐狸饱腹 = 吃狐狸

요약하기

就在老虎张开嘴吃狐狸的时候，狐狸突然说："我是天神派来的王中之王，你不能吃我。吃了我天神一定会给你这世上最严厉的惩罚。"老虎见狐狸神情镇定，根本不害怕自己，有点儿相信了狐狸的话，没了之前的嚣张。狐狸见状，挺起胸膛接着说："如果你不相信，那我们一起去森林走一趟吧，看看动物们是不是怕我。"于是，狐狸大摇大摆地走在前面，老虎小心翼翼地跟在后面，一起进了森林。

결

5단락

没走多久，就看见了在森林深处玩耍、觅食的动物们。这些动物看到跟在狐狸身后的老虎后，大惊失色，纷纷逃窜。老虎目睹这种情形，并不知晓其中原由，也被吓得心惊胆战。而此时的狐狸则得意地回过头问老虎："怎么样？我说的话是真的吧？正因为我是天神派来的，所以它们见到我才会逃走。"老虎连忙点头称是，放走了狐狸，但它并不知道，实际上那些动物真正害怕的是它自己，而不是狡猾的狐狸。

바꿔쓰기 • 大惊失色，纷纷逃窜 = 吓得四处逃跑

요약하기

森林中的动物看见了狐狸后面的老虎都吓得四处逃跑，而老虎却以为它们是因为害怕狐狸才逃跑的，所以相信了狐狸的话。

주제

6단락

那些动物之所以会吓得到处逃窜，并不是因为害怕狐狸，完全是因为狐狸假借了老虎的威势。这就是成语"狐假虎威"的来历。这个成语比喻凭借别人的势力欺压人，常用来讽刺那些招摇撞骗的人。

바꿔쓰기 •来历 = 由来

요약하기

这就是成语"狐假虎威"的由来，它比喻那些借别人的势力招摇撞骗的人。

| Step 3 | 요약문 쓰기 (참고 답안)

"狐假虎威"的由来

从前有一只老虎，它的牙很尖，爪子也像刀一样，十分威风。它住在森林里的山洞中，是森林中的王，所有的动物都害怕它，每次看见它都会四处逃窜。

一天，老虎因为肚子饿到山洞外觅食，走了一会儿，在不远处的空地上看见了一只狐狸，老虎心里想："今天的运气真好。"由于狐狸正在晒太阳，不知道老虎来了，所以老虎轻易就把它抓住了。

就在老虎张开嘴吃狐狸的时候，狐狸突然说："我是天神派来的王中之王，你不能吃我。吃了我天神一定会给你这世上最严厉的惩罚。"老虎见狐狸神情镇定，根本不害怕自己，没了之前的嚣张。狐狸见状，挺起胸膛接着说："如果你不相信，那我们一起去森林走一趟吧，看看动物们是不是怕我。"于是，狐狸大摇大摆地走在前面，老虎小心翼翼地跟在后面，一起进了森林。

森林中的动物看见了狐狸后面的老虎都吓得四处逃跑，而老虎却以为它们是因为害怕狐狸才逃跑的，所以相信了狐狸的话。

这就是成语"狐假虎威"的由来，它比喻那些借别人的势力招摇撞骗的人。(417字)

'호가호위'의 유래

옛날에 호랑이 한 마리가 있었다. 그것의 이빨은 날카롭고, 발톱은 칼과 같으며, 매우 위풍당당했다. 호랑이는 숲 속 동굴에 살았는데, 숲의 왕이었기 때문에 모든 동물들이 그를 두려워하여 매번 그를 볼 때마다 사방으로 도망쳤다.

하루는 호랑이가 배가 고파서 동굴 밖으로 나와 먹이를 찾았다. 잠시 걷자 멀지 않은 공터에서 여우 한 마리를 발견했다. 호랑이는 속으로 생각했다. '오늘은 정말 운이 좋아.' 여우는 마침 햇빛을 쬐고 있어 호랑이가 다가 오는 것을 알지 못했다. 그래서 호랑이는 쉽사리 여우를 잡았다.

호랑이가 입을 벌려 여우를 먹으려고 할 때, 여우가 갑자기 말했다. "나는 천제께서 보낸 왕 중의 왕이다. 너는 나를 먹어서는 안 된다. 나를 먹으면 천제께서 틀림없이 너에게 이 세상에서 가장 엄한 벌을 내리실 게야." 호랑이는 여우가 침착하고 전혀 자신을 두려워하지 않음을 보고는 종전의 오만함이 사라졌다. 여우가 상황을 파악하고는 가슴을 펴서 이어서 말했다. "만일 못 믿겠거든 함께 숲으로 가 동물들이 나를 두려워하는지 두려워하지 않는지 보자." 그래서 여우는 목에 힘을 주고 앞장 섰고 호랑이는 조심스레 뒤를 따르며 함께 숲으로 갔다.

숲속 동물들이 여우의 뒤편에 있는 호랑이는 보고는 놀라 사방으로 도망쳐 피했다. 하지만 호랑이는 그들이 여우가 두려워 도망간 줄 알았다. 그래서, 여우의 말을 믿어 버렸다.

이것이 바로 성어 '호가호위'의 유래로, 허장성세로 협잡질하며 공공연히 사기를 치는 사람을 비유한다.

좋은 책을 만드는 길, 독자님과 함께하겠습니다.

HSK 6급 고수들의 막판 7일! 실전모의고사 505제

초판2쇄 발행	2024년 03월 15일 (인쇄 2024년 02월 07일)
발 행 인	박영일
책 임 편 집	이해욱
저 자	정소연
편 집 진 행	SD어학연구소
표지디자인	하연주
본문디자인	조은아 · 장성복
발 행 처	(주)시대고시기획
출 판 등 록	제10-1521호
주 소	서울시 마포구 큰우물로 75 [도화동 538 성지 B/D] 9F
전 화	1600-3600
팩 스	02-701-8823
홈 페 이 지	www.sdedu.co.kr
I S B N	979-11-254-8537-7 (13720)
정 가	19,000원